Industriekultur deutscher Städte und Regionen

Herausgegeben von Hermann Glaser

Hamburg

Industriekultur in Hamburg

Des Deutschen Reiches Tor zur Welt

Unter Mitwirkung zahlreicher Autoren
herausgegeben von
Volker Plagemann

Verlag C.H.Beck München

Mit 332 Abbildungen, davon 16 in Farbe

Für Johann Christian

CIP-Kurztitelaufnahme der Deutschen Bibliothek

Industriekultur in Hamburg : d. Dt. Reiches Tor zur Welt /
unter Mitw. zahlr. Autoren hrsg. von Volker Plagemann. –
München : Beck, 1984.
 (Industriekultur deutscher Städte und Regionen)
 ISBN 3 406 09675 1
NE: Plagemann, Volker [Hrsg.]

ISBN 3 406 09675 1

© C. H. Beck'sche Verlagsbuchhandlung (Oscar Beck) München 1984
Buchgestaltung: W. A. Schneider Medienkommunikation (Schneider, Fütterer) Hamburg
Abbildungsauswahl: Rolf Bornholdt und Volker Plagemann Hamburg
Abbildungstexte: Volker Plagemann
Reproduktion: Johannes Bauer Hamburg
Satz und Druck: C. H. Beck'sche Buchdruckerei Nördlingen
Printed in Germany

Inhalt

6 Autorenverzeichnis

7 Die Stadt als Kunstwerk?
21 Der Große Brand
24 Natürlicher Schmuck und schönste Zierde: Die Alster
28 Die Speicherstadt
32 Das Rathaus
36 Wie eine Starkstromleitung: Die Mönckebergstraße
40 Altona
43 Schumachers Stadtplanung

46 Handel, Schiffahrt und Gewerbe
57 Dock- oder Tidehafen?
59 Schiffbau
64 Dampfer ‚Imperator‘, das reisige Friedensschiff
69 Jeder Hamburger, nein, jeder Deutsche ist stolz auf die Hamburg-Amerika-Linie
73 Adolph Woermann
75 Die Warburgs
77 Aus Ottensen wird Mottenburg
81 Die New-York Hamburger Gummiwaaren-Compagnie
84 Hoch Hammonia! Gewerbe- und Industrieausstellung von 1889

87 Arbeitsleben und Arbeitskampf
96 Die Börse
97 Comptoir-Häuser
100 Das Leben eines Commis
104 Berufskleidung: Schutz und Abzeichen
107 Baase, Vicen und Knechte
110 Hafenarbeiter
113 Das Hämmern der Nieter war Hamburgs Alltagsgeräusch
115 Miedjes und andere erwerbstätige Frauenspersonen

119 Verkehrs- und Nachrichtenverbindungen
126 Die Deutsche Seewarte
128 Finkenwerders Hochseefischerei unter Segeln
132 Die Fleete
134 Der Altonaer Bahnhof wird nicht mehr wiederzuerkennen sein ...
137 Die Hamburger Hochbahn

141 Versorgung
151 Die Judenbörse
153 Sillem's Bazar
156 Fischauktionshallen
159 Vierländer
161 Der einzig richtige Gradmesser für die Macht der Arbeiterklasse sind ihre Organisationen

166 Öffentliche Ordnung
174 Herrschaftsarchitektur in Hamburg?
174 Thatbestandsaufnahme in Criminalsachen
180 Die Baukunst muß den Wänden gleichsam Augen und Ohren verleihen
183 Adolf Petersen, eines Zigarrenmachers Sohn und ‚Lord von Barmbek‘

185 Armut und Wohltätigkeit
190 Der Wasserträger Hummel
192 Elendsalkoholismus
195 Selbstmord
196 Auswanderer

199 Die unkirchlichste Stadt des Reiches?
204 Einen Dom müßt ihr begründen
208 Johann Hinrich Wichern und das Rauhe Haus
211 Fragen der Religion, der Trauer und des Trostes wurden dabei ausgeklammert: Der Ohlsdorfer Friedhof
214 Innerhalb des deutschen Judentums hatten die Hamburger Juden ein eigenes Profil

218 Vaterländisches Schul- und Erziehungswesen
223 Von der Gelehrtenschule zur höheren Lehranstalt: Das Johanneum
226 Die Patriotische Gesellschaft zur Förderung der Künste und nützlichen Gewerbe

228 Wohnungsfragen
236 Ein Stadthaus an der Alster, ein Landhaus an der Elbe, ein Rittergut in Holstein
240 Die Hütten der Armut und des Lasters
244 Buden, Sähle, Höfe, Terrassen, Passagen
248 Das Etagenhaus
253 Ein helles Schlafzimmer für den Fabrikarbeiter

255 Die Hauptträgerin des Familienlebens ist die Frau
261 Ich hab schon früh bei fremden Leuten arbeiten müssen
264 Die Dienstbotenordnung von 1899

267 Die Scheidung zwischen den Prostituierten und dem anständigen Teil der Bevölkerung
270 Aus dem keuschen Dämmer des Hauses herausgezogen
272 Proletarierinnen auf zur Tat, damit der Tag des Wahlrechts naht!

275 Eine immer größere Vielfalt an Vergnügungen
283 Promenade der Hanseaten
285 Germania und Hammonia
287 Seht, welch ein Fest! Schiller-Feier und Schiller-Denkmal
290 Badevergnügen
292 Arbeiter-Turner

295 Kulturelles Leben und Künstlertum
295 Republikanisches Hof-, Burg- und Gartentheater
301 Zusammenschluß vornehmer Musikliebhaber
304 Tatsächlich ist ein literarischer Rang hier etwa so wertlos wie Ordenssterne
309 Um die Künstler selbst nicht zum besten bestellt
315 Photographen und Operateure
320 Von den ,,Lebenden" zum ,,Lichtschauspielhaus"
325 Chéri Maurice und Bernhard Pollini
329 Brahms, Vater und Sohn
332 Salomon und Heinrich Heine, eine jüdische Familiensaga
334 Plattdeutsch
336 Der Zweck des Kunstvereins ist mehrseitige Mittheilung über bildende Kunst
341 Der Hamburger Künstlerverein
343 Von Merkur bis Bebel Zur Ikonographie der Industriekultur
348 Justus Brinckmann
350 Alfred Lichtwark
353 Aufgenommen im Auftrag der Freien und Hansestadt Hamburg

355 Die hamburgischen Zeitungen enthalten gegenwärtig die besten Nachrichten
361 Otto Meißner, Hamburger Verleger des Marx'schen ,,Kapitals"

363 Politik u. Parteien

371 Anhang
372 Anmerkungen
386 Bildnachweis
387 Namenregister

Autorenverzeichnis

Bauche, Ulrich
Dr. phil., Hauptkustos am Museum für Hamburgische Geschichte

Berger, Renate
Dr. phil.

Bracker, Jörgen
Prof. Dr. phil., Direktor des Museums für Hamburgische Geschichte

Bruhns, Maike
Mitarbeiterin des Museumspädagogischen Dienstes in Hamburg

Diederichsen, Diedrich
Dr. phil., Leiter der Theaterversammlung der Universität Hamburg

von Dücker, Elisabeth
Dr. phil., Wissenschaftliche Angestellte am Altonaer Museum

Ebeling, Helmut
Kriminalhauptkommissar i. R.

Freimark, Peter
Prof. Dr. phil., Leiter des Instituts für die Geschichte der deutschen Juden in Hamburg

Goral, Arie
Schriftsteller

Grau, Gisela
Studentin am Historischen Seminar der Universität Hamburg

Grüttner, Michael
Dr. phil., Wissenschaftlicher Mitarbeiter am Fachbereich Geschichtswissenschaft der Universität Hamburg

Hagemann, Karen
Studentin am Historischen Seminar der Universität Hamburg

Haspel, Jörg
Dipl. Ing., Wissenschaftlicher Mitarbeiter des Denkmalschutzamtes in Hamburg

Hausschild-Thiessen, Renate
Dr. phil.

Heggen, Alfred
Dr. phil., Lehrbeauftragter an der Universität Hamburg

Hilger, Marie-Elisabeth
Prof. Dr. rer. pol., Professorin an der Universität Hamburg

Hipp, Hermann
Dr. phil., Oberkustos am Denkmalschutzamt der Freien und Hansestadt Hamburg

Hoffmann, Paul Theodor
Kulturredakteur beim Hamburger Abendblatt

Hofmann, Werner
Prof. Dr. phil., Direktor der Hamburger Kunsthalle

Jaacks, Gisela
Dr. phil., Kustodin am Museum für Hamburgische Geschichte

Jaeger, Roland
Kulturredakteur der Zeitschrift ‚Szene Hamburg‘

Jedding, Hermann
Dr. phil., Abteilungsdirektor am Museum für Kunst und Gewerbe in Hamburg

Jerchow, Friedrich
Dr. phil., Freiberuflicher Wirtschaftshistoriker und Lehrbeauftragter der Universität Hamburg

Jochimsen, Hanno
Dr. rer. pol., Senatsbeauftragter für den Film

Jürgensen, Frank
Dr. phil., Museumspädagoge am Museum für Hamburgische Geschichte

Kaiser, Joachim
Privatforscher, freier Publizist

Kempe, Fritz
Professor, ehemaliger Leiter der Landesbildstelle in Hamburg

Konerding, Volker
Dr. phil., stellvertretender Leiter des Denkmalschutzamtes in Hamburg

Kopitzsch, Franklin
Dr. phil., Lehrbeauftragter an der Universität Hamburg

Kossak, Egbert
Prof. Dipl.-Ing., Oberbaudirektor der Freien und Hansestadt Hamburg

Kraus, Antje
Dr. phil., Akademische Oberrätin an der Ruhr-Universität Bochum

Kresse, Walter
Dr. rer. pol., ehemaliger Wissenschaftlicher Mitarbeiter des Museums für Hamburgische Geschichte

Küster, Christian L.
Dr. phil., Kustos am Altonaer Museum

Leisner, Barbara
Dr. phil., Wissenschaftliche Mitarbeiterin am Denkmalschutzamt in Hamburg

Leppien, Helmut R.
Dr. phil., Hauptkustos der Hamburger Kunsthalle

Lesle, Ulf Thomas
Dramaturg am Ohnsorg-Theater in Hamburg

Maiwald, Christine
Dr. phil., Referentin der Kulturbehörde in Hamburg

Möhring, Maria
Dr. phil., Leiterin der Wirtschaftsgeschichtlichen Forschungsstelle e. V. in Hamburg

Müller, Reinhard
Leiter der „Gedenkstätte Ernst Thälmann"

Müller-Staats, Dagmar
Dr. phil.

Pintschovius, Hans-Joska
Mitarbeiter des Helms-Museums in Hamburg

Plagemann, Volker
Dr. phil. habil., Privatdozent, Senatsdirektor der Kulturbehörde in Hamburg

Postel, Rainer
Prof. Dr. phil., Professor an der Universität Hamburg

Prange, Carsten
Dr. phil., Kustos am Museum für Hamburgische Geschichte

Schneede, Marina
Dr. phil., Mitarbeiterin des Museumspädagogischen Dienstes

Schneede, Uwe M.
Dr. phil., Direktor des Hamburger Kunstvereins

Schneider, Ursula
M. A., Wissenschaftliche Mitarbeiterin der Universität Hamburg

Schöning, Jörg
Student am Kunsthistorischen Seminar der Universität Hamburg

Schütte, Gisela
Dr. phil., Kritikerin der „Welt"

Skrentny, Werner
Redakteur und Journalist

Sywottek, Arnold
Prof. Dr. phil., Professor an der Universität Hamburg

Talazko, Helmut
Dr. jur., Leiter des Archivs des Diakonischen Werkes der Evangelischen Kirche in Deutschland e. V., Berlin

Walle, Heinrich
Dr. phil., Korvettenkapitän, Mitarbeiter des Militärgeschichtlichen Forschungsamtes in Freiburg

Wiek, Peter
Dr. phil. Kunsthistoriker

Die Stadt als Kunstwerk?

„Wie das Kunstwerk Hamburg nach dem großen Brande entstand", so betitelte Fritz Schumacher seine 1920 erschienene Schrift,[1] in der er die Entstehung des zentralen Hochbau-Ensembles in Hamburg darstellt. Er ging damit auf eine Anregung Alfred Lichtwarks ein. „Was in Hamburg entstand, kann die schärfste Kritik der heutigen Städtebau-Theorie aushalten, ja es nötigt zu bedingungsloser Bewunderung", hatte Lichtwark 1911 formuliert, „es wäre von sehr hohem Interesse, alle damals aufgetauchten Gedanken und Pläne kritisch zu prüfen im Lichte der seither gewonnenen Erkenntnis des Städtebaus".[2]

Schumacher, einer der führenden Vertreter der damaligen Städtebau-Theorie, dazu seit 1909 Baudirektor in Hamburg, war vertraut mit der Realität des Städtebaus in Hamburg. Deshalb verwundert es, daß er unter „Kunstwerk Hamburg" nur den Raumzusammenhang von Binnenalster, Kleiner Alster, Rathausmarkt, den neuangelegten Straßen und den sie eingrenzenden Hochbauten verstand.

Seine Schrift – in der er den unkünstlerischen Ingenieur, vertreten durch William Lindley, und den Baukünstler, vertreten durch Gottfried Semper und Alexis de Chateauneuf, kräftig gegeneinander abhebt – stellt den Versuch eines sich selbst als Künstler fühlenden Städtebauers dar, seine Aufgabe auf die baukünstlerische Planung eines zentralen Ensembles, eines scheinbar autonom gestalteten Bereiches zu reduzieren und dabei die Totalität des von Kapitalverwertungsinteresse bestimmten weiträumigen Zusammenhanges von Produktionsstätten, Verkehrssystemen zu Wasser und zu Land, Wohnbauten und Behausungen von Reichen und Armen, Ver- und Entsorgungsanlagen, öffentlichen Verwaltungs- und Repräsentationsbauten, Kirchen und Friedhöfen der Stadt des 19. Jahrhunderts zu verdrängen.

Er selbst hat diese Totalität später auch anders gesehen. In seinem Spätwerk über „Strömungen der deutschen Baukunst seit 1800" definierte er „Städtebau" als „ein Disponieren des Bodens für alle seine technisch-wirtschaftlichen, sozial-hygienischen und kulturell-baulichen Zwecke", und hob ausdrücklich hervor: „Wenn man im Städtebau von ‚Kunst' spricht, muß man zunächst die Kunst als Selbstzweck gründlich beiseite stellen".[3]

Eine so verstandene Stadtplanung der Bodendisposition, die zuerst die „technisch-wirtschaftlichen", dann die „sozial-hygienischen", dann die „kulturell-baulichen Zwecke" berücksichti-

1 Als „Kunstwerk Hamburg" bezeichnete Fritz Schumacher 1920 das nach 1842 entstandene zentrale Hochbauensemble um die Kleine Alster und den zukünftigen Rathausmarkt: Lithographie von Wilhelm Heuer, um 1860

Die Stadt als Kunstwerk?

gen sollte, hat sich erst im Laufe des 19. Jahrhunderts entwikkelt. Sie hat eine neue bewußte Ordnung in die bis dahin weniger reflektierte Entwicklung der Stadt gebracht. Sie hat eine neue Struktur hervorgebracht, die Voraussetzung für die Stadtgegenwart geworden ist.

Die frühen Subjekte der Planung von Lage und Entwicklung der Stadt Hamburg sind im einzelnen nicht mehr differenzierbar. In vor- und frühgeschichtlicher Zeit sind Entscheidungen über die Gunst der Anlage einer Siedlung auf einer Geestzunge in den sumpfigen Niederungen von Bille, Alster und Elbe gefallen. Geistliche und weltliche Stadtherren haben seit karolingischer Zeit die militärisch günstige, verwaltungstechnisch zentrale Lage erkannt und den Bau von Befestigungsanlage und Kirchenbau betrieben. In zunehmendem Maße wurden gemeinschaftliche Aufgaben von Siedler- und Unternehmer-Konsortien betrieben: Landentwässerung, Deichbau, Hafenanlagen, Sicherung der Wasserwege und Verbesserung der Landwege, Brückenbau und Mühlenbau setzten gemeinschaftliche Anstrengungen voraus. Nach der Bildung eines Rates nahm dieser sich zusätzlich der Befestigungsanlagen, aber auch der Kirchspielaufteilung, und später der Gemeinschaftsbauten Rathaus, Gericht, Gefängnis und der Hafen- und Marktanlagen an. Der Ausbau von Wohn- und Wirtschaftsbauten der Reichen und Armen innerhalb und außerhalb der Stadtbefestigung blieb dagegen lange diesen selbst überlassen. Erst als die Brandkatastrophen infolge der dichter gewordenen Besiedlung zunahmen, versuchte der Rat durch Verordnungen auf Baumaterial und Bauweise der privaten Bauten Einfluß zu gewinnen.

Der Umfang der Gemeinschaftsbauten, die die Schiffahrts- und Handelsrisiken mindern, den Schutz der zuziehenden als Arbeitskräfte benötigten Landbewohner sichern und die Regierung, Verwaltung und Gerichtsbarkeit der Stadt ermöglichen sollten, steigerte sich ständig. Wie es in vielen anderen Städten geschah, errichtete und unterhielt der Rat deshalb einen – bereits 1386 erwähnten – Bauhof mit Beziehungen zu Forsten, Steinbrüchen, Ziegeleien, Kalkbrüchen, die das Baumaterial lieferten. Zu seinen Aufgaben gehörten die Anlage von Strom- und Hafenbauwerken, die Errichtung von Brücken, die Herstellung und Erhaltung von Wällen, Gräben, Türmen und Toren sowie der Bau von Häusern für öffentliche Zwecke. Er wurde von im städtischen Dienst arbeitenden Handwerksmeistern geleitet und unterstand bis 1563 allein dem Rat. Danach unterstellte man ihn einer Deputation aus Ratsherren und Bürgerschaftsmitgliedern. Von dieser Bauhofsdeputation trennte

2 Den Zusammenhang von Produktionsstätten, Verkehrs- und Versorgungssystemen, Repräsentationsbauten und Wohnhäusern bezog Schumacher in sein „Kunstwerk Hamburg" 1920 noch nicht mit ein: Hamburg aus der Vogelschau, Xylographie von Adolf Eltzner, 1882

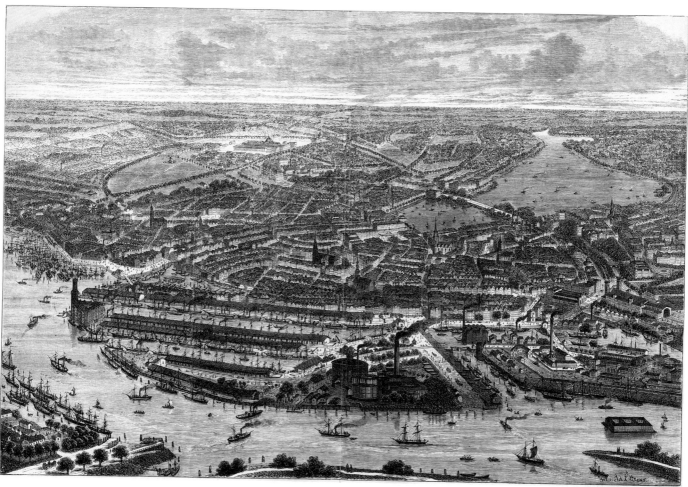

sich 1611 eine für die Straßenpflasterung zuständige Gassendeputation, 1635 eine Deputation für das Fortifikationswesen. Der Bauhof war bis zum 19. Jahrhundert das Zentrum mittelalterlicher und neuzeitlicher Hoch- und Tiefbauverwaltung.

Die Stadtentwicklung Hamburgs bis zum Beginn des 19. Jahrhunderts hatte durchaus Aspekte der Schumacherschen Definition von Städtebau – ,,Disponieren des Bodens für ... technisch-wirtschaftliche, sozialhygienische und kulturell-bauliche Zwecke". Zunächst kirchliche und weltliche Stadtherrn, dann Siedler- und Händlergruppen, dann der Rat und der allmählich differenzierter werdende Apparat von Baudeputationen und Bauhof hatten im Laufe der Geschichte Hamburgs eine Folge von planungsartigen Entscheidungen getroffen, die nachträglich wie ein Disponieren des Bodens im städteplanerischen Sinne wirkt. Allerdings hatten in erster Linie die ,,technisch-wirtschaftlichen" Zwecke zugunsten des Händlertums diese Entscheidungen bestimmt.

Dem ,,sozial-hygienischen" Sektor – selbst wenn Schumacher etwas anderes darunter verstehen wollte – muß der seit der Reformation von Bürgern gesteuerte Kirchenbau, Bau von Hospitälern, Armenhäusern und Waisenhäusern zugerechnet werden, abgesehen von privaten Stiftungen.

Bauaufgaben mit ,,kulturell-baulichen Zwecken", wie sie seit Beginn der Neuzeit denkbar gewesen wäre, oder gar ,,Kunst als Selbstzweck" hat es im von Rat, Baudeputation und Bauhof zu steuernden städtebaulichen Bereich dagegen nicht gegeben. Lediglich die Ausführung bestimmter einzelner öffentlicher Hochbauten ließ künstlerische Überhöhung und Verfeinerung zu: Wahl von kostbaren, kunstvoller bearbeiteten Materialien, Überhöhung der Dimensionen über das rein Zweckmäßige hinaus, Ausführung von komplizierten Konstruktionen waren die ersten Mittel der Auszeichnung bei Kirchen und Kirchtürmen. Dazu kamen die architektonischen Mittel der scheinstruktiven Gliederungen von Wand, Decke oder Wölbung und die bildnerische und malerische Ausstattung am Außen- und Innenbau. Dies gilt in geringerem Maße auch für die privaten Bauten, für die Masse der das Stadtganze bildenden Kaufmannshäuser, Handwerkshäuser und Buden an den Straßen und Fleeten.

Das Konglomerat der Gesamtbaumasse der Stadt zu Beginn des 19. Jahrhunderts wurde und wird als malerisch bezeichnet. Das darf jedoch nicht darüber hinwegtäuschen, daß es planlos im Hinblick auf die Gestaltung von Stadträumen, Plätzen und Straßen entstanden ist, aber auch künstlerisch planlos im Hinblick auf seine malerische Wirkung.

Im 19. Jahrhundert hat sich der Stellenwert der ,,technisch-wirtschaftlichen Zwecke" als Ursache von Stadtentwicklung nicht verändert. Wohl aber hat die sich wandelnde Gesellschaft ein anderes und neues Bewußtsein für die ,,kulturell-baulichen" und später auch die ,,sozial-hygienischen Zwecke" entwickelt und versucht, sich für die Bewältigung sowohl der technisch-wirtschaftlichen wie der kulturell-baulichen und der sozial-hygienischen Probleme neue Instrumentarien zu schaffen.

Nach den Erfahrungen mit dem neuen rationellen französischen Verwaltungswesen wurden zu Anfang des 19. Jahrhunderts überall in den deutschen Partikularstaaten auch die Bauverwaltungen reorganisiert und akademisch ausgebildete Fachleute in die Verwaltungen eingestellt. In Preußen wurde Karl Friedrich Schinkel Chef der obersten Baubehörde, in Bayern Leo von Klenze, in Baden Friedrich Weinbrenner, in Hannover Georg Ludwig Friedrich Laves. Sie alle hatten im Anschluß an handwerkliche Erfahrungen theoretische Studien absolviert und in der Regel die obligate mehrjährige Italienreise zum Studium antiker Architektur hinter sich gebracht. Viele waren in Paris gewesen, vor allem aber hatten alle die Schriften der französischen Architektur-Theoretiker in ihrem Bücherbesitz und gründlich verarbeitet.

Auch im Stadtstaat Hamburg beschäftigte sich eine Reorganisationsdeputation mit der Neubildung eines Staatsbauwesens. Hoch- und Tiefbau wurden einer politischen Gesamtverantwortung anvertraut. Ihr wurde ein kleiner Apparat von Fachbeamten, dem Stadtbaumeister und dem Stadtingenieur mit Adjunkten und einigen Hilfskräften, zur Seite gestellt.

Die neue Organisationsform trug ein für die zukünftige Entwicklung wichtiges Merkmal in sich: die Trennung von Planung und Ausführung schuf erstmals die Voraussetzung für eine zukünftige planerische Distanz der Bauverwaltung.

3 Der Bauhof war bis ins 19. Jahrhundert das Zentrum der Hoch- und Tiefbauverwaltung: Photographie von Höge, um 1865

4 Die Bausubstanz der Stadt am Ende des 18. Jahrhunderts: ,,Grundriß der Freien Reichs und Handelsstadt Hamburg, nebst dem auf Dänischen Gebiet daran liegenden Altona", Kupferstich von F. A. von Lawrence, 1791

In dieser Phase der Erprobung eines neuen Verwaltungs- und Planungsapparates wurde der spätere erste Hamburger Baudirektor Carl Ludwig Wimmel in hamburgische Dienste übernommen. Er leitete zusammen mit dem Straßeningenieur Paridom Gottlob Heinrich eine neue Phase der Stadtplanung ein, die sich insbesondere mit den „kulturell-baulichen Zwecken" befaßte. Wie alle neuen Baudirektoren seiner Zeit war er als Baukünstler ausgebildet worden und hatte auf der Grundlage eines handwerklich-technischen Wissens die Wirkung ungeplant entstandener Bauzusammenhänge, Plätze, Straßen, mit ästhetischem Bewußtsein zu reflektieren geübt. Weinbrenner, sein Lehrer, hatte in Karlsruhe schon vor 1814 innerhalb eines abstrakten barocken Gründungsplanes nur durch sinnvolles Aneinanderfügen einzelner Schwerpunktbauten größere Ensembles zu erreichen versucht. Schinkel in Berlin konnte ausgehend von einzelnen Platz- und Gebäudegruppierungen innerhalb einer vorhandenen Struktur zu seinem Plan von 1817 für die Entwicklung des Berliner Zentrums kommen. Klenze in München zog sich aus der Altstadt zurück und plante relativ unabhängig vor dem Schwabinger Tor durch bewußtes Aneinanderfügen von Plätzen und Baugruppen. Alle hatten sie dieses Denken in Baugruppierungen aus der französischen Baukörpertheorie und dem Studium antiker und italienischer Bauensembles gewonnen. Alle aber konnten sie ihre Vorstellungen von baulichen Neugestaltungen nur ausführen, wenn staatliche bzw. kirchliche Bauaufträge für entsprechende Bauten vorhanden waren oder aber wenn private Bauherren freiwillig den Vorstellungen der Bauverwaltung folgten.

In Hamburg – das keine Residenz-Funktionen hatte – waren die staatlichen Bauaufträge zunächst nicht so umfangreich wie in Berlin oder München. Deshalb gibt es vor dem Brand von 1842 außer den Stadtplänen der Zeit keinen in die Zukunft weisenden und zusammenfassenden Generalplan Wimmels oder der Bauverwaltung, in dem voraussehbare Staatsbauten mit dem alten Bestand zu neuen Teilstrukturen der Stadt zusammengefügt wurden. Dennoch ging Wimmel hier genauso vor, wie seine Kollegen in den anderen Großstädten. Er und seine Adjunkten nahmen jeden staatlichen, kirchlichen und auch privaten Auftrag wahr, um die jeweilige Umgebung in dem möglichen Rahmen zu einem neuen Ensemble umzuformen und trugen so zu einer allmählichen Umgestaltung der Stadt bei. Nach dem Steigen des privaten Auftragsvolumens waren daran jedoch neu hinzugezogene Privatarchitekten wie Alexis de Chateauneuf, Fersenfeld, Stammann und andere maßgeblich beteiligt.

Die entscheidende staatliche Aufgabe in Hamburg war eine destruktive: die Entfestigung. Wie in Bremen 1802 hatte man damit in Hamburg schon vor der Franzosenzeit begonnen. Während aber in Bremen der Beschluß des Senats, Wälle und Gräben „in freundliche Gartenanlagen und terrassenartige Spaziergänge mit schattigen Ruheplätzen und Lauben umzuwandeln",[4] verwirklicht werden konnte, mußte Hamburg sich noch einmal in die letzte große französische Festung verwandeln lassen. Außer Neubefestigungen wurden im Inneren eine Reihe von Straßen- und Häuserabrissen verfügt und das gesamte Umland bis nach Altona, die Dörfer Eimsbüttel und Eppendorf, Mühlenkamp, Hohenfelde, Horn und Moorfleet dem Erdboden gleichgemacht. Diese radikalen Maßnahmen eröffneten nach Ende der Franzosenzeit die Möglichkeit einer großzügigen Neuanlage nicht nur des breiten Bereiches der Bastionen, sondern auch der baulichen Einwirkung vor den Festungswerken. Der Bereich der Bastionen selbst blieb das ganze Jahrhundert wichtiger städtischer Grundbesitz, der immer mehr für eine Reihe neuer öffentlicher Bauten in Zentrumsnähe genutzt werden mußte.

Nach 1814 schüttete man zuerst den Wallgraben an den Torausfahrten der drei Haupttore, Millerntor, Dammtor und Steintor zu, legte breite Ausfallstraßen an und ersetzte die engen Festungstore durch pfeilerbegrenzte Durchfahrten mit seitlichen Torhäuschen. Später entstanden kleinere, nur dem Fußgängerverkehr zu den Promenaden dienende Tore, wie das Ferdinandstor.

1819 wurden die übrigen Entfestigungs-Arbeiten in Angriff genommen. Unter der Leitung von Heinrich wurden die Bollwerke abgetragen und alle Ecken und Winkel der Wälle und Gräben abgerundet und ausgefüllt. Die gesamte Anlage wurde zu einem Ring von Alleen um die Altstadt, denen die Bastionen, die wie natürliche begrünte Hügel mit englischen Anlagen hergerichtet wurden, und der ehemalige Graben wie ein gewundenes Wasserbecken vorgelagert war.

5 *Eine der wichtigsten Maßnahmen der neuen Stadtplanung unter Baudirektor Wimmel war die gestalterische Einbeziehung der Binnenalster mit der Anlage des Neuen Jungfernstiegs: Lithographie von Peter Suhr, 1836*

Der zu einem Park umgewandelte Festungsgürtel selbst wurde zunächst Standort verschiedener Freizeiteinrichtungen, etwa des Aussichtsplatzes der Elbhöhe über dem Hafen, des Ausflugslokals Elbpavillon zwischen Elbe und Millerntor, eines botanischen Gartens mit Baumschule am Dammtor, eines Spielplatzes und einer Reitbahn an der in die Alster hineingeschobenen Bastion David. Zugleich bot er Platz für kleine Denkmäler verdienter Hamburger wie für den Wirtschaftstheoretiker Büsch oder den Erfinder navigatorischer Instrumente Repsold. Er blieb aber auch weiter Standort alter technischer Bauten wie der Mühlen, deren malerischen Aspekt man jetzt entdeckte. Außerdem wurde das Wallgelände als Standort für neue öffentliche Institutionen genutzt – etwa das von Wimmel 1821–23 erbaute Zentralkrankenhaus im Bereich der Vorwerke von St. Georg, dem damals modernsten Krankenhausbau des Kontinents.

Der Ring der Alleen wurde zu einem Straßen- und Verkehrszug, der vom Millerntor mit Holstenwall, Gorch-Fock-Wall, Esplanade, Lombardsbrücke, Glockengießerwall, Steintorwall,

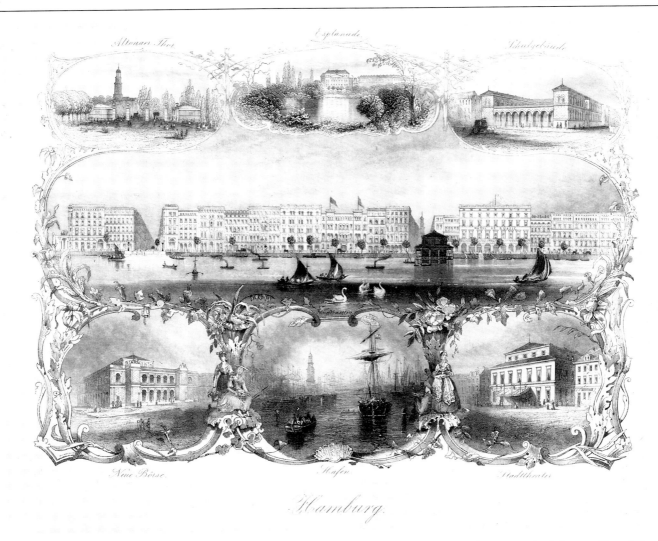

6 Prunkstücke der neuen Stadtplanung waren Wallanlagen und Torgebäude, Esplanade, Johanneum, Stadttheater, Neue Börse. Sie blieben auch nach dem Brand von 1842 erhalten: Stahlstich von A. H. Payne, um 1850

Klosterwall bis zum Deichtorplatz noch heute erhalten und eine der wichtigsten Verkehrsadern geblieben ist.

Entfestigung und Alleenzug haben jedoch noch weitere für die Innenstadtstruktur wichtige planerische Maßnahmen ermöglicht. Eine der nach 1814 frühestens Platzgestaltungen mit einheitlicher Randbebauung wurde am Zeughausmarkt versucht. Wimmel und Heinrich ließen den bis dahin unregelmäßigen Platz auffüllen, entwarfen West- und Nordbegrenzungen neu, so daß ein rechteckiger Platz entstand, der sich im Nordwesten in einer 50 m breiten Allee zum Millerntor hin öffnete. 1836–38 wurde an der Südseite des Platzes anstelle des Zeughauses die anglikanische Kirche nach Entwurf von Ole Jörgen Smidt errichtet.

Von städtebaulich sicherlich größerer Bedeutung wurde das Ensemble von Esplanade, Dammtorstraße und Stadttheater mit großer und kleiner Theaterstraße. – Hier hatte die Aufgabe des Alten Kalkhofes die Möglichkeit geboten, ein staatliches Grundstück für einen Neubau des zu klein gewordenen Stadttheaters am Gänsemarkt zur Verfügung zu stellen. Wimmel richtete ihn 1820–27 so ein, daß der neu angelegte Dammtordamm in leichter Schräge auf die Fassade zulief. Gleichzeitig wurden mit einheitlichem architektonischen Konzept die große und die kleine Theaterstraße angelegt. Mit der Esplanade entstand – neben dem Jungfernstieg – die neue Prachtstraße Hamburgs und eines der am häufigsten dargestellten Motive der Stadt. Hier vor allem konnte Wimmel ein einheitliches architektonisches Gesamtprogramm verwirklichen.

Die wichtigste städteplanerische Entscheidung im Zusammenhang mit der Entfestigung aber war die Einbeziehung des Binnenalsterbeckens in die Hamburger Innenstadt. Die Bauverwaltung nutzte die anfallenden Erdmassen, um an der Westseite der Binnenalster soviel Erde anzuschütten, daß ähnlich dem Jungfernstieg ein Neuer Jungfernstieg angelegt werden konnte. Am nördlichen Ende dieses Neuen Jungfernstieges wurde eine gerade Fortsetzung der Esplanade als Promenadenstraße quer über die Alster und eine neue von Wimmel entworfene steinernde Lombardsbrücke geführt. Wimmel war es übrigens, der am Neuen Jungfernstieg die berühmte Alsterhalle, 1831, wie am alten Jungfernstieg den noch berühmteren Alsterpavillon, 1835, entworfen hat.

Die Stadt als Kunstwerk?

7   Frühe Industriebetriebe, Trankochereien, Zuckersiedereien, Ölmühlen, entstanden in den Vorstädten. Am Hamburger Berg erhielten die ersten Dampfer ihre Landungsbrücken: Stahlstich von C. A. Lill, um 1850

Erwähnt werden muß außerdem der vor dem Steintor angelegte Schweinemarkt mit zwei Damenstiften, dem St. Johanniskloster und dem Maria-Magdalenen-Kloster. Für beide Bauten hatte der Staat Baugrund aus den Wallanlagen zur Verfügung gestellt, um Platz für zwei andere, Akzente setzende Maßnahmen im Stadtzentrum zu erhalten.
Das mittelalterliche St. Johanniskloster mit dem Johanneum lag im Bereich des heutigen Rathauses, das Maria-Magdalenen-Kloster im Bereich der heutigen Börse. 1829 mußte die St. Johanniskirche wegen Baufälligkeit abgebrochen werden. Dadurch wurde der Platz immer sichtbarer, auf den sich schließlich die Blicke der Planer einer Börse richteten. Beide Klöster wurden im Laufe der 30er Jahre abgerissen. 1836 bestimmten Rat und Bürgerschaft daraufhin den Adolphsplatz zum Baugelände für die Börse und 1837–1841 wurde der Neubau nach zahlreichen Wettbewerben mit Plänen von Wimmel und seinem Adjunkten Forsmann errichtet. Dieser Bau sollte über ein halbes Jahrhundert – bis zur Fertigstellung eines neuen Rathauses – das zentrale Gebäude der Stadt bleiben.
Der Abriß des Johannisklosters gab zugleich Anlaß, dem Gymnasium des Johanneums, der Bibliothek und musealen Sammlungen eine neue Anlage zu widmen und damit einen weiteren zentralen Platz, den des 1806 ebenfalls abgerissenen Hamburger Doms angemessen zu bebauen. Wimmel und Forsmann errichtete hier 1837–1840 einen dreiflügeligen Bau um einen vorn mit einer Kolonnade geschlossenen Hof. Die Anlage war als Zentrum der Wissenschaften und Künste gedacht und deshalb bewußt in den Formen des Florentiner Quattrocento erbaut, die auch Friedrich Gärtner in München für die Staatsbibliothek eingesetzt hatte. Wie die Börse wurde auch das Johanneum vom großen Brand verschont und konnte später in die Neubebauung einbezogen werden. Parallel zu solchen gestalterischen Maßnahmen im Zentrum der Stadt und an den sie umgebenden Wallanlagen mußten dispositorische Aufgaben außerhalb der Stadtbefestigung wahrgenommen werden.
Zunächst wurde auch die Straßenanlage der Vorstädte St. Georg und des weitgehend zerstörten St. Pauli großzügig neu geplant. St. Georg wurde durch die große Allee, die Heinrich schon in der Franzosenzeit vorgesehen hatte, durch den Steindamm und die neue Promenade an der Außenalster neu strukturiert; dominierender Neubau war das große Krankenhaus. St. Pauli wurde durch vor dem Millerntor sternförmig auseinanderlaufende Straßen neu bestimmt – es erhielt 1819–1820 eine neue Kirche nach Entwurf von Wimmel. Vor dem Dammtor führten wie vor Millerntor und Steintor sternförmig angelegte Alleen auseinander. Vor diesem Tor entwickelte sich nach der Entfestigung ein neuer stadtnaher Villenbereich.
Die übrigen dispositorischen Aufgaben in wirtschaftlich-technischer Hinsicht kündigten sich in dieser Phase der Entwicklung von Stadtplanung erst an. Die Probleme der Ver- und Entsor-

8 Der Brand von 1842 zerstörte 310 ha zentrale Bausubstanz, viele öffentliche Gebäude und mehrere Kirchen: Lithographie, 1842

gung veränderten sich noch nicht so gravierend, weil die Einwohnerzahl in der Franzosenzeit von etwa 130 000 zunächst auf etwa 100 000 gesunken war und erst langsam zu steigen begann. Doch schon mußten die erst 1820 mitten in der Stadt errichteten neuen Fleischhallen am Hopfenmarkt 1840 durch einen neuen großen Schlachthof beim Johannisbollwerk ersetzt werden. Und auch die alten Wasserversorgungsleitungen mußten ergänzt werden, seit 1822 durch eine dampfgetriebene Elbwasserleitung ausgehend von St. Pauli, 1833 durch eine Alsterwasserleitung und 1840 durch die Smithsche Wasserkunst auf dem Grasbrook. Die Straßenbeleuchtung geschah dagegen noch mit einzelnen Öllampen. Die Entwässerung lief durch die Fleete.

Auch die Schiffslande- und Hafenplatzbedürfnisse schienen nach Beseitigung der Beschränkungen durch die alten Bollwerke zunächst mit den alten Anlagen befriedigt werden zu können. Allerdings benötigte man in den 30er Jahren bereits einen Anlegeplatz für Dampfschiffe elbabwärts. Er wurde vor dem Festungsring dort angelegt, wo heute noch die St. Pauli-Landungsbrücken liegen. Die Dampfschiffe elbaufwärts landeten vor dem Grasbrook.

Die Industrieansiedlung in der Handelsstadt war zunächst nur gering und wurde nicht gesteuert. Bestimmte Betriebe waren immer schon vor den Toren angesiedelt: Tranbrennereien am Hamburger Berg, Ölmühle und Glashütte beim Heiligengeistfeld, Werften auf dem Grasbrook. Kleinere Manufakturen wurden in der Stadt und den Vorstädten betrieben.

Doch eine neue Verkehrseinrichtung, die für den Hamburger Handel wichtig wurde, griff noch in dieser Phase vor dem Brande kräftig in die Stadtplanung ein: Die Eisenbahn von Hamburg nach Berlin, deren Hamburg-Bergedorfer Strecke 1842 eingeweiht wurde. Der von einer Aktiengesellschaft finanzierte Bahnbau verursachte eine neue Eindämmung des Hammerbrooks und den Bau des interessanten, von Chateauneuf entworfenen Berliner Bahnhofs.

Die Stadtentwicklungsphase von 1814–1842 ist danach dadurch gekennzeichnet, daß das erste Mal im Bewußtsein – wie Schumacher es nennt – „kulturell-baulicher Zwecke" planerisch entscheidend in diese Entwicklung eingegriffen wird. Bisher hatte der für die gesamte Entwicklung politisch verantwortliche Rat disponiert, um „technisch-wirtschaftliche" und z.T. „sozial-hygienische" Zwecke zu berücksichtigen. Auch jetzt blieb ihm dafür die Dispositionsmöglichkeit und wurde die Entwicklung – wenn auch nicht vordergründig – dadurch bestimmt. Doch die Einschaltung von auf die ästhetische Wirkung geschultem Fachverstand in die Planung städtischer Tief- und Hochbauentwicklung, d.h. Entfestigung, Geländeformierung, Gartenanlagen, Straßenführung, Platzgestaltung sowie – spezifisch für Hamburg – Wasserbeckengestaltung, Durchformung von Baumassen und Entwurf von exzeptionellen öffentlichen Bauten, führte – parallel zu anderen deutschen Großstädten – zur Städteplanung durch den Baukünstler – wie Schumacher sie in seiner Schrift von 1920 verstanden haben wollte.

Gleichzeitig bewirkte das – im Gegensatz zu England – zunächst nur verhaltene Einsetzen der Entwicklung der Industrie und der Bevölkerungsvermehrung, daß die Probleme der Industrieansiedlung, der Zuordnung von Wohn- und Arbeitsplätzen, der Bau- und Wohnungsspekulation, des Verkehrs, der Ver- und Entsorgung nur ungenügend wahrgenommen wurden und niemand auf deren Explosion vorbereitet war.

1842 brach die Brandkatastrophe vom 5.–8. Mai über Hamburg herein, vernichtete 310 ha zentrale Bausubstanz, darunter fast alle öffentlichen Gebäude und zwei Hauptkirchen, und machte etwa ein Viertel der Bevölkerung obdachlos; die Angaben schwanken zwischen 20000 und 70000 bei einer Gesamteinwohnerzahl von etwa 160000.

Die Bauverwaltung, die zunächst unmittelbar mit organisatorischen Aufgaben des Katastrophenschutzes betraut war, hatte als erstes Räumungsarbeiten und die Wiederherstellung des Wasserflusses in den zugeschütteten Fleeten zu organisieren. Darauf wurden in aller Eile Unterkünfte in öffentlichen Gebäuden und Zeltlager errichtet. Schließlich baute man im Inneren der Stadt, auf dem Johannisplatz, dem Jungfernstieg, dem Glockengießerwall und der Esplanade Budenreihen für dreijährige Dauer sowie vor dem Dammtor, vor dem Steintor und im Hammerbrook ganze Budenstädte mit Notwohnungen für 25jährige Dauer. Feste Mieten sollten dem Mietwucher entgegenwirken.

Die Bevölkerung Hamburgs, die bis dahin zum allergrößten Teil noch in der Stadt gewohnt hatte, wurde hier das erste Mal auf Unterbringungsmöglichkeiten außerhalb verwiesen. Bisher hatte die Verteilung der kleinen städtischen Grundstücke und Wohnbauten eine Mietwirtschaft nur in engem Rahmen zugelassen. Jetzt eröffnete sich die Möglichkeit für eine größer angelegte Boden- und Mietwohnungsspekulation außerhalb der alten Grenzen.

Rat und Bauverwaltung richteten die Hauptaufmerksamkeit auf den Wiederaufbau des abgebrannten Bereiches der Stadt. Gleich nach dem Brand wurde der 34jährige englische Ingenieur William Lindley beauftragt, einen neuen Bebauungsplan aufzustellen. Er war bereits während seines Studiums in Hamburg gewesen, hatte sich in England an Eisenbahn- und Flußkorrekturprojekten beteiligt, war seit 1834 mehrfach als Gutachter über Eisenbahnprojekte in Hamburg zugezogen worden und seit 1838 für den Bau der Hamburg-Bergedorfer Bahn, die dafür notwendigen Landesvermessungs-, Kanalisations- und Dammbauarbeiten verantwortlich gewesen. Vier Tage nach dem Brande legte er die erste Skizze vor und arbeitete sie gemeinsam mit Heinrich und Wimmel zu einem ersten Plan aus. Zur Beratung dieses Planes wurden am 17. Mai noch der Wasserbaudirektor Hübbe sowie die Privatarchitekten Chateauneuf, Ludolff und Klees-Wülbern zugezogen. Sie bildeten gemeinsam die „Technische Kommission", die am 18. Mai ihre erste von insgesamt 121 Sitzungen abhielt. Vom 21. bis 27. Mai

nahm auch der in Altona geborene Gottfried Semper, Professor in Dresden, an den Beratungen teil. Außerdem haben der Architekt Reichardt sowie die Experten Dr. Henckell und Dr. Glaeser zeitweilig in der Kommission mitgewirkt.

Großzügig und kühn setzte sich der erste Lindleysche Plan über die bisherige Struktur des abgebrannten Gebietes hinweg. Er unterstellte von vornherein, daß ein neuer Plan nicht ohne eine umfassende Grundstücksenteignung und -umlegung zu gewinnen sei. Wie selbstverständlich vollendete er die begonnene Rahmung der Binnenalster durch aufgeschüttete Promenaden an deren vierter Seite. Über die unregelmäßige Struktur von Grundstücksgrenzen und Gassenverläufen legte er ein freies System geradliniger Straßen und geometrisch umgrenzter Baublöcke hinweg. Der Standort der Börse wurde zum sogenannten Staatsbautenplatz bestimmt, in dessen Nähe sich die Bauten der Regierung, der Verwaltung, des Gerichtswesens, der Post konzentrieren sollten. – Aufgrund dieses Entwurfes konnte der Senat bereits nach wenigen Tagen klare Programmpunkte für die weitere Planung formulieren.

Nach Gegenentwürfen von Chateauneuf und Semper, die von Julius Faulwasser, Fritz Schumacher und Hans Speckter ausführlich analysiert worden sind,[5] kam es am 27. Mai, drei Wochen nach dem Brand, zu einer ersten gemeinsam veröffentlichten Variante des Lindleyschen Planes, aus dem sich bis zum 15. August der von der Kommission unterzeichnete und von der dafür gebildeten Rat- und Bürger-Deputation verabschiedete endgültige Plan entwickelte. Mit Ausnahme der Situierung von St. Nikolai und Hopfenmarkt ist er im wesentlichen – wenn auch mit gewissen Zeitsprüngen – so ausgeführt worden.

Das vierte Ufer der Alster sollte zum Alsterdamm aufgeschüttet werden; dieser sollte sich über den Wall zur Promenade an der Außenalster fortsetzen. Damit wurde die Alster endgültig in das Stadtbild einbezogen. Die Binnenalster erhielt nur noch einen Ausfluß zur Kleinen Alster hin. Diese – das Prunkstück der Architekten – war als größeres Wasserbecken am Staatsbautenplatz geplant. – Um die Verbindung von Staatsbauten, Platz, Kleiner Alster und Binnenalster kreiste vor allem seit den Semperschen Idealskizzen die Phantasie der Architekten. Diese Kombination, nach den Vorstellungen Sempers und Chateauneufs an der venezianischen Piazza San Marco ausgerichtet und durch Maacks Treppe in der Kleinen Alster, Chateauneufs Alsterarkaden und den späteren Rathausbau ergänzt, war es vor allem, die Lichtwarks Stolz erregt und Schumachers Bezeichnung „Kunstwerk Hamburg" ausgelöst hat.

Der gesamte Wiederaufbaubereich wurde zu einem Tätigkeitsfeld zahlreicher verschiedener Architekten, die Hamburg zu einem Zentrum romantischer Baukunst machten. Nicht nur das zentrale Alsterbecken- und Platzensemble mit den noch heute charakteristischen Alster-Arkaden, sondern der Charakter der Alsterfassaden, der neuen Straßen sowie zahlreicher Einzelbauten waren charakteristische Arbeiten des romantischen Historismus dieser Zeit.

Für die Zukunft der Stadt von größerer Bedeutung als diese gestalterischen Maßnahmen im Hochbaubereich waren jedoch die technischen und juristischen Vorbedingungen, die für sie geschaffen werden mußten, und die über sie hinausgreifenden technischen und dispositorischen Maßnahmen, die nicht nur den Neubaubereich, sondern später auch die anderen Altstadtbereiche und die nähere und weitere Umgebung Hamburgs betrafen.

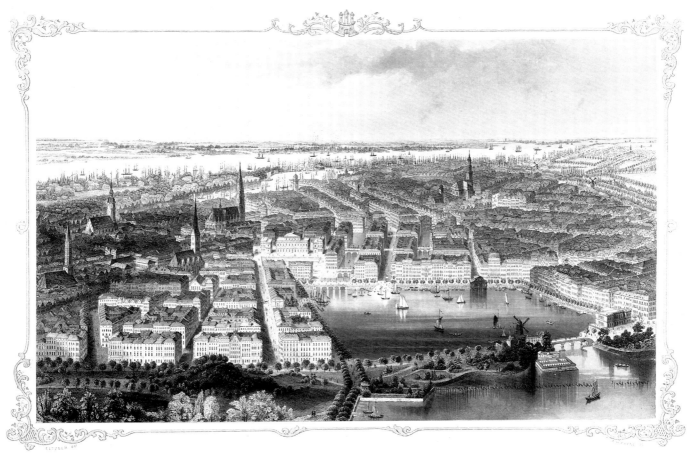

9   *Nach dem Brand konnte das Stadtzentrum großzügig neu angelegt, die Binnenalster ganz einbezogen werden: Stahlstich von H. A. Payne, um 1860*

Bis zu dieser Zeit hatte es keine exakten Pläne der Stadt gegeben, nach denen man die neue Planung hätte vornehmen können. Der Brand wurde deshalb die Ursache für eine genaue Vermessung, die auch die vom Brand verschonten Stadtgebiete einbezog und der eine Kartierung der Landgebiete folgte.

Grundlage für die Neuplanung waren außerdem die Umverlegung und der Austausch der verwinkelten Grundstücke. Dazu mußte ein Enteignungsgesetz ausgearbeitet werden, das Vorbild für alle späteren Planungen wurde.

Unter dem frischen Eindruck des Brandes erließ man für den Wiederaufbau des abgebrannten Bereiches neue bau- und feuerpolizeiliche Vorschriften, die ebenfalls erst später Schule machten.

Von besonderer Bedeutung wurden – neben der Berücksichtigung verkehrspolitischer Überlegungen – alle neuen Lösungen für die Probleme der Ver- und Entsorgung. – Hamburg entschied sich lange vor allen anderen deutschen Städten für ein Schwemmkanalisationssystem. – Zum ersten Mal entstand ein zentrales städtisches Pumpwerk, die Wasserkunst in Rothenburgsort, die das ganze Stadtgebiet und die Vororte mit Wasser versorgen konnte. – Sowohl für die Beleuchtung der Straßen und öffentlichen Gebäude wie für die Versorgung der Privathäuser mit Gas wurde eine Gasanstalt auf dem Grasbrook angelegt.

Solche Ver- und Entsorgungsmaßnahmen bedeuteten z.T. bereits ausgreifende stadtplanerische Dispositionsmaßnahmen. Mit ihnen waren weitere gekoppelt. – Eine Mühlenneuplanung ermöglichte z.B. die Senkung des Alsterwasserstandes um etwa einen Meter. Dadurch wurde der gesamte alsterangrenzende Bereich von Harvestehude und Uhlenhorst ausgehend zu trockenem Baugelände, das die Bebauung und natürlich auch die Bauspekulation ermöglichte.

Auch in der Billeniederung wurden größere Landflächen durch Aufschüttung und Kanalisierung trockengelegt. Dadurch wurde zunächst die größere bebaubare Fläche des inneren Hammerbrook geschaffen, die wegen der Nähe zur Bahn und zum Fluß die Industrieansiedlung begünstigte.

Das Walker-Lindley-Hübbesche Projekt eines ausgedehnten Dockhafens auf dem Grasbrook mit Deichschutz für die niedrig gelegenen Stadtteile wurde zwar nicht ausgeführt, legte aber den Grund für alle späteren Überlegungen zur Ausdehnung des Hafens innerhalb dieses Bereiches.

Die technische Kommission hatte auf diese Weise mit ihren Maßnahmen und Vorschlägen also die gesamten Gebiete im Norden, Osten und Süden des ehemaligen Festungsringes für bestimmte Zwecke disponiert.

Ihre Dispositionen wurden im einzelnen durch die Entwicklung privater Aktivitäten ausgefüllt: Die alsternahen Gebiete wurden teure Wohngegenden. Die weiter zurückgelegenen, aber durch das Alsterkanalnetz erschlossenen Gegenden erlaubten

Die Stadt als Kunstwerk?

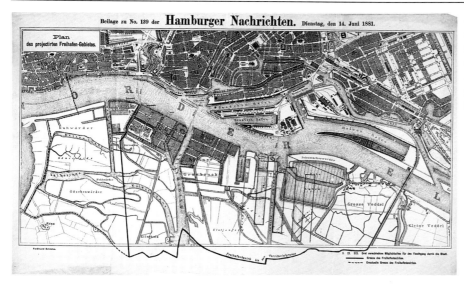

10 Nach dem Brand diskutiert, aber erst in den 60er Jahren angegangen – die Neukonzeption des Hamburger Hafens. Die Anlage eines zollfreien „Freihafen"-Gebietes war die Konsequenz aus dem Anschluß Hamburgs an das Reich: In den „Hamburger Nachrichten" publizierter Plan von 1881

Manufaktur- und Kleinindustrie und Arbeiteransiedlung. Der Hammerbrook entwickelte sich zum Industriebereich, die umliegenden Gegenden wurden Arbeiterwohnbereiche. Der Grasbrook ermöglichte Industrieansiedlung und wurde Erweiterungsgelände für den Hafen.

Als letzte große planerische Maßnahme legte die Technische Kommission schließlich im Januar 1845 den Entwurf für ein „Allgemeines Baupolizei-Gesetz" vor, das sich auf den gesamten Stadtbereich beziehen und insbesondere einer nicht zu verantwortenden Mietwohnungsspekulation gewisse Schranken setzen sollte. Dieser Entwurf scheiterte zwar an der hauptsächlich aus Grundeigentümern bestehenden Erbgesessenen Bürgerschaft. Er setzte jedoch ein Zeichen für die Zukunft.

Ende 1845 löste sich die Technische Kommission auf. Mit ihr hatten sich Rat und Baudeputation unter dem Druck der Notwendigkeiten und offenbar in klarer Erkenntnis der Erfordernisse ein Planungsinstrument geschaffen, das die Kompetenzen der bisher verantwortlichen Architekten und Bauingenieure Wimmel und Heinrich mit denen der bewährtesten Hamburger Architekten sowie denen des zuständigen Wasserbauspezialisten, außerdem eines alle englischen Ingenieurkenntnisse einbringenden Technikers sowie medizinischer und juristischer Fachleute vereinte. Ein Gremium also, das in der Lage war, in diskursivem Verfahren Probleme der allgemeinen Funktionszuordnung, der technischen Grundlagen wie des Wasserbaus, der Trinkwasserversorgung, der Gasversorgung, der Kanalisation, der Straßen- und Verkehrsplanung, der Expropriationsregelung und der architektonischen Gesamtgestaltung eines neu zu schaffenden Stadtzentrums, aber auch der damit verbundenen Disposition des übrigen Stadtraumes zu bewältigen. Ein solches Planungsinstrument hatte zu dieser Zeit keine andere Stadt.

Um so bedauerlicher war es, daß dieser Kommission zunächst nichts Gleichwertiges nachfolgte. Nach den politischen Bewegungen von 1848 kamen erst 1860 wieder verfassungsmäßige Gremien zustande, die die liegengebliebenen Probleme aufgreifen konnten. Erst 1867 wurde eine konsequente Verwaltungsreform durchgeführt, die die Zusammenlegung der Kompetenzen der Bau- und der Schiffahrts- und Hafen-Deputation sowie der Stadtwasserkunst erreichte und der neuen Gesamtdeputation einen entsprechenden Beamtenapparat zuordnete, der insgesamt die neu als zusammengehörig erfahrenen Stadtplanungsprobleme angehen konnte.

Bis zu diesen Reformen verlief die Stadtentwicklung langsam und insgesamt ungeregelt. Das Stadtinnere wurde kaum wesentlich verändert. Es vollzog sich jedoch eine unkontrollierte Entwicklung der Zunahme des Schiffsverkehrs, der Anlage neuer Eisenbahnen, der Anfänge zahlreicher unterschiedlicher Manufaktur- und Industriebetriebe. Dies hatte den Zuzug der notwendigen Arbeitskräfte, die unkontrollierte Unterbringung der neuen Massen in den provisorisch weiter ausgebauten inneren Stadtbereichen und in den spekulativ errichteten ersten Mietwohnungen in den Vororten zur Folge. Die Aufhebung der Torsperre 1860 wurde deshalb bereits eine Notwendigkeit und bewirkte weitere Ansiedlung außerhalb der alten Grenzen. In immer stärkerem Maße stellten sich deshalb auch innere Verkehrsprobleme der Personenbeförderung heraus.

Im Mittelpunkt der neuen Aktivitäten nach 1860 standen die Lösungen der drei liegengebliebenen planerischen Grundprobleme: systematische Vergrößerung des Hafens und des Zubringerverkehrs sowie Ausweisung der dafür reservierten Flächen, Schutz des immer größer werdenden besiedelten Marschgebietes der Stadt gegen Sturmfluten, Lenkung des anwachsenden, bisher unkontrollierten privaten Bauwesens durch gesetzliche Regelungen.

1862 entschied die Bürgerschaft über die Zukunft des Hafens entsprechend dem Plan des neuen Wasserbau-Direktor Dalmann. Seine Grundzüge waren Freihaltung der Elbe von Überbrückungen im Bereich des Seeschiffsverkehrs, Nutzung des Grasbrooks und der gegenüberliegenden Elbinseln für die Hafenanlage, offene Tidehäfen mit unmittelbarem Verkehr zwischen Schiff, Kai, Straße und Bahn, Erschließung des Uferrandes der Stadt für den Verkehr mit dem Hafen, umfangreiche Bahnanlagen, breite Straßendurchbrüche bis in die Mitte der Stadt. Diese Beschlüsse haben die Disposition der Flächen südlich der Altstadt und die ganze weitere Entwicklung des Hafens – weit über die Diskussion des Zollanschlusses von 1880 hinaus – bestimmt. Seit 1866 wurde erstmals das Anlegen der Schiffe am Kai und das unmittelbare Verladen mit dem Kran auf die Bahn möglich.

Im Zusammenhang mit der Hafenkonzeption stand die Lösung

Die Stadt als Kunstwerk?

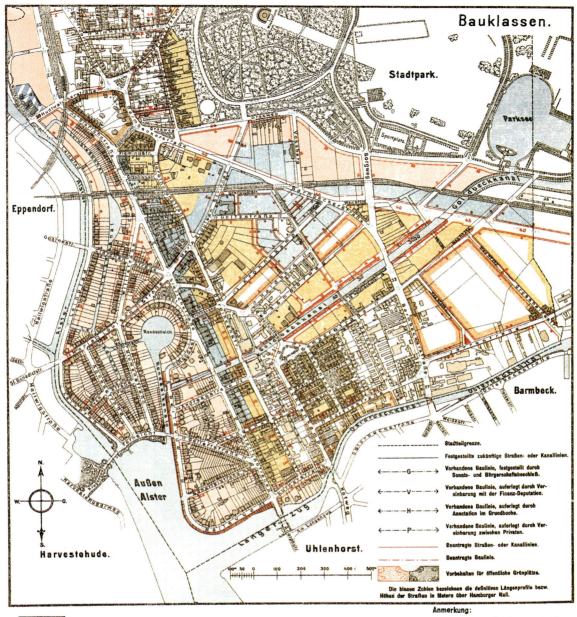

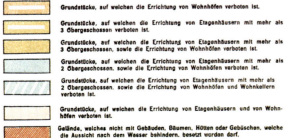

11 Der 1892 gesetzlich verankerte Generalbebauungsplan war das Ergebnis der Anstrengungen, das Gesamtgebiet der sich ausdehnenden Stadt planerisch zu disponieren. Er hat die Sozialtopographie der Stadt bis in die Gegenwart vorgeprägt: Plan aus der Rechenschaft legenden Publikation „Hamburg und seine Bauten", 1914

der Deichfrage: Der Überflutungsgefahr sollte nicht durch Eindeichung, sondern durch Aufschüttung des bebauten und zu bebauenden Gebietes begegnet werden. Statt eines Eindeichungssystems wurde deshalb ein Aufschüttungsplan entwickelt, der es erlaubte, in jahrzehntelanger Arbeit zunächst die noch unbebauten Flächen, insbesondere der Industrieansiedlungsgebiete und die Hafengebiete, später die mit Altbauten bestandenen Teile des alten Stadtkerns im Zusammenhang mit Sanierungsmaßnahmen durch Aufschüttungen zu erhöhen. Diese Beschlüsse hatten mittelbar zur Folge, daß die Ansiedlung von Industrie im trockengelegten Bereich des Hammerbrook, auf dem spekulativ zu erwerbenden Gebiet am Billwerder Ausschlag bis zum Billbrook sowie am gegenüberliegenden Elbufer von Steinwerder bis zur Veddel in Form systematischer Disposition dieser Flächen fortgesetzt wurde.

Die neuen Dispositionen hatten in immer stärkerem Maße eine Trennung der Arbeitsstätten Hafen und Industriebetriebe vom bewohnten Stadtgebiet zur Folge: Einerseits bewirkte das eine Trennung von Speicher, Kontor und Wohnhaus des Kaufmannes bzw. des neuen Industriellen, andererseits wurde die Entfernung vom Arbeitsplatz zum Wohnbereich des Arbeiters immer größer. Zugleich bahnte sich die Entleerung der Altstadt und die neue City-Bildung an.

Kaufleute und Industrielle folgten immer mehr dem Beispiel der wenigen, die schon früher Sommersitze auf dem Lande gehabt hatten und bauten sich Villen oder kleinere Einzelhäuser außerhalb der Wallanlagen, zogen sich also aus dem zentralen Stadtgebiet zurück, hinterließen dort aber ihre Geschäftsstellen. Die sich vermehrende Arbeiterschaft wurde eine Zeit lang noch stärker und hygienisch bedrohlicher im Stadtinneren und in den Vorstädten St. Georg und St. Pauli zusammengedrängt, begann aber ebenfalls in die neuen Wohngebiete außerhalb der neuen Villenvororte auszuziehen oder wurde mit den neuen Betriebswohnbauten in die Nähe der neuen industriellen Arbeitsplätze gezogen.

In der Stadt entstanden neue Geschäftsstraßen. Zu ihnen gehörte die nach privatem Grundstücksankauf in den Gängevierteln angelegte Wexstraße mit ihren neuen Geschäftsbauten. Vor allem aber der Durchbruch der Colonnaden vom Jungfernstieg zur Esplanade schuf eine Ladenstraße neuen Stils.

Zu dieser Zeit entwickelte sich ausgehend vom Bankgebäude der 40er Jahre und vom gemischten Geschäftshaus das reine Kontorhaus, in dem sich Läden oder Restaurants und darüber Etagen mit Kontoren befanden – Häuser, in denen nur noch die Kastelane wohnten. Ebenso liegen in dieser Zeit die Anfänge des Warenhauses, das sich in zahlreiche Zwischenformen aus dem vergrößerten Ladengeschäft und dessen Ballungen wie in der frühen Passage am Jungfernstieg entwickelte – ebenfalls ein Bautyp ohne ständige Bewohner.

Von den öffentlichen Gebäuden, die Stück für Stück die Wallanlagen besetzten, seien genannt die Kunsthalle von 1868 mit ihrer späteren Ergänzung sowie ihre Verwandten, das Museum für Kunst und Gewerbe und das Museum für Hamburgische Geschichte, der Komplex von Justizbauten und Gefängnisbauten oder die Deichtormarkthallen.

Von größter Nachfolgewirkung wurde die Verlegung der Hamburg-Altonaer Verbindungsbahn durch die Wallanlagen. Das Netz der privat finanzierten Bahnen hatte sich bereits entwickelt: 1844 war die Bahnstrecke Altona–Kiel fertiggestellt worden, 1846 die Strecke Hamburg–Berlin, 1847 die Strecke Harburg–Hannover, 1865 die Strecke Hamburg–Lübeck. 1865–1867 wurden diese Bahnen durch die Hamburg-Altonaer Strecke verbunden. Diese Verbindung führte schließlich zur Kombination aller vom Hafen, von Harburg, von Berlin, von Lübeck kommenden Gleise und – nach Aufgabe der früheren Bahnhöfe – zur Anlage des Hauptbahnhofs.

12 Die Bahnstrecken Altona-Kiel, 1844, Hamburg-Berlin, 1846, Harburg-Hannover, 1847, Hamburg-Lübeck, 1865, mit verschiedenen Endbahnhöfen wurden 1865 entlang der Hamburger Wallanlagen miteinander verbunden. Der Hauptbahnhof vereinigte 1906 alle Anschlüsse und definierte die City neu: Photographie von 1910

Wesentlicher für die City-Bildung waren jedoch systematische Eingriffe zum Schaden der verbliebenen Wohnbevölkerung. Ein erster solcher Eingriff in die Altstadt im Interesse „wirtschaftlich-technischer Zwecke" waren die Maßnahmen zur Realisierung des Zollanschlusses der Stadt nach 1880. Eine Freihandelszone sollte vom übrigen Stadtbereich abgetrennt werden. Dafür gab man den ehemals umfestigten im 17. und 18. Jahrhundert bebauten und dicht bewohnten Bereich des Brooks als Wohnbereich auf, trennte ihn durch den Zollkanal ab und isolierte so ein großes, nur für Hafen-, Speicher- und Zollanlagen bestimmtes Areal. Die Wohnbereiche mit ehemals stattlichen Barockbauten, in denen 24000 größtenteils handarbeitende Einwohner in großer Nähe ihres Arbeitsbereiches gelebt hatten, wurden abgeräumt und für den neuen Zweck verplant. Relativ rasch konnten darauf die charakteristischen Backsteinbauten der sogenannten Speicherstadt errichtet werden. Systematischen Ersatz für den vernichteten Wohnraum dagegen schuf man nicht. Die vertriebenen Bewohner wurden der fast unkontrollierten Mietwohnungsspekulation überantwortet.

Weitere tiefgreifende Veränderungen entstanden mit den Sanierungsmaßnahmen nach der Cholera-Epidemie von 1892. Trotz aller Wandlungen waren immer noch Teile der Altstadt unberührt geblieben, an denen als Wohnbereichen die Bevölkerung zäh festhielt und in denen sie immer mehr zusammengedrängt wurde. Gerade in diesen Bereichen waren die Wohnverhältnisse wegen des Zustandes der Bauten aus dem 17. und 18. Jahrhundert und der starken Überbelegung häufig die elendigsten. Dies waren deshalb auch die von der Cholera am meisten betroffenen Bereiche. Auf sie konzentrierten sich die Erhebungen der sogenannten Sanierungskommission. An drei Stellen bezeichnete sie die Wohnungen als unbrauchbar: im Steinstraßenviertel der östlichen Altstadt, im Gängeviertel der nördlichen Neustadt und im Hafenviertel der südlichen Neustadt. Für diese Bereiche wurden deshalb Sanierungspläne erarbeitet.

Im tief gelegenen und ständig überfluteten Hafengebiet sollte mit einem Musterprojekt begonnen werden. Grundsatz war, die dort ansässige Bevölkerung in einem komplizierten Verfahren während der Abriß-, Aufschüttungs- und Neubauarbeiten zwar umzulegen, aber nicht zu vertreiben. Die Absicht, hier das erste Mal überhaupt planmäßig verfolgt, scheiterte jedoch. Die etwa 20 000 Bewohner siedelten zum Großteil in die neuen Arbeiterviertel aus. Nach langwierigen Arbeiten kamen nur 14 000 einer besserverdienenden Gruppe angehörige Neubewohner zurück. Die staatlichen Investitionen von etwa 20 Millionen Mark damaliger Währung gingen verloren.

Vielleicht ging deshalb die Sanierungskommission unter dem Vorsitzenden Dr. Mönckeberg bei dem nächsten Projekt, dem Steinstraßenviertel, um so rücksichtsloser vor. „Die Bebauung in diesem Teile der Altstadt war außerordentlich mangelhaft, so daß die beschleunigte völlige Niederlage der gesamten Bebauung nicht nur gerechtfertigt, sondern im Interesse der Stadt geboten war", hieß es 1914 in „Hamburg und seine Bauten". „Die Eröffnung der Hoch- und Untergrundbahn erschloß neue Wohnviertel in den Außenbezirken und damit konnte die Sorge um die Unterbringung der zu entfernenden Bewohner zurückgestellt werden gegen die Pflicht, den gesundheitlichen Gefahrenpunkt inmitten der Stadt so schnell wie möglich zu beseitigen."[6] Hier entstand das für Hamburg noch heute charakteristische Geschäftsviertel um den großen Mönckebergstraßendurchbruch und später das Kontorhausviertel.

Die Folgen der ersten großen Zerstörung eines Wohngebietes haben der Baupolizeigesetzgebung in den 80er Jahren offenbar einen Anstoß gegeben. 1866 hatte man sich – nach dem ersten Scheitern von 1845 – zu einer halbherzigen Gesetzgebung genötigt gesehen. Sie wurde zunächst nur für die Stadt und die Vorstädte St. Georg und St. Pauli erlassen – in Verkennung der Gefahr der Bauspekulation gerade außerhalb dieser Zone. Im wesentlichen enthielt sie feuerpolizeiliche Regelungen. In den Bestimmungen für die Anlage von sogenannten Wohnhöfen ging sie jedoch – wenn auch zaghaft – auf eine der großen Mißstände des hamburgischen Städtebaus ein. Im Interesse größtmöglicher Überbauung ungenügend erschlossener langer schmaler Grundstücke, hatte man hinter den Wohnhäusern an den Straßenfronten lange Reihen von zusammengepferchten Hinterhäusern errichtet, die jeweils durch schmale Torwege erreichbar waren. Die Verhältnisse dieser Wohnhöfe und die Dichte ihrer Belegung hatten sich nach dem Brand und bis zur Torsperre mit der zunehmenden Einwohnerzahl verschlimmert. Das Gesetz von 1866 versuchte wenigstens, Mindestvorschriften für die Neuanlage solcher Wohnhöfe zu machen. Die Tatsache, daß schon 1872 die Vorschriften auch auf die Vororte ausgedehnt wurden, zeigt, daß sich die Mißstände auch dort ausbreiteten.

Mit der Zollanschlußsanierung müssen die Verhältnisse so unerträglich geworden sein, daß 1882 ein neues Gesetz erlassen wurde. Das Wesentliche daran waren Vorschriften für Wohngebäude und Wohnräume, Bestimmungen über Luft und Licht, Vorschriften über die Breite von Gängen, Maßregeln für die Anlage von Kellerwohnungen. Dennoch – und offenbar, weil diese Regelungen nur für Neubauten galten – konnte es 1892 zur Cholera-Katastrophe in den Gängevierteln der Altstadt kommen. Erst die Ausmaße dieser Katastrophe gaben einen weiteren Anstoß zu einer Reihe von gesetzlichen Maßnahmen zur Regulierung der Bauspekulation. Durch sie wurden zugleich weitere Instrumente einer Systematisierung von Stadtplanung geschaffen. 1893 bewirkte eine Novelle zum Polizeigesetz eine Ergänzung und erhebliche Verschärfung der Vorschriften. Eine weitere Novelle von 1896 führte eine geordnete behördliche Prüfung und Aufsicht dieser Vorschriften ein. Von 1899 bis zum 1. Weltkrieg lief der Gesetzgebungsprozeß für ein völlig neues Baupolizeigesetz; seine Dauer weist auf erhebliche Interessengegensätze hin. 1892 wurde ein erstes Bebauungsplangesetz verabschiedet. 1898 erschien ein Wohnungspflegegesetz, das die Überwachung der gesundheitsmäßigen Beschaffenheit und Benutzung aller Wohn- und Schlafräume regelte und für bestimmte Bezirke Wohnungspfleger einsetzte. 1902 wurde – wegen des Mangels an Arbeiterwohnungen – ein Gesetz zur Förderung des Baues kleiner Wohnungen erlassen, das den Aufbau der neuen dicht bevölkerten Arbeitervororte Barmbek und Eimsbüttel beeinflußt hat. 1912 endlich erschien auch ein Baupflegegesetz, das bereits ästhetische Kriterien berücksichtigte und die Vorstufe des heutigen Denkmalschutzgesetzes darstellt. Dieses Bündel von gesetzlichen Regelungen erst schuf die städteplanerischen Instrumente, die zur Zeit Fritz Schumachers gehandhabt werden konnten.

Für die Gesamtausdehnung der Stadt wurde das Bebauungsplangesetz das Wichtigste. Bereits in den 1870er Jahren hatte die sprunghafte Zunahme der Bevölkerung und die unkontrollierte Zunahme der Bebauung außerhalb der inneren Stadt zu der Erkenntnis geführt, daß die Aufstellung und gesetzliche Festlegung eines Bebauungsplanes notwendig sei. Schon in dieser Zeit wurde deshalb ein General- und Stadterweiterungsplan für die damaligen Vororte am rechten Elbufer in Auftrag gegeben, „der den Zusammenhang der einzelnen Teile sichern sollte, die das ganze Gebiet berührenden Anlagen, Eisenbahnen, Kanäle und die wichtigsten Grundgedanken festlegen sollte",[7] die Innenstadt und den Bereich des Hafens und der Industrieanlagen auf dem hinteren Elbufer aber ausließ. Dieser 1889 fertiggestellte und 1892 gesetzlich verankerte Generalplan wurde die Grundlage für Hamburgs weitere Entwicklung in allen Vororten.

Die Hauptausfallstraßen verband er durch drei Ringstraßen, einen inneren Ring entlang der Wallanlagen, einen mittleren Ring um die Binnen- und Außenalster, einen äußeren Ring entlang des Hafenbereiches und durch alle weiteren immer dichter besiedelten Vororte um die Stadt herum.

Der Plan fixierte auch die Alsterbecken in ihrer späteren Form, außerdem das Kanalsystem der Nebenflüsse Isebeck, Eilbeck, Osterbeck und Goldbeck, legte aber gleichzeitig fest, daß kein unbegrenzter Warenverkehr über die Alster zugelassen werden könne und diese in erster Linie dem Personenverkehr und dem Wassersport dienen sollte.

Wichtig und vorausschauend gelöst war vor allem auch die Einplanung von Bahnlinien, die die ständig wachsenden Stadtteile miteinander verband. Über die schon vorhandenen Fernstrecken und die Verbindungsbahn hinaus wurde deshalb sowohl eine Bahn konzipiert, die den neuen Zentralfriedhof in Ohlsdorf, wie die Stadtteile Hammerbrook, St. Georg, Hohenfelde,

Die Stadt als Kunstwerk?

13 Zu „Hamburgs hervorragenden Baudenkmälern" zählten die Zeitgenossen die historischen Bauwerke ebenso wie die Bauten des 19. Jahrhunderts. Zwischen klerikalen und profanen Repräsentationsbauten, Zweckbauten und Technischen Bauten wurde kein Unterschied gemacht: Lithographie von Buchwald, 1891

Eilbeck und Barmbeck erfaßte, wie eine eigentliche Stadtbahn als Ringlinie durch alle um die Alster liegenden Vororte.
Außer den für die bauliche Entwicklung wichtigen Straßen- und Baulinien wurden bereits die für öffentliche Grünanlagen und Spielplätze bestimmten Flächen festgelegt; dazu gehörte auch schon die in die Nähe des bald einwohnerstärksten Arbeitervorortes Barmbeck verlegte Fläche des Stadtparkes.
Bestimmend für das Gesicht der Architektur der neuen Stadtteile wurde jedoch die Einteilung dieser Gebiete in drei Arten gewerblicher Bezirke: des grünen Bezirkes, in dem die Errichtung von Fabriken und Geschäftsbetrieben generell verboten war, des gelben Bezirkes, in dem die Errichtung bestimmter Betriebe verboten war, des weißen Bezirkes, in dem Fabriken und Betriebe jeder Art zugelassen waren.
Zu dieser Grobeinteilung kam die Einteilung in Bauklassen: diejenige, die an landschaftlich bevorzugten Gebieten, etwa um die Außenalster herum, nur für Einzelhausbebauung vorgesehen blieb, diejenige, die zwischen Einzelhausbebauung und Etagenhäusern vermittelte, diejenige, die nur bis zu zweistöckige Etagenhäuser vorsah, diejenige, die nur Etagenhäuser erlaubte und diejenige, die Etagenhäuser und Wohnhöfe zuließ. Eine solche Einteilung der Stadt, die etwa dem zeitgenössischen auf die Besitzverhältnisse zurückgehenden Mehrklassen-Wahlrecht entspricht, ist noch heute erkennbar und für die Stadtstruktur und Sozialtopographie außerhalb der Innenstadt bestimmend geblieben.
Die Stadtplanung im 19. Jahrhundert war mit diesen weit ins

20. Jahrhundert hineinreichenden Maßnahmen abgeschlossen. In der Zeit von etwa 1814 bis 1914 stieg die Einwohnerzahl Hamburgs von 100 000 auf 1 Mio. In dieser Zeit hat sich die Entwicklung der Planungskompetenzen, der Planungsinstrumente, der Planungsmethoden vollzogen, die zur Grundstruktur des heutigen Stadtkörpers geführt hat. Diese Entwicklung hat nacheinander hervorgebracht und für die Gesellschaft nutzbar gemacht
– das ästhetische Bewußtsein der Baukünstler, Straßenbauer und Gartenplaner,
– das technische Vermögen der Siel-, Wasser- und Gasanlagen-Konstrukteure, der Straßen- und Bahnverkehrsexperten, der Wasser-, Deich- und Hafenbauer,
– das Koordinierungsbestreben derjenigen, die die komplizierten neuen Generalpläne erarbeitet haben,
– das vom Gesamten auf das Detail gehende Kalkül derjenigen, die das komplizierte juristische Instrumentarium entwickelt und praktiziert haben, um im Interesse der Gesamtplanung private Willkür einzuschränken und eine soziale Bindung des privaten Grundeigentums zu realisieren.
So gesehen ist das Ergebnis von Stadtentwicklung und Städteplanung ein soziales Kunstwerk. Jedoch nicht in dem vereinfachenden und auf womöglich autonome Schöpferkraft von einzelnen zurückgehenden Sinne, wie Schumacher es in seinem Aufsatz vom „Kunstwerk Hamburg" sehen wollte.

Volker Plagemann

Der große Brand

Auf einen schönen Himmelfahrtstag richteten sich die Hamburger im Jahre 1842 ein. Sie erlebten einen milden, heiteren Frühling. Im April hatte es kaum geregnet. Es lockte, zu flanieren und zu spazieren. Man spürte auch die Vorfreude auf die in der Art eines Volksfestes gedachte Eröffnung der Eisenbahnlinie nach Bergedorf: Spektakulärer Start des Dampfrosses „Hansa" zur Jungfernfahrt auf dem am Deichtor neu erbauten Bahnhof.

Am 5. Mai 1842 gegen ein Uhr aber, alarmiert vom Verwalter des Königlich-Hannöverschen Oberpostamtes, Ernst Winkelmann, der in seine Wohnung an der Deichstraße zurückgekehrt war,[1] riefen die Nachtwächter lauthals: „Fü-er! Fü-er in de Diekstraat!" Aus dem Speicher an der Stelle, die heute mit „Brandsanfang" bezeichnet ist, züngelten Flammen. Julius Faulwasser berichtet: „Der gewöhnliche Feuerlärm durch Rasseln und Ruf der Wächter, Signalschüsse der Soldaten auf den Wachen und Anziehen der Sturmglocken durch die Türmer, rief die durch Amt und Pflicht zur Hülfeleistung verbundenen Mannschaften schnell herbei, und bald nach 1 Uhr war auch bereits der Spritzenmeister Repsold an der Brandstätte erschienen. Genährt aber durch die gewaltigen Warenvorräte in den Speichern, nahm das Feuer schnell einen sehr bedrohlichen Umfang an."[2] Arrak, Schellack und Gummi in den Lagern wirkten wie Zunder.

Spritzenmeister Adolph Repsold, den Faulwasser so prompt zur Stelle meldete, war ein tüchtiger Mann: Sohn Johann Georg Repsolds, des viel gerühmten Begründers der Sternwarte, der nahezu drei Jahrzehnte das Amt des Stadt-Spritzenmeisters innehatte und den bei Löscharbeiten ein herabstürzender Giebel erschlug. Er begriff in der Himmelfahrtsnacht rasch, daß dem Feuer trotz des Einsatzes von 34 Land- und elf Schiffsspritzen mit Wasser allein nicht zu wehren war. Er kannte die Erfahrungen, die man mit Sprengungen bei Bränden in Charlestown und New York gemacht hatte. Ähnliches wollte er in Hamburg versuchen, nachdem das Feuer bis gegen fünf Uhr schon die Steintwiete erreicht hatte. Vertreter von Senat und Feuerkassendeputation indes verboten solche Aktionen; sie fürchteten, es müßten später hohe Entschädigungen an die Hausbesitzer gezahlt werden. Als sie gegen Mittag dann doch sprengen ließen, war es zu spät. Die Flammenwand, vom aufgefrischten Südwestwind immer heftiger angefacht, trieb breit auf die Innenstadt zu.

14 Das alte Hamburger Stadtzentrum, altes Rathaus, alte Börse, alter Krahn ging 1842 in Flammen auf: Lithographie von Otto Speckter, 1842

Angesichts des drohenden Unheils mutet die Gemütsruhe, mit der die Bürger wie gewohnt zum Gottesdienst gingen, grotesk an: „Stellt man sich das Getöse ... im Verein mit dem Geprassel der Flammen vor, so muß es fast Wunder nehmen, daß die Kirchenglocken die Feuerglocken übertönen konnten, sodaß sich die Gemeinden in den Kirchen zum Gottesdienst des Himmelfahrtstages versammelten."[3] In St. Nicolai wurde noch die Mittagspredigt gehalten. Wenig später hatte der Turm Feuer gefangen, um halb sechs nachmittags neigte er sich und stürzte dann langsam krachend in sich zusammen. Bis auf einiges Altargerät war nichts von den reichen Kunstschätzen dieser bedeutenden Hauptkirche geborgen worden.

Das Feuer fraß unaufhaltsam weiter und färbte die Nacht glutrot. Die zu spät zugelassenen Sprengungen konnten es nur noch eindämmen, nicht mehr aufhalten. Gegen halb drei Uhr am 6. Mai wurde das Rathaus an der Trostbrücke mit 800 Pfund Schwarzpulver in die Luft gejagt, nachdem die wichtigsten Akten, die Hypothekenbücher und die Unterlagen der Kämmerei in die Gewölbe von St. Michaelis hatten geschafft werden können. Am Graskeller, wo in der Frühe noch eine weitere Sprengung unternommen wurde, blieb der Brand stehen. Der umgeschlagene Wind trieb ihn aber über Mönckedamm und Alte Wallstraße hinweg übers große Fleet zum Alten Wall in Richtung Jungfernstieg.

Die eigenen Hilfskräfte und Möglichkeiten waren erschöpft. Aus den Nachbarschaften rückten schnell Löschtrupps an. Hilfe kam auch bald aus Lübeck, Lauenburg und Kiel, aus Harburg, Stade und Lüneburg; Schmidts optischer Telegraph Hamburg-Cuxhaven erwies sich für die Nachrichtenübermittlung als praktisch und nützlich. Ohne die vorgesehene große Feier wurde die Bergedorf-Eisenbahn

15 Die Brandruinen aufgenommen vom frühesten Hamburger Photographen in einer der ältesten erhaltenen Photographien: Daguerreotypie von Carl Ferdinand Stelzner, 1842

nun in Dienst genommen; sie brachte Obdachlose hinaus und schaffte helfende Menschen und Hilfsgüter herbei. Die an der Eisenbahn tätigen englischen Ingenieure stellten sich zur Verfügung. Hannöversche und preußische Artillerie unterstützte das hamburgische Militär beim Sprengen und Zerschießen. Die auswärtigen Soldaten verstärkten auch die überforderten hamburgischen Ordnungseinheiten. In der Stadt war Chaos.

Schien anfangs so etwas wie Ahnungslosigkeit zu herrschen, so brach dann umso ungestümer Panik aus. Das Feuer trieb die Obdachlosen durch die Straßen. Und schlimm trieb es das Gesindel, von Faulwasser als ,,ein neues feindliches Element" charakterisiert: ,,Horden mit Äxten drangen in die Häuser, deckten die Dächer ab oder nahmen von den Verlassenschaften Besitz; mehrfach vertrieben sie auch die Bewohner, indem sie ächzend mit leeren Pulvertonnen angeschleppt kamen, unter dem Vorgeben, daß das betreffende Haus gesprengt werden solle."[4] In den Wein- und Spirituosenlagern der Kaufmannsquartiere kam es zu wüsten Saufgelagen, an denen sich sogar Feuerwehrleute beteiligt haben sollen.

In rühmenswertem Gegensatz dazu stehen die Beispiele von freiwilliger Bürgerinitiative. Kraft Selbsthilfe der Anwohner wurde die Hauptkirche St. Katharinen gerettet. Mitten im Feuerkessel bewahrten zehn Männer die Neue Börse, die wertvolle Commerzbibliothek und mit ihnen sich selbst vor dem Untergang. Auch das neu erbaute Johanneum überdauerte dank besonnenem Handeln.

Am Jungfernstieg, den sonst das Feuer ganz fraß, wurden das Haus Salomon Heines und ,,Streits Hotel" gesprengt. Der Wind, der plötzlich drehte, lenkte die Flammen vom Gänsemarkt ab. Dafür wucherte der Brand nach Osten zwischen Pferdemarkt – heute Gerhart-Hauptmann-Platz – und Binnenalster. Die zweite Hauptkirche, St. Petri, fiel ihm am 7. Mai morgens zum Opfer, allen Rettungsanstrengungen zum Trotz. Auch die reizvolle St. Gertruden-Kapelle wurde zerstört.

Am 8. Mai erlosch der Brand nach 79 Stunden Dauer am nordöstlichen Wallring. Die heutige Straße Brandsende ist die erinnernde Markierung.

,,Über unermeßliche Ruinen hinweg er-

16   Nach dem Chaos der Brandkatastrophe versuchten die Obdachlosen sich selbst zu helfen, bevor städtische Notunterkünfte fertig wurden und eine so bisher nicht gekannte Wohnbauspekulation einsetzte: Aquarell von Johann Jacob Gensler, 1842

tönten die Sonntagsglocken ... Nachmittags spannte sich ein herrlicher Regenbogen über die Stadt ... wie zum Zeichen des wiederhergestellten Friedens."[5] Das Lebenszentrum der Hansestadt war verwüstet. Das Feuer legte 1202 Grundstücke in Schutt und Asche, machte mehr als 20 000 Menschen obdachlos und forderte 51 Menschenleben. Faulwasser konstatierte vergleichend: „Entsetzlich verwüstender als die hohen Wasserfluten der Jahre 1824 und 25, schlimmer durch ihre vernichtende Kraft als die Cholera der Jahre 1831 u. 32, wurde der Besitz der Bürger ergriffen von der ungeheuren Feuersbrunst".[6] Viele Millionen Mark damaliger Währung betrug der Sachschaden.

Die Not der Betroffenen abzuwenden, kam weltweite Unterstützung. Aus hamburgischem Impuls entstand ein Hilfsverein, der die Voraussetzungen für eine Unterstützungsbehörde schuf. Zelte zur Notunterkunft und Behelfsbauten für den Übergang („Buden") wurden auf dem Großen Johannisplatz – heute Rathausmarkt –, am Jungfernstieg, auf dem Glockengießerwall, vor dem Dammtor, dem Steintor und in Hammerbrook errichtet.

Einsichten in das Unglück? „Die Brandkatastrophe deckte wesentliche Mängel in der Stadtregierung auf: Es zeigte sich bei ihrer altertümlichen Struktur mit vielen Instanzen in notwendigen Entscheidungen die Schwerfälligkeit, die fehlende Übersicht".[7] „Daß auch die politische Verfassung der Stadt jetzt grundlegend erneuert werden müsse, war damals vielen Hamburgern klar. Eine von mehreren Bürgern im Juni 1842 verfaßte Eingabe machte den Rat darauf aufmerksam, wurde aber ungnädig als ‚vorlaut' und ‚jakobinischer Kram' beschieden. Die Zeiten seien nicht dazu geeignet, befand der Rat."[8]

Paul Theodor Hoffmann

Natürlicher Schmuck und schönste Zierde: Die Alster

Die Entwicklung des Hamburger Stadtgefüges ist ohne die Alster nicht denkbar. Es sind die besonderen topographischen Gegebenheiten ihres in die Elbe mündenden Unterlaufs, der die Anlage der Hansestadt über die Jahrhunderte prägte und der im 19. und 20. Jahrhundert zum Herzstück des Welthandelsplatzes wurde.

Als „Beförderer vieler Lustbarkeiten", der „Hamburgs Seltenheiten" mehrt, hatte schon Hagedorn den Alsterfluß im 18. Jh. besungen. Den Rang einer besonderen Sehenswürdigkeit hat er sich stets bewahrt: „Der natürliche Schmuck und die schönste Zierde Hamburgs ist die Alster", so kurz und bündig ein Reiseführer von 1927.

Die Stadt hatte sich im Mittelalter am Unterlauf der Alster entwickelt. Ihr größtenteils sumpfiges Niederungsgebiet war mit der Einrichtung einer in Höhe des Burstah gelegenen Mühle bereits im 11. Jh. zu einem großen Mühlenbecken aufgestaut worden. In der Mitte des 13. Jhs. trennte ein zweiter Mühlendamm an der Stelle des Jungfernstiegs die Kleine Alster als Mühlenkolk mit einer unregelmäßigen, weit in den Raum des späteren Rathausmarktes ausgreifenden Wasserfläche ab.

Gleichzeitig entstand nördlich davon ein ausgedehnter, höher gelegener Stausee. Seine Teilung in ein innerstädtisches Becken, die Binnenalster, und eine außerhalb der Tore gelegene, weitläufige Seefläche, die Außenalster, trat erst mit Anlage der sich halbkreisförmig um die Stadt legenden Festungswälle des 17. Jhs. ein. Zwischen zwei Bastionen wurde ein Damm durch das Wasser gelegt und ein verbleibender schmaler Durchfluß mit einem hölzernen Brückenbauwerk, der nach dem hier gelegenen städtischen Leihhaus so genannten Lombardsbrücke, verbunden. Gegenüber ihrer heutigen Ausdehnung nahm die Kleine Alster bis zum Großen Brand eine etwa doppelt so große Grundfläche von unregelmäßiger Gestalt ein. Ihr Wasser diente als reine Nutzfläche für die sich malerisch um ihre Uferkanten gruppierenden Häuser.

Auch die Binnenalster entwickelte sich in diesem Zeitraum in ihrer reinen Nutzungsfunktion als aufgestauter Mühlenteich, der Kornmühlen und Wasserkünste zu treiben hatte. Ausgangspunkt des Mühlenbetriebes war der bereits im 13. Jh. aufgeschüttete Damm, der spätere Jungfernstieg. Vor der Silhouette der Petri- und Jacobi-Kirchtürme bot der südöstliche Uferstreifen ein wenig geordnetes Bild mit hohen Häuserrückseiten, Stallungen, Schuppen und Gärten sowie gewerblich genutzten, sich ins Wasser vorschiebenden Spül- und Waschbäumen.

Das gegenüberliegende Ufer wurde zu dieser Zeit bestimmt von einer beschaulichen, bis ans Wasser sich erstreckenden Gartenlandschaft. Diese Privatsphäre wurde 1826–28 mit Aufschüttung eines längs des Uferstreifens verlaufenden, Jungfernstieg mit Lombardswall verbindenden Straßenzuges aufgelöst, ein erster zögernder Versuch, die Binnenalster in einen durchgehend öffentlich genutzten Rahmen von Straßen zu stellen, und damit die Wasserfläche als aktives Moment einer bewußten städtebaulichen Gestaltung zu verstehen.

Die 1827 endgültig zu einem Grüngürtel umgewandelten Wallanlagen bildeten im Bereich des Lombardwalls einen natürlichen Übergang zu den flachen Uferstreifen der knapp 3 km langen und bis zu 1 km breiten Wasserfläche der Außenalster. Seit ihrer Trennung durch die Wallanlagen entwickelten sich Binnen- und Außenalster in einem gewissen Wirkungsgegensatz. Hier das innerstädtische auf drei Seiten von Bebauung umgebende Bassin, dort die in die freie Natur ausgreifende Seelandschaft.

Erst die in Folge des Großen Brandes vorgenommene Neuplanung des weitgehend zerstörten Altstadtgefüges erhob die unterschiedliche Wirkungsweise von Binnen- und Außenalster zum städtebaulichen Prinzip. Die unmittelbar nach der Katastrophe einsetzende Planung des Wiederaufbaus zeigte von Anfang an, daß die Gestaltung der beiden innerstädtischen Alsterbecken, die Lösung ihres räumlichen Zusammenhangs mit dem

Börsengebäude und dem neu zu planenden Rathaus entscheidende Kristallisationspunkte des neuen Stadtzentrums bildeten.

Bestimmte, im technischen Bereich gelegene Festsetzungen waren für die Gestaltung des innerstädtischen Alsterlaufs von entscheidender Bedeutung. Die Konzentration der Mühlenbetriebe des Hauptwasserzuges auf eine städtische Wassermühle am Bleichenfleet ermöglichte eine zentrale Schleusenanlage, die den erheblich gewachsenen und weiter expandierenden Güterverkehr zwischen Elbe und den nördlichen Vorstädten gewährleisten konnte und gleichzeitig den Wasserstand der Außenalster so regulierte, daß bisherige Überschwemmungsgebiete in Harvestehude und auf der Uhlenhorst trocken gelegt und in Bauland verwandelt werden konnten.

Es mutet heute fast wie ein Wunder an, daß nur knapp vier Monate nach der Brandkatastrophe ein rechtsverbindlicher Wiederaufbauplan vorliegen konnte. Es ist wohl die besondere Meisterleistung der Planverfasser, daß es ihnen unter dem ungeheuren Druck der Ereignisse gelang, die vielen differierenden Planungsansätze, die unterschiedlichen in der „Technischen Kommission" vertretenen Auffassungen zu einem großen, städtebaulichen Gesamtentwurf zusammenzufassen, der einen bis in die Gegenwart gültigen Rahmen schuf, in dem sich der zur Weltstadt entwickelnde Stadtstaat sein inneres Gesicht gab.

Den innerstädtischen Raum zwischen Börse und Wallanlagen verwandelte sie in eine Folge fein abgestufter, innerlich unlöslich miteinander verbundener Räume von gefaßten Wasserflächen und öffentlichen Platz- und Straßenräumen als weiten Wirkungsraum für das neu zu entwerfende Rathaus. Die Mittelachse des Rathauses wurde konsequent mit Aufschüttung des schnurgeraden Alsterdamms entlang der südöstlichen Uferkante der Binnenalster aufgenommen. Das sich zum Lombardswall leicht weitende Bassin der Binnenalster erhielt so ein straffes Gerüst von Straßenzügen, deren räumliche Wirkung durch umlau-

17 Vor dem Brand von 1842 war die „Kleine Alster" ungeformt und von wildwüchsig entstandenen Fachwerkbauten umgeben: Gemälde von Adolph Vollmer, um 1840

fende, doppelte Baumalleen unterstrichen werden.

Der Kleinen Alster fiel die Rolle eines raumverbindenden Gelenks zwischen Binnenalster und Rathausplatz zu. Die Rückverlegung der Schleusenanlage in die Flucht der Poststraße ermöglichte einen auf gleicher Höhe liegenden Wasserspiegel der beiden Becken. Auf der Seite zum Neuen Wall entwarf Alexis de Chateauneuf zwischen Jungfernstieg und Schleusenbrücke einen zum Wasser geschlossenen Baublock aus einheitlich gestalteten Fassaden. Vor diesen Häuserblock spannte er einen langgestreckten Arkadengang, eine überdachte Passage, zum Wasser geöffnet durch hohe, von Pfeilern getragene Bogenstellungen, die den Blick auf die sich jenseits des Wassers öffnende weite Fläche des Rathausmarktes freigeben. In der zum Rathaus gelegenen Ecke des Wasserbeckens wurde ein Landeplatz vorgesehen. Seine endgültige Gestalt einer in Viertelkreisform gestalteten Treppe, die so feinfühlig den Übergang von der Wasserfläche zum öffentlichen Platz herstellt, geht auf einen Entwurf des Bauinspektors Maack von 1846 zurück.

In den ersten Jahrzehnten nach dem Brand prägte der Spätklassizismus die Bebauung rings um die Alster. Es entwickelten sich um das Becken der Binnenalster auf einheitlich verlaufenden Fluchtlinien geschlossene Baublocks mit gleichartig gestalteten, hell verputzten Fassaden unter flachen Dächern. Entstanden in dieser Zeit, vor allem im Bereich von Alsterdamm und Neuem Jungfernstieg, noch Wohnhäuser reicher Hamburger Bürger, setzte mit der gründerzeitlichen Wirtschaftsblüte und dem wachsenden Wert der zentrumsnahen Grundstücke eine nahezu vollständige Auswechslung der Bausubstanz und ihrer Funktionszuweisung ein. Rings um die Alster entstanden nun in erheblich höheren, mit allen Ausprägungen gründerzeitlichen Baueklektizismus versehenen Gebäuden Hotels, Kaufhäuser und die Verwaltungsbauten großer Gesellschaften. Es ist vielleicht der eindeutigste Beweis der inneren Kraft des um die Binnenalster entwickelten stadträumlichen Gefüges, daß es dieser Bedrohung gründerzeitlicher Bauwillkür standgehalten hat.

Den natürlichen Übergang vom durchgestalteten Gebilde der inneren zum freien Landschaftsraum der äußeren Alster bildete der Lombardswall. Mit dem Ausbau des Eisenbahnnetzes zwischen Hamburg und Altona kam 1864 der Zeitpunkt für eine grundlegende Umgestaltung der hölzernen Lombardsbrücke. Nach einem Entwurf von Maack wurde zwischen 1865–68 eine kombinierte Straßen- und Eisenbahnbrücke genau in der Mitte der sich von beiden Seiten vor-

Die Stadt als Kunstwerk?

18 Erst die Planung nach dem Brand von 1842 formte das Becken der Kleinen Alster mit dem „Staatsbautenplatz" und den Alsterarkaden daran. Das Becken der Binnenalster wurde an drei Ufern von Alleen mit der strukturell bis heute erhaltenen Bebauung umgeben: Lithographie von Wilhelm Heuer, um 1860

schiebenden ehemaligen Wallanlagen errichtet. Über drei annähernd gleich großen korbbogigen Durchfahrten entstand ein flaches Brückenbauwerk, dessen Balustrade acht gußeiserne, mit reichem bildhauerischen Schmuck versehene Kandelaber bekrönen.

Mit Ausnahme der nur in St. Georg enger bebauten Uferstraßen lagen zu dieser Zeit breite Schilfzonen an den zumeist sumpfigen Uferstreifen der Außenalster. Die ländliche Struktur der sich um sie erstreckenden Vororte sollte sich rapide mit der besonders nach Aufhebung der Torsperre von 1860 einsetzenden raschen Expansion der Großstadt ändern. Außenalster und das nach und nach kanalisierte Geflecht der in sie einmündenden, kleinen Nebenflüsse bildeten eine weit nach Norden ausgreifende Achse, an der neue Quartiere für Massenwohnsiedlungen ausgewiesen wurden. Zwar blieben die unmittelbaren Uferzonen das bevorzugte Terrain reicher Patrizier mit stattlichen Kaufmannsvillen. Aber gegen diese lockere Landhausbebauung, die mit ihren sich bis ans Wasser erstreckenden Gartenanlagen den natürlichen Landschaftscharakter der Seeufer erhielt, schoben sich große, neue Wohnquartiere.

Die Verbindung über das Wasser in das Zentrum der Stadt bildete eine überaus wichtige Verkehrsachse. Zwischen 1860 und der Jahrhundertwende bis zur Inbetriebnahme elektrischer Straßenbahnen und dem Bau von Untergrundbahnen waren Alsterdampfer das modernste Nahverkehrsmittel. Die in den 70er Jahren ungeheuer schnell vor sich gehende Entwicklung der Stadtteile Harvestehude, Winterhude und Uhlenhorst von ländlichen Vororten zu dicht besiedelten Stadtteilen wäre ohne die verkehrsmäßige Erschließung durch die Alsterdampfer nicht denkbar. Ab Mitte der 70er Jahre wurde auch ein Ringstraßenprojekt um die Außenalster projektiert, das allerdings erst 1908 vollendet wurde.

„Die Alster lehrt gesellig sein" – diese Zeile der Hagedornschen Lobeshymne behielt für die im Herzen der Großstadt gelegenen Alstersee ihre Gültigkeit. Die jetzt auf drei Seiten von alleeartigen Straßen und nach Norden vom Grünzug des Lombardswalls umfaßte Binnenalster wurde gleichsam zur Festwiese der Hansestadt und ihrer Bevölkerung. Bis zu 200000 Schaulustige fanden hier Platz, um Festveranstaltungen, unter denen prachtvolle Feuerwerke auf dem Wasser zum festen Repertoire gehörten, beizuwohnen. Für besondere Anlässe wurden schwimmende Inseln mit phantastischen Architekturszenerien auf dem Wasser verankert; so illuminierten 16000 verschiedenfarbige Öllämpchen einen über 12 Schuten errichteten Palast im byzantinischen Stil aus Anlaß des 3. Norddeutschen Musikfestes im Jahre 1841. Martin Haller errichtete 1868 über Rammpfählen die Festhalle für die in Hamburg versammelten deutschen Architektur- und Ingenieurvereine. Aus den Resten schuf man im gleichen Jahr zu Ehren des Hamburg besuchenden Königs von Preußen eine Nachbildung des Schlosses von Babelsberg. Kaiserbesuch und Einweihung des Nord-Ostseekanals 1895 fanden ihren glanzvollen Mittelpunkt in einer über 723 Pfählen errichteten, romantischen

Natürlicher Schmuck und schönste Zierde: Die Alster

19 An den Ufern der Außenalster entstanden Wohngebiete mit bürgerlichen Villen. Alsterdampfer erschlossen sie auch dem Ausflugsverkehr. Der Genuß der Athmosphäre der „Fährhäuser" wurde zum bürgerlichen Vergnügen: „Abend am Uhlenhorster Fährhaus": Gemälde von Max Liebermann, 1910

Garten- und Strandinsel von 6000 qm Grundfläche.
Bot die Binnenalster den Rahmen für offizielle Veranstaltungen, in denen sich die zur Weltgeltung emporwachsende Handelsmetropole in angemessener Weise repräsentieren konnte, entwickelte sich der Außenalster-See zu einem natürlichen Freizeitpark, um den herum und auf dessen Wasserflächen die Bevölkerung Entspannung suchte und fand. Die an Stelle von Viehweiden und schilfgesäumten Sumpfstrecken entstandenen breiten Straßen entlang an Gartenhäusern und Patriziervillen mit ihren wechselnden, reizvollen Fernblicken über die Wasserfläche auf die Stadtsilhouette bildeten Promenaden besonderer Attraktion. Die Erholung an der äußeren Alster, der Genuß der Ausflugsatmosphäre der Fährhäuser mit ihren verträumten kleinen Buchten waren ein durchaus bürgerliches Vergnügen. Für den kleinen Mann blieb das Sonntagsvergnügen einer Alsterdampferfahrt oder einer Tour im gemieteten Ruderboot. Segel- und Rudersport, zunehmend organisiert in Clubs mit stattlichen Bootshäusern entlang der Ufer, dienten der körperlichen Ertüchtigung vornehmlich für die Söhne bürgerlicher Familien. Nur die ab 1844 regelmäßig abgehaltenen Regatta-Veranstaltungen nahmen mehr und mehr die Eigenart allgemeiner Volksfeste an. Tausende von Zuschauern säumten dann die Ufer oder genossen von eigens auf großen Schuten errichteten Tribünen vor dem Zieleinlauf auf der Höhe des Uhlenhorster Fährhauses das farbenprächtige Bild auf dem Wasser.

Volker Konerding

Die Speicherstadt

Am 22. Oktober 1888 rollte eine vierspännige Kutsche einem Festzug voran langsam zwischen Fahnen und Girlanden hindurch über den Hopfenmarkt. Der Festzug bewegte sich unter Hochrufen zur nahe der Katharinenkirche und der Deichstraße gelegenen Brooksbrücke. Die Menge jubelte zwei Herren in der Kutsche zu. Der eine, mit Gehrock und Zylinder, war Bürgermeister Dr. Johannes Versmann, der andere, in Uniform und Pickelhaube, der erst seit vier Monaten regierende Kaiser Wilhelm II. Anlaß des hohen Besuches war der Zollanschluß der Freien und Hansestadt an das Reich. Wilhelm sollte den Schlußstein am girlandengeschmückten Bauwerk setzen – ein symbolischer Abschluß für ein jahrelanges Bauvorhaben, an dessen Beginn ein erbitterter Streit zwischen der Hansestadt und Preußen gestanden hatte.

Jetzt feierte Hamburg den ersten Abschnitt seiner neuen Speicherstadt, die zum größten Lagerhauskomplex der Welt werden sollte – auf einem Gelände von mehr als 30000 Quadratmetern, mit einer Lagerfläche von über 300000 Quadratmetern. Über hundert Millionen Mark kostete das Vorhaben, das vom Reich mit 40 Millionen unterstützt wurde. Konstruktive Väter der Speicherstadt waren der Oberingenieur Franz Andreas Meyer, der Wasserbaudirektor Christian Nehls und der Baudirektor Carl Johann Christian Zimmermann. Insgesamt arbeiteten rund 70 Architekten und Ingenieure an diesem Denkmal für ebenso starrsinniges wie geschicktes Verhandlungstalent der hamburgischen Beauftragten beim Reich, insbesondere dem Kanzler Otto von Bismarck gegenüber.

Ursprünglich hatte das ganze Hamburger Stadtgebiet außerhalb der Zollgrenzen des 1866 gegründeten Bundes gelegen. Nach der Verfassung des Bundes hatten die drei norddeutschen Hansestädte Hamburg, Lübeck und Bremen einen Sonderstatus behalten: Sie blieben als freie Häfen außerhalb der Zollgrenzen. Hamburg führte dieses Gewohnheitsrecht bis auf eine Urkunde Kaiser Friedrich Barbarossas von 1189 zurück – einer vor Jahrhunderten gefälschten allerdings. Bismarck hatte bei dieser Ausnahmelösung offenbar an eine kürzere Übergangszeit gedacht. Doch die Hamburger waren mit den Verhältnissen zufrieden. Die Kaufleute profitierten vom Umschlag, die Bevölkerung vom Genuß zollfreier Waren.

20 Das ehemals republikanische Hamburg konnte sich dem Kaiser-Jubel nicht entziehen, als Wilhelm II. am „Kaisertag" zur Einweihung der Speicherstadt durch die Stadt fuhr: Xylographie von 1888

Auch nach der Reichsgründung 1871 machte Hamburg keine Anstalten, dem Zollgebiet beizutreten. Da setzte der Kanzler die Hansestadt unter Druck: Er drohte, die im Freihafengebiet liegende, seit 1866 preußische Stadt Altona samt der Hamburger Vorstadt St. Pauli dem Zollgebiet einzuverleiben.

Der Senator und spätere Bürgermeister Versmann erwies sich als der rechte Mann für diese kritische Situation. Er verstand es nach beiden Seiten zu verhandeln, den Kanzler zu besänftigen und den Hamburgern den Zollanschluß schmackhaft zu machen. Als Kompromißlösung handelte er ein 16 Quadratkilometer großes Freihafengebiet aus, knapp ein Fünftel der gesamten Hafenfläche, mit genug „Luft" für spätere Expansion. Den Kaufleuten wurde die Möglichkeit des zollfreien Umschlages belassen. Aber auch für den Binnenhandel und die Industrie brachte das Vorhaben Vorteile: Bislang nämlich mußten Hamburger Erzeugnisse auf dem Weg in das Reichsgebiet an den Grenzen wie ausländische Waren verzollt werden – ein Faktum, das die Konkurrenzfähigkeit erheblich belastete. Am 25. Mai 1881 wurde deshalb zwischen Hamburg und dem Reich der Vertrag über den Zollanschluß geschlossen, drei Wochen später billigte ihn die Bürgerschaft mit 106 gegen 46 Stimmen.

Für den Hamburger Handel bedeutete diese Entscheidung, daß im neuen Freihafengebiet ausreichende Lager- und Kontorflächen geschaffen werden mußten. Zentrumsnah und nur wenig von der Börse entfernt. Unsentimental und ohne Rücksicht auf die Bewohner beschloß die Stadt, das Brooks- und Wandrahmviertel zwischen Kehrwieder und Wandrahmbrücke zu räumen und abzureißen. Dabei fielen der Spitzhacke nicht nur verwinkelte Behausungen und enge Gassen der Armen, sondern auch ehemals reiche Patrizierbauten der Barockzeit zum Opfer. Mehr als 20000 Menschen mußten umziehen. Die Grundbesitzer zeigten sich immerhin kooperativ. Beim ersten Bauabschnitt mußten von 338 Grundstücken nur zehn enteignet werden. Insgesamt hat die Stadt 930 Grundstücke aufgekauft.

Von 1883 an durchzogen Zeichner, Photographen und Souvenirjäger das Abbruchquartier, um malerische Pracht und dekorative Baufälligkeit im Bild festzuhalten. Und schon rückten die Abbruchtrupps mit Spaten, Schaufel und einer Dampframme an, um das Viertel niederzulegen, den Schutt mit Karren, zweirädrigen Pferdewagen und Lastern abzutransportieren.

Bereits 1884 bestand im heutigen Westteil der Speicherstadt ein dichtes Netz von Kanälen und Baugruben. Kanäle waren zugeschüttet, andere ausgehoben, Trassen planiert worden. Die Speicherstadt sollte südlich des 45 Meter breiten Zollkanals entstehen, an den Uferstraßen Kehrwieder, Brook und Neuer Wandrahm, zwischen Kehrwiederspitze im Westen und der Straße Bei St. Annen im Osten. Inmitten der Speicherreihen lagen im Westen Kehrwieder- und

21 „Hammonia", Sinnbild Hamburgs, und „Germania", Verkörperung des Reiches, dem Hamburg einverleibt wurde, am Eingang zum neuen Freihafen: „Das geschmückte Brookstor" in Erwartung des Kaisers, Photographie von Koppmann, 1888

Brooksfleet, im Osten Wandrahm, St. Annenfleet und Holländischer Brook. Vierzehn Brücken vervollständigten die Straßenverbindungen.

Als Bauherr für das Fundament der Speicherstadt – die Kanäle, die Straßen und die Versorgungsleitungen – trat der Senat auf. Für den Bau und Betrieb der Speicher aber wurde eine private Gesellschaft gegründet, die Hamburger Freihafen- und Lagerhausgesellschaft. Die konstituierende Versammlung fand am 7. März 1885 statt.

Dabei ging man bei der Errichtung der Bauten systematisch vor; ebenso überschaubar war die Bezeichnung der Komplexe – mit Buchstaben in alphabetischer Reihenfolge. Der erste Bauabschnitt stand bereits 1888 fertig da. Doch kurz nach dem Zollanschluß reichten die Räume nicht mehr aus: Bis 1896 wurde der Bereich zwischen Neuem Wandrahm und St. Annenufer bebaut, und noch vor der Jahrhundertwende mußte man die Speicherstadt um den Bereich St. Annen, Alten Wandrahm, Holländischen Brook und Brooktorkai erweitern. Am Abschluß stand das malerische „Rathaus" der Speicherstadt, das die Architekten Hanssen, Meerwein und Grotjan 1902 bis 1903 bei St. Annen 1 in Sandstein und Laubaner Verblendern errichteten.

Die Chronologie der Bautätigkeit läßt sich leicht an den Fassaden ablesen. Die frühesten Speicher erscheinen eher streng und sachlich; doch im Laufe der Jahre entwickelte sich ein Formenreichtum der gegliederten Fassaden, zuweilen mit Verblendern, mit unterschiedlichen Steinfarben, vielfältigen Fensterformen und versponnenen Dachlandschaften, die beinahe zu Märchenschlössern auswuchsen. Ausgedacht haben sich das die Rathausbaumeister Hanssen und Meerwein, Stammann und Zinnow; später arbeitete auch Georg Thielen mit.

Als konstruktiver Stammvater der Speicherbauten fungierte der 1875 nach Plänen des Wasserbaudirektors Dalmann entstandene und von Wilhelm Hauers mitgestaltete Kaispeicher A, auch Kaiserspeicher genannt. Er stand an der Kehrwiederspitze und stellte mit dem Zeitball auf seinem Turm – bis zu seinem Abbruch – ein Wahrzeichen des Hafens dar. Der Kaiserspeicher mit seinem Anschluß an das Eisenbahnnetz nahm vor allem die reichliche Ausstattung eines Lagerhauses mit Kränen und Winden vorweg. Das Prinzip aber, direkt vom Schiff aus Waren einzulagern, haben die Schöpfer der Speicherstadt nicht übernommen. Es wäre nicht sinnvoll gewesen, weil jedes Schiff Waren für viele Firmen und Lagerhäuser brachte. So beschloß man, die Güter von den Anlegeplätzen aus mit Schuten zu den Speicherhäusern zu bringen – ein bewährtes Hamburger Prinzip.

Das konstruktive Konzept war für alle Speicher gleich: Sie ruhten auf Bündeln von 12 Meter langen Pfählen; im Inneren sorgte ein Netzwerk aus Stützen und Unterzügen mit Längsträgern für Standfestigkeit. Im Erdgeschoß lagen jeweils vorwiegend Kontore. Die Speicherböden der sechs bis achtgeschossigen Bauten konnten in den unteren Etagen 1800 Kilogramm pro Quadratmeter tragen, in den beiden oberen 1500 beziehungsweise 500 Kilogramm.

Im ersten Bauabschnitt – das erwies sich bald nach der Einweihung – hatten die Konstrukteure einen folgenschweren Denkfehler gemacht. Sie hatten ganz auf das moderne Material Schmiedeeisen für die tragenden Pfeiler gesetzt. Und für eine optimale Nutzung waren alle Speicherräume großflächig angelegt worden. Doch dann brach Feuer aus. Es fraß sich in Windeseile nach allen Seiten durch, glühte die Stützen aus und ließ die Speicher wie Kartenhäuser zusammenbrechen. Im zweiten Bauabschnitt zog man die Konsequenzen aus dieser bitteren Erfahrung: Die Räume wurden maximal 400 Quadratmeter groß angelegt, statt Schmiedeeisen verwandte man nun Stützen aus Eichenholz und legte an den Fassaden Feuerbalkone und -treppen an.

So sensationell wie das architektonische Konzept äußerlich erschien, so beeindruckend waren auch die Versorgungsanlagen der Speicherstadt. Am Sandttorkai entstand das Herz des Quartiers, die hydraulische und die elektrische „Centralstation". Dampfmaschinen erzeugten im Verbund die nötige Kraft für den Betrieb von 260 Winden, 36 Kränen und 50 Aufzügen, die über ein Rohrnetz mit einem Druck von 50 atü betrieben wurden. Die Winden konnten für den Betrieb zur Straße und zum Wasser gleichzeitig benutzt werden. Dafür war eigens ein Windenwärter zuständig. Darüber hinaus besaßen die Speicher Handwinden, Aufzüge und zwischen Keller und Erdgeschoß Hebetische. Für den Notfall waren Hydranten an das Druckwassersystem angeschlossen, um Löschwasser zu liefern. Auch die notwendige Energie für das Viertel wurde in der elektrischen Zentralstation „hausgemacht".

Die Herren der Speicherstadt waren die sogenannten Quartiersleute. Ein traditionsreicher Berufsstand, der sich aus den Hausküpern früherer Kaufmannsgenerationen entwickelt hatte. Ihren Namen trugen sie nicht etwa nach einem „Viertel", sondern wegen der jeweils vier „Consorten", die sich zu einer Firma

22 Die sogenannten Quartiersleute, deren Stand sich aus den Hausküpern der früheren Kaufmannshäuser entwickelt hatte, waren für das Einlagern der Waren in der Speicherstadt verantwortlich: Photographie aus der Serie „Photographische Staatssammlung", um 1910

zusammenschlossen. Die Freihafen- und Lagerhausgesellschaft hatte den größten Teil der Speicherfläche an Quartiersleute vermietet. Als Vertrauensleute waren die Männer in schwarzer Jacke mit Silberknöpfen, mit dem Schurzfell und dem würdevollen Zylinder nicht nur für das Einlagern der Waren verantwortlich, sie übernahmen die Güter, prüften Material und Verpackung und waren wegen ihrer Kenntnisse als Ratgeber gefragt. Der angesehene Beruf wurde vom Vater dem Sohn weitergegeben.

Die harte Arbeit mußten die Kaiarbeiter übernehmen, die, im Drillich, mit Schurze und flacher Schirmmütze die Ballen und Kisten auf ihren Schott'schen Karren transportierten. Ihre Arbeitszeit dauerte zehn Stunden täglich und länger. Dabei waren auch so unangenehme Leistungen zu erbringen wie die der „Pansenklopper", die Bündel von Fellen und oft übelriechenden Tierhäuten verluden.

Nach dem Bau der Speicherstadt mußten viele Hafenarbeiter lange Anmarschwe-

23 Mit der Anlage des Freihafens und der Speicherstadt eröffnete sich Hamburg, nun des Reiches Tor zur Welt, eine neue Dimension als Umschlagplatz: „Die Hamburger Hafenanlagen", Lithographie um 1890

ge in Kauf nehmen. Sie konnten nicht wie früher mittags nachhause gehen, um Brot, Kartoffeln oder Suppe zu essen. Gasthäuser gab es in dem Viertel nicht. In dieser Situation gründeten sozial engagierte Hanseaten den „Verein für Volkskaffeehallen" und bauten, unterstützt von der Stadt, in Steinwerder und auf dem Grasbrook die ersten Speisehäuser für jeweils tausend Personen. Die Billig-Gasthäuser boten ihren Gästen Kaffee für fünf Pfennige, ein Menü mit Gemüse und Fleisch für 30 bis 40 Pfennig.

Die Speicherstadt war 1910 fertig gebaut. Im Zweiten Weltkrieg rissen Bomben vor allem in den Südteil empfindliche Lücken. Aber der Architekt Werner Kallmorgen hat die gelichteten Fassadenreihen in den fünfziger Jahren vorbildlich geschlossen.

Bismarck, Hamburgs zeitweiliger Widersacher im Streit um den Freihandel, hat die Speicherstadt erst 1890, nach seiner Abdankung, gesehen. Die Hanseaten bedankten sich mit einem Denkmal für die Einsicht des Kanzlers.

Gisela Schütte

Das Rathaus

Das historische Rathaus der Freien und Hansestadt Hamburg, im 13. Jahrhundert entstanden und seitdem vielfach verändert und ausgebaut, wurde während des Brandes 1842 gesprengt. Seitdem behalf man sich mit Provisorien, dem ehemaligen Waisenhaus und seit 1860 für die gewählte Bürgerschaft mit dem Patriotischen Gebäude. Als Standort für einen Neubau galt seit dem Wiederaufbauplan für den abgebrannten Stadtteil das Areal zwischen Börse und Kleiner Alster, etwa die Fläche des zwischen 1829 und 1841 abgebrochenen St.-Johannis-Klosters.

In rohen Daten entstand das dort heute stehende Rathaus so: Ein 1854/55 durchgeführter Architekten-Wettbewerb führte nicht zur Bauausführung, da insbesondere die Wirtschaftskrise von 1857 vor andere Aufgaben stellte. Erst 1876 wurde ein zweiter Wettbewerb ausgeschrieben. Der siegreiche Entwurf von Mylius & Bluntschli aus Frankfurt a. M. unterlag einem ohne Auftrag von einer Gruppe Hamburger Architekten 1880 vorgelegten Projekt, das nach langwierigen Überarbeitungen von 1886 bis 1897 ausgeführt wurde und erst mit der Ausmalung des Festsaals 1909 seine Vollendung erfuhr. Abgesehen von leichten Beschädigungen hat es den zweiten Weltkrieg unversehrt überstanden und bildet eines der bedeutendsten vollständig erhaltenen Bauwerke des Historismus in Deutschland.

Dieses Rathaus steht im Zentrum der Hamburger Innenstadt, südöstlich der sie durchziehenden Alsterläufe. Die Kleine Alster und der „Rathausmarkt" bilden den Freiraum, auf den sich seine breit gelagerte, symmetrisch zum Mittelturm entwickelte Fassade entfaltet. Granit und Sandstein – für Hamburg damals durchaus außergewöhnlich – und hohe Kupferdächer bestimmen das Erscheinungsbild. Mit ornamentaler und figürlicher Plastik bereicherte Architekturmotive aus dem Formenschatz der Renaissance, vor allem der deutschen Renaissance, vermitteln den Eindruck prächti-

24 In der Rathausdisposition spiegelt sich die hamburgische Verfassung der Entstehungszeit. Die Seitentrakte sind als Bereiche des Senats, rechts, und der Bürgerschaft, links, angelegt. Beide werden verbunden durch die Repräsentationsräume für beide Körperschaften: Grundriß des Hauptgeschosses

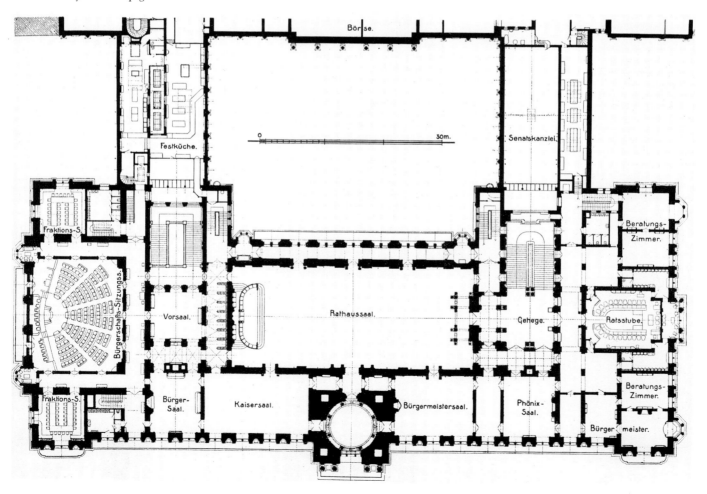

ger Staatsrepräsentation. Zwischen zwei rückwärtigen Flügeln, die Rathaus und Börse verbinden, liegt ein Innenhof. Die Fassaden spiegeln die Innendisposition des Hauses wieder: Ausgehend vom Turm führen beidseits Raumfluchten zu den Seitentrakten, die als Bereiche des Senats (rechts) und der Bürgerschaft (links) angelegt sind. Zwischen diese Trakte ist, vom Hof her belichtet, der große Saal gespannt. Senats- wie Bürgerschaftstrakt werden durch eigene, verschieden gestaltete Haupttreppenhäuser von der großen Diele des Erdgeschosses aus erschlossen, deren Größe und Lage dem Saal entspricht. Verwaltungs- und Nebenräume sowie Nebentreppenhäuser und Flure ergänzen den Grundrißorganismus. Unter dem Bürgerschaftsflügel liegt der ausgedehnte Ratsweinkeller.
Materiell wertvoll, handwerklich aufwendig, aber sich nicht bis zum Prunk steigernd, sind die Haupträume ausgestattet.
Daß die „Rathausbaumeister" mit ihrem Projekt zum Zuge kamen, ist nur erklärbar durch die geschickte und unermüdliche Durchsetzungsfähigkeit ihres spiritus rector, des Architekten Martin Haller (1835–1925). Sohn eines Bürgermeisters und dadurch von einer eigenen Senatskarriere ausgeschlossen, setzte er sein öffentliches Engagement vor allem auf die Karte des Rathausbaus. Er sammelte um sich die Architekten Lamprecht, Hauers und Hüser, Grotjan, Robertson, Hanssen und Meerwein, Stammann und Zinnow (von denen Lamprecht, Hüser und Robertson durch Krankheit und Tod bald wieder ausschieden): die damals tonangebenden Privatarchitekten Hamburgs, bei denen das maßgebende Bürgertum seine Wohnungs- und Geschäftshäuser in Auftrag gab. Mit ihnen betrieb er die Hamburger Lösung, überzeugte die Rathausbaukommission, Senat, Bürgerschaft und Öffentlichkeit. Bis der Wettbewerbssieger von 1876 endgültig ausschied.
Jahrzehntelang hatte man sich für das Rathaus vorgestellt, daß in dem Neubau alle Verwaltungen Hamburgs zusammengefaßt werden sollten. Das Überzeugende des Entwurfs der „Rathausbaumeister" war demgegenüber, sich ganz auf die Bedürfnisse von Senat und Bürgerschaft zu konzentrieren. Sie hatten erkannt, daß die sich immer schneller entwickelnde Großstadt für ihre wachsenden Verwaltungen nie ein scheinbar

25   Der „Staatsbautenplatz" war seit seiner Anlage nach dem Brand von 1842 leergeblieben. 1854 blieb ein erster, 1876 ein zweiter Architekturwettbewerb für ein Rathaus ohne Ergebnis. Der Entwurf einer Hamburger Architektengruppe von 1880 wurde bis 1886 überarbeitet, bis 1897 ausgeführt und mit der Ausmalung des Festsaales 1909 vollendet: Xylographie nach dem Entwurf der Architekten, um 1887

endgültiges Gebäude würde errichten können. Bis heute gibt es konsequenterweise nur wenige Verwaltungen, die in eigens für sie errichteten Häusern untergebracht sind. Bis heute aber genügt – im wesentlichen – das Rathaus den Arbeits- und Repräsentationsbedürfnissen von Senat und Bürgerschaft.
Das Ziel all der Architekten, die als Planverfasser, Initiatoren und Gutachter an der über vierzigjährigen Planungsgeschichte teilgenommen hatten, war ein Monumentalbauwerk als eine in sich schlüssig, „fehlerfrei" zu lösende Aufgabe, ein baulicher Organismus, der durch die ihm innewohnende Klarheit der Raumentwicklung, achsialer und symmetrischer Bezüge, durch Form und Proportionen einprägsam und großartig wirken sollte, fähig, vor der „vox populi" zu bestehen, der über die zweckentsprechende Nutzbarkeit hinaus seine Aufgabe klar signalisierte: innen durch die Raumstruktur, außen durch die Massenentwicklung und historische Assoziationen. Im siegreichen Konzept der Rathausbaumeister war das erreicht durch das Abstreifen der meisten Verwaltungsaufgaben, durch Konzentration auf die Kernstücke der obersten Körperschaften und der staatlichen Repräsentation, durch ihre klare gegenseitige Zuordnung. Im zeichenhaften Sinne aber durch leicht erkennbare historische Bezüge: Die Diele im Erdgeschoß, der Saal im Obergeschoß, am Außenbau der alles beherrschende Mittelturm – das erinnert an die großen historischen Rathäuser der nordeuropäischen Städte und nimmt deren Geschichte als Rahmen für die eigene Entfaltung der Freien und Hansestadt in ihrem neuen Rathaus in Anspruch.
Auch der Stil – die deutsche Renaissance – erinnert an viele bedeutende Rathäuser der Vergangenheit von Augsburg bis Rothenburg. Die Quellen weisen freilich darauf hin, daß man ihn hauptsächlich wählte, weil mit ihm die größte formale Flexibilität für die Entwicklung des Monumentalbaukonzeptes gegeben war. Im Wettbewerb 1876 hatte man ausdrücklich keinen bestimmten Stil vorgeschrieben.
Der bildnerische Schmuck des Rathauses war von den Architekten eigentlich vor allem aus künstlerischen Gründen recht aufwendig geplant. Über seine Inhalte machte man sich lange keine Gedanken. Erst wenn die Ausführung nahte, gab es oft ausführliche Debatten, Meinungsbildungsprozesse und auch Auseinandersetzungen der Rathausbaukommission und aller anderen Beteiligten, häufig unter heftigem Engagement der Öffentlichkeit. Aber im Prinzip war alles klar, und darüber gab es keinen Streit: Alles dreht sich um Hamburg, seine Geschichte, seine Funktion als Glied des deutschen Reiches in Vergangenheit und Gegenwart, seine Verfassung. So weisen die Kaiser an der Fassade auf das alte Kaiserreich hin, Familienwappen auf die hamburgische bürgerliche Selbstverwaltung, Städtewappen auf die Geschichte der Hanse usw.
Die reiche Ausstattung des Innern beschäftigt sich in gleicher Weise mit Hamburg und seinem Selbstverständnis als Freie und Hansestadt, zumal im großen Festsaal und in dem kapellenartigen kleinen Rundsaal im Turm, in dem sich alle räumlichen Bezüge des Hauptgeschosses verknoten: Senat und Bürgerschaft, innen und außen. Er heißt „Saal der Republiken". Wandgemälde verweisen auf

Die Stadt als Kunstwerk?

Athen und Rom, Venedig und Amsterdam – alles Stadtrepubliken, die ihre republikanische Freiheit längst verloren hatten. Nur Hamburg als real gegenwärtige Stadtrepublik hatte sie bewahrt: Dichter ließ sich sein Selbstverständnis nicht zur Mahnung wie zur Verherrlichung ausdrücken.

Die Hauptrede bei der Einweihung am 26. 10. 1897 hielt Bürgermeister Versmann. Er entwickelte darin einen Abriß der geschichtlichen Umwälzungen, die sich in den 55 Jahren seit dem Untergang des alten Rathauses in Deutschland und der Welt vollzogen hatten. Er schilderte den immer schneller sich vollziehenden allgemeinen Aufschwung Hamburgs, die epochalen Umwälzungen des neunzehnten Jahrhunderts auf allen Gebieten des Lebens, die Veränderungen in der Stellung der Staaten zueinander, im Verhältnis von Regierenden und Regierten, er schilderte die Gründung des deutschen Reichs und die Entwicklung von Wirtschaft und Verkehr; auch die ,,soziale Frage" fand Erwähnung. – In der so apostrophierten Epoche muß sich etwas vollzogen haben, was es sinnvoll erscheinen ließ, ein Rathaus repräsentativer Zielsetzung zu bauen. Das können nur die ,,weitgehenden Umwälzungen in der Stellung unseres Gemeinwesens" sein, von denen Versmann in seiner Rede auch sprach; er erinnerte an die ,,stattgehabte Einführung einer neuen Verfassung, welche, wenn auch nicht die bewährte Grundlage, doch die Formen, in denen das öffentliche Leben sich bewegt, vollständig umgestaltet hat; an den Zollanschluß, welcher nicht nur die äußere Erscheinung der Stadt und des Hafens bis zur Unkenntlichkeit verändert, sondern auch einen großen Teil unserer Mitbürger bisher unbekannte Geschäftsformen auferlegt und dem staatlichen Verwaltungsorganismus zahlreiche neue Behörden und Beamte zugeführt hat."

Die Verfassung der Freien und Hansestadt war 1859 neu beschlossen worden in der Form, wie sie im wesentlichen bis 1918 galt: Mit stark beschränktem Wahlrecht, aber mit umfangreicher Beteiligung der wahlberechtigten Bürger an Gesetzgebung und Verwaltung. Ihr Kernstück waren die gewählte Bürgerschaft und der Senat, beide gemeinsam Verkörperung der höchsten Staatsgewalt.

Diese Verfassung wird in den Bildern des Rathauses nicht direkt dargestellt oder gar lehrhaft erläutert, dennoch ist sie allgegenwärtig. Nämlich vergegenwärtigt durch die Mittel der Architektur. Damit wird sie nicht nur sinnlich wahrnehmbar, sondern der Benutzer des Rathauses begibt sich gleichsam in ihren Bann; er wird von dieser Verfassung geführt, sie beeinflußt unmerklich sein Empfinden und Verhalten. Die Polarität der beiden Körperschaften, ihre Selbständigkeit und jeweilige Besonderheit kommt in der Anordnung und Ausbildung ihrer Sitzungssäle an den Enden der Hauptsache ebenso zur Anschauung, wie ihre untrennbare Verbundenheit durch die einheitliche Begehbarkeit der Raumfolgen zwischen den Sitzungssälen. Die gemeinsame Verkörperung der höchsten Staatsgewalt wird nachvollziehbar im zentralen Hauptsaal und dessen Funktion als Rahmen für die festlichen Gelegenheiten der Selbstdarstellung der Stadt und ihre Staatsakte.

Schon allein die nachvollziehende Beschreibung dieses Gebäudes läuft Gefahr, zur Apologie dieser Verfassung zu werden. Die Schlüssigkeit der architektonischen Form wird auf die Verfassung übertragen. Man ist geneigt, zu vergessen, daß ihr allerdings ein entscheidender Mangel innewohnte: Nur ein kleiner Bruchteil der Bewohnerschaft Hamburgs konnte sich wirklich an der Praxis dieser Verfassung aktiv beteiligen. Die ,,Republik" Hamburg war in Wirklichkeit eher eine Oligarchie. Erst 1901, als längst alle Hamburger Reichstagsabgeordneten Sozialdemokraten waren, kam ein einzelner Abgeordneter aus ihren Reihen in die Bürgerschaft. Im Rathaus fehlt auch nur die geringste Anspielung auf jene gesellschaftlichen Konflikte, die sich doch durch Bauarbeiterstreiks ganz unmittelbar auf seine Entstehung auswirkten.

Es gab freilich auch Gründe, den Status Hamburgs nach außen monumental zu besiegeln. Das Verhältnis Hamburgs zum Reich war – jedenfalls zu Beginn der Planungen und der Ausführung des Rathauses – keineswegs unproblematisch. Zwar konnte die Stadt – im Gegensatz zum 1868 von Preußen annektierten Frankfurt a. M. – ihre Eigenstaatlichkeit auch in das 1871 gegründete Deutsche Reich hinüberretten. Aber durch den ,,Zollanschluß" verlor es bald das sichtbarste und wirksamste Zeichen seiner traditionellen Selbständigkeit, nämlich die eigene Zollgrenze gegenüber dem Reich.

Was lag da näher, als sich baulich im Herzen der Stadt die symbolische Vergegenwärtigung von Tradition und Selbstverständnis zu schaffen, eben das Rathaus? Im Herzen der historischen Innenstadt sollte es fortan den ,,Brennpunkt der Heimatgefühle" bilden.

Als Vorsitzende der Rathausbaukommission waren mit dem Rathausbau die Bürgermeister Carl Friedrich Petersen (1809–1892, seit 1855 im Senat) und Johann Heinrich Burchard (1852–1912, seit 1885 im Senat) befaßt. Gleichwohl waren diese Bürgermeister nicht die ,,Bauherren" des Rathauses. Betrachtet man die Entscheidungsprozesse näher, die bei Planung und Ausführung des Rathausbaus abliefen, gerät man vielmehr in ein undurchschaubares Netzwerk von anteilnehmenden Personen und Körperschaften, das sich um die offiziell als Bauherr auftretende Rathausbaukommission aus Vertretern von Senat und Bürgerschaft flocht. Sie mußte für jeden Beschluß Senat und Bürgerschaft je für sich überzeugen. Die Bürgerschaft setzte eigene Ausschüsse dazu nieder. Der Senat beteiligte Deputationen und Beamte. Kein Beschluß fiel ohne Zuziehung von Sachverständigen und Gutachtern, Obergutachtern und Preisrichtern. Die Öffentlichkeit beteiligte sich mehr oder weniger leidenschaftlich an allen Diskussionen. Die Rathausbaumeister selbst bildeten ein Kollektiv, das jede Entscheidung in internen Diskussionen vorbereitete. – Die schöpferischen Gedanken des Rathausbaus sind alle von den Architekten und Künstlern ausgegangen. In den Entscheidungsprozessen bis zu ihrer Realisierung wurden sie aber geprüft, geglättet, zerredet, angepaßt und verändert. In ihnen wurden sie, kurz gesagt, mehrheitsfähig gemacht.

Vielleicht ist das ein Grund, weshalb das Rathaus nach Fertigstellung keinerlei Kritik mehr fand: Mit größter Selbstverständlichkeit entsprach es offenbar der Konvention der Zeit in und außerhalb Hamburgs. Alle Urteile der Zeit stimmen überein in der neidlosen Wahrnehmung von Reichtum, Größe und Traditionsbewußtsein des hanseatischen Gemeinwesens Hamburg, der größten Handelsstadt des damaligen Reiches, verkörpert im Rathaus.

Hermann Hipp

26   Die Trakte für den Senat und für die Bürgerschaft wurden durch je ein eigenes repräsentatives Treppenhaus erschlossen: Das Senatstreppenhaus, später veränderter Entwurf der Architekten, Aquarell, 1880

Wie eine Starkstromleitung: Die Mönckebergstraße

,,Einige unserer deutschen Residenzstädte sind in der glücklichen Lage, daß die prunkhafte Baugesinnung, welche die Fürsten der Barockzeit zu beherrschen pflegte, das aus repräsentativen und ästhetischen Gründen vorweggenommen hat, was wir heute aus dem nüchternen Zwang der Verkehrsrücksichten zu leisten gezwungen sind: Das Schaffen großer, befreiender Adern, die dem Gassengewirr, das den mittelalterlichen Kern alter Kulturstätten auszumachen pflegt, einen klaren, einfachen Abfluß geben. In dieser Lage sind alte Handelsstädte wie Hamburg nicht. Es liegt in der Natur ihrer bürgerlichen Verfassung, daß hier niemals ein absolutistischer Wille hervortreten konnte, der das eng verknotete Netz des Werdenden durch große, neue Linien unterbrach; wo nicht die zufällige Gewalt großer Brände die Straßen niederlegte, da spann sich dieses Netz ungestört in seinen alten Maschen fort, und diese Maschen mußten naturgemäß zu eng werden" (Fritz Schumacher 1923).

Für die Mönckebergstraße kam einiges zusammen: Der Teil der Altstadt, genauer des Kirchspiels von St. Jacobi, den sie durchschneidet, war nie ein Ort jener ,,Bürgerhäuser" gewesen, in denen sich der Hamburger Reichtum umschlug und anhäufte. Vielmehr war es seit der Besiedelung im 14. Jahrhundert ein Viertel kleiner Leute geblieben, und eines der ,,Gängeviertel" geworden, denen man seit 1892 mit der ,,Sanierung" den Garaus machen wollte. – Längst war in Hamburg der epochale Prozeß der ,,City-Bildung" im Gange: Seit dem Zollanschluß wurde die Altstadt immer schneller zum reinen Bürohausviertel; es drängten sich in ihr immer mehr Arbeitsplätze von Menschen, die immer weiter draußen in den Stadterweiterungsgebieten wohnten. Leistungsfähige Verkehrsverbindungen wurden deshalb lebenswichtig. – Für die Verbindung des Stadtzentrums mit dem neuen Hauptbahnhof war eine neue Straßenverbindung unerläßlich. – Die Straßenbahn brauchte neue Trassen ins Stadtzentrum. – Und

die seit 1892 geplante Stadtbahn, 1906–1912 als ,,Hamburger Hochbahn" ausgeführt, brauchte einen Anschluß an die Innenstadt. – J. C. M. Röhl, der Generaldirektor der Hamburger Straßen-Eisenbahngesellschaft, hatte dafür kurz vor seinem Tode 1902 die Idee ausgesprochen: Eine neue und leistungsfähige Straße zwischen Rathaus und Hauptbahnhof sollte hergestellt werden.

Das alles verband man im 1905 beschlossenen Durchbruch der Mönckebergstraße durch das Gängeviertel zwischen Steinstraße und Spitalerstraße: In offener Tagebauweise wurde der Hochbahntunnel angelegt, auf ihm die Straßenbahntrasse und zugleich die für damalige Hamburger Verhältnisse mit 30 Metern phänomenal breite Straße selbst.

Soweit die Verkehrsbedürfnisse: Für sie war eine neue Ader geschaffen. Aber mit der Straßenanlage hatte man zugleich auch die großen Flächen beiderseits niedergelegt, hatte den ,,Krankheitsherd" der ,,Gängeviertel" ausgeräumt, hatte die Innenstadt ,,saniert".

Wenn man die Sanierungsgeschichte in der Neustadt betrachtet, muß man zugestehen, daß die soziale Problematik eines solchen Vorhabens vom Senat und seinen Beamten erkannt worden war, nämlich die Verdrängung der Bevölkerung, der Verlust an billigem, zentral gelegenem Wohnraum. Sie strengten sich in der Neustadt sogar an, eine Lösung zu finden. Diese gelang nicht, aber immerhin entstand dort wieder ein reines Wohnviertel.

Hier aber waren von vornherein die Interessen der ,,City" stärker: Im Verkehrsbedürfnis aber auch in der Nachfrage nach neuerbauten Kontorhäusern. Die Rechnung ging für die Stadt nur auf, wenn die durch die Citybildung bereits erreichten hohen Grundstückspreise auch beim Verkauf der erworbenen und enteigneten Sanierungsflächen wieder realisiert werden konnten. Bei einem Gesamtaufwand der Stadt von 39,4 Millionen Mark einschließlich Straßenanlage konnte sie den staatlichen Aufwand für das Sanierungsvorhaben auf 2,7 Mil-

lionen Mark begrenzen. ,,Das immerhin für die Stadt erträgliche finanzielle Ergebnis wurde nur möglich, weil auch die neuen Grundeigentümer sicher damit rechnen durften, daß auf dem Sanierungsgebiet wirklich ein reines Geschäftsviertel ohne nennenswerten Einschlag von Wohnungen entstehen werde" (Ranck 1930). – Parallel zu Beschlußfassung und Anlage der neuen Durchbruchstraße verlief übrigens – nahezu geräuschlos – das Privatunternehmen des Abrisses und der Neubebauung der nördlichen Spitalerstraße. Auch dort entstanden nur Geschäftshäuser.

Die Sozialdemokratie sah in der Behandlung des Sanierungsgebietes Altstadt-Nord die Bestätigung dafür, daß Senat und Bürgerschaft die Bedürfnisse der Arbeiterschaft nach billigem Wohnraum in der Innenstadt ignorierten. Sie schlug vergeblich vor, für die Durchführung der Sanierung eine gemeinnützige Baugesellschaft zu gründen und nur Wohnhäuser zu errichten. Die Bewohner waren – wie in den anderen Sanierungsgebieten – ohnmächtig. An der Spitalerstraße hatten seit dem 16. Jahrhundert Stifte gestanden. Ihre alten und gebrechlichen Insassen waren die am meisten wehrlosen Opfer unter den verdrängten Anwohnern.

Und doch hat man sich offenbar sehr schnell abgefunden. 1908 berichtet das sozialdemokratische ,,Hamburger Echo" schon fast mit vorsichtiger Faszination: ,,Ein Stück Alt-Hamburg ist in den letzten Wochen hier beseitigt worden, das gewaltige Häusermeer zwischen Spitalerstraße und Steinstraße, jene engen Gänge und Höfe, in denen im Jahre 1892 der Hauptseuchenherd war, sind verschwunden, und aus den Trümmern wird sich, wenn man fortfährt Häuser wie das Semperhaus ... zu errichten, ein monumental wirkender neuer Straßenzug erheben."

Das war allerdings das Hauptziel der Beteiligten: Mit dem Straßendurchbruch sollte das offenbar tief sitzende Bedürfnis befriedigt werden, Hamburgs Stadtbild endlich auch seiner Größe und Wirt-

27 Nachdem das Gängeviertel abgerissen war, konnten unter der neuen Mönckebergstraße die Untergrundstrecke der „Hamburger Hochbahn" und zu ebener Erde die Straßenbahn geführt werden. Auf beiden Seiten entstanden aufwendige Kontorhäuser und Ladenetagen: Die Ecke Mönckebergstraße und Spitalerstraße noch ohne Bücherhalle und Mönckebergbrunnen, Photographie von Koppmann, um 1912

schaftskraft entsprechend zu verschönern. Weitaus stärker als mit der sozialen und sogar mehr als mit der kameralistischen Seite beschäftigten sich Senat und Bürgerschaft, Behörden und Öffentlichkeit mit den städtebaulich-künstlerischen Problemen der neuen Straßenanlage.

Bereits in der elementaren Frage der Straßenführung traten dem dafür zuständigen Ingenieurwesen der Baudeputation – das die Straße gerade durch das Abbruchgebiet schlagen wollte – engagierte Privatarchitekten entgegen; die Städtebauideen von Camillo Sitte aufgreifend, wollten sie eindrucksvolle Stadtbilder erzeugen. Ausgeführt wurde die Straße tatsächlich mit leicht geschwungenem, s-förmigem Verlauf, infolge dessen sich die Straßenwände in immer neuen Bildern dem Benutzer darbieten. Zwischen die Jacobikirche und die Straße wurde ein Baublock eingeführt, die Petrikirche dagegen wurde zum Blickpunkt inszeniert.

Großes Kopfzerbrechen verursachte die Einmündung in den Rathausmarkt. Zwar war das Rathaus das eigentliche Ziel der Straße und durch sie neu in den Blick gerückt, aber zugleich verlor der Rathausmarkt seine geschlossene Raumform. Er wurde an der Ostseite aufgerissen. Erst bei der Errichtung des „Versmann-Hauses" 1910–1912 (Architekten Rambatz & Jolasse) fand Fritz Schumacher einen Behelf, indem er für eine Überbauung der Querstraße Knochenhauertwiete sorgte und so einen einheitlichen, großmaßstäblichen Bau ermöglichte, der die aufgerissene Platzseite optisch wieder heilte.

Überhaupt die Neubauten: Sie wurden die eigentlichen Kristallisationspunkte für all das, was in Hamburg seit 1900 – im Rahmen der allgemeinen Reformbewegung der deutschen Architektur, z.B. die Heimatschutzbewegung – an Engagement fürs Stadtbild aufgekommen war: Die Architektenschaft hatte 1905 einen Ausschuß zur Verschönerung des Stadtbildes gegründet, als die Straße durchgebrochen wurde; sie sollte zu seinem Musterprojekt werden. Zugleich arbeitete die Baudeputation an Vorschlägen für die Einführung von „Baupflege" in Hamburg: Der Staat wollte künftig nicht mehr jeden gestalterischen Wildwuchs bei Neubauten tolerieren, sondern steuernd auf die Architekten einwirken. Schließlich hatte 1909 der damals vierzigjährige Fritz Schumacher sein Amt als Oberbaudirektor angetreten; er war schon vorher in Dresden einer der Expo-

28 Das pathetisch einheitliche Architekturbild der Mönckebergstraße war auch im einzelnen repräsentativ aufwendig: Am U-Bahnausgang unter Skulpturen und Relieffriesen das Ladenkontor der „Vereinigten Werkstätten", Photographie von Koppmann, um 1912

nenten der zum Werkbund hinführenden Architekturreform. Es gelang die Einführung einer Kommission von Beamten, Politikern und freien Architekten, die für eine angemessene Gestaltung der Neubauten an der neuen Straße sorgen sollten. Ihre Auflagen wurden in die Kaufverträge der Grundstücke aufgenommen und waren somit bindend. Die großmaßstäblichen Kontor- und Kaufhäuser erhielten tatsächlich großartige Fassaden, die subtil auf einander abgestimmt sind. Zum Teil gehören sie zum besten, was im frühen 20. Jahrhundert in Hamburg gebaut wurde, z. B. die Klinkerbauten Fritz Högers, das Klöpperhaus (1912–1913) und das Rappolthaus (1911–1912). Die reiche Ausstattung mit Bauplastik, die hier wie an den anderen Neubauten zu beobachten ist, diente dem Glanz der Häuser, sie war aber auch Ausdruck der Bemühungen der Zeit, die Künste wieder zusammenzuführen zum „Gesamtkunstwerk".

Der Krieg hat die Mönckebergstraße ziemlich verstümmelt. Dennoch ist auch heute noch ihr pathetisch einheitliches, im einzelnen repräsentativ aufwendiges Architekturbild eindrucksvoll genug. Es ist das Ergebnis der Arbeit jener Kommission. Ohne sie wäre – angesichts der in Hamburg uralten Tradition bürgerlicher Baufreiheit – etwas so einheitliches nie möglich gewesen.
Die Verblüffung über das großartige Ergebnis war denn auch im Publikum bedeutend. In der maßgeblichen Hamburger Kulturzeitschrift der zwanziger Jahre, dem „Kreis", hat Hans Bahn sie 1925 resümiert, indem er die neue, im wahrsten Sinne des Wortes bahnbrechende Leistung der Straße als ein „historisches Kulturmonument" beschrieb: „Eingespannt wie eine Starkstromleitung zwischen zwei Polen des öffentlichen Lebens, dem Rathaus und dem Hauptbahnhof, ist sie gefüllt von Energien und Kunstwillen".

Das städtebauliche Paradebeispiel einer neuen Zeit, die einheitlichen Kontor- und Geschäftshausbauten – das sollte auch einen neuen Lebensstil konditionieren. Es ist nur logisch, daß sich das Kunstgewerbehaus Hulbe, in dem sich tout Hamburg mit repräsentativen Einrichtungsgütern eindeckte, ein herausgehoben feines, der Petrikirche gegenübergestelltes Geschäftshaus errichtete, daß sich an der exponierten Ecke zwischen Mönckeberg- und Spitalerstraße die „Vereinigten Werkstätten" niederließen. An der Ecke zum Rathausmarkt richtete sich das „Stadtcafe" mit bis dahin in Hamburg für derlei Etablissements unerhörtem Luxus ein. Die Durchbruchstraße wurde zum Schauplatz pulsierenden „Großstadtlebens"; ihr Glanz sollte es verherrlichen.
Dr. Johann Georg Mönckeberg (1839–1908) gehörte dem Senat seit 1879 an, 1889 wurde er erstmals Bürgermeister, seit 1897 war er der Vorsitzende

der Sanierungskommission. Die Durchbruchstraße ließ sich also – als sein Werk – mit seinem Namen verbinden. 1914 hat man ihm hier außerdem ein richtiges Mönckeberg-Denkmal errichtet – abgeschlossen erst in den zwanziger Jahren. Dahinter stand zunächst nur Fritz Schumachers Idee, den spitzen Winkel zwischen Spitaler- und Mönckebergstraße nicht in voller Höhe zu bebauen, sondern dort einen bewußt klein gehaltenen Schmuckbau als städtebaulichen Akzent zu plazieren. Wie oft in Hamburg fügte es sich: Ein Komitee trat auf, das das Andenken an den Bürgermeister Mönckeberg monumental befestigen wollte und das bereit war, dazu Fritz Schumachers Schmuckanlage zu finanzieren. Und die Patriotische Gesellschaft fand es angemessen, in Schumachers Schmuckbau eine öffentliche Bücherhalle unterzubringen. Der Bücherhallenbau mit Tempelfront und die ihm vorgelagerte eigentliche Denkmalanlage mit Brunnen erhielten einen Tondo mit Mönckebergs Porträt – das übrigens auch am Barkhof an der Mönckebergstraße und am Möckeberghaus an der Spitalerstraße erschien.

Möglicherweise war es wirklich angemessener, den langjährigen Vorsitzenden der Sanierungskommission an dieser dem Geschäft und der Stadtverschönerung dienenden Stelle zu ehren, als in den Sanierungsgebieten der Neustadt, wenn man den Ablauf des gesamten Sanierungsvorhabens seit 1892 würdigt.

Hermann Hipp

29 *Die Mönckebergstraße sollte den Atem und den Glanz pulsierenden ,,Großstadtlebens" vermitteln. Mit bis dahin für derlei Etablissements unerhörtem Luxus eingerichtet: Das Stadtcafe an der Ecke zum Rathausmarkt, Photographie um 1912*

Altona

Nicht weiter zurück als bis ins frühe 16. Jahrhundert reicht die Geschichte von Hamburgs Nachbarstadt Altona – seit dem Groß-Hamburg-Gesetz von 1937 Bestandteil der Gesamtstadt, von Anfang an hatten es die schauenburgischen Grafen und dann im späteren 17. Jahrhundert die dänischen Könige als Landesherren in recht verwegener Überschätzung als Konkurrenten Hamburgs verstanden und ausgebaut. Berühmt ist Altonas Rolle als gewerbliche und religiöse Freistatt: Niederländische Emigranten, deutsche und portugiesische Juden hatten sich hier um 1600 niedergelassen. Tatsächlich erreichte die Stadt im 18. Jahrhundert eine bedeutende Blütezeit als Gewerbe- und Handelsstadt.
Zeugnisse gibt es davon heute kaum noch – abgesehen von der rekonstruierten alten Hauptkirche oder den klassizistischen Bürgerhäusern an der Palmaille. Insbesondere die eigentliche Altstadt ist heute nach Sanierungen, Krieg und Wiederaufbau verschwunden.
Nach dem Ende der napoleonischen Zeit begann in Altona zunächst ein biedermeierlich stagnierendes Zwischenspiel, bald jedoch die Phase des Industrialisierungsprozesses und hier – anders als in Hamburg – zugleich ein Zeitalter großzügiger Stadtentwicklungsplanung.
Dies geschah zunächst im Zusammenhang des dänischen Landesausbaus jener Zeit; so wurden die Verkehrsverhältnisse verbessert, z. B. durch die Anlage der Chaussee nach Kiel 1830/32. Dann aber gewann zunehmend die kommunale Eigeninitiative Bedeutung. Sie war verbunden – wie in der Folgezeit mehrfach – mit dem Namen eines bedeutenden Bürgermeisters, nämlich Karl Heinrich Kaspar Behn, der 1838 sein Amt antrat. Unter ihm wurde der Hafen ausgebaut und der Pferdeomnibus eingeführt. In seiner Zeit wurde, anknüpfend an eine bis 1831 zurückreichende Diskussion, 1844–46 die Eisenbahn nach Kiel gebaut. Sein ganz persönliches Verdienst ist, daß er 1844 eine Kommission einsetzte, die die Aufgabe hatte, die Voraussetzungen für Altonas Stadterweiterung planerisch zu untersuchen. Die „Allee", heute Max-Brauer-Allee, sollte zwischen dem Altonaer Bahnhof und Hamburg einen gro-

30 Vor der Altonaer Altstadt zog sich die Palmaille nach Westen hin. An ihrem Ende entstand 1843 der erste Bahnhof, der 1896 bis 1898 zum Rathaus umgebaut wurde: „Altona vom Turm der Christianskirche in Ottensen gesehen", Lithographie von Gottheil, um 1860

ßen Bogen beschreiben, bis zu dem hin das Straßensystem für einen großzügigen Stadtausbau festgelegt wurde, zwar eher schematisch mit schachbrettartigen Straßenzügen, aber dennoch ausreichend für einen planmäßigen Stadtausbau bis ans Ende des 19. Jhs. 1853 starb Behn.
Behn hatte auch den Anstoß gegeben für die letzte große öffentliche Leistung Altonas in dänischer Zeit, den Bau eines Allgemeinen Krankenhauses 1855/61. Wie damals üblich, suchte man die gesündeste Gegend als Standort aus, den – durch die Besiedelung noch nicht erreichten – Stadtrand an der Allee.
Schon 1797 und 1803 hatte Altona im Rahmen dänischer Zollverordnungen einen Teil seiner Privilegien eingebüßt. 1853 wurde die Stadt – als Disziplinierungsmaßnahme im Hinblick auf den schleswig-holsteinischen Aufstand von 1848 – durch Dänemark zum Zollausland erklärt. Die Eisenbahn und die Große Allee wurden zur Zollgrenze und Altona zum Freihafen.
In dieser Zeit dehnte sich allmählich die Wohnbebauung Altonas nach Norden im Behnschen Stadterweiterungsgebiet aus. Es entstanden serienweise Spekulationsbauten. Etagenhäuser für den bürgerlichen Mittelstand und auch städtische Reihenhäuser nebeneinander, je nach Marktlage von Bauunternehmern hergestellt. Daß dieser Bereich heute ein förmlich erklärtes Sanierungsgebiet ist, darf nicht darüber hinwegtäuschen, daß es ursprünglich eines der „besseren" Viertel Altonas war: Zu seiner Entstehungszeit lagen die einfacheren und billigeren Wohnungen der städtischen Unterschichten mehr östlich in den schon bestehenden Altstadtquartieren.
Für die Stadterweiterungsgebiete entstanden als markanteste öffentliche Gebäude Kirchen. Sie zeigen die Formen der Hannoverschen Bauschule, denn die norddeutsche Backsteingotik war hier mehr als bei irgend einer anderen Bauaufgabe der offenbar adäquate Baustil für die Erinnerung an mittelalterliche, norddeutsch-feste Frömmigkeit. Fast alle Kirchen in Hamburg und Altona wurden zwischen 1860 und 1890 von dem Hase-Schüler Johannes Otzen errichtet. Das Werk, das Otzens Ruhm und seine Laufbahn als Kirchenarchitekt überhaupt begründete, ist die Norderkirche St. Johannis von 1868/72.
Das Ende der dänischen Zeit Altonas kam 1864 mit dem dänischen Krieg um die Herzogtümer Schleswig und Holstein. Holstein mit Altona wurde preußisch. Altona blieb aber mit seinem Stadtgebiet Freihafen und Zollausland

31 Altona, von Schauenburgischen Grafen und dänischen Königen als Konkurrent Hamburgs gedacht, schloß sich am Elbufer dicht an die Vorstadt Hamburger Berg an: "Altona von Steinwärder gesehen", Lithographie von Wilhelm Heuer, um 1850

innerhalb des Zollvereins, also von einer ernstzunehmenden Grenze umgeben.
Die Gründung des Deutschen Reiches 1871 nach dem siegreichen Krieg gegen Frankreich gab Altona trotz der fortbestehenden Zollgrenzen die Möglichkeit eines neuen Patriotismus. Und wie überall suchte er sich Zeichen zu setzen: Findling und Friedenseiche, dazu private Ovationen an die Reichsgründer, zumal Wilhelm I., an umgebenden Häusern waren der Anfang. Es folgten – heute nicht mehr bestehend – eine Siegessäule (1875) und ein Gefallenendenkmal (1880). Natürlich kamen Bismarck und Wilhelm I. (1898) hinzu.
Nach der Gründung des Kaiserreichs entstanden in Altona wie in den anderen deutschen Städten zahlreiche Neubauten für die öffentliche Verwaltung, die unmittelbar mit den veränderten Rechts- und Verwaltungsverhältnissen im Reich zusammenhingen. Dazu gehört die Einrichtung der Reichspost mit ihren Bauten, Postämtern und Postdirektionen – oder die Reichsbank. Auch das Amtsgericht wurde 1873/78 von Berlin aus gebaut und 1904/07 erweitert. Die Formenwelt der Bauten signalisiert den Bezug zu Berlin.
1889 wurde Ottensen nach Altona eingemeindet, 1890 folgten Othmarschen und Bahrenfeld. Damit erhielt die Stadt ein ganz neues Übergewicht nach wirtschaftlicher Bedeutung, Bevölkerung und Stadtgestalt im Westen. Die Neuregelung der Eisenbahnverhältnisse seit 1891 bot die Möglichkeit, dafür auch die angemessene städtebauliche Gestalt zu schaffen. 1893/95 wurde ein neuer Bahnhof gebaut. Der alte Bahnhof wurde – einbezogen in einen mächtigen, 1896/98 errichteten Vierflügelbau – zum Rathaus. Zwischen ihm und dem neuen Bahnhof entstand der "Kaiser-Platz", heute "Platz der Republik", gesäumt von weiteren öffentlichen Gebäuden und Denkmälern, darunter vor allem dem 1898/1901 errichteten Altonaer Museum, das der neuen Großstadt offenbar historische Identität vermitteln sollte. Rathaus, Platz, Bahnhof und Museum, dazu kamen die Siegessäule und das Kriegerdenkmal von 1871. Das alles war der Versuch, ein ganz neues, künstliches, und doch mit allen traditionellen Elementen der städtischen Selbstdarstellung

Die Stadt als Kunstwerk?

32 Nachdem der alte Bahnhof zum Rathaus umgebaut und ein neuer Bahnhof errichtet worden war, wurde der Kaiser-Wilhelm-Platz als neues Stadtzentrum mit der neuen Vorstadt an der einen und dem Altonaer Museum an der anderen Längsseite angelegt: Postkarte, um 1900

ausgestattetes Zentrum für die neue Großstadt Altona zu schaffen.

Von nun an spielten sich die großen Entwicklungsschritte im Westen ab. Hervorragende Stadtplanung auf dem jeweils neuesten Stand sind kennzeichnend. Das gilt für den Generalbebauungsplan Joseph Stübbens von 1894 ebenso wie in den zwanziger Jahren für den Generalsiedlungsplan Gustav Oelsners.

Im Übergangsbereich von Altstadt zu Behnschem Stadterweiterungsgebiet dokumentieren heute noch eine Reihe von öffentlichen Gebäuden die Versuche der freien Wohlfahrtsverbände, die sozialen Probleme der Großstadt des 19. Jahrhunderts zu bewältigen, insbesondere die traurigen Folgen der Prostitution. Dies gilt etwa für das Haus Hospitalstraße 44, das 1893 als „Mädchenherberge" und „Krippe" im Auftrag der ehedem nördlich anschließenden Diakonissenanstalt errichtet worden ist. Ebenso für den 1880 errichteten Neubau der 1830 gegründeten „Speiseanstalt" mit einer Volksküche an der Billrothstraße 71. Dazu gehört aber auch die erste neuzeitliche, öffentliche Volksschule, die überhaupt im Bereich des heutigen Hamburg eingerichtet worden ist, die 1868 errichtete Schule Thedestraße. Sie bildet städtebaulich ein Ensemble mit dem gegenüberliegenden „Thede-Bad", dem ältesten im Hamburger Staatsgebiet erhaltenen Hallenbad überhaupt. Es gehört in den Zusammenhang jener bürgerlich-wohltätigen Sozialpolitik, in deren Rahmen die Vorstellung weit verbreitet war, durch Badeanstalten könne neben der Reinlichkeit den Unterschichten auch bürgerliches Wohlverhalten vermittelt werden.

Der schnelle Aufschwung des Seehandels nach Gründung des deutschen Reiches machte Hamburg vollends zu Deutschlands Tor zur Welt. Davon profitierte auch Altona. Speicherbauten entstanden an der Großen Elbstraße, die fast mit denen der Hamburger Speicherstadt konkurrierten.

Nach dem Zollanschluß Hamburgs und Altonas an das Deutsche Reich 1888 leitete der Oberbürgermeister Adickes – nachmals Oberbürgermeister in Frankfurt und einer der bedeutendsten deutschen Kommunalpolitiker – den Ausbau des kleinen und nur den lokalen Bedarf befriedigenden Fischmarktes in Altona zum Hauptanlandeplatz der deutschen Fischereiflotte ein. Zu den Hafenanlagen und Abfertigungseinrichtungen, die jetzt entstanden, gehörte vor allem die große Fischauktionshalle, die 1895/96 errichtet wurde und heute noch besteht.

Nach dem ersten Weltkrieg – nach der Ablösung des preußischen Klassenwahlrechts – wurde Altona zu jenem „roten Altona", der sozialdemokratischen Musterkommune, als die sein Bürgermeister Max Brauer es verstand. Es war jenes „Neue Altona", das in der monumentalen Veröffentlichung dieses Namens von der Stadtverwaltung 1929 gefeiert wurde und in den wenigen Jahren zwischen Inflation und Weltwirtschaftskrise in Städtebau und öffentlichen Einrichtungen, Wohnungs- und Bildungswesen und vielen anderen Bereichen der kommunalen Verwaltung bahnbrechende Leistungen vorzuweisen hatte.

Innerhalb Hamburgs ist es im Zweiten Weltkrieg besonders schwer zerstört worden. Ein radikal alte Strukturen preisgebender Wiederaufbau hat das seine dazu beigetragen, daß Altona inzwischen zum Bezirk mit eigenständigem Profil, aber eben doch zum eingewachsenen Bestandteil Hamburgs geworden ist, dessen Stadtentwicklung im Zeitalter der Industrialisierung es – wie Harburg, Wilhelmsburg und Wandsbek – ein Jahrhundert lang als Konkurrent begleitet hat.

Hermann Hipp

Schumachers Stadtplanung

„Städtebau", sagt Fritz Schumacher in seiner autobiografischen Schrift „Stufen des Lebens", „ist in den ersten und wohl wichtigsten Kapiteln seiner Arbeit nichts anderes als praktische Bodenpolitik". Eine wichtige und heute wie vor sechzig Jahren gültige Einsicht, die vielen Stadtplanern und Architekten von heute, die Kreativität, Ideenreichtum und politisches Durchsetzungsgeschick für die entscheidenden Schlüssel zum erfolgreichen Städtebau halten, ins Stammbuch zu schreiben ist.

Schumacher war von 1909 bis 1920 und von 1923 bis 1933 Baudirektor und Oberbaudirektor in Hamburg. Im letzten Jahrzehnt erst ist die Bedeutung seines Schaffens für die Stadtentwicklung richtig gewürdigt worden.

In der ersten Periode hat er fast ausschließlich als Architekt staatlicher Bauten gewirkt. Sie bestimmen das Stadtbild in allen Teilgebieten des hamburgischen Staatsgebietes in seinen Grenzen bis 1937. Es sind recht monumentale Bauten, Merkzeichen im Stadtraum von besonderer Eigenständigkeit der Architektur und doch wohl abgewogen eingefügt in jeden einzelnen Standortbereich. Nur sehr wenige Bauten sind in ihrer ursprünglichen Form erhalten. Meist sind die großvolumigen Dächer verändert, durch Umbauten verunstaltet oder die Proportionen des Gesamtbauwerkes verändert worden. Das Tropeninstitut hoch über dem Elbhang in St. Pauli, das Johanneum in Winterhude, das Museum für Hamburgische Geschichte sind meisterhafte Zeugnisse der Architektur- und Städtebauauffassung Schumachers aus den Jahren vor dem ersten Weltkrieg, nicht eigentlich modern, nicht stilprägend, keine Meilensteine der Baugeschichte aber unübersehbare Identifikationspunkte im Stadtbild.

Schumachers erste Schaffensperiode in Hamburg fällt in eine Umbruchphase des Städtebaues, wie sie sich nur einmal vorher zu Beginn des achtzehnten Jahrhunderts vollzogen hat, als die Städte die Fesseln ihrer mittelalterlichen Mauern sprengten, sich ins Umland ausbreiteten, sich völlig neuen formalen Prinzipien geplanter Erweiterung öffneten.

Die Großstadtkritik im ausgehenden 19. Jahrhundert, neuerwachtes Selbst- und Stilbewußtsein der Architekten, Gartenstadtbewegung, Initiativen zum Arbeiterwohnungsbau, erste zaghafte Ansätze zum Neuen Bauen in Frankreich, Italien und Deutschland und von besonderer Bedeutung, die vielfältigen öffentlichen Auseinandersetzungen über die „Wohnungsfrage" und ihre sozialpolitischen wie städtebaulichen Implikationen hatten ein geistiges und politisches Klima geschaffen, das auch in Hamburg den Boden für eine Neuorientierung der Stadtplanung vorbereitet hatte.

Schumacher sah zunächst den Weg aus der Sackgasse gründerzeitlicher Baupolitik allerdings in der Architektur. Er beschrieb seine Überzeugung sehr eindringlich: „Es galt einem baulichen Gemeinschaftsgefühl den Boden zu bereiten; jeder meiner Bauten mußte neben seinen Spezialeigenschaften zugleich ein Pionier sein für einen neuzeitlich entwickelten, als Alltagssprache brauchbaren Backsteinbau" (Stufen des Lebens, Seite 305). Er stellte sich entschieden gegen eine ausschließlich formal verstandene Heimatkunstbewegung, wie sie von den deutsch-nationalen Kräften unter der Architektenschaft forciert wurde. Es ist bezeichnend für seinen Weitblick, und seine Fähigkeit zur Selbstkritik, daß er noch während seiner ersten Schaffensperiode in Hamburg bekannte, daß die Impulse, die er dem Stadtbild durch die spezifische Charakteristik seiner öffentlichen Bauten geben wollte, nur äußerliche Wirkungen erzielen konnten. Die eigentliche Aufgabe der Stadtplanung sah er in einer Neufassung des Boden- und Planungsrechts, in einer neuen Wohnungspolitik und in der Landesplanung.

„Wer die Stadt als Lebewesen empfand, mußte bald erkennen, daß dies Wesen im Tiefsten krank war und daß man dieser Krankheit nicht durch ästhetisches Retuschieren, sondern nur durch organische Eingriffe Herr werden konnte. Es handelte sich um eine soziale Aufgabe von größtem Ausmaß, ...", und weiter: „Niemand war da, der aus den Elementen der neuen Lebensbedingungen, die sich aus der Häufung der Menschen ergaben, einen neuen Rahmen in erträglicher Weise fügte, niemand war da, der den Kräften der Mechanisierung und Technisierung, die das Leben in ihren Bann zu schlagen drohten, die Richtung zu organischer Ordnung wies." Er kritisierte leidenschaftlich die Vorherrschaft der Ingenieure im Städtebau und die Ignoranz der politisch Verantwortlichen gegenüber dem funktionalen und gestalterischen Aufgaben der Stadtplanung.

Es ist auch wichtig herauszustellen, daß Schumacher fast zwangsläufig den Einstieg in den Städtebau über die Grünplanung in Hamburg fand, die er immer wieder als integrierten, zentralen Bestandteil des Städtebaues herausstellte. Er stellte den Mangel an Grünflächen in den in Entwicklung befindlichen Stadterweiterungsgebieten in Eimsbüttel, Barmbek, Hamm als schwerwiegenden Fehler dar.

Gleichzeitig verfaßte er – noch immer ohne formal gesicherten Einfluß auf den Städtebau – sein als „Hamburger Kampfschrift" verstandenes Buch „Die Kleinwohnung" über die notwendige Reform der innerstädtischen Miethauskleinwohnung und der Kleinhauskolonien.

Mit dieser in mehreren Auflagen erschienenen Schrift versuchte er Senat und Bürgerschaft aufzurütteln und Einfluß auf den Städtebau zu gewinnen. Noch während des Ersten Weltkrieges konnte er zwei Siedlungseinheiten als Prototypen zukünftiger Stadterweiterungsmaßnahmen realisieren, den ersten Bauabschnitt der Siedlung am Dulsberg und die Kleinhauskolonie in Langenhorn.

Man muß sich vergegenwärtigen, daß Schumacher bis 1920 zwar einer zutiefst konservativen, jedem staatlichen Eingriff in das Baugeschehen abholden politischen und wirtschaftlichen Führungsschicht gegenüberstand, aber dennoch in verschiedenen gleichartigen Initiativen im Reich und in Österreich Vorbilder und erfolgreiche Beispiele als Argumentationshilfe für die Arbeit in Hamburg hatte. Das Kriegsheimstättengesetz, später Volksheimstättengesetz, war ein wenn auch in seiner Gesamtwirkung bescheidenes Rechts- und Finanzierungsinstrument.

Die Stadt als Kunstwerk?

33 Fritz Schumacher war von 1909 bis 1920 und 1923 bis 1933 Baudirektor und Oberbaudirektor in Hamburg. In der ersten Phase hat er als Architekt staatlicher Bauten gewirkt. Es sind monumentale Bauten, Merkzeichen im Stadtraum von besonderer Eigenständigkeit der Architektur: Das Museum für Hamburgische Geschichte, Photographie von Drandfeld, 1922

Indirekte Unterstützung erfuhr Schumacher auch durch die sich seit Ende des 19. Jahrhunderts stetig verstärkende Stadtflucht der wohlhabenden Bevölkerung, die die unerträglichen Wohnverhältnisse im hochverdichteten Hamburg in das preußische Umland trieb. Die hohen Steuerverluste erzwangen Initiativen zur Entwicklung besserer Wohnquartiere innerhalb der Stadtgrenzen. Alsterkanalisierung und U-Bahnbau in die Walddörfer und nach Langenhorn waren Voraussetzungen für das Entstehen neuer freiraum- und landschaftsbezogener Wohngebiete.
Als Schumacher 1923 nach einer dreijährigen Beurlaubung seine Tätigkeit in Hamburg wieder aufnahm, hatte sich das politische Klima verändert. Er formulierte das in seinen Lebenserinnerungen so: „Ein erhöhtes Gefühl für soziale Verantwortung machte es möglich, ganz andere Dinge mit Erfolg zu fordern als früher. Die Wohnungsnot, die ich unter dem Hohn meiner Kollegen vom Ingenieurwesen und dem Kopfschütteln der Deputationen vorausgesagt hatte, trat in krasser Form ein." Der Staat mußte die Verantwortung für den Wohnungsbau übernehmen und die notwendigen Finanzmittel über die Besteuerung des Altbaubestandes aufbringen. Eine vom Senat kontrollierte „Beleihungskasse für Hypotheken" wurde eingerichtet. Die organisatorischen und finanztechnischen Voraussetzungen für einen öffentlich geförderten Kleinwohnungsbau bildeten die Grundlage für eine Neuorientierung in der Wohnungs- und Städtebaupolitik.
Es ist Schumachers besondere Leistung, der von ihm mitentwickelten volkswirtschaftlichen und organisatorischen Umstellung, eine „ästhetische Umstellung" in Architektur und Städtebau an die Seite gestellt zu haben, mit der es ihm gelang einen Kranz von neuen Siedlungsgebieten eigenständiger Identität mit den Stadterweiterungsgebieten der Gründerzeit zu verzahnen. In Eimsbüttel, Winterhude Nord, Barmbek, am Dulsberg, in Horn und Hamm entstanden im Jahrzehnt zwischen 1923 und 1933 städtische Wohnquartiere, die in ihrer städtebaulichen Anlage die Blockstruktur der Gründerzeit zwar aufnahmen, aber in der Dimension, der Architektur und vor allem in der Zuordnung von Bauvolumen und Freiflächen nach neuen hygienisch, funktionalen und eben ästhetischen Grundsätzen konzipiert waren.
Heute wirken diese Quartiere fast konservativ im Vergleich zu den Siedlungen

des „Neuen Bauens" in Berlin, Dresden oder Frankfurt. Anders als die Planer für diese Siedlungen ist Schumacher mit den neuen Wohngebieten auch nicht in die Randzonen der Stadt ausgewichen, sondern versuchte bereits rechtskräftig überplante Gebiete am Rande der inneren Stadt im Sinne der neuen Siedlungs- und Wohnvorstellungen zu nutzen. Die so von Schumacher und seinen Mitarbeitern erarbeiteten Reformpläne auf altem Baurecht können noch heute als vorbildliche Zeugnisse engagierter stadtplanerischer Improvisationsfähigkeit, politischer Durchsetzungsstrategie und kreativen Einsatzes öffentlichen Bodeneigentums gelten.

Dabei muß herausgestellt werden, daß Schumacher praktisch ohne Einschränkungen den in Staatsbesitz befindlichen Boden für die Schaffung von Grünflächen und die Herabzonung der Bebauungsdichten auf privaten Grundstücken einsetzen konnte, eine Strategie, ohne die die Stadt Hamburg ungeheure Entschädigungssummen hätte zahlen oder auf ihre soziale Wohnungspolitik verzichten müssen.

So wirkungsvoll in ihrer neuen Wohnqualität die Bebauungen am Dulsberg, in Barmbek, Winterhude oder Hamm auch waren, eine städtebauliche Meisterleistung ist Schumacher eigentlich nur mit der Bebauung der Jarrestadt gelungen. Grundlage bildete ein Wettbewerb, durch den zehn Architekten qualifiziert wurden, die mit der Baubehörde gemeinsam die endgültige Bebauungskonzeption erarbeiteten und die in enger Abstimmung untereinander und mit Schumacher die Architektur der einzelnen Wohngebäude entwarfen. Karl Schneider, von Schumacher hoch geschätzt und gefördert, war der geniale Koordinator des Gesamtprojektes und Architekt des in seiner Einfachheit und architektonischen Disziplin noch heute – mehrfach durch Modernisierungen verunstaltet – imposanten, ja faszinierenden Mittelblocks mit dem großen grünen Hof oder besser der kleinen umschlossenen Parkanlage.

Gleichrangig neben der städtebaulichen Leistung steht im stadtplanerischen Schaffen Schumachers sein Einsatz für die Landesplanung.

Er hatte früh erkannt, daß der durch Gemeinde- und Staatsgrenzen zerschnittene Siedlungskörper Hamburgs und seiner Nachbarstädte einer straffen gemeinsamen Entwicklungssteuerung bedürfte, wenn die Städte in ihrem gegenseitigen Konkurrenzkampf nicht zu unsinnigen Infrastruktur- und Stadterweiterungsinvestitionen getrieben und wirtschaftliche Nachteile für den Gesamtraum vermieden werden sollten.

Die Verhandlungen mit Preußen erwiesen sich aber als äußerst schwierig, obwohl Altona schon 1910, Wandsbek wenig später um Eingemeindung gebeten hatten. Erst nach 1918 sah Schumacher eine neue Chance für eine gemeinsame Landesplanung, wenn nicht für eine Einheitsgemeinde ‚Groß-Hamburg'. Er wirkte aktiv an der Denkschrift des Senats 1921 mit und legte sein Schema der natürlichen „Entwicklung des Organismus – Hamburg –" vor, das Achsenkonzept. Dieses Achsenkonzept – sicher nur äußerlicher Ausdruck einer Ordnungskonzeption für den gesamten Wirtschaftsraum Hamburg – hat bis heute die Landesplanung Hamburgs und seines Umlandes bestimmt.

Egbert Kossak

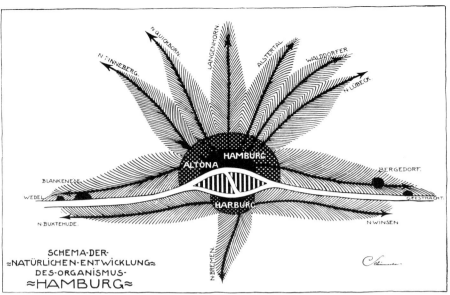
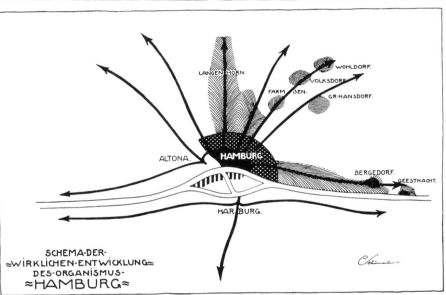

34 Bereits 1919 formulierte Schumacher seinen „Achsenplan" für ein zukünftiges Groß-Hamburg, der in einer Hamburger Denkschrift von 1921 an die „Zentralstelle für die Gliederung des Deutschen Reiches beim Reichsinnenministerium" aufgenommen wurde: Zeichnung von Fritz Schumacher, 1919

Handel, Schiffahrt und Gewerbe

Deutschland im 19. Jahrhundert – zahlreiche Assoziationen verbinden sich mit diesem Begriff: das napoleonische Zeitalter, die bürgerliche Revolution, die Reichseinigung. Fundamentaler jedoch als diese gewiß nicht unbedeutenden politischen Ereignisse war wohl das Übergreifen der industriellen Revolution von ihrem Mutterland England auf Deutschland. Jahrhundertealte Herstellungstechniken waren im Laufe weniger Jahre obsolet geworden. Was Handwerker mit ihrer Hände Arbeit – nur unterstützt von lokal verwertbarer Naturenergie – erstellt hatten, wurde zum Teil innerhalb weniger Jahre durch moderne Techniken abgelöst. Die personalintensive Fertigung in Handwerksbetrieben und Manufakturen wurde durch eine kapitalintensive, maschinelle Herstellung in Fabriken ersetzt. Wind- und Wassermühlen, neben dem Pferdegöpel die bislang wichtigsten Energiequellen, wurden von der Dampfmaschine, später dann dem Elektromotor, verdrängt. Pferd und Wagen wurden durch die Eisenbahn, das hölzerne Segelschiff durch das eiserne bzw. stählerne Dampfschiff ersetzt.

Die Warenproduktion wurde hierdurch in kaum vorstellbarer Weise verbilligt. Der Warentransport ging schneller voran, ja er wurde durch die neuen Transportmittel in vielen Fällen überhaupt erst rentabel. Allenthalben stieg der Bedarf an Rohstoffen, heimischen wie ausländischen, an Nahrungsmitteln, Investitions- und auch Konsumgütern. Warenproduktion und internationaler Warenaustausch stiegen in kürzester Zeit auf bisher nicht gekannte und nicht vorstellbare Höhen. – Welch eine Chance für eine seit Jahrhunderten im Fernhandel führende Handelsmetropole wie den Stadtstaat Hamburg[1].

Werfen wir zunächst einen Blick auf das Hamburg an der Wende vom 18. zum 19. Jahrhundert. Der Schwerpunkt, ja man kann fast sagen, der Dreh- und Angelpunkt der hamburgischen Wirtschaft war der Außenhandel zusammen mit den darauf basierenden Gewerben. Seit den Zeiten der Hanse war Hamburg eine der führenden Fernhandelsstädte Europas gewesen. Die von der französischen Revolution seit 1792 ausgehenden Wirren und die damit verbundene Beeinträchtigung anderer europäischer Handelszentren hatten Hamburg gar zur führenden Handelsstadt des europäischen Kontinents gemacht. Ein Chronist berichtet: „Die hamburgische Schiffahrt griff auf die westindischen Besitzungen Frankreichs, in den Wirren der Revolutionskriege auf die Küsten des spanischen Amerika, auf Afrika, selbst nach Ostasien hinüber, mochte der Verkehr mit dem letzteren sich auch zunächst noch in engen Bahnen bewegen. Der Warenverkehr, vor allem die Einfuhr, schnellte enorm empor. Im Vergleich der Jahre 1791/93 und 1798/1800 steigerte sich beispielsweise der Import des Zuckers von 45 auf 85 Millionen, des Kaffees von 23 auf 43 Millionen Pfund, der Baumwolle von 3100 auf 8500 Ballen, des Pfeffers von 2700 auf 11 700 Säcke und Ballen."

Die hamburgische Schiffahrt entsprach allerdings in keiner Weise der Bedeutung Hamburgs als Hafenstadt. Zwar war die eigene Flotte von 159 Schiffen im Jahre 1788 auf 280 Schiffe im Jahre 1799 angestiegen. Doch hatte sie sich infolge der Kriegswirren bereits 1806 wieder auf 220 Schiffe reduziert, während gleichzeitig das wesentlich kleinere, damals noch dänische Altona 296 Schiffe besaß. Hamburgs Kaufleute wickelten ihre Ein- und Ausfuhren überwiegend mit Schiffen fremder Flagge ab.

Die Kriegswirren der napoleonischen Zeit zerstörten jäh Hamburgs wirtschaftliche Aufwärtsentwicklung. Die englische Seeblockade von 1803, die Einbeziehung Hamburgs in das französische Kaiserreich 1806 und die wenige Tage später von Berlin aus verkündete Kontinentalsperre legten die Lebensadern der Hansestadt still.

Der hamburgische Handel kam zum Erliegen. Der Hafen, die Drehscheibe des nordwesteuropäischen Verkehrs und gleichzeitig die Lebensgrundlage von etwa 40000 Einwohnern der Stadt, verödete. Der größte Teil des für Hamburg typischen vorindustriellen Großgewerbes, das eng mit dem Außenhandel verbunden war, der Zuckersiedereien und der Kattunfabriken, mußte aus Mangel an Rohstoffzufuhren schließen. Zwar gelang es einigen Handelshäusern über die kleinen Häfen der schleswig-holsteinischen Westküste einen gewissen Handelsaustausch mit außerdeutschen Ländern, vor allem mit England, aufrecht zu erhalten. Den wirtschaftlichen Niedergang und die Verarmung der Hansestadt und ihrer Bewohner konnten diese Schmuggeltransaktionen jedoch nicht aufhalten.

Nach dem siegreichen Abschluß der Befreiungskriege gegen die französische Fremdherrschaft versuchte man in Hamburg zunächst an die wirtschaftlichen Zustände der vornapoleonischen Zeit anzuknüpfen. Dies war auch bei der Zuckersiederei für kurze Zeit infolge staatlicher Unterstützung von Erfolg gekrönt. Doch ihr Wiederaufblühen war nur von kurzer Dauer. Das Textilgewerbe, in der vornapoleonischen Zeit nach der Zuckersiederei der zweitwichtigste Wirtschaftszweig, konnte sich von der Isolierung durch die Kontinentalsperre nicht mehr erholen.

Da diese traditionellen Gewerbe den Wandel der Zeit nicht überstanden hatten, hätte es nahegelegen – etwa dem Beispiel Englands oder Preußens und Sachsens folgend – neue, industrielle Anlagen in der Hansestadt anzusiedeln. Doch hier erhob sich ein nahezu unüberwindliches Hindernis: die fehlende Gewerbefreiheit. Im Gegensatz zum weltoffenen Handel, der tatkräftig von der seit 1665 bestehenden Vertretung der Kaufleute, der Commerzdeputation, unterstützt wurde, verharrte nahezu der gesamte gewerbliche Bereich in halbmittelalterlichen Zunftformen. Zwar hatte die französische Besetzung Hamburgs im Jahre 1806 mit der Aufhebung der hamburgischen Verfassung auch die Zunftordnung beseitigt. Doch im Gegensatz zu Preußen, das 1810 die allgemeine Gewerbefreiheit eingeführt hatte, setzte Hamburg nach Erlangung seiner Selbständigkeit 1814 seine alte Verfassung und damit auch die Zunftordnung wieder inkraft.

Die Zünfte, in Hamburg Ämter und Brüderschaften genannt, unterlagen einer strengen Reglementierung durch die hamburgische Obrigkeit. An der Spitze der Ämter und Brüderschaften stand jeweils ein Amtspatron. Dieser war gleichsam ein mit weitgehenden Anordnungs- und Kontrollbefugnissen ausgestatteter Staatskommissar. Er war Mitglied des Rats und ihm unterstanden die Älterleute. Der Ältermann war der von einem Amt oder einer Brüderschaft gewählte vorsitzende Meister. Seine Wahl bedurfte in jedem Falle der Zustimmung des Amtspatrons. Immerhin hatten die Älterleute der Ämter, nicht aber die der Brüderschaften, Sitz und Stimme in der Erbgesessenen Bürgerschaft, wodurch zumindest auf der politischen Ebene ein gewisses Gegengewicht gegenüber den der Stadtregierung angehörenden Amtspatronen bestand. Innerhalb der zünftigen Gewerbe mußte jeder Meister einem Amt oder einer Brüderschaft angehören. Ämter und Brüderschaften waren Monopolorganisationen der einzelnen Gewerbe. Nur wer Mitglied einer Zunft war, konnte somit sein Gewerbe ausüben. Die Zünfte unterlagen einem absoluten Koalitionsverbot.

Eine starke Gängelung und Beschneidung der persönlichen Freiheiten sah das Zunftreglement auch für die Gesellen und die Lehrlinge vor. Den Gesellen war, wie den Ämtern selbst, jegliche Verbindung oder Korrespondenz mit anderen Zünften oder Gesellschaften strikt untersagt. Nach Ablauf der Lehrzeit unterlagen Gesellen einer Wanderzeit von zwei bis vier Jahren. Ausgenommen hiervon waren die Böttcher, Brauer, Fischer, Grützmacher, Korbmacher, Knochenhauer und Schlachter. Außerdem durften Gesellen, mit Ausnahme der Maurer und Zimmerleute, nicht heiraten. Auch das Lehrlingswesen war detailliert geregelt.

Die hamburgischen Ämter und Brüderschaften zerfielen in zwei Arten, und zwar einmal in die freien Zünfte, zum andern in die sogenannten realberechtigten Zünfte. Mitglied einer freien Zunft konnte theoretisch jeder Meister werden, sofern er Bürger der Stadt war. Anders lag der Fall bei den realberechtigten Zünften. Diese Zünfte hatten eine genau festgelegte Anzahl von Zunftgenossen, die nicht überschritten werden durfte. Nur durch Tod oder Verkauf eines Realberechtigten konnte ein Platz frei werden, den der Erbe oder Käufer dann einnehmen durfte.

Für die zünftigen Gewerbe, und ganz besonders natürlich für die realberechtigten Zünfte, garantierte die Zunftordnung ein gesichertes Einkommen. Für die Stadt aber bedeutete ein Verharren großer Teile ihres Gewerbes in herkömmlichen Strukturen, daß sie sich weitgehend der zeitgemäßen neuen Gewerbeform, der Industrie, verschloß.

Zwar hatte die wirtschaftliche Entwicklung im Laufe der Jahrzehnte einige Zünfte überflüssig werden lassen, doch für 1825 verzeichnet das Hamburger Adreßbuch noch immer 45 Ämter und Brüderschaften. Allmählich jedoch änderte sich die starre Zunftpolitik des Rates. Ein Wandel im Sinne größerer Wirtschaftsfreiheit begann sich abzuzeichnen. Völlige Gewerbefreiheit allerdings sei, so erklärte der Rat im Jahre 1832, ,,selbst für unseren freien Handelsstaat nicht nur von gar keinem Nutzen, sondern würde vielmehr große und unsere innere Wohlfahrt gefährdende Nachteile herbeiführen."

Dennoch enthielt das General-Reglement für die hamburgischen Ämter und Brüderschaften aus dem Jahre 1835, das 1840 mit geringfügigen Veränderungen erneut verkündet wurde, erste erhebliche Einschränkungen der bisherigen Zunftordnung. Es reduzierte zunächst die Anzahl der Ämter und Brüderschaften auf nur noch 38 und gestattete erstmals ,,jedem Bürger und Einwohner, für sich und seine Hausgenossen zünftige Gewerbsartikel zu verfertigen oder durch seine Hausgenossen verfertigen zu lassen."

35 Das Fehlen der Gewerbefreiheit wirkte sich in Hamburg zunächst hinderlich für die industrielle Entwicklung aus. Nach 1814 war die alte Zunftordnung wieder eingesetzt worden. ,,Ämter" und ,,Brüderschaften" waren streng reglementiert. Auch Gesellen und Lehrlinge wurden durch das Zunftreglement gegängelt: ,,Gesellenkundschaft" von 1831

In drei sehr unterschiedlichen Bereichen wurde sogar die völlige Zunftfreiheit eingeführt. Dies galt einmal für Neuerfindungen sowie wissenschaftliche und künstlerische Arbeiten im handwerklichen Bereich. ,,Arbeiten und Erzeugnisse", so lautete der § 32 des Generalreglements, ,,welche rücksichtlich der Form, des Stoffes, der Einrichtung oder der Gebrauchsbestimmung, als neue Erfindungen oder Entdeckungen angesehen werden können, sowie Arbeiten und Erzeugnisse, deren Verfertigung außerhalb des eigentlichen Handwerksbetriebes liegt, oder wozu wissenschaftliche oder höhere Kunstfertigkeit erfordert wird, und die Ausübung der bildenden Künste, sind frei und von allem Zunftzwange ausgenommen."

Die zweifellos entscheidende Bestimmung für die gesamte weitere gewerbliche Entwicklung der Hansestadt beinhaltete aber der § 34, der die rechtliche Grundlage für neu entstehende Industriebetriebe bildete. Er lautete: ,,Die fabrikmäßige Betreibung eines sonst zünftigen Gewerbes ist an keinen Zunftzwang gebunden, vielmehr in jeder Rücksicht davon befreit." Allerdings bedurfte es hierzu einer Konzession von Seiten des Rats, der vorher zu prüfen hatte, ,,ob nicht die beteiligte Zunft selbst das Bedürfnis schon genügend befriedigt(e)." In einem weiteren Paragraphen wurde sogar fremden Marktleuten die Erlaubnis erteilt, zünftige Gewerbeartikel während der üblichen Marktzeiten in Hamburg zu verkaufen.

Die nach dem Ende der napoleonischen Zeit insgesamt auf mehr Freizügigkeit ausgerichtete Gewerbepolitik des Rats war nicht zuletzt bestimmt durch die ständigen Einlassungen der Commerzdeputation, denen es in erster Linie zuzuschreiben ist, daß die Bestrebungen der Zünfte abgewehrt wurden, die entstehende Industrie der Zunftordnung zu unterwerfen. Ein besonderes Augenmerk hatte die Commerzdeputation dem Schiffbau und den damit verbundenen Gewerben wie etwa Segeltuchfabrikation und Ankerschmieden gewidmet. Sie hatte bereits in den Jahren 1746, 1769 und 1781 die Lösung der Zunftfesseln im Schiffbau gefordert und hatte auch 1788 einen ersten Erfolg erringen können.

Als sich schließlich im Jahre 1838 der Rat der Stadt auf ständiges Drängen der Commerzdeputation gezwungen sah, das Amt der Schiffszimmerer aufzulösen, führte er bisherige Mißstände im hamburgischen Schiffbau zur Begründung an: „Unsere Schiffbauer-Tagelöhner haben nichts Anderes gesehen und gelernt, als was unsere Meister ihnen gezeigt und gelehrt haben, und diesen ist es als Gesellen oder Tagelöhnern gerade eben so ergangen."

Dieses vernichtende Urteil des Rats über einen der wichtigsten Gewerbezweige in einer Seehafen- und Handelsstadt zeigt deutlich, daß die Zünfte – und zwar sowohl Meister wie Gesellen – in der ersten Hälfte des neunzehnten Jahrhunderts mehr und mehr zu einem Hindernis für die weitere notwendige wirtschaftliche Entwicklung der Stadt geworden waren. Doch der ‚Zeitgeist' der industriellen Revolution und die Interessen des sich in einem gewaltigen Aufschwung befindlichen Handels waren stärker als das Beharrungsvermögen der Zünfte. Mit dem Gesetz vom 7. November 1864 zog auch in Hamburg die Gewerbefreiheit ein. Ämter und Brüderschaften wurden aufgelöst, die bestehenden Realgerechtigkeiten abgelöst.

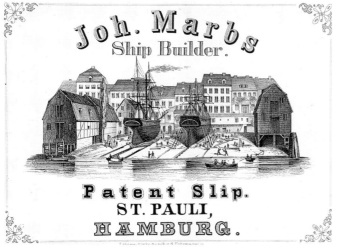

36   1839 löste der Rat auf Drängen der Commerzdeputation das Amt der Schiffszimmerer auf und ermöglichte damit den nicht zunftgebundenen Schiffbau: „Geschäftsempfehlung" des unzünftigen Schiffbauers Johann Marbs mit Abbildung seiner Werft auf St. Pauli, Lithographie, um 1850

Mit der Unterstützung der Commerzdeputation hatte das hamburgische Gewerbe seine innere Freiheit erreicht. Seine äußere Freiheit, nämlich die Möglichkeit – vor allem für die größeren Gewerbe und die neuentstehenden Industrien –, auch im deutschen Binnenland konkurrenzfähig auftreten zu können, wurde dem Gewerbe jedoch vehement verwehrt, und zwar von den nämlichen Handelsinteressen, wie sie in der Commerzdeputation und deren Nachfolgerin, der Handelskammer, vertreten waren.

Die Rede ist hier von der zollpolitischen Abschließung der Hansestadt, die sich standhaft weigerte, sich der zunehmenden zollpolitischen Einigung in Deutschland anzuschließen.

Als sich 1854 das Königreich Hannover dem Zollverein anschloß, hatte dies unmittelbaren Einfluß auf die hamburgische Industrie. So verlegte noch im gleichen Jahr einer der damals bedeutendsten Hamburger Industriebetriebe, die Firma Stock-Meyer, einen Teil ihrer Fabrikation in das nunmehr zum Zollverein gehörende Harburg. Weitere Unternehmen folgten. In diesen Jahren wurde von hamburgischen Unternehmern und mit hamburgischem Kapital die Grundlage gelegt für die noch heute bedeutende Harburger Großindustrie. Schätzungen gehen davon aus, daß zehn Jahre nach der Einbeziehung Harburgs in den Zollverein 75% der gesamten neuangesiedelten Industrie durch hamburgisches Kapital finanziert worden waren.

Als Folge der Kriege von 1864/66 wurden sowohl das Königreich Hannover und damit Harburg als auch die Herzogtümer Schleswig und Holstein – und damit Hamburgs westliche und östliche Nachbarn, Altona und Wandsbek – preußisch. Damit war Hamburg nun auch im Norden von Zollvereinsgebiet umschlossen. Die Verfassung des Norddeutschen Bundes von 1867 billigte den drei Hansestädten weiterhin ihre zollpolitische Sonderstellung zu und Bremen und Hamburg machten hiervon Gebrauch.

Entscheidend für das Abseitsstehen Hamburgs waren nicht seine gewerblichen Interessen, sondern die des Handels, der seit Jahrhunderten das tragende Element des Stadtstaats war. „Ihm, seinen Bedürfnissen, seiner Entwicklung hatten sich alle anderen Faktoren unterzuordnen." Zwar gab es innerhalb der bestimmenden Handelsinteressen gewichtige Stimmen, die für einen Anschluß an den Zollverein plädierten. Sie konnten sich jedoch nicht durchsetzen. Mehr als vierhundert Handelshäuser gründeten daraufhin in Ottensen, Harburg und Wandsbek Läger, um ihren Anteil am innerdeutschen Handelsverkehr aufrecht zu erhalten. Für Hamburg hatte dies zur Folge, daß es aufhörte, für eine ganze Anzahl von Waren Handelsmarkt zu sein.

Um zumindest dem nunmehr gänzlich vom Umland abgeschnittenen Gewerbe nicht völlig die Möglichkeit zu nehmen, auch für das deutsche Binnenland zu produzieren, wurde im Gebiet der Sternschanze eine Zollvereins-Niederlage eingerichtet, in der die dort arbeitenden Betriebe wie zollinländische behandelt wurden. Dies bedeutete allerdings, daß Unternehmen, die weiterhin für das Binnenland produzieren wollten, Zweigbetriebe errichten mußten. Da ein Zweigbetrieb mit zusätzlichen Kosten verbunden war, andererseits aber auch nicht die gesamte hamburgische Industrie aus den standortgünstigen Hafenbereichen an die Sternschanze verlagert werden konnte, änderte sich durch diese Einrichtung der Zollvereins-Niederlage nichts an dem grundsätzlichen Standortnachteil der hamburgischen Industrie.

Eine grundlegend neue Lage trat dann mit dem Übergang des Deutschen Reichs zur Schutzzollpolitik im Jahre 1879 ein. Hiermit einhergehend verstärkte der Reichskanzler Otto von Bismarck, der nach der politischen nunmehr auch die wirtschaftliche Einigung des Reiches herbeiführen wollte, seinen Druck auf Hamburg. Diesem blieb schließlich nichts weiter übrig, als mit dem Reich in Verhandlungen über den Anschluß seines Staatsgebietes an das deutsche Zollgebiet einzutreten. Da das Reich Hamburg finanziell entgegenkam, und außerdem festgelegt wurde, daß zahlreiche in Hamburg ansässige, für den Export arbeitende Industriebetriebe weiterhin ausländische

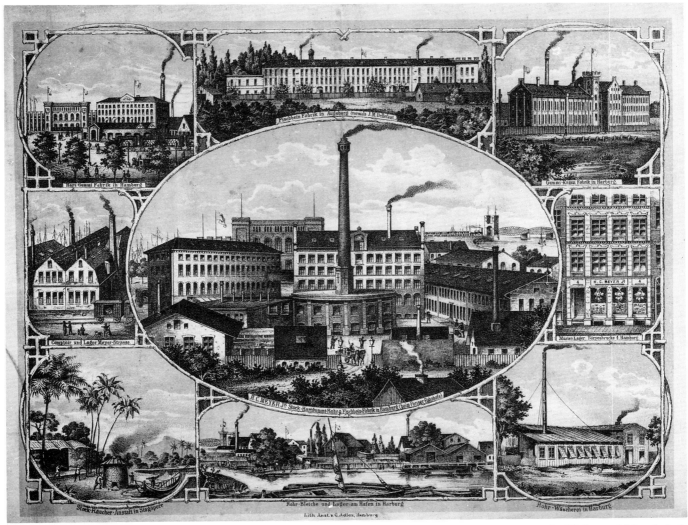

37 Seit 1835 wurden erste Einschränkungen der Zunftordnung verfügt – für Neuerfindungen, wissenschaftliche und künstlerische Arbeiten und „für die fabrikmäßige Betreibung eines sonst zünftigen Gewerbes". Dies machte sich der ehemalige „Böhnhase" – unzünftiger Geselle – H. C. Meyer, genannt Stockmeyer, zunutze und baute teils innerhalb teils außerhalb der Stadt einen Industriebetrieb auf: Lithographie von C. Adler, um 1850

Rohstoffe zollfrei verarbeiten durften, einigten sich das Reich und Hamburg im Jahre 1881 auf den Zollanschluß der Hansestadt zum 15. Oktober 1888.

Gewerbe und Industrie der Hansestadt nutzten diesen Anlaß für eine großangelegte Gewerbe- und Industrie-Ausstellung im Sommerhalbjahr 1889, um – so eine Publikation des veranstaltenden Hamburger Gewerbevereins – „die unserer Stadt durch den vor ca. 20 Jahren erfolgten Anschluß der umliegenden Provinzen und Länder an den Zollverein entzogene Kundschaft wieder zuzuführen."

Eine herausragende Position auf dieser Ausstellung nahm die Altonaer und Ottensener Industrie ein. Altona war von der dänischen Krone gezielt als Gegengewicht gegen Hamburg gefördert worden. Um die Mitte des neunzehnten Jahrhunderts hatte es sich zu einem bedeutenden Wirtschaftsfaktor neben Hamburg entwickelt. Im Gegensatz zur Hansestadt, in der der Handel dominierte, hatte Altona seinen wirtschaftlichen Schwerpunkt im gewerblichen Bereich. Ein erster schwerer Schlag hatte die Stadt 1853 getroffen, als im Zuge der Herstellung der Zolleinheit des dänischen Reichs Altona aus dem dänischen Zollverband ausgegrenzt wurde und nur sein Freihafenstatus erhalten blieb. Die bislang in Altona ansässige Industrie reagierte ähnlich wie die hamburgische beim Anschluß Harburgs an das deutsche Zollgebiet: sie siedelte in das im dänischen Zollgebiet liegende benachbarte Ottensen über, um ungehindert für den größeren dänischen Reichsverband produzieren zu können.

Die Einbeziehung Schleswig-Holsteins und damit auch Altonas und Ottensens nach dem deutsch-dänischen Krieg von 1866 hob zwar die dänische Zollgrenze zwischen Altona und seinem westlichen Nachbarn Ottensen auf, doch verbesserte dies nicht die wirtschaftliche Lage der Stadt; im Gegenteil: rund die Hälfte aller 1867 in Altona noch existierenden Handelshäuser, darunter praktisch alle bedeutenden Firmen, verlegten ihr Domizil in den nächsten Jahren nach Hamburg. Und noch weiter verschlechterte sich die Situation nach Abschluß der Vereinbarung

Handel, Schiffahrt und Gewerbe

38 Einen Aufschwung für die Entwicklung von Handel und Gewerbe bedeutete die Anlage des Freihafens und die Einbeziehung des Hamburger Gebietes in das Zollinland des Reiches: Blick vom Freihafengelände gegen das Reichsgebiet mit dem Brooktor, Photographie von Koppmann, 1888

zwischen Hamburg und dem Reich über den Zollanschluß, als nämlich gleichzeitig die seit 1664 bestehende Freihafenstellung Altonas aufgehoben wurde. Jetzt verlagerte sich auch die bisherige Altonaer Freihafenindustrie in das hamburgische Freihafengebiet, das der Hansestadt in dem Zollanschlußabkommen vom Reich zugestanden worden war. Erst der tatsächlich vollzogene Zollanschluß Hamburgs und Altonas im Jahre 1888 und die 1889 erfolgte Eingemeindung Ottensens nach Altona vermochten der wirtschaftlichen Abwärtsbewegung von Hamburgs westlicher Nachbarstadt ein wenig Einhalt zu gebieten.

Wenden wir uns nun der unmittelbaren Entwicklung von Handel, Schiffahrt und Gewerbe Hamburgs im 19. Jahrhundert zu. Am ehesten konnte der Handel an seine Entwicklung in der vornapoleonischen Zeit nach Ende der Befreiungskriege anknüpfen. Zu reden ist hier in erster Linie vom Einfuhrhandel. Zwar gelang es Hamburg, sich im Laufe der Jahrzehnte zum führenden Exporthafen des Deutschen Zollvereins zu entwickeln; doch Menge und Wert der Ausfuhren lagen weit unter den entsprechenden Zahlen der Einfuhren, weil Deutschland eben – mit wenigen Ausnahmen – kein Rohstoffexportland war und vor allem, weil es auf industriellem Gebiet noch kaum mit England konkurrieren konnte. Noch zur Jahrhundertmitte, 1851, betrug die seewärtige Ausfuhr Hamburgs wertmäßig nur 56% der seewärtigen Einfuhr. Erst gegen Ende des Jahrhunderts, als das Deutsche Reich selbst zu einer führenden Industrienation geworden war, nahm auch der Export über Hamburg entsprechend zu.

Als Ergebnis der napoleonischen Kriege war England zur dominierenden Seemacht aufgestiegen. Seine Kriegs- und vor allem seine Handelsflotte beherrschten die Meere. Die englischen Seehäfen, allen voran London, entwickelten sich zu den führenden Umschlagplätzen des europäischen Warenverkehrs. So nahmen denn die Importe aus England auch für mehr als ein halbes Jahrhundert in der hamburgischen Einfuhrstatistik eine absolut führende Stellung ein. 1851 kamen zwei Drittel aller seewärts nach Hamburg eingeführten Waren aus Großbritannien, 1865 waren es sogar fast 70%.

Ein ständiger ärgerlicher Begleitumstand der seewärtigen Wareneinfuhr war die Erhebung von Schiffszollgebühren in Stade durch das Königreich Hannover. Hamburg mobilisierte daher seine englischen Handelspartner, und in der Tat kam es bereits 1861 zu dessen Aufhebung gegen eine Ablösesumme von rund 2,8 Millionen Taler, von denen England und Hamburg je ein Drittel, den Rest die übrigen Handelspartner trugen.

Erst nach Gründung des Norddeutschen Bundes und dann des Deutschen Reiches ging der prozentuale Anteil Englands an den hamburgischen Einfuhren infolge der außerordentlichen Ausweitung des überseeischen Warenverkehrs auf gut 20% um die Jahrhundertwende zurück.

Während der prozentuale Importanteil von den übrigen euro-

Handel, Schiffahrt und Gewerbe

Gewinnung der Kakaobohnen in Kamerun

Transport der Kakaobohnen in Kamerun

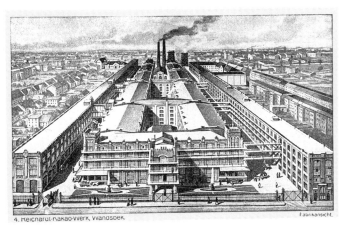
Fabrikansicht

Maschinensaal

Männerspeisesaal

Schwimmhalle der Arbeiterinnen

39 *Die in Hamburg und auf preußischem Gebiet um Hamburg herum angesiedelte Industrie verarbeitete die in immer größeren Mengen angelandeten Rohstoffe aus Übersee, vor allem aus den neuen deutschen Kolonien: Postkartenserie der Reichardt-Kakao-Werke in Wandsbek, um 1919*

Handel, Schiffahrt und Gewerbe

päischen Verschiffungsplätzen relativ konstant blieb, begann die direkte hamburgische Wareneinfuhr aus den überseeischen Ländern seit der Jahrhundertmitte immer größere Ausmaße anzunehmen. Noch 1865 lag ihr Anteil unter 20%, 1890 bereits bei 50% und 1900 bei rund 60%. Da sich die Gesamtimporte der Hansestadt seit der Jahrhundertmitte aber vervielfacht hatten, bedeuteten die zuvor genannten Prozentsätze eine geradezu boomhafte Ausweitung der hamburgischen Wareneinfuhr. Mit ihr ging ein entsprechender Hafenausbau parallel.

Den größten Anteil am Anstieg des Überseehandels hatte die Entwicklung des Amerikahandels. Durch die Erringung der Unabhängigkeit zunächst der Vereinigten Staaten Ende des 18., dann auch der lateinamerikanischen Staaten Anfang des 19. Jahrhunderts, war das Handelsmonopol der bisherigen Kolonialmächte gebrochen worden. Es gelang Hamburg seit den 20iger Jahren, sich aktiv in den Außenhandel der neuen Staaten einzuschalten, und zwar nicht nur bei der Einfuhr von Waren, sondern auch bei der Ausfuhr.

Die überragende Stellung Nord- und Süd-Amerikas im hamburgischen Überseehandel wurde vor allem ermöglicht durch direkte Betätigung hamburgischer Außenhändler in den überseeischen Staaten. „In den vierziger Jahren", so schreibt Percy Ernst Schramm in seinem Buch »Hamburg, Deutschland und die Welt«, „war die Welt schon übersät mit deutschen Handelsniederlassungen, die ihre Heimat in Verbindung mit den Ursprungsgebieten der Kolonialprodukte brachten." Nach einer Meldung der Weserzeitung, die Schramm wiedergibt, soll es um 1845 im außereuropäischen Ausland 393 deutsche Handelshäuser gegeben haben, von denen 277 oder gut 70% in den Händen von Hanseaten gewesen waren. Zwar ist diese Zahl nicht aufgeschlüsselt nach hamburgischen und bremischen Firmen, doch allein die Tatsache, daß 211 oder mehr als 76% der gesamten hanseatischen Überseeniederlassungen in Nord- und Süd-Amerika lagen und nur gut 20% in Asien und lediglich 3% in Afrika, zeigt, wo die Kaufleute der Hansestädte den Schwerpunkt der Entwicklung sahen.

Unterstützt wurde die Tätigkeit der überseeischen Niederlassungen, und natürlich auch der wieder im Aufbau befindlichen hamburgischen Handelsflotte, durch ein dichtes Netz von Konsulaten und eine Reihe von Handelsverträgen. So zählt etwa der hamburgische Staatskalender für das Jahr 1845 insgesamt 162 hamburgische Generalkonsuln, Konsuln und Vizekonsuln, von denen die meisten in außereuropäischen Ländern amtierten.

Der Schwerpunkt der seewärtigen hamburgischen Wareneinfuhr lag neben englischen Industriegütern vor allem bei Rohstoffen sowie Nahrungs- und Genußmitteln. Bereits um die Mitte der fünfziger Jahre galt Hamburg als der größte Kaffeemarkt der Welt.

Eine vielleicht noch rasantere Entwicklung hatte es bei der Baumwolleinfuhr gegeben. 1820 waren erst ganze 16000 Ballen nach Hamburg eingeführt worden, 20 Jahre später hatte sich die Menge schon fast verfünffacht und ein Jahrzehnt später nochmals verdoppelt. Ähnlich entwickelte sich die Einfuhr überseeischer Rohwolle. Während Deutschland bis zur Mitte des Jahrhunders noch eine führende Rolle im Rohwollexport – vor allem nach England – gespielt hatte, führten der Rückgang der deutschen Schafwollerzeugung, verbunden mit einer schnellen Industrialisierung der deutschen Wollindustrie seit den sechziger Jahren zu immer stärkeren Wolleinfuhren.

Am Beispiel der Wolle läßt sich gut zeigen, wie die Industrialisierung der Wollindustrie im sächsischen und südbrandenburgischen Raum das Einfuhrvolumen eines einzigen Rohstoffs vervielfachte.

Eine weitere Ursache für den kontinuierlichen Anstieg der hamburgischen Einfuhren lag in der Tatsache, daß Deutschland infolge seines schnellen Bevölkerungswachstums seit etwa 1860 von einem Getreideüberschuß- zu einem Getreideimportland geworden war. Dies zeigt sich deutlich an den Einfuhrzahlen für Weizen, Roggen, Hafer und Gerste. Sie hatten sich von 162000 t im Jahre 1876 auf 518000 t im Jahre 1889 mehr als verdreifacht. Und die Reiseinfuhren hatten sich in den gut zwei Jahrzehnten von 1876 bis 1898 mit einem Anstieg von 22000 auf 189000 t nahezu verneunfacht. Sowohl Reis als auch Getreide wurden in den Reisschäl- und Getreidemühlen in Hamburg und seiner näheren Umgebung weiterverarbeitet. Hier führten, wie auch bei anderen Waren, die Rohstoffeinfuhren zur Ansiedlung entsprechender Veredlungsindustrien, wie andererseits das Vorhandensein von Veredlungsindustrien eine Garantie für den Bestand des Einfuhrhandels waren.

Die hamburgische Schiffahrt verzeichnete in der nachnapoleonischen Zeit erst 1840 wieder den gleichen Transportraum wie im Jahre 1798. Der umfangreiche europäische, vor allem der dominierende Warenverkehr mit England, wurde überwiegend von englischen Schiffen abgewickelt. Der Grund für den nur langsamen Wiederanstieg der hamburgischen Flotte lag vor allem in der Tatsache, daß im Handel die verfügbaren Gelder nicht so langfristig angelegt werden mußten wie in der Schiffahrt. Darüberhinaus waren die Gewinnaussichten im Handel erheblich günstiger und, so schreibt Otto Mathies in seiner Geschichte über Hamburgs Reederei von 1814 bis 1914, „so drängte in Hamburg das Kapital mehr nach dem Handel als nach der Schiffahrt und letztere war mehr ein Anhängsel des ersten."

Ein Blick auf die Liste der hamburgischen Reedereien von 1828 belegt diese Aussage. Von den insgesamt 121 Schiffen der damaligen Flotte gehörten 19 den jeweiligen Kapitänen, von 4 Schiffen sind die Eigner nicht bekannt. Die restlichen 98 Schiffe verteilen sich auf 38 Reeder. Die ganz überwiegende Zahl dieser Seeschiffe gehörte Handelshäusern, die ihre Schiffe für die von ihnen selbst aus- bzw. eingeführten Waren benötigten.

In den Jahren nach 1840 nahm dann die Tonnage hamburgischer Schiffseigner in einem nicht geahnten Ausmaße zu. Nimmt man das Jahr 1840 als Ausgangspunkt, so hatte sich die Flotte bis 1850 nahezu verdoppelt, bis 1855 bereits fast vervierfacht, und bis 1870 mehr als versechsfacht.

Bei diesem Anstieg dominierte noch immer das Segelschiff, wenn man auch seit den fünfziger Jahren bei der Segelei mehr und mehr von hölzernen zu eisernen Schiffen übergegangen war. Um die Jahrhundertmitte, im Jahre 1850, fuhren 277 Segelschiffe unter hamburgischer Flagge mit einer Tonnage von knapp 26000 Commerz Lasten (C. L.) gegenüber 9 Dampfern mit nur 1356 C. L.; eine C. L. entsprach knapp 2,2 BRT. Der Anteil der Dampfschiffe an der Gesamttonnage lag damit bei nur 5%. 1865 hatte er sich erst auf 7,8% und 1870 auf 15,2% erhöht. In dem Jahrzehnt nach der Reichsgründung allerdings nahm auch in Hamburg die Dampfschiffahrt einen gewaltigen Aufschwung, und so erreichte denn 1882 der Rauminhalt der Dampfschiffe erstmals einen höheren Prozentsatz als der der

40 Die Hamburg-Amerikanische Packetfahrt-Actiengesellschaft, 1847 als Segelschiffsreederei gegründet, 1853 auf Dampfschiffe umgestellt, besaß 1914 mit 1,05 Mio BRT 40% der gesamten hamburgischen Tonnage und war bereits 1900 „größte Dampfschiffs-Gesellschaft der Welt": Plakatlithographie, 1900

Segelschiffe. Im Jahre 1900, als sich die Gesamttonnage der hamburgischen Flotte gegenüber 1870 wiederum nahezu versiebenfacht hatte, machte der Segelschiffanteil nur noch 18% gegen 82% der Dampfschiffe aus.

Mit dem Anstieg der Tonnage hatte auch die Durchschnittsgröße der einzelnen Schiffe zugenommen. Während im Durchschnitt der Jahre 1841–1845 die hamburgischen Segler 186 Register-Tons beinhalteten, lagen sie vierzig Jahre später bei 435 Register-Tons. Für die Dampfschiffe lauten die Vergleichszahlen 298 bzw. 956 Register-Tons. Den gewaltigsten Sprung in den Schiffsgrößen gab es zwischen 1880 und 1900. Die Durchschnittsgröße der hamburgischen Segelschiffe lag 1900 bei rund 790 NRT. Einzelne Schiffe waren natürlich schon immer wesentlich größer gewesen. Das größte Schiff der Hamburger Seglerflotte war die berühmte Fünfmastbark „Potosi", einer der sogenannten ‚Flying-P-Liner' von Hamburgs größter Segelschiffsreederei F. Laeisz mit 3854 NRT. Die 1902 gebaute „Preußen" der gleichen Reederei war sogar 4765 NRT groß.

Die Durchschnittsgröße der hamburgischen Dampferflotte war 1900 auf 2326 BRT, 1914 auf 3426 BRT angewachsen. Das größte Dampfschiff der hamburgischen Flotte war 1900 die 16502 BRT große „Deutschland", im Jahre 1914 die 53500 BRT große „Vaterland".

Bedenkt man die rasante industrielle Entwicklung Deutschlands im 19. Jahrhundert, so ist es fast verwunderlich, daß die Dampfschiffahrt erst so relativ spät die führende Position einnahm. Begonnen hatte die Geschichte der Dampfschiffahrt im Jahre 1807 mit der von Robert Fulton konstruierten „Clermont" auf dem Hudson River. 1812 wurde im schottischen Glasgow der erste europäische Dampfer gebaut. Sechs Jahre später, 1816, lief erstmals ein mit Dampf betriebenes Schiff den Hamburger Hafen an, und im Jahre 1825 richtete die General Steam Navigation Company einen regelmäßigen Liniendienst mit Dampfschiffen zwischen London und Hamburg ein. Weitere, von englischen Reedern betriebene Dampferlinien folgten.

Der erste Liniendienst unter hamburgischer Flagge wurde 1836, und zwar noch mit Segelschiffen, nach New York eingerichtet. Anlaß hierzu war die in den dreißiger Jahren beginnende Massenauswanderung aus Deutschland und anderen europäischen Staaten nach Nordamerika. Initiator war der wohl bedeutendste hamburgische Schiffahrtpionier des neunzehnten Jahrhunderts, Robert M. Sloman. Er war auch der Begründer der Hanseatischen Dampfschiffahrts-Gesellschaft, die 1841 mit zwei Raddampfern den ersten Liniendienst mit Dampfschiffen unter hamburgischer Flagge zwischen Hamburg und Hull betrieb, und Sloman war es auch, der mit der „Helene Sloman" 1850 das erste hamburgische Dampfschiff über den Ozean nach Nordamerika entsandte.

Es war überhaupt die Einführung der Linienschiffahrt, die der hamburgischen Reederei in der zweiten Hälfte des neunzehnten Jahrhunderts ihren gewaltigen Auftrieb gab, und der Schwerpunkt lag – wie bereits in der ersten Hälfte des Jahrhunderts – in der Amerikafahrt, obwohl gegen Ende des Jahrhunderts, ähnlich wie beim Handel, Afrika, die Levante, Fernost und vor allem Australien sehr schnell eine wichtige Rolle einzunehmen begannen.

Wie beim Aufkommen der großen Industriebetriebe übernahmen auch in der Schiffahrt die Kapitalgesellschaften zunehmend die Führung, wenn auch unternehmende und wagemutige Privatreeder weiterhin eine bedeutende Rolle in der hamburgischen Schiffahrtsgeschichte spielten.

Die beiden wichtigsten hier zu nennenden Großreedereien sind einmal die 1847 gegründete Hamburg-Amerikanische Packetfahrt-Actiengesellschaft, besser bekannt unter der Abkürzung HAPAG, die zunächst als Segelschiffsreederei begann, aber bereits 1853 zum Bau von Dampfschiffen überging, und die Hamburg-Südamerikanische Schiffahrt-Gesellschaft, die 1871 gegründet wurde und allgemein bekannt wurde unter dem Namen Hamburg Süd. Diese beiden Reedereien besaßen im Jahre 1900 mehr als 44% des in Hamburg beheimateten Schiffsraums, und 1914 bereits mehr als 50%. Die HAPAG allein besaß mit rd. 1,05 Mio BRT nicht nur für sich allein 40% der gesamten in Hamburg beheimateten Tonnage, sie hatte sich unter der unternehmerisch-weitsichtigen Geschäftsführung ihres Generaldirektors Albert Ballin auch zu der bei weitem größten Reederei der Welt entwickelt.

Das schnelle Anwachsen von Handel und Schiffahrt könnte vermuten lassen, daß mit gleichem Tempo auch der Schiffbau und seine Zulieferindustrien in Hamburg gediehen. Und in der Tat konnte der Leiter der Hamburgischen Gewerbeinspektion im Jahre 1912 schreiben: „Für die Gestaltung der hamburgischen Industrie ist in erster Linie der Seeverkehr bestimmend. Der Schiffbau und die mit der Schiffahrt zusammenhängenden Industriezweige haben sich schon in sehr früher Zeit in der Gegend des Hafens angesiedelt; ihre gegenwärtige Bedeutung geht beispielsweise daraus hervor, daß allein in dem Freihafengebiet auf den Elbinseln Steinwärder und Kleiner Grasbrook zurzeit etwa 20000 Arbeiter in diesen Betrieben beschäftigt werden. Die größte Zahl der Arbeiter entfällt naturgemäß auf die großen Werften: Reiherstieg-Schiffswerft, Blohm & Voß, die im Jahre 1908 in Betrieb genommene Vulcan-Werft und die zahlreichen anderen Schiffbauunternehmen, deren Namen ebenfalls weiten Kreisen bekannt sind. Von den mit der Schiffahrt zusammenhängenden Industriezweigen seien erwähnt die mit den Reedereien verbundenen Reparaturwerften, die Fabriken zur Herstellung von Schiffsmaschinen, Schiffsausrüstungen und Armaturen, die Betriebe zur Segelanfertigung, der Seilerei und Korbflechterei, die Schiffsfarbenfabriken, die Betriebe zur Schiffsreinigung, die Fabriken zur Herstellung von Schiffsproviant, die Schiffs- und Kupferschmieden, Schiffsblockmachereien und Modelltischlereien, die Eisen-, Stahl- und Metallgießereien usw."

Was sich hier wie eine Selbstverständlichkeit darstellt, hatte sich nur sehr, sehr langsam entwickelt. Die meisten größeren Schiffbauunternehmen, die seit der Mitte des Jahrhunderts entstanden waren, hatten zunächst fast ausschließlich hölzerne Segler gebaut und waren dann langsam zum Bau von eisernen Segelschiffen übergegangen. An einen Dampfschiffbau auf heimischen Werften war zunächst überhaupt nicht zu denken. „Es war ein ungeschriebenes Gesetz", so berichtet H. G. Prager in seiner Geschichte der Werft Blohm & Voß, „daß ein Hamburger Reeder nicht nur seinen Tee aus London kommen ließ. Erst recht orderte er jeden Bauauftrag für einen neuen Dampfer in Newcastle, Sunderland, Middlesborough, in Glasgow, Belfast, Greenock, Birkenhead – in einer der vielen Werftstädte der Britischen Inseln."

Wenden wir uns nun der Gesamtentwicklung der hamburgischen Industrie zu. Blicken wir auf die Anfänge um die Mitte des Jahrhunderts, so ergibt sich zunächst die Schwierigkeit fest-

41   In der ersten Hälfte des Jahrhunderts wurde der Warenverkehr vor allem von englischen Schiffen abgewickelt, da das hamburgische Kapital im Handel günstiger als in der Schiffahrt anzulegen war. Erst nach 1840 nahm die Tonnage der hamburgischen Handelsflotte – darunter zunächst nur wenige Dampfschiffe – wieder zu: Blick auf den Hafen, Stahlstich von J. H. Sander, um 1840

zustellen, wann es sich überhaupt um Industrie und wann es sich lediglich um einen größeren Handwerksbetrieb handelte. So verzeichnet etwa das hamburgische Adreßbuch für das Jahr 1850 1098 ‚Industriebetriebe‘, während ein Fabrikhandbuch von 1855 nur rd. 500 Fabrikbetriebe anführt. Erst ab 1879 lassen sich den Berichten der hamburgischen Gewerbeinspektion einigermaßen verläßliche Zahlen über Umfang und Entwicklung der hamburgischen Industrie entnehmen. Hiernach gab es 1879 563 Fabriken mit 16369 Arbeitern. Ein Jahrzehnt später, 1889, also im Jahr nach dem Zollanschluß, 1101 Fabriken mit 28098 Arbeitern, und im Jahre 1900 1392 Fabriken mit 45592 Arbeitern. Doch auch diese scheinbar genauen Zahlen geben nur einen ungefähren Überblick über den Bereich der hamburgischen Industrie. Denn ab 1901 enthält die Statistik der gewerblichen Anlagen zusätzlich alle kleineren motorisch betriebenen Werkstätten, seit 1904 die unter die sogenannte Konfektionsverordnung fallenden Werkstätten der Kleider- und Wäscheherstellung, seit 1907 die kleinen Werkstätten der Tabakindustrie und seit 1910 schließlich auch alle übrigen Betriebe mit zehn und mehr Arbeitern. Alle diese Betriebe fehlten in den Statistiken bis 1900.

Um das tatsächliche Wachstum der hamburgischen Industrie am Ende des neunzehnten Jahrhunderts zu analysieren, empfiehlt sich daher eine Beschränkung auf den Zeitraum von 1879 bis 1900, wobei das Jahr 1888 durch den Anschluß der Hansestadt an das deutsche Zollgebiet eine gewisse Zäsur darstellt. Im Jahrzehnt von 1879 bis 1888 hatte sich die Zahl der Betriebe durchschnittlich im Jahr um 5,4%, die Zahl der Arbeiter um 5,2 erhöht, während sich in den Jahren von 1888 bis 1900 die jährliche Betriebszunahme nur auf 4,7%, die des Arbeiterzuwachses aber auf 6,5% stellte. Zwar hatte der Zollanschluß zunächst die unmittelbare Folge gehabt, daß sich die Zahl der Industriebetriebe in den beiden auf den Zollanschluß folgenden Jahren um 38% erhöhte, wobei die Zahl der Arbeiter nur um rund 20% zunahm, aber im Durchschnitt der Jahre bis zur Jahrhundertwende lag der jährliche Zuwachs unter dem des Jahrzehnts vor dem Zollanschluß. Die im Durchschnitt erheblich höhere jährliche Zunahme der Arbeiterschaft weist allerdings auf ein Ansteigen der Betriebsgrößen hin. Insgesamt läßt sich sagen, daß die hamburgische Industrie in den beiden letzten Jahrzehnten des neunzehnten Jahrhunderts ein kontinuierliches Wachstum zu verzeichnen hatte. Allerdings war die Zunahme

Handel, Schiffahrt und Gewerbe

42 In der zweiten Hälfte des Jahrhunderts nahmen Hafenausbau, Handelsumschlag, Vergrößerung der Handelsflotte, Umstellung von Segelschiffahrt auf Dampfschiffahrt, Steigerung des Schiffbaus, Ausdehnung der hafenbezogenen Industrie einen kaum vorstellbaren Aufschwung. Der Hafen und die dazugehörigen Unternehmen wurden zu einem Industriekomplex, in dem riesige Arbeiterheere beschäftigt waren: Gemälde von Hans Bohrdt, 1900

der Industriearbeiterschaft prozentual erheblich stärker, als die des Bevölkerungszuwachses der Hansestadt. Denn während sich die Einwohnerzahl Hamburgs von rd. 500 000 im Jahre 1880 um etwa 50% auf ca. 750 000 im Jahre 1900 erhöhte, lag die gleichzeitige Zunahme der Industriearbeiterschaft bei rd. 150%. Obwohl die Zahlen ab 1901 kaum vergleichbar sind mit denen vor der Jahrhundertwende, läßt sich doch feststellen, daß es zu Beginn des 20. Jahrhunderts zu einem erheblich zügigeren Anstieg der Industrialisierung kam. Rechnet man zu den knapp 110 000 Arbeitern im Jahre 1913 noch einmal die etwa 40 000–50 000 Beschäftigten der rd. 15 000 hamburgischen Handwerksbetriebe hinzu, so ergibt sich, daß im gesamten Gewerbebereich, also Industrie und Handwerk zusammen, unmittelbar vor dem Ersten Weltkrieg etwa 15–16% der hamburgischen Bevölkerung tätig waren.

So gewichtig die zuvor genannten Zahlen auch erscheinen mögen, sie geben doch nur ein annäherndes Bild von der Entwicklung der hamburgischen Industrie wieder, enthalten sie doch nicht die ja zu einem großen Teil mit hamburgischem Kapital und von Hamburgern gegründeten Industriebetriebe in den Nachbarstädten Altona, Ottensen, Wandsbek, Harburg und Wilhelmsburg. Gerade Wilhelmsburg ist ein Beispiel dafür, daß die Geschichte der Industrialisierung Hamburgs nicht auf die Stadtgrenzen der Hansestadt begrenzt werden kann. Waren es 1854 zollpolitische Gründe, die zur Verlagerung bzw. Neugründung von hamburgischen Industrieunternehmen im damals noch hannöverschen Harburg führten, so lag der Grund für die Industrialisierung Wilhelmsburgs nach dem Zollanschluß Hamburgs vor allem in seiner günstigen Lage unmittelbar im Anschluß an die neuentstandenen hamburgischen Häfen am Südufer der Norderelbe. Dort entstanden am Reiherstieg und am Veringkanal allein von 1889 bis 1905 34 Industriebetriebe mit rd. 2600 Beschäftigten. Die Durchschnittsbelegschaft lag mit rd. 76 Arbeitern pro Fabrik fast zweieinhalbmal so hoch wie in den hamburgischen Industriebetrieben.

Wo lagen nun neben dem Schiffbau die sonstigen branchenmäßigen Schwerpunkte der hamburgischen Industrie? Hier ist zunächst der große Bereich der Rohstoffveredlungsindustrie zu nennen. Sie hatte sich entwickelt aus dem, was man als ‚Kaufmannsindustrie' bezeichnet hat. Der hamburgische Kaufmann war von Anfang an bemüht gewesen, die von ihm eingeführten überseeischen Rohstoffe und Nahrungsmittel in Hamburg so zu be- oder verarbeiten, daß er damit sowohl im In- als auch im Ausland den bestmöglichen Absatz erreichen konnte. Hierzu gehörten in der vornapoleonischen Zeit die Zuckersiederei, später dann im Bereich der Nahrungs- und Genußmittel die Reisschäl- und Getreidemühlen, die Kaffeesortierung und die Kaffeeröstereien sowie die Schokoladenfabriken, aber auch die sonstige Rohstoffveredlung wie etwa die Verhüttung von Erzen, die Verarbeitung importierter Häute und Felle in der bedeutenden Lederindustrie oder die Produktion von Schnittholz und Furnieren aus importierten überseeischen Hölzern, um nur einige Beispiele zu nennen.

Neben der Schiffs- und der Veredlungsindustrie ist als dritter großer Bereich die hamburgische Versorgungsindustrie zu nennen, jene Unternehmen also, deren Aufgabe es war, die Menschen und Betriebe der ständig wachsenden Hansestadt mit all den Dingen des täglichen Bedarfs zu versorgen. Hierzu gehörten die Großbäckereien und Großschlachtereien ebenso wie die Möbelfabrikanten und Bauunternehmen.

Die wirtschaftliche Entwicklung Hamburgs hatte gleichzeitig eine ganze Anzahl von Dienstleistungsbereichen gefördert oder neu entstehen lassen, die hier nur kurz erwähnt seien. Hierzu gehörten etwa das Bank- und Versicherungswesen mit dem Schwerpunkt der Seeversicherung, ferner das Maklerwesen, das Speditions- und Transportgewerbe sowie ganz besonders die Entstehung großer Lagereibetriebe.

Mit dem Anstieg von Handel, Schiffahrt und Gewerbe war aus der alten Handelsmetropole Hamburg eine moderne Weltstadt geworden, die in Deutschland und auf dem europäischen Kontinent ihresgleichen suchte. Nur London und New York waren als Hafenstädte bedeutender. Seine herausragende Rolle im Welthandel hatte Hamburg unbestritten zu ,,Deutschlands Tor zur Welt" gemacht. Und Hamburg schickte sich an, neben seiner Bedeutung in Handel und Schiffahrt auch eine führende Stelle als Industrieplatz zu gewinnen.

Friedrich Jerchow

Dock- oder Tidehafen?

Seit Jahrhunderten hatte der Hamburger Hafen sein Aussehen nur unwesentlich verändert. Sein Bild war geprägt vom eindrucksvollen Mastenwald der auf Reede dicht an dicht liegenden Segelschiffe. Er bestand aus dem inneren und äußeren Niederhafen und dem Oberhafen. Nach der Unabhängigkeiterklärung der Vereinigten Staaten stieg in der zweiten Hälfte des 18. Jahrhunderts der Schiffsverkehr. Der alte Hafen wurde zu klein, und es entstanden vor dem Niederhafen neue Liegeplätze, die zur Elbe durch Schlengel begrenzt und mit eingerammten Dalben zum Festmachen der Schiffe versehen waren. Im neuen Hafenbereich vollzog sich nahezu der gesamte Güterumschlag ‚im Strom‘, da andere Liegeplätze für die Seeschiffe nicht zur Verfügung standen. Die Schuten kamen längsseits der Schiffe, nahmen die zu löschenden Güter über und transportierten sie mit der steigenden Flut zu den Speichern, die sich an den Fleeten der Stadt befanden. Bei einsetzender Ebbe fand der Verkehr in umgekehrter Richtung statt.[1]

Ende der dreißiger Jahre des vorigen Jahrhunderts wurde der Hafen aufs neue zu eng. Das stetig ansteigende Handelsvolumen und die wachsende Bedeutung der Dampfkraft auch in der Schiffahrt erforderten eine Verbesserung der Infrastruktur: Vertiefung der Elbe, Schaffung größerer Hafenbecken mit entsprechenden Umschlagseinrichtungen und Verkehrsverbindungen zum Hinterland. Die einheimischen Hafenbaufachleute, darunter Hamburgs Wasserbaudirektor Hübbe, unternahmen ausgedehnte Besichtigungsreisen durch Holland, Frankreich und England, um im Auftrag der Schiffahrts- und Hafendeputation ein Konzept für eine notwendige Hafenerweiterung zu entwickeln. Die Hamburger wünschten sich vor allem die Erfahrungen Englands auf dem Gebiet des Hafenbaus zunutze zu machen. Dieses Bemühen führte zur Berufung auswärtiger Hafenbaufachleute, darunter Walker und Lindley, deren Pläne die Aufteilung des für die Hafenerweiterung vorgesehenen Grasbrook-Geländes in ein System kleiner Hafenbecken vorsahen. Sie sollten gegen die Elbe und untereinander durch Schleusen abgeschlossen werden. Grundlage solcher Überlegungen war das Prinzip der zahlreichen englischen Dockhäfen, die allerdings – im Unterschied zu den Hamburger Gegebenheiten – mit einem wesentlich höheren Tidenhub rechnen mußten. Die Frage, ob das gesamte in Aussicht genommene Gelände eingedeicht und zu einem Dockhafen mit Schleusen nach Londoner oder auch Amsterdamer Vorbild umgebaut werden sollte oder ob man am offenen, jederzeit zugänglichen Tidehafen festhalten sollte, dessen Verwirklichung vor allem Dalmann, Nachfolger Hübbes im Amt des Wasserbaudirektors, anstrebte, war heftig umstritten.

Der Übergang vom natürlichen zu einem

43 Seit Jahrhunderten hatte der Hamburger Hafen sich kaum verändert: er bestand aus dem inneren und äußeren Niederhafen und dem Oberhafen. Als im 18. Jahrhundert der Niederhafen zu klein wurde, entstanden zunächst im Strom neue Liegeplätze: Panorama des Niederhafens, Gouache von Christoffer Suhr, 1812

44 Der Reedehafen wurde nach dem neuen Konzept durch mit Kaimauern versehene Hafenbecken abgelöst. Die Ladung wurde mit Kränen in Schuppen gehoben, Kai und Schuppen hatten Gleis- und Straßenanschluß: Schema der neuen Hafenbecken, 1890

45 Im neuen Hamburger Freihafen liefen Übersee- und Binnenschiffahrt, Straßen- und Schienenverkehr zusammen. Waren wurden in Schuppen vorübergehend gestapelt, in der Speicherstadt auch für längere Zeit gelagert: "Sandtorhafen und Speicherstadt", Photographie von Koppmann, um 1890

mit Hafenbecken, Kaimauern und Löscheinrichtungen versehenen Hafen wurde durch den Brand von 1842 zunächst verzögert. In den darauffolgenden Jahren entstand ein Kompromißplan, der Walker-Lindley-Hübbe'sche Hafenplan,[2] dessen Realisierung die Stadt durch zahlreiche Schleusen und Dämme vom Wasser abgetrennt hätte. Aber mit diesem Vorschlag war die Diskussion noch nicht beendet. Dalmann als Wortführer alternativer Vorstellungen unternahm als technischer Reisebegleiter gleichfalls Reisen nach Holland, Frankreich und England zur Besichtigung verschiedener Hafenanlagen. Er erkannte dabei die Bedeutung des Kaiwesens für die zukünftige Umschlagsentwicklung. 1856, als er zunächst vorübergehend die Oberleitung des hiesigen Wasserbauwesens übernommen hatte, wurden konkrete Pläne eines Tidehafens vorgelegt. 1858 nach Überwindung der Brandfolgen sowie der Wirtschaftskrise von 1857 wurde der geplante Hafenausbau beschlossen. Mit dem von Dalmann konzipierten Sandtorhafen auf dem Großen Grasbrook[3] – Ergebnis langer und kontrovers geführter Diskussionen – fiel der erste entscheidende Schritt zum Ausbau eines modernen Hafens.

Der Bau des Sandtorhafens wurde 1862 begonnen und 1866 abgeschlossen. Es sollten Hafenbecken geschaffen werden, die vom Strom her für Seeschiffe jederzeit zugänglich waren.[4] Die gegen zahlreiche Widerstände gefällte Entscheidung, trotz eines Wasserstandsunterschieds von etwa 2.20 m zwischen Hoch- und Niedrigwasser die Becken tideoffen anzulegen, bedeutete für den Hafenbetrieb kürzere Anlauf- und Liegezeiten. Zudem drohten Hamburg keine Folgeprobleme mit technisch veralteten, zeit- und kostenaufwendigen Schleusenanlagen, die außerdem den zunehmenden Schiffsgrößen nicht gerecht geworden wären. Doch dafür bedurfte es anderer Vorleistungen, um den Tidehafen Wirklichkeit werden zu lassen. Für die Hafenanlagen mußten hochwassersichere Geländeflächen aufgespült, hohe Kaimauern errichtet sowie Hochwasserschutzmaßnahmen für die außerhalb liegenden Hafenbetriebe durchgeführt werden. Auch konnte auf die Anlage von Schleusen nicht völlig verzichtet werden. Um beispielsweise Schuten und Binnenschiffen einen rückwärtigen Zugang zu den Hafenbecken zu ermöglichen, wurden Schleusen als Durchlässe zu den Fleeten errichtet. Ferner sollten die Schleusen eine Versandung der kleinen Kanäle und Zwischenwasserwege infolge der Gezeiten verhindern helfen.

Der Reedehafen mit an Pfahlgruppen liegenden und ihre Waren mittels kleinerer Hafenfahrzeuge löschenden Schiffen war durch ein mit Kaimauern versehenes Hafenbecken abgelöst worden. Die Seeschiffe legten direkt am Kai an und löschten ihre Waren unter Einsatz von Kränen. Für die Zwischenlagerung standen Schuppen zur Verfügung. Kais und Schuppen besaßen Gleis- und Straßenanschluß, die einen schnellen An- und Abtransport aller Güter erlaubten. Die Arbeitsvorgänge konnten somit aufeinander abgestellt werden. Darüber hinaus konnten an der dem Wasser zugewandten Seite der Seeschiffe Küsten- oder Binnenschiffe be- und entladen werden.

Der Sandtorhafen wurde wegen seiner Anlage und Ausrüstung zukunftweisendes Modell für den Ausbau weiterer hamburgischer Hafenbecken. Der Bau zahlreicher Kaianlagen mit Kränen und Schuppen sowie Eisenbahngleisen schuf die Voraussetzungen für Hamburgs späteren Ruf als eines schnellen und leistungsfähigen Hafens. In diesem Zusammenhang gewann die Hafenarbeit in ihren verschiedenen Funktionen an Bedeutung. Im Gegensatz zu früher, als die Schiffsbesatzung das Entladen ihrer Schiffe zu übernehmen hatte, entwickelten sich mit neuen Umschlagsformen entsprechende Hafengewerbe. Größere Schiffe bedeuteten höhere Ladekapazität, schnellerer Umschlag hieß kürzere Liegezeiten. Mit dem Produktivitätsanstieg wuchsen jedoch auch die Anforderungen am Arbeitsplatz.

Mit dem Bau des Sandtorhafens wurde der Ausbau des Hamburger Hafens in seiner heutigen Gestalt eingeleitet.

Carsten Prange

Schiffbau

Kaum ein Bild vom Hamburger Schiffbau im frühen 19. Jahrhundert ist bekannter als Suhrs Lithographie des Dreimasters ‚Heinrich Johann' hoch auf dem Helgen. Das war ein Überseeschiff jener Zeit. Überliefert sind einundzwanzig Reisen dieses Schiffes nach Havanna zwischen 1826 und 1841 für Rechnung des Handelshauses H. J. Merck & Co.[1] Die hatten 1826 die Bremer Bark ‚Bienenkorb', erst zehn Jahre alt, erworben und den Hamburger Schiffbaumeister Gottfried Hinrich Stamann auf dem Grasbrook beauftragt, diese Bark zu „reconstruiren", also neu zu verzimmern. So entstand unser ‚Heinrich Johann'.

Solche Neuverzimmerungen, „alte Arbeit" genannt, wurden in jenen Jahren häufiger verlangt als Neubauten, die „neue Arbeit". Zwar sandten viele Hamburger Kaufleute ihr Schiff – die meisten hatten nur eines oder zwei – zu Pionierreisen nach Übersee und begründeten neue Handelsbeziehungen.[2] Aber sie verfuhren bedächtig, ihr Kapital war in der Franzosenzeit zusammengeschmolzen. Es genügten wenige ältere Schiffe und eine einzige Reise im Jahr – wie in der alten Zeit.

Wie in der alten Zeit arbeitete auch das Schiffsbaugewerbe. Da gab es seit 1544 das Schiffbaueramt,[3] dem um 1820 etwa 20 zünftige Schiffbaumeister angehörten. Sie hatten nach der Lehre und der Gesellenzeit ihr Meisterstück, eine Jolle oder Schaluppe, unentgeltlich gebaut, waren in der Morgensprache von den älteren Meistern selbst zum Meister ernannt worden, hatten von der Stadt einen Schiffbauplatz auf dem Grasbrook gepachtet und einen Helgen, ein Wohnhaus und einen Schuppen errichtet oder von einem Vorgänger käuflich übernommen und konnten nun Aufträge auf Reparaturen und Neuverzimmerungen und auch auf Neubauten annehmen. Neben den zünftigen gab es seit dem 18. Jahrhundert die unzünftigen Schiffbaumeister am Hamburger Berg/St. Pauli (10), am Billwerder Neuen Deich (10), auch auf dem Grasbrook (5), auf Steinwerder ab 1840 (8), am Stadtdeich (2), am Reiherstieg (1), auf der Veddel (4) und in Finkenwerder (2). Die erfolgreichsten

46 Zu Anfang des Jahrhunderts lebten die Schiffbauer vielfach von „alter Arbeit". 1826 wurde die Bremer Bark „Bienenkorb" neu verzimmert und machte als „Heinrich Johann" von 1826 bis 1841 21 Reisen für ein Hamburger Handelshaus: „Dreimaster Heinrich Johann hoch auf dem Helgen", Lithographie von Peter Suhr, 1823

Meister in den Jahren 1815/1850 waren J. H. von Somm (unzünftig), G. H. Stamann (zünftig), J. H. Marbs (unzünftig) und P. H. T. Richters (zünftig).

Daß die unzünftigen Meister so erfolgreich arbeiten konnten, sahen die Kaufleute und der Senat gern. Sie erhofften bereits von den Reformen von 1788 mehr Wettbewerb und einen Aufschwung des Hamburger Schiffbaus. Mitte der 1830er Jahre stellte sich wiederum die Frage nach Neuerungen: die Überseefahrt entwickelte sich kräftig; auch planten Gleichman & Busse als erste, den Eisenschiffbau aufzunehmen. Deshalb wollte man die Arbeitsverhältnisse auf den Schiffbauplätzen von überkommenen Bindungen lösen. So wurde das Schiffbaueramt am 7. 1. 1839 kurzerhand aufgehoben.

Das hätte besonders die „Taglöhner" im Hamburger Holzschiffbau und ihr Arbeitsmonopol treffen sollen. Die Taglöhner waren gelernte Schiffszimmerer, besaßen ihr eigenes Werkzeug, arbeiteten im festen Tageslohn bei den Meistern, hatten aber das Recht, Reparaturarbeiten auch für eigene Rechnung zu übernehmen, sofern sie hierzu keinen Helgen benötigten. Sie waren also Halbmeister, hatten durchweg das Bürgerrecht, waren verheiratet, erzielten die höchsten der Hamburger Löhne und besaßen vielfach Ersparnisse. Sie wohnten zwar in den alten Fachwerkhäusern auf dem Brook recht beengt, waren aber keineswegs Pauper.

Gegen ihren sozialen Status wandte sich etwa Senator Binder 1838[4] mit dem Vorschlag, „die Erwerbung des Bürgerrechtes auf den Schiffbauer-Gesellen oder Tagelöhnerstand gänzlich zu untersagen, meine Absicht ist nämlich, diese Leute als solche aussterben zu lassen". Es ging um die hohen festen Löhne und das Privileg der Taglöhner, daß kein Fremder auf Hamburger Schiffbauplätzen arbeiten durfte, solange ein Hamburger arbeitslos war. Dieses Privileg war von den Taglöhnern wiederholt mit Gewalt verteidigt worden. Diese Gewaltanwendung war zwar von der Obrigkeit mißbilligt worden. Andererseits fürchtete man dort die Arbeitslosigkeit ebensosehr und zeigte Verständnis für die Schiffszimmergesellen.

Deren gab es 1839 im Bereich des ehemaligen Schiffbaueramtes 152, dazu weitere 350 im übrigen Hamburg. Die ehedem zünftigen Taglöhner hatten ihren starken Rückhalt in der „Kranzlade", der Kranken- und Todtenlade der Schiffbauer-Brüderschaft („vom Leichnam Christi in St. Katharinen", von 1466). Dieser gehörte das Kranzhaus auf dem Brook, in dem sich auch 17 Witwen-Kleinwohnungen befanden. Die Kranzlade wurde 1839 vom Senat nicht angetastet.

1849/52 bildeten die ehemals zünftigen Taglöhner den Kern des neuen Schiffbauer-Gewerkes, dem alle Hamburger Schiffszimmergesellen beitraten – immer noch in zünftiger Tradition und in deutlicher Abgrenzung von den Altonaern und den Harburgern und von den Eisenschiffbauern. Erst als 1883 im Zuge der Freihafenbauten das Kranzhaus geräumt werden mußte, erwies sich der Niedergang des Gewerkes der Schiffszimmerer. 75% des Verkaufserlöses gingen an eine neue Unterstützungskasse für notleidende Schiffbauer und deren Witwen und Waisen und nur 25% an die Krankenkasse des Schiffbauer-Gewerkes. Zudem wurde letzterem untersagt, ein neues Haus zu errichten. Werftarbeitersprecher Herbert Groß,[5] der seit Jahren vergeblich für ein Zusammengehen mit den Eisenschiffbauern eingetreten war, klagte: „Durch unseren Egoismus, unsern Stumpfsinn, unser kleinliches Handeln und Gebahren ging die Zukunft für uns verloren!" Der Holzschiffbau war inzwischen vom Eisenschiffbau verdrängt worden, die Dampfmaschinen ersetzten mehr und mehr die Segel.

Dieser schließliche Niedergang des Holzschiffbaus bedeutete nun keineswegs, daß nicht um die Jahrhundertmitte von den Hamburger Werften bemerkenswerte Leistungen zuwegegebracht worden wären. So kamen 1848 die ersten drei Schiffe der Hapag von Schiffbauplätzen auf dem Grasbrook; das Vollschiff ‚Deutschland' und die Bark ‚Rhein' von J. H. von Somm & Söhne und die Bark ‚Nordamerica' von C. C. H. Johns. Diese Schiffbauplätze auf dem Grasbrook mußten 1859 aufgegeben werden, als die Bauarbeiten für die ersten Hafenbecken einsetzten. Auffällig ist, daß die neuen Werftbetriebe auf Steinwerder nicht von den alten Schiffbaumeistern eingerichtet wurden, sondern von neuen Leuten.

Da war Bernhard Wencke, seit 1839 als Schiffbaumeister in Bremen tätig, von Sloman dazu bewogen worden, doch nach Hamburg überzusiedeln und auf der Westseite der Reiherstiegmündung ein Dry-Dock anzulegen und zu betreiben. Das geschah 1851. Es war das erste seiner Art in Hamburg und technisch noch etwas unzulänglich. Weil es nicht ganz wasserdicht war, hieß es das „Quellental". Trotzdem wurde dort viel Geld verdient, weil das Eindocken billiger war und die Holzschiffe viel weniger strapazierte als das Aufslipen. Zugleich benutzte Wencke sein „Quellental" als Baudock. Und wenn er nicht genügend Aufträge hatte, baute er für eigene Rechnung. 1864/68 kamen vier Neubauten für ihn in Fahrt. Wenckes Söhne bauten die Reederei aus: 1884 besaßen sie bereits acht Segelschiffe und zwei Dampfer, die in weltweiter Trampfahrt beschäftigt wurden. 1866 wirkte Bernhard Wencke an der Gründung der Vereinigten Bugsir-Dampfschiffs-Gesellschaft mit und 1888 ging der Sohn F. Wencke in den Aufsichtsrat der Deutsch-Australischen Dampfschiffs-Gesellschaft. Das Dry-Dock, mit dem die Wenckes 1851 begonnen hatten, wurde bis 1900 für Schiffsreparaturen genutzt. Neubauten

47 Nach der Aufhebung des Schiffbauamtes 1839 nahm das Volumen des Holzschiffbaus in Hamburg zu: Reiherstiegwerft, Talbotypie von Charles Fuchs, um 1860

hölzerner Segelschiffe entstanden nach 1876 nicht mehr. Aus den Schiffbaumeistern Wencke waren vielseitige moderne Unternehmer geworden.

Ebenfalls auf Steinwerder hatte H. C. Stülcken seinen Schiffbaubetrieb eröffnet, und zwar am 6. März 1848. In den ersten Jahren hat er sich offenbar mit Reparaturaufträgen begnügen müssen. Erstmalig 1853 erhielt er einen Neubauauftrag auf eine Bark. In der Hochkonjunktur bis 1857 folgten drei weitere Neubauten, wiederum Barken. Wohl noch in der Hochstimmung dieser Aufschwungperiode entschloß er sich 1858 zu zwei Neuerungen, zum Bau eines hölzernen Schwimmdocks und zur Einrichtung einer Schmiede auf seinem Schiffbauplatz. Das Schwimmdock kostete[6] M. Crt. 140 000.– und war für ihn ein großes finanzielles Wagnis. Da jedoch in den ersten drei Jahren bereits über dreihundert Schiffe eingedeckt wurden, kam Stülcken auf seine Kosten. Ebenso folgenreich war die Schmiede, deren Betrieb zunächst noch Gewerbebeschränkungen entgegenstanden. Immerhin konnte Stülcken 1864/65 sein erstes (und einziges) Compositschiff bauen, dessen Spanten, Diagonalschienen und Decksbalken aus Eisen bestanden, während Kiel, Steven, Kielschwein, Bauchstücke und Außenplanken aus Eichenholz gefertigt

48 Vielseitiger einsatzfähig als Trockendocks waren Schwimmdocks. H. C. Stülcken führte 1858 das erste hölzerne Schwimmdock ein: Gemälde H. A. S. Petersen, 1858

wurden. Die nächsten Versuche im Eisenschiffbau – von Stülckens Erben – waren 1877 eine 27 m lange Kastenschute und 1883 ein Schraubendampfer für den Hafenbetrieb. Bis 1914 folgten 450 Eisen-Neubauten, darunter 22 Fischdampfer und zwei kleine Frachtdampfer für die Küstenfahrt in Afrika. Bis zum regelmäßigen Seeschiffbau der Stülckenwerft war es ein weiter Weg.

Viel rascher wurde die Wende auf der Reiherstiegwerft vollzogen. Dieser renommierte alte Schiffbaubetrieb Berend Roosens und seiner Erben – auf hannöverschem Gebiet – war 1849 an das Hamburger Handelshaus Joh. Ces. Godeffroy & Sohn verkauft worden. So wie Godeffroy im Überseehandel stetig nach neuen unerschlossenen und besonders gewinnträchtigen Märkten Ausschau hielt – von Kuba über die amerikanische Westküste nach der Südsee, vom Kaffee und Zucker zum Kupfererz und zur Kopra – so war er auch im Schiffbau für Neues offen. Unter Leitung eines angestellten Schiffszimmermeisters wurden nun modernste Segelschiffe gebaut – auch nach amerikanischen Bauzeichnungen, so der Clipper ‚La Rochelle‘. 1856 wurde der Eisenschiffbau aufgenommen. Nach ersten eisernen Leichtern und Schleppern entstanden auf der Werft 1858 der erste eiserne Tiefwassersegler, die ‚Deutschland‘, und 1859 der erste Seedampfer, die ‚Sir George Grey‘; 1863 wurde dieser Dampfer in Schanghai verkauft. Da die Fahrwassertiefe des Reiherstieg gering war, pachteten J. C. Godeffroy, sein Bruder Gustav G. und der kapitalstarke Dr. F. Beit an der Mündung des Flußarmes in die Norderelbe einen neuen Werftplatz „zwecks Schiffbauerei, Maschinenfabrik, Kesselschmiede, Gießerei und Dampfsägerei".[7] Die neue Reiherstieg Schiffswerfte und Maschinenfabrik, so der Name ab 1864, baute unter Leitung des Betriebsdirektors Adolph Ferber in den folgenden 30 Jahren weit über 300 Schiffe – Hafenfahrzeuge, eiserne Tiefwassersegler und zunehmend Seedampfer, so nach 1871 für Sloman, die Hapag und die Hamburg-Süd. Bis 1914 folgten weitere 90 Neubauten, nun fast ausschließlich Dampfer bis zu 10000 BRT. Auftraggeber waren nahezu alle Hamburger Reederei-Aktiengesellschaften; zu diesen bestanden enge Beziehungen: Max Schinckel, Norddeutsche Bank, hatte Sitz und Stimme in den Aufsichtsräten der Reedereien wie der Werft. Trotzdem gab es Sorgen, denn auf dem eng bebauten Kleinen Grasbrook konnte sich die Werft nicht ausdehnen.

Probleme anderer Art beschäftigten die Schiffbau-Ingenieure Hermann Blohm und Ernst Voss, die nach ihren Studien an Technischen Hochschulen und mehrjähriger Praxis auf britischen Werften 1877 ihr Unternehmen auf Steinwerder gegründet hatten. Da man die beiden in Hamburg noch nicht kannte – Blohm war Lübecker und Voss kam aus dem Rendsburgischen – zögerte man zunächst mit der Vergabe von Aufträgen. So bauten die beiden eine Bark für eigene Rechnung, sodann, preiswert, einen Stader Dampfer, schließlich zwei winzige Frachtdampfer für die Ostsee. Der Durchbruch gelang in dem wirtschaftlichen Zwischenhoch um 1880. Nachdem einige Reparaturaufträge zur Zufriedenheit der Auftraggeber ausgeführt waren, kamen die Bestellungen von Neubauten in solcher Zahl, daß sich Blohm & Voss entschlossen, ihre Werft zu vergrößern und das noch unerschlossene Gelände westlich der „Urwerft" hinzuzupachten. Das bedeutete eine Ausweitung auf das Fünffache – und kostspielige Investitionen, die Blohms Brüder, Überseekaufleute in Hamburg, finanzierten.[8] Danach konnte bis zur Jahrhundertwende gebaut werden, was immer die Reeder benötigten, stählerne Vollschiffe und Viermastbarken, Frachtdampfer mit einigen Kajüten und 10000 BRT-Schiffe, die bis zu 3000 Auswanderer befördern konnten. Als eben nach 1900 Pläne bekannt wurden, in Hamburg eine weitere Großschiffswerft zu errichten, sahen sich Blohm & Voss ihrerseits veranlaßt, ihren Betrieb nochmals zu vergrößern. 1905 bis 1912 entstanden am Werfthafen fünf Hellinge unter einem Helgengerüst mit 38 Laufkränen und am Kuhwerder Hafen ein langer Ausrüstungskai, dazu eine Maschinenfabrik für den Turbinenbau. Die Investitionen dieser Jahre in Höhe von 29 Mill. Mark wurden z.T. über Bankkredite und Vorzugsaktien finanziert. Diese Fremdmittel konnten Hermann Blohm und seine Söhne bis 1924 zurückzahlen. Nun waren die Jahre 1902 bis 1907 für die Weltschiffahrt wenig günstig, Blohm & Voss hätten in schwerste Bedrängnis geraten können; doch bewahrte sie davor der Bau von fünf Schlachtkreuzern im Wert von mehr als 100 Mill. Mark. Hinzu kamen die Riesendampfer ‚Vaterland‘ und ‚Bismarck‘ für die Hapag. Der Bau der Turbinen für diese Schiffe wurde durch die Erfahrungen im Kriegsschiffbau begünstigt. So stand die Werft 1914 an der Spitze des Hamburger Schiffbaus.

Nicht minder modern war die Konkurrenzwerft, die 1905 bis 1909 auf der Insel Neuhof-Ross errichtet wurde: der Hamburger Zweigbetrieb der Stettiner Maschinenbau AG Vulcan – heute das Werk Ross der Howaldtswerke-Deutsche Werft. Auch hier wurden Hellinge und ein Hellinggerüst für den Bau größter Schiffe und alle erforderlichen Werkstätten geschaffen. 1912 wurde als erster Hamburger Neubau des Vulcan das Schlachtschiff ‚Friedrich der Große' fertiggestellt, ihm folgte 1914 ein weiteres Schiff dieser Größe. Auch im Handelsschiffbau stellte sich der Vulcan mit Superschiffen vor: mit dem ersten Dreischornsteiner für die Hamburg-Süd und mit dem Riesendampfer ‚Imperator' für die Hapag. Der Übergang zum Eisenschiffbau und zum Dampfantrieb hat die Struktur des Hamburger Schiffbaugewerbes in den gut fünfzig Jahren von 1857 bis 1914 nachhaltigst verändert. Aus handwerklicher war industrielle Fertigung geworden. Dem bescheidenen Kapitalbedarf der Schiffszimmermeister standen jetzt Millionen-Investitionen gegenüber, die nur mit Hilfe der Banken finanziert werden konnten. Statt fünfzig Meistern gab es jetzt drei Großbetriebe, in denen viele hundert Ingenieure tätig waren, dazu an die 20000 Werftarbeiter.

Ist von Werftarbeitern jener Zeit die Rede, denkt man gern an Nieterkolonnen. Diese angelernten Metaller im Akkordlohn sind gewiß die bekanntesten Werftleute, aber keineswegs die einzigen. Ehe Spanten, Raum- und Decksbalken und die Beplattung direkt oder per Lasche/Winkeleisen zusammengefügt werden können, müssen sie angezeichnet, geschnitten und gebogen werden. Um die Jahrhundertwende gab es bei Blohm & Voss[9] 500–600 Nieter, aber auch 60–80 Schirrmeister, 80–100 Locher und Anbringer, 80 Laschenmacher mit 500–600 Ungelernten und 100 Lehrlingen als Helfern. Neben diesen Eisenschiffbauern war das andere große Gewerk das der Maschinenbauer. Zu nenen sind ferner die Elektriker, Zimmerleute, Tischler, Maler, Takler. Manche von ihnen hatten vor dem Auf- und Ausbau der großen Werften als Handwerksgesellen bei Meistern in der Stadt gearbeitet. Die meisten aber waren von auswärts gekommen, einzelne Spezialisten anfangs aus England und Belgien. Diese ,,verdienten Geld wie Heu".[10] Daraufhin ka-

49 Ein erstes wichtiges Hilfsmittel für die Schiffsreparatur war das Trockendock, 1851 von dem Bremer Schiffbaumeister Bernhard Wencke in Hamburg eingeführt: Photographie von Strumper, um 1888.

men Schmiede und Schlosser aus der Provinz, was lohnsenkend wirkte. Dennoch: die Großwerften waren infolge ihres Ausbaus ständig auf der Suche nach Facharbeitern. Blohm & Voss haben deshalb seit 1880 in vier- bis fünfjährigen Lehrverträgen Schiffbauer, Schiffszimmerer, Bootsbauer, Maschinenbauer, Schlosser, Kupferschmiede, Kesselschmiede, Former und Gießer selbst ausgebildet.

Da man die Fachkräfte dringend brauchte, war man auch bereit, angemessene Löhne zu zahlen. Sie waren zwar um 1890 wesentlich niedriger als in England, aber deutlich höher als etwa in Stettin. Diese Konkurrenz an Oder und Weichsel oder auch in Flensburg setzte der Bereitwilligkeit zu Lohnerhöhungen Grenzen. Trotzdem hob sich das Lohnniveau um die Jahrhundertwende spürbar. Die Stundenlöhne stiegen von 18 bis 35 Pfennigen um 1890 auf 55 bis 70 Pfennige im Jahre 1914 – und im Akkord auf 90 bis 100 Pfennige. Nach zehnwöchigem Streik im Jahre 1910 wurde die Wochenarbeitszeit von 60 auf 55 Stunden herabgesetzt. Bedenkt man, daß in dieser Zeit die neuen Wohnquartiere in Eimsbüttel, Barmbek und Rothenburgs-

50 *Erst in der zweiten Hälfte des Jahrhunderts entstanden die von Kapitalgesellschaften finanzierten Großschiffswerften mit ihren Eisen- und Stahlschiffbauten: Bau des größten Schiffes der Welt, des Dampfers „Imperator" auf der Vulcan-Werft, Photographie, 1911*

ort per Elbtunnel und Hochbahn schneller und bequemer zu erreichen waren als ehedem, kann man – aus damaliger Sicht – von einer Verbesserung der Daseinsbedingungen sprechen.

Recht nachteilig wirkten sich auf den Schiffbau die Konjunkturschwankungen in der zweiten Hälfte des 19. Jahrhunderts aus. Den Zeiten der Vollbeschäftigung[11] 1854/57, 1869/73, 1880/83, 1888/91, 1895/1900 folgten Jahre der Stagnation nach 1857, 1873, 1883, 1891 und 1900. Waren zunächst noch Aufträge aus der Hochkonjunktur fertigzustellen, so kam es darnach zur Entlassung besonders der Ungelernten. Die Reiherstiegwerft hat nach 1890 durch Absprachen mit Banken und Reedereien eine gleichmäßigere Auslastung der Produktionsanlagen angestrebt; Blohm & Voss erreichten dies durch die Hereinnahme von Marineaufträgen. Die weitere Entwicklung des Hamburger Schiffbaus bis in unsere Zeit erweist jedoch immer wieder, wie sehr dieser Gewerbezweig konjunkturellen und strukturellen Veränderungen ausgesetzt ist und welch ernste soziale Schwierigkeiten sich dann ergeben.

Walter Kresse

Dampfer Imperator, das reisige Friedensschiff

„Ich komme vom ‚Imperator' her, dem größten Schiff der Erde. Von der Leuchtturmhöhe des Bootsdecks blickte ich auf unzählige Dampfer, Segler, Kräne und Schuppen, hörte ich laute Rufe der Arbeit, die durchdringenden Stimmen des Handels, den großen Lärm des Verkehrs, sah ich hundert und aberhundert Schornsteine rauchen, hundert und aberhundert deutsche, englische, holländische und nordische Flaggen wehen … Ich komme vom ‚Imperator' her und sollte von einem königlichen Kaufmann erzählen, der mehr ist, als die Fugger und Welser waren. Dennoch muß ich mich hinsetzen und die Geschichte eines kleinen Dorfkrämers schreiben".[1]

Was hier wie ein Panegyricus auf Albert Ballin beginnt, verwandelt sich im nächsten Augenblick in ein kritikwürdiges Beispiel ökonomischer Hybris als Herrin einer alle Wünsche und Träume erfüllenden Industrie. Gorch Fock, der romantische Antikapitalist, stellte so die Attraktivität des Fortschritts den Problemen des von dieser rücksichtslosen Welt bedrängten Finkenwärder Mikrokosmos gegenüber: den ‚Imperator' dem Fischerewer und Ballin dem Krämer. Kaum ließe sich ein besser geeigneter Beleg für die resignierende Abwendung der zivilisationskritischen Heimatschriftstellerei von solcher schiffgewordenen Megalomanie, genannt ‚Imperator', finden.[2] Aus einem breiteren Blickwinkel ‚Riesenbauten' der Weltgeschichte vergleichend, glossierte das Hamburger Fremdenblatt am 24. Mai 1912 den Stapellauf dieses Ungeheuers vom Vortage als eine „klägliche Auflehnung" wider die Mächte des Alls „aus Empörung über die eigene Winzigkeit". Die Götter hätten im Gegenzuge daraus ein verregnetes Ereignis gemacht. Der Turmbau zu Babel, die ägyptischen Pyramiden, die Vermessenheit gegen die Götter in der griechischen Tragödie wurden bemüht, um kulturpessimistischer Kritik Luft zu verschaffen: „Jedenfalls ist es bemerkenswert, daß, als sich auf dem von der Technik gelegten Fundament eine höhere Geistes- und Gemütskultur aufbaute, der Trieb zu den Riesenbauten zurück-

wich".[3] Die Versuchung der Götter! Jeder Leser mußte, ob er wollte oder nicht, diese Anspielung mit dem weltweiten Entsetzen über den Untergang des bis dahin größten Schiffes der Welt, der ‚Titanic' (45000 BRT) am 15. April 1912 verbinden, also nur neununddreißig Tage vor dem Stapellauf der ‚Imperator'. Das ‚Literarische Bureau' der Hamburg-Amerika-Linie gab sich viel Mühe, die gewaltigen Abmessungen des Dampfers ‚Imperator', des Prototyps der ‚Imperatorklasse', mit den Erfordernissen der Schiffssicherheit und der Bequemlichkeit für die Passagiere zu begründen,[4] ohne sich allerdings der Größe zu schämen: „Ehern, ein Werk von gigantischen Formen und einer fühlbar ungeheuerlichen

51 Wenn die „größte Dampfschiffs-Gesellschaft der Welt" den größten Dampfer der Welt „Imperator" benennt, braucht auf den imperialistischen Anspruch nicht mehr ausdrücklich hingewiesen zu werden: Stapellauf des „Imperator", Photographie, 1912

Schwere, hochragend und in seinem Baugerüst fast unabsehbar langgestreckt, hat der Dampfer ‚Imperator' Monate hindurch, täglich wachsend und wachsend, wie ein neues Wahrzeichen Hamburgs von der Halbinsel Ross auf das wimmelnde Leben der Elbe und des Hamburger Hafens herabgeblickt".[5]

,,Gigantische Wirklichkeiten und noch gigantischere Ahnungen"[6] – man fand kaum noch Ausdrücke, geschweige denn einen würdigen Platz zwischen den Hamburger Wahrzeichen, zwischen Michel und dem Bismarck-Denkmal[7] oder gar dem Rathaus, nachdem das Literarische Bureau und die Werbefachleute Ballins das Ulmer Münster, die Wartburg auf ihrer Höhe, das Hamburger Rathaus und die Wolkenkratzer New Yorks ihren Schiffen ‚Kaiserin Auguste Victoria' sowie ‚Amerika' in Wort und Bild gegenübergestellt hatten.[8] Diese Gigantomachie der Reedereien, der Wettkampf, das schnellste oder das größte Schiff der Welt zu besitzen, hatte sich in Superlativen merklich erschöpft. Waren die ‚Amerika' und die ‚Kaiserin Auguste Victoria' bei ihrer Indienststellung (Oktober 1905 und Mai 1906) mit 22 600 bzw. 24 500 BRT ,,als außerordentliche Schöpfungen kaufmännischen und technischen Wagemuts"[9] an die Weltspitze gelangt, übertrumpfte nunmehr die ‚Imperator', ein ,,Ozeanriese von 276 m Länge (LÜA. = 280,06 m), fast der doppelten Länge des größten deutschen Kriegsschiffes",[10] und mit 52 117 BRT alles bisher Dagewesene. Albert Ballin hatte diesen Auftrag an die Hamburger Vulcan-Werke vergeben, während die Werft Blohm & Voss die ‚Vaterland' mit 54 282 sowie die ‚Bismarck' mit 56 551 BRT für ihn in Angriff nahm.[11] Nach Fertigstellung dieser drei Dampfer, welche zusammen die ‚Imperatorklasse' der Hamburg-Amerika-Linie bilden sollten, würde die Reederei mit 175 Seeschiffen und 1,3 Millionen BRT unangefochten die größte der Welt sein.

,,Größe ist eine unabänderliche Forderung des Verkehrsfortschritts, Größe ist gesteigerter Wert und schon darum gesteigerte Sicherheit".[12] In solchen und ähnlichen Wendungen berief man sich auf die Experten des Germanischen LLoyd. Und in der Tat reichte ja der Raum leicht aus, um beispielsweise mit durchgehend untereinander verbundenen Bodenwrangen einen zweiten Schiffsboden – parallel zur Außenhaut – auszubilden und seitwärts bis über die Wasserlinie hinauf durchzuziehen. Eine geschickte Zelleinteilung zwischen den beiden Böden, kombiniert mit einem neuartigen Schottsystem für die Sicherung ganzer Schiffssegmente gegen Wassereinbruch hatte man seit dem Bau des englischen Großlinienschiffes ‚Dreadnought' (1906) weiterentwickelt und ähnlich für die ‚Nassauklasse' der deutschen Kriegsmarine verwendet.[13] Kein Wunder also, daß nur wenige Tage nach dem Untergang der ‚Titanic' Ballins Werbebüro angesichts der immer schärfer werdenden Konkurrenz das entsprechende Sicherheitssystem der ‚Imperator' anpries, indem es – expressis verbis – den neuen Dampfer als ‚Dreadnought' oder ein ,,Kriegsschiff" gegen das ,,elementare Meer" apostrophierte.[14] Zusätzliche Sicherheit verhießen der elastischere Dampfturbinenantrieb, welcher es erlaubte, die Schraubendrehzahlen dem Wetter und der Bewegung der See

52 Das ,,Literarische Bureau" der Hamburg-Amerika-Linie hatte die Jungfernreise des ,,Imperator" mit literarischer und künstlerischer Sorgfalt vorbereitet, während er ,,ehern, ein Werk von gigantischen Formen und einer fühlbar ungeheuerlichen Schwere, hochragend und in seinem Baugerüst fast unabsehbar langgestreckt ... auf das wimmelnde Leben der Elbe und des Hamburger Hafens herabgeblickt" hatte: Titelbild eines Prospektes, 1912

Handel, Schiffahrt und Gewerbe

53 Der Größe des Äußeren entsprach der Luxus der Inneneinrichtung des „Imperator". Eine eigene Bildmappe präsentierte dem Betrachter die Ausstattung. Den Festsaal und das Gesellschaftszimmer beherrschte die Halbkörperbüste Wilhelms II. in Adlerhelm und Küraß: Prospekt, 1912

anzupassen, sowie das Vierschrauben-Antriebssystem: es würde sogar nach einem Verlust des Ruders die Steuerfähigkeit des Schiffes vollkommen erhalten. Übrigens, der Gedanke an Seekrankheit könne gar nicht erst aufkommen, weil die Frahm'schen Schlingertanks,[15] gefüllt mit 500000 Liter Seewasser, bei starkem Seegang durch Gegenbewegung für die erforderliche Stabilität sorgten.
Weil nun im Hinblick auf die Bequemlichkeit der Passagiere Steigerungsmöglichkeiten kaum mehr vorstellbar erschienen – es sei denn die vom Komfort zum absoluten Luxus – trat hier das werbliche Argument des Raumzuwachses etwas in den Hintergrund. Freilich: „Nicht nur in der 1. Kajüte sondern auch in den übrigen werden die Kammern für nur eine oder zwei Personen weitaus am häufigsten anzutreffen sein".[16] Aufklappbare Schrankwaschtische gehörten der Vergangenheit an. Jetzt habe man Marmorwaschtische mit warm und kalt fließendem Wasser, das aus formschönen Bronzewasserhähnen plätschern würde, bestellt – wenigstens für die 1. Kajüte.[17] Elektrische Anschlüsse für Beleuchtung, Heizung, Klingeln, Ventilationsfächer seien vorgesehen. Ältere und gebrechliche Personen dürften für die eingebauten Fahrstühle dankbar sein.[18]
Einer Stadt wollte das Schiff gleichen und Ansprüche an urbane Lebensart befriedigen: Turnhallen für die 1. und 2. Kajüte sowie ein Schwimmbad; elektrische Lichtbäder, Kohlesäure-, Dampf-, Heißluft-, Seewasser-Wannenbäder und Duschen, dazu Massageräume; Damen- und Herrensalons, Gesellschaftsräume – getrennt nach Geschlechtern –, Büchereien, Bücherläden, Notensammlungen moderner und klassischer Musik, kostbare Flügel und Klaviere für Virtuosen und Hausmusikanten standen zur Verfügung, um nuancierten Vorstellungen von städtischer Kultur großbürgerlichen Zuschnitts und gesellschaftlicher Kommunikation auf gehobener Ebene Rechnung zu tragen. Und: „Stuartkapellen und eine Künstlerkapelle erheitern auch dem Imperator-Passagier Morgenspaziergang und Tafelrunde".[19]
Hinsichtlich der Ausstattung und des Dekors im Einzelnen sollte der Dampfer in keiner Weise hinter den führenden Hotels zurückstehen. Unter einem „künstlich erhellten Oberlichtdom" trafen sich die Passagiere im Hauptspeise- und Festsaal, dort begrüßt durch die Halbkörperbüste Wilhelms II. in Adlerhelm und Küraß. Barockisierende Ele-

54   Der „Imperator" im Hafen läßt sich im Nachhinein als sprechendes Bild der wirtschaftlichen Symbiose deuten, die das Reich und Hamburg, sein Tor zur Welt, bis hinein in den Ersten Weltkrieg, eingegangen waren: „Imperator im Hafen", Photo von Schaul, 1913

mente zierten Wände und Decken. Den Wintergarten charakterisierten die üblichen Palmen, dann, von der Architektur her, die Deckenkassetten über dorischen Säulen, deren Schäfte, zu Stangenbündeln aufgelöst, wie unvollendete Korbflechtarbeiten wirkten. Hängende Kuppelleuchten hier und im angrenzenden Ritz-Carlton-Restaurant – wieder von einer hohen Glaskuppel überwölbt. Ringsum die Kuppel standen dort auf profilierten Basen Säulen mit glatten Schäften und jonischen Kapitellen.

Für den Grillroom hatte man die Balkendecke sowie mit Kopfbändern flankierte Dielensäulen als tragende Elemente ausgewählt. Die geschnitzten Eichenmöbel im Stil des westlichen Schleswig und nördlichen Friesland zur Zeit des 17. Jahrhunderts[20] rundeten den Charakter einer nordischen Diele ab. Das Rauchzimmer lehnte sich stilistisch an das Tudorhaus des beginnenden 16. Jahrhunderts[21] an, dunkel holzgetäfelt und wiederum mit einer Balkendecke ausgestattet. Schwere Eichenholztische und lederne Clubsessel schufen männliche Gemütlichkeit. Das Hirschgeweih, die Rundschilde und Streitäxte des Frieses oberhalb des Kamins tauchten die alltäglichsten Gestalten zeitweise in mythischen Nimbus.

Schließlich kam noch der altrömisch-pompejanische Wohnstil des Peristylhauses für das Schwimmbad hinzu, gerade um an die zivilisatorischen Leistungen eines zu Vergleichen überhaupt gern bemühten, tüchtigen Volkes zu erinnern.[22] Achtzehn dorische Säulen mit Mosaikfüßen fügten sich zu einem Umgang – darüber ein elektrisch beleuchtetes Glasdach, das den Innenhof-Charakter betonte. In eine Marmorschale, kopiert nach einem Vorbild im Louvre, würde sich aus einer Fontaine heraus das Frischwasser stürzen.

Für die technischen Lösungen des Schwimmbades zeichnete die Firma Bamberger, Leroi & Co., Frankfurt, verantwortlich.[23] Die Ausstattung der Säle und Salons besorgte die Kölner Firma Mewes & Bischoff, während für die künstlerischen Entwürfe die Gebrüder Bauer, Berlin, herangezogen worden waren. Je nach Funktion, waren alle Räume des Schiffes in nahezu allen Spielarten europäischer Kunststile geschmückt. Sie enthoben den Passagier seiner platten Vorstellungswelt und animierten ihn von morgens bis abends zu gesteigertem Selbstbewußtsein, setzten ihn geradezu einem Wechselbad europäischer Lebensgefühle aus.

Das Literarische Bureau der HAL veröffentlichte in seiner Werbeschrift „Imperator auf See. Gedenkblätter an die erste Ausfahrt des Dampfers Imperator am 11. Juni 1913" eine sorgfältige Auswahl journalistischer Huldigungen an den Komfort, die Sicherheit, den technischen Fortschritt, wie sie sich in diesem Schiff manifestierten. Die wortgewandten Gäste der HAL rühmten die unwirkliche, künstliche Atmosphäre beinahe als adaequate Daseinsform: „Ich empfinde den Imperator", so Fritz Ph. Baader, Hamburg, ,,als einen gewaltigen Schritt der modernen Menschheit auf ihrem Abmarsch aus der Natur". Über solche und ähnliche Passagen, so auch die jetzt folgende, hätten sich Gorch Fock und die Heimatdichter ärgern dürfen: ,,Wenn ich eines unserer großen Schiffe besteige, lasse ich alles Kleine, Winkelhafte, Rückständige der Heimat hinter mir . . ." (Arthur Eloesser). Alfred Kerr sah sich wenigstens zu einer Entschuldigung seiner Skrupel gehalten, die er ob des ungewöhnlichen Genusses und dank der Einladung durch die HAL empfand: ,,Ich billige durchaus den hier betätigten Luxus, weil er ein menschliches Verwegenheitsmerkmal im großen Preisgegebensein an Wind, Fische, Wogen, Einsamkeit ist". Vor allem zeigte sich W. Fred, München, als ein williges Opfer der überirdischen Verführungskünste: ,,Von einer Macht Gnaden ist ein neues Leben geschaffen worden, das Leben Imperator, atmend so stark, ruhig und gut, wie irgendeiner der Unzähligen, die atmend mitgearbeitet haben. Und diese Macht – man nenne sie Organisation – bewundere ich . . .". Mehr Gespür für etwas noch Bevorstehendes, für eine irgendwie folgenreiche Grenzüberschreitung deutete sich da schon bei Felix v. Eckardt, Hamburg, an, welcher die Teilnahme an der Jungfernfahrt als ,,Erinnerung fürs Leben" qualifizierte und hinzufügte: ,,Der Stapellauf war ein Ereignis, dem wie einer großen Entscheidung entgegengesehen wurde".[24]

Wie nun zur Porträtwirkung des Dampfers ,Imperator' die Faszination für das Gigantische und den Luxus ebenso gehörte wie die Kritik an der Hybris und dem rücksichtslosen Triumph ökonomischen Denkens über die Natur und jedes menschliche Maß, konnte das Ereignishafte, der Signalcharakter dieser monumentalen Schöpfung für ein empfindlich oszillierendes, weltpolitisches Echo erst recht nicht übersehen werden. Die Taufrede Bürgermeister Heinrich Burchards

hatte sich ja keineswegs in allgemein panegyrischen Pflichtübungen gegenüber Wilhelm II. erschöpft, indem er über das Schiff der Schiffe hinaus auf ein kosmisches Vergleichsbild, den sonnenverklärten Kaiser im Kranze der sternengleichen deutschen Fürsten verwiesen, oder, indem er des Kaisers historisches Verdienst herausgestrichen hatte, das bis dahin desinteressierte ,,ganze deutsche Volk dem Meere vermählt zu haben".[25] Wichtiger, allerdings weniger begreiflich für die Menge der Festgäste, dürften jene verklausulierten Wendungen gewesen sein, die Burchard dem im Gefolge des Kaisers angereisten Staatssekretär im Reichsmarineamt, v. Tirpitz, zugedacht hatte: ,,Vor allem aber stellt dies Schiff sich dar als eine Schöpfung hochkultivierter Friedenszeit", und, zum Aufstieg der Hamburg-Amerika-Linie: ,,Sie verdrängt nicht andere Linien, sie hat vielmehr, wo sie sich mit den vorhandenen Unternehmungen verband, die Intensität des Verkehrs erheblich gesteigert".[26] Um es vorweg zu sagen, Äußerungen wie diese spiegelten nahezu wörtlich die Hauspolitik Albert Ballins wider und hatten ihre Entsprechungen in den Verlautbarungen der HAL: ,,Was gäbe es denn Friedlicheres als die Reise eines Handelsdampfers von Weltteil zu Weltteil?" wird da sehr angelegentlich gefragt oder gar die ,Imperator' als das ,,reisige Friedensschiff"[27] interpretiert.

Auch zu diesem Thema enthielten die ,,Gedenkblätter an die erste Ausfahrt . . ." interessante Bemerkungen: ,,Sei auch du", so sprach Carl Müller, Berlin, das Schiff an, ,,ein Vermittler friedlicher Gesinnungen zwischen den Völkern, die sich auf dir zusammenfinden, um gemeinsam die Ozeane zu durcheilen." Auch Dr. Wilhelm Doerkes, Boppard, spielte auf gewisse Alpträume Ballins an: ,,Der Bürgermeister von Southampton kam dem ,Imperator' entgegen und wurde von Kommodore Ruser feierlich empfangen. Das seegewaltige Britannien beglückwünschte die neue deutsche Hansa,

die ihm ebenbürtig zur Seite steht".[28] Schön wär's gewesen! Aber daran glaubte sogar Albert Ballin zu diesem Zeitpunkt längst nicht mehr. Er, der zunächst ein für die Sache des Flottenvereins begeistertes Mitglied und dessen tatkräftiger Förderer war,[29] hatte ab 1908 sich allmählich von Tirpitz entfernt und sich gegen die weitreichenden Ausbaupläne der Kaiserlichen Kriegsflotte gewandt, weil er aus dieser Richtung Gefahren für den Weltfrieden und die Weltschiffahrt heraufdämmern sah.[30] Diese Haltung vertrat er zunehmend entschiedener, je mehr er sich persönlich dem Vorwurf ausgesetzt sah, durch eine rücksichtslose Tonnage-Ausweitung der HAL Deutschland die ganze Welt zum Feinde gemacht zu haben. ,,Ballinismus" hieß das neue, feindselige Stichwort. ,,Ballin gleich Deutschlands Tragödie", ereiferte sich der Hamburger Georg Schröder und Adolf Goetz sah vor allem die Hamburgische Schiffahrtspolitik durch Ballins Vorgehen bedroht.[31] Mitarbeiter wie Siegfried Heckscher hatten ihren Generaldirektor darauf aufmerksam gemacht, ,,daß der unaufhörliche Bau großer Passagierdampfer die Gefahr eines Krieges mit England erhöhte".[32] Und diese Bemerkung war auf das derzeit aktuelle Bauprogramm der ,Imperatorklasse' gemünzt. So friedlich das Flaggschiff dieser Klasse von Bürgermeister Burchard, von Albert Ballin, seinen Werbefachleuten und den Journalisten im Sinne von Gegenpropaganda gedeutet wurde, die Daily News Leader vom 31. Januar 1914 sah das dennoch ganz anders: ,,Ballin hat der Welt den Krieg erklärt . . . und wenn unser Anspruch auf die Herrschaft der Meere bedroht ist, so kommt diese Drohung nicht von den deutschen Dreadnoughts, sondern von Herrn Ballin!"[33] Noch ehe der letzte Bau der ,Imperatorklasse' bei Blohm & Voss hätte fertiggestellt sein können, tobte der Erste Weltkrieg.

Jörgen Bracker

Jeder Hamburger, nein, jeder Deutsche ist stolz auf die Hamburg-Amerika-Linie

„Sie ist die größte Schiffahrtsgesellschaft der ganzen Welt. Keine englische, keine amerikanische Reedereigesellschaft kommt ihr gleich ... ‚Mein Feld ist die Welt', das ist ihr Wahlspruch."[2] So lernten wir es noch 1922 aus unserem Heimatkundebuch. Als dann 1923/26 neue Hamburger America-Liner die Elbe hinunterdampften, die ‚Albert Ballin', eine neue ‚Deutschland' und eine neue ‚Hamburg', da hat uns das durchaus beeindruckt. Heute sind dies blaß gewordene Kindheitserinnerungen von Endsechzigern. Wenn heute vom Hapag-Lloyd-Reisebüro gesprochen wird oder von Hapag-Lloyd-Boeings, so geschieht das völlig unsentimental. In den wenigen Stunden an Bord zwischen Hannover und Athen entfalten sich keine Gefühlsregungen geschweige denn Nationalstolz.

Und doch gibt es auch heute, wie damals, Menschen, für die die Abkürzung HAPAG = Hamburg-Amerikanische Packetfahrt-Actien-Gesellschaft mehr ist als ein beliebiger Firmenname. Da sind die Leute im Hamburger Hafen und in den Kontoren, die dieser größten Reederei der Hansestadt – heute mit den Bremern zur Hapag-Lloyd AG vereinigt – ein mehr als nur oberflächliches Interesse entgegenbringen, hängt doch ihr eigenes Wohlergehen davon ab, daß Handel und Schiffahrt florieren, daß auch die Hapag erfolgreich ist. Das Interesse der Spediteure, Makler, Bankleute, Versicherer, Schiffsausrüster und Werftleute ist ebenso intensiv wie unpathetisch.

Noch viel stärker war und ist die Bindung an die Reederei natürlich bei ihren Arbeitnehmern. Das waren 1914 immerhin gut 20000 Menschen, davon über 16000 an Bord der Schiffe, dazu 1600 Angestellte in den Kontoren und 3000 Arbeiter an Land.[3] Auf See wurde nicht schlecht verdient – auf deutschen Schiffen zwar weniger als bei den Amerikanern, aber erheblich mehr als bei den Skandinaviern. Aus dem Abmusterungsprotokoll der ersten ‚Hammonia' vom

55 Matrosen- und Seefahrtsideologie hatte das Reich erfaßt. Was für die Auswanderer, mit deren Verschiffung die HAPAG angefangen hatte, bittere Notwendigkeit war, wurde um die Jahrhundertwende zur Mode – eine Seereise nach „Übersee": „Wie reist man heute über See?" Prospekt der HAPAG, um 1910

3. 1. 1859 kennen wir die damaligen Monatsheuern.[4] So bekamen 18 Matrosen je 30 M. Crt., die zwei 3. Köche je 48.–, die sieben 3. Stewards je 24.–, die neun Heizer je 36.– und die 15 Trimmer je 30.–. Der durchschnittliche Monatslohn der deutschen Handwerker lag damals darunter, nämlich bei M. Crt. 26. 10. 0. Da die Seeleute unentgeltlich verpflegt wurden, verfügten sie also über mehr Geld als die meisten Arbeitnehmer an Land. Allerdings hatten sie die Risiken der Seefahrt zu tragen, sie mußten die Enge an Bord und, auf Segelschiffen, die Eintönigkeit des Essens hinnehmen, dazu in jedem Fall die sexuellen Probleme. Wessen Laufbahn beim Vollmatrosen endete, und das waren wohl an die 90%, empfand trotz dieser Heuern die Arbeitsbedingungen schließlich als zu belastend und strebte nach einem Job an Land. Patentinhaber hingegen schätzten durchweg ihren Beruf; in ihrem Zuhause an Land fand sich oft ein Porträt oder Modell „ihres" Schiffes unter der Hausflagge „ihrer" Reederei.

Schließlich sind da die nahezu sieben Millionen Fahrgäste der Jahre 1848–1913,[5] die Mehrzahl Transatlantik-Reisende, zumeist Auswanderer. Für viele von ihnen war die Überfahrt nach „drüben" die eindrucksvollste Erfahrung ihres Lebens – die Enge an Bord, die Seekrankheit, aber auch das erfrischende Erlebnis der See und die Hoffnung auf ein besseres Dasein an neuen Ufern. Diese Erfahrung muß sich vielen so stark eingeprägt haben, daß auch die Nachfahren die Erinnerung daran wachhalten und sich heute an die Hamburger Museen um eine Abbildung jenes Schiffes wenden, auf dem die Voreltern von Hamburg in ihre neue Welt reisten.

Also war die Hapag für viele doch mehr als eben ein bekanntes Transportunternehmen? Tun wir einen Blick zurück!

Die Voraussetzungen für die Entwicklung der Hapag im 19. Jahrhundert waren die Massenauswanderung insbesondere nach Nordamerika, die technische Entwicklung hin zu immer größeren, leistungsfähigeren Dampfschiffen, die Industrialisierung nicht nur Deutschlands und – bei rasch sinkenden Frachtraten – die sprunghafte Zunahme der Einfuhr von Rohstoffen und Lebensmitteln und der Ausfuhr von Industrieerzeugnissen. Daß nun gerade die Hapag und nicht einer ihrer zahlreichen Konkurrenten sich so erfolgreich entwickelte, ist das Ergebnis ihrer Geschäftspolitik, die nach 1847 und vor 1914 insbesondere von Adolph Godeffroy und Albert Ballin geprägt wurde.

Adolph Godeffroy (1814–1893), Sohn einer in Hamburg ansässigen Hugenottenfamilie, Bruder von Joh. Ces. G., dem Kaufmann und „König der Südsee", und von Gustav G., dem Senator und Direktor der Norddeutschen Bank, Adolph G. also war Direktor der Hapag von der Gründung im Jahre 1847 bis 1880. Er muß eine bemerkenswerte Persönlichkeit gewesen sein. Wegen der Elbblockade der Dänen 1849 brachte er das Hapagschiff Nr. 1, die ‚Deutschland', noch vor seiner zweiten Reise auf zwei Jahre unter die russische Flagge! 1855 vercharterte er mit beträchtlichem Gewinn die beiden ersten Dampfer noch vor ihrer Indienststellung auf der Hamburg-New York-Linie auf etwa ein Jahr als Truppentransporter im Krimkrieg! 1858 ersteigerte er trotz Weltwirtschaftskrise die zwei Dampfer der in Konkurs geratenen Brasilien-Linie zu einem Viertel ihres Wertes! 1863, im amerikanischen Bürgerkrieg, vergab er während der Flaute Neubauaufträge für die zu Recht erwartete Massenauswanderung nach Kriegsende. 1871 eröffnete er die Westindienlinie; nach Anlaufschwierigkeiten bewährte sich diese aufs beste. Die große Bewährungsprobe Godeffroys kam 1872 mit der Gründung eines mächtigen Konkurrenten, der Adler-Linie in Hamburg, hinter der u. a. die Deutsche Bank stand. Die Hapag entschloß sich sofort zu Kampfraten gegen die sieben New York-Dampfer des Newcomers. 1875 obsiegte Godeffroy, die Hapag übernahm die Adler-Schiffe. Sie hatte aber alle Reserven aufgebraucht. Immerhin blieb die Hapag bis 1880 einzige Hamburger Nordamerikareederei mit 20 Dampfern, mit vielen Verbindungen und Erfahrungen und einer Dividende von 10% in diesem Jahr. Wegen ihrer Pünktlichkeit galt sie als die ,,Eisenbahn des Ozeans".[6]

In eben diesem Jahr 1880 – Godeffroy ging gerade hochgeehrt in Pension – richtete Edward Carr mit billigen Frachtdampfern eine Auswandererlinie Hamburg-New York nur für Zwischendecker ein; Carrs Agent war Albert Ballin. Dieser Neugründung war ein voller Erfolg beschieden. Deshalb verhandelten schon bald die Hapag, Carr und Ballin miteinander. Am 1. Juni 1886 übernahm Ballin die Passageabteilung der Hapag, 1888 wurde er Mitglied des Vorstandes und 1899 Generaldirektor. Dieser geniale Manager (1857–1918) aus dem jüdischen Kleinbürgertum richtete sein Augenmerk auf die optimale Nützung der Auswandererkonjunktur zwischen 1886 und 1914. Es entstanden neue Linien nach Baltimore, Philadelphia, New Orleans, Boston und Montreal. Es wurden Doppelschraubendampfer in Dienst gestellt – die Dreischornsteiner. Als sich diese als ,,Kohlefresser" erwiesen, wurden sie 1894/99 durch die geräumigen und bequemen, aber langsameren Dampfer der P- und B-Klasse mit 12/13 kn ersetzt. Sie führten über die ‚Amerika' von 1905 zu ,,Ballins dicken Dampfern", den 50000-Tonnern von 1912–1914, die in vier Klassen 4600 bzw. 3700 Fahrgästen Platz boten. Schon kurz vor 1900 war die Hapag die größte Reederei der Welt geworden – mit einem Aktienkapital von 80 Millionen Mark und mit 76 Dampfern.

Da abzusehen war, daß die Auswanderung irgendwann auch wieder abklingen würde, war Ballin auf die Ausweitung der Frachtfahrt bedacht. Dem dienten unter Verzicht auf ,,Blaue Band"-Ambitionen bereits die neuen Fahrgastschiffe des Nordamerikadienstes, die bis zu 15000 tons Ladung mitführen konnten. Zugleich setzte sich Ballins Hapag ab 1897 in anderen Fahrtgebieten fest. 1898 wurde die Hamburger Kingsin-Linie gekauft und mit dem Norddeutschen Lloyd eine Vereinbarung über die Fahrt nach Fernost getroffen. 1900 kam es zur Betriebsgemeinschaft mit der DDG Kosmos in der Westküstenfahrt. 1901 kaufte die Hapag den Konkurrenten der Hamburg-Süd und zwang diese zur Betriebsgemeinschaft. Ab 1903 bahnte sich Gleiches mit der DDG Hansa im Mittleren Osten an. Und als Woermann 1907

56 Um die Jahrhundertwende gehörte zum Luxus der Seereise auch der Versand von Postkarten: Postkarte nach einer Radierung von Willy Stöwer, 1900

in Bedrängnis geriet, bot Ballin Beistand an – und die unwillkommene Betriebsgemeinschaft. 1914 schließlich erwarb die Hapag die Aktienmehrheit der Deutschen Levante-Linie. Damit beherrschte Ballin die Hamburger Überseefahrt mit Ausnahme der Australien-Linie. Die Hapag verfügte 1914 über 175 Seedampfer mit mehr als 1 Mill. BRT, über die Auswandererhallen in Hamburg und Landanlagen in New York, St. Thomas

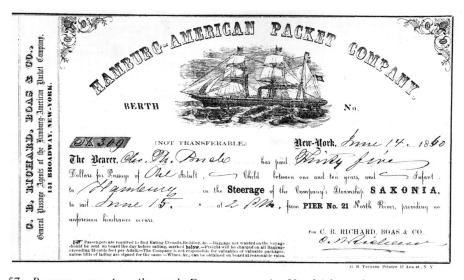

57 Passagen von Amerika nach Europa waren im Vergleich zu den Auswanderertransporten von Europa nach Amerika seltener: Passageschein für die Überfahrt von New York nach Hamburg, 1860

und Schanghai. Abgesichert war dieses Schiffahrts-Imperium durch ein leidliches Verhältnis zum Norddeutschen Lloyd in Bremen und durch Absprachen mit den großen ausländischen Reedereien in der Atlantic-Conference.

Die Phantasie der Menschen entzündet sich nun selten an Pool- und Kartellabreden, an Wirtschaftlichkeitsberechnungen und an der Kapitalkonzentration. Faszinieren können dagegen der technische Fortschritt und die ansprechenden Formen von Meisterwerken der Schiffbaukunst. Wir beobachten das bei den Museumsbesuchern, die sich aufmerksam die Gemälde und Modelle von Hapag-Schiffen ansehen, so der ‚Deutschland' von 1848, der ‚Hammonia' von 1855, der ‚Frisia' von 1872, der ‚Deutschland' von 1900, der ‚Kaiserin Auguste Victoria' von 1906 oder des Planungsmodells der ‚Imperator'-Klasse. Das Interesse geht gegenwärtig so weit, daß auch ein dreibändiges Werk mit Abbildungen aller Hapag-Schiffe[8] seine Käufer findet.

Die Schiffe und die Reedereipolitik der Hapag wurden allerdings nicht nur bewundert. Mit kritischer Aufmerksamkeit beobachteten die konkurrierenden Häfen das damalige Geschehen in Hamburg. So stellte der Londoner ,,Daily News Leader" im Januar 1914 fest[9] ,,... und wenn unser Anspruch auf die Herrschaft der Meere bedroht ist, so kommt diese Drohung nicht von den deutschen Dreadnoughts, sondern von Herrn Ballin". Viel wohlwollender klingt demgegenüber Melvin Maddocks Meinung im Time-Life-Buch ‚The Great Liners': ,,The ‚Vaterland' was to be not only Ballin's masterpiece but a symbol of Germany's might and her absolute resolution to use that strength peacefully".[10] Nun, zumindest Ballin und die Hapag haben den 1. Weltkrieg ganz gewiß nicht gewollt.

Walter Kresse

58 Ursprünglich hatten Seereisen den Ruf des Abenteuerlichen: ,,Auf der Reise nach Philadelphia, von Hamburg nach Havre", Xylographie nach L. v. Elliot aus der Illustrierten Zeitung, 1876

Handel, Schiffahrt und Gewerbe

59 Die Deutsche Ost-Afrika-Linie, Adolph Woermanns zweite Reederei, wurde vom Reich, das an regelmäßigen deutsch-afrikanischen Verbindungen interessiert war, subventioniert: Plakatlithographie von Charles Fuchs, um 1890

Adolph Woermann

Bismarck hat auf ihn das Wort vom „Königlichen Kaufmann" gemünzt. Und Albert Ballin, der Chef der HAPAG, sagte beim Tode Adolph Woermanns: „Er war der größte, wagemutigste, opferfreudigste Reeder. Holt die Flagge auf Halbstock, ihr Hanseaten. Der größte Hanseat ist tot."

Geboren wurde Adolph Woermann am 10. Dezember 1847 in Hamburg. In eben diesem Jahr erwarb sein Vater, Carl Woermann, sein erstes Schiff. Carl Woermann (1813–1880), aus Bielefeld gebürtig, hatte sich in jungen Jahren in Hamburg etabliert. Sein Hauptartikel war zunächst das heimische Leinen gewesen, das nach Mittel- und Südamerika, nach Australien und Südostasien exportiert wurde. Hinzu kamen andere Erzeugnisse, die sich als „gängig" erwiesen, vor allem in Afrika, das mehr und mehr in den Mittelpunkt des Geschäftes rückte. 1854 gründete die Firma „C. Woermann" ihre erste Niederlassung auf dem Schwarzen Kontinent, in Monrovia. Weitere in Gabun (1862) und in Kamerun (1868) folgten.

Was der Vater begonnen hatte, setzte der Sohn fort. 1874 – nach dem Besuch des Johanneums, nach Lehrjahren, mehreren Auslandsreisen und einem längeren Aufenthalt in Westafrika – wurde Adolph Woermann der Teilhaber seines Vaters. 1880, nach dessen Tode, stand er, 33 Jahre alt, an der Spitze der Firma. Fast bis zu seinem Tode – er starb am 4. Mai 1911 – hat er ihre Geschicke geleitet, als strenger, aber gerechter Prinzipal. Arbeiter oder Angestellte als gleichberechtigte Vertragspartner zu akzeptieren, wäre ihm nie in den Sinn gekommen. Aber ihr Wohl und Wehe lag ihm am Herzen, vorausgesetzt, sie waren tüchtig und treu. 1903, acht Jahre vor Erlaß der Angestellten-Versicherung, wurde auf Betreiben Woermanns die Versorgungskasse Vereinigter Reedereien gegründet.

Daß Woermanns Name eine Bedeutung gewann, die weit über die Grenzen Hamburgs hinausging, hing mit der Aufteilung Afrikas zusammen. Auch Deutschland brauchte, nach Woermann, Absatzgebiete für seine Industrie. Auch Deutschland mußte dazu beitragen, die

60 Adolph Woermann, 1884–1890 nationalliberaler Reichstagsabgeordneter, propagierte das deutsche Interesse an afrikanischen Kolonien. Seine Schiffslinien profitierten davon: Photographie von Benque u. Kindermann, um 1910

Schätze Afrikas zu heben: „die Fruchtbarkeit des Bodens und die Arbeitskraft vieler Millionen Neger." Er selbst gab mit der Anlage von Plantagen ein richtungweisendes Beispiel. Eine gedeihliche Entwicklung aber schien ihm angesichts der Konkurrenz der etablierten Kolonialmächte nur möglich zu sein unter dem Schutz des Deutschen Reiches, dem diplomatischen und notfalls auch dem militärischen. Bismarck zeigte sich von den Argumenten Woermanns beeindruckt, und als am 14. Juli 1884 der deutsche Konsul in Tunis, Gustav Nachtigal, nach einem dramatischen Wettrennen mit dem britischen Konsul Hewitt in Kamerun die deutsche Fahne hißte, durfte sich Woermann einen Anteil an diesem Erfolg zuschreiben. Er hatte seine Agenten zuvor instruiert, mit den Eingeborenen Verträge abzuschließen, die der Kaiserliche Kommissar dann einfach übernehmen konnte.

In den folgenden Jahren galt es, die verschiedenen Interessen miteinander in Einklang zu bringen: die Belange der eigenen Firma und, im weiteren Sinne, die aller hamburgischen und deutschen Überseefirmen; die Interessen des Reiches samt der nationalen Begeisterung, die durch den Erwerb von Kolonien noch verstärkt worden war; und, als humanitäre Verpflichtung, die Verantwortung für die einheimische Bevölkerung. Kollidierten diese Bereiche, so stand für Woermann an erster Stelle die eigene Firma.

Die Verwaltung der Kolonien gehörte für ihn nicht zum Aufgabenfeld des Kaufmanns. In Schutzzöllen oder Präferenzen für deutsche Produkte sah er – im Gegensatz zu manchem Binnenländer – nur Nachteile für den Handel. Und auch eine vor allem von sozialdemokratischer Seite geforderte Beschränkung der Waffen- und Alkoholeinfuhr nach Afrika lehnte er ab. Als Mitglied der Handelskammer, der er von 1879 bis 1908 angehörte (mehrere Jahre lang als deren Präses), als Mitglied der Bürgerschaft (1880–1904) und als nationalliberaler Reichstagsabgeordneter (1884–1890) nahm Woermann wiederholt die Gelegenheit wahr, seinen Standpunkt zu erläutern.

Die vom Vater ererbte Reederei wurde weiter ausgebaut. Noch unter Carl Woermann hatte sich der Übergang vom Segel- zum Dampfschiff vollzogen. Zu den zwölf Seglern der Firma war 1878 ein Küstendampfer gekommen, der den Verkehr zwischen den afrikanischen Niederlassungen vermittelte. Ein Jahr später wurde mit dem Bau des ersten großen Dampfschiffes begonnen, das für die regelmäßige Fahrt zwischen Hamburg und der afrikanischen Westküste bestimmt war. 1885 trennte Adolph Woermann den Reederei-Betrieb – unter dem Namen „Afrikanische Dampfschiffs-Actiengesellschaft, Woermann-Linie" (später: G.m.b.H. und Kommanditgesellschaft) – von der Handelsfirma, ohne auf eine enge Verflechtung zu verzichten. Verwaltung und Buchführung der Reederei wurden von der Firma C. Woermann wahrgenommen, deren Mitinhaber den Vorstand bildeten; Adolph Woermann selbst führte den Vorsitz im Aufsichtsrat. Von dem Kapital der Woermann-Linie blieben zwei Millionen bei C. Woermann; die dritte Million wurde u.a. von Berenberg-

Gossler, Laeisz, A. Beit (London) und F. Scipio (Mannheim) übernommen.

Neben die Woermann-Linie trat 1890, nach zweijähriger Planung, die „Deutsche Ost-Afrika-Linie" (D.O.A.L.). Hinter ihr stand ein Konsortium, das sich aus den Firmen Woermann, Hansing & Co., Laeisz und August Bolten zusammensetzte. Das Kapital betrug sechs Millionen, von denen verschiedene Banken mehr als achtzig Prozent zeichneten. Der Anteil des Hauses Woermann war mit 150000 Mark nur gering. Doch saßen Eduard Bohlen, der Schwager und Teilhaber Adolph Woermanns, ebenso wie sein Halbbruder Eduard, der gleichfalls Teilhaber von C. Woermann war, im Vorstand, während Adolph Woermann selbst auch hier den Vorsitz im Aufsichtsrat übernahm. Daß die Routen der Woermann-Linie und der D.O.A.L. miteinander abgestimmt wurden, ist selbstverständlich.

Im Gegensatz zur Woermann-Linie wurde die D.O.A.L. vom Reich subventioniert, mit 900000 Mark jährlich. Woermann hatte hier, was ihm Kritik eintrug, die sonst immer vertretene Postition des Freihandels verlassen – mit dem Argument, es handle sich um Leistung und Gegenleistung. Wenn das Reich an einer regelmäßigen Verbindung mit Ostafrika interessiert sei, dann müsse es dafür zahlen; das sei in anderen Staaten nicht anders. Und im übrigen gab es auch bereits in Deutschland einen Präzedenzfall: die subventionierte Linie des Norddeutschen Lloyd in Bremen nach Australien und Ostasien.

Auf Leistung und Gegenleistung basierte in den Augen Woermanns auch die Übernahme des Transportmonopols nach Deutsch-Südwestafrika, das sich für ihn verhängnisvoll auswirken sollte, als dort 1904 der Herero-Aufstand ausbrach. Da die eigenen Schiffe nicht ausreichten, um alle Truppen, Pferde und Kriegsmaterialien transportieren zu können, mußte Woermann zuchartern – bei der Kürze der Zeit nicht immer zu günstigen Bedingungen. Für die Landung in Swakopmund und Lüderitzbucht von offener Reede aus brauchte er Leichter, Barkassen und anderes mehr, das nach der Niederwerfung des Aufstandes 1907 für ihn nur noch Schrottwert besaß. Es war ein Verlustgeschäft, das ihm dennoch den Vorwurf einbrachte, er habe,

In der Reichenstraße, wahrscheinlich der ältesten Kaufmannsstraße Hamburgs, steht auch das Gebäude der Firma Adolf Woermann, das Afrikahaus, das zu der schon erwähnten besonderen hamburgischen Gebäudeart, den modernen Kontorhöfen gehört. Es steht auf dem Treppenpostament eine überlebensgroße Erzstatue, die prächtige muskulöse Gestalt eines Togonegers. In der Front des Hintergebäudes stehen zwei mächtige Elefanten aus Bronze, welche den Eingang flankieren; darüber in der Wand befindet sich ein Kunstwerk aus buntem Mosaik, eine riesige Palme, exotische Tiere und Früchte darstellend, darüber ein Spruchband mit dem Gründungs- und Jubiläumsjahr der Firma.

61 Die Fassade des „Afrika-Hauses" zeigt die Farben der Woermannschen Flagge, eine Negerstatue bewacht den Vordereingang, Elefanten unter Palmenmosaik flankieren das Hoftor: Anzeige der Firma im „Illustrierten Albumwerk", 1910

dank seiner Monopolstellung, dem Reich die Preise diktiert, er habe sich auf Kosten der Allgemeinheit bereichert. Die Reichsregierung hob den Vertrag mit Woermann auf; der Kaiser ließ bei einem Besuch in Hamburg wissen, daß die Anwesenheit Adolph Woermanns nicht erwünscht sei. Die Verbitterung bei Woermann war groß. Hinzu kam die Befürchtung, daß es mit seinem Unternehmen bergab gehe. Die Bremer hatten die Chance genutzt, eine eigene Linie nach Westafrika zu gründen. Woermann war auf die Hilfe Albert Ballins angewiesen, unter Bedingungen, die für ihn hart waren: acht Dampfer mußte er an die HAPAG abtreten, dazu eine Abfahrtquote von 25 Prozent.

Dennoch gehörte die Firma C. Woermann immer noch zu den führenden Hamburger Überseehäusern, als sich Adolph Woermann 1910 endgültig vom Geschäft auf seinen Landsitz Grönwohld bei Trittau zurückzog. Die Woermann-Linie und die D.O.A.L. verfügten über eine Flotte von mehr als fünfzig Dampfern mit zusammen fast 200000 BRT, die auf 13 Linien fast 150 afrikanische Häfen bedienten und diese auch mit Nordamerika und Indien verbanden.

Adolph Woermann selbst saß in diversen Aufsichtsräten: bei Blohm & Voß, bei der Hamburg-Süd, bei der Kosmos-Linie, bei der Norddeutschen Bank und der Berliner Discontо-Gesellschaft, bei der HAPAG und der Brasilianischen Bank für Deutschland – um nur diese zu nennen. Und als er starb, lag auf seinem Sarg auch ein Kranz des Kaisers.

Mit einer Million Mark riefen seine Witwe und seine Kinder die „Adolph Woermann Gedächtnis-Stiftung" ins Leben, die wohltätigen und gemeinnützigen Zwecken dienen sollte. Sein Stadthaus in der Neuen Rabenstraße erhielt der Verein Deutscher Seeschiffer als Klubhaus zum Geschenk.

Und in der Großen Reichenstraße dient noch heute das von Adolph Woermann erbaute „Afrika-Haus" der Firma als Domizil, mit seiner Neger-Statue von Sintenis, die das Eingangstor bewacht, mit den großen Bronze-Elefanten unter dem Palmenmosaik am inneren Hofeingang. Die Fassade aus weiß-glasierten Ziegeln, mit blauen und grünen Randstreifen, zeigt die Farben der Woermannschen Flagge.

Renate Hauschild-Thiessen

Die Warburgs

Seit der Mitte des 16. Jahrhunderts ist in Norddeutschland die Familie Warburg nachweisbar. Als erster Vorfahr erscheint Simon von Cassel 1559 als Schutzjude in Warburg, einem Städtchen im Fürstbistum Paderborn. Ein Ururenkel, Jacob Samuel Warburg, übersiedelte nach Hamburg und heiratete hier 1647, war jedoch Mitglied der Altonaer Judengemeinde; sein Grabstein von 1668 steht auf dem Friedhof an der Königstraße. Seine Nachfahren, bis 1812 sämtlich Mitglieder dieser Gemeinde, waren vor allem im Geldhandel tätig und wechselten ihren Wohnsitz zwischen beiden Städten.

Mit der Gründung des Bankhauses M. M. Warburg & Co. am 1. Januar 1798 begann die Geschichte einer der führenden Privatbanken Hamburgs, die auch heute – freilich in veränderter Form – besteht. Damals übergab Gumprich-Marcus Samuel Warburg (gest. 1801) sein Geschäft als Geldwechsler an seine Söhne Moses Marcus (1763–1830) und Gerson Warburg.[1] In die gleiche Zeit fällt auch die Gründung anderer Bankhäuser in Hamburg, etwa L. Behrens & Söhne, wie sich überhaupt in jenen Jahren auch anderswo viele später berühmt gewordene Bankhäuser etablierten (Mendelssohn 1797 und Bleichröder 1803, Berlin; Rothschild 1803, Frankfurt a. M.). Ein Grund für das Entstehen der Privatbanken zu dieser Zeit in Hamburg lag darin, daß wegen der englischen Blockade der französischen und holländischen Häfen zwischen 1795 und 1800 ein Großteil der Handelsgeschäfte über Hamburg lief und die Stadt zum Mittelpunkt des nordeuropäischen Wechselverkehrs wurde.[2]

Die Tochter des Moses M. Warburg, Sara (1805–1884), wurde 1829 die Frau eines Vetters 2. Grades, Aby Samuel Warburg (1798–1856), der das Geschäft in der 2. Marktstraße in der Neustadt von 1837 an übernahm. Nach seinem Tode führte die Witwe das Geschäft zunächst allein fort, unterstützt von dem zum Generalbevollmächtigten bestellten Sohn Siegmund (1835–1889). In der schweren Handelskrise von 1857 geriet die Firma in erhebliche Schwierigkeiten, die dank der Hilfe des Ehemanns der Tochter Rosa, Paul Schiff, des Direktors der 1855 gegründeten „K. K. privilegierten Kreditanstalt für Handel und Gewerbe" in Wien überwunden werden konnten. Siegmund trat 1859, sein Bruder Moritz (1838–1910) 1863 als Teilhaber ein, worauf die Mutter sich Ende 1864 aus dem Geschäft zurückzog. Die Geschäftsräume lagen zunächst in der Admiralitätsstraße und dann in der Hermannstraße, bis die Firma 1868 das Haus Ferdinandstraße 75 ankaufte. Die offizielle Firmenbezeichnung „Geldwechsler" wurde von 1863 an von der Bezeichnung „Bankiers" abgelöst.[3] Hatte bis zu dieser Zeit das Wechselgeschäft im Mittelpunkt gestanden, so verlagerte sich die Tätigkeit nunmehr stärker auf das Anleihe- und Wertpapiergeschäft; das Haus bemühte sich nun um eine stärkere Beteiligung am Emissionsgeschäft.[4]

Die einsetzende Industrialisierung und Expansion der deutschen Wirtschaft und die infolgedessen benötigten Kapitalmengen, sowie die Hinwendung zu ausländischen Kapitalmärkten begünstigten die Konsolidierung und Vergrößerung des Hauses, das nun eine der führenden und angesehensten deutschen Privatbanken wurde. Hieran beteiligt war vor allem der zweitälteste Sohn von Moritz, Max M. Warburg (1867–1946), der 1893 Teilhaber der Firma wurde.[5] Sein Bruder Paul (1868–1932) übersiedelte 1902 nach New York und trat in die Firma Kuhn, Loeb & Co. ein, blieb aber von 1895–1914 Teilhaber. Er und sein Bruder Felix heirateten Töchter aus dem amerikanischen Bankhaus, wodurch die schon bestehenden geschäftlichen Beziehungen verstärkt wurden.

Die Teilhaber der Bank zeichneten sich durch vielfältige Aktivitäten aus: Siegmund und Moritz als Mitgründer der Commerz- und Disconto-Bank in Hamburg (1870), jener auch der London & Hanseatic Bank in London, dieser der Hamburgischen Wissenschaftlichen Stiftung (1907); Max als Mitgründer der Hamburgischen Banken von 1914 bzw. 1923 sowie der Hamburgischen Gesellschaft für Wohltätigkeit (1913). Paul M. Warburg war als genialer Theoretiker und Organisator in den U. S. A. Mitgründer der Federal Reserve Banks und

1914–1918 Mitglied (seit 1916 Vice-Governor) des Federal Reserve Board in Washington; er gründete 1921 die International Acceptance Bank Inc. in New York, mittels derer er der deutschen Wirtschaft mehrfach wesentliche Hilfe leistete. Felix M. Warburg (1871–1937), bereits 1894 nach New York gezogen und seit 1897 Teilhaber von Kuhn, Loeb & Co., betätigte sich als Philanthrop und Förderer des jüdischen Wohlfahrtswesens, er setzte sich für das jüdische Aufbauwerk in Palästina ein.[6] Der jüngste Bruder, Dr. jur. Fritz Warburg, seit 1907 Teilhaber, wurde Leiter der wichtigen Metallhandelsabteilung des Bankhauses.

1905 wurde die Bank in das Reichsanleihekonsortium aufgenommen, sie beteiligte sich an verschiedenen Anleiheoperationen, so auch für die Hamburg-Amerika-Linie, mit deren Generaldirektor Albert Ballin Max M. Warburg befreundet war.[7] Persönliche Beziehungen gab es auch zu Kaiser Wilhelm II., was Ballin und Warburg von zionistischer Seite die (nicht nur) spöttische Bezeichnung „Kaiserjuden" einbrachte.[8] Daß die Teilhaber der Bank sich als deutsche Patrioten bewährten, zeigte sich nicht zuletzt im I. Weltkrieg, aber auch nach dessen Beendigung 1918. Dr. jur. Carl Melchior (1871–1933), seit 1917 Teilhaber, war Mitglied der 1. Friedens-Delegation in Versailles, während Max M. Warburg der Finanzdelegation beitrat.[9]

Neben dem Hamburger Bankhaus spielte in Altona ein Bankgeschäft eine wichtige Rolle, das von dem Geldwechsler Salomon Moses Warburg (gest. 1824) um 1773 begonnen war und seit 1805 von dessen Söhnen Wulff Salomon (1788–1854) und Samuel S. Warburg unter der Firma W. S. Warburg ausgebaut wurde; die Kundschaft bestand großenteils aus Mitgliedern des schleswig-holsteinischen Adels und Hochadels. Wulffs älterer Sohn, Moritz Warburg (1810–1886) wurde Rechtsanwalt und Notar, er war 1848–1850 Mitglied der Schleswig-Holsteinischen Landesversammlung und 1867–1886 des Preußischen Abgeordnetenhauses. Der jüngere Sohn Pius (1816–1900) war 1868–1877 Bürgerworthalter in Altona und 1869–1887 Mitglied des Provinzial-Landtags von Schleswig-Holstein. Er führte die Bank bis 1874 weiter und übergab deren Leitung dann Moritz' älterem Sohn Albert Warburg (1843–1919), Geheimer Kommerzienrat, der sie 1905 an die Norddeutsche Bank in Hamburg als deren Filiale Altona veräußerte. Albert Warburg war u. a. 1898–1903 Präsident der Industrie- und Handelskammer Altona.[10] Die Mitglieder beider Bankhäuser waren in religiösen, öffentlichen und privaten, insbesondere karitativen Institutionen fördernd aktiv, wie es der Familientradition entsprach.

Die Warburgs waren nicht nur im Bankgeschäft tätig. In Altona gründete Daniel Samuel Warburg (gest. 1796) um 1763 eine bedeutende Handlung und Fabrik von Leinen-, Samt- und Seidenwaren, die bis 1857 bestand. Ein Nachkomme dieses Zweiges war Emil Warburg (1846–1931), evangelisch-lutherisch getauft, Professor für Physik an den Universitäten Straßburg, Freiburg und Berlin (1895) und von 1905–1922 Präsident der Physikalisch-Technischen Reichsanstalt in Berlin-Charlottenburg und Mitglied der Preußischen Akademie der Wissenschaften. Sein Sohn, Otto Heinrich Warburg (1883–1970) arbeitete seit 1918 am Kaiser-Wilhelm-Institut für Zellphysiologie in Berlin-Dahlem, dessen Direktor er (1931–1953) wurde. Im Jahre 1931 erhielt er den Nobelpreis für „Physiologie und Medizin".

Ein Sohn von Daniel Samuel Warburg, Ruben Daniel Warburg (1773–1847), übersiedelte 1815 nach Hamburg und gründete hier unter der Firma R. D. Warburg 1830 eine Seidenhandlung, die sich unter der Leitung seines Sohnes John Rudolph Warburg (1807–1890) zu einem der bedeutendsten Häuser in diesem Fach mit vielen Filialen im In- und Ausland entwickelte, die Hauptniederlassung wurde 1899 nach Berlin verlegt. John R. Warburg war Mitgründer der

62 Die Zweige der Geldwechsler- und Bankiers-Familie Warburg haben auch erfolgreiche Gelehrte hervorgebracht. Einer von ihnen war der Kunsthistoriker Aby M. Warburg: Die Söhne des Bankiers Moritz Warburg, Aby mit geöffneten Händen neben seinen Bankiers-Brüdern, Photographie, um 1925

„Stiftung zum Andenken an die bürgerliche Gleichstellung der Israeliten", der späteren „Vaterstädtischen Stiftung" (1876), in die dann auch die „John R. Warburg-Stiftung" einfloß. Die „Vaterstädtische Stiftung" besteht noch heute. Aus diesem Zweig der Familie stammt Otto Warburg (1859–1938), seit 1892 Professor für Botanik der Universität Berlin. Er amtierte von 1911–1920 als Nachfolger von Theodor Herzl und David Wolffsohn als Präsident der Zionistischen Weltorganisation, von 1925 an wirkte er an der Hebräischen Universität Jerusalem.

Einer besonderen Hervorhebung bedarf die Persönlichkeit von Aby M. Warburg (1866–1929), des ältesten Sohns des Bankiers Moritz Warburg. Als Kunsthistoriker leistete er Bedeutendes, überdies setzte er sich mit Energie für die Gründung der Universität Hamburg ein. Jan Bialostocki, der 1. Preisträger des 1980 vom (Hamburgischen) Senat gestifteten Aby.-M.-Warburg-Preises, nennt ihn einen „Prophet[en] der interdisziplinären Studien ... ein[en] Meister des non finito, des Unvollendeten".[11] Die von ihm in der Heilwigstraße errichtete und von seinen Bankier-Brüdern finanziell getragene „Kulturwissenschaftliche Bibliothek Warburg" wurde 1933 nach London verlegt, sie hat die Kulturwissenschaften in wesentlicher Weise gefördert und setzt dies als „Warburg Institute, London" heute noch fort.

Der Name Warburg und die damit verbundenen Leistungen in den unterschiedlichsten Bereichen und Disziplinen sind und bleiben mit Hamburg verbunden.

Peter Freimark

Aus Ottensen wird Mottenburg

Beim Namen Ottensen denken viele Hamburger an die Zigarrenmacher, an Menck & Hambrock und Zeise, an die Fischräuchereien und die Industriebahn, vielleicht an die frühe Arbeiterbewegung in Altona und Ottensen, sicherlich aber an den über hundert Jahre alten Spitznamen „Mottenburg". Gleichzeitig bringen sie den Stadtteil in Verbindung mit Sanierung, leerstehenden Fabrikgebäuden, engen Straßen, breiten „Autobahnzubringern", mit dem Spitznamen „Klein-Istanbul" und mit den Punx am Spritzenplatz.

Ottensens Gesicht und Geschichte, die Lebens- und Arbeitsverhältnisse seiner Bewohner wurden entscheidend geprägt von einer boomhaften Industrialisierung zwischen 1850 und 1890. Vergleichbare Industrie- und Arbeiter-Stadtteile im alten Hamburg, wie etwa Hammerbrook, sind im 2. Weltkrieg sehr stark zerstört worden. Ottensen blieb von Bombardierungen dagegen weitgehend verschont[1] und so kann man hier beim Rundgang durch den etwa 3 qkm großen Stadtteil auf Zeugnisse einer Industriekultur stoßen, die in diesem Umfang und in dieser Dichte in Hamburg so nicht mehr zu finden ist – auch wenn durch Verkehrsplanung, Sanierungsmaßnahmen, Betriebsverlegungen und Bodenspekulation viele charakteristische Bau- und Sozialstrukturen zerstört worden sind.

Für Ottensen typisch ist die starke Verflechtung von Wohn- und Arbeitsstätten: Das Neben- und Durcheinander von Etagenhäusern, Fabrikgebäuden und in Hinterhöfen gelegenen Gewerbebetrieben aus unterschiedlichen Zeiten sowie die engen, krummverlaufenden, oft spitzwinklig sich kreuzenden Straßen mit ihren einprägsamen, in den verschiedensten Stilimitationen der Gründerzeit und der Jahrhundertwende dekorierten Eckhäusern auf Tortenstück-ähnlichem Grundriß – „Ottenser Nasen" genannt – machen sein unverwechselbares Stadtbild aus.

In der Großstadt eine kleine Stadt – überschaubar, unverwechselbar, mit eigener Geschichte. Und die kann man nicht nur an den vielgestaltigen Häuser- und Fabrikfassaden der letzten 150 Jahre ablesen oder dem winkligen Wegenetz

63 Um dänische Zollaufschläge zu umgehen, verlagerten Fabrikanten seit 1853 ihre Betriebe in das zollinländische Dorf Ottensen. Eine wichtige Rolle spielte die Ottenser Glasindustrie: „C. E. Gätcke's Glasfabriken", Lithographie, um 1860

des mittelalterlichen Dorfes, die kann man auch noch hören: Mit den „Mottenburgern" ins Gespräch gekommen, wird man erfahren, wie sie hier 50 Jahre, oder mehr, gelebt haben und warum sie hier wohnen bleiben wollen. Erst die vielen Geschichten zur Geschichte des Stadtteils ergeben ein lebendiges und damit authentisches Bild vom Alltag in der Arbeiterstadt Ottensen früher und heute:[2] Die fast vergessene und bislang nicht dokumentierte Geschichte der Ottenser Glasindustrie und ihrer Arbeiter, die ab 1850 Ottensens Entwicklung zur Industriestadt mitprägte, lebt heute nur noch in den Berichten von Angehörigen der Glasmacherfamilien. Zusammen mit Fotos und Dokumenten, die sie noch besitzen, entsteht daraus ein anschauliches Bild von den Lebens- und Arbeitsverhältnissen damals.[3] Hinter dem städtebaulichen Reiz des „Mischgebiets" Ottensens heute erscheinen dann aber auch Wohnungselend und Gesundheitsschäden von damals: In den Jahren 1889 bis 1899 beispielsweise waren in Altona und Ottensen 12,5% aller Todesfälle durch Schwindsucht und 13,3% durch Erkrankung der Atmungsorgane bedingt.[4] Das Durchschnittsalter der Glasarbeiter lag bei 35 Jahren.[5] „Leben und Tod wohnten hier dicht zusammen", stellt der ehemalige Menck-Arbeiter Walter Stolte fest.[6] Ottensen war der Ort, wo man die „Motten" kriegte – eine der zahlreichen Deutungen des Spitznamens „Mottenburg" und ihre treffendste zugleich.

35 Jahre Standortvorteile für Industrie- und Gewerbeansiedlung machten aus Ottensen Mottenburg: Das schon im 12. Jahrhundert urkundlich erwähnte Bauern- und Handwerkerdorf wurde seit den fünfziger Jahren des vorigen Jahrhunderts von einer stürmischen Industrialisierung überrollt. Entlang des dörflichen Wegenetzes und auf der „grünen Wiese" – ehemaligem Acker- und Weideland – wurden ohne jedes Bebauungskonzept – neben Bauernhöfen und Handwerksbetrieben die ersten Fabriken

Handel, Schiffahrt und Gewerbe

errichtet. Auslöser für diese Entwicklung war die dänische Zollpolitik: Ottensens „großer Nachbar" Altona – beide Orte gehörten bis 1864 zum dänischen Gesamtstaat – war 1853 aus dem dänischen Zollgebiet ausgeschlossen und zum Zollausland erklärt worden. Durch die zwischen Altona und Ottensen errichtete Zollgrenze wurde Altona von wichtigen Absatzmärkten, vom holsteinischen Hinterland, abgetrennt. Industrieprodukte aus Altona waren deswegen in Schleswig-Holstein und Dänemark um den Zollaufschlag teurer. Um diese Zölle zu umgehen, verlagerten Fabrikanten ihre Betriebe ins zollinländische Ottensen: Das holsteinische Dorf mit seinen damals ca. 3000 Einwohnern[7] wurde zum bevorzugten Standort für Industrie und Gewerbe. Bereits drei Jahre später, 1856, gab es hier 44 Fabrikbetriebe – u. a. 15 Tabakfabriken, zwei Glashütten, fünf Textil- und Baumwollfabriken, eine Eisengießerei und eine Maschinenfabrik;[8] seine Einwohnerzahl war auf 4600 angewachsen.

Neben den Zollvorteilen machten noch andere Standortvorteile Ottensen für Industrieansiedlung attraktiv: hier gab es große, unbebaute, ehemals landwirtschaftlich genutzte Freiflächen zu günstigen Preisen; das Dorf hatte Bahnanschluß an die an seiner Ostgrenze verlaufende, 1844 in Betrieb gestellte Altona-Kieler Eisenbahn; Arbeitskräfte standen in den Nachbarstädten Altona und Hamburg sowie in den ländlichen Gebieten Schleswig-Holsteins in ausreichendem Maß zur Verfügung, auch Ottensen selbst hatte eine große Anzahl von qualifizierten Handwerkern.

Der ersten Industrialisierungsphase folgte mit dem Jahr 1867 ein zweiter, weit größerer Boom – auch er wurde durch Zollbedingungen ausgelöst: Im deutsch-dänischen Krieg 1864 verlor Dänemark die Herzogtümer Schleswig-Holstein und damit auch Altona und Ottensen an Preußen. Ottensen wurde nach Eintritt Schleswig-Holsteins in den Deutschen Bund 1867 Mitglied im Deutschen Zollverein, während Altona, zusammen mit Hamburg, weiterhin Zollausland blieb. Der Absatzmarkt für Ottenser Industrieprodukte hatte sich um ein Vielfaches vergrößert, denn der Zugang zum gesamten, unter preußischer Herrschaft stehenden Wirtschaftsgebiet war frei. Auch zahlreiche Hamburger Betriebe verlegten nun ihre Produktionsstätten

64 *Die Zigarrenarbeiter entwickelten als erste ein politisches Bewußtsein. Während Fabrikarbeitern das Sprechen bei der Arbeit verboten war, konnten sie sich bei ihrer eintönigen Arbeit unterhalten oder aus politischen Schriften vorlesen lassen: Zigarrenarbeiter mit ihrem Vorleser, Xylographie, um 1865*

oder Filialen ins zollinländische Ottensen. Der Wirtschaftsboom der „Gründerzeit" bescherte der Ottenser Industrie Rekordzahlen – allein in der eisen- und metallverarbeitenden Industrie kam es in den Jahren 1865 bis 1875 zu über zwanzig Firmengründungen mit etwa 600 Arbeitern[9] – der 1871 zur Stadt erhobene Ort wurde zu einem Zentrum der norddeutschen Metall- und Maschinenindustrie, obwohl hier Rohstoffe, Kohle oder Eisenerze nicht vorhanden waren. Hauptabnehmer für Produkte der Ottenser Metallindustrie waren vor allem die Schiffs- und Werftindustrie – im Zusammenhang mit dem Ausbau des Altonaer und des Hamburger Hafens – sowie die lokale Lebensmittelindustrie in Altona und Holstein.

In dieser Zeit wurde Ottensen deshalb auch zur Arbeiterstadt – zwischen 1864 und 1885 wuchs seine Bevölkerung um 180% – fast um das Doppelte wie in Altona und Hamburg.[10] Aus den Landgebieten Schleswig-Holsteins und Mecklenburgs zogen Arbeitskräfte zu, häufig wohnten sie aber auch in Altona und St. Pauli, da dort die Lebenshaltungskosten niedriger waren.

Mit der Industrialisierung entstand in Ottensen schon sehr früh eine starke gewerkschaftliche und politische Arbeiterbewegung. Diese ging vor allem von den Zigarrenarbeitern aus – bereits 1887 war fast jeder fünfte Einwohner von Ottensen, Frauen, Männer und Kinder, in der Zigarren„industrie" beschäftigt.[11] Die Zigarrenherstellung damals war keine Industrie im eigentlichen Sinn, denn Maschinen gab es in dieser Branche noch nicht, und die Arbeitsteilung, vor allem bei den Heimarbeitern, war relativ gering ausgebildet. Die besonderen Arbeitsverhältnisse bei der Zigarrenherstellung bewirkten jedoch eine sehr frühzeitige und intensive Politisierung der plattdeutsch „Pipenmoker" genannten Arbeiter: Im Gegensatz zu Fabrikarbei-

65 Nach der Übernahme Schleswig-Holsteins durch Preußen siedelten sich Metall verarbeitende Betriebe mit schiffbaubezogenen Produkten in Ottensen an: Die Belegschaft der Firma Zeise beim Abtransport einer Schiffsschraube, Photographie, 1890

tern, denen rigide „Fabrik-Ordnungen" Gespräche während der Arbeit bei Strafe verboten, konnten sich die Zigarrenmacher bei ihren ruhigen, fast eintönigen Arbeitsverrichtungen unterhalten – und so glich in Ottensen „fast jede Pipenmacherbude einem Diskutier- und Leseklub",[12] in dem der Vorleser aus dem „Socialdemokrat" oder aus Werken von Lassalle und Marx vorlas. Er erhielt dafür den durchschnittlichen Tageslohn von seinen Kollegen ausbezahlt. Aus solcher politischen Bildung und elenden, gesundheitsgefährdenden Arbeitsverhältnissen entwickelte sich ein Klassenbewußtsein, das Zigarrenarbeiter wie Hermann Molkenbuhr zu Vorkämpfern der Ottenser Arbeiterbewegung machte und Ottensen bereits Anfang der siebziger Jahre zu einer Hochburg der Sozialdemokratie werden ließ.
Trotz Organisations- und Versammlungsverboten und gründlicher Polizeibespitzelung während der Sozialistengesetze (1878–1890) gelang den politsch engagierten Arbeitern der Ottenser Tabak-, Eisen- und Glasindustrie in Hilfskassen, Kultur- und Sportvereinen und in Tarnorganisationen der notwendige Zusammenhalt.[13] So konnte 1890, kurz vor Aufhebung der Sozialistengesetze, Hermann Molkenbuhr 78% der in Ottensen für die Sozialdemokratie abgegebenen Stimmen im 6. Schleswig-Holsteinischen Wahlkreis (Pinneberg-Ottensen) für sich gewinnen.
Mit dem Jahr 1888 endete Ottensens stürmische Industrialisierungsphase, und es kam in der mittlerweile zu den bedeutendsten Industriezentren Norddeutschlands zählenden Stadt zu Betriebsstillegungen und -verlagerungen. Altona und Hamburg waren mit diesem Jahr dem Deutschen Zollverein beigetreten, und Ottensen verlor nun seine zollbedingten Standortvorteile: Jede vierte Firma löste ihren Sitz in Ottensen auf. Einige Betriebe profitierten allerdings auch von der Aufnahme der beiden Nachbarstädte in den Zollverein, wie z. B. die Baggerfirma Menck & Hambrock.[14] Altonas Interesse an der Eingemeindung des Nachbarorts war mit Ottensens Wirtschaftsaufschwung gewachsen – bereits 1855, zwei Jahre nach Errichtung der Zollgrenze, war das Thema verhandelt worden, doch der Ortsvorstand und mitberatende Fabrikanten hatten abgelehnt.[15] Vor allem Altona versprach sich von der Eingemeindung der Industriestadt eine Verbesserung seiner finanziellen Lage, denn als Wohnstadt für Hamburger und Ottenser Arbeiter waren seine Gewerbe-Steuereinnahmen zurückgegangen bei gleichzeitig steigenden Kosten für Sozialausgaben und Stadtentwicklung. 1889 wurde Ottensen nun mit etwa 23400 Einwohnern nach Altona eingemeindet, 1890 folgten die Landgemeinden Bahrenfeld, Othmarschen und Övelgönne.
Mit der Eingemeindung war der Weg frei für einen Bebauungsplan, der Ottensen und Bahrenfeld als Industriestandort und -erweiterungsgebiet vorsah.
Es kam zur Anlage der Ottensener Industriebahn, die den Industriebetrieben einen günstigen Anschluß an das Eisenbahnnetz ermöglichen sollte. Da in den engen und winkligen Straßen Ottensens normalspurige Gleisführung nicht möglich war, baute man Gleise mit Ein-Meter-Spurbreite. Am Übergabebahnhof Bahrenfeld wurden die Waggons von Schmal- auf Normalspur umgesetzt. Die 1898 in Betrieb gestellte Bahn wurde von zahlreichen Anschlußnehmern genutzt – sie erwies sich als wichtige infrastrukturelle Maßnahme zur Standortverbesserung und konnte die Abwanderung mancher Betriebe verhindern.
Von den vier typischen, „traditionellen" Industriezweigen Ottensens blieben bis in die Jahrzehnte nach dem zweiten Weltkrieg nur die eisenverarbeitende Industrie, wie z. B. Zeise und Menck & Hambrock, bestehen. Die Fischindustrie mit ihren Räuchereien und Konservenfabriken zog sich seit den dreißiger Jahren aus Ottensen zurück und an den Altonaer bzw. Hamburger Fischmarkt. Die Ottenser Glasindustrie, um 1900 mit etwa 1000 Beschäftigten von großer Bedeutung, stellte mit Beginn des ersten Weltkriegs bzw. 1929 ihre Produktion ein. In der Tabakindustrie verlegten seit den 1890er Jahren die Unternehmer ihre Betriebe in ländliche Gebiete – Baden, Westfalen, Thüringen –, wo die Löhne niedriger waren und die Arbeiterschaft sich weniger organisiert hatte.
Was heute noch Ottensens Stadtbild prägt und zugleich auch sein größtes Problem ausmacht, sind die zwei Formen alter Industrieansiedlung: „Flächenintensive" Produktionsstätten, wie z. B. die Glashütten, hatten sich um 1850 und 1870 an der nördlichen und nordwestlichen Peripherie des Ortes angesiedelt; Industriebetriebe wie die Baggerfirma Menck & Hambrock oder die Schiffsschraubenfabrik Zeise hatten sich im Ortszentrum niedergelassen.
In welchem Ausmaß diese Firmen durch

Handel, Schiffahrt und Gewerbe

66 Bis heute ist das Stadtbild Ottensens geprägt von Betriebsgebäuden, die teilweise ganze Stadtviertel in Produktionsstätten verwandelten: „Menck und Hambrock", Gemälde von Wilhelm Battermann, um 1910

Betriebserweiterungen und Geländeankäufe ganze Stadtviertel zu Produktionsstätten machten, zeigt eindrücklich die Entwicklung der ehemals weltberühmten Firma Menck & Hambrock: 1868 hatten die Firmengründer Johannes Menck und Alexander Hambrock die „Keimzelle" des Betriebs gekauft – ein 2300 qm großes Weideland an der Großen Brunnenstraße, Ecke Ottenser Hauptstraße – und begannen dort noch im selben Jahr mit etwa zwanzig Arbeitern die Produktion von transportablen Dampfmaschinen. Der Betrieb vergrößerte sich mit Ausweitung seines Produktionsprogramms – Dampframmen, Krähne, Bagger – und nun wurde fast alle 7 bis 10 Jahre ein neues Grundstück hinzugekauft.[16] „Scheibchenweise" wuchs der Betrieb in die Stadt hinein, kaufte Flurstücke und auch bereits bestehende Fabriken,[17] und nach fünfzig Jahren gehörte ihm fast das gesamte Gebiet zwischen Großer Brunnenstraße, Bergiusstraße, Nöltingstraße und Ottenser Hauptstraße, mit den Werken an der Behringstraße insgesamt 26000 qm – 0,3% des gesamten Ottenser Bodens.

Elisabeth von Dücker

Die New-York Hamburger Gummi-Waaren Compagnie

Heute noch stehen an Maurienstraße und Osterbekweg/Osterbekkanal Ruinen und angeschlagene Einzelbauten, die von den einst umfangreichen Produktionsanlagen der „New-York Hamburger Gummi-Waaren Compagnie" übrig geblieben sind.

Diese Firma hatte ihre erste Fabrik – und damit den Kern des heutigen Areals – 1871–1872 in Barmbek angelegt. Nach ihrem Mitbegründer und damaligen Leiter H. W. Maurien (gest. 1882) wurde später die daran entlang führende Straße genannt.

Die Standortwahl läßt sich leicht nachvollziehen: In dem ziemlich weit ab von Hamburg liegenden Dorf Barmbek waren die Bodenpreise noch niedrig. Mitten durch dieses Dorf verlief aber auch – der Osterbek folgend – die Zollgrenze zwischen der Freihafenstadt Hamburg und dem Gebiet des Deutschen Zollvereins, d. h. dem übrigen Reichsgebiet. Eine Fabrik knapp jenseits dieser Grenze verbuchte Vorteile für sich: Die im Freihafengebiet lagernden Rohstoffe konnten leicht herangeschafft werden, und man mußte sie erst verzollen, wenn sie gebraucht wurden. Die Fertigprodukte aber wurden bereits im Zollinland des deutschen Reiches erzeugt und brauchten dort nicht mehr verzollt zu werden. Diese Vorteile hatten bis zum Zollanschluß 1888 Bestand.

Gerade nördlich der Zollgrenze separierten Grundbesitzer daher in der Gründerzeit das Barmbeker Gelände Hinter den Wiesen und verkauften die neuen Parzellen für Fabrikbauten.

Das 1871–1872 ausgeführte Fabrikgebäude bestand aus einem technisch und funktional klar gegliederten, dadurch auch architektonisch eindrucksvollen Gefüge: Der nordsüdlich ausgerichtete eigentliche Produktionsbau war mehrgeschossig als Gußeisenstützenbau konstruiert; ihn durchdrang in der Mittelachse ein Querbau, der nach Osten stärker vortrat und dort von zwei Eingängen flankiert wurde (er enthielt Verkehrs- und Kontorräume). An die südliche Schmalseite schloß sich das Maschinenhaus und die Transmissionszentrale an, die den Produktionsbau in Längsrichtung erschloß und den Maschinen die Energie zuführte. Südwestlich lag als eigener Baukörper das Kesselhaus. Das Fabrikgelände war durch eine Backsteinmauer eingefaßt, an die sich innen Lagerräume anlehnten.

Architektonisch bewegte sich der Fabrikbau im Rahmen des damals für Nutzbauten in Hamburg Üblichen: Er war als Backsteinrohbau entwickelt. Die konstruktiv bedingten Gliederungen (Fensterbögen, Gesimse, Ecklisenen) greifen auf historische Formen unterschiedlicher Herkunft zurück und erreichen damit eine beachtliche ästhetische Wirkung. Dem Gebäude erwächst daraus eindrucksvolles Pathos. Auffälligerweise baute man nicht einfach in den Formen der damals für derlei Bauten allgemein herrschenden Hannoverschen Schule – das würde heißen, in gotischen

67 Eine neue den aus Übersee stammenden Kautschuk verarbeitende Fabrik wurde wegen der Zollvorteile jenseits der Hamburger Grenze angelegt: Der Ursprungsbau der New-York Hamburger Gummi-Waaren Compagnie in Barmbek, Xylographie, um 1880

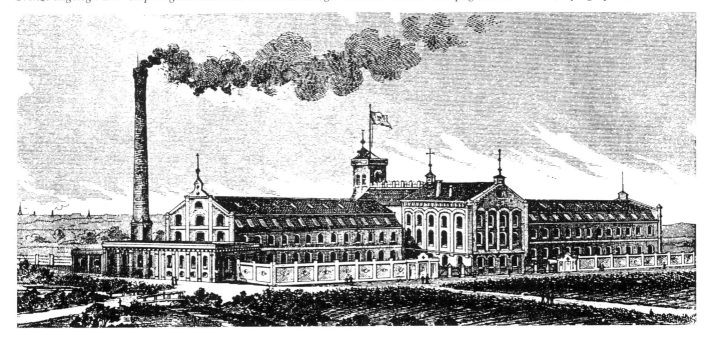

Formen norddeutscher Herkunft. Vielmehr erkennt man einen Rundbogenstil, wie er in der Jahrhundertmitte in Hamburg – vor allem bei Bauten Alexis de Chateauneufs, Forsmanns und Lindleys – für Nutzbauten entwickelt worden war.

Viele kleinere An- und Ausbauten haben diesen Kernbau und sein Areal in den folgenden Jahrzehnten verändert und angereichert. Insbesondere kamen bis 1886 Schuppen, Stall, Remise und Lagerhaus an der Nordgrenze des Grundstückes hinzu, alles einfache Backsteinbauten nun konventioneller, also gotisierender Form.

1886 erwarb die Firma das nördlich gelegene Fabrikanwesen, dessen Betrieb in Konkurs gegangen war. Er war ebenfalls in den siebziger Jahre für die Metallwarenherstellung angelegt worden. Jetzt wandten sich bereits die umliegenden Grundeigentümer dagegen, das Gelände weiter als Fabrik zu nutzen. Denn inzwischen war abzusehen, daß man in Barmbek mit verdichtetem Wohnungsbau für die rasch wachsende Bevölkerung mehr verdienen konnte – wenn der Bodenwert nicht durch die Belästigungen benachbarter Fabriken sank. Trotzdem gelang es der New-York Hamburger Gummi-Waaren Compagnie, in den folgenden Jahrzehnten ihr Firmengelände immer weiter auszudehnen. Auf dem westlich des Ursprungsbaus gelegenen Gelände wurde ein noch größerer Fabrikkomplex 1896–1897 errichtet, von dem allerdings keine Spur mehr erhalten ist.

Von den kleineren Neu- und Erweiterungsbauten sind ein Kessel- und Maschinenhaus zu nennen, die 1907 und 1912 erbaut bzw. erweitert wurden. Sie dienten der Einführung der Elektrizität als der neuen Kraftversorgung der Maschinen. Das Zeitalter der Transmissionen ist mit ihnen zu Ende. 1906–1907 wurde ein neues, mehrgeschossiges Produktionsgebäude nördlich des Ursprungsbaus errichtet.

Die spätere Entwicklung Barmbeks als großflächiges Arbeiterwohnquartier hat das Fabrikareal in die Isolation geführt. Umso markanter tritt sie heute mit ihren z. T. turmartig aus der Umgebung herausragenden Backsteinbauten als Industrieinsel im Stadtbild in Erscheinung.

Von den 1897–1898 östlich der Maurienstraße errichteten Arbeiterwohnungen der fabrikeigenen „Maurien-Stiftung" ist nichts mehr erhalten.

68 Die Firma stellte die für die Fabrikation benötigte Zinnfolie selbst her: Photographie, um 1900

69 Für die Produktion wurden Männer, für Verpackung und Versand Frauen unter Aufsicht von Männern beschäftigt: Photographie, um 1900

Obwohl die Fabrikanlage auf den ersten Blick ganz und gar unspezifisch wirkt und mehr oder weniger für jeden Produktionszweck geeignet erscheint, ist sie doch selbst in ihrer heute rudimentären Form der sprechende Ausdruck ihrer ganz konkreten Produktionsbedingungen – und diese hängen wiederum ganz eng mit dem Standort zusammen:

Als der erste großtechnisch verwendbare Kunststoff wurde – nach der Entdeckung des Vulkanisierverfahrens 1842 durch Goodyear – um 1850 der Hartgummi entwickelt. In vorgefertigte, durch Zinnfolien ausgelegte Formen gepreßt und erhitzt, konnte dieses harte und doch elastische, braunschwarze und poliert hornartig glänzende Material zu Massenartikeln in nahezu allen Lebensbereichen verwendet werden.

Kämme und Pfeifen wurden in Barmbek zunächst der Produktionsschwerpunkt. Die sehr gut isolierenden Eigenschaften des Hartgummis machten ihn aber auch zum geeigneten Material, als die Elektrifizierung gegen Ende des 19. Jahrhun-

70 Das Fabrikgelände an der inzwischen kanalisierten Osterbek dehnte sich aus. An der nach dem Firmengründer benannten Maurienstraße wurden Arbeiterhäuser der Maurienstiftung gebaut: Aquarell von Heinrich Wolf, 1904

derts in gewaltigen Mengen Isolatoren, Schalter usf. erforderte: Der industriell erzeugbare Massenartikel wurde zum Mittel der Industrialisierung. Der an den Bauten ablesbare Boom um 1900 ist so zu erklären. Die erwähnte Umstellung der Produktion selbst auf elektrische Antriebe ist der selbstverständliche Ausdruck dieser Entwicklung.

Hartgummi benötigte als Rohstoff Rohkautschuk, Schwefel und Kohle. Was lag näher, als für die Produktion die Hafenstadt Hamburg mit ihren günstigen Zollbedingungen auszuwählen.

Heute noch sind die Anlagen der Fabrik verständlich, wenn man die Verarbeitung der Rohstoffe bis zum Endprodukt verfolgt: Mit Pferdewagen wurden die Rohstoffe und Waren transportiert (Stall und Remise), im Hof wurde die Kohle offen gelagert (Pflaster), unter Dach der wertvolle Rohkautschuk (Umfassungsmauern mit den Lagerschuppen). In den Produktionsgebäuden wurden die Rohstoffe gemischt, erhitzt und nach der Entnahme durch Bearbeitung und Politur veredelt. Die vielen kleinen Maschinen wurden durch Transmissionen und Dampfmaschinen angetrieben (Kessel- und Maschinenhaus, Längserstreckung der Fabrikbauten). Die notwendige Zinnfolie wurde in der abseits liegenden „Zinnschmelze" selbst erzeugt. Das Kontor der Fabrikleitung tritt als Zentrum des ganzen auch architektonisch in Erscheinung (Querbau).

Kaum irgendwo in Hamburg begegnet einem somit in einem Baudenkmal ein dichteres Zeugnis der Industrialisierungsgeschichte: Der Standort mit seinen Überseebeziehungen und seinen ganz speziellen Zollbedingungen, ein Produkt, von dem die Elektrifizierung als eines der wichtigsten Elemente der modernen Technikentwicklung direkt abhing, Bauten, die seine Erzeugung unmittelbar ablesen lassen.

Hermann Hipp

Hoch Hammonia! Gewerbe- und Industrieausstellung von 1889

„Hamburg hat den entschiedensten Anspruch auf die Anerkennung, daß es die erste Gewerbeausstellung in Deutschland veranstaltet hat", vermerkte der „Hamburgische Correspondent" mit lokalpatriotischem Stolz in seinem Vorbericht über die „Hamburgische Gewerbe- und Industrie-Ausstellung" von 1889. Tatsächlich hatte die erste derartige Leistungsschau in Deutschland bereits ein Jahrhundert zuvor, nämlich 1790, im Hamburger Ratskeller des Eimbeck'schen Hauses am Dornbusch stattgefunden. Ausrichter war damals die 1765 gegründete „Patriotische Gesellschaft zur Beförderung der Künste und nützlichen Gewerbe" gewesen. Bis zum Großen Brand von 1842 wurden solche Selbstdarstellungen des regionalen Gewerbefleißes zwar in unregelmäßiger Folge und unterschiedlichen Räumen wiederholt, erreichten jedoch nur selten das angestrebte Niveau.

Einem Impuls von epochaler Bedeutung erfuhr das gewerbliche Ausstellungswesen dann 1851 durch die erste Weltausstellung in London, an der auch 123 Gewerbetreibende aus Hamburg teilgenommen hatten. Denn fortan entwickelten sich diese „Feste des Fortschritts" zur programmatischen Präsentationsform von Errungenschaften und Erzeugnissen des Industriezeitalters.

Bedingt durch die Wirtschaftskrise von 1857 kam die nächste Gewerbe-Ausstellung in Hamburg allerdings erst 1863 zu Stande. Der damals geäußerte Vorschlag, „daß eine bleibende nationaldeutsche Industrie- und Producten-Ausstellung wünschenswert sei", blieb hingegen unrealisiert. Stattdessen veranstaltete der inzwischen aus einer Sektion der „Patriotischen Gesellschaft" hervorgegangene Gewerbe-Verein im Jahre 1869 eine erneute Provinzialschau in den Börsenarkaden. Neben Industrieerzeugnissen wurden hier erstmals auch alte und zeitgenössische kunstgewerbliche Arbeiten gezeigt, „durch welche man die Idee

zur Errichtung eines Gewerbemuseums zu wecken und zu beleben hoffte". Ankäufe für das daraufhin vom Senat beschlossene Museum erfolgten bereits 1873 auf der Wiener Weltausstellung, bei der die Hansestadt mit über 400 Firmen vertreten war. Bevor das Museum für Kunst und Gewerbe schließlich am 25. September 1877 eröffnet wurde, fand in dem neu errichteten Gebäude am Steintorplatz, das zugleich die Gewerbeschule beherbergte, im Herbst 1876 die mit 430 Einlieferern bis dahin umfassendste „Hamburger Industrie-Ausstellung" statt.

Nach Anspruch und Umfang sollte dieses Unternehmen durch die 1886 vom Gewerbe- und Kunstgewerbe-Verein für das Jahr 1889 angeregte „Hamburgische Gewerbe- und Industrie-Ausstellung" jedoch noch weit übertroffen werden. Denn als Vorbilder hierfür dienten so publikumswirksame Großveranstaltungen wie die „Internationale Landwirtschaftliche Ausstellung" von 1863 und 1883 auf dem Heiligengeistfeld und die „Internationale Gartenbau-Ausstellung" von 1869 im Elbpark am Stintfang. Das erklärte Ziel dieser Leistungsschau bestand nun darin, nach dem 1881 vereinbarten und 1888 mit der Fertigstellung von Freihafen und Speicherstadt vollzogenen Zollanschluß der Hansestadt ans Reich „dem übrigen Deutschland ein Bild von der wirtschaftlichen Kraft Hamburgs zu entrollen". So erfreute sich das Projekt von Beginn an einer allseitigen lokalpatriotischen Unterstützung, denn „nicht nur der Gewerbestand, sondern ganz Hamburg fühlte, daß eine kräftige Anstrengung gemacht werden müsse, um die mancherlei pecuniären Nachteile des Zollanschlusses durch Vergrößerung des Absatzfeldes möglichst auszugleichen".

Am 9. Juni 1887 wurde ein Ausstellungs-Comité mit Albertus Freiherr von Ohlendorff, dem einflußreichen Kaufmann, und Dr. Justus Brinckmann, dem

Direktor des Museums für Kunst und Gewerbe, an der Spitze gebildet. Ausschüsse übernahmen die notwendigen organisatorischen Arbeiten. Ein Garantiefonds über eine halbe Million Mark war bald gezeichnet, ein „alle Gebiete gewerblichen und industriellen Schaffens" einbeziehendes Programm schnell entworfen. Nachdem Senat und Bürgerschaft die vom Comité vorgeschlagenen Wallanlagen zwischen Holsten- und Millerntor als Ausstellungsgelände zur Verfügung gestellt hatten, erging an die Gewerbetreibenden, Handwerker, Fabrikanten, Techniker und Künstler Hamburgs wie auch der Nachbarstädte Altona, Ottensen, Wandsbek und Harburg die Einladung, sich an dieser regionalen Leistungsschau zu beteiligen. Die Bauleitung auf dem Ausstellungsplatz wurde nach voraufgegangenem Wettbewerb den Architekten Hanssen & Meerwein, die landschaftliche Gestaltung des Geländes dem Garteningenieur Jürgens übertragen. Da erst im Herbst 1888 mit den Baumaßnahmen begonnen werden konnte, mußten diese Arbeiten in der Rekordzeit von nur neun Monaten ausgeführt werden. Eine eigens gegründete Ausstellungszeitung berichtete ab Juni 1888 wöchentlich über den Fortgang der Vorbereitungen und nach der Eröffnung am 15. Mai 1889 täglich über alle erdenklichen Details der Ausstellung. Darüber hinaus erschienen ein offizieller Katalog und ein illustrierter Führer, die der Orientierung der Besucher und, im Anzeigenteil, der Selbstdarstellung der über 1100 Aussteller dienten.

Reizvoll waren die Wallanlagen samt Stadtgraben in die Ausgestaltung des knapp 15 Hektar großen Ausstellungsgeländes einbezogen worden. Die vier Hauptgebäude, gesonderte Hallen für eine Kunst- und eine Handelsausstellung sowie eine Vielzahl kleinerer Häuser für weitere Ausstellungszwecke und Unterhaltungseinrichtungen überdachten insgesamt 20000 Quadratmeter an Grund-

71 Ziel der Gewerbe- und Industrieausstellung nach dem Zollanschluß Hamburgs an das Reich war es, „dem übrigen Deutschland ein Bild von der wirtschaftlichen Kraft Hamburgs zu entrollen": Titellithographie des Ausstellungswalzers, 1889

fläche. Dem Zeitgeschmack entsprechend war diese ephemere Architektur überwiegend im Stil der deutschen Renaissance gehalten. Die „Deutsche Bauzeitung" urteilte damals, daß diese Bauten „wegen ihres künstlerischen Werthes die vollste Beachtung baukundlicher Kreise verdienen dürften". Da das Comité lediglich den architektonischen Rahmen zur Verfügung stellte, blieb dessen Ausfüllen den jeweiligen Ausstellern überlassen.
Der im Norden gelegene Haupteingang am Holstenplatz war zugleich der Zugang zum 180 Meter langen Hauptgebäude von Hanssen & Meerwein. Auf Kojen verteilt waren hier sowohl Produkte einzelner Firmen als auch Kollektiv-Ausstellungen verschiedener Innungen zu sehen. Hinter dieser Halle erstreckte sich eine große Terrassenanlage, in deren Mitte als frühes Beispiel einer Freiplastik die (später in die Uhlenhorster Alsteruferanlagen versetzte) „Walküren-Gruppe" des Bildhauers Bruno Kruse stand. Von hier aus blickte der Besucher über das von Promenaden durchzogene und vom Stadtgraben in zwei Abschnitte geteilte Terrain, an dessen westlichem Rand die ebenfalls von Hanssen & Meerwein entworfene Halle der chemischen Industrie sowie der Nahrungs- und Genußmittelindustrie lag. Südlich davon schloß sich die Maschinenhalle des Architekten Dorn an, die mit ihrer Transmission nicht nur die hier installierten Industrieanlagen, sondern auch das gesamte Ausstellungsgelände mit Energie versorgte.
Neben der Maschinenhalle befand sich das Gebäude einer separaten Handelsausstellung, in der die über den Hamburger Hafen umgeschlagenen überseeischen Rohprodukte und Halbfabrikate „als Grundlage für jede gewerbliche und industrielle Tätigkeit" zu sehen waren. „Hier wird den Besuchern etwas geboten, was in ganz Deutschland eben nur Hamburg ihnen zu bieten vermag", hob „Die Gartenlaube" in ihrem ausführlichen Ausstellungsbericht hervor.
Von der Handelsausstellung führte ein Weg zum „gefesselten Ballon", der stündlich mehrere Auffahrten bis zu 300 Meter Höhe machte und wohl die touristische Attraktion der Ausstellung war. „Auch hier bietet ein Selterswasserhäuschen Gelegenheit zur Anfeuerung des Muthes oder zur Abkühlung nach den Aufregungen einer Luftfahrt, die an und für sich so gefahrlos wie möglich ist", hieß es dazu beruhigend im Ausstellungsführer. Über eine 76 Meter breite Hängebrücke erreichten die Besucher das östliche Ufer des Stadtgrabens. Dort stand die große Festhalle des Architekten Thielen, die drei- bis viertausend Menschen Platz bot. Nach der Eröffnungsfeier fanden hier zahlreiche Musikdarbietungen statt – darunter Aufführungen des eigens komponierten Ausstellungswalzers „Hoch Hammonia". Dem gedeihlichen Zusammenwirken von Handel, Gewerbe und Industrie in der Hansestadt galt auch eine gegenüber dem Eingang aufgestellte allegorische Gruppe des Bildhauers Denoth.
In Richtung Haupteingang stieß der Besucher sodann auf das Kunstausstellungsgebäude, in dem Werke der Malerei und Skulptur von in Hamburg und seinen Nachbarstädten ansässigen oder geborenen Künstlern gezeigt wurden. Vorbei an originalgetreu nachgebauten, althamburgischen Fassaden betrat man im dahinter liegenden Panorama-Gebäude über eine Freitreppe einen Balkon, von dem aus sich das von Paul Duyffcke gemalte „Panorama des Hamburger Brandes in seiner schreckhaften Schönheit dem erstaunten Blicke darbot". Die panoramatische Weltsicht die-

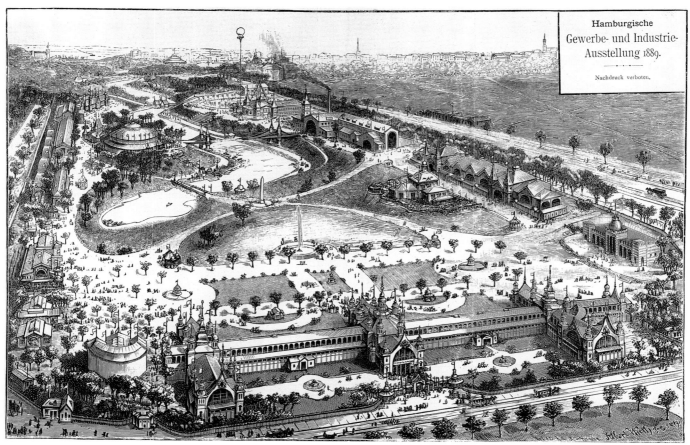

72 *Die Ausstellungsbauten und Anlagen im Gelände zwischen Holsten- und Millerntor wurden in nur neun Monaten ausgeführt: Lithographie, 1889*

ser Epoche vermittelte sich auch in den zahlreichen gedruckten Gesamtansichten des Ausstellungsgeländes. Nicht zuletzt aber stellte die Ausstellung ja selbst ein umfassendes Panorama der damals verfügbaren Produktwelt dar.

Einige hunderttausend Besucher, darunter viele Dauerkartenbesitzer und auswärtige Gäste der Hansestadt, haben die „Hamburgische Gewerbe- und Industrie-Ausstellung" von 1889 gesehen. Allein am Schlußtag, dem 7. Oktober, wurden noch einmal 30000 Menschen in den Hallen gezählt. Sie waren gekommen, um in Augenschein zu nehmen, welche der ausgestellten Arbeiten das dazu bestellte Preisgericht in den verschiedenen Sparten prämiert hatte. Die Gewinner von Gold-Medaillen konnten künftig mit der Hamburger Auszeichnung werben, einige Empfänger von Silber-Medaillen hingegen verweigerten – gleichfalls werbeträchtig – die Annahme unter Hinweis auf anderswo errungene erste Preise.

Für das veranstaltende Comité jedenfalls schloß die Ausstellung mit einer derart positiven Bilanz, daß den Ausstellern sogar ihre Standmieten erstattet werden konnten. Die Aussteller wiederum bedankten sich bei Justus Brinckmann für seine Verdienste um diese gelungene Veranstaltung mit einer von Denoth gestalteten Ehrentafel. Der Anerkennung für den Freiherrn von Ohlendorff wurde sogar durch einen Fackelzug Ausdruck verliehen. Der Text einer dabei überreichten Kassette betonte noch einmal die besondere Bedeutung dieser Ausstellung: „Ihr patriotisches Beispiel hat es vermocht, ... daß zum ersten Male der Handel mit dem Gewerbe und der Industrie verbündet kund gethan haben, was sie mit vereinten Kräften in unserer lieben Vaterstadt zu leisten vermögen. Hoch Hammonia!"

Roland Jaeger

Arbeitsleben und Arbeitskampf

Handel, Schiffahrt und produzierende Gewerbe bildeten die drei Pfeiler der hamburgischen Wirtschaft schon vor der Industrialisierung. Doch diese steigerte alle Quantitäten in bis dahin unvorstellbarer Weise. Warenmengen, Schiffs- und Betriebsgrößen, Produktions- und Transportgeschwindigkeiten wuchsen im Einzelnen oft sprunghaft, im Ganzen ständig. Bis zum Ausbruch des Ersten Weltkrieges schien diese Entwicklung unabsehbar und unaufhaltsam zu sein. Stolz verwiesen die Lenker der Wirtschaft und der herrschenden Öffentlichkeit auf diesen Siegeszug der Massenproduktion und des Massentransports. Die Menschen aber, die damit unmittelbar und zumeist körperlich arbeitend zu tun hatten, wurden von der Öffentlichkeit überwiegend als negative Erscheinung wahrgenommen. Ebenfalls als Masse bezeichnet wie die Gütermengen, erschienen nun diese Menschen nur nach ihrer käuflichen Arbeitskraft charakterisiert.

Erst mit dem letzten Drittel des 19. Jahrhunderts hat sich in Hamburg die Arbeiterschaft zu einer durch sozialökonomische Merkmale bestimmbaren Einheitlichkeit herausgebildet. Dabei bedingte das die hamburgische Wirtschaft bestimmende Nebeneinander von Handel und Güterumschlag, Schiffahrt und Schiffbau, Verarbeitung von Importgütern und die Gewerbe für Export und Versorgung der Stadt eine deutlichere Differenzierung der Arbeiterschaft als in anderen Ballungsräumen mit stärker monoindustrieller Struktur. Die Differenzierung beruhte schließlich um 1900 mehr auf den besonderen Bedingungen der verschiedenen Wirtschaftszweige als auf den noch nachwirkenden berufsständischen Herkünften.

In den Jahrhunderten vor der Industrialisierung hatten sich im Güterumschlag des Seehafens die Tätigkeiten kaum gewandelt. Bis 1864 gab es in Hamburg außer den Seeleuten und den Arbeitsknechten der Kaufleute und Reeder zahlreiche zunftgebundene Transportgewerbe, die sich in ganz spezialisierte Tätigkeiten gliederten. Für alle Verladearbeiten diente fast ausschließlich menschliche Muskelkraft, deren durchschnittliche Leistungsfähigkeit das jeweilige Arbeitspensum bestimmte. Denn die meisten dieser Arbeiten, wie das Bewegen von Schwergut, erforderte gemeinsames Zupacken, und dementsprechend hatten sich genossenschaftliche Arbeitsorganisationen herausgebildet.

Seeleute und Stauer arbeiteten auf den Seeschiffen mit dem aus Mast- und Tauwerk zusammengesetzten Ladegerät, um die Güter aus dem Schiffsraum in die längsseits liegenden Kähne zu löschen bzw. in umgekehrter Richtung zu laden. Die Ewerführer bewegten diese hafengängigen Lastschiffe durch Staaken oder Segeln. In den Speichern arbeiteten die Quartiersleute mit ihren Tagelöhnern. Sie prüften auch Quantität und Qualität der Güter, sofern nicht für bestimmte Waren Spezialisten vorgeschrieben waren, wie die Kornträger und Kornmesser, Steinkohlenträger und -messer, Weinverlasser, Bierführer, Viehzieher. An den öffentlichen Kränen und Waagen gab es die Kranleute und die Karrenzieher. Für den Oberelbverkehr bildeten die in Hamburg beheimateten Binnenschiffer eine Zunft, die der „aufwärtsfahrenden" Steuer- und Schiffsleute. Diejenigen,

73 Bis 1864 gab es in Hamburg außer den Seeleuten und den Arbeitsknechten der Kaufleute und Reeder zahlreiche zunftgebundene Transportgewerbe: „Krahn-Leute", Aquatinta von Christoffer Suhr, 1806

die Frachtfuhrwerke stellen und beladen durften, waren nach Fahrtrichtungen in Bruderschaften organisiert. Der Arbeitsanfall war so unregelmäßig wie die Ankunft und Abreise der Segelschiffe, die sich nach Wind und Wetter richteten. Im Winter bei Eisgang oder gar zugefrorener Elbe ruhte der Hafenverkehr. In andere Tätigkeiten auszuweichen, war für die zunftgebundenen Transportwerker kaum möglich.

Die Industrialisierung veränderte, zunächst von außen kommend, den Hafenumschlag gründlich. Außer dem zunehmenden Ladungsaufkommen stellten auch massenhafte oder neue Güter andere Anforderungen, z.B. die in immer größeren Mengen importierte englische Steinkohle, die eisernen Maschinen und schließlich das überwiegend aus Schwergut bestehende Eisenbahnmaterial. Die Dampfschiffe, seit 1825 im Linienverkehr mit England, wurden zunehmend unabhängiger von naturbedingten Pausen. Die Dampfschiffeigner, nun kaum noch Einzelreeder, sondern Kapitalgesellschaften, drängten auf beschleunigte Abfertigung in den Häfen. Gemäß den beträchtlich gesteigerten Investitionen für die Schiffe sollten sie in möglichst kurzer Zeit viele Reisen machen und ein entsprechend hohes Frachtaufkommen erreichen. Das entwickelte bordeigene Ladegeschirr mit Ladebäumen und Dampfwinden wurde bald ergänzt durch hafenseitige Umschlagsgeräte neuester maschinentechnischer Konstruktion. Für die Verladearbeiten vom Seeschiff direkt zum Land gab es in Hamburg seit 1866 Kaianlagen mit Dampfkränen und Eisenbahnanschluß, mit Schuppen zum Sortieren und Bereitstellen der Ladegüter. Bedingt durch die riesigen Investitionen für die künstlich angelegten Hafenbecken und Kai-Einrichtungen wirtschaftete hier der hamburgische Staat mit einer eigenen Verwaltung, immer bestrebt, Hamburg als „schnellen Hafen" in der Konkurrenz nach vorn zu drängen.

Der staatseigene Kaibetrieb arbeitete mit einem relativ kleinen

Arbeitsleben und Arbeitskampf

74 Die Industrialisierung veränderte den Hafenumschlag gründlich. Seit 1866 gab es in Hamburg Kaianlagen mit Dampfkränen: Dampfkräne am Sandtorkai, Xylographie, um 1880

Stamm festen Personals, hierarchisch gegliedert. Dazu gehörten die qualifizierten Kräfte wie Kranführer, Maschinisten, Wäger und eine Reihe von Vorarbeiterpositionen. Die Muskelarbeit, das Karren und Stapeln, verrichteten die unständigen Hafenarbeiter, die zumeist in kleine Arbeitsgruppen, sogenannte Gängs, eingeteilt wurden.

Auch für die vielen übrigen Tätigkeiten im Güterumschlag und -transport bedeutete die Einführung der Gewerbefreiheit 1864 den vollzogenen Übergang von ehemals genossenschaftlich organisierten Berufen zu Firmen-Unternehmen, die mehr oder minder qualifizierte Arbeitskräfte nebeneinander beschäftigten.

Für die produzierenden Gewerbe bietet der Schiffbau ein anschauliches Beispiel für veränderte Arbeitsverhältnisse zwischen Handwerk und maschinentechnischer Industrie. Ein Vierteljahrhundert früher als für die anderen wichtigen Handwerke Hamburgs war die Zunftordnung der Schiffbauer im Interesse der Kapitaleigner und eines angeblichen technischen Fortschritts wegen aufgehoben worden. Damit verloren die gelernten Holzschiffbauer, die Schiffszimmerleute, ihre formelle, persönliche Aufstiegschance und Beschäftigungsgarantie. Zunächst veränderte sich außer steigenden Belegschaftszahlen in der Betriebsstruktur nur wenig. Die Gelernten standen zu ihrem Prinzipal noch wie Gesellen zum Meister. Bis um 1870 herrschte hier vorindustrielle Technik vor. Das Naturmaterial Holz wurde mit von Hand geführten Werkzeugen bearbeitet. Menschliche Muskelkraft diente auch zum Bewegen der Werkstücke, ja ganzer Schiffe, wenn sie aufs Slip gezogen oder zur Schiffsbodenbearbeitung kielgeholt, d. h. im Wasser auf die Seite gedrückt werden mußten. Die Zahl der Handlanger, der ungelernten Arbeitskräfte, überstieg schon lange die der Schiffszimmerleute.

Mit der Produktion von Eisenschiffen setzte um 1870 eine Welle von Veränderungen im Hamburger Schiffbau ein. Sie betrafen die Einführung der mit dem neuen Material verbundenen Technologien, dazu die Einrichtungen und Größenverhältnisse der Betriebsanlagen, das dazu notwendige Kapital, die Organisation der Arbeit und die in ihr vielfältiger und berufsdifferen-

HAMBURG Am Quai
Löschen von Nussbaumstämmen etc.

75 Der staatseigene Kaibetrieb arbeitete mit einem kleinen hierarchisch gegliederten Stamm fester qualifizierter Kräfte von Kranführern, Maschinisten oder Vorarbeitern. Die Muskelarbeit verrichteten unständige Hafenarbeiter: Kaiarbeit am O'swald-Kai, Postkarte, um 1900.

zierter eingesetzten Arbeitskräfte. Tabellen um 1880 nennen für die beiden entstehenden Großwerften Reiherstieg und Blohm & Voss folgende Arbeitergruppen: Eisenschiffbauer, Maschinenbauer, Schiffszimmerer, Tischler, Modelltischler, Maler und Betriebsarbeiter.

Der Anteil gelernter, qualifizierter Arbeiter war offenbar wesentlich größer geworden. Gegensätze zwischen den Berufsgruppen, Verzettelung in verschiedene Fachvereine, wie diese frühen Gewerkschaften hießen, verhinderten, daß die Arbeiterschaft einer Werft oder gar die der hamburgischen Werftindustrie insgesamt sich wirksam gegen die rapide Verschlechterung der Arbeitsbedingungen wehren konnte. Vergeblich forderten die gelernten Schiffszimmerer, ihr Arbeitstempo selbst zu bestimmen oder mit Berufsfremden nicht zusammenzuarbeiten.

Die neuen industriellen Arbeitsverhältnisse verlangten von den gelernten Handwerkern eine ihr Bewußtsein auf die Dauer verändernde Anpassung. Vorher waren sie gemeinsam mit den Meistern und Werkstattinhabern in einer Organisation zusammengeschlossen gewesen. Wenn ein Produkt wie ein Schiff die Ausrüstung durch viele Handwerke benötigte, bezogen früher die Schiffbauer Lieferungen anderer selbständiger Werkstätten, wie der Schmiede, Schlosser, Pumpen- und Blockmacher, Seiler, Segelmacher und vieler anderer. Nun wurden zunehmend die verschiedenen Produktionszweige innerhalb eines Betriebes zusammengefaßt.

Das Hamburger Zunftreglement von 1835 hatte in Verschlechterung gegenüber früheren Bestimmungen den Gesellen unter hohen Strafandrohungen verboten, für Lohnverbesserungen, Arbeitszeitverkürzungen und Änderungen anderer Arbeitsbedingungen gemeinsame Absprachen zu treffen und Kampfmittel anzuwenden. Trotzdem kam es weiterhin zu Arbeitsniederlegungen und dem Verruf einzelner Meister, die aus dem Angewiesensein auf die Gesellen nur selten die Obrigkeit zur Hilfe zu rufen wagten.

Das Zusammenführen mehrerer Berufe in einem Industriebetrieb schuf neue Verhältnisse auch für die Arbeitskämpfe. Anfangs traten die Arbeiter nur nach Berufsgruppen getrennt mit ihren Forderungen und Maßnahmen auf. Berufsübergreifende Arbeitskämpfe bildeten sich zuerst in dem damals größten hamburgischen Industriebetrieb aus, der Lauensteinschen Wagenfabrik mit ihren Werken in St. Georg-Süd und in Rothenburgsort. Hier wurden neben besonders hochwertigen Pferdefahrzeugen hauptsächlich Eisenbahnwaggons hergestellt. Die skandinavischen und russischen Eisenbahnen waren dafür Hauptabnehmer. Die Fabrik beschäftigte Schmiede, Schlosser, Eisendreher, Stellmacher, Tischler, Sattler u. a., also qualifizierte Handwerker, Gesellen und Meister. Unter den 1864 etwa 1000 Beschäftigten brach ein berufsübergreifender Streik aus, der Lohnerhöhungen und eine Arbeitszeitverkürzung um täglich eine Stunde einbrachte. Vorher war dort von morgens fünf

Arbeitsleben und Arbeitskampf

bis abends sieben Uhr, unterbrochen von Pausen, gearbeitet worden. Im Juli 1869 kam es wegen der Kürzung der Akkordlöhne um 25% für einige Berufsgruppen zu einem Aufsehen erregenden Streik. Daran beteiligten sich anfangs 1300 der rund 1400 Beschäftigten. Nach einigen Wochen bröckelte die Streikfront ab, nachdem die Werksleitung einen Teil der Produktion mit 600 aus Skandinavien angeworbenen Arbeitern wieder aufgenommen hatte. Die Streikunterstützung von über 10000 Mark, die in diesem Umfang zum erstenmal durch den Allgemeinen Deutschen Arbeiter-Verein gesammelt worden war, reichte nicht aus. Da schlug der Zorn der schon sechs Wochen Streikenden nach einer Straßendemonstration in Gewalt um. Sie stürmten die Fabrikgebäude und zerstörten Produkte und Maschinen. Die Abhängigkeit des Betriebes von seinen qualifizierten Arbeitskräften führte trotz der Vorfälle zu schließlichen Zugeständnissen. Aber im Bewußtsein der Stadtregierung und der bürgerlichen Öffentlichkeit bedeutete dieser offene Ausbruch von Klassenkampf eine von nun an wachsende Feindseligkeit gegenüber der sich zu organisieren beginnenden Arbeiterschaft. Die staatlichen Repressivmaßnahmen trugen wiederum wesentlich zu ihrer Politisierung bei.

Weniger auffällig blieb die Industrialisierung im Baugewerbe. Hier bestand zunächst kein Trend zum Großbetrieb und damit erhielten sich die handwerklichen Strukturen. Durchschnittlich beschäftigte ein Meisterbetrieb zehn Gesellen und Handlanger. Ihre Zahlen aber wuchsen nicht annähernd so, wie die Bauleistungen in der stark expandierenden Großstadt anstiegen. Offenbar konnte die Arbeitsleistung des einzelnen Bauarbeiters stark gesteigert werden. Das geschah zunächst durch die Ausdehnung des Arbeitstages, die Verkürzung der Pausen, den Fortfall von Feiertagen, wozu auch der den Gesellenzusammenkünften vorbehaltene Blaue Montag gehörte. Dann aber erfolgte die Leistungssteigerung nur noch aus schnellerem, technisierten und rationalisierten Arbeiten. Anreiz dazu schuf der Akkordlohn anstelle des Jahrhunderte lang üblich gewesenen Tagelohns. Andere Industrien lieferten dafür das Vorbild wie auch für die entsprechende Arbeitsorganisation, z.B. die Einteilung in komplexe Kolonnen. Ebenso dienten dazu Transportanlagen, Baumaschinen, Werkstoffnormungen und neue Baumaterialien und -techniken. So führten Stahlskelett-und Betonbau auch neue Berufszweige ein. Neben die Zimmerleute, Steinmetzen und Maurer traten Stahlbaumonteure, Eisenflechter sowie die Maschinisten der Dampf getriebenen Winden und Rammen. Der gigantische Hafenausbau besonders seit 1881 stellte Großaufgaben, in denen sich die neuen Techniken bewährten. Im Baugewerbe kam es aber nicht zu einem Verschmelzen der bauindustriellen Arbeitergruppen mit den traditionsbewußten Handwerken, den Zimmerleuten und Maurern. Ihre erst im letzten Drittel des 19. Jahrhunderts herausgebildete Berufskleidung signalisiert dies.

Die Herkunft von Handwerksberufen und ihre Tradition wirkten in der Hamburger Arbeiterschaft noch lange nach, wenn auch in widersprüchlicher Bedeutung. Einerseits wurde dadurch die Bildung der Gewerkschaften gefördert, in die die Gesellen ihre Organisations- und Kampferfahrungen einbrachten. Andererseits behinderte und verzögerte das Festhalten an berufsständischen Auffassungen die Weiterentwicklung der Gewerkschaften zu Verbänden, die dem hohen Organisationsgrad der Hamburger Unternehmerschaft entsprechen konnten.

76 Im Zeitalter der Dampfmaschine spielte der Kohletransport eine gewichtige Rolle: Kohlenträger beim Entladen einer Schute, Photographie von Knackstedt und Näther, um 1909

Erste Gewerkschaften wurden in Hamburg während der bürgerlich-demokratischen Revolution 1848/49 gebildet. Die Zigarrenmacher, teils Manufakturarbeiter, teils Heimarbeiter, nutzten als erste die Lockerung des bis dahin wirksamen Vereinigungsverbotes. Ihnen folgten die Schiffszimmerer, denen nach Aufhebung ihrer Zunft 1838 ebenfalls eine Vereinigung verwehrt war. Bei den anderen Handwerkern bestanden Gesellenvereinigungen innerhalb ihrer Zünfte. Bei vielen von ihnen bestand die Wanderpflicht, d.h. der junge Geselle mußte nach seiner Lehrzeit in anderen Städten arbeiten, um seine Kenntnisse und Fertigkeiten zu vermehren. Der Weg vieler Hamburger Gesellen führte über die deutschen Staaten hinaus, besonders nach Westeuropa. Hier lernten sie außer forgeschrittener Wirtschaft und Technik auch demokratische und sozialistische Ideen kennen. Der Bildungsverein für Arbeiter von 1845 in Hamburg ging aus diesen Kontakten hervor. Er spielte eine bedeutende Rolle in der frühen politischen Arbeiterbewegung Hamburgs, aber auch für Versuche mit wirtschaftlichen Selbsthilfeorganisationen der Arbeiter, wie Produktions- und Konsumgenossenschaften. Auch die von Berlin aus verbreitete Deutsche Arbeiter-Verbrüderung, ein berufsübergreifender Dachverband, der Handwerker und Industriearbeiter in ihren Interessen durch Kongresse und Veröffentlichungen vertreten wollte, hatte in Hamburg einen kräftigen Stützpunkt. Seine Wander-Unterstützungs-Kasse wurde stark in Anspruch genommen. Die gegenrevolutionären Maßnahmen, zu denen sich die deutschen Staaten seit 1851 verpflichteten, machten allen

77 *Das Arbeitstempo der Kornumstecher wurde von der Technologie des Getreidehebers bestimmt: Photographie von Dührkoop, um 1909*

diesen demokratischen und Arbeitervereinen mit Ausnahme des Bildungsvereins ein Ende.

Die Einführung der Gewerbefreiheit mit der Aufhebung der Zünfte in Hamburg 1864 setzte die Gesellen aus den sie bis dahin schützenden Vereinigungen frei. Übrig blieben nur die zahlreichen berufsbezogenen Unterstützungskassen, durch die sich die zünftigen Gesellen, aber auch die nicht zunftgebundenen Arbeiter für Krankheits- und Todesfall gegenseitig versichert hatten. Um 1870 waren in Hamburg fast 250 solcher Kassen registriert. Sie bildeten häufig die organisatorische Grundlage für die nun neu entstehenden Gewerkschaften.

Mit dem 1863 gegründeten Allgemeinen Deutschen Arbeiter Verein erhielt die unterdrückt gewesene politische Arbeiterbewegung neuen Aufschwung und eine neue Richtung. Hamburger hatten einen großen Anteil am Erfolg dieser Partei. Die Theorie ihres Gründers, Ferdinand Lassalle, vom „Ehernen Lohngesetz" verneinte den materiellen Nutzen der Gewerkschaften für die Arbeiter. Unter dem Eindruck der erfolgreichen Arbeitskämpfe seit 1865 aber nahmen Hamburger ADAV-Mitglieder stärkeren Anteil an der Gewerkschaftsbewegung.

Ihnen verdankt sie das Ausgreifen über die hamburgischen Staatsgrenzen hinaus in die seit 1866 preußisch gewordenen Nachbarstädte Altona, Ottensen, Wandsbek und Harburg. Mit der Vereinigung des ADAV und der Sozialdemokratischen Partei zur Sozialistischen Arbeiter Partei 1875 wuchs noch der politische Einfluß auf die Gewerkschaften. Die meisten von ihnen, etwa 30 Hamburger Organisationen, wurden 1878 durch das Sozialisten-Gesetz verboten und aufgelöst. In den Jahren des Ausnahmegesetzes bis 1890 wurden Gewerkschaften ausdrücklich berufsspezifisch und unpolitisch neu gebildet. Auch hierfür boten die intaktgebliebenen Unterstützungskassen die organisatorische Basis für die vom Polizeiverbot bedrohten Aktivitäten. Rund 70 neue Fachvereine entstanden, in denen mehr als 30000 Arbeiter organisiert waren. Die Gewerkschaftsbewegung formierte sich in Hamburg früher und schneller als in den anderen, z.T. schon eher entwickelten Industriegebieten des Deutschen Reiches.

Die überkommenen Arten der Arbeitsvermittlung durch Kneipenwirte, Firmenvicen oder berufsmäßige Vermittler, waren nach den einzelnen Berufen unterschiedlicher Art, aber vielfach mit Korruption und Nötigung verbunden. Stattdessen be-

Arbeitsleben und Arbeitskampf

78 Nach Aufhebung der Zunftordnung und Vergrößerung der Betriebe wurden auch die Arbeiten im Holzschiffbau differenzierter: Schiffswerft auf Steinwerder, Photographie von Höge, um 1865

gannen in den 80er Jahren die Fachvereine selbst die Arbeitsvermittlung zu organisieren. Das traf einen empfindlichen Nerv der Unternehmer, ihre beanspruchte Auswahlfreiheit auf dem Arbeitsmarkt. Sie antworteten darauf mit eigenen Zusammenschlüssen, zuerst 1888 mit dem Verband der Eisenindustrie in Hamburg und 1889 mit dessen eigenem Arbeitsnachweisbüro. Dieses monopolisierte die Vermittlung für schon anfangs 70 Unternehmen, wozu an erster Stelle die Großwerften Blohm & Voss und Reiherstieg gehörten. Mit Aussperrungen und schwarzen Listen wurden die gewerkschaftlichen Vermittlungsstellen zur Aufgabe gezwungen.

Einen Höhepunkt des sich steigernden Kampfes zwischen Kapital und organisierter Arbeiterschaft in Hamburg bildeten die Auseinandersetzungen um den 1. Mai 1890. Der Internationale Sozialistenkongreß 1889 in Paris hatte den 1. Mai zum Kampftag für Arbeiterforderungen ausgerufen und die Begrenzung des Arbeitstages auf 8 Stunden zur Hauptforderung erhoben. Der Vorschlag, dies zum ersten Mal 1890 mit Arbeitsniederlegungen zu demonstrieren, wurde in Hamburg von den meisten Gewerkschaften angenommen und mit hoher Beteili-

gung und Begeisterung durchgeführt. Das angekündigte Ende des Sozialistengesetzes und der große Wahlerfolg der Sozialdemokraten bei den Reichstagswahlen im Februar 1890 hatten ein Bewußtsein der Stärke bei den organisierten Arbeitern bewirkt.

Die Unternehmer waren darauf vorbereitet gewesen. Sie hatten noch im April 1890 den Arbeitgeberverband Hamburg-Altona gegründet. Er erfaßte beinah lückenlos die Industrie, das Kleingewerbe sowie einen Großteil der Transport- und Verkehrsbetriebe in Hamburg. Rund 50000 Arbeiter waren in seinem Bereich beschäftigt. Über 16000 wurden als Teilnehmer der Maiaktion ausgesperrt, zum großen Teil auf viele Wochen. Von ihnen wurde verlangt, aus der Gewerkschaft auszutreten, dies in einem Revers mit Unterschrift zu bestätigen. Wer dem nicht nachkam, wurde nicht wieder eingestellt und sein Name in den schwarzen Listen der unternehmerseitigen Arbeitsnachweisbüros geführt. Die auf die Zerschlagung der Gewerkschaften zielende harte Haltung der Unternehmer wurde von entsprechenden Maßnahmen der Stadtregierung, der Polizei und der Justiz flankiert. Tatsächlich erlitten die Gewerkschaften einen hohen

79 *Mit den großen Projekten des Wiederaufbaus nach dem Brand, der Hafenerweiterung, des Baus der Speicherstadt wurden auch im Baugewerbe Arbeitsrationalisierung, Arbeitstempo und Maschineneinsatz gesteigert: Bau der Speicherblocks im Freihafen, Photographie von Koppmann, 1888*

Mitgliederverlust, der auf Jahre ihre Aktivitäten hemmte. Mehrere Verbände, darunter der große berufsübergreifende Werftarbeiterverband, wurden aufgerieben. Von den in den folgenden Jahren in die Freizeit verlegten Versammlungen zum 1. Mai aber gehörten die Hamburger zu den größten in Deutschland. Für die andere Seite bedeutete der erfolgreiche Arbeitgeberverband Hamburg-Altona als erste branchenübergreifende und einen Ballungsraum beherrschende Organisation ihrer Art in Deutschland ebenfalls ein anerkanntes Vorbild. Der hohe Organisationsgrad der Unternehmerseite in Hamburg beherrschte von jetzt an den Arbeitsmarkt, beeinflußte die innerbetrieblichen Arbeitsbedingungen und führte bei den Arbeitskonflikten zu neuen Verlaufsformen. 1890 beschäftigten die beiden großen Eisenschiffswerften Blohm & Voss und Reiherstieg zusammen 3000 Arbeiter. 1913 verfügte Blohm & Voss allein über 10000 Beschäftigte. Insgesamt waren nun annähernd 25000 Menschen auf den Hamburger Werften tätig. Ausrüstungen, hauptsächlich für die Werften und für den Hafen, lieferten der hiesige Maschinenbau und die Metallindustrie, die zusammen etwa 20000 Arbeiter beschäftigten. Zwischen diesen Industrien gab es je nach Wirtschaftslage einen gewissen Austausch von Arbeitskräften. Die zentrale Arbeitsvermittlung der Eisenindustriellen steuerte jedoch diese Mobilität.

Bewußt änderten die Werftleitungen die Arbeitsbedingungen seit 1890. Insbesondere aus der Handwerkerhaltung überkommene Gewohnheiten wurden radikal abgebaut. Der Schiffbau blieb nicht mehr länger Sache handwerklicher Erfahrung und Übung, sondern wurde zunehmend das Zusammenspiel von ingenieurwissenschaftlicher Entwurfsarbeit und Planung mit generalstabsmäßig geleiteter Arbeitsorganisation, bestimmt von betriebs- und gesamtwirtschaftlichem Rentabilitätsdenken. Es galt, dafür die militärähnliche Kommandogewalt der hierarchisch gegliederten Betriebsführung mit der entsprechend von den Arbeitern verlangten Disziplin durchzusetzen. Die Disziplin betraf nicht nur die pünktliche Einhaltung der Arbeitszeit am vorgeschriebenen Arbeitsplatz, sondern auch die widerspruchslose Erfüllung der von den Ingenieuren, Meistern, Vorarbeitern getroffenen Anweisungen. Das Werksgelände wurde nach außen abgeriegelt; ein eigener Werkschutz übernahm die Kontrolle. In den Essenspausen konnten die Arbeiter sich nun nicht mehr Essen von draußen bringen lassen, auch das Einkaufen bei den Händlern vorm Werkstor wurde unterbunden. Die Mittagspause wurde deswegen auf eine Stunde reduziert. Für den Aufenthalt in den Pausen gab es vorgeschriebene Plätze, auch Kantinen. Alkohol durfte auf dem Betriebsgelände weder verkauft, noch getrunken werden. Persönliche Beziehungen zwischen Werkmeistern und unterstellten Arbeitern wurden beargwöhnt. Arbeitsvermittlung und zentrale Personalverwaltung, Stechuhr und Kontrollmarke entpersönlichten das Arbeitsverhältnis. Gesteigerte Arbeitsteilung ließ den einzelnen Arbeiter kaum noch seinen Anteil am Gesamtprodukt erkennen. Technische Neuerungen erleichterten und belasteten die Arbeiten zugleich. Muskelkraft wurde durch neuartige Ausrüstungen und Arbeitsmaschinen teilweise ersetzt. Dazu gehörten die elektrisch betriebenen Laufkatzen der Helgen, die Dampf betriebenen Stahlscheren und -stanzen, die Preßluft betriebenen Niethämmer und Feldschmieden. Dafür hatten sich die Dimensionen gewaltig gesteigert. Einzelleistung mit speziellem Können waren durch leichter zu handhabende Maschinentechnik abgelöst. Angelernte Arbeiter ersetzten vielfach die Gelernten. Auffallend war die starke Differenzierung der Löhne nach den verschiedenen Arbeitergruppen und nach der Beschäftigungsdauer. Auch die Lohnformen variierten mit Stundenlöhnen, Einzel- oder Gruppenakkord. Akkordlohnung herrschte vor und trieb zu immer neuer Leistungssteigerung an. Maschinentechnische und arbeitsorganisatorische Änderungen im Arbeitsablauf oder auch Willkür verschlechterten den Lohn im Verhältnis zur gestiegenen Arbeitsintensität. Die Belastung der Arbeiter durch den krankmachenden Lärm der Hämmer, Bohrer, Stemmer, durch die Gase der vielen Schmiedefeuer, durch die Vibration der stoßenden oder rotierenden Werkzeuge und der bearbeiteten Stahlteile erreichte einen Höhepunkt. Berufskrankheiten und Arbeitsunfälle hielten sich trotz Gewerbeinspektion und Arbeitsschutzvorschriften erschreckend hoch. Auf den Werften lag die Unfallhäufigkeit mit 50% über der der anderen Industriebetriebe.

Bis zum Werftarbeiterstreik von 1910 betrug die Arbeitszeit allgemein zehn Stunden den Tag, 60 Stunden die Woche. Dann wurde eine 55-Stundenwoche erreicht.

Denn auch die Gewerkschaften begannen nach ihrer Niederlage von 1890 sich neu zu formieren. Reichsweite Zentralverbände setzten sich gegen die Lokalorganisationen durch. Die „Generalkommission der Gewerkschaften Deutschlands", im November 1890 in Berlin gegründet, erhielt ihren Sitz bis 1902 in Hamburg. Örtlich bildeten die meisten Fachvereine 1891 das Hamburger Gewerkschaftskartell, dem nach und nach die Vereine, bzw. Kartelle der Nachbarstädte beitraten.

Die Zersplitterung in Fachvereine spezialisierter Berufe machte sich als Schwäche in den erneuten Streiks und Aussperrungen deutlich. Auf einen neuen Höhepunkt des Klassenkampfes trieb der Streik der Hafenarbeiter und Seeleute 1896/97. Obwohl nach elf Wochen erbitterten Kampfes die Arbeiter aufgeben mußten, folgte für die Gewerkschaften eine mächtige Mitgliederzunahme und konsequente Zentralisierung. Lag der Organisationsgrad der gewerblichen Arbeitnehmer in Hamburg 1895 erst bei 8,75%, so erreichte er 1907 schon 42,6%. 1913 erfaßten die fünf größten Verbände, in denen die Transport-, Metall-, Fabrik-, Bau- und Holzarbeiter organisiert waren, 61,7% der Hamburger Gewerkschaftsmitglieder. An der Spitze stand der Transportarbeiterverband, der sich aus den vielen Organisationen der Hafenarbeiter und Seeleute zusammengeschlossen hatte und nun über 33000 Mitglieder zählte. Ihm folgte der Metallarbeiterverband mit rund 25000 Organisierten.

Die Arbeitskämpfe erhielten durch Zentralisierung auf beiden Seiten neue Ausmaße und Verlaufsformen. Kaum noch wurden einzelne Betriebe bestreikt. Denn schnell führte das Kampfmit-tel Aussperrung, angewandt gegen die Arbeiter nicht bestreikter Betriebe oder Abteilungen, um die Gewerkschaftskassen zu erschöpfen, zu branchenweiten Konfrontationen.

Aussperrungen in großem Umfang bekamen 1907 die streikenden Hafenarbeiter zu spüren. 5000 waren davon betroffen. Sie gewannen dennoch den Kampf, der die Arbeitszeitbeschränkung auf 10 Stunden und eine Überstundenregelung einbrachte. Bei diesen Arbeitskämpfen großen Umfangs versuchten die Unternehmer mit aus dem In- und Ausland angeworbenen Arbeitskräften die Aussperrungen durchzusetzen und die Streikfronten zu unterlaufen. Die Streikleitungen boten dagegen Informationsmaterial und Volksversammlungen auf, in denen um Solidarität geworben wurde.

Besonders im Kampf gegen rückständige oder verschlechterte Arbeitsbedingungen in der Konsumgüterindustrie wurde bei Streiks die Arbeiterbevölkerung allgemein zum Boykott, zur Konsumverweigerung der entsprechenden Produkte aufgerufen. Trotz wirtschaftlichen Wachstums und allgemein steigenden Lebensstandards blieb bis zum ersten Weltkrieg das tiefe Mißtrauen zwischen der organisierten Arbeiterschaft Hamburgs und der Seite der Unternehmer und des Staates. Arbeitskämpfe großen Ausmaßes gaben dazu immer neue Nahrung.

Eine deutlich andere Haltung nahm die Angestelltenschaft ein, obwohl sie durchaus eine stark gegliederte, uneinheitliche Sozialgruppe bildete. Mit der gewaltigen Steigerung des Wirtschaftsvolumens wuchs auch die Zahl der in der Verwaltung von Handel, Verkehr und Industrie tätigen Angestellten, und zwar seit 1890 schneller als die der Arbeiter.

In Hamburg überwogen weit die in den Kontoren der Handelsfirmen und Reedereien beschäftigten Handlungsgehilfen. Bis um die Mitte des 19. Jahrhunderts hatten sie zumeist zur Hausgemeinschaft ihrer Prinzipale gehört. Diese nannten ihre gelernten Gehilfen gegenüber Dritten als „meinen jungen Mann" und nährten die Hoffnung auf den Aufstieg in die Selbständigkeit. Diese Aufstiegschance schwand in dem Maße, wie die Kaufherren ihre Wohnungen von den Kontoren trennten und hier sich die Privatkontore immer aufwendiger unterschieden von den nüchternen Arbeitssälen, in denen die Gehilfen ihre Arbeit leisteten. Technisierungen und Rationalisierungen veränderten die Büroarbeit, in der gedruckte Formulare, Kopierabdruck der Korrespondenz, hektographische Vervielfältigung, Schreibmaschinen, Telefon nun auch von geringer qualifizierten Arbeitskräften bedient werden konnten. Seit 1890 übernahmen auch Mädchen und Frauen diese Arbeit mit geringer Entlohnung in größerer Zahl. Aber auch der Anteil der Männer mit niedrigen Gehältern wuchs. Arbeitsteilung mit eintönigen Tätigkeiten drang weiter vor. In den Kontoren wurde kaum kürzere Zeit gearbeitet als in den Werkstätten. Als die Arbeiter hier schon Verkürzungen erreicht hatten, blieb die Arbeitszeit der Angestellten noch bis 1918 ungeregelt; beispielsweise war Sonntagsarbeit nicht selten.

Die Handlungsgehilfen hatten bis zum Ende des 19. Jahrhunderts viel von ihrem früheren berufsständischen Status verloren. Im Kleidungsaufwand, in der Anspruchshaltung traten jedoch Überkompensationen in Erscheinung, die vielfach Gegenstand zeitgenössischer Karikaturen wurden. Die berufsständischen Organisationen der Angestellten kennzeichnen ebenfalls ihre Bewußtseinslage. 1858 hatte sich in Hamburg der „Verein der Handlungscommis" als erste deutsche Angestelltenorganisation gebildet. Ihre Hauptaufgabe galt der Stellenvermittlung,

*80 Die seit Bildung erster Einzelgewerk-
schaften und seit Gründung des Allgemeinen Deutschen Arbeiter-Vereins, 1863, er-
starkende Arbeiterschaft wehrte sich gegen
zunehmende Ausbeutung. Nach den Auseinandersetzungen um den 1. Mai 1890,
bildete der Hafenarbeiterstreik von 1896/
97 den Höhepunkt des Kampfes: Flugblatt,
1897*

Arbeiter! Genossen!

Die heutigen Versammlungen sind die wichtigsten, die während des Streiks stattgefunden. Durch Abstimmung soll entschieden werden, ob der Kampf fortdauern oder
beendet werden soll! Sämmtliche Streikenden müssen am Platze sein!

Arbeiter! Genossen! Neun Wochen habt Ihr Eure Ruhe und Besonnenheit bewahrt,
habt zusammengestanden wie Ein Mann! Als klassenbewußte Arbeiter erwarten wir
von Euch, daß Ihr bis zum letzten Augenblick ausharren werdet! Was immer von
Euch beschlossen wird, der Beschluß der Mehrheit der Streikenden muß von jedem
Einzelnen respektirt werden.

Aus den Versammlungen darf vor Schluß derselben Keiner sich entfernen. Das
Gesammt-Abstimmungsresultat wird überall vor Schluß verkündet und darnach die entsprechenden Maßnahmen bestimmt werden.

Schauerleute: Koppelmann's Salon (gr. Saal), Große Rosenstraße, Altona.
Ewerführer: Hamburger Ballhaus, Neust. Neustraße.
Kohlenarbeiter: Lessinghalle, Gänsemarkt.
Getreidearbeiter
Schiffsmaler } König von Preußen, Altstädter Fuhlentwiete 10.
Speicherarbeiter: Hammonia-Gesellschaftshaus, oberer Saal, Hohe Bleichen.
Quaiarbeiter (Amerika-Linie): Wendt, Banksstraße.
Quaiarbeiter (Staatsquai): Schwaß, Große Bierhallen, Neust. Fuhlentwiete.
Quaihülfsarbeiter: Hamburger Ballhaus, oberer Saal, Neust. Neustraße.
Maschinisten: Hammonia-Gesellschaftshaus, unterer Saal, Hohe Bleichen.
Schiffsreiniger
Kesselreiniger } Concordia, St. Pauli.
Seeleute: Schweizersaal, Große Freiheit, Altona.

Kommt Alle in die Versammlung!

Die Streikleitung.

Hamburger Buchdruckerei und Verlagsanstalt Auer & Co. in Hamburg.

wozu Prinzipale und Gehilfen zusammenarbeiteten. Auf der
gleichen Basis entstanden zahlreiche Kranken-Unterstützungs-
kassen.

Als 1893 ein sozialdemokratisch orientierter Angestelltenver-
ein „Vorwärts" in Hamburg gegründet wurde, erreichte er nur
eine über wenige Hundert nicht hinausgehende Mitgliedschaft.
Die Gegengründung durch die deutsch-sozialen Antisemiten,
der Deutsche Handlungsgehilfen-Verband zu Hamburg von
1893 wurde hier zur größten Gewerkschaft der kaufmännischen Angestellten. Frauen waren daraus ausgeschlossen. In
dieser Männerorganisation dominierten nationalistische Ideen,
gerichtet auf die Stärkung der deutschen Wirtschafts- und Ko-
lonialmacht. Davon versprachen sich viele Angestellte die Verbesserung ihrer bedrückenden materiellen Lage.

Der erste Weltkrieg griff dann tief in das Arbeitsleben Hamburgs ein. In großem Umfang traten Frauen an die Stelle der
Männer. Vorher lag die Frauenarbeit in der hamburgischen Industrie erheblich unter deutschem Durchschnitt. Besonders
stark aber rückten Frauen in die Kontore und Büros ein. Der
weiter sinkende Anteil gelernter und berufserfahrener Arbeitskräfte und die damit verbundene Veränderung der Arbeitsplätze wirkten auch in der Folgezeit schwerwiegend nach.[1]

Ulrich Bauche

Die Börse

„Die Börse, den Mittelpunkt des ganzen Handelsmechanismus, betrachten wir billigerweise zuerst.[1] Das Gebäude ist jederzeit ohne Weiteres zugänglich. Nach Beginn der eigentlichen Börsenstunden (von 1 bis halb 3 Uhr) wird von Börsenmännern wie von besuchenden Fremden 4 Schilling Eintritt bezahlt. Es ist spaßhaft anzusehen, wie Leute, deren Geschäfte sich auf Tausende belaufen, mit Beginn des Börsengeläutes ihre Schritte beschleunigen und oft in vollem Trabe ankommen, um noch vor der Zeit einzutreten, wo der Mann mit der Büchse an den Eingängen steht. Doch ist wohl hauptsächlich der kaufmännische Tick der Pünktlichkeit die Triebfeder der Beinmuskeln. Der Fremde muß dem Börsenbesuche eine volle Stunde widmen und namentlich so zeitig vor der Börsenstunde kommen, daß er die mächtigen Hallen vorher mit Muße durchwandern kann. Man geht hinein, fragt Niemand um Erlaubnis, behält den Hut in allen Räumen auf dem Kopfe, besieht und liest, was einem gefällt, und wird des Interessanten genug finden. In allen Vorhallen und auf den Treppen sind Plakate über Schiffsgelegenheiten und Verkäufe, Ankunft von Telegrammen, Schiffslisten, Auktionen angeheftet. Der Fußboden im Hauptsaal ist auf eigenthümliche Weise getäfelt. Ebenmäßige Winkel und Abtheilungen, auf dem dunkeln Boden durch weißeingelegte Streifen bezeichnet, könnten geschmacklos erscheinen, wären sie nicht praktisch und nothwendig. Sie weisen den Handelshäusern ihre Plätze an. Ringsum ist die Haupthalle mit hellem Marmor eingefaßt. Mit Bogengängen in die Seitenhallen wechseln Bogenpfeiler ab, mit Zahlen von 1 bis 24 versehen. Die von diesen in den Saal gezogenen Linien erleichtern das Auffinden der Standpunkte, auf denen die Vertreter der einzelnen Handelshäuser während der Börsenzeit verweilen und von den Maklern u.s.w. aufgesucht werden.

Eine Winduhr zeigt genau die Schwankungen des Windes an, von denen manches Lieferungsgeschäft abhängt, dessen Objekte noch im Kanale schwimmen.

Breite Rampentreppen führen zur Börsenhalle, einem kaufmännischen, ungemein reich mit Zeitungen versehenen Clublokale hinauf, und zur Galerie, wo vor der Börsenzeit Vorversammlungen stattfinden und während derselben in der Regel die Zuschauer, Damen nicht ausgenommen, ihre Plätze zu bequemer Uebersicht nehmen. Während des Läutens füllen sich die Räume, bis Mann an Mann flüsternd neben einander steht. Sie sprechen leise, und weit entfernt oben eine Silbe verstehen zu können, klingt es doch herauf wie das Brüllen der Nordsee, wenn sie gegen die schleswigschen Inseln schlägt: ein unartikulirtes Brausen wie von einer Million Bienenschwärme.

81 „Die Börse ... Mittelpunkt des ganzen Handelsmechanismus ... im Ganzen trägt die Versammlung den Schein kalter Ruhe und Geschäftssicherheit": Xylographie nach C. Schildt, um 1882

Briefträger in den verschiedenen Farben ihrer Länder (siehe Postanstalten) bringen einige Abwechslung in die schwarze Masse, deren Eindruck auf den Beschauer sich kaum beschreiben läßt. Man weiß, was sie da unten thun, sie bieten an, lehnen ab, kaufen und verkaufen, hie und da kommt eine lebhafte Geberde zum Vorschein, aber im Ganzen trägt die Versammlung den Schein kalter Ruhe und Geschäftssicherheit. Daß es sich jeden Augenblick um Hunderttausende handelt, daß von Hunderten dieser stillen Männer Geschäfte gemacht werden, an deren Gelingen oft Summen hängen, wie sie viele Staatsbeamte ihr ganzes Leben nicht zu sehen bekommen, daß sie Nachrichten vom Gewinn eines Kapitals, groß genug, zehn Pfarrer und eben so viele Schullehrer ihr Lebenlang zu ernähren, hinnehmen, ohne eine Miene zu verziehen, daß sie Fehlschläge von gleicher Bedeutung ohne Augenzwickern notiren, davon ahnen wohl nur wenige der Zuschauer Etwas, die in das Gewühl hinabblicken. Neben diesen großen Kapitalen und Schiffsladungen von Waaren, bedeutend genug, daß die vermittelnden Makler von ihren kleinen Prozenten oder Promillen Landhäuser und Equipagen anschaffen, werden aber auch die geringfügigsten Dinge an die Börse geschleppt. Man findet dort eben für Alles Käufer und bei den Maklern Nachweise über jeden erdenklichen Gegenstand. Beispielsweise führe ich nur an, wie der Schlag von Künstlern, in deren Adern etwas kaufmännisches Blut mit unterläuft, hier oft genug Käufer für ihre Seestücke u. dergl. finden. Aber das ist Nichts! es ist und bleibt ein Handelsartikel; wollen Sie eine Frau auch dahin zählen? Warum nicht, wird Mancher antworten, wenn sie Geld hat! Ich erzähle Ihnen darüber einige Thatsachen später bei Gelegenheit des Sittenkapitels."

Comptoir-Häuser

„Möge die Vorsehung dieses Haus in ihren Schutz nehmen." So stand es über dem Hauptportal eines Gebäudes, das nach zeitgenössischer Ansicht der Vaterstadt zu dauernder Zierde gereichen sollte. Die Rede ist vom Dovenhof, einem Comptoir-Haus, das in den Jahren 1885-1886 gegenüber der entstehenden Speicherstadt, jenseits des Zollkanals errichtet wurde.

Bauherr war der Kaufmann und Gutsbesitzer Heinrich von Ohlendorff, ein weitgereister Mann. In England hatte er moderne Kontorhäuser gesehen und beschlossen, diesen Bautyp auch in der Hansestadt einzuführen.

Das Hamburger Kaufmannshaus hatte jahrhundertelang Wohnen, Kontor und Lager unter einem Dach vereinigt. Mit dem Trend der reichen Hanseaten, sich an Alster und Elbe Villen im Grünen zu schaffen – verstärkt nach dem verheerenden Brand von 1842 – begann eine räumliche Trennung der Funktionen: Das Wohnen rückte von Lager und Büros ab.

Das Freihafenprojekt brachte eine weitere Aufsplitterung der Funktionen mit sich. Aber damit hatte der weitsichtige Freiherr von Ohlendorff gerechnet. Bei der konzentrierten Lagerhaltung in der Speicherstadt würde man zahlreiche city- und hafennahe Büros benötigen, folgerte er. Und in der Tat entstanden bis zur Jahrhundertwende über 100 neue Bürohäuser. Doch wohl keines war so modern, groß und wohlausgestattet wie der Dovenhof.

Am 5. Februar 1884 konnte man einer Notiz in der Berliner Börsenzeitung entnehmen, daß Ohlendorff für mehr als eine Million Mark ein knapp 15000 Quadratmeter großes Grundstück erstanden hatte, „um ein großartiges, allen Anforderungen der Neuzeit entsprechendes Kaufhaus hinzustellen, welches jeder Kaufmannsbranche die benötigten, praktisch eingerichteten Localitäten miethsweise zur Disposition stellen soll."

Martin Haller, der auch maßgeblich am Hamburger Rathaus mitarbeitete, erhielt den Auftrag und entwarf ein ebenso repräsentatives wie zweckmäßiges Gebäude; ein Haus nach Hamburger Ge-

82   1885–1886 ließ der Bauherr von Ohlendorff nach Entwürfen von Martin Haller gegenüber der Speicherstadt den Dovenhof, das erste große Kontorhaus, errichten. Bis zur Jahrhundertwende entstanden über 100 weitere Kontorhäuser: Photographie von Knackstedt und Näther, 1886

schmack. Eineinhalb Millionen Mark legte der Freiherr von Ohlendorff für sein zukunftsträchtiges Projekt auf den Tisch. Dafür zeichnete Haller ihm Fassaden in Granit und Sandstein, stilistisch der französischen Renaissance verpflichtet. Die Geschäftsleute im Gehrock und die Commis in dunklen Jacken, mit Ärmelschonern und Anknöpfkragen gelangten durch die repräsentative Marmorhalle oder diverse Seiteneingänge in die Konferenzräume oder Comptoirs mit Stehpult. Der rückwärtige Teil des Hauses diente Lagerzwecken, die Kontore lagen vorn. Während Besucher über die Haupttreppe und freitragende Galerien am zentralen Lichthof ans Ziel kamen, wurden die Waren über zwei Höfe angeliefert.

Das Haus war für „eine Anzahl von 60 bis 70 kaufmännischen Comptoirs" gedacht, berichtete der Hamburgische Cor- respondent anläßlich der Eröffnung des Dovenhofes am 1. Mai 1886. Sensationell an dem Gebäude war, daß die Geschoßflächen nach den Wünschen der Mieter abgeteilt und unterteilt werden konnten. Voraussetzung dafür war, daß die Architekten auf das früher notwendige System tragender Wände verzichten konnten. Das hatten die Baumeister bei jüngsten Speicherbauten im Hafen gelernt; zuletzt war der große Kaiserkaispeicher von 1875 mit einem „Korsett" aus tragenden Säulen errichtet worden. Das Prinzip der frei einteilbaren Geschäftsräume wurde Maßstab für alle späteren Hamburger Kontorhäuser.

Das durchgehende, architektonisch beeindruckende Oberlicht aber hat sich nicht durchgesetzt. Es wirkte zu stark bestimmend auf die Unterteilung der Geschosse.

Lob, Kritik, Skepsis und Ablehnung erfuhr vor allem die technische Neuerung eines Dampfpaternosters im Hause; es war der erste kontinuierliche Aufzug auf dem Kontinent. Auch dieses Detail hatte Ohlendorff in London abgeguckt.

„Die Bewegung ist so langsam, daß selbst Damen und Greise ohne jede Bedenken und ohne jede Hülfe und Begleitung die Kabinette im Fahren besteigen und verlassen können", berichtete der Correspondent. „Diese Einrichtung, bei welcher einige höchst sinnreiche Sicherheitskonstruktionen angebracht sind, hat vor der sonst üblichen den Vortheil, daß jeder Zeit der Fahrstuhl zur Verfügung stehet, und man nicht erst auf sein Kommen lange zu warten hat," lobte der Berichterstatter.

Doch viele Hanseaten witterten ebenso Unheil wie ihre Vorfahren beim Bau der Eisenbahn nach Bergedorf, knapp 50 Jahre zuvor.

Und so schien der Reporter der Hamburger Nachrichten geradezu befriedigt zu sein, als er am 11. Dezember 1886 schreiben konnte: „Jetzt ist leider schon das Unglück im Dovenhof passirt, welches ich vorhergesehen und am 13. und 15. October besprach. Es hat sich ein alter Herr beim Aussteigen aus dem Fahrstuhl das Bein zerquetscht, und wie es scheint, in ganz arger Weise, allerdings durch eigene Unvorsichtigkeit, aber ein solches Unglück kann ja gar nicht passiren, wenn der Fahrstuhl sich bei jeder Etage eine halbe ja selbst nur eine Viertel Minute aufhält."

Die Unkenrufe erhielten neue Nahrung, als ein junges Mädchen sich das Bein quetschte: „Kommt man einen Augenblick zu spät, so muß man einen Sprung machen, wobei es gar nicht ausgeschlossen ist, daß man sich den Schädel zerschmettert; kommt man zu früh, so kann man ganz leicht ein Bein zwischen Stuhl und Wand bekommen..."

Doch so leicht ließen sich die Anhänger des modernen Beförderungsmittels nicht mundtot machen. Sie hielten ihren Gegnern vor: „Sie scheinen den Zweck des Fahrstuhls gänzlich zu vergessen! Derselbe soll doch das Publicum schneller befördern; wenn es nun ihrer Ansicht nach erstens langsamer ginge und man zweitens noch bei jedem Stock eine halbe Minute anhalten soll, so käme man zu Fuß ja bedeutend eher hinauf." Und das entscheidende Argument: „Welch schönes Geschäft kann uns Kaufleuten schon in dieser Zeit entgehen." Der Pater-

83 Marmorhalle, zentraler Lichthof, Haupttreppe, freitragende Galerien des Dovenhofes waren repräsentativ ausgestattet. Etwa 60 „kaufmännische Comptoirs" konnten nach den Wünschen der Mieter abgeteilt werden: Photographie, um 1886

noster trat seinen Siegeszug in die Hamburger Kontorhäuser an.

Hinter dem Streit um das „gefährliche" Beförderungsmittel traten wesentliche andere Neuerungen des Dovenhofes in den Hintergrund: Warenaufzüge und Winden, eine hauseigene elektrische Versorgung, Dampfheizung und Gaslicht.

Am Eingang wachte, wie in alten Kaufmannshäusern der Portier im Zibürken, ein Kastellan und half mit Auskünften. Heizung, Licht, Reinigung der Büros und Korridore – all das wurde vom Vermieter als Service geliefert und als Nebenkosten auf die Quadratmeterzahl der Kontore umgerechnet, der Miete aufgeschlagen. Auch das war mit dem Bau des Ohlendorff'schen Dovenhofes Maßstab für Kontorhäuser geworden.

Je nach Geldbeutel und Größe der Firma konnte man sich in einem Katalog eine Geschoßfläche aussuchen, abteilen und herrichten lassen. Für die straßenseitigen Räume in den unteren Geschossen bezahlte man mehr, für die rückwärtigen Kontore in den oberen Stockwerken weniger. Und folglich wurde auch die Ausstattung der Zugänge von unten nach oben spärlicher. Aus Marmor und Holzvertäfelungen wurden Wandfarbe und Linoleumfußboden.

Seit den neunziger Jahren des 19. Jahrhunderts begann ein wahrer Bauboom für Kontorhäuser. Die lukrativen Bürogebäude verdrängten das Wohnen aus der Innenstadt. Die besten Hamburger Architekten prägten einen charakteristischen Stil, der bald von historistischen Elementen, bald vom Jugendstil- und schließlich von der Heimatbewegung geprägt wurde. Doch ein einheitlicher Fas-

84 Schon der Dovenhof enthielt einen dampfgetriebenen Paternoster. In den folgenden Jahrzehnten wurde der Paternoster typisch für das Hamburger Kontorhaus: Paternoster im Rappolthaus an der Mönckebergstraße, Photographie von Moesigny, um 1912

sadenaufbau blieb bestimmend: Die Fronten waren horizontal stets dreigeteilt mit einer Laden-, einer Mittel- und der Dachzone. Zuweilen sprangen an den Seiten vertikale Vorbauten vor. Bis etwa 1906 baute man dreiteilige Breitfenster, später schmale Fenstertypen ein, die im Inneren eine noch größere Freiheit der Untergliederung erlaubten.

In den Häusern wurden Zugänge und Treppen zentral angelegt. Man kombinierte Haupt- und Nebentreppen stets mit Aufzügen und Sanitäreinrichtungen.

Hamburgische Architektur-Spezialität war seit den neunziger Jahren der Trend, die Höfe, später sogar die Hauptfassaden mit Keramikplatten zu verblenden. Eines der schönsten Beispiele war das abgebrochene Gertig-Haus der Architekten Frejtag und Wurzbach.

Seit 1905 etwa wurden Sand-, Kunst- und Tuffstein zu bevorzugten Fassadenverkleidungen, bis die Backsteinphase auch die Hamburger Kontorhausarchitektur erreichte.

Solidität, Repräsentativität und Qualität waren die Merkmale dieser Bauten, deren Material, Stil und Ausstattungsstandard auch von der Lage in der Stadt abhingen. Besonders teuer und elegant baute man in Alsternähe, am Neuen Wall, am Jungfernstieg und beim Rathaus. Richtung Hafen wurden die Häuser sachlicher.

Die Eingangshalle mit der Portiersloge diente als Visitenkarte und wurde folglich mit feinsten Majolika, Edelhölzern, Skulpturen, Brunnen und anderem edlen Zierrat ausgestattet.

Knapp 300 Kontorhäuser entstanden bis zum Ersten Weltkrieg in der Hamburger Innenstadt. Rund zwei Drittel sind, mehr oder weniger gut, erhalten. Hinzu kommt eine Reihe von Geschäftshäusern, die nach demselben Prinzip errichtet aber nur von einer Firma genutzt wurden. Diese Gebäude zeigen fast immer größeren Aufwand beim Raumschmuck und bei der Innenausstattung. Zu den schönsten erhaltenen Kontorhäusern gehören Martin Hallers Afrikahaus in der Großen Reichenstraße (1899) und der Laeiszhof an der Trostbrücke (1897–98), das kleine „Alsterhaus" am Ballindamm von Rambatz und Jollasse (1902–1903), George Radels „Alte Bankhalle" am Ness (1903) sowie umfangreiche Ensembles am Neuen Wall, an den Großen Bleichen und schließlich an der Mönckebergstraße.

Nur einmal noch wurde Hallers Idee vom durchgehenden Lichthof wiederholt: Die Rathausarchitekten-Kollegen Stammann und Zinnow haben 1907 das Kaufmannshaus damit ausgestattet.

Die von Ohlendorff beschworene Vorsehung meinte es mit dem Dovenhof übrigens nicht allzu gut. Der Bau überstand zwar die Bombennächte des Zweiten Weltkriegs, doch die Planungen der Verkehrsfachleute bescherten ihm die Abbruchtrupps: 1967 mußte der Dovenhof der Ost-West-Straße weichen.

Gisela Schütte

Das Leben eines Commis

Commis, so steht es in jedem Lexikon, ist die veraltete Bezeichnung für Handlungsgehilfe. Ein Handlungsgehilfe – auch kaufmännischer Angestellter genannt – hat eine abgeschlossene Lehrzeit hinter sich. Er ist in einem Handelsgewerbe zur Leistung kaufmännischer Dienste gegen Entgelt angestellt. Durch die Art seiner Tätigkeit unterscheidet er sich vom gewerblichen Arbeiter, durch seine rechtliche Abhängigkeit vom selbständigen Kaufmann.

Im 19. Jahrhundert war die Zahl der Commis relativ klein, denn auch große Firmen verfügten nur über wenig Personal. Bei „Conrad Warnecke" zum Beispiel gab es um 1830 im Kontor einen Prokuristen, sechs Commis und vier Lehrlinge, und das war viel. „Burmester & Stavenhagen", bei denen Max von Schinckel 1864 als Lehrling eintrat, hatten lediglich einen Bureauchef, einen Commis und vier Lehrlinge, und dazu noch einen Buchhalter, der in den Abendstunden kam, vermutlich, weil er für mehrere Firmen arbeitete. „M. M. Warburg & Co.", gegen Ende des Jahrhunderts die führende Akzeptbank Hamburgs mit einem Gesamtumsatz von über 5 000 000 000 Mark jährlich, bewältigten die anfallende Arbeit mit vier Prokuristen, 23 Commis, drei Lehrlingen, drei Hausknechten und drei Volontären – ohne die heute üblichen technischen Hilfsmittel.

Der Arbeitstag für alle war lang, auch für die Chefs. Zwölf Stunden – mit einer zweistündigen Mittagszeit – waren das Normale, bei einer Sechstagewoche. Auch sonntagvormittag waren die „Comptoire" besetzt, umschichtig von einem Teil der Belegschaft.

Maßgebend für das Gehalt war die Art der Tätigkeit und die Dauer der Firmenzugehörigkeit. Eine „coulante" Handschrift und ein klarer Briefstil wurden allenthalben als selbstverständlich vorausgesetzt, desgleichen auch kaufmännisches Rechnen. Warenkenntnis und Beherrschung fremder Sprachen brachten zusätzliche Pluspunkte. Gute Leistungen wurden mit Gratifikationen belohnt, die nicht selten das Jahresgehalt um ein Mehrfaches überstiegen. Daß verdiente Angestellte am Nettogewinn – nicht aber am Verlust – beteiligt waren, läßt sich seit Beginn der fünfziger Jahre des 19. Jahrhunderts für mehrere Hamburger Firmen nachweisen. Mancher brachte es auf diese Weise zu einem kleinen Vermögen. Mancher wurde zunächst Prokurist und dann Teilhaber der Firma, mancher wagte den Sprung und gründete ein eigenes Geschäft. Die meisten aber blieben ihr Leben lang Commis.

Das Verhältnis des Prinzipals zu seinen Angestellten war in der Regel patriarchalisch. Plattdeutsch als Verkehrssprache war keine Ausnahme.

Als sich 1858 in Hamburg der „Verein für Handlungs-Commis" konstituierte, hatte dies mit Klassenkampf nicht das geringste zu tun. Man wollte lediglich der Ausbeutung durch gewerbsmäßige Stellenvermittler entgegenwirken – zusammen mit den Prinzipalen.

Erst gegen Ende des Jahrhunderts begannen sich die Verhältnisse zu verändern – nicht überall gleichzeitig, nicht überall gleichartig. In manchen Firmen geht es auch heute noch patriarchalisch zu. In den größeren aber, vor allem dort, wo nicht nur Angestellte, sondern auch Arbeiter beschäftigt waren, brach eine neue Zeit an.

Ein Zeuge dieser Entwicklung ist Wilhelm Wachendorf, geboren 1877 im Gängeviertel am Dovenfleet als Sohn eines Zigarrendrehers und einer Reinmachefrau. 1892, als Vierzehnjähriger, kam er als Lehrling zu der Zentralheizungsfirma Rudolf Otto Meyer (ROM) in Eilbek, der er sein Leben lang verbunden blieb. Als alter Mann hat er seine Erinnerungen niedergeschrieben, die sein Sohn durch Reminiszenzen an sein Elternhaus ergänzt hat. Beide Manuskripte, maschinenschriftlich vervielfältigt, befinden sich in der Bibliothek des hiesigen Staatsarchivs.

An der Spitze von ROM standen 1892 zwei Prinzipale, „der alte Herr Meyer" oder „Vadder Meyer" und sein jüngerer Sozius Strebel. Beide hatten ihre Villen neben dem Fabrikgelände. Die Zahl der Betriebsangehörigen belief sich auf etwa hundert, von denen die meisten im gewerblichen Bereich tätig waren.

Im kaufmännischen Büro gab es 1892 nur einen Prokuristen, einen Kassierer, einen Commis und, inklusive W., zwei Lehrlinge. Im Februar 1894 wurde die erste Schreibmaschine angeschafft, für deren Bedienung „eine weibliche Person" engagiert wurde, auch die erste. „Für die Kaufleute und Ingenieure kam dies einer Revolution gleich. Das Fräulein war nicht mehr ganz jung und saß steif wie ein Lineal hinter ihrer Schreibmaschine."

Nach vier Jahren war die Lehrzeit zu Ende, W. war „Handlungs-Commis". „Wie stolz war ich und wie frei und gehoben fühlte ich mich! Vier Jahre neben einem gestrengen Prokuristen sitzen und für ihn arbeiten zu müssen, ist doch nicht so leicht, wie es sich hinschreibt. Es war eine gute Schule gewesen, wenn einem auch das Tempo, die Länge der Arbeitszeit und die Härte der Disziplin das Äußerste abverlangt hatten. Ich verstand nun wirklich etwas von meinem Metier, war in allen Sätteln gerecht, obgleich ich aus Zeitmangel nie eine der wenigen in Hamburg bestehenden privaten Abendhandelsschulen hatte besuchen können, um meine praktischen Kenntnisse durch theoretische zu vertiefen."

Was die Länge der Arbeitszeit anbelangte, so änderte sich daran auch für den Commis W. nichts. „An einen Achtstundentag dachte damals noch niemand." Die Arbeitszeit betrug zwölf Stunden und mehr (zwei Stunden Pause eingerechnet). „Aber trotzdem war ich den ganzen Tag über frisch und fröhlich bei der Sache, obwohl wir Angestellten die Überstunden nicht bezahlt erhielten. Man war aber jung und nicht verwöhnt, und außerdem erkannte Herr Meyer meinen Fleiß durch eine von Zeit zu Zeit gegebene Entschädigung an."

Höhepunkte für alle Angestellten waren die alljährliche Neujahrscour bei den beiden Firmeninhabern sowie die ebenfalls alljährlich stattfindenden „Meyer-Bälle". „Am Mittag des 1. Januar versammelten sich sämtliche Angestellte im Büro und gingen Punkt 13 Uhr geschlossen zu Herrn Meyer hinüber. Voran schritten die beiden Prokuristen, selbstverständlich im schwarzen Gehrock mit weißer Binde und Zylinder. Auch viele Angestellte waren im Gehrock erschienen. Das Schlußlicht des Zuges bildete

85 Commis war die Bezeichnung für die Handlungsgehilfen oder kaufmännischen Angestellten. Erst im Laufe des 19. Jahrhunderts stieg ihre Zahl: Commis in einem Kontor, Photographie, um 1900

der kaufmännische Lehrling... Auf das Klingeln öffnete eines der Dienstmädchen und führte die Besucher in den Salon, wo uns das alte Ehepaar, auf dem Sofa sitzend, empfing – Herr Meyer ebenfalls im schwarzen Anzug, aber mit schwarzem Schlips, seine Frau in großer Toilette. Als erster trat der kaufmännische Prokurist ein, ihm folgte der Leiter des technischen Büros, darauf die übrigen Herren streng nach Rang und Würde!.." Der Prokurist sprach die Neujahrswünsche des Personals aus, anschließend gab es französischen Rotwein und belegte Brötchen.

Veranstalter der „Meyer-Bälle" waren die Arbeiter der Firma. Sie luden die beiden Firmeninhaber mit ihren Familien sowie die Angestellten mit ihren Frauen in den Tanzsalon „Harmonie" nach Wandsbek ein. Nach verschiedenen Aufführungen wurde „das Tanzbein geschwungen; wenn der alte Herr Meyer mit seiner Frau den Ehrentanz hinter sich hatte, tanzten die Arbeiter mit den Damen der Prinzipale, und es war wirklich wie eine große Familie."

Doch das hatte bald ein Ende. 1897 starb Herr Strebel, und zwei Jahre später folgte ihm der Seniorchef. „Da kam über uns alle, die Herrn Meyer persönlich gekannt hatten, große Trauer. Drei Tage später war die Beerdigung... Wer es von uns konnte, folgte dem Leichenwagen zu Fuß von der Pappelallee bis zum Ohlsdorfer Friedhof. Mit Herrn Meyers Tod hörte die Zeit der patriarchalischen Betriebsführung auf. Die neue Geschäftsleitung bemühte sich zwar, den alten Geist weiterzupflegen, doch gelang das nur zum Teil. Denn das heraufziehende Jahrhundert bedeutete für die Firma eine Ausweitung auf allen ihren Arbeitsgebieten. Die Zahl der Betriebsangehörigen nahm zu, dem einzelnen wurde die Übersicht schwer."

Dennoch blieb W. bei der Firma. Nach den Vermutungen des Sohnes hat er wohl mit dem Gedanken gespielt, sich zu verändern, „was jedoch nie geschah, wahrscheinlich auf Veranlassung seiner Mutter, die ihn beschwor, auf keinen Fall die sichere Stellung bei ROM aufzugeben."

1905, im Alter von 27 Jahren, verheiratete sich W. Seine Frau, 23 Jahre alt, war, genau wie er, als Kind nicht auf Rosen gebettet gewesen. Nach der Konfirmation war sie zunächst „in Stellung" gegangen, dann hatte sie Putzmacherin gelernt. Mit ihrem Verdienst unterstützte sie zwei jüngere Schwestern, die unter großen Entbehrungen das Volksschullehrerinnen-Seminar absolvierten.

Beide Ehepartner verfügten über Ersparnisse. So war es möglich, nicht nur eine kurze Hochzeitsreise in den Harz zu machen, sondern auch eine Drei-Zimmer-Wohnung in der Menckes-Allee

86 Als sich 1858 der „Verein für Handlungs-Commis" konstituierte, hatte dies mit Klassenkampf nichts zu tun. Es ging um gemeinsam mit den Prinzipalen betriebene Stellenvermittlung: Plakatlithographie von C. Adler, um 1900

vollständig einzurichten. „Im guten Zimmer", so schreibt der Sohn, „stand eine rote Plüschgarnitur und ein Vertikow, das Wohnzimmer enthielt eine einfache Plüschgarnitur, dazu Spiegelschrank und Bücherbord, die Schlafzimmereinrichtung war vom Tischler angefertigt und recht solide, und die Küche schließlich war für damalige Verhältnisse modern, das wichtigste Stück war der hohe Küchenschrank."

Das Netto-Gehalt W.'s betrug zur Zeit der Eheschließung 120 Mark im Monat. Davon wurden 100 Mark für den Haushalt einschließlich Miete verbraucht. Zehn Mark erhielt W.'s alte Mutter, zehn Mark kamen als Notgroschen auf die Sparkasse.

Nachdem 1907 und 1908 zwei Kinder geboren worden waren, zog die Familie um nach Barmbek, in eine Parterre-Wohnung mit Laden. Dort eröffnete Frau W. ein Putzwarengeschäft, um zum Lebensunterhalt beitragen zu können. Ob dies wirklich erforderlich war, muß bezweifelt werden. Denn da W. bei ROM reüssierte, erhöhte sich auch sein Gehalt. Und außerdem brauchte man jetzt für den Haushalt ein Mädchen.

1916 bot man W. die Stelle des Hauptkassierers an. Ein Jahr später gab seine Frau ihr „florierendes" Geschäft auf. Durch den Krieg war es unerfreulich geworden. „Mehr als einmal mußte Inventur gemacht werden, und vor allem wurde das viel Zeit und Mühe kostende Bezugsscheinsystem eingeführt." Die Familie zog wieder nach Eilbek, in eine freundliche Terrassenwohnung, 3½ Zimmer groß.

Der Zusammenhalt innerhalb der Verwandtschaft war groß; Geburtstage etc. wurden im größeren Kreis gefeiert. Besonders eng war der Kontakt zu den beiden unverheirateten Schwestern von W.'s Frau, den Volksschullehrerinnen.

Die öffentliche Bücherhalle wurde regelmäßig frequentiert, auch Opern- und Theaterbesuche fanden statt. Beim Kauf von Kleidung wurde in erster Linie auf „Strapazierfähigkeit" geachtet; vieles nähte Frau W. selbst. Gegessen wurde nicht schlecht, wie es in den Erinnerungen des Sohnes heißt, „wenn auch nicht so üppig wie in einem Arbeiterhaushalt." Fleisch gab es in der Regel nur sonntags. Tabu war Alkohol, wohl weil beide Ehepartner bei ihren eigenen Eltern (und auch sonst) seine unheilvolle Wirkung hatten erfahren müssen.

„Über das Lebensnotwendige hinaus", so schrieb der Sohn rückblickend, „gönnten sich meine Eltern selten etwas … Alles wurde sehr genau bedacht und überlegt. Manche Annehmlichkeit versagte man sich bewußt, teilweise aus erzieherischen Gründen. Ich weiß noch, wie ganz selten unsere Eltern uns Kindern auf längeren Wanderungen eine Flasche Selter oder Brause spendierten. Einkehren kannte man überhaupt nicht … Meine Eltern würden es, glaube ich, nie fertig gebracht haben, einmal an einem Abend, wie es doch andere gelegentlich taten, drei Mark oder auch fünf Mark ‚auf den Kopf zu hauen'. Alles, was mit Geld zusammenhing, hatte für sie fast religiöse Bedeutung. Im letzten Grunde verließ sie ihr ganzes Leben niemals die Angst, es könnte einmal anders kommen und sie wären dann hilflos dem Hunger und der Not ausgeliefert."

Aber es kam nicht anders. Seinen Posten als Hauptkassierer, den er 1916 erhalten hatte, füllte W. 23 Jahre lang „voll" aus. Damit hatte er den „entscheidenden Schritt" seines Lebens getan, wie er es formulierte. „Ich war im Alter von 39 Jahren zum Abteilungsleiter aufgerückt und trug nun für zwei Jahrzehnte schwere Verantwortung, hatte sich doch inzwischen ROM zu einer Firma von europäi-

schem Format entwickelt." 1939 mußte W., 62 Jahre alt, aus gesundheitlichen Gründen den größten Teil seiner Tätigkeit aufgeben, doch erledigte er noch bis 1946 ziemlich regelmäßig Aufträge für die Firma, „die besonders vertraulicher Natur waren." Sein Lebensabend war gesichert; er hatte Ersparnisse, und die Firma zahlte ihm, und später seiner Witwe, eine Pension.

Die Firma, so ist es in den Aufzeichnungen des Sohnes zu lesen, spielte im Leben und Denken der Eltern, aber auch der Kinder „die beherrschende Rolle. ROM war für uns der ruhende Pol, um den unser ganzes Leben kreiste und von dem wir uns in jeder Weise existentiell abhängig wußten. Obwohl mein Vater in seinen ‚Erinnerungen' gern von seinem Schaffen dort spricht, war es doch andererseits die Firma, die ihn mehr als 50 Jahre lang wie mit eisernen Banden umklammert hielt. Es war ein Frondienst, dem er nie zu entrinnen vermochte, wenn er sich auch durch das Bewußtsein gehoben fühlen durfte, zu der kleinen Gruppe der Abteilungsleiter zu gehören, die sich sogar im Gegensatz zu den Arbeitern und Angestellten als ‚Beamte' bezeichneten. Für die lebenslängliche, materielle Sicherheit, die ihm die Firma bot, mußte er schwer zahlen. Nie konnte er z. B. wie seine Kollegen seinen Urlaub auf einmal nehmen, länger als 14 Tage konnte er nicht wegbleiben, weil freitags die Lohnzahlung für die Arbeiter stattfand. Den einen Freitag ließ er sich von einem Kollegen vertreten, weil er vorgearbeitet hatte, aber länger war es nicht möglich. Immer war er wie ‚angenagelt', niemals durfte er sich frei und ungebunden fühlen." Der Sohn – und dies ist aus mehreren Gründen typisch – hatte auf Anraten seiner Lehrer die Höhere Schule besucht und anschließend studiert.

Renate Hauschild – Thiessen

Berufskleidung: Schutz und Abzeichen

Die spezifische Kleidung einiger Berufszweige überliefern uns für das Hamburg des 19. Jahrhunderts mehrere Bildserien, angefangen von Christopher Suhrs „Kleidertracht in Hamburg" und seinem – besondere Sparten herausgreifenden – „Ausruf in Hamburg" aus dem ersten Jahrzehnt des vorigen Jahrhunderts über F. G. Bueks „Album hamburgischer Costüme" von 1847 bis hin zu den entsprechenden Motiven in den Aufnahmen für die „Photographische Staatssammlung" von 1909, um nur die wichtigsten aufzuzählen. In all diesen Serien ging es jedoch keineswegs um die bewußte Dokumentation sozialgeschichtlicher Aspekte, sondern um die Darstellung des Auffallenden, von der üblichen Mode Abweichenden in dieser Kleidung. Der Reiz des „Exotischen", des Andersartigen ging für den meist oberschichtlichen Betrachter – denn für ihn waren diese Serien konzipiert – von den Bildern aus, die folgerichtig eine malerische Gestaltung auch noch im fotografischen Genre bevorzugten. Die schriftlichen Quellen vermerken ebenfalls nur das besonders Auffällige, doch lassen sie, zusammen mit den Bildern, die wichtigsten Grundzüge der in Hamburg getragenen Berufskleidung in vielen Bereichen trotzdem erkennen.

Die heute geläufige Beachtung der Schutzkleidung bei vielen Arbeitsvorgängen war dem 19. Jahrhundert ohnehin meist noch fremd.[1] Vielfach begnügte man sich mit den großen Schürzen, die von der Taille bis zu den Fußknöcheln reichten, in einzelnen Sparten auch mit Latz versehen waren. Aus Leder trugen sie die Bierbrauer ebenso wie die verschiedenen Baugewerbe, die Fuhrleute und Träger, die bei der Verladung tätigen Hafenberufe einschließlich der Quartiersleute und natürlich die Schmiede. Aus weißem grobem Leinen waren die entsprechenden Schürzen bei allen Gewerben, die in den Bereich der Nahrungsmittelproduktion gehörten: bei Müllern, Bäckern, Schlachtern und Köchen. Eine besondere, für ihren Stand kennzeichnende Trageweise der Schürze hatten dabei die Zuckerbäckergesellen

entwickelt. Ihre großen weißen Schürzen hüllten fast den ganzen Körper ein, indem sie unter der linken Achsel durchgezogen und über der rechten Schulter zusammengesteckt wurden. Müller und Bäcker trugen gelegentlich dazu noch eine weiße Leinenüberhose, die in ähnlicher Form auch zeitweilig bei Fischern und Schiffern anzutreffen war, üblicherweise aber schützte allein die Schürze die der allgemeinen Zeitmode angepaßte Alltagskleidung. Typisch allerdings für den körperlich arbeitenden Berufstätigen war – im Gegensatz zur herrschenden Herrenmode – die taillenkurze oder eben über die Taille reichende Joppe, die über einer bunten – häufig karierten oder gestreiften – Weste getragen und während der Arbeit abgelegt wurde.

Auf dem Kopf saß zu Beginn des 19. Jahrhunderts meist eine rund oder viereckig geschnittene niedrige Mütze, die in den ihre bessere wirtschaftliche und damit gesellschaftliche Situation hervorhebenden Berufszweigen, wie den Zuckerbäckern oder Quartiersleuten, auch aus Otternfell sein konnte, das allerdings nicht zu den kostbaren Fellsorten zählte, sonst aber aus Leinen- oder Wollstoffen war. Die Bäcker, Müller und Köche trugen sie wieder in Weiß, und für sie entwickelte sich im Laufe des 19. Jahrhunderts allmählich die steife höhere Form mit dem gebauschten Oberteil, deren endgültige, heute allgemein übliche Ausprägung als sog. „Cauliflower" jedoch aus Frankreich kam und sich erst mit Beginn unseres Jahrhunderts in Hamburg durchsetzte. Seit dem 2. Viertel des 19. Jahrhunderts löste allgemein die Schirmmütze bei Handwerkern und Arbeitsleuten aller Sparten die eng anliegende alte Mütze ab. Mit bauschigem Kopfteil und großem Schirm ging sie als sog. „Schusterjungenmütze" sogar in die Modegeschichte ein, blieb aber in schlichterer Form bis heute eine bewährte Kopfbedeckung für viele Arbeitsbereiche. Wie die Fischer und Schiffsleute bevorzugten auch die Hafenarbeiter, vor allem bei bestimmten Arbeitsvorgängen – wie beispielsweise die Kohlenträger –, den „Südwester",

der mit seiner besonderen Präparierung des Stoffes und der breiten Krempe, die im Nacken bis über die Schultern hinabreichte, den besten Schutz bei vielerlei berufsbedingten Unbilden bot. Er wurde auch zum Kennzeichen der „Fleetenkieker", die ihre Aufmachung ohnehin den Fischern abgeguckt hatten und auch die hohen Stiefel der Fischer trugen. Im übrigen waren Schuhwerk wie auch Kopfbedeckung von der bürgerlichen Männermode bestimmt, und schon in der Mitte des Jahrhunderts begegnen wir auf den Bildern häufig dem Zylinder zur Arbeitskluft und später ebenso dem runden Strohhut, der „Kreissäge". Die bei der Arbeit getragenen Hemden entsprachen ebenso dem üblichen bürgerlichen Zuschnitt, nur waren sie nach praktischen Überlegungen ausgewählt, mußten häufiges Waschen aushalten und Bewegungsfreiheit garantieren. Spezielle Formen entwickelten sich jedoch nicht, lediglich die Farbgebung der sog. „Finkenwerder Bluse" der Fischer mit ihren blau-weißen Streifen und der schräg versetzten Verarbeitung im vorderen Einsatz trat als Besonderheit in Erscheinung.

Der Overall als Totalschutz für Arbeiter an Maschinen läßt sich bereits im 19. Jahrhundert vereinzelt nachweisen, spielte aber insgesamt noch keine Rolle und setzte sich erst nach dem Ersten Weltkrieg als beste Schutzkleidung durch. Nur ein Berufszweig schuf sich schon früh seine eigene völlig verhüllende Arbeitskleidung: die Schornsteinfeger. Bis auf Gesicht, Hände und bloße Füße bedeckte die möglichst eng anliegende schwarze Kleidung den ganzen Körper, um jedes Steckenbleiben in den schmalen Kaminen und Schornsteinen zu vermeiden. Der trikotähnliche Anzug der ersten Jahrhunderthälfte wurde nach und nach durch die Zweiteilung in Joppe, Hose und Kappe ersetzt, zu denen auf dem Weg zur Arbeit Pantoffel und wiederum Zylinder oder Mütze getragen wurden.

Lange Hose, kurze Joppe und Zylinder war auch die übliche Ausgangskleidung der zahlreichen Hausknechte, seien sie

87 Ein Hersteller von Berufskleidung warb bei seinen Abnehmern mit einer Ideal-Darstellung des Hamburger Hafenarbeiters vor Hafenansicht und Stadtsilhouette: Plakatlithographie von Paul Babst, um 1910

Arbeitsleben und Arbeitskampf

nun in einem Privathaushalt oder in einem Kontor tätig gewesen. Die Vielfalt der Hausangestellten, die die vornehme englische Gesellschaft – sonst allgemein das leuchtende Vorbild für die Hamburger des vorigen Jahrhunderts – kannte,[2] war in Hamburg nicht üblich. Man begnügte sich meist mit einem männlichen und zwei weiblichen Dienstboten. Der Diener trug bei feierlichen Anlässen und zum Servieren selbstverständlich den Frack, der gewöhnlich durch lange Hose und schwarze Halbschuhe und nur in Ausnahmefällen durch Kniehose, weiße Strümpfe und Schnallenschuhe ergänzt wurde. Diese Nachahmung hochherrschaftlicher, ursprünglich aus der Wappenkennzeichnung entstandener Livrierung war in den Hamburger Häusern weitgehend fremd, und nur die Ratsdiener bezeugen noch heute, daß auch diese Kleidungsgewohnheit in der Stadt zumindest nicht ganz unbekannt war.
Kennzeichen für die weibliche Hausangestellte war vor allem die weiße Haube, die in zahlreichen Variationen durch das ganze Jahrhundert getragen wurde und sich in den letzten Jahrzehnten vor und nach der Jahrhundertwende zum rein dekorativen, hoch auf dem Scheitel thronenden kleinen rüschenbesetzten Tülloval des Dienstmädchenhäubchens entwickelte. Dazu gehörte für den Ausgang der Korb, der vom kleinen Henkelkörbchen der ins Haus kommenden Näherin über den flachen, mit einer Zudecke versehenen Marktkorb des Kleinmädchens bis zum großen Henkelkorb der Köchin reichte. Eine Schürze, die in den großen Formen Schutz-, in den kleinen Formen lediglich Zierfunktion hatte, bedeckte das Kleid, das der zeitgemäßen bürgerlichen Mode entsprach. Um besser arbeiten zu können, war allerdings den Dienstmädchen die zeitweilig modische Auspolsterung der Röcke untersagt. Auf Krinoline, Tournüre oder Cul de Paris mußten sie ebenso verzichten wie natürlich auf jegliche Art von Schleppe. Kindermädchen und Ammen wurden meist vom Lande angeworben und während des Dienstes zum Tragen ihrer heimatlichen Tracht angehalten. Die Mütze der Amme aus dem Alten Land oder des Kindermädchens aus Holstein war gleichsam ein Qualitätsabzeichen, das den Außenstehenden auch auf die Sorgfalt der elterlichen Erziehung schließen ließ.
Für die Händler, die auf dem Hamburger Markt ihre Waren aus dem Umland anboten, galten dieselben Erwägungen, wenn sie sich in Hamburg beim Verkauf in ihrer heimatlichen Tracht präsentierten, und besonders den verschiedenen Kopfbedeckungen kam dabei der Rang eines Markenzeichens zu,[3] mochte auch die Tracht zu Hause kaum noch üblich sein.
Diesen Abzeichencharakter beinhalteten ebenso die zahlreichen Uniformen, die vom Militär auf die verschiedenen Amtsränge in Polizei, Feuerwehr, Verkehrswesen und Post übertragen worden waren und dem Kundigen sofort die Berufszugehörigkeit, andererseits aber auch seinen amtlichen Status verrieten. Im Schnitt entsprach ihre Kleidung allerdings vollständig der bürgerlichen bzw. der davon abgewandelten militärischen Mode, und wie das Militär trugen auch sie den jetzt ausschließlich der Uniformkleidung vorbehaltenen Zweispitz.
Den Rang und Status des Trägers verrieten auch der Ornat der Pastoren und das „Habit" des Senats, die beide aus der bürgerlichen Mode des Reformationszeitalters entwickelt waren.[4] Sie sind allerdings nur noch bedingt als Berufskleidung anzusehen, da sie lediglich zu Kulthandlungen oder zu höchsten offiziellen Auftritten angelegt wurden, während der Berufsalltag sich in der üblichen Zeitmode abspielte.
Als berufliches Standesabzeichen setzte sich außerdem um die Jahrhundertwende für Börsianer und Handlungsgehilfen der englische „Bowler", im Deutschen „Melone" genannt, durch. Doch der allgemeine Trend betonte im Hamburg des 19. Jahrhunderts die äußerliche Nivellierung durch einheitliche, modisch zeitgemäße bürgerliche Kleidung. Als „Verfall der Sitten" beklagte Buek diese Entwicklung bereits 1847:[5] „Bei der jetzt allgemein eingerissenen Nachlässigkeit der Kleidung sind auch die Austräger nicht zurückgeblieben und sind von andern Hausknechten nicht zu unterscheiden." Aber schon in den Darstellungen vom Beginn des 19. Jahrhunderts läßt sich die geringe „Unterschiedlichkeit" feststellen. Das republikanische Hamburg brauchte die Berufskleidung weniger als Abzeichen einer standesbedingten Hierarchie, sondern als tatsächlichen Schutz bei der Arbeit entsprechend der jeweils vorhandenen material- und schneidertechnischen Mittel.

Gisela Jaacks

88 Mehrere Bildserien überliefern die spezifische Kleidung einiger Berufszweige. In allen ging es jedoch keineswegs um die Dokumentation sozialgeschichtlicher Aspekte, sondern um den Reiz des „Exotischen" für den oberschichtlichen Betrachter: „Hamburger Typen", Xylographie nach B. Mörlius, um 1890

Baase, Vicen und Knechte

Ewerführer gibt es, seit Schiffe die Elbe heraufkommen, um in Hamburg zu löschen und zu laden. Sie besorgen den Transport der Ware vom Strom durch die Kanäle und Fleete zum Speicher, und von dort an die Segler und heute an die Motorschiffe. Ihren Namen erhielten sie von ihrem Schiff, dem „een var". Das einmastige Fahrzeug mit geringem Tiefgang, breit im Verhältnis zur Länge, eignete sich vorzüglich zur Lastenfahrt in flachem Wasser. Im Winter ruhte die Schiffahrt, zu den übrigen Jahreszeiten blieben Ankünfte und Abfahrten der Seeschiffe – wie noch heute – ungleichmäßig verteilt. Deshalb übte der Ewerführer sein dem Kaufmann dienendes Gewerbe nebenberuflich aus, mußte aber der Forderung sofortiger Warenbeförderung jederzeit gewachsen sein. Anders als in Harburg unterlag er in der Hansestadt keinem Zunftzwang oder anderen Bindungen; sein Verhältnis zur Obrigkeit regelten in Hamburg die allgemeinen, für die Schiffahrt erlassenen Gesetze.

Die Ewerführer mußten allein oder mit Hilfe ihrer Familien die Mittel aufbringen, ein Boot zu kaufen, meistens gebaut auf den Werften an den Nebenflüssen der Niederelbe; sie konnten also keine armen Leute sein. Es gab unter ihnen gelernte Schiffszimmerleute, andere waren zur See gefahren, oder jüngere Bauernsöhne ergriffen diesen Beruf. Der Gesetzgeber bestimmte ausdrücklich, der Ewerführer müsse des Lesens und Schreibens kundig sein, denn bei Übernahme der Ware hatte er den Empfang auf einem Konnossement zu quittieren, wodurch er in die Verbindlichkeit des Kaufmanns oder des Schiffers eintrat.

Nach den Jahren der französischen Besetzung Hamburgs von 1806 bis 1814 erholte sich der Handel rasch. Der Nachholbedarf an überseeischen Gütern führte zu einem Anschwellen des Schiffsverkehrs auf der Elbe. Hinzu kam das, wenngleich zunächst langsame, Einsetzen der Dampfschiffahrt. Jetzt übten die Ewerführer ihr Gewerbe hauptberuflich aus. Dafür bedienten sie sich nicht länger des Ewers, sondern der ihm in der Form ähnlichen Bollen und Schuten, die sie in den Fleeten und auf der Alster mit einem

langen Peekhaken peekten oder staakten. Im Hafen ließen sie sich mit der Gezeitenströmung treiben, bis dies wegen der Gefahr für den wachsenden Schiffsverkehr verboten wurde. Der Name „Ewerführer" blieb erhalten. Doch bahnte sich ein Wandel seiner Tätigkeit an, wenn es auch bis in die jüngste Zeit dabei blieb, daß er während seiner Ausbildung lernte, ein Fahrzeug zu führen. Der Ewerführer war fortan der „Baas", derjenige, der für die Transportaufträge sorgte, während der Schutenführer die Schute durch Hamburgs Hafen und Wasserstraßen lenkte. Bald kaufte der Ewerführer eine zweite und dritte Schute. Zunächst fuhr er eine selbst, auf die anderen setzte er Ewerführerknechte, später Ewerführertagelöhner genannt, ein. Gelegentlich taten sich zwei Ewerführer zusammen, um ihre Finanzkraft zu stärken und ihre Schutenflotte vergrößern zu können. Der Baas blieb an Land, um bei den Schiffern im Hafen und in den Kaufmannskontoren Aufträge zu sammeln. Zur Aufsicht über die Schuten und die Tagelöhner bestimmte er als seine Vertreter die Vicen. Sie kamen aus dem Kreis der Tagelöhner oder waren selbst Ewerführer, die eine vorgeschriebene Lehrzeit durchlaufen hatten.

Die Dampfschiffahrt begann um 1870 die Segelschiffahrt zu überflügeln. Auch die Ewerführer bedienten sich der Vorteile der Technik; seit den siebziger Jahren schafften sie Dampfschlepper an, um ihre Schuten schneller an die Schiffe und wieder an Land zu bringen. Denn Schnelligkeit war und ist für sie oberstes Gebot. Daher bedeutete die Einrichtung des Telephons auf den Kais um die Jahrhundertwende eine ähnliche Revolutionierung für ihr Gewerbe wie nach dem Zweiten Weltkrieg die Einführung des Hafensprechfunks. Bislang hatten die Baase morgens die Aufträge verteilt und mußten warten, bis der Vice oder Schutenführer sich, häufig erst am Nachmittag, zurückmeldete. Jetzt konnte dieser vom Kai aus nach Erledigung der Aufgabe telephonieren und neue Weisungen empfangen. Das Wachsen Hamburgs zur Handels- und Schiffahrtsmetropole läßt sich auch an der Zahl der in der Ewerführerei Beschäftigten ablesen; 1863 gab

es 354 hamburgische und 80 Altonaer namentlich bekannte Ewerführertagelöhner, von denen einige oder ihre Nachkommen noch heute bestehende Ewerführereien gründeten. Im Jahre 1880 beschäftigte die Ewerführerei rund 1300 Leute.

1870 kam es zum ersten Male zu einem ernsteren Ausstand der Tagelöhner. Er konnte ebenso wie spätere Streiks ohne große Schwierigkeiten beigelegt werden. Streikgelder gab es noch nicht und es fanden sich, wenn man den Mangel an Erfahrung in Kauf nahm, in der Umgebung der Stadt genug Arbeitswillige. Es ging den Tagelöhnern um eine Erhöhung der Löhne, Verkürzung der Arbeitszeit und um Minderung oder Bezahlung der Sonntagsarbeit. Im August 1872 bewilligten die Baase statt 2/6 Courantmark Crtm 3/- Tagelohn für die Zeit von früh 5 ½ bis abends 7 Uhr, -/6 Crtm für jede Stunde länger, 3/- Crtm für die ganze Nacht nach 12 Uhr, 1/8 Crtm für die halbe Nacht vor 12 Uhr und ebenso viel für die Wache. Nach der Umstellung auf die Reichswährung erhielten der Schutenführer und der erforderliche zweite Mann je 3.60 Mark Tagelohn.

Aus der Überlegung, daß ihr Zusammenschluß ihre Stellung gegenüber den Tagelöhnern stärken werde, gründeten 75 Hamburger und zwei Altonaer Baase 1874 den Verein der Hamburg-Altonaer-Ewerführer-Baase von 1874. Seine Aufgaben übernahm 1945 der Hafenschiffahrtsverband in enger Zusammenarbeit mit dem 1949 wieder errichteten Verein Hamburg-Altonaer Ewerführerbaase zu Hamburg. Die Vicen schlossen sich 1887 im Vicen-Verein mit zunächst 90 Mitgliedern zusammen. Sie hielten sich aus Streitigkeiten heraus. So stand den Baasen allein der Tagelöhnerverein gegenüber. Bestrebungen der Sozialdemokratischen Partei, den 1. Mai als Tag der Arbeit zu feiern, gaben 1889 Anlaß zur Gründung des Hamburger Arbeitgeberverbandes, dem die Baase beitraten. Als Antwort darauf schloß sich der Tagelöhnerverein dem Verein der Fluß- und Stromschiffer Deutschlands an, der 1893 mit dem Verband der im Schiffbau und in der Schiffahrt beschäftigten Personen Deutschlands verschmolz.

Arbeitsleben und Arbeitskampf

89 Ewerführer besorgten zu Segelschiffzeiten den Warentransport auf kleinen Schiffen durch die Fleete zu den Speichern: Ansicht des Niederhafens, Photographie von Koppmann, 1888

In Nachahmung des britischen Generalstreiks vom Sommer kam es im Dezember 1896 zu einem großen Hafenarbeiterstreik. Die Baase holten sich Leute aus Ostpreußen und vom Rhein; sie brachten sie in Logierhäusern und auf dem gecharterten Dampfer „Delphin", entfernt von den Streikenden, unter. In dem harten Winter brach schnell die Not aus; der Streik wurde im Februar ergebnislos abgebrochen.

Künftig zog man es vor, sich auf friedlichem Wege zu einigen. Die tariflich bestimmten Löhne wurden im Einklang mit der allgemeinen Preisentwicklung in regelmäßigen Zeitabschnitten erhöht. Ihre Mitgliedschaft in der Elbschiffahrts-Berufsgenossenschaft ermöglichte es den Baasen, Einfluß auf die Gestaltung der Binnenschiffahrtsgesetze und ebenso in Fragen der Haftpflicht und der Unfallverhütung geltend zu machen, was wiederum den Tagelöhnern zu Gute kam. In den Auseinandersetzungen ging es jetzt vor allem um die Sonntagsarbeit, auf die die Ewerführerbaase nicht verzichten konnten; im Hafen gibt es keinen Feiertag. Andere Fragen kamen hinzu: Der Tagelöhnerverein als Berufsverband nahm nur gelernte Ewerführer als Mitglieder auf. Er war deshalb wie die Baase an der geregelten Ausbildung des Nachwuchses interessiert. Man einigte sich auf einen schriftlichen Lehrvertrag und eine Lehrzeit von vier Jahren. Der Baas hatte dem Lehrling Wohnung und Kost zu geben oder Kostgeld zu zahlen. Das Entgelt belief sich auf sechs Mark wöchentlich im ersten Lehrjahr und stieg bis zu neun Mark je Woche im vierten. Außerdem erhielt der Lehrling 30 Pfennig je Stunde für Spät- und Nachtarbeit, als Wachlohn 1,20 Mark, 60 Pfennig für das Weglegen leerer Schuten und unterschiedliche Entlohnung für Sonntagsarbeit. Hinzu kam ein nach den Lehrjahren gestaffeltes Kleidergeld von jährlich 60, 90, 120, 180 Mark.

Wie jeder Stand hatten auch die Ewerführer ihre Berufskleidung. Sie bestand aus einem blaukarierten Oxfordhemd mit gestärkter Brust und Ärmelmanschette, weißen englischledernen Hosen, einem weißen Kittel und blauer Mütze. Dazu trugen sie eine zweireihige Jacke aus feinstem blauen Düffel mit Ärmeln aus dickem blauen Flanell und im Sommer weiße, mit schwarzem Leder eingefaßte Segeltuchschuhe. Ohne Beihilfe der Baase konnten die Jungen sich den Anzug nicht anschaffen.

Der Bau der neuen Kai- und Hafenanlagen brachte den Ewerführern entgegen ihren ursprünglichen Befürchtungen vermehrte Beschäftigung. Die Reeder der kapitalintensiven Dampfschiffe trachteten nach schnellster Abfertigung. Zu dem landseitigen Löschen und Laden kam der wasserseitige Umschlag, den die Ewerführer durchführten; der Stromumschlag blieb ihnen ohnehin. Unabhängig vom Ein- und Auslaufen der Seeschiffe

90   Auch zur Zeit der Dampfschiffe, nach der Errichtung von neuen Häfen, nach dem Bau der Speicherstadt wurden Ewerführer nicht überflüssig: Xylographie nach Fritz Stoltenberg, um 1890

fiel ihnen darüberhinaus die Güterbeförderung zu den Kaischuppen zu, oder ihre Schuten dienten als Lager, wenn die Ankünfte des bringenden und des übernehmenden Schiffes sich nicht deckten.

Als eine der Folgen des Freihafenbaus entstand die Kastenschute. Zollgüter waren unter Verschluß zu befördern. Die Ewerführer versahen ihre Fahrzeuge daher mit Holz-, später mit Eisenaufbauten, die man abdecken und durch Persenninge sichern konnte. Sie schützten gegen Diebstahl und Beschädigung der Ware. Wenngleich im Bau und in der Instandhaltung teurer als die offenen Schuten nahm die Zahl der gedeckten mit den anspruchsvolleren Kundenwünschen zu. Es konnte schon lange nicht mehr jeder Ewerführer jeden Transport übernehmen; eine Kohlenschute eignete sich nicht für Getreideladungen, wer Schüttgut fuhr, beförderte kein Stückgut. So entstanden spezialisierte Ewerführereien. Einzelne beschränkten sich auf bestimmte Waren meist in enger Zusammenarbeit mit den empfangenden und versendenden Firmen, andere, größere Unternehmen gliederten ihren Betrieb in Bereiche für den Transport unterschiedlicher Güter. Anfangs genügten 10 bis 30 tons große, von Hand bewegte Schuten; die Einführung maschinell betriebener Lösch- und Ladevorrichtungen sowie die Verwendung von Dampfschleppern führte zum Bau größerer Schuten. Gegenüber 1058 Schuten mit 18000 tons Tragfähigkeit im Jahre 1856 verfügten die Hamburger Ewerführerbaase einschließlich der Schutenvermieter 1913 über 5835 Schuten mit 335000 tons Tragfähigkeit, darunter ein Sechstel mit mehr als 100 tdw.

Die Schute der Ewerführer bewältigte um die Jahrhundertwende den Umschlag im Hafen fast ausschließlich. Dann machte sich der Wettbewerb der Eisenbahn und des Fuhrwerks, später des Lastkraftwagens bemerkbar.

Stärker als in der Vergangenheit bestimmten danach technische Entwicklungen das Geschehen im Hafen. Die Betriebe und mit ihnen ihre Leute sahen sich vor immer andere Probleme gestellt. Ihrer Stuktur nach aber ist die Hamburger Hafenwirtschaft wie eh und je auf den Ewerführer angewiesen. Ihm wurden einzelne Aufgaben genommen, doch neue kamen hinzu; auch künftig wird aus dem Hafen der Ewerführer nicht fortzudenken sein.

Maria Möring

Hafenarbeiter

Die Geschichte des Hamburger Hafens, sein Aufstieg zu einem der bedeutendsten Umschlagsplätze Europas ist oft beschrieben worden – in gelehrten Abhandlungen ebenso wie auf Hochglanzpapier oder bei feierlichen Ansprachen. Die Tätigkeit jener Gruppe von Menschen, die diesen Betrieb in Gang hielt, wurde hingegen nur dann aufmerksamer wahrgenommen, wenn der Hafenumschlag stockte, weil die Arbeiter sich nicht mehr in die ihnen zugedachte Rolle fügten. So stieß 1896/97 der große Streik von fast 17 000 Hafenarbeitern und Seeleuten[1] nicht nur in Hamburg, sondern im gesamten Kaiserreich auf ein gespanntes Interesse, wurden doch weite Teile der deutschen Volkswirtschaft von seinen Auswirkungen erfaßt. Wie war es möglich, daß eine gewerkschaftlich kaum organisierte Gruppe von Arbeitern unvermutet die „Brocken fallenließ" und elf Wochen lang dem mächtigen Hamburger Arbeitgeberverband mit erstaunlicher Geschlossenheit trotzte? Diese Frage stand am Anfang zahlreicher Spekulationen, rasch gestrickter Verschwörungstheorien, aber auch einiger gründlicher Untersuchungen. Diejenigen Wissenschaftler und Politiker, die nicht hinter jedem Streik nur die unsichtbare Hand der „internationalen, revolutionären Sozialdemokratie" witterten, sondern stattdessen die Lebensverhältnisse der Akteure einer genaueren Betrachtung unterzogen, förderten Erstaunliches zutage. Ganz offensichtlich unterschieden sich die Arbeitsbedingungen der Hafenarbeiter in erheblichem Ausmaß von denen ihrer binnenländischen Kollegen.

Was die Mehrzahl der Schauerleute, Kaiarbeiter, Ewerführer, Speicherarbeiter und Kesselreiniger miteinander verband, war vor allem die Instabilität ihrer Existenzweise. Nur eine Minderheit von ihnen verfügte über einen einigermaßen gesicherten Arbeitsplatz. Die meisten waren Gelegenheitsarbeiter, die kurzfristig für das Beladen oder Löschen eines Schiffes angeheuert wurden und danach wieder auf der Straße standen, um nach neuen Arbeitsgelegenheiten Ausschau zu halten. Genauere Zahlen aus dem Jahre 1913[2] zeigen, daß damals auf ei-

91 Was die Mehrzahl der Schauerleute, Kaiarbeiter, Ewerführer, Speicherarbeiter und Kesselreiniger miteinander verband, war vor allem die Instabilität ihrer Existenzweise: Kohlenträger bei der Arbeitspause auf einem Ponton am Zollkanal, Photographie von Schmidt und Kofahl, 1907

nen Beschäftigten jährlich im Schnitt 32 Arbeitsvermittlungen entfielen – eine Summe, die mit einiger Sicherheit weit über allen vergleichbaren Daten aus anderen Wirtschaftszweigen lag. Neben den Schwankungen der Konjunktur bestimmten die Unregelmäßigkeit der Schiffsankünfte und der saisonale Charakter der Hafenarbeit, aber auch Wind und Wetter, Ebbe und Flut die Beschäf-

tigungsverhältnisse. An Tagen des Hochbetriebs lagen oft mehr als doppelt so viele Schiffe an den Kaianlagen oder Dückdalben wie in Zeiten der Flaute. Im Gegensatz zur Industrieproduktion fehlte im Hafen die Möglichkeit, die Unregelmäßigkeit der Arbeitsaufträge dadurch auszugleichen, daß auf Lager gearbeitet wurde.

Eine wichtige Konsequenz dieser Zu-

92 Arbeiter, die ohnehin selten über längere Zeit in einem Betrieb tätig waren, brauchten das Risiko von Entlassungen nicht zu scheuen. Die Bereitschaft, in den Streik zu treten, war deshalb im Hafen größer als in anderen Wirtschaftszweigen: Heimkehr der Hafenarbeiter, Lithographie von Sella Hasse, 1908

stände war die kontinuierliche Überfüllung des Arbeitsmarktes. Die Unternehmer mußten daran interessiert sein, ständig genügend Arbeiter zur Verfügung zu haben, um die vorhandenen Aufträge jederzeit ohne Verzug in Angriff nehmen zu können. Angesichts der abrupten Schwankungen des Schiffahrtsverkehrs hieß dies aber, daß das Arbeitskräftepotential dauernd am Spitzenbedarf ausgerichtet sein mußte. Die Folge war, daß abgesehen von kurzen Zeitabschnitten, in denen die Seeschiffahrt ihren Höhepunkt erreichte, ständig eine beträchtliche Reservearmee von Arbeitslosen registriert wurde. Zudem erforderte die Hafenarbeit meist keine besondere Qualifikation. Jeder einigermaßen kräftige Mann, der sich über kürzere oder längere Zeit etwas Geld verdienen wollte, hatte also prinzipiell Zutritt zum Arbeitsmarkt. Wer neu nach Hamburg kam oder in seinem alten Beruf keine Beschäftigung mehr fand, dem bot sich im Hafen die beste Möglichkeit schnell an Geld zu kommen, da hier die vorhandenen Arbeitsgelegenheiten immer wieder neu verteilt wurden.

Zeiten größerer Arbeitslosigkeit wirkten sich deshalb stets besonders drückend aus. So hieß es in einem Zeitungsbericht über die Auswirkungen der Krise von 1901/02: ,,Arbeiter aus allen möglichen Berufen, speziell Bauarbeiter und Landarbeiter, strömen dem Hafen zu und stellen sich dort hin, um Arbeit zu bekommen. Der Hauptandrang der Arbeitslosen ist morgens ... Dann stehen tausende auf eine Heuer wartende Leute längs den Vorsetzen in drei Gliedern aufmarschiert. ... Einen Durchgang durch diese Reihen gibt es nicht, selbst über die Straße hinweg stehen die Leute. Jeden Morgen bemühen sich dort sechs bis acht Schutzleute, das Trottoir freizuhalten, aber fast vergeblich."[3]

Korruption und Günstlingswirtschaft waren angesichts der kurzfristigen Arbeitsverhältnisse und der Überfüllung des Arbeitsmarktes unvermeidliche Begleiterscheinungen dieses Systems. Die Arbeitsvermittlung vollzog sich bis in das 20. Jahrhundert hinein vor allem in den Hafenkneipen. Viele Wirte standen in engem geschäftlichen oder familiären Kontakt mit den ,,Baasen", den für den Hafen charakteristischen Zwischenunternehmern, oder den ,,Vizen", die im Auftrag der Baase die Arbeiter anheuerten und beaufsichtigten. Wer sich auf Arbeitssuche befand, erhöhte seine Erfolgsaussichten beträchtlich, wenn er möglichst häufig in bestimmten Wirtschaften verkehrte. Mit der Höhe der Zeche stieg auch die Chance, Beschäftigung zu finden.

Die Abhängigkeit von den Kneipwirten, häufige Arbeitslosigkeit, insgesamt existentielle Unsicherheit waren jedoch nur die eine Seite des Systems der Gelegenheitsarbeit. Die andere – weniger bekannte – Seite war ein relativ großes Maß an Selbstbestimmung, das von den Arbeitern trotz der damit verbundenen Risiken hartnäckig gegenüber den Unternehmern verteidigt wurde. So zeigte sich nach dem Streik von 1896/97, daß die Angebote der Unternehmer, eine größere Zahl von Schauerleuten fest mit mehrwöchigen Kündigungsfristen einzustellen, unter den Betroffenen auf eine ziemlich einhellige Ablehnung stießen. Dies lag nicht nur daran, daß solche Maßnahmen primär dazu dienten, den Hafenunternehmern einen loyalen Arbeiterstamm zu schaffen, um ,,in Zukunft gegen Streiks möglichst gesichert zu sein."[4] Dahinter steckte ganz offensichtlich auch eine Haltung, die in dem System der Gelegenheitsarbeit nicht nur materielle Unsicherheit, sondern auch Unabhängigkeit von der monotonen Gleichförmigkeit des industriellen Arbeitsrhythmus sah. Denn die unständigen Hafenarbeiter konnten im Gegensatz zu ihren Kollegen in Handwerks- oder Industriebetrieben prinzipiell jeden Morgen erneut darüber entscheiden, sich im Hafen Arbeit zu suchen oder etwas anderes zu machen. Dies war möglich, weil im Hafen Tagelöhne gezahlt wurden, die für ungelernte Arbeiter im Vergleich mit anderen Branchen recht hoch waren. Das gehobene Lohnniveau wirkte gewissermaßen als Ausgleich für die häufige Arbeitslosigkeit. Nur so vermochten die Unternehmer sich jene ständige Reserve an Arbeitskräften zu sichern, die notwendig war, um die zügige Entladung der ankommenden Schiffe garantieren zu können. In Zeiten guter Konjunktur machten viele Arbeiter sich diese Konstellation zunutze, um ihren eigenen Arbeits- und Lebensstil durchzusetzen. So berichtete der Hafenunternehmer Heidmann 1891: ,,Ein großer Teil unserer Hafenarbeiter will durch hochbezahlte Akkordarbeit in 3–4 Tagen die Woche einen großen Verdienst erzielen, und sind alle Bestrebungen von sozialdemokratischer Seite, das zu verhindern, bisher gescheitert. Diese Leute wollen entweder ihre ganze Kraft hergeben, oder sie wollen spazierengehen. Selbst im äußersten Notfalle entschließen sie sich nur sehr schwer, im Tagelohn 6 Tage die Woche zu arbeiten."[5]

Auch von der HAPAG, die sich in jenen Jahren zur größten Reederei der Welt entwickelte, wurde mitunter heftig über

Große öffentliche Verſammlung
aller Frauen
der im Streik befindlichen Hafenarbeiter und Seeleute
am Montag, den 7. Dezember, Nachmittags 3 Uhr,
in Koppelmann's Salon, Altona, Große Rosenstraße,
in Saubert's Salon, Rothenburgsort, Röhrendamm.
Die Streikkommiſſion.

NB. Durch die Abweiſung des Schiedsgerichts haben die vereinigten Unternehmer=
verbände gezeigt, daß es ihnen um einen Frieden nicht zu thun iſt. Sie protzen und pochen
auf ihren Geldſack und wünſchen einen Kampf bis zur Ermattung. Sie wünſchen Eure
Männer noch mehr zu Knechten und zu gefügigen und willenloſen Werkzeugen zu zwingen.
Hierzu erſcheint ihnen der Hunger der Familie als das geeignetſte Mittel. Deshalb wollen
ſie den Streik bis auf's Meſſer weiter führen. Geldmittel zur Unterſtützung der Streifenden
ſind genügend vorhanden. Deshalb nicht verzagt.
Aushalten! Der Sieg iſt unſer!

Hamburger Buchdruckerei und Verlagsanſtalt Auer & Co. in Hamburg.

93 *Jahrzehntelang galt der Hafen als „das unruhigste Arbeitsgebiet" im Hamburger Raum: Flugblatt während des Hafenarbeiterstreiks von 1896/97*

jene unständigen Hafenarbeiter geklagt, „welche sich daran gewöhnt haben, wöchentlich an einem oder zwei Tagen nicht zu arbeiten und anderen Dingen nachzugehen. Ist es doch schon oft vorgekommen, daß Arbeiter, welche in der Kaffeehalle beim Kartenspiel saßen, unserer Aufforderung, in die Arbeit einzutreten, nicht nachkamen und so auf den ihnen gebotenen Verdienst verzichteten."[6]

Behörden und Unternehmer interpretierten dieses Verhalten in erster Linie als Zeichen mangelnder „moralischer Tauglichkeit". Wer nur dann arbeitete, wenn ihm das Geld ausgegangen war und in der Zwischenzeit anderer Beschäftigung nachging, verstieß damit in eklatanter Weise gegen die ungeschriebenen Gesetze jener (ursprünglich protestantischen) Arbeitsethik, die in der Mentalität des Bürgertums tiefe Wurzeln geschlagen hatte. Was von den Unternehmern als „Arbeitsscheu" gebrandmarkt wurde, war indes eine Verhaltensweise, die vor der allgemeinen Durchsetzung einer industriekapitalistischen Produktionsweise durchgängig das Verhältnis der Unterklassen zur Arbeit bestimmt hatte. Von Marx über Max Weber bis hin zu Historikern wie Edward P. Thompson oder Sidney Pollard ist oft dargestellt worden, mit welchen Widerständen die Fabrikeigentümer der ersten Generationen zu kämpfen hatten, um mit einer Arbeiterschaft fertig zu werden, die an den Wechsel von längeren Perioden intensiver Arbeit einerseits und ausgedehnten Phasen der Nicht-Arbeit andererseits gewöhnt war. Überall stießen die Anstrengungen der Unternehmer, ihre Arbeitskräfte dem Zeit-Diktat der neuen Produktionsweise zu unterwerfen, zunächst auf die zähe Weigerung der Beschäftigten, die Regelmäßigkeit und Disziplin des industriellen Arbeitsrhythmus zu akzeptieren.[7] Diese traditionelle proletarische Mentalität hat sich in den großen europäischen Häfen aufgrund der besonderen Arbeitsbedingungen sehr viel länger erhalten als anderswo. Idealtypisch formuliert hieß dies: Gearbeitet wurde nicht mit dem Ziel der Einkommensmaximierung, sondern, um sich und seiner Familie einen bestimmten, als auskömmlich erscheinenden Lebensstandard zu erhalten.

Das System der Gelegenheitsarbeit hatte noch eine andere, für die Unternehmer gleichfalls unerfreuliche Konsequenz.

Arbeiter, die ohnehin selten über längere Zeit in einem bestimmten Betrieb tätig waren, brauchten auch das Risiko von Entlassungen nicht zu scheuen. Die Bereitschaft, bei innerbetrieblichen Differenzen in den Streik zu treten, war deshalb im Hafen deutlich größer als in anderen Wirtschaftszweigen. Rückblickend zeigt sich, daß der große Streik von 1896/97 nur die Spitze eines Eisberges war. Insgesamt lassen sich von 1887 bis 1914 im Hamburger Hafen ungefähr 200 Arbeitsniederlegungen oder Aussperrungen nachweisen. In der Mehrzahl handelte es sich dabei um Arbeitskonflikte, die ohne Einfluß der Gewerkschaften ausbrachen. Jahrzehntelang galt der Hafen als „das unruhigste Arbeitsgebiet" im Hamburger Raum.[8] Die große Konfliktbereitschaft der unständigen Hafenarbeiter war auch der wichtigste Grund, warum die Unternehmer seit 1896/97 dazu übergingen, eine langsam größer werdende Zahl von Beschäftigten mit langfristigen Arbeitsverträgen in feste Stellungen zu bringen. Eine nach dem Streik gebildete Senatskommission hatte den Reedern und Baasen empfohlen, die unständigen Beschäftigungsverhältnisse möglichst weitgehend einzuschränken. War es doch, wie die Kommission zu Recht feststellte, „gerade die Menge der wenig beschäftigten und wenig verdienenden ... Arbeiter gewesen, die den Streik so lange aufrecht erhalten" hatte. Eine Festigung der Arbeitsverhältnisse lag deshalb, wie die Senatsvertreter hervorhoben, vor allem im Interesse der Unternehmer, „die alsdann mit Arbeitern zu tun hätten, die in einer gesicherten Stellung sind und sich eher bedenken würden, in einen Streik einzutreten, als eine fluktuierende Masse, von der die meisten doch nur eine unsichere Aussicht haben, Arbeit zu finden."[9]

In der Führungsspitze der Hafenbetriebe stießen diese Vorschläge auf breite Resonanz. Die Gelegenheitsarbeiter, welche zuvor die große Masse des Hafenproletariats gebildet hatten, wurden seit 1897 im Laufe eines längeren Entwicklungsprozesses, der sich über Jahrzehnte hinzog, zunehmend an den Rand gedrängt und erfüllten schließlich nur noch Aushilfsfunktionen.

Michael Grüttner

Das Hämmern der Nieter war Hamburgs Alltagsgeräusch

Auf den Hamburger Werften wurde der Eisenschiffbau und mit ihm das Nieten um 1880 begonnen. Während in England bereits vor der Mitte des Jahrhunderts Eisenschiffe gebaut wurden und so eingeführt waren, daß Hamburgs Reeder Eisenschiffe grundsätzlich dort, Holzschiffe in Deutschland bestellten, setzte sich die neue Bauweise in Hamburg nur sehr zögernd durch, vornehmlich seit der Gründung der Kuhwärder Schiffswerft Blohm und Voß. Nieter aus England gehörten zur ersten Generation der Werftarbeiter, sie lernten Hamburger Arbeiter in diesem Beruf an.

Das Nietverfahren ist eine feste, wasserdichte Verbindung von Stahlplatten oder Metallstücken durch Stifte gleichen Materials, Nieten. Ein Rohniet besteht aus Setzkopf und Schaft. Im Schiffbau wendete man das Warmnietverfahren an: glühende Stahlnieten verbanden beim Erkalten die Platten und preßten sie fest aufeinander. Nietenreihen überzogen früher sichtbar die Außenwände der Schiffe, die Decks und Einbauten. Alle in den Schiffbauhallen vorgefertigten und gebohrten Teile wurden auf dem Helgen in festgelegter Reihenfolge am Neubau angebracht, vorgeschraubt, aufgerieben und dann vernietet bis zur Fertigstellung des Schiffes.

Nieten war schwere, körperliche Arbeit in Kolonnen von vier bis sechs Leuten. Auf dem „Markt", dem Sammelplatz der Werften, verteilte der Nieterobermeister morgens um sieben Uhr die anfallende Arbeit, wies die Kolonnen an ihre Arbeitsstätten und orderte Material. Die Gruppe arbeitete am Arbeitsplatz sofort los, jede Pause oder Unterbrechung beeinträchtigte den Akkord. Hier brachten inzwischen die Anlernlinge, die jugendlichen Nietenwärmer, die Feldschmieden mit Blasebälgen in Gang, erhitzten die Nieten in Rosten auf den glühenden Kohlen bis zur richtigen Temperatur. Der Schaft mußte weiß-, der Setzkopf rotglühend sein, denn zu heiß gewordene, ausgeglühte Nietschäfte verlieren die Elastizität. Dann packten sie das glühende Niet mit einer Zange und warfen es

94 Anlernlinge erhitzten die Nieten. Dann packten sie das glühende Niet mit der Zange, warfen es bis zu sechs Metern die Stellagen hinauf zum Zulanger. Dieser fing es mit einem Eimer auf. Der Einstecker steckte es mit der Zange in die Löcher. Der Vorhalter setzte mit dem Dobber von innen Druck auf den Setzkopf und außen schlugen zwei Nieter mit den Niethämmern den glühenden Schaft zum Schließkopf: Nieterkolonne beim Bau des Imperator, Photographie, 1911

bis zu sechs Metern die Stellagen herauf oder hinunter zum Zulanger (Ranschlepper). Dieser fing es schnell und sicher in einem Eimer auf, der Einstecker steckte es mit einer Zange in die vorgebohrten, sauber und glatt übereinpassenden Löcher der zu verbindenden, vorgeschraubten Teile, der Vorhalter (Stopper) setzte mit dem Dobber (Döpper, Dolly) innen Druck auf den Setzkopf und außen schlugen zwei Nieter (Zuschläger) im Wechsel mit den langen, dünnen Handhämmern und Döpper den glühenden Schaft zum Schließkopf. Sie schlugen im Rhythmus, ein Rechts- und ein Linkshänder galten als Traumpaar. Jeder Nieter besaß einen Korb mit sechs bis sieben Handhämmern, die er persönlich mit größter Sorgfalt pflegte und allein benutzte. Die Stiele mußten biegsam und glatt sein, der Kopf das richtige Gewicht für die entsprechende Nietgröße haben.

Innen im Schiff herrschte nicht selten

Arbeitsleben und Arbeitskampf

95 Nieterkolonne beim Bau des Imperator, Photographie, 1911

fürchterlicher Qualm von den vielen Feldschmieden, denn hier arbeiteten zuweilen bis zu fünfundzwanzig Kolonnen gleichzeitig. Der Lärm der Hammerschläge verstärkte sich durch die Platten zu unerträglicher Lautstärke. Viele Nieter litten deshalb unter Lungen- oder Gehörschäden. Auch Außennieter arbeiteten bei Wind, Wetter, Schnee und Regen ohne Unterbrechung. Die Arbeitszeiten betrugen noch 1928 vierundfünfzig Wochenstunden (ohne Überstunden). Hoch war die Zahl der Unfälle, 1929 passierten im Schnitt vier Unfälle täglich auf der Werft. Immer wieder fielen glühende Nieten von oben, nicht selten auch Arbeiter von den kaum gesicherten Stellagen. Schutzkleidung wie Arbeitshelme und Stahlkappenschuhe wurde erst nach 1945 eingeführt.

Innerhalb des Berufsstandes existierte eine Art Hierarchie: am wenigsten angesehen waren die Kesselnieter, sie mußten kleinwüchsig sein, um in den engen Trommeln arbeiten zu können. Lärm, Hitze und Schmutz wurden hier besonders spürbar. Unter diesen Erscheinungen litten auch die Innennieter. Nur Außennieter hatten „saubere" Arbeit in frischer Luft, sie schlugen überdies die größten und schwersten Nieten. Nur die besten und erfahrensten Nieter wurden Außennieter, sie waren Kolonnenführer und bekamen zwei Pfennig mehr Lohn, das sogenannte Schirrmeistergeld. Ihr starkes Selbstbewußtsein äußerte sich in ihrer Kleidung: zur typischen Arbeitskleidung – Fischerhemd, Heizertuch, blaue Hose mit „Schlag" – trugen sie schwarze Lackschuhe, um ihren Status zu demonstrieren. An ihrer Wohnungstür befand sich unter dem Namen häufig die Berufsangabe „Außennieter".

In der Arbeiterschaft waren Nieter als Angelernte nicht sehr angesehen, man bezeichnete sie gern als „Nietenklopper". Für die Werftleitung waren gute Nieter gesuchte Facharbeiter, man räumte ihnen einen Sonderstatus ein, bezahlte sie wie Gelernte und tolerierte ihr aufmüpfiges Verhalten. Sie besaßen eine Art Schlüsselstellung im Betrieb, denn von ihrer Arbeit, ihrer Schnelligkeit, Geschicklichkeit und Zuverlässigkeit hing die Zeitspanne einer Reparatur ab. Ein Schiff hat viele Ecken und Winkel, im Heckbereich z.B. war das Nieten sehr schwierig. Nicht festsitzende Nieten mußten mit viel Zeit- und Kraftaufwand mit Handbohrknarren wieder ausgebohrt und rausgeschlagen werden, bevor sie durch neue ersetzt werden konnten. Bei Reparaturen dauerte das Ausbohren der abgerosteten Nieten einer einzigen Platte eineinhalb Tage.

Auch im politischen Denken und Verhalten äußerte sich das Selbstbewußtsein der Nieter. Die Streiklisten der Werften erweisen, daß sie oft um Lohnerhöhung streikten. Bei Betriebsratswahlen wählten gegen Ende der Zwanziger Jahre fünfmal mehr Nieter, Bohrer und Stemmer die kommunistische Gewerkschaftsopposition (RGO) als den ADGB. Entsprechend nannte sich die beliebteste Hamburger Agitproptruppe junger Kommunisten „Die Nieter" und trat in Nieterkleidung vor das Publikum.

Schon um 1887 waren Versuche mit hydraulisch betriebenen Nietmaschinen für Stangenkiele durchgeführt worden. Der Preßlufthammer wurde seit 1910 erprobt. Mit Preßluft angetriebene Feldschmieden, Hämmer und Döpper lösten allmählich das alte, mühselige Handverfahren ab. 1930 nietete man innen im Schiff mit Preßluft, nur außen noch per Hand. In den Fünfziger Jahren auch hier mit Preßluft. Während gute Handnieter bis zu dreihundert Nieten am Tag schaffen konnten, schlug ein Nieter mit dem Preßlufthammer bis zu tausend Stück.

Das Nietverfahren wurde bald nach dem zweiten Weltkrieg durch das Schweißverfahren fast vollkommen ersetzt. Nieten ist heute ein vergessener Beruf, auch das vertraute Alltagsgeräusch der Niethämmer auf den Werften gehört der Vergangenheit an.

Maike Bruhns

Miedjes und andere erwerbstätige Frauenspersonen

„Weibliche Arbeit ist keine Neuerscheinung des 19. und 20. Jahrhunderts. Frauen haben vielmehr zu allen Zeiten die Arbeit geleistet, welche im Rahmen der herrschenden Wirtschaftsweise nach ihrer jeweiligen sozialen Lage von ihnen gefordert wurde."[1]

Der Unterhalt der Masse der Hamburger Bevölkerung wurde auch vor der industriellen Revolution in der Regel durch die Arbeit aller Familienmitglieder bestritten. Frauen und Kinder waren in der häuslichen Eigenproduktion sowie – wenn vorhanden – der kleinen Vieh- und Landwirtschaft tätig, während die Männer durch unregelmäßige Tagelohnarbeit mit einem niedrigen Lohn nur *einen* Beitrag zum Familienbudget leisten konnten. Gemeinsam arbeiteten Mann und Frau im Heimgewerbe, Teilen des kleinen Handwerks sowie im Detailhandel. Es gab grundsätzlich zwar eine Arbeitsteilung zwischen beiden, aber nicht die Trennung zwischen bezahlter außerhäuslicher Lohnarbeit des Mannes und unbezahlter Hausarbeit der Frau. Die Töchter mußten ebenso wie die Söhne, sobald sie alt genug waren, einem Erwerb nachgehen. Ihnen standen nur wenige Berufsmöglichkeiten offen. In der Regel gingen sie in den Häuslichen Dienst. Daneben arbeiteten sie als Näherin, Waschfrau oder Plätterin, Scheuerfrau sowie Tagelöhnerin, d.h. in unzünftigen Gewerben.[2]

Der weiblichen Fabrikarbeit kam seit Beginn der Industrialisierung in Hamburg im Unterschied zu anderen Gebieten des Reiches eine geringere Bedeutung zu. Es fehlte die typische ‚Frauenindustrie', das Textilgewerbe. Erst durch das System der maschinellen Produktion in der Fabrik veränderten sich die Arbeits- und Lebensbedingungen von Männern und Frauen grundlegend. Arbeit wurde zur Lohnarbeit in der Fabrik und damit setzte die Trennung von Haus und Werkstatt, Wohnung und Betrieb ein. Diese Trennung von Produktions- und Reproduktionsbereich wurde abgesichert durch eine Neu- und Umwertung der Geschlechterrollen. Das Haus wurde

96 „Frauen haben ... zu allen Zeiten die Arbeit geleistet, welche im Rahmen der herrschenden Wirtschaftsweise nach ihrer jeweiligen sozialen Lage von ihnen gefordert wurde": Fischhändlerin in der Auktionshalle, Photographie von Knackstedt und Näther, 1908

zum alleinigen Aufgabenbereich der Frau. Sie wurde für die physische und emotionale Reproduktion der Kinder und ihres Mannes in der privaten Sphäre verantwortlich gemacht. Der Mann wurde zum ‚Ernährer der Familie' erklärt. Ihm blieb der öffentliche, ‚produktive' Bereich vorbehalten. „Erst mit der Verallgemeinerung der bürgerlichen Familienform zum verbindlichen Familienmodell für die ganze Gesellschaft, ja, mit ihrer Verkehrung zur Naturform von Familie schlechthin, wurde die Bindung aller Frauen an Haus und Familie perfekt, gewann die Abhängigkeit der Frau ihre historisch neue, bürgerlich-patriarchalische Qualität."[3] Hintergrund dieser Entwicklung war die vorwiegend männliche ,Befreiung' zum Lohnarbeiter. Die Bindung der Frau an ihre familialen Pflichten war notwendige Korrektur der neuen ökonomischen Konkurrenzbedingungen auf dem Arbeitsmarkt und zugleich Voraussetzung für die Reproduktion der ,freien' männlichen Arbeitskraft.

Die traditionelle geschlechtsspezifische Arbeitsteilung wurde auf Gewerbe, Industrie und Handel übertragen. Typische Erwerbsbereiche der Frauen waren auch in der ,modernen Industrie' das Bekleidungs- und Textilgewerbe sowie die Produktion von Nahrungs- und Genußmitteln.

Da Frauenarbeit gemäß dem bürgerlichen Frauenleit(d)bild als ,Zuarbeit, Nebenverdienst' eingestuft wurde, konnte sie geringer als die männliche Arbeit entlohnt werden. Ihr kam nicht das gleiche gesellschaftliche Ansehen zu: Mit der Verdrängung der Hausarbeit aus der Sphäre der bürgerlichen Öffentlichkeit, ihrer Klassifizierung als ,Nichtarbeit' wurde sie zumindest in den Augen der Männer entwertet. Damit wurden auch alle außerhäuslichen weiblichen Erwerbsbereiche, die der geschlechtsspezifischen Arbeitsteilung entsprachen, von ihnen als minderwertig eingestuft.[4]

Die erste verläßliche Statistik zur Erwerbsstruktur Hamburgs, die auch die weiblichen Beschäftigten berücksichtigte, wurde 1867 erhoben. Zu diesem Zeitpunkt waren 52 340 Frauen berufstätig. Sie stellten damit 34% der erwerbstätigen Bevölkerung. Im Jahr 1907 waren es bereits 141 668 Frauen, die aber nur noch 30,4% der Erwerbstätigen ausmachten. Bei erster Betrachtung widerspricht diese Entwicklung der scheinbar gegenläufigen Tendenz im Reich (1882: 30,7%; 1907: 35,8%). Die Hamburger Statistik spiegelt aber eher als die des Reiches die allgemeine Entwicklung wider, da eine sehr bedeutende Gruppe der erwerbstätigen Frauen, mithelfenden Familienangehörigen in der Landwirtschaft sowie in Handel und Gewerbe erst bei der Zählung im Jahre 1907 berücksichtigt worden waren. Daher der sprunghafte Anstieg der Frauenarbeit in der Reichsstatistik. Dieser täuschende Fehler hatte in der Hamburger Statistik wenig Gewicht, da eine ausgeprägte Landwirtschaft fehlte. Schwerpunktbereiche der einsetzenden Industrialisierung waren in Hamburg die Metall- und Maschinenindustrie, in denen vor allem Arbeiter benötigt wurden. Das hatte zur Folge, daß die Zahl der männlichen Beschäftigten wesentlich stärker anstieg, als die der weiblichen. Daher der Rückgang des prozentualen Anteils der Frauen an der erwerbstätigen Bevölkerung bei gleichzeitigem bedeutenden Anstieg der absoluten Zahl der weiblichen Erwerbstätigen.[5]

Erst nach der Jahrhundertwende, besonders im 1. Weltkrieg und in den 20er Jahren, stieg die Erwerbstätigkeit der Frauen in der Hansestadt deutlich an. In der Zeit zwischen 1867 und 1907 waren dagegen Stukturveränderungen in der Frauenarbeit von stärkerer Bedeutung. Dies zeigt folgende Statistik zur Verteilung der weiblichen Erwerbstätigen auf die einzelnen Wirtschaftsektoren:

Von 100 Frauen waren in HH beschäftigt in:	1867	1882	1907	i.Reich 1907
Häuslichen Diensten	53,1	44,4	27,6	16,5
Industrie u. Gewerbe	33,2	27,5	27,8	22,1
Bekleidungsgew. allein	26,8	17	14,3	
Wechselnder Lohnarbeit	1,8	7,6	10,3	1,2
Handel u. Verkehr	8	12,8	24,9	9,8
Öffentlicher Dienst	4,5	4,9	7	3
Land- u. Forstwirtsch.	1	2,8	2,4	48,4
Erwerbst. Frauen insg.	52 340/69 647/141 668[6]			

Immer weniger Mädchen in der Hansestadt waren bereit als ,Lüttmaid' oder ,Kochmamsell' nach Schulschluß in die Häuslichen Dienste eingetreten. Bereits 1871 kamen 79% der Dienstmädchen Hamburgs vom umliegenden Lande. Für sie war der Häusliche Dienst der einzige bzw. am ehesten zugängliche Weg, sich ins städtische Berufsleben einzugliedern. Zumal der erhoffte persönliche Bezug zur ,Herrschaft' die Eingewöhnung in die neuen Lebensverhältnisse zu erleichtern versprach. Die ,tüchtigen und fleißigen' Landmädchen wurden ihrer niedrigen Ansprüche wegen von den wohlhabenden Hamburger Hausfrauen mit Vorliebe eingestellt. Großstadterfahrene Arbeitertöchter wehrten sich eher gegen unmenschliche Behandlung und zu große Ausbeutung. Ihnen war um 1900 die Entlohnung mit 15–25 Mark im Monat zu gering. Auch das Versprechen eines ,sehr guten Weihnachtens' lockte sie nicht. Sie wechselten einfach die Stelle – in Hamburg durchschnittlich zweimal im Jahr – oder verließen den Dienstbotenberuf für immer. Für die hanseatische Oberschicht machte sich diese Entwicklung am Ende des 19. Jahrhunderts mit einem spürbaren ,Dienstbotenmangel' bemerkbar. Ihr Bedarf an Dienstpersonal war außerordentlich hoch. So daß noch 1907 der Anteil der Hausangestellten in Hamburg deutlich höher als im Reich lag. Allerdings mußte über die Hälfte von ihnen bereits um 1900 die Arbeit ganz allein bewältigen. Die Finanzkraft des bürgerlichen Mittelstandes erlaubte nur noch die Beschäftigung eines ,Mädchens für Alles'. Damit nahm die Isolation der Hausangestellten, ihre Zersplitterung als Berufsgruppe zu.[7]

Immer mehr Arbeitertöchtern erschien die Fabrikarbeit erstrebenswerter als das abhängige und unfreie Dasein als Hausangestellte. Allein zwischen 1890 und 1900 erhöhte sich die Zahl der Fabrikarbeiterinnen in Hamburg von 3926 auf 7432. Die ,Miedjes' – so wurden Fabrikarbeiterinnen im Volksmund etwas abfällig genannt – arbeiteten vor allem in der Ende des 19. Jahrhunderts neu entstandenen ,Frauenindustrie': der Nahrungs- und Genußmittelproduktion, in der die Herstellung von Konserven und Fertigprodukten zunehmende Bedeutung erhielt. Die jungen Frauen waren als ,,Kaffeemiedjes" auf den Kaffeeböden tätig, arbeiteten als ,,Spritrattjes" in den Schnaps- und Spritfabriken oder waren in der Fischindustrie beschäftigt, deren Zentrum Altona war. In der Regel waren sie an- oder ungelernt. Um 1908 verdiente eine ,gut entlohnte' Fabrikarbeiterin im Akkord 20–25 Pfg. pro Stunde. Sie kam damit bei einer 10–11 stündigen Arbeitszeit auf einen Wochenverdienst von 12–16 Mark. Ihr männlicher Kollege verdiente das Doppelte! Zu geringer Entlohnung und schlechten Arbeitsbedingungen kam die Unsicherheit des Arbeitsplatzes. Sie ließ sich darum von ihrem ,Brotgeber' viel gefallen: wer aufmuckte wurde sofort entlassen.[8]

Einen sozialen Aufstieg und bessere Bezahlung versprach die Tätigkeit als Angestellte, deren Zahl sich zwischen 1882 und 1907 vervierfacht hatte. Der Bedarf an weiblichen Angestellten war in der

Handelsstadt Hamburg deutlich höher als im Reich. Obwohl ihre Zahl schneller als die der Männer zunahm, verdrängten die Frauen ihre Kollegen keineswegs von ihren Arbeitsplätzen, wie dies die konservativen Standesorganisationen der ‚Handlungsgehülfen' befürchteten. Von den 27865 Frauen und Mädchen, die 1907 in Handel und Verkehr arbeiteten, waren die meisten als ‚Ladendemoiselles' und ‚Servierfrolleins' tätig. Erst in den 90er Jahren setzte die ‚Feminisierung des Kontors' ein, ermöglicht durch die Standardisierung und Zerlegung vieler kaufmännischer Tätigkeiten, die die Beschäftigung geringer qualifizierter Angestellter gestattete. Einen zusätzlichen Anstoß erhielt diese Entwicklung durch die Einführung der Schreibmaschine. In ihrem Gefolge strömten die Stenotypistinnen in die Büros. Das Maschinenschreiben wurde den ‚Tippsen' von den Männern kampflos überlassen, für sie war es ‚unter ihrer Würde'. Im Unterschied zur Fabrikarbeit erforderte die Tätigkeit im Kontor eine gewisse Ausbildung, die die wachsende Zahl der privaten Handelsschulen bot. Zwischen 1903 und 1914 stieg die Zahl ihrer Schülerinnen pro Kursushalbjahr von 139 auf 1410 an. Da eine einjährige Ausbildung 200–300 Mark kostete, konnten sich nur wenige Arbeitertöchter leisten. Vor allem Töchter aus bürgerlichem Hause arbeiteten in den Hamburger ‚Comptoiren'. Gefragt waren junge, unverheiratete Frauen. Abhängig von ‚Leistung und Tüchtigkeit' lag ihr Monatsverdienst bei 40 Mark und mehr. Wie ihre Geschlechtsgenossinnen in der Fabrik erhielten auch sie erheblich weniger Lohn als die Herren ‚Handlungsgehülfen'.[9]

Der viel zu geringe Lohn, der häufig unter dem Existenzminimum lag, und die Unsicherheit des Einkommens zwangen nicht wenige junge Frauen sich einen ‚Zuverdienst' zu beschaffen, besonders dann, wenn die als Einlogiererinnen allein leben mußten. Dazu waren 1905 rund 12000 Frauen in Hamburg genötigt. Sie übten, wie die Sittenpolizei beobachtete, ,,tagsüber einen bürgerlichen Beruf aus" und gaben sich abends ,,zur Aufbesserung ihrer pekuniären Verhältnisse gelegentlich auch Männern gegen Entgeld preis".[10] Diese jungen Frauen vergrößerten die Zahl der heimlichen, zeitweiligen Prostituierten Hamburgs, nach Schätzungen der ‚Sitte' vor 1914 mindestens 5–6000 Frauen im Jahr!

Auch immer mehr verheiratete Frauen, selbst kleinerer Beamter und Angestellter, mußten hinzuverdienen, da das Einkommen des Mannes nicht ausreichte. Witwen waren gezwungen wieder einem Erwerb nachzugehen, da die Rente nicht zum Überleben reichte. Sie waren vor allem im Bekleidungsgewerbe, dem traditionellen Arbeitsbereich der Frauen beschäftigt, dessen Bedeutung für die Beschäftigung von Frauen allerdings seit der Mitte des 19. Jahrhunderts kontinu-

97 *Die traditionelle geschlechtsspezifische Arbeitsteilung wurde auf Gewerbe, Industrie und Handel übertragen: Arbeit am Trockenkalander in der Desinfektionsanstalt am Bullerdeich, Photographie von Bruhn, um 1912*

98 *Allein zwischen 1890 und 1900 verdoppelte sich die Zahl der Fabrikarbeiterinnen in Hamburg: Frauen bei der Arbeit in einer Cartonagefabrik, Photographie, um 1914*

99 *Erst seit den 90er Jahren setzte die „Feminisierung des Kontors" ein: Büroarbeit in der Firma Seidenhaus Brandt, Photographie von Reich, 1921*

ierlich zurückging. Durch die Heimarbeit als Näherin hofften sie, Erwerb, Haushalt und Kinderbetreuung leichter vereinbaren zu können. Da das Nähen meist Saisonarbeit war, waren Arbeitszeit und Verdienst schwankend. Zum Arbeitsraum wurde die Küche, in der sich auch das übrige Familienleben abspielte. Der Lohn war so gering, daß die Heimarbeiterinnen die Arbeitszeit weit über das normale Maß ausdehnen und sehr gut eingearbeitet sein mußten, wollten sie einen Durchschnittswochenlohn von 15 Mark erzielen. Geschmälert wurde dieser Lohn durch die Materialkosten und die Rate für die Nähmaschine, jeweils ein bis zwei Mark pro Woche. Nach ihrer Einführung in den 1860er Jahren entwickelte sich die Nähmaschine, trotz des hohen Preises von 160–180 Mark zum Verkaufsrenner. Sie wurde schnell zum entscheidenden Produktionsmittel in der Konfektion. Gab es 1878 nur 270 Nähmaschinen in Hamburg, so stieg die Zahl bis 1895 auf 3369 an. Gekauft wurde sie meist von „Betrieben ohne Gehülfen" für die Heimarbeit. Erst um die Jahrhundertwende wurde die Maschinenfabrikation in der Industrie für den Konfektionshandel rentabel.[11]

Einen sehr hohen Anteil stellten die verheirateten Frauen auch im Heer der stunden- oder tageweise beschäftigten ‚Aufwärterinnen, Zugeherinnen, Tag- und Morgenfrauen, Scheuer-, Putz-, Wasch- und Reinmachefrauen'. Hier im Reinigungsgewerbe waren Lohn und Arbeitszeit gänzlich ungeregelt.

Die Lebensbedingungen der verheirateten Arbeiterinnen waren wesentlich schlechter als die der ledigen. Sie mußten neben dem Erwerb auch noch Haushalt und Kinder versorgen. Hilfe von ihrem Mann konnten sie selten erwarten. Die begrenzten staatlichen Initiativen ‚zum Schutze der weiblichen Arbeitskraft' waren wenig wirkungsvoll. Ihr Ziel war es lediglich, im Interesse der „Staatsräson", den „veredelnden Geist des Familienlebens", den „Segen des häuslichen Herdes", der ihnen in Arbeiterfamilien ernstlich bedroht schien, zu erhalten. Ein ‚gefestigtes', nach bürgerlichem Vorbild ausgerichtetes Familienleben erschien ihnen als sicherster „Schutzwall" vor sozialem Protest.[12]

Die ledigen und verheirateten Frauen, die damals berufstätig waren, erlebten die Arbeit angesichts miserabler Arbeitsbedingungen und schlechter Entlohnung in der Regel nicht als Möglichkeit zur eigenen Befreiung, sondern als endlose Belastung! Zeit für gewerkschaftliche Betätigung, um ihre Berufssituation zu verändern, konnten sie angesichts der Doppel- und Dreifachbelastung selten erübrigen. Daß die Gewerkschaften Fraueninteressen nur am Rande vertraten, förderte deren Engagement ebensowenig, wie die antifeministische Haltung vieler Kollegen im Betrieb. Von ihnen konnten die Kolleginnen nicht erwarten, daß sie sich für ihre Interessen einsetzten. Aufgrund dieser Bedingungen waren Frauen viel schwerer für die gewerkschaftliche Organisation zu gewinnen: 1913 waren nur 10 846 Dienstmädchen, Arbeiterinnen und Angestellte Hamburgs in einer Gewerkschaft! Ihr Mitgliederanteil lag damit bei 7,6% (im Reich: 8,8%). Die Hoffnungen der ledigen wie der verheirateten Frauen waren eher auf die Befreiung von der Erwerbstätigkeit gerichtet. Ihre Berufstätigkeit sahen sie als ‚Durchgangsstadium zur Ehe' und als vorübergehend an. Das Leben in der Familie, ohne die Belastung der Berufsarbeit, erschien ihnen als der Weg zum privaten Glück.[13]

Karen Hagemann

Verkehrs- und Nachrichtenverbindungen

Jahrhundertelang blieben Verkehr, Verkehrsmittel und Nachrichtenwege nahezu unverändert. Zu Beginn des 19. Jahrhunderts gab es bei Überlandreisen Beförderungsmöglichkeiten durch die Fahrpost oder sogenannte Extraposten. Nach Hannover beispielsweise gelangte man zunächst mit der Fähre über die Norder- und Süderelbe und die dazwischenliegende Insel Wilhelmsburg in zwei Stunden nach Harburg. Von dort wurde mit der Königlich Hannoverschen Post in weiteren 24 Stunden schließlich Hannover erreicht. Nach Lübeck bedurfte es infolge schlechter Straßenverhältnisse einer 10 bis 12 stündigen Fahrt.[1] Die Reise wurde mit Wagen ohne Federung und Verdeck zurückgelegt. Die Reisenden saßen auf der Wagenladung, Sitzplätze mußten gesondert bezahlt werden.

Ende des 18. Jahrhunderts bis in die siebziger Jahre des vorigen Jahrhunderts vollzog sich in den Zentren Europas eine erste Phase der Industrialisierung.

Die sich entwickelnden Produktivkräfte erforderten den Aufbau eines leistungsfähigen Verkehrswesens und die Schaffung zuverlässiger Nachrichtenverbindungen. Produktion, Verkehr und Nachrichtentechnik wurden wechselseitig begünstigt. Durch die Industrialisierung wurde das Transport- und Kommunikationswesen gefördert. Die Eisenbahngesellschaften beispielsweise besaßen ein großes Interesse am Ausbau des Signal- und Telegrafensystems.[2]

Die in Deutschland Mitte des vorigen Jahrhunderts verstärkt einsetzende Industrialisierung führte auch in Hamburg zum Ausbau des Hafens und bereits bestehender Industriegewerbe. Dazu wurden Flächen in Steinwerder, auf dem Gras- und auf dem Hammer Brook bereitgestellt. Die wirtschaftliche Entwicklung mit allmählich steigendem Verkehrsaufkommen erforderte neben einer Vertiefung der Elbe unter Einsatz englischer dampfgetriebener Bagger die Errichtung erster Hafenbecken mit entsprechenden Umschlagseinrichtungen für Schiene und Straße. Eine verkehrsgünstige Anbindung an das Binnenland mußte sichergestellt werden.

Die Aufhebung der Torsperre 1860 und die Umwandlung der damit verbundenen innerstädtischen Verbrauchsabgabe, der Akzise, in eine indirekte Steuer sowie die Beseitigung des Zunftzwanges mit Einführung der Gewerbefreiheit 1865 erleichterte den industriellen Aufschwung. Mit Beendigung des deutsch – dänischen Krieges und der Einbeziehung von Altona, Blankenese und Wandsbek in das preußische Reich war die spätere Verkehrsentwicklung vorgezeichnet. Die Aufhebung der Transitzölle und die damit verbundene Eingliederung Bergedorfs in das Hamburger Stadtgebiet schufen weitere Voraussetzungen für die Entwicklung Hamburgs zur Großstadt und zum Aufbau eines funktionstüchtigen Verkehrssystems.

Die Verfügbarkeit neuer technischer Objekte wie beispielsweise der Dampfmaschine – gemeinhin Symbol der Industrialisierung – kam der Entwicklung neuer Verkehrsträger zugute. Doch der kleinstaatliche Partikularismus behinderte die Verkehrsvorhaben dieser Stadt. Die Hamburg benachbarten dänischen Herzogtümer Schleswig und Holstein und das Königreich Hannover, waren an einem Eisenbahnanschluß mit Hamburg nicht interessiert. Der Nationalökonom Friedrich List warb bereits 1832 während seines Aufenthaltes in dieser Stadt für den Bau von Eisenbahnverbindungen zwischen Hamburg, Lübeck und Berlin. Im selben Jahr planten Hamburger und Lübecker Kaufleute eine Schienenverbindung beider Städte und stellten Gelder zur Verfügung. Dänemark erhob Einspruch, da eine Realisierung dieses Vorhabens die finanziellen Einnahmen aus dem Sundzoll gemindert hätte.[3] Der 1834 geplante Bau einer Eisenbahnlinie zwischen Hamburg und Hannover scheiterte ebenfalls infolge hannoverschen Widerstandes.

Hamburg ergriff die Initiative und baute 1842 auf eigenem Territorium zwischen der Stadt und Bergedorf die erste Eisenbahn im norddeutschen Raum. Vier Jahre später wurde diese Strecke bis Berlin fortgeführt. 1847 wurde die Strecke Harburg – Celle mit Anschluß auch nach Hannover eröffnet. Gegen eine Weiterführung dieser Verbindung nach Hamburg sperrten sich vor allem Harburger Spediteure und Ewerführer, die eine Beeinträchtigung ihres Güterumschlags aus dem mittel- und süddeutschen Raum befürchteten.

Die erste Bahnlinie von Altona nach Kiel wurde 1844 erstellt. 1860 kam der Vertrag zwischen Dänemark und Hamburg über den Bau einer Verbindungsbahn zwischen dem Altonaer Bahnhof der Ostseebahn und dem Hamburger Bahnhof der Berliner Bahn zustande. Damit war nach langen Verhandlungen der erste Schritt zum Zusammenschluß der verschiedenen Bahnhöfe und der Strecke Kiel – Altona sowie Hamburg – Berlin getan. Eine direkte Verbindung Hamburg – Lübeck wurde 1865 unmittelbar nach Abtretung Schleswig-Holsteins an Preußen aufgenommen. Nach Annektion Hannovers durch Preußen 1866 wurde mit dem Bau der Eisenbahnbrücke 1872 über die Elbe auch das fehlende Teilstück zwischen Harburg und Hamburg fertiggestellt und somit der Anschluß zum Streckennetz im Westen und Süden Deutschlands geschaffen.

Die Bergedorfer und später Berliner Bahn hatte der englische Ingenieur William Lindley geplant, die dazugehörigen Bauwerke der Architekt Alexis de Chateauneuf entworfen. Der Bergedorfer Bahnhof ist als eines der ältesten deutschen Bahnhofsgebäude noch erhalten und kündet von den einfachen Verhältnissen der Anfangszeit des modernen Verkehrs. Aus kleinen, zweigeschossigen Bahnhofsgebäuden entwickelten sich analog zu den unterschiedlichen Eisenbahnabteilen Bahnhofsanlagen mit Salons für die verschiedenen sozialen Klassen. Die 1845/46 zum Berliner Bahnhof ausgebaute Hamburger Endstation wurde später durch den neuen Hauptbahnhof ersetzt. Auch nach dem Bau einer Verbindungsbahn zwischen Altona und Hamburg und dem Bau der Elbbrücken fehlte es an einem zentralen Knotenpunkt, an dem sich die verschiedenen Linien trafen. Zur Gestaltung dieses neuen Zentralbahnhofs wurde 1900 ein Wettbewerb ausgeschrieben, dessen Ergebnisse durch den damaligen Kaiser Wilhelm II. erheblich modifiziert wurden. Die

Verkehrs- und Nachrichtenverbindungen

100 Die Nachbarländer Dänemark und Hannover sperrten sich gegen Eisenbahnverbindungen zwischen Hamburg, Lübeck und Berlin. 1842 kam auf hamburgischem Territorium eine Verbindung nach Bergedorf zustande, 1846 wurde sie nach Berlin verlängert: Der Hamburg-Berliner Bahnhof, Stahlstich von J. Gray, 1850

reiche Jugendstildekoration wurde in Anlehnung an die Renaissance-Formen des Rathauses in seinem äußeren Erscheinungsbild einfacher und zugleich monumentaler. Der 1906 eröffnete Durchgangsbahnhof ersetzte vier frühere Kopfbahnhöfe und sollte das Werk der Umgestaltung hamburgischer Bahnanlagen krönen.[4]
Mit Fertigstellung eines Eisenbahnnetzes verlagerte sich auch der Güterverkehr allmählich von der Straße auf die Schiene. Die Fuhrleute, die in den Anfangsjahren zu den hartnäckigsten Gegnern der Eisenbahn gehört hatten, fanden hier später als Spediteure Beschäftigung. Es vollzog sich im Gegensatz zum Kutscher, Postillion oder Fuhrmann bei den bei der Eisenbahn Beschäftigten eine weitergehende berufliche und damit soziale Differenzierung; es entstanden eigenständige, hierarchisch geordnete Berufe. Im 19. Jahrhundert waren Pferd und Kutschwagen als Zubringer zu den neu entstandenen Bahnhöfen unentbehrlich. Die technischen Verbesserungen dieser Transportmittel blieben an den Entwicklungen im Eisenbahnverkehr orientiert. Die Ausdehnung des Eisenbahnnetzes und eine damit verbundene Steigerung des Zubringerverkehrs bewirkte die Anlage von Verbindungs- bzw. Durchbruchsstraßen. Reisen mit der Bahn bedurften keiner Übernachtungs- und Verpflegungskosten, wie bei den Überlandreisen per Postkutsche üblich. Dennoch waren die Fahrpreise gemessen am Realeinkommen der Passagiere hoch.[5]
Weiterhin Bedeutung besaßen Alster und Elbe für das Verkehrswesen, und zwar sowohl für den Querverkehr mit Fähren und über Brücken als auch vorrangig für den Schiffsverkehr. Neben dem Personenverkehr spielte vor allem der Güterverkehr zu Wasser eine große Rolle für die Versorgung der Stadt aus dem umliegenden Umland und für den Transport von Rohstoffen im Binnenschiffsverkehr.
Die allmähliche Verdrängung der Segelschiffe durch den aufkommenden Dampferverkehr setzte ein. Das eiserne Dampfschiff war dem hölzernen Segler an Fassungsvermögen, Geschwindigkeit, Sicherheit und Zuverlässigkeit – da von Wind und Wetter unabhängig – überlegen. Die veränderte Antriebsart und die wachsende Schiffsgröße besaßen Rückwirkungen auf den Ausbau der Elbe als Wasserstraße und der Hafenanlagen. Vor Einführung der Eisenbahn war die Bewältigung des Transportaufkommens nur über eine Verbesserung der Land- und insbesondere der Wasserstraßen möglich. Hamburg hatte an der Regulierung der Niederelbe seit Jahrhunderten, vielfach durch die sie umgebenden Territorien behindert, gearbeitet. Im

19. Jahrhundert erfolgten Regulierungsmaßnahmen vorwiegend durch die Errichtung von Leitdämmen. Auf Veranlassung des Hafenbaumeisters Johannes Dalmann wurden ab 1862 Stromkorrekturen im Elbegebiet zwischen den Vierlanden und dem Köhlbrand durchgeführt. Die seit Mitte des 19. Jahrhunderts geführten Verhandlungen über den Ausbau der zwischen Hamburg, Altona und Harburg liegenden, vielgeteilten Elbarme fanden erst 1868 in Berlin ihren Abschluß. Hamburg und Preußen einigten sich über die Verbesserung der Schiffbarkeit des Köhlbrands.[6]

1862–1866 wurde auf dem Großen Grasbrook der Sandtorhafen fertiggestellt, als Tidehafen Vorbild für den Bau aller weiteren Seehafenbecken. Es folgten 1872 der Grasbrookhafen und der Schiffbauerhafen. Zwischen 1873 und 1876 wurde der Petroleumhafen (Südwesthafen) auf dem Kleinen Grasbrook ausgebaut. Ab 1872 mußten die Inseln jenseits der Norderelbe in die weitere Hafenplanung einbezogen werden. 1887/93 entstand eine erste Hafengruppe mit den dazugehörigen Flußschiffhäfen. Die bis weit in die Tschechoslowakei hinein schiffbare Oberelbe war für Hamburg jahrhundertelang die Verbindung mit einem Teil des mitteleuropäischen Hinterlandes. Die Binnenschiffahrt spielte eine bedeutsame Rolle als Verkehrsträger für den Hafen.[7] Einen weiteren Verkehrsträger für den hafeninternen Verkehr bildete die Hafenschiffahrt. Sie transportierte Seegüter mit Leichtern und Schuten zwischen Seeschiff, Umschlag- und Lagerbetrieben.

Der Bau des Freihafens im Zusammenhang mit den 1881 beschlossenen Zollanschlußgesetzen auf dem Grasbrook und den Elbinseln südlich der Stadt führte zur Aufhebung der bis dahin gewährleisteten Einheit von Wohn- und Arbeitsort. Um die ausgedehnten Freihafenanlagen auch dem Personenverkehr mit seinen Arbeitsplätzen auf Werften, in Industrien und Speichern zu erschließen, wurde die Hafen-Dampfschiffahrt A.G. (Hadag) gegründet, deren Schiffe regelmäßig den Fährdienst zwischen den wichtigsten Anlegestellen des Hafens versahen. Der Fährverkehr war zuvor durch offene Jollen, später durch Dampfboote geleistet worden. Als das Hafengebiet am linken Elbufer sich auszuweiten begann und die Zahl der Arbeiter kontinuierlich zunahm, reichte die Fährverbindung nicht aus. Der allmählich steigende Personen und Fuhrwerksverkehr zwischen Stadt und Hafen erforderte neue Verkehrswege. 1911 wurde der 450 m lange und mit zwei Tunnelröhren für Fußgänger und Fuhrwerke sowie Fahrstühlen zur schnelleren Verkehrsabwicklung versehene Elbtunnel eröffnet.

Der Zollanschluß sowie die einsetzende Belebung der Wirtschaft mit allgemeiner Ausweitung der hamburgischen Wareneinfuhr führten zum weiteren Hafenausbau, der durch politische Veränderungen wie die Einverleibung Schleswig-Holsteins und Hannovers durch Preußen wesentlich begünstigt wurde. Diese neuen politischen Verhältnisse in der unmittelbaren Nachbarschaft hatten zuvor auch den transelbischen Verkehr und damit den Anschluß Hamburgs an das deutsche Eisenbahnnetz ermöglicht. Ende des 19. Jahrhunderts erhielt Harburg außer der Eisenbahnbrücke eine unmittelbare Straßen- und Brückenverbindung mit Hamburg. 1904/07 wurden in Harburg, das seit Mitte des 19. Jahrhunderts über umfängliche Industrien wie Gummifabrikation, Öl- und chemische Fabriken, Textilgewerbe und Flußschiffbau verfügte, neue Seehäfen mit offenen Hafenbecken und dazugehörigen Gleisanschlüssen gebaut. Auch der Altonaer Hafen wurde mit Unterstützung des preußischen Staates durch den Bau neuer Kaianlagen und Lagerschuppen gefördert.

Der innerstädtische Verkehr war bis Mitte des 19. Jahrhunderts überwiegend vom Individualverkehr geprägt. Erste Ansätze eines Verkehrs mit Pferde-Omnibussen wurden infolge fehlender Pflasterung bzw. Befestigung der Straßen nicht weiterentwickelt. Deshalb lag es nahe, das Prinzip des schienengebundenen Verkehrs auch im innerstädtischen Bereich anzuwenden. Mit Aufhebung der Torsperre, der einsetzenden Vorortbebauung sowie der Einigung des Deutschen Reiches waren Voraussetzungen für eine die Stadtgrenzen übergreifende Planung mög-

101 1839 wurde die erste Pferde-Omnibuslinie zwischen Hamburg und Altona eingerichtet. Wegen des schlechten Straßenzustandes hatte es der innerstädtische Pferdeomnibusverkehr nicht leicht. Seit 1866 verkehrten deshalb Pferdebahnen auf Holzschienen. Fahrkarte der Hohenfelder Omnibus-Linie, um 1850

102 Seit 1879 wurde mit Dampf getriebenen Straßenbahnen experimentiert. 1894 setzte sich jedoch die „Elektrische" als neues Massenverkehrsmittel durch. 1908 kam die elektrische Vorortbahn hinzu, 1912 die Hamburger Hochbahn: Hochbahn über dem Großen Burstah, Photographie, um 1912

Verkehrs- und Nachrichtenverbindungen

103 Der Post verblieb der Güter- und Nachrichtenverkehr. Die innerstädtische Verteilung geschah zunächst nach wie vor mit der „Postkutsche": Vorspannen der Pferde in der Hauptpaketpost am Dammtorwall, Photographie um 1910

lich geworden. Doch konnte bereits 1839 zwischen Hamburg und Altona die erste Pferdebuslinie eingerichtet werden. Die Passagiere waren gehalten, keine zollpflichtigen Waren mitzuführen.[8] Die erste deutsche Straßenbahn wurde 1865 in Berlin in Betrieb genommen. Hamburg folgte bereits ein Jahr später. Auf der Strecke Rathausmarkt – Wandsbek verkehrte die erste von Pferden auf Holzschienen gezogene Straßenbahn.[9] Bis 1880 gab es im damaligen Deutschen Reich nicht weniger als 28 Straßenbahnbetriebe.[10] Hierbei handelte es sich fast ausschließlich um Pferdebahnen. Da der Pferdebetrieb aber personalaufwendig und damit kostspielig war, wurde nach alternativen Antriebsarten gesucht. In Hamburg wurden 1879 die ersten Dampfstraßenbahnen in Betrieb genommen. Doch die Rauchbelästigung für die Bevölkerung war groß, oft scheuten die Pferde und die Zahl der Unfälle stieg. Mit der Inbetriebnahme der elektrischen Straßenbahn 1894 war in der Entwicklung der Massenverkehrsmittel ein wichtiger Schritt getan. Die an der Elektrifizierung beteiligten Firmen umwarben die Kommunen um Betriebsgenehmigungen. Mit großzügigen Angeboten konnten sie – besonders in Konkurrenz zum älteren Gas – die elektrische Infrastruktur der Städte vorbereiten. 1908 wurde die Vorortsbahn, seit 1938 S-Bahn, zwischen Blankenese, Altona, Hamburg-Hauptbahnhof und Ohlsdorf elektrifiziert. Die engen Straßenverhältnisse vieler Altstädte waren dem anschwellenden Verkehr nicht mehr gewachsen. Auch Kapazität und Geschwindigkeit konnten die zunehmende Entfernung von Arbeitsplatz und Wohnung nicht mehr überbrücken. Neben Stadtbahnen entstanden U-Bahnen. Die erste elektrisch betriebene U-Bahn in Hamburg nahm 1912 einen Teilbetrieb auf der Strecke Rathausmarkt – Barmbek auf. Die Fahrpreise dieser innerstädtischen öffentlichen Verkehrsmittel waren jedoch hoch und verlockten die Arbeiter keineswegs, sie für ihren täglichen Arbeitsweg zu nutzen.[11]

Zusammenfassend läßt sich feststellen, daß die Eisenbahnentwicklung in der Zeit der Industrialisierung einen enormen Aufschwung erlebte. Die Schiene war der Straße als Transport- und Verkehrsweg überlegen. Schiene und Wasserweg besaßen den Vorzug vor allem des geringeren Energieverbrauchs, der insbesondere den Aufschwung im Güterverkehr begünstigte. Für die steigenden Bevölkerungszahlen vieler Städte – so auch in Hamburg – wurden Massenverkehrsmittel wie Eisenbahn, Straßen- und Stadtbahnen unentbehrlich.

Verkehrs- und Nachrichtenverbindungen

104   Mit der Entwicklung des Hafens zu einem industriellen Verkehrs- und Produktionsgebiet kam dem Transport der Arbeitskräfte immer größere Bedeutung zu: Werftarbeiter, Lithographie von Friedrich Kallmorgen, um 1910

Verkehrs- und Nachrichtenverbindungen

105 Für den Verkehr im Hafengebiet wurde zuerst die Hafen-Dampfschiff A. G. gegründet. 1911 wurde außerdem der Elbtunnel mit Röhren für Fußgänger und für Fuhrwerke und Automobile gebaut: Postkarte um 1920

Ende des vorigen Jahrhunderts kam schließlich das Automobil auf, dem ähnliche Vorbehalte wie gegenüber der Eisenbahn galten und dessen künftige Nutzung als Transport- und privates Beförderungsmittel die Zeitgenossen noch nicht erkennen konnten. In Hamburg wurden 1910 einige Autodroschken zugelassen. Die Verwendung von Benzin- anstelle von Elektromotoren war zunächst mit Hinweis auf die damit verbundenen Auspuffgase, die zu unzumutbaren Belästigungen der Bürger hätte führen können, nicht gestattet worden.

Sowohl das Automobil wie der zu Beginn dieses Jahrhunderts einsetzende Luftverkehr entwickelten sich in Konkurrenz zum Wasser- und Schienenverkehr. 1908 wurde ein Aufruf zur Gründung einer ‚Gesellschaft für Luftschiffahrt in Hamburg' erlassen. Wenige Jahre später wurde die Konstituierung einer Zeppelin-Hallengesellschaft gefordert. 1911 wurde die Luftschiffhallen GmbH., Vorläufer der heutigen Flughafen Hamburg GmbH, gegründet. Mit dem Bau einer Luftschiffhalle 1912 auf dem Flugfeld Fuhlsbüttel galt Hamburg als Luftschiffstützpunkt und einer der ersten Flughäfen in Europa. Diese Entwicklung wurde durch den Ausbruch des Ersten Weltkrieges abrupt beendet.[12]

Abschließend sei die Entwicklung der Nachrichtenverbindungen in Hamburg skizziert. Von jeher bestand ein Bedürfnis nach rascher Übermittlung von Nachrichten über bestimmte Entfernungen; aber die zur Verfügung stehenden Transportmittel blieben bis zur Industrialisierung unzulänglich. Vor Erfindung des elektrischen Telegrafen Mitte vorigen Jahrhunderts fanden beispielsweise Brieftauben, reitende und laufende Boten, Feuersignale sowie optische Telegrafen Verwendung.

Seit 1838 existierte bereits eine Signalverbindung zwischen Cuxhaven und Hamburg, dessen Signalmast sich auf dem sogenannten Baumhaus am Hafen befand. Später wurde auf der Turm-Plattform der nach dem Großen Brand 1842 von Alexis de Chateauneuf erbauten Alten Post eine Signalstelle des mit einem verstellbaren Balkenkreuz arbeitenden optischen Telegrafen errichtet. Diese bis zur Einführung des elektrischen Telegrafen 1848 betriebene Zeichenanlage diente vor allem Reedern und Kaufleuten für die Übermittlung von Schiffsankünften zwischen Cuxhaven und Hamburg. Mittels des verstellbaren Balkenkreuzes ließen sich über hochgelegene Zwischenstationen beispielsweise bei Altona, auf dem Kösterberg in Blankenese und Lohberg bei Stade sowie dem Kirchturm in Otterndorf eine Vielzahl verschiedener Signale weiterleiten.[13] Um die Einführung und Nutzung dieser Verkehrs- und Nachrichtentechnik mit wesentlichen sozialen und technischen Impulsen war es wie bei Errichtung erster Eisenbahnstrecken zwischen den betroffenen Territorien zu Auseinandersetzungen gekommen. Im ersten Drittel des vorigen Jahrhunderts waren an den

106 Neben Wasser- und Schienenverkehr und dem neuen Autoverkehr warf der Luftverkehr seine Schatten voraus. Nach dem Bau einer Luftschiffhalle 1912 wurde Hamburg einer der ersten europäischen Flughäfen: Luftschiff über der Elbe, Bildmontage, um 1911

Küsten des Kontinents mehrere solcher optischen Telegrafenstationen in Betrieb. Das System blieb bis Mitte des 19. Jahrhunderts in Funktion. Allerdings mußten die Signaltürme zur Aufrechterhaltung ihres Betriebes ständig besetzt sein. Bei widrigen Witterungsverhältnissen sowie bei Nacht blieb eine Signalübermittlung erfolglos. Deshalb wurde die optische Telegrafenlinie durch die elektrische Telegrafie – ein Morsesystem – ersetzt. Der von Morse verwendete Code, der die Leistungsfähigkeit der Nachrichtenübermittlung beträchtlich verbesserte, wurde durch das sogenannte Hamburger Telegrafenalphabet ergänzt und später als Morsealphabet bezeichnet. Mit dem elektrischen Telegrafen verfügten die Hafenbehörden über ein ständig einsatzbereites System hoher Übertragungsdichte und -geschwindigkeit.[14]

Die Beziehungen der Post zur Informationsvermittlung beruhten auf einem bereits im 16. Jahrhundert vergebenen Reichsregal, d. h. einem Monopol zur Beförderung von Nachrichten. Da Hamburg auswärts postalische Interessen durch gesondert bestallte Residenten wahrnehmen ließ, mußte die Stadt fremden Staaten dieses Recht ebenfalls einräumen. Mecklenburg, Hannover, Braunschweig, Dänemark, Schweden und Preußen besaßen Poststellen, jede für bestimmte Postdienste in der Hansestadt zuständig. Mit Einbeziehung Hamburgs in den Norddeutschen Bund 1868 wurden sie unter Ausschaltung der dänischen und schwedischen Postämter zu einem einheitlichen Postdienst auf der Basis der Norddeutschen Bundespost – als Vorläufer der späteren Deutschen Bundespost – zusammengefaßt.

Der weitere Ausbau der Verkehrswege beschleunigte und erweiterte den Nachrichtenverkehr. Auch technische Erfindungen und Verbesserungen wirkten fördernd. Das Entstehen erster Nachrichtenagenturen in der ersten Hälfte des 19. Jahrhunderts, die anfangs nur Handels- und Börsennachrichten brachten, bezeugen den Zusammenhang zwischen Wirtschaftsinteressen und der Entwicklung des Nachrichtenwesens.[15] Der Handel hatte einen ausgedehnten Nachrichtenverkehr zur Folge. Handelsknotenpunkte, wie beispielsweise Hamburg als Hafenstadt, stellten einen Hauptumschlagplatz für Nachrichten dar. Insbesondere die Presse partizipierte an der ständigen Verbesserung der Transportmittel, die eine billigere, umfangreichere und raschere Verbreitung von Nachrichten ermöglichten.

Carsten Prange

Die Deutsche Seewarte

Mit den Worten: „Zu Ehren des Reiches! Zur Förderung der Wissenschaften! Zum Nutzen der Schiffahrt!" vollzog Bürgermeister Dr. Gustav Heinrich Kirchenpauer am 15. 8. 1880 die Grundsteinlegung für das Seewartengebäude auf dem Stintfang. Im folgenden Jahr, am 14. 9. 1881, weihte Kaiser Wilhelm I. das repräsentative Bauwerk ein, das mit seinen markanten 4 Ecktürmen bis zu seiner Zerstörung im Frühjahr 1945 zu den Wahrzeichen des Hamburger Hafens zählen sollte.
Die Einweihung wurde bewußt auf den Geburtstag des großen deutschen Naturforschers Alexander von Humboldt (1769–1869) gelegt. Damit endete ein Provisorium, das als „Norddeutsche Seewarte" am 1. 1. 1868 in der ersten Etage des heute noch bestehenden Seemannshauses durch Wilhelm von Freeden begründet wurde. Im Dezember 1867 hatten die Handelskammern Hamburg und Bremen in einer gemeinsamen Anzeige die Gründung eines im allgemeinen Interesse der Seefahrt zu errichtenden nautisch meteorologischen Instituts für den 1. Januar 1868 bekannt gemacht. Seine praktische Zielsetzung diente der Sicherung und Abkürzung der Seewege.
Die Gründung der Seewarte war eine Folgeerscheinung des durch die seit der Mitte des 19. Jahrhunderts rapide steigenden Industrialisierung Deutschlands erheblich gestiegenen Außenhandels. Gerade die Nordseehäfen Hamburg und Bremen erlebten nach dem Fortfall der politischen Handelsbehinderungen und ihrer verkehrsmäßigen Anbindung durch Wasser- und Schienenwege an das Hinterland einen großen Aufschwung. Die Gründung des Norddeutschen Bundes 1867 und vor allem die Reichsgründung von 1871 hatten eine solche wirtschaftliche Blüte begünstigt. So sah man auch erst jetzt in den maßgeblichen Reedereikreisen die Notwendigkeit eines nautisch-meteorologischen Instituts.
Dessen Arbeit mußte naturgemäß vor allem der Segelschiffahrt zugute kommen. Um 1868 stand die überseeische Seefahrt noch ganz im Zeichen des Segelschiffes, wenngleich dessen Verdrängung durch das Dampfschiff unaufhaltsam voranzuschreiten begann. In der deut-

107 Das 1881 von Kaiser Wilhelm I. eingeweihte Seewartengebäude mit seinen markanten Ecktürmen gehörte zu den Wahrzeichen des Hamburger Hafens: Photographie, um 1900

schen Handelsflotte sollte die Segelschiffstonnage noch bis 1880 zunehmen und erst ab 1891 von der Dampfertonnage übertroffen werden, die dann sehr stark zunahm.
Die Segelschiffsflotten der beiden Hansestädte umfaßten um 1870 437 Schiffe in Hamburg und 274 in Bremen, während die Zahl der Dampfer 36 bzw. 26 betrug. Die auf Langreisen verkehrenden Segler waren vorwiegend rahgetakelte Schiffe, Vollschiffe, Barken oder Briggen. Aufgrund ihrer Taklungsart konnten sie nur unter einem Winkel von ca 85° am Wahren Winde einen Kurs anlegen, so daß sie sich bei einer Windrichtung nur in einem Sektor von 190° fortzubewegen vermochten. So war der Kapitän eines Rahseglers immer darauf angewiesen, einen günstigen Wind und den richtigen Strom anzutreffen.
Kenntnisse der vorherrschenden Winde und Ströme blieben bis in die Zeit der Seewartengründung hinein vorwiegend Erfahrungswissen und wurden teilweise noch als Geschäftsgeheimnis betrachtet. Ihre systematische Erforschung durch statistische Auswertung von Beobachtungsdaten erfolgte erst vereinzelt. Alexander von Humboldt war einer der ersten Gelehrten, welcher zur „massenhaf-

ten" Erhebung von Beobachtungsdaten für wissenschaftliche Auswertung zur praktischen Nutzanwendung aufforderte.
In seiner Festrede zur Einweihungsfeier am 14. 9. 1881 gedachte der damalige Direktor der Seewarte, Professor Dr. Georg Neumayer, des Amerikaners Matthew Fontaine Maury (1806–1873), der als erster Wetterbeobachtungen aus Schiffstagebüchern statistisch auswertete und mit seinen „Wind and Current Charts" den Kapitänen der amerikanischen Klipper entscheidende Hilfen zur Erzielung ihrer spektakulären Reiseergebnisse an die Hand gab. Maury hatte als Direktor des 1844 von ihm mitbegründeten National Observatory eine internationale freiwillige Mitarbeit von Nautikern zur Erhebung von Wetterbeobachtungen, darunter auch eine Anzahl deutscher Kapitäne, organisiert. Es gelang ihm auch, die Einberufung einer der ersten internationalen Meteorologenkonferenzen zu erreichen, auf der 1853 in Brüssel die Beobachtung nach gleichen Standards und der gegenseitige Austausch vereinbart wurde.
Dr. Georg Neumayer (1826–1909), schlug auf dem ersten deutschen Geographentag in Frankfurt im Juli 1865

108 Die Seewarte wurde nach 1871 aus Reichsmitteln finanziert und 1875 in eine Dienststelle der kaiserlichen Marine verwandelt: Die Seewarte und das Museum der Seewarte, Xylographie nach C. Schildt, 1886

die Gründung eines „zentralen ozeanographisch-meteorologischen Instituts" unter der Bezeichnung „Deutsche Seewarte" vor. Neumayer hatte sich nach einem Studium der Physik in München mit meteorologischen Forschungen beschäftigt, hatte Seereisen gemacht, z. T. als Matrose und dann mit Unterstützung des bayerischen Königs Maximilian II, und des Hamburger Senats in Australien bereits ein kleines Observatorium begründet. Nebenher war er auch eine Zeitlang Navigationslehrer gewesen. Sein Gründungsvorschlag scheiterte jedoch in Hamburg an der Kostenfrage.

Wilhelm Ihno Adolf von Freeden (1822–1894), der Neumayer in Frankfurt kennengelernt hatte, griff diese Idee auf und konnte die Norddeutsche Seewarte mit Unterstützung der Hamburger Handelskammer und Reedereien als Teilstück des späteren Zentralinstituts als private Einrichtung am 1. 1. 1868 eröffnen. Freeden war Sohn eines Kapitäns und Schiffseigners aus Norden in Ostfriesland und nach einem Studium der Mathematik und Naturwissenschaften seit 1856 Rektor der Seefahrtsschule zu Elsfleth. Durch Erbschaften materiell unabhängig geworden, hatte er 1867 sein Rektorat niedergelegt, um sich dem Aufbau des neuen Instituts zu widmen. Persönlich unmittelbar mit der Seefahrt befaßt, setzte er sich politisch für die Schaffung eines zentralen deutschen Seefahrtsministeriums ein, das alle mit der Seefahrt zusammenhängenden staatlichen Aufgaben wahrnehmen sollte. Die Seewarte sollte ebenfalls dort ressortieren. In der Zeit seiner Leitung vom 1. 1. 1868 bis zum 31. 1. 1875 verfaßte er 855 handschriftliche Routenberatungen und beriet damit immerhin schon 8% aller nach Übersee verkehrenden deutschen Segelschiffe, darunter 10% aller Hamburgischen und 13,6% aller Bremer Segelschiffe, deren Kapitäne vielfach seine früheren Schüler waren. Entscheidender war aber, daß er in enger Anlehnung an das Vorbild Maury's die Organisation der Zusammenarbeit der Kapitäne mit der Seewarte schuf. Als Gegenleistung zur Segelanweisung verpflichtete sich der jeweilige Kapitän zur Führung eines „Wetterbuches oder Meteorologischen Journals", dessen Vordruck Freeden entworfen hatte. Die Herausgabe eines Segelhandbuches für den Atlantik konnte Freeden mangels einer hinreichenden Zahl von Beobachtungsdaten noch nicht realisieren.

Die „Norddeutsche Seewarte", seit 1872 „Deutsche Seewarte" erhielt Subventionen von der Handelskammer und wurde dann bald ganz von der Kasse des Norddeutschen Bundes und nach 1871 aus Reichsmitteln finanziert. Durch Reichsgesetz vom 9. 1. 1875 wurde die „Deutsche Seewarte" zu einer Dienststelle der Kaiserlichen Marine, der damals noch einzigen Reichsinstitution. Sie war der Admiralität unterstellt und behielt ihren Sitz in Hamburg. Neuer Direktor wurde Professor Dr. Georg Neumayer, der 1872 zum Hydrographen der Kaiserlichen Marine ernannt wurde. In den 28 Jahren seines Direktorats vom 1. 2. 1875 bis 1903 hat Georg von Neumayer, 1900 wurde er geadelt, die Deutsche Seewarte auf der schwierigen und problematischen Gratwanderung zwischen wissenschaftlicher Forschung und praktischer Nutzanwendung zu einer international hochgeschätzten Institution entwickelt.

Von lebenserhaltender Bedeutung war die Arbeit der Seewarte bis 1914 für die deutsche Segelschiffahrt. Persönliche Beratung, aber vor allem die Segelhandbücher für den Atlantischen Ozean – 1885 erschien die 1. und 1910 die 3. Auflage –, das Segelhandbuch für den Indischen und für den Stillen Ozean – 1892 bzw. 1897 erschienen – bildeten die navigatorische Grundlage für höchste Leistungssteigerung der Segelschiffahrt, deren Schiffsmaterial in dieser Zeit die letzte technische Reife erhielt. Für den Nautiker gut verständlich abgefaßt, waren diese Publikationen eine einzigartige Kombination aus wissenschaftlicher Darstellung und praktischer Routenberatung. Sie ermöglichten dem Benutzer, die beobachteten Wettererscheinungen in einen Zusammenhang von Tief- und Hochdrucksystemen zu stellen, um daraus den günstigsten Kurs zu ermitteln. Diese Werke basierten auf den mittlerweile nach Millionen zählenden Beobachtungsdaten, die das Gros der deutschen Kapitäne freiwillig für die Seewarte anstellte und bestätigten damit eindrucksvoll die Richtigkeit des durch Wilhelm von Freeden beschrittenen Weges. Dennoch vermochten selbst die tüchtigsten Segelschiffkapitäne, wie beispielsweise die Führer der stählernen Großsegler der Hamburger Reederei Laeisz, auf Ihren Reisen nach Chile rund Kap Horn, den Zeitfaktor nicht in solch engen Grenzen zu beherrschen, wie es den Dampfschiffen in zunehmendem Maße gelingen sollte. Dadurch war das Transportsystem Segelschiff für eine Industriewirtschaft ungeeignet geworden.

Heinrich Walle

Finkenwerders Hochseefischerei unter Segeln

Nur wenige kleine Segelfahrzeuge haben eine Legendenbildung erlebt wie die Finkenwerder Seefischer-Ewer und Hochseekutter.[1] Vor allem Gorch Fock und sein Bruder Rudolf Kinau waren es, die mit zum Teil dokumentarischer Genauigkeit das Leben und Arbeiten der Seefischer beschrieben haben – nicht ohne heldenhafte Überhöhung der Fischergestalten und Glorifizierung ihres Gewerbes. Doch mündeten die Herausforderungen der Neuzeit an die Fischer mit ihren archaischen Fahrzeugen nicht allein in verwegenem Draufgängertum. Vielmehr haben die Fischer, Schiffbauer, Konstrukteure und Fischereiverbände jener Zeit in einem lang anhaltenden Entwicklungsprozeß versucht, unter Einbeziehung neuer schiffbautechnischer Erkenntnisse, bessere und wirtschaftlichere Seefischereifahrzeuge zu entwickeln. Denn ohne sich den stark veränderten Rahmenbedingungen der Seefischerei auch technisch anzupassen, hätte die Finkenwerder Segelfischerei schon wenige Jahre nach dem Aufkommen der Dampffischerei kapitulieren müssen.

Besonders interessant an der Entwicklung der Fahrzeugtypen ist, daß es sich bei der Finkenwerder Fischerei ja nicht um einen oder mehrere Großbetriebe handelte. Es bestand vielmehr eine einzigartige Kleingliedrigkeit von untereinander gleichwertigen Einzelunternehmen: Jeder Fischer, nicht selten auch deren zwei, war Eigner des von ihm gesteuerten Fahrzeugs. Es fehlte also auch jede Möglichkeit, per Anordnung von oben die dringend erforderlich werdenden Verbesserungen an allen Fahrzeugen der Flotte schnell und wirksam durchzusetzen. Es gab keine autorisierten Vordenker, die stellvertretend für die Übrigen Entwicklungsarbeit leisteten. Fast alle Neuerungen wurden statt dessen in kleinen Einzelschritten empirisch erarbeitet; jeder einzelne Fischer mußte sich erst selbst von der Zweckmäßigkeit jedes einzelnen Zwischenschritts überzeugt haben, bevor weitere Schritte durchführbar wurden. Die gelegentlich erlassenen Vorschriften der Seefischer-Kasse auf Finkenwerder bildeten da die einzigen Ausnahmen.

Bis in die 80er Jahre des vorigen Jahrhunderts war der zweimastige Seefischer-Ewer das typische und vorherrschende Fahrzeug der Elbinsel Finkenwerder. Diese Ewer waren 17 bis 20 Meter lang, hatten ein festes, durchgehendes Deck und einen platten Boden. Plattboden und ein geringer Tiefgang waren unabdingbar für die frühen Fahrzeuge, damit sie die vielen Barren und Sandbänke des Elbfahrwassers ungehindert passieren und nötigenfalls auch einmal trockenfallen konnten, ohne daß der Schiffskörper dabei Schaden nahm. Um die Nachteile des platten Bodens auf die Segeleigenschaften auszugleichen, waren die Ewer mit Seitenschwertern versehen.

109 Vor allem Gorch Fock war es, der das Leben und Arbeiten der Finkenwerder Seefischer beschrieben hat – nicht ohne heldenhafte Überhöhung der Fischergestalten und Glorifizierung ihres Gewerbes: Fischer beim Netzeflicken, Photographie um 1910

Bei Kursen am Wind wurde jeweils das leewärtige Schwert gefiert, um die Abdrift des Ewers zu mindern. Die Besatzung bestand aus drei Mann: Schiffer, Bestmann (oder Knecht) und Junge (oder Koch) genannt. Ihr gemeinsames Logis befand sich im Vorschiff.

Gefischt wurde mit der sogenannten Kurre, das war ein trichterförmiges Grundschleppnetz, dessen Öffnung durch einen hölzernen Kurrbaum gespreizt wurde. Der Fang bestand hauptsächlich aus Grundfischen, also Schollen, Zungen, Steinbutt etc., die lebend an den Markt gesegelt wurden. Hierzu waren die Ewer mit einer sogenannten Bünn ausgestattet, die vom Prinzip her ein seewasserdurchspülter Fischbehälter im Schiffsinneren war. Die Bünn war mittschiffs angeordnet und fest mit Boden und Außenhaut des Ewers verbunden, wobei zahlreiche kleine Löcher eine ständige Erneuerung des Bünnwassers bewirkten. In diesem fest eingebauten „Hütfaß", das oft über 10 Kubikmeter groß war, ließen sich die Schollen ohne weiteres zehn Tage und länger am Leben halten. Der Verkauf erfolgte direkt vom Ewer aus an die „Endverbraucher", also Hausfrauen und Mägde, erst später wurde der Fischhandel und seit 1887 die Fischauktion immer bedeutungsvoller.

Ein früher Versuch Hamburger Großkaufleute, den Finkenwerder Kleinbetrieben eine kapitalistisch aufgebaute Segelfischerei-Gesellschaft gegenüberzustellen, ist schon nach wenigen Jahren gescheitert, wenn auch nicht folgenlos geblieben. Die 1866 gegründete „Norddeutsche Seefischereigesellschaft" ließ sich von diversen Holzschiffwerften in Hamburg und an der Niederelbe große, tiefgehende Fischkutter nach englischem Vorbild bauen. Mit weiteren Ankäufen aus England hatte die Gesellschaft schließlich 17 Kutter in Betrieb. Wenn diese sich auch von der Seetüchtigkeit her bewährten und ihre Segeleigenschaften denen der einheimischen Ewer auch weit überlegen waren, so scheiterte das Unternehmen doch schließlich an anderen Faktoren. Durch die „passive Resistenz" der meist aus Finkenwerder stammenden Fischer und viele andere, den Betrieb verteuernde Unzuträglichkeiten entstanden laufend Verluste, so daß die Gesellschaft nach Ausbruch des Krieges 1870–71 liquidieren mußte, als das Auslaufen der Kutter wegen der Kriegsumstände verboten worden war. Nicht besser erging es mehreren Gesellschaften, die mit fast identischen Betriebsstrukturen von der Weser aus gearbeitet hatten.

Trotz ihrer Mißerfolge war es den Gesellschaften gelungen, dem Seefisch neue Absatzmärkte zu erschließen und ein regelrechtes Vertriebssystem aufzubauen. Unmittelbar nach deren Liquidation stießen nun diverse Fischhandelsunternehmen, die teilweise in direkter Abhängigkeit von den Gesellschaften gegründet worden waren, in die neu entstandene Lücke vor. Da sie über eigene Fangfahrzeuge nicht verfügten und die Risiken der Fischerei nicht selbst tragen wollten, verpflichteten sie dutzendfach Fischer aus Finkenwerder und Blankenese, ihnen gegen gute Bezahlung die gesamten Fänge abzuliefern. Diese Vertragsfischerei – besonders für Fischhändler aus Geestemünde – brachte eine beträchtliche Intensivierung des Fischereibetriebes mit sich. Lange Liegezeiten fielen nun fort; die Fischer konnten unmittelbar nach Löschen des Fanges wieder in See gehen und brauchten sich um den Verkauf keine Sorgen machen.

Nachteilhaft in den Augen der Fischhändler muß jedoch gewesen sein, daß die gut florierende Zusammenarbeit immer nur in der Sommersaison stattfand, denn während der Herbst- und Wintermonate pflegten die Finkenwerder ihre Ewer stillzulegen. Mit den im Sommer erwirtschafteten Überschüssen kamen sie gut über die schlechte Jahreszeit, saßen bei Sturm und Kälte gemütlich in ihren kleinen Häusern hinterm Deich und besserten Segel und Netze aus. Damit kamen die Anlandungen von frischen Seefischen natürlich zum Erliegen, so daß die Fischhändler Mühe hatten, ihrerseits über den Winter zu kommen. So besteht Grund zu der Annahme, daß von ihnen der erste Anstoß ausgegangen ist, der eine Reihe junger Finkenwerder Fischer mit kräftigen Fahrzeugen zur Aufnahme der Winterfischerei bewegt hat. Besonders die lukrative und gefährliche Austernfischerei, bei der die Fahrzeuge weit nordwestlich von Helgoland

jeden aufkommenden Wintersturm schutzlos auf See abreiten mußten, wird auf den Anfang der 80er Jahre datiert. Wie die wenig später einsetzenden, hohen Verluste an Fahrzeugen und Menschenleben deutlich machten, waren jedoch die Ewer in ihrer gewohnten Bauart den Härten dieses Betriebes nicht mehr gewachsen.

Erste Versuche, die überkommene Form der Seefischer-Ewer günstiger zu gestalten, gehen auf das Jahr 1876 zurück. Der Schiffbauer Gustav Junge aus Wewelsfleth überarbeitete die eckige Spantform des Ewers, indem er sie mit mehr Rundungen versah und den bislang gänzlich platten Boden muldenförmig gestaltete. Dies sollte bewirken, daß das Fahrzeug in der groben See weichere Bewegungen machte.

Eine weitere Modifizierung der alten Form wurde vorgenommen, indem man die „Rundkimm-Ewer" mit einem hohen, durchgehenden Kiel versah und die Seitenschwerter wegließ. Statt dessen stattete man die Fahrzeuge mit einem eisernen Mittelschwert aus, das in einem besonderen Gestell in der Bünn aufgeholt und gefiert werden konnte. Der erste derartige Kiel-Ewer wurde 1876 von Junge erbaut; an seiner Konstruktion hatte der in Blankenese ansässige Bootsbauer und Yachtkonstrukteur Ehlert Kühl maßgeblichen Anteil.

Bei den Kiel-Ewern, die in den folgenden Jahren vielfach gebaut wurden, hatte man also bereits typische Konstruktionsmerkmale der alten Ewer aufgegeben bzw. abgewandelt.

Waren die Schritte zum Rundkimm- und Kiel-Ewer schon erhebliche Modifikationen gewesen in der Evolution der Fischer-Fahrzeuge, so folgten nun zwei regelrechte Mutationssprünge. Bei vielen der niederelbischen Holzschiffwerften lagen noch die Baupläne der tiefgehenden Kutter nach englischem Muster, die seinerzeit für die „Norddeutsche Seefischereigesellschaft" gebaut worden

110 Bis in die 80er Jahre war der Seefischer-Ewer das typische Fahrzeug. Er hatte flachen Boden und als seewasserdurchspülten Fischbehälter die sogenannte Bünn: Querschnitt

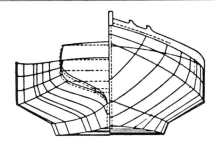
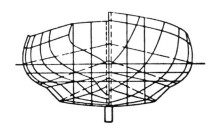
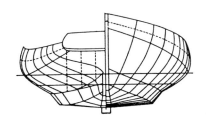
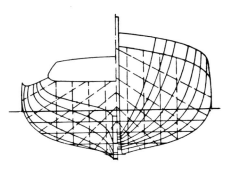

111 Seit den 70er Jahren wurden neue Schiffsformen erprobt: Spantformen von Besanewer, Kielewer, Kutterewer und Scharfem Kutter (von oben nach unten)

waren. Auch waren den Fischern und Werften Seetüchtigkeit und Segeleigenschaften dieser Schiffe noch in guter Erinnerung. Doch in der bekannten Form eigneten sich die Kutter nicht für den in Finkenwerder üblichen Betrieb: Mit über 23 Meter Länge waren die Kutter zu groß, und bei 2,80 Meter Tiefgang befürchtete man doch Probleme beim Trockenfallen und Kreuzen auf der Elbe. Vor allem besaßen die englischen Kutter keine Bünn wie die Elbewer, und man traute sich nicht ohne weiteres, so andersartig geformte Schiffe mit dieser eigentümlichen Konstruktion auszustatten.

Aus all diesen Vorbehalten und Forderungen entstand eine der außergewöhnlichsten Mischformen des norddeutschen Schiffbaus: Der Kutter-Ewer. Seine Konstruktion geht wieder auf den Blankeneser Kühl zurück, Erbauer des ersten solchen Fahrzeugs war wiederum Gustav Junge aus Wewelsfleth. Über Wasser glich der Kutter-Ewer in allen Punkten schon den später gebauten, reinen Kuttern: Er hatte einen senkrecht stehenden, geraden Vorsteven und ein überhängendes Heck mit schmalem, schräg stehenden Spiegel. Unter Wasser dagegen ähnelte er dem Ewer: Das Unterwasserschiff war das eines Kiel-Ewers, und eine Bünn hatte das Fahrzeug natürlich auch. 1878 lief der erste „platte Kutter", wie dieser Fahrzeugtyp genannt wurde, in Wewelsfleth vom Stapel und bewährte sich so gut, daß schon unmittelbar darauf weitere Neubauten geordert wurden. Hervorzuheben sind hier die Werften von Junge, Peters und Hein in Wewelsfleth, Thormählen in Elmshorn und Wriede auf Finkenwerder.

Es dauerte nicht lange, bis auch der Schritt zum reinen Kutter getan wurde. Wieder war die Werft von Junge Vorreiter dieser Entwicklung, diesmal ohne Kühl's Mitwirkung. 1884 lief der erste „scharfe Kutter" in Wewelsfleth vom Stapel und fand so großen Anklang, daß in den folgenden Jahren immer mehr Fahrzeuge dieses Typs und immer weniger Kutter-Ewer gebaut wurden. Die bedeutendsten Bauwerften der scharfen Kutter waren Junge und Peters in Wewelsfleth, Kremer und Thormählen in Elmshorn, Sietas in Cranz und Behrens auf Finkenwerder.

Als 1885 der erste deutsche Fischkutter, die SAGITTA, von Geestemünde aus in

112 Vorderansicht des Kutters H. F. 249 von Finkenwerder, Photographie, um 1905

See ging, waren die wichtigsten Entwicklungsschritte in Richtung auf ein hochseetüchtiges Segelfischerfahrzeug also bereits getan. Dabei darf jedoch nicht übersehen werden, daß nach wie vor ein großer Teil der Finkenwerder Flotte aus älteren, weniger seetüchtigen Fahrzeugen bestand, die erst nach und nach durch Neubauten ersetzt werden konnten. Die schnell wachsende Konkurrenz – 1890 gab es an Elbe und Weser bereits 19 Fischdampfer – setzte aber jedes einzelne Fahrzeug der Seglerflotte unter wirtschaftlichen Druck, ungeachtet seines Alters.

Hierbei wirkten die verschiedensten Faktoren zusammen: Zuerst einmal wurde, um die großen Anlandungen der Fischdampfer überhaupt vermarkten zu können, ein sehr viel besseres Vertriebsnetz aufgebaut, in dem der Eisenbahnversand von Fischen auf Eis eine wichtige Rolle spielte. Zwar ist hiermit kein direkter Preisverfall verbunden gewesen, auch stand der von den Seglern angelandete Lebendfisch höher im Preis als der geeiste „Aktienfisch", doch fand andererseits auch kein Preisanstieg statt, mit dem die steigenden Betriebskosten der Segelfischerei sich hätten ausgleichen lassen. Schon vor der Jahrhundertwende spürbar gewesen sind die Folgen der permanenten Überfischung küsten-

naher Fanggründe durch die sprunghaft gestiegene Zahl der Maschinen- und Segelfahrzeuge. Sinkende Fangmengen zwangen vor allem die Segelfahrzeuge, weiter entfernte Fischgründe aufzusuchen, was weitere Erhöhungen ihrer Betriebskosten und Risiken mit sich brachte.

Die stetige Ausweitung der Dampffischerei, die sehr personalintensiv war (pro Fischdampfer 10–12 Mann Besatzung), brachte eine Verknappung qualifizierter Arbeitskräfte mit sich. Rekrutierten sich die Besatzungen der Finkenwerder Ewer und Kutter früher fast ausschließlich aus Einheimischen, so war dies späterhin trotz drastisch dezimierter Fahrzeugzahlen nicht mehr möglich. So ehrenrührig es früher auf Finkenwerder war, auf einem Dampfer anzumustern – später scheint ein nicht unbeträchtlicher Teil des Nachwuchses dies der Segelfischerei vorgezogen zu haben. Die katastrophalen Verluste von Finkenwerder Fahrzeugen und Menschenleben sind hierfür ein maßgeblicher Grund gewesen.

Jedenfalls wurde es gegen Ende des Jahrhunderts, als die Zahl der deutschen Fischdampfer bereits auf 134 angestiegen war, für die Finkenwerder Fischer immer schwerer, qualifizierte Mannschaften zu finden; einzelne Fahrzeuge

113   H. F. 47 Seeadler auf See, Photographie, um 1910

haben deshalb wochenlang nicht auslaufen können. War jedoch eine gute Besatzung gefunden und der Fischer wollte sie halten, so war damit wiederum ein Zwang zur Winterfischerei entstanden. Denn winterliches Aufliegen bedeutete für die Leute ja monatelange Arbeits- und Verdienstlosigkeit. – Diesem von allen Seiten wirkenden Druck konnten die Finkenwerder nur mit äußerster Intensivierung der Fischerei, mit immer seetüchtigeren Fahrzeugen und härtester Beanspruchung von Menschen und Material begegnen. Doch trotz gesteigerter Seetüchtigkeit der Schiffe kam es weiterhin zu Serien schwerer Verluste; allein zwischen 1882 und 1905 sind 106 Finkenwerder Fahrzeuge verlorengegangen, davon im Sturm geblieben oder gestrandet 78, in der Regel mit ihren ganzen Besatzungen. Im Jahre 1906 war die Flotte von ursprünglich 183 bereits auf 125 Einheiten dezimiert. Seit 1905 war auch der Neubau von Hochseekuttern ganz zum Erliegen gekommen.

Dabei hat es nicht an Bemühungen gefehlt, den Finkenwerder Fischern in ihrer bedrängten Lage zu helfen. Vor allem der „Deutsche Seefischerei-Verein" hat große Anstrengungen unternommen, die Sicherheit und Rentabilität der Segelfahrzeuge zu erhöhen. Dies wurde unter anderem durch eine Änderung der Luken- und Bünnkonstruktion erreicht, deren Mängel Ursache vieler Totalverluste gewesen waren. Auch wurden andere Fangmethoden erprobt, von denen die Schleppnetzfischerei mit Scherbrettern an Stelle des sperrigen Kurrbaums sich rasch durchsetzte. Richtungweisend waren die Versuche, den Segelfahrzeugen Hilfsmotoren einzubauen, welche ihnen auch bei flauen oder widrigen Winden eine Fortsetzung von Reise und Betrieb ermöglichte. Diese Bemühungen, die um das Jahr 1903 einsetzten und im Sinne ihrer Aufgabenstellung sehr erfolgreich waren, konnten den weiteren Rückgang der kleinen Hochseefischerei jedoch nicht aufhalten. Allen baulichen Verbesserungen zum Trotz gingen in einem schweren Dezembersturm des Jahres 1909 vor der jütischen Küste 8 Finkenwerder Kutter mit 29 Mann Besatzung unter. 1914 war die Flotte auf ganze 68 Fahrzeuge zusammengeschmolzen, 1925 auf 40.

Joachim Kaiser

Die Fleete

"Fleet" war der Sammelname für alle die schiffbaren natürlichen Wasserarme, Durchstiche, Wetterungen, künstlich gegrabenen Kanäle und Stadtgräben im Bereich der städtisch bebauten Hamburger Marsch. Sie hatten gemeinsam, daß sie allesamt direkt mit der Elbe in Verbindung standen. Ihre Wasserhöhe war von den Gezeitenbewegungen und der Wasserstandshöhe des Stroms abhängig und deshalb verliefen sie schluchtartig, zwischen steilen Wänden – den "Vorsetzen" – eingekeilt zwischen den Häuserzeilen. Im Verlauf der Jahrhunderte hatte sich ihre Gestalt, ihre Anzahl und Aufgabe im Leben der Stadt nur geringfügig geändert. Mit dem Oberdamm zusammen regulierten sie die Wasserlast der Alster und ihrer zahlreichen Nebenflüsse. Am Oberdamm und Niederdamm nutzten Mühlen das Gefälle zur Elbe aus. Aus ihrem Wasser versorgten sich Haushalte und Gewerbebetriebe. Zugleich spülten sie die Abwässer und Fäkalien der Anlieger weg – ein einfaches System, das zu steten Klagen Anlaß gab. Baustoffe, Brennmaterial und Stroh für die Zugpferde wurden mit Schuten auf Fleeten bis tief in die Wohnquartiere gebracht und an besonders eingerichteten Stellen auf Rollwagen und Karren umgeladen.

Auch die städtischen Versorgungsmärkte, wie Schaarmarkt, Hopfenmarkt und Meßberg lagen allesamt in der Nähe von Fleeten. Sie wurden in der Hauptsache von Flußschiffen, den flachbodigen Ewern beschickt, deren Bauart für den jeweiligen Warentransport in besonderer Weise abgestimmt war.

In der Hauptsache wurde aber das Aussehen der Fleete durch den Fernhandel bestimmt, so wie dies noch in einer Beschreibung von 1869 ausgeführt wird: "Die mit den Häfen in Verbindung stehenden alten Stromarme und künstlich gegrabenen Canäle im Innern der Stadt sind an der Seite mit Speichern bebaut und dienen zum Transport der Waaren von Schiffen zu den Speichern und umgekehrt. Direct an dem Strom befindliche Speicher finden sich nur in Altona und in der Vorstadt St. Pauli, der Verkehr mit den übrigen wird durch kleinere Fahrzeuge, namentlich durch sogenannte Schuten, flache Fahrzeuge von 400–500

114 Die Wasserhöhe der Fleete war von den Gezeitenbewegungen der Elbe abhängig. Sie dienten als Wasserreservoir, führten Abwässer und Abfälle ab und wurden für den Warentransport benutzt: Fleet am Holländischen Brook vor dem Abriß für die Speicherstadt, Photographie um 1880

Ctr Tragfähigkeit, vermittelt, die Seeschiffe werden deshalb im Hafen in der Weise befestigt, daß dieselben mindestens an einer Seite Raum zum Laden und Löschen behalten..."

Mitten im Lagereibetrieb wurde auch gelebt und gewohnt. Zahlreich sind die Anekdoten auf den Widerstreit unterschiedlicher Nutzungen der Fleete. In den Erinnerungen der Marie Zacharias (1897) liest sich dies so: "Zu dem englischen Kamin kam auch ein englisches, eigens verschriebenes Klosett; doch da dieses über dem Fleet hängend angebracht war, so fror es bald zu und ließ sich dann nicht mehr bewegen, sondern blieb offen stehen. An einem Tage, da gerade ausnahmsweise mehrere Schuten zum Entladen von Waren an dieser Seite lagen, ging Großmutter ahnungslos hinein. Bald erhob sich ein furchtbarer Lärm, ein Schelten und Schreien der Ewerführer-Knechte. Wütend stachen sie mit dem großen Peekhaken ins Klosett hinein und brüllten "verdammtes Aas" und noch viel Schlimmeres, das sich hier nicht wiederholen läßt; denn die Ewerführer waren der roheste Teil der ganzen Bevölkerung."

In den Fleeten wurde der Schiffsverkehr größer. Der Markt- und Warenverkehr nahm in der zweiten Hälfte des Jahrhunderts erheblich zu. Stockungen bei der Schiffsabfertigung traten ein und auch der Lagerplatz wurde knapp. Zunächst profitierten davon die verschiedenen Berufsgruppen rund um Speicher und Schute mit ihrem traditionsreichen Zusammenspiel, die Ewerführer und ihre Knechte, die Hausküper, Arbeitsleute, Lagerdiener, die Quartiersleute und unständigen Speicherarbeiter. Der Lagerplatz wurde knapp; einen Ausweg boten zwischenzeitlich die Schuten, die nun häufig die Aufgabe schwimmender Lagerschuppen übernahmen.

Die Gelegenheit zu einer grundlegenden Neuordnung des Lagereiwesens ergab sich mit dem Zollanschluß. Die neue "Speicherstadt" hatte Kanäle, die auch bei Ebbe befahrbar blieben, aber auch Gleis- und Straßenanschluß. Die gesamte Lagerhaltung veränderte sich; mit ihr verschwanden traditionsreiche hafennahe Berufszweige.

Die erhalten gebliebenen Fleete und Kaufmannshäuser lagen nun außerhalb der Freihafenzone und waren nicht länger Bestandteil des Hafenorganismus. Zunächst ergab sich aus der Lagerhaltung des Zwischen- und Importhandels und für die neuen städtischen Industrien manch neue Nutzungsmöglichkeit. Dennoch verringerte sich die Zahl der Spei-

115 Nicolaifleet, der Hauptausfluß der Alster, Photographie um 1890

chergebäude fortwährend. Wo Neubauten entstanden, wurden nun zwei oder mehr benachbarte Grundstücke zusammengefaßt. Oft waren es Firmenhäuser und Kontorbauten, die zwischen die historischen Speicherbauten eingeschoben wurden.

Eine wichtige Neuerung, die der Wiederaufbau nach dem Brand von 1842 gebracht hatte, war eine schiffbare Verbindung zwischen Elbe und Alster. Über Schleusen konnte jetzt die Binnenalster von der Elbe aus durch das Alsterfleet, aber auch im Umweg durch Nicolaifleet und Mönkedammfleet erreicht werden. Der Schleusenbetrieb wurde durch die Absenkung des Alsterspiegels um etwa 1 m begünstigt. Als sich nach 1870 oberhalb der Außenalster die neuen Industrievorstädte zu entwickeln begannen und einige Alsterzuflüsse zu schiffbaren Kanälen ausgebaut wurden, nahm die Bedeutung der Schleusenfahrt rasch zu. Der Wasserverbrauch der Schleuse stieg derart an, daß um 1890 der Betrieb der Stadtwassermühle am Oberdamm aufgegeben werden mußte; zu dieser Zeit passierten die Schleuse jährlich 30000 Fahrzeuge.

Auch nach Osten dehnte sich das Kanalnetz aus. Im inneren Hammerbrook entstanden nach 1845 entlang den neuen Kanälen Industrie- und Gewerbeansiedlungen und seit 1884 wurde auch der äußere Hammerbrook durch Kanäle und Straßen planmäßig erschlossen. Wurden im Hafen- und Fleetbereich die Schuten gestakt, so waren es Schleppzüge mit Dampfschleppern, die das weitläufig gewordene städtische Kanalnetz bis zu den neuentstandenen Industriebetrieben am Goldbekufer und am Osterbekkanal befuhren. Die neuen Gebiete des Binnenschiffsverkehrs waren nun nicht mehr dem traditionellen hafennahen Transport-, Lager und Staubetrieb zuzurechnen, sondern versuchten in erster Linie, die Hafennähe der Industrie als Standortvorteil zu vermitteln. Nach Verlegung des Gemüsegroßmarkts an den Meßberg fielen auch die Aufgaben der Fleete bei der Marktbelieferung weg.

Damit waren in einem Zeitraum von sechzig Jahren etwa zwischen 1850 und 1910 nahezu alle angestammten Funktionen für die Fleete der Innenstadt verlorengegangen. Ihre Unterhaltung, die die Pflege der Gewässer, der Pfahl- und Mauergründungen (Vorsetzen) und auch der Brücken einschloß, wurde zu einem Problem. Teils im Interesse des städtischen Verkehrs, teils zur Erweiterung von Grundstücken wurden seit etwa 1875 deshalb immer wieder Fleete zugeschüttet. Unter anderem verschwand auch das Rödingsmarktfleet, das in eine Straße umgewandelt wurde, über die sich später die Hochbahn erhob. Die übrigbleibenden alten Fleete waren für die Übernahme neuer Aufgaben unbrauchbar geworden.

Frank Jürgensen

Der Altonaer Bahnhof wird nicht mehr wiederzuerkennen sein...

Was die Broschüre der Deutschen Bundesbahn 1975 verheißungsvoll ankündigte,[1] ist in Erfüllung gegangen: die Altonaer erkennen „ihren" Bahnhof nicht mehr wieder, die Frage „Wo ist denn hier der Bahnhof?" hat traurige Berechtigung erlangt.[2] Da wo einst ein wuchtiges Empfangsgebäude aus wilhelminischer Zeit Altonas Bedeutung als Industriestadt und Eisenbahnverkehrsknotenpunkt auch architektonisch vor Augen führen konnte, steht jetzt der „Kaufbahnhof".

Geht man auf die Suche nach dem verlorenen Gesicht des Altonaer Bahnhofs, entdeckt man im Rückblick nicht nur die Bauten vom verkauften Bahnhof heute bis zum preußischen und davor dänischen Bahnhof von 1844, sondern auch ein Kapitel der Geschichte Altonas.

Die Förderung und der Ausbau zur Wirtschaftskonkurrenz gegenüber dem Hamburger Nachbarn zieht sich wie ein roter Faden durch Altonas Geschichte.

Im 19. Jahrhundert war Altona zur zweitgrößten Stadt im dänischen Gesamtstaat angewachsen und damit auch sein Bedarf an schnellen Verkehrsverbindungen zu Ost- und Nordsee und dem schleswig-holsteinischen Hinterland, um seine Produkte aus Textil-, Zucker- und Tabakfabriken oder verderbliche Rohware zu transportieren. Zwar hatte die mit dänischer Finanzhilfe 1832 fertiggestellte Chaussee zwischen Altona und Kiel gegenüber der alten Handelsstraße Hamburg – Lübeck eine Verringerung um die Hälfte der Fahrzeit erbracht, doch der zunehmende Personen- und Warenverkehr machte leistungsfähigere Transportverbindungen notwendig.

England hatte mit seiner ersten Eisenbahnlinie Liverpool – Manchester 1830 die Initialzündung gegeben – auch in Norddeutschland wurde das neue Verkehrsmittel schnell zum Vorbild: Bereits 1831 legte der Lübecker Kaufmann Müller Pläne für eine Hamburg-Lübecker-Eisenbahn vor, die die Verbindung der Hansestädte mit der Ostsee verbessern sollte. Das Projekt scheiterte jedoch am Einspruch der dänischen Regierung.

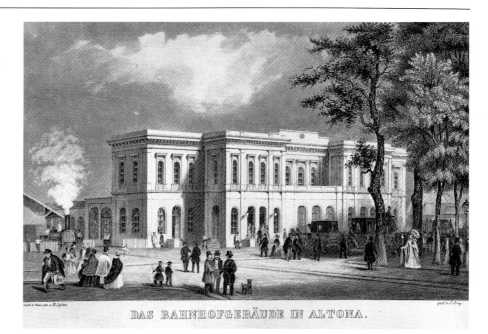

116 Nach Planungen seit 1839 wurde die Bahnstrecke Altona-Kiel und der Bahnhof Altona 1844 fertig. Der Bahnhof lag auf dem heutigen Standort des Rathauses direkt an der Palmaille: Stahlstich von H. Jessen, um 1850

Als dann Eisenbahnprojekte aus den Nachbarstaaten Hannover und Mecklenburg bekannt wurden, beeilte sich die Regierung jedoch mit eigenen Bahnplanungen: die „Königliche Eisenbahnkommission" empfahl eine Bahnverbindung zwischen Altona und Kiel.[3] 1839 waren die Trassenvermessungen abgeschlossen, Bauangebote, vorwiegend englischer Firmen, gingen ein, und 1841 wurden die ersten Aktien der Eisenbahngesellschaft gezeichnet. Mit finanzieller Rückenstärkung durch die dänische Regierung[4] begannen im März 1843 die Bauarbeiten. Zahlreiche Probleme verzögerten jedoch die zügige Durchführung – die zunächst geplante Trasse über Barmstedt wurde aufgegeben und über Elmshorn gelegt.

Die Diskussion über den Standort des Altonaer Bahnhofs beherrschte jahrelang das öffentliche Interesse. Während der Kieler Bahnhof in unmittelbarer Nähe des Hafens gebaut und damit der direkte Umschlag zwischen Schiff und Bahn gewährleistet werden konnte, gab es in Altona langwierige Streitigkeiten, bis das Bahngebäude schließlich am Westende der Palmaille 28 m über dem Elbufer auf dem Gelände des heutigen Rathauses errichtet wurde. Die Altona-Kieler-Eisenbahn-Gesellschaft forderte eine möglichst enge Anbindung des Bahnhofs an die Elbe, um die Verladewege kurz zu halten. Der Altonaer Bürgermeister Behn erkannte eine Plazierung des Kopfbahnhofs an der Palmaille jedoch als verkehrstechnisch kurzsichtig, da die Gleisanlagen die jahrhundertealten Verkehrsverbindungen nach Ottensen und den übrigen Orten an der Unterelbe zerschneiden würden. Behns Vorschlag, den Bahnhof stärker in die Stadtmitte nördlich der Königstraße zu bauen und damit auch näher an Hamburg heran, fand keine Mehrheit.[5]

Der erste Altonaer Bahnhof an der Palmaille gab sich herrschaftlich – sein Architekt, vermutlich H. O. Winkler, orientierte sich an der klassizistischen Villenarchitektur der benachbarten Wohnstraße des Altonaer Großbürgertums und der Landsitze der Hamburger an der Elbchaussee. Als Bahnstrecke und

117 Der neue Bahnhof kam an die Nordseite des Kaiser-Wilhelm-Platzes. Architekt Georg Eggert griff mit Rundbogen, Zinnen, Türmen auf das Repertoire mittelalterlicher Backsteinarchitektur zurück: Photographie von Puls, 1897

Bahnhof am 18. September 1844, dem Geburtstag des dänischen Königs und nach diesem „König Christian VIII.-Ostseebahn" genannt, feierlich eröffnet wurden, waren auch – trotz anfänglicher Ablehnung des Projekts – offizielle Gäste aus Hamburg dabei.

In den folgenden Jahren und Jahrzehnten erwies sich der Bahnbau als wichtiger Motor der industriellen Entwicklung in Altona und ebenso in dem seit 1853 boomartig zum Industriestandort anwachsenden, holsteinischen Nachbardorf Ottensen. Auch wenn die dänische Regierung 1853 Altonas Zollfreiheit für Im- und Export nach Schleswig-Holstein und Dänemark aufhob, damit zahlreiche Betriebsverlegungen nach Hamburg und Ottensen verursachte und die Altonaer Wirtschaftsentwicklung bremste, nahm der Güter- und Personenverkehr der Bahn ständig zu. Bahnhof und Bahnanlagen wurden zu klein.

Die neue Regierung – Altona war 1866 preußisch geworden – ließ Um- und Ausbauten vornehmen, die jedoch nicht lange ausreichen sollten: Denn Ende der achtziger Jahre erlebte Altona mit seinem Anschluß an das Deutsche Zollvereinsgebiet (1888) und die Eingemeindung von Ottensen und Bahrenfeld (1889) einen enormen wirtschaftlichen Aufschwung. Eine grundlegende Neugestaltung des gesamten Bahngeländes unter stadtplanerischen und verkehrstechnischen Gesichtspunkten stand an: Der Bahnhof wurde nach Norden an seinen heutigen Standort verlegt. Das Altonaer Rathaus, bislang im traditionsreichen Gebäude an der Königstraße, Ecke Dosestraße untergebracht, war wegen zunehmender Verwaltungsaufgaben zu eng geworden – es sollte ins umgebaute Bahngebäude an der Palmaille umziehen. Das freigewordene Gleisgelände der Altona-Kieler-Bahn bot sich zur Anlage eines repräsentativen Platzes an und so erhielt das preußische Altona sein neues Stadtzentrum an der ehemaligen Stadtgrenze zu Ottensen. Die Verlagerung der alten Stadtmitte nach Westen ließ zugleich auch die neu eingemeindeten Stadtteile Ottensen, Othmarschen und Bahrenfeld näher rücken.

Über zehn Jahre wurde an dem neuen Herzen von Altona gebaut – den Anfang machte der neue Altonaer Hauptbahnhof. Er mußte in zwei Bauabschnitten errichtet werden, damit der Betrieb vom alten zum neuen Bahnhof reibungslos überführt werden konnte: Im November 1895 war der Westteil mit der Haupthalle, im Januar 1898 der Ostteil fertiggestellt. Zum Architekten war Georg Eggert berufen worden, der sich mit dem Bahnhofsbau in Frankfurt am Main (1888) einen Namen gemacht hatte.

Für Altona hatte er eine etwas schlichtere Anlage entworfen auf U-förmigem Grundriß, der von der quergelagerten Haupthalle und den flankierenden Seitenflügeln gebildet wurde. Die vier Personen- und fünf Gepäckbahnsteige waren von vier verglasten, eine Spannweite von insgesamt 82 m umfassenden Bahnsteighallen überdacht, die hinter der wuchtigen Hauptfassade jedoch fast nicht zu sehen waren. Wie die Vision einer „spätpreußischen" Bastion sah der Altonaer Bahnhof aus mit seinem Leitmotiv des gewaltigen, doppeltürmigen Hauptportals. Neben dem hohen Empfangsgebäude lagen hinter den niedrigeren, mit Rundbogenfenstern ausgestalteten Zwischenflügeln die Wartesäle. Der Architekt hatte mit Rundbogen, Zinnen, Türmen sowie der plastisch gestalteten und teils mit glasierten Formziegeln dekorierten Backsteinfassade auf mittelalterliches Architekturrepertoire zurück-

Verkehrs- und Nachrichtenverbindungen

118 Die vier Personen- und fünf Gepäckbahnsteige waren von vier verglasten Bahnsteighallen überdacht: Bahnsteig 1, Photographie um 1910

119 Das Bahnhofsgebäude mit quer gelagerter Haupthalle und Seitenflügeln hatte u-förmigen Grundriß: Gepäckausgabe, Photographie von Hielscher, um 1920

gegriffen und damit Altonas Bedeutung als Bahnstadt ein würdiges „Verkehrsmonument" gesetzt.

Der über der ehemaligen Stadtgrenze errichtete und nun Altona und Ottensen verklammernde Bahnhof wurde schon bald wieder zu klein: 1905 mußte man im Westen eine fünfte Halle anbauen und 1913 das Stellwerk durch ein größeres Reiterstellwerk ergänzen.

Nachdem der neue Bahnhof in Betrieb gestellt war, konnte der Ausbau des neuen Rathauses beginnen. Denkmalpflegerische Umsicht ließen die Planer walten, als sie das alte Empfangsgebäude an der Palmaille als Südflügel des Neubaus einbezogen. Die drei neuen Flügel führen in wuchtigen Renaissanceformen die neue Funktion des Gebäudes vor Augen; im Mai 1898 wurde es eingeweiht.

Als dritter Neubau des preußischen Stadtzentrums wurde nun noch das Altonaer Museum im Stil der nordischen Renaissance errichtet und so vereinte jetzt der inzwischen zum Schmuckplatz umgestaltete Kaiserplatz Verkehr, Verwaltung und Kultur in unterschiedlichen, historisierenden Baustilen.

Fast wäre alles eine Generation später wieder abgerissen worden, als Altona 1937 nach Hamburg eingemeindet wurde und sein Schmuckplatz mit sämtlichen Gebäuden im Zuge der Elbufer-Neugestaltung einem monumentalen Verwaltungs- und Repräsentationsforum weichen sollte.[6] Mit Kriegsbeginn verschwanden diese Planungen jedoch in den Schubläden. Auch den 2. Weltkrieg hatte der Altonaer Bahnhof ohne größere Schäden überstanden – einige Bombentreffer hatten im wesentlichen nur den westlichen Flügel des Empfangsgebäudes beschädigt– er wurde ersetzt.

Was der Krieg verschonte, zerstörte mit Kahlschlagmodernisierung die Deutsche Bundesbahn.[7]

Elisabeth von Dücker

Die Hamburger Hochbahn

Der „Oberingenieur" der Baudeputation in Hamburg war im letzten Drittel des 19. Jahrhunderts eine Person von allumfassender Wirksamkeit: Er war zuständig für den Strom- und Hafenbau, aber auch für die Planung und Anlage von Straßen, also Städtebau. Er wählte die Standorte von Kirchen aus und entwarf Schleusen – aber auch zierliche Straßenschilder und Geländer. Franz Andreas Meyer, der diese Funktion ausübte, entwarf 1892 auch den großen Gesamtentwicklungsplan für das damals erlassene Bebauungsplangesetz, in dem die Entwicklungsgrundsätze für das Verkehrsnetz festgelegt wurden. Mit ihm entstand die Idee einer von den Ferneisenbahnen unabhängigen „Vorortbahn", die als Ring um die Alster die Innenstadt und die Stadterweiterungsgebiete miteinander verbinden sollte.

Aus ihr entwickelte sich die „Hamburger Hochbahn", deren Ausführung 1906 begann und die 1912 mit dem inneren „Ring" – heute Teile von U 2 und U 3 – eröffnet wurde.

In fast zwanzig Jahren Planung hatte man die verschiedensten Streckenführungen überprüft. Die Technik selbst fesselte alle Beteiligten am meisten: Von einer Dampfbahn am Anfang bis zur Schwebebahn gingen die Ideen für die Realisierung der Vorortbahn. Noch vor Wuppertal hätte Hamburg über seinen Fleeten die Schwebebahn haben können, wenn man den Vorschlägen von deren Erfinder Eugen Langen 1894 gefolgt wäre.

Das Rennen machte die Konzeption einer elektrischen Bahn auf eigenem Bahnkörper ohne straßengleiche Übergänge, teils unterirdisch, teils auf Viadukten und Dämmen geführt. Die AEG und Siemens & Halske hatten den Entwurf geliefert, sie übernahmen die Ausführung und am Anfang auch den Betrieb der „Hamburger Hochbahn". So nannte man die Bahn wegen ihrer Dämme, wenngleich die Tunnelstrecken die spektakuläreren Bestandteile waren.

Hamburg hatte in der Zeit der Hochbahn bereits ein ausgedehntes und leistungsfähiges Straßenbahnnetz. Dazu hatte die seit 1899 laufende Umgestaltung der Hamburger Eisenbahnverhältnisse gleich auch die Anlage einer schon 1898 beschlossenen Schnellbahn – „S-Bahn" – möglich gemacht, die 1907 eröffnet worden war und dann zwischen Blankenese und Ohlsdorf die erste voll elektrifizierte Bahn in Deutschland wurde.

Die Straßenbahnen waren freilich nicht schnell genug für die ferneren Wohngegenden, und die S-Bahn erschloß nur die Elb- und die Alstervororte – sie wurde seit 1913 bis Poppenbüttel verlängert. Die dicht besiedelten oder unmittelbar vor der Aufschließung stehenden Hamburger Stadterweiterungsgebiete von Eimsbüttel über Winterhude bis Barmbek waren nach wie vor verkehrstechnisch unterversorgt. Für sie war der „Ring" der Hochbahnlinie gedacht mit seinen Zweiglinien nach Eimsbüttel und nach Rothenburgsort. Die Erweiterungen in Richtung Langenhorn und in die Walddörfer folgten auf die Fertigstellung des Rings 1912–1918.

Als die Hochbahn seit 1906 ausgeführt wurde, geschah das in enger Verflech-

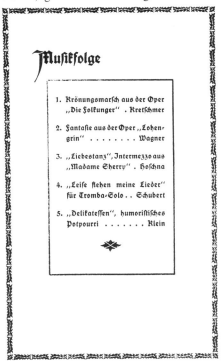

120 Die Ausführung der „Hamburger Hochbahn" begann 1906. 1912 wurde sie mit dem inneren „Ring" eröffnet: Programmheft der Eröffnung, Musikfolge und Speisefolge, 1912

Verkehrs- und Nachrichtenverbindungen

121 Die an der Eröffnungsfahrt teilnehmenden Herren, Photographie, 1912

tung mit anderen wichtigen städtebaulichen Maßnahmen, zum Beispiel mit der Anlage der Mönckebergstraße. Knotenpunkte mit den anderen Verkehrssystemen erzeugten ein Netz, auf dem bis heute der leistungsfähige Hamburger Ortsverkehr beruht. Anschlüsse an die Fernbahn (Hauptbahnhof), an die S-Bahn (Berliner Tor und Barmbek), an Hafenfähren und Elbeschiffahrt (St.-Pauli-Landungsbrücken und Elb-Tunnel) waren notwendig, um wirklich schnell die Verbindung von Wohnvierteln und Arbeitsstätten herstellen zu können.

Die „Citybildung" ist das epochale Ereignis, durch das das alte, von den Wällen des 17. Jahrhunderts begrenzte Hamburg seit den 1880er Jahren seine Stadtgestalt grundlegend veränderte. Nicht nur entstanden riesige Stadterweiterungsgebiete außerhalb des Stadtkerns seit ca. 1850. Damit ging auch etwas einher, das andere Städte in Deutschland damals noch nicht so nachhaltig erfuhren: Die Entmischung der Funktionen in der Stadt. Die Arbeitsplätze in Hamburg konzentrierten sich – vor allem seit dem Zollanschluß 1888 – immer mehr im Freihafen und in der Innenstadt. Vor allem in der Altstadt versammelten sich die immer zahlreicheren Büros und Kontore, entstanden reine Geschäftshausviertel. Die Stadterweiterungsgebiete dagegen wurden zu fast gewerbefreien, reinen Wohngebieten.

Die Fahrt aus den Wohnvierteln der Vororte zu den Arbeitsplätzen im Zentrum wurde für die meisten Hamburger zu einem wesentlichen Bestandteil des Alltags, der viel Zeit aufzehrte und – vor allem für sehr viele Arbeiter – das Budget empfindlich belastete. Viele konnten sich die bequemen Verkehrsmittel allerdings auch gar nicht leisten; sie mußten die schlechten und dennoch teuren Wohnungen der Innenstadt und der Gängeviertel suchen.

Die neue Vorortbahn sollte – wie die S-Bahn – als schnelles Massenverkehrsmittel Abhilfe bringen, durch das zusätzliche Angebot an Fahrplätzen das Wachstum der Wohnviertel draußen kompensieren, vor allem aber die Fahrt schneller und bequemer machen. Ihr Erfolg wurde den Erwartungen gerecht. Die Citybildung in Hamburg wurde geradezu getragen von der verbesserten Verkehrsverbindung mit der Innenstadt. Der „Gürtel um Hamburgs alten Leib", den in den zwanziger Jahren die Massenwohnquartiere rund um die Innenstadt entstehen ließen, wäre ohne die Hochbahn nicht möglich gewesen.

Es gab schon lange vorher in England und Amerika Untergrundbahnen in Tunneln, und schon gar war eine Bahn auf Viadukten und Dämmen nichts Neues. Dennoch ist die Ringlinie von 1912 von den Zeitgenossen als technisches Wunderwerk bestaunt worden – so wie gleichzeitig der Elbtunnel. Sie war das augenfällige Zeugnis für die Leistungsfähigkeit der damals ja noch jungen Elektro-Konzerne und ihrer Ingenieure. Unverhüllt zeigen die meisten Bauwerke ihre technische Konstruktion. Der Stolz und das Selbstgefühl der Konstrukteure dringt sozusagen aus jeder Niete. Das Zeitalter der Industrialisierung konnte in solchen Verkehrssystemen und ihren Bauten mit Recht seine Kathedralen erkennen.

Und es war ja nicht nur die Hochbahn: Alle Hamburger Verkehrssysteme hatten im ersten Jahrzehnt des 20. Jahrhunderts eine Neugestaltung erfahren. Alle präsentierten in mächtigen Ingenieurbauten ihre Konstruktionen, vom Hauptbahnhof bis zu den Landungsbrücken und zum Elbtunnel. Sie verbanden sich mit dem Welthafen zu einem bis heute – etwa bei der Fahrt über den Baumwall-Viadukt – packenden Erlebnis des Fahrens, das keine Grenzen kennt. Man muß sich zurückversetzen in

122 *Eine der großen elektrischen Schaltstellen war die Blockstation in Barmbek, Photographie, 1912*

die Zeit vor Einführung des Luftverkehrs, um nachfühlen zu können, welches Hochgefühl mit Verkehrsbauten dieser Art verbunden war. Die Baugruppe von Hochbahnhaltestelle, Landungsbrücken und Elbtunnel zwischen Bismarck-Denkmal und Elbe konnte jedenfalls für das Hamburger Fremdenblatt 1911 „mit lauter Sprache reden, wie die moderne Technik zu Lande, zu Wasser und unter dem Wasser die an sie herantretenden Aufgaben überwindet ...".

Die Architekten jener Zeit standen in der Aufbruchstimmung einer Reformepoche. Sie hatten Historismus und Jugendstil überwunden und suchten neue Lösungen für die Bauanliegen ihrer Zeit. Während sie aber in den früheren Jahrzehnten die Herren des Bauens waren – die jeden Bahnhof so gestalten konnten, daß die Technik nur noch im notwendigen Minimum zu erkennen war – erkannten sie nun in den Bauten der Technik die eigentlichen Lehrmeister.

Daraus die Konsequenzen zu ziehen, war die Zeit aber noch nicht reif. Ganz im herkömmlichen Sinne glaubte man immer noch, es sei trotz allen Suchens die Aufgabe der Architekten, die ästhetische Seite des Bauens zu behandeln, die der Ingenieure, die praktische zu lösen.

So wurde in Hamburg der gesamte „Ring" durch Ingenieure entworfen und gebaut. Für die markanten Teile wurden jedoch Aufträge an Hamburger Architekten vergeben, die die ausgewählten Brücken und Haltestellen formal ausgestalten sollten. Vor allem die damals jungen Architektenfirmen Raabe & Wöhlecke und Schaudt & Puritz entwarfen teils düster monumental – so an Brücke und Haltestelle bei den Landungsbrücken, Bezug nehmend auf den von Schaudt mitentworfenen Kolossal-Bismarck –, teils vornehm und elegant mit geheimnisvollen Plastiken und Ornamenten – Kellinghusenstraße –, teils mit Backstein die Hamburger Bautradition zitierend – Mundsburg –, teils mit Sandstein mehr weltläufig – Dehnhaide. Die Formenwelt der Details und Ornamente hat sich vom Jugendstil gelöst und zeigt jenen zwischen Tradition, Neuerfindung und vergröberter Antike schwankenden „Stil um 1910", der jedenfalls meist sehr pathetisch wirkt. – Auch dies Nebeneinander von Architektur und Ingenieurwerk hatte die Hochbahn mit den übrigen Hamburger Verkehrsbauten jenes Jahrzehnts gemeinsam.

Mit der Architektur wollte man die Technik nicht verhüllen. Technisch-konstruktive und architektonisch gestaltete Teile sind sauber von einander abgegrenzt. Beides sollte sich in der Wirkung wechselseitig steigern. Konstruktion sollte repräsentativ aufgewertet werden, das Pathos der Ingenieurleistung mit verständlichen Mitteln der Bautradition unterstrichen werden.

Natürlich war darin auch ein ganzes Stück Konvention realisiert: Bloß Technik, das ging nicht. Und so hieß es im Vertrag der Freien und Hansestadt mit den ausführenden Firmen wie wohl in allen einschlägigen Bauverträgen unverbindlich und selbstverständlich: „Die äußere Ausstattung der auf oder an öffentlichen Straßen und Plätzen herzustellenden baulichen Anlagen des Bahnkörpers nebst Zubehör soll eine geschmackvolle und würdige sein ...".

Hermann Hipp

Verkehrs- und Nachrichtenverbindungen

123   Streckenarbeiter auf der Brücke über den Eilbeker Kanal, Photographie, 1912

124   Eine der Wagenbauwerkstätten, Photographie, 1912

Versorgung

Das Sprichwort „jeder kehre vor seiner Tür" war ein Grundsatz, der im Hamburg des frühen 19. Jahrhunderts praktische Geltung für viele Bereiche der täglichen Sorge hatte. Entsorgung und Versorgung waren der privaten Initiative überlassen. Sie wurden aber in zunehmendem Maße von staatlicher Seite beobachtet und im Bedarfsfall gelenkt oder eingeschränkt. Im Verlauf des Jahrhunderts griff der Staat immer mehr ein, plante neue Systeme, schuf neue Infrastrukturen, faßte ganze Bereiche organisatorisch zusammen. Begleitet wurde dieser Prozeß durch die Anwendung neuer Erkenntnisse der Medizin, durch die Einführung neuer Technologien, durch die Entwicklung neuer Organisationsformen. Dabei entstanden staatliche Betriebe, die gemeinnützige Aufgaben wahrzunehmen hatten. Andere Bereiche wurden dagegen privater und kommerzieller Initiative oder dem Markt überlassen. Ungeahnte Geschäfte ließen sich dabei machen. Dem standen die Anstrengungen der Arbeiterschaft, sich genossenschaftlich mit dem Nötigsten zu versorgen, gegenüber.

Der große Brand von 1842 veranlaßte die Entstehung der ersten städtischen Entsorgungs- und Versorgungsbetriebe. Die Initiative lag bei der dafür eingesetzten „Technischen Kommission". Besielung und Wasserversorgung waren eigenständige Leistungen, die mit Hilfe englischer Technik und unter dem Einfluß aus England stammender sozialhygienischer Vorstellungen zustande gebracht wurden. Auch die Gasversorgung hatte diese Motive. Die Versorgungspolitik in der 2. Hälfte des Jahrhunderts wurde jedoch in erster Linie durch Profiterwartungen der privaten Anleger wie des Staates gesteuert.

Hamburg entwickelte sich zwischen 1840 und 1914 von einer großen Hafen- und Handelsstadt zu einer Millionenstadt mit vielen Industrien. Die neuen Versorgungswerke, besonders die Gas- und Elektrizitätsversorgung, hatten daran ihren Anteil. Durch die neuen Werke entstanden aber auch gänzlich neue Belastungen. Die Verschmutzung der Elbe durch Abwässer, die Gefährdung durch das aus der Elbe entnommene Trinkwasser, die Verschmutzung der Luft durch den zunehmenden Einsatz der Steinkohle machen exemplarisch deutlich, daß die Lösungen, die für Entsorgungs- und Versorgungsprobleme gefunden wurden, nicht von Dauer sein konnten, wenn sich Größenverhältnisse und Wechselwirkungen änderten. Selbst wo die Probleme für den Augenblick erfolgreich bewältigt schienen, entstanden an anderer Stelle neue und stellten vor unerwartete Aufgaben.

Um 1840 war Hamburg mit mehr als 150000 Einwohnern eine Großstadt, verdichtete sich aber mit Ausnahme der zwei ange-

125 Die Anlage eines Kanalisationsnetzes war die erste große Infrastrukturmaßnahme. Dabei wurden späterhin erhebliche Ingenieurleistungen erbracht. Zu ihnen gehörte die Versenkung der eisernen Dükerrohre durch den Niederhafen: Photographie von Koppmann, 1903

Versorgung

126 Der Sielanlage folgte noch in den 40er Jahren die Anlage eines Wasserversorgungsnetzes. 1848 wurde die „Wasserkunst" in Betrieb genommen. 1850 waren schon 4000 Häuser an die staatliche Wasserversorgung angeschlossen: Farblithographie nach einem Schmuckblatt von H. Soltau, 1852

wachsenen Vorstädte St. Georg und Hamburger Berg immer noch innerhalb der Wallinie des 17. Jahrhunderts. Bis zu dieser Zeit waren die Abwasser- und Abfallbeseitigung und die Trinkwasserversorgung die wichtigsten Ent- und Versorgungsaufgaben. Die Bewohner der Marschinseln, deren Grundstücke direkten Zugang zu den Fleeten hatten, benutzten diese zur Beseitigung fester unf flüssiger Abfälle; an der Hausrückseite nahmen Erker, sogenannte „Lauben", die Abtritte auf, die sich direkt in die Fleete entleerten. Die vom Wasser etwas entfernter liegenden Häuser hatten privat unterhaltene, teilweise gedeckte Siel leitungen oder Zugang zu „Haasenmoore" genannten Abflußgräben, die jede Art von Unrat aufnahmen und mit mehr oder weniger Erfolg zu den Oberflächengewässern der Stadt verbrachten. Wer diese Möglichkeiten nicht hatte und auf seinem Grundstück keine Abfall- und Abwassergrube – wie auf der Geest üblich – anlegen konnte, schüttete Schmutzwasser und wohl auch Abfälle in den Straßenrinnstein. Seit 1713 gab es nach anderen unbefriedigenden Regelungen eine Gassenordnung, für deren Durchführung eine Deputation aus zwei Ratsherren und fünf Bürgern zu sorgen hatte; private „Übernehmer" sorgten für die Reinigung der Straßen und für die Abfuhr von Unrat und Fäkalien – „Gassenkummer" – in gedeckten, nicht immer genügend abgedichteten hölzernen Wagen, beaufsichtigt von der Polizei.

Gleichzeitig wurden Brauch- und Trinkwasser allgemein aus der Alster und den Fleeten geschöpft. Zahlreiche Häuser in der Marschgegend waren an die von privaten Interessenschaften unterhaltenen Trinkwasserversorgungen angeschlossen. Spätestens seit dem 14. Jahrhundert wurde teilweise auch Brunnenwasser der Geest in hölzernen Feldbrunnenleitungen – sogenannten „Pipen" – herangeführt. Hauptsächlich geschah aber die Versorgung durch drei „Wasserkünste", die seit dem 16./17. Jahrhundert aus der durchaus nicht mehr sauberen Alster am Oberdamm und am Niederdamm Wasser förderten und etwa 460 Vorratsbehälter in Häusern speisten. Die meisten Häuser auf der Geest – wie übrigens auch Einmieter in der Marsch – waren dagegen in der Wasserversorgung von öffentlichen Brunnen und öffentlichen Pumpen abhängig, soweit ihnen nicht der Zugang zu Regenwasserzisternen offenstand. Zusätzlich geschah eine Versorgung durch Wasserverkäufer, die von großen Faßwagen, aber auch in Eimern – wie der Wasserträger „Hummel" – Wasser lieferten. In der Wasserversorgung der Geestgebiete zeichneten sich Verbesserungen ab, seit es zwei privat betriebene Wasserwerke gab. 1822 begann die 1807 konzessionierte Bieber sche Wasserkunst, die bei St. Pauli angelegt worden war, mit zwei Roßwerken das von Hamburgern wie fremden Schiffsbesatzungen hoch geschätzte Elbwasser auf die Geest zu pumpen und Häuser der Neustadt zu versorgen. Ab 1833, nach Umrüstung auf Dampfmaschinen, konnten auch Häuser in der Vorstadt Hamburger Berg beliefert werden. Seit 1833 nahm außerdem die an der Alster erbaute Smithsche Felsenwasserkunst ihre Arbeit auf. Sie gab filtriertes Alsterwasser an Interessenten im östlichen Stadtbereich ab. Eine weitere Wasserkunst baute Smith ab 1839 an der Elbe, die 1842 in Betrieb genommen werden konnte.

Hinsichtlich seiner Abwasser-, Abfall- und Trinkwasserprobleme stellte Hamburg kein Extrem dar. Bis ins 16. Jahrhundert hinein mag Hamburg als Wohn- und Lebensort mit seinem durch 2 m Tidenhub immer wieder gespülten Fleetnetz, seinen gepflasterten Straßen, aber auch seinen Brunnen, Zisternen,

127 Die Unterhaltung und Reinigung der Siele wurde eine schwere und nicht ungefährliche Arbeit. Die Arbeiter bewegten sich in engen Tunnelröhren zum Teil kriechend mit Hilfe von Griffstöcken vorwärts: Photographie, um 1909

Feldbrunnenleitungen und Wasserkünsten Vorzüge vor vielen Städten gleicher Größenordnung besessen haben. Danach mehrten sich allerdings die Anzeichen, daß die Ausdehnung der Wohnbezirke auf die Geest, die Ballung in den alten Wohngebieten das gesamte System bis hin zu den öffentlichen Brunnen belastete. Um 1840 muß der Zustand, wie andernorts auch, längst kritisch gewesen sein.

Im Jahre 1841 schlug der englische Zivilingenieur William Lindley vor, Hamburg mit einem System unterirdischer Abwasserkanäle auszurüsten. Auf Vorschlag der Baudeputation wurde er daraufhin vom Senat beauftragt, eine entsprechende Sielplanung auszuarbeiten. Als im Mai 1842 der große Brand ausbrach, hatte Lindley vermutlich bereits wichtige Vorüberlegungen abgeschlossen, jedenfalls einen planerischen Entwurf mit Verbesserungen für die Stadt fertig. In seinem Konzept enthalten waren die Forderungen nach einer vollständigen Kanalisation und einer gänzlich neuen Wasserversorgung für die Innenstadt. Im Herbst 1842 wurde Lindley zum beratenden Ingenieur der Rat- und Bürgerdeputation ernannt. Neben anderen Aufgaben konnte er in dieser Sonderstellung auch die Planung für die Kanalisation in Angriff nehmen. Er reiste deshalb für einige Monate nach London, wo er sich mit dem Sekretär der Poor Law Commissioners, Edwin Chadwick, und mit Londoner Ingenieuren über Fragen der Besielung austauschte. Im März 1843 legte er der Deputation einen Bericht und einen Sielplan für die zerstörte Innenstadt vor.

Versorgung

128 Fahrten in den großen Stammsielen wurden zu heimlichen Attraktionen: „Die Kahnfahrt des deutschen Kronprinzen durch die Hamburger Sielgewölbe", Xylographie von H. Kaeseberg, um 1895

Danach sollte die Stadt nach und nach ein einheitliches, verzweigtes Kanalisationsnetz mit Ausmündung in die Elbe erhalten. In das Sielnetz sollten Regenwasser, häusliche Abwässer und Fäkalien nach dem Prinzip der Schwemmkanalisation eingeleitet und abtransportiert werden. In die Alster und in andere Oberflächengewässer sollten Notauslässe führen, falls eine Überfüllung des Systems einträte. Die Siele auf der Geest einschließlich der Geestabhänge erhielten im Entwurf eine von den Marschsielen bis zum Auslaß getrennte Wasserführung, damit sie bei jedem Wasserstand der Elbe entwässern konnten. Im Interesse einer Dränage und Abwässerung der Hauskeller wurden die Siele und Sielauslässe der Marschsiele sehr tief geplant; automatische Rückstauklappen mußten vorgesehen werden. Bei höheren Elbwasserständen und gleichzeitigem Regen war im Sielsystem der gelegentliche Rückstau großer Abwassermengen zu erwarten. Das hierfür notwendige Volumen mußte vorgeschätzt und bereitgehalten werden. Nach englischen Erfahrungen wurden materialsparende und strömungsgünstige ovale Sielquerschnitte gewählt, die mit teilweise keilförmigen Klinkersteinen möglichst glattwandig aufgemauert werden sollten. Eine Neuerung waren die in Abständen angelegten Luftschächte. Das Sielnetz selbst sollte weitgehend begehbar sein. Als Vorteile seines Besielungsplans führte Lindley an:

„1) völlige Abwässerung der Häuser, Höfe und Keller der Stadt zu jeder Fluthzeit,
2) Trockenlegung der Oberfläche der Straßen,
3) Beseitigung der früheren, durch Abfluß des schmutzigen Siel-Wassers in die „Binnen-Alster", die „kleine Alster", das „Bleichenfleth" und in die anderen kleineren Canäle, entstandenen Unzuträglichkeiten, in dem dies Wasser nun directe in den Stromgang der Elbe fließt".

Die Planung – in Hamburg ohne jedes Vorbild – löste erheblichen Widerstand gerade auch bei Fachkollegen aus. Die Kritik an technischen Details enthüllte zumeist den mangelnden Sachverstand der Kritiker. Die Ablehnung von Grundsätzen der Planung zeigte, daß Lindley neue Ansprüche gesetzt hatte. Trotz aller Einwände wurde Lindleys Entwurf für die Hamburger Kanalisation von der Deputation gutgeheißen und vom Senat, schließlich im Herbst 1843 auch von der Bürgerschaft mit großer Stimmenmehrheit angenommen. Die erste gesamtstädtische Schwemmkanalisation auf dem europäischen Festland war beschlossen.

Der Entwurf der Schwemmkanalisation geschah von vornherein und nahezu unverblümt mit Hinblick auf eine reichliche gesamtstädtische Trinkwasserversorgung und ihre Folgen. Sie war damit der Prototyp eines umfassenden Konzeptes städtischer Entsorgung und Versorgung, dem andere Elemente –

129 Die Straßenreinigungskolonnen boten ein Bild demonstrativer Ordnung und Zucht. „Da der Straßenreinigungsdienst militärisch aufgezogen ist, werden für . . . Beamtenstellen in erster Linie Feldwebel oder Sergeanten gewählt": „Nachtcolonne", Photographie von Koppmann, 1901

Stadtreinigung, Wasser, Licht, Wärme – anzufügen bzw. zuzuordnen waren. Zugleich war aber auch der erste Abschnitt dieser Großanlage so konzipiert, daß er trotz seiner Dimensionierung noch durchsetzbar war und vom Eröffnungstag an – ohne daß es nennenswerte Hausabwässer geben konnte – praktisch funktionierte. Die Besielung wurde durch den Grundsatz, auch Keller zu entwässern und trockenzulegen, der erste Fall einer demonstrativen stadtweit wirksamen Maßnahme des sozialen Ausgleichs; in einer Verteidigungsschrift von Ed. Schwartze für das Lindleysche Konzept wird dies besonders deutlich: „Diejenigen also, welche vor den Kosten der Anlage erschrekken, mögen bedenken, daß ein großer Theil derselben der Gesundheit derjenigen unserer Mitbürger zum Opfer gebracht wird, welche nicht in Häusern und Palästen leben, sondern in Höfen und Kellern ihr Leben beginnen und beschließen. Und diesen gönne ich nicht allein den Vortheil einer trockenen Wohnung von Herzen, sondern ich halte es für dringende Pflicht der Behörde, auf die Gesundheit dieser Classe unserer Mitbürger die vornehmste Rücksicht zu nehmen. . ."

Bis 1845 entstanden unter zum Teil abenteuerlichen Schwierigkeiten die ersten 11 Kilometer Siele. Als Ausmündung war in Abänderung der Vorschläge durch die Bürgerschaft ein Hauptauslaß in das Herrengrabenfleet bestimmt worden. Lindley hielt aber weiter an dem Konzept einer Einleitung in die Elbe fest. Nach 1845 wurden die Arbeiten auch auf die Bereiche der nicht abgebrannten Stadt weiter ausgedehnt. Bis 1860, dem Jahr, in dem Lindley ausschied, waren 48 km Sielleitung verlegt. „Seine Vorarbeiten sind im großartigsten Maßstabe generell . . ." äußerte Generalstabschef Moltke später – übrigens durchaus nicht billigend – über Lindleys Tätigkeit als Eisenbahningenieur in Preußen.

Noch bevor die großen Arbeitervororte entstanden, wurde die Größenordnung erkennbar, in der das Sielsystem geplant und zukünftig ausgeführt werden mußte. Bereits 1865 wurde mit dem Neubau der Lombardsbrücke vorausschauend ein Düker – Unterführung für das Siel – abgesenkt, der an ein später zu erstellendes Stammsiel angeschlossen werden sollte. 1872 wurde die endgültige Sielausmündung an die Elbe verlegt. Sie hatte eine Weite von 2,72 m und eine Höhe von 3,30 m erreicht. Nun begannen die Arbeiten am neuen Geeststammsiel, das die neue Ausmündung am Hafentor mit dem Düker an der Lombardsbrücke verbinden sollte. Dieses wurde auf der westlichen Alsterseite bis zum Isebekkanal und auf der östlichen bis zur Hamburger Straße weitergeführt. 1898 bis 1904 wurde der Bau der Stammsiele Kuhmühle-Hafenstraße und Isebekkanal-Millerntor durchgeführt, 1906 bis 1908 wurden auch die Stadtteile Hamm und Horn und ab 1913 die nach 1912 zum Staatsgebiet hinzukommenden Vororte Alsterdorf, Ohlsdorf, Klein-Borstel und Fuhlsbüttel an die Sielführung angeschlossen.

Dabei wurden ganz erhebliche Ingenieursleistungen vollbracht. Größere Abschnitte des Isebek- und Kuhmühlenstammsiels wurden bergmännisch im Schildvortrieb und unter Anwendung von Druckluft hergestellt. Die Versenkung und Zusammenführung der großen eisernen Dükerrohre des Kuhmühlenstamm-

Versorgung

130 1896 wurde am Buller Deich eine Müllverbrennungsanlage in Betrieb genommen: ,,Entleerung eines Müllwagenkastens in der Verbrennungsanstalt Buller Deich", Photographie, 1909

siels durch Niederhafen, Brooktorhafen und Oberhafen waren besondere Ereignisse. Am aufwendigsten war die Verlegung des 243 m langen Niederhafendükers. Mehrere gekammerte Teile wurden getrennt eingeschwommen, versenkt, unter Wasser mit Hilfe von Tauchern zusammengepaßt und verschraubt. Im Jahre 1913 waren so 555 km Siele fertiggestellt.

Die Unterhaltung und Reinigung der Siele wurde eine schwere und nicht ungefährliche Arbeit. In den engen Tunnelröhren mußten die Arbeiter in ihrer schweren Schutzkleidung, die die Bewegungen hemmte, Reinigungs- und Ausbesserungsarbeiten erledigen. Dabei bewegten sie sich zum Teil kriechend mit Hilfe von Griffstöcken fort. Jährlich fielen 8000 m^3 Schlamm und Feststoffe an, die in Nachtschichten eimerweise aus den Sielen herausbefördert wurden. Mußte ein Sielabschnitt gereinigt werden, so wurden vorher Zuleitungen durch Sandsäcke abgedämmt. Die Einführung fahrbarer Spülschilde, die durch gestautes Wasser vorangeschoben wurden, brachte Erleichterung.

Das Ausmaß der Sielbauten blieb der Öffentlichkeit verborgen. Lediglich photographische Aufnahmen, die im Auftrag der Baubehörde hergestellt wurden, konnten Eindrücke vermitteln.

Einige Strecken der größten Stammsiele waren nach ihrer Fertigstellung jedoch mit dem Boot befahrbar. An den Haupteinstiegen waren von vornherein Liegeplätze für mehrsitzige Boote eingeplant worden. Solche Fahrten wurden zu heimlichen Attraktionen. Ehrenbesucher, einmal sogar der Kronprinz, wurden unter Wahrung besonderer Sicherheitsvorkehrungen geladen, die schaurige und beeindruckende, jedenfalls exklusive Fahrt durch die Hamburger Siele zu erleben. So entstanden Anlässe, der Öffentlichkeit Bilder aus der Unterwelt der Siele zu präsentieren.

Mit zunehmender Besielung änderte sich das Bild der städtischen Straße. Pflasterungen mit mittlerer Abflußrinne wurden seltener, beschränkten sich bald auf Wohnhöfe. Seitliche Bürgersteige mit Rinnsteinen und Abflußsielen, Straßen mit gewölbter Fahrbahn und Sieldeckeln in der Fahrbahnmitte wurden allgemein üblich. Eingeschränkt wurde die Unterhaltung privater Klärgruben, gesetzlich und technisch strenger geregelt auch die Kübelabfuhr.

Die gesamtstädtische Sielregulierung zog – wenn auch mit deutlichem historischen Abstand – eine weitere gesamtstädtische Entsorgungsmaßnahme nach sich: die Straßenreinigung und die Müllabfuhr. Ab 1. Januar 1886 wurde die bisher an Private vergebene Hamburger Stadtreinigung als Staatsbetrieb reorganisiert. Ihre Aufgabe wurde es, für Straßenreinigung und Straßenpflege zu sorgen, die Beseitigung von Hausabfällen und die Kübelabfuhr zu organisieren. Alte Fotografien aufgestellter Straßenreinigungskolonnen vermitteln ein Bild demonstrativer Ordnung und Zucht: Arbeitspläne und Arbeitsaufgaben wurden in der Tat in militärischem Geist ausgeführt:

,,Für den Reinigungsbetrieb ist das Stadtgebiet in zwölf Aufseherabteilungen, deren Grenzen sich mit denen von Stadtteilen decken, geteilt. An der Spitze jeder Abteilung steht ein Aufseher, dem die Verantwortung für den gesamten Dienst zufällt; für die Überwachung des Nachtdienstes ist ihm ein zweiter Aufseher zugeteilt. Da der Straßenreinigungsdienst militärisch aufgezogen ist, werden für diese Beamtenstellungen in erster Linie ehemalige Feldwebel oder Sergeanten gewählt; als Arbeiter werden nur solche Leute eingestellt, die Soldat gewesen und völlig unbescholten sind."

Aus der Platznot des Stadtstaates und unter dem Eindruck der Choleraepidemie entstand außerdem für die Müllbeseitigung die Idee zu einer Müllverbrennungsanlage, die, nachdem sie 1893 beschlossen war, am 1. Januar 1896 am Bullerdeich in Betrieb gehen konnte. Eigens konstruierte Kippwagen beschickten die Anlage. Beim Verbrennen reduzierten sich Volumen und Gewicht der Müllmenge erheblich, die übrigbleibenden Schlacken waren für Bauzwecke wiederverwendbar. Die Abwärme wurde bereits bei der ersten Anlage zur Kraft-, Licht- und Wärmeerzeugung nicht nur des eigenen Betriebs, sondern auch weiterer Abnehmer ausgenutzt. Der Hausmüll

131 1845 begann die Produktion von Gas aus Steinkohle in einem vom Senat konzessionierten Gaswerk auf dem Grasbrook Stahlstich von J. Gottheil, um 1850

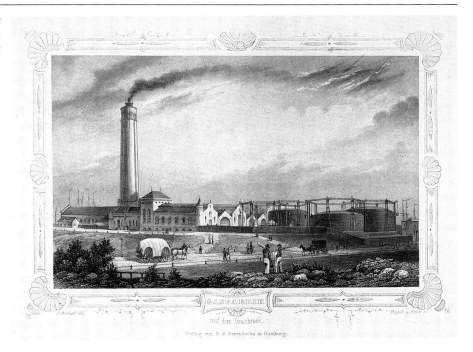

von einigen hunderttausend Stadtbewohnern wurde auf diese Weise verwertet. Noch vor dem Ersten Weltkrieg wurde am Alten Teichweg eine zweite Anlage verbesserter Bauart in Betrieb genommen.

In deutlichem Zusammenhang mit der gesamtstädtischen Sielplanung stand auch eine gesamtstädtische Planung der Trinkwasserversorgung. Es wundert deshalb nicht, daß die Wasserversorgung als erste staatlich geplante Versorgungsmaßnahme unmittelbar nach der Sielanlage in Angriff genommen wurde. Als William Lindley im März 1843 den Auftrag erhielt, Vorschläge auch zu einer neuen Wasserversorgung zu machen, trat er entschieden gegen private Unternehmen und für ein großes staatliches Wasserwerk ein. Am 26. Juni 1844 wurde bereits das neue staatliche Wasserwerk beschlossen. In nicht einmal 6 Monaten waren unter Hinzuziehung des Oberingenieurs der Londoner New River Wasserwerke die Pläne bis zu den Kostenberechnungen entstanden. Nach und nach sollten auch die bestehenden, zum Teil zerstörten Wasserkünste und Interessentschaften im entstehenden Versorgungssystem aufgehen. Vorerst aber wurde am Reesendamm eine provisorische Schöpfanlage installiert. Mit den zunächst bewilligten 1,7 Mio Mark konnte das Wasserwerk begonnen werden.

Reines Wasser in der erforderlichen Menge war nur aus der Elbe und in genügender Entfernung oberhalb der Stadt zu beschaffen. So entstand bei Rothenburgsort die Entnahmestelle mit drei großen Ablagerungsbecken, die während der Ebbe und beginnenden Flut aufgefüllt wurden. Neben die Becken wurde das Pumphaus mit Maschinen- und Kesselabteilung gebaut. Zwei Cornwall-Balanciermaschinen – eigentlich für Bergwerke entwickelt, aber in England mit gutem Erfolg in der Wasserversorgung eingesetzt – pumpten stündlich etwa 1000 cbm Wasser in das Rohrnetz. Das Wasser wurde in ein Steigrohr geleitet, damit einerseits ein genügender Wasserdruck erzeugt würde, andererseits die Pumpstöße nicht unmittelbar auf die spröden gußeisernen Versorgungsleitungen einwirkten. Steigrohr und Fallrohr wurden in einem ca. 65 m hohen Turm untergebracht,

der noch heute als technisches Denkmal Wahrzeichen von Rothenburgsort ist. Wie der Wasserturm, an dem maßgeblich der Architekt Alexis de Chateauneuf mitwirkte, war das Wasserreservoir auf dem Lübecker Tor Feld, von Lindley gestaltet, sichtbarer monumentaler Ausdruck der neuen Werke. Als im Herbst 1848 die Wasserversorgung mit einem 62 km langen Ringnetz in Betrieb genommen wurde, setzte ein Ansturm der Interessenten ein, obwohl die Kosten für einen Anschluß recht hoch waren. Von 11500 städtischen Häusern waren 1850 bereits 4000 an die staatliche Wasserversorgung angeschlossen. Die Kosten für die weitere Ausdehnung der Anlage konnten zunehmend aus Einkünften gedeckt werden. Zu den Erfolgen der Wasserkunst kam aber auch dies: 1300 Notpfosten zur Brandbekämpfung waren 1848 bereits installiert; alle öffentlichen Anstalten und die Schiffe wurden mit Trinkwasser versorgt; für die ärmere Bevölkerung wurden Freibrunnen, sowie eine Wasch- und Badeanstalt eingerichtet.

Die ausgedehnte, dennoch mangelhafte Beleuchtung zentraler öffentlicher Plätze und Straßen geschah bis ins 19. Jahrhundert mit Tran- und Öllampen. Die Beleuchtung öffentlicher und privater Räume war ungeregelt. Eine öffentlich besorgte Infrastruktur dafür gab es nicht. Anstöße für die Installation von Gaslaternen – wie in England bereits erprobt – hatten erst nach dem Brand von 1842 Erfolg. Auf Initiative der „Technischen Kommission" beschloß der Senat 1842 die Ausschreibung für eine „Gas-Straßenerleuchtung mittels Röhrengas." Die private deutsch-englische „Gas Compagnie" des J. G. Booth erhielt den Zuschlag. Im September 1845 begann in deren Gaswerk auf dem Grasbrook die Produktion von Gas aus Steinkohle; mit dem Gas konnten sowohl die öffentliche Straßenbeleuchtung als auch private Abnehmer beliefert werden.

Die ungenügend abgesicherten Anlagen des Gaswerkes wurden allerdings 30 Tage nach Inbetriebnahme durch eine Sturmflut zerstört und konnten erst nach einschneidenden baulichen Veränderungen, an denen Lindley maßgeblichen Anteil hatte, zum Herbst 1846 wieder ihre Aufgabe erfüllen. 2020 Laternen wa-

Versorgung

132 Die Hamburger Märkte wurden mit der Zunahme der Ladengeschäfte, Höker und Ausrufer zu Großmärkten für Händler. Der Platz am Meßberg war der zweitgrößte Markt mit Lebensmitteln. Nach Abbruch des Berliner Bahnhofs 1911 wurden zwei Großmarkthallen in Stahlskelettbauweise errichtet: Photographie, um 1914

ren in diesem Jahr bereits auf Gas umgestellt. Danach dehnte sich das Netz der Gasverbraucher schnell aus und reichte 1864 bereits bis Barmbek, Winterhude und Eimsbüttel.
Während aber die Gas-Compagnie, die einen Vertrag von 30 Jahren Laufzeit hatte, dem Staat einträgliche Konzessionssummen brachte, auch den Anteilseignern Jahresdividenden von 55% und mehr ausschüttete, stagnierte der Ausbau der Anlagen bereits ein Jahrzehnt vor Auslaufen des Vertrags. Der Hamburger Staat übernahm deshalb 1874 den Betrieb und seine heruntergewirtschafteten, kaum noch funktionsfähigen Anlagen. Carl Haase, vorher Direktor der Berliner Gaswerke, wurde als Pächter eingesetzt. Bis 1891 konsolidierte und erweiterte er die Hamburger Gasversorgung und legte auch als zweites das Barmbeker Gaswerk an. Danach erst nahm Hamburg den Betrieb ganz in eigene Regie, zunächst als „Section für das Beleuchtungswesen bei der Finanz-Deputation", ab 1897 unter einer eigenständigen „Deputation für das Beleuchtungswesen". Zu den Gaswerken auf dem Grasbrook und in Barmbek kamen nun noch die in Tiefstack und Fuhlsbüttel hinzu.
Als sich in der zweiten Hälfte des Jahrhunderts die Elektrizität als ein zukunftsträchtiges System des Energietransports erwies, kam es zunächst nicht zu einer zentral geplanten Infrastruktur – wie bei Anlage des Sielsystems – und auch nicht zu zentraler städtischer Versorgung – wie bei der staatlichen Trinkwasserversorgung. Zu sehr hatten sich Unternehmer und Anleger an die hohen Gewinne der Gas-Compagnie und der Staat an die reichlichen Konzessionsgelder gewöhnt. Es bildeten sich vielmehr – auch infolge der hohen Installationskosten und der geringen Reichweite der Stromnetze – kleinere kommerzielle Versorgungseinheiten sowohl für Lichtanlagen wie für Maschinen der Industrie. Die zunehmende Bedeutung der Elektrizitätsversorgung bewog den Senat dann aber doch zu deutlichen Steuerungsmaßnahmen.
Nachdem 1873 die Norddeutsche Affinerie die erste dynamoelektrische Maschine zur elektrolytischen Metallgewinnung aufgestellt hatte und damit übrigens Kupfer in der für die Elektroindustrie erforderlichen Reinheit herstellen konnte, leuchteten die ersten elektrischen Bogenlampen im Jahr 1879 auf zwei Schiffen – der „Theben" und der „Holsatia"; nachts konnte nun das Laden und Löschen der Schiffe mit mehr Tempo und besserer Nutzung maschineller Hilfen geschehen. Zwei Jahre später hatte die Werft Blohm & Voß eine Anlage zur Beleuchtung von Werft und Werkstätten. 1880 genoß das breite Publikum die elektrische Illumination des Hamburg-Altonaer Gartenbauvereins auf der Moorweide.
1882 wurde dann die probeweise Beleuchtung von Ratssaal und Bürgerschaft im Patriotischen Gebäude eingeführt, am 8. Dezember auch der Rathausmarkt durch 16 Bogenlampen erhellt; der Gasmotor für die Anlage stand wegen des Krachs, den er machte, im Börsenkeller und war durch eine 250 m lange Freileitung mit dem provisorischen Rathaus verbunden.
Private Blockstationen traten an die Stadt mit dem Wunsch heran, elektrische Leitungen über öffentlichem Boden zu verlegen. Das gab den Ausschlag zum sofortigen Handeln: Alleiniger Konzessionär für Lichtanlagen im öffentlichen Bereich, so wurde festgestellt, sollte zu dieser Zeit der Gaspächter Carl Haase sein, mit dem man Ende 1887 übereinkam, daß er auch die elektrische Versorgung übernähme. Das erste Elektrizitätswerk wurde am 18. Dezember 1888 in der umgebauten Stadtwassermühle eröffnet, 1890 war das geplante erste Versorgungsnetz fertig. Die Firma Schuckert, Nürnberg, die die Anlagen lieferte, übernahm von 1893 an das Werk, denn als Haase 1891 ausschied, war der Grundsatzbeschluß gefaßt worden, ein privates Unternehmen zu konzessionieren; Schuckert gründete die Hamburgischen Electricitäts Werke. Am 1. April 1894 begann die Geschäftstätigkeit der HEW.
Wenige Tage zuvor hatte die erste Strecke der Straßen-Eisenbahn-Gesellschaft in Hamburg erfolgreich auf Überleitungsbetrieb umgestellt werden können; wenige Jahre früher war der elektrische Betrieb einer Straßenbahn durch Batteriestrom eines privaten Anbieters bereits einmal bei winterlichen Verhältnissen gescheitert. Von diesem Zeitpunkt an wurde die Lieferung von Kraft statt von Licht die hauptsächliche Geschäftsgrundlage des Elektrizitätswerks. Andere Linien folgten. Die Hamburg-Altonaer Zentralbahn-Gesellschaft stellte 1896 um, ein Jahr später auch die Hamburg-Altonaer Trambahn; bis

Versorgung

133 Das Warenhaus mit seinen marmornen Hallen, der elektrischen Beleuchtung und den reich gefüllten Etagen, wurde schließlich zum neuen Traumland: „Treppen-Anlage im Waarenhaus Tietz" am Großen Burstah, Photographie, um 1912

Versorgung

1913 waren insgesamt 40 Straßenbahnlinien elektrifiziert. Am 1. Oktober 1907 fuhr auch der erste Triebwagen der preußisch-hessischen Staatseisenbahn von Blankenese nach Ohlsdorf; hier war für den Betrieb ein eigenes Kraftwerk errichtet worden.

Mit der Zeit wurde deutlich, daß die HEW vergleichsweise hohe Stromtarife festlegte, während ihre Stromversorgungspolitik darauf hinauslief, erst sehr allmählich die ganze Staatsfläche durch das Stromnetz zu erfassen. Viele Blockstationen in Hamburg boten günstigere Tarife an, konnten sich aber nicht ausweiten. Senat und Bürgerschaft befürchteten das Abwandern von Industrien. Ein rascher Anschluß an das Elektrizitätsnetz war für zahlreiche Industriezweige von ausschlaggebender Bedeutung geworden, seit der schnellaufende Elektromotor mit seiner, dem einzelnen Arbeitsvorgang angepaßten, spontan abrufbaren Kraft die schwerfällige, in der Beschaffung teure Dampfmaschine mit Hauptwelle und Transmissionen verdrängte. So trat der Staat mit dem Unternehmen am 12. 10. 1912 in Verhandlung. Am 15. 7. 1913 wurde ein neuer Konzessionsvertrag abgeschlossen, der eine 50%ige Beteiligung des Hamburger Staates an der HEW über eine Kapitalerhöhung um 22 Millionen Mark vorsah. Auf diese Weise ließ sich angemessen Einfluß auf die Gestaltung der Geschäftspolitik nehmen.

Die dem unternehmerisch verantworteten Angebot und der individuellen Nachfrage überlassene Versorgung mit Bedarfsartikeln und frischen Lebensmitteln hätte mit zunehmender Ballung zu einem Problem werden können. Sie funktionierte aber im großen und ganzen und konnte sich der wachsenden Größe der Stadt und den wandelnden Bedingungen anpassen. Die beiden großen althergebrachten Hamburger Jahrmärkte von 13 Tagen Dauer zu St. Viti (15. Juni) und St. Feliciani (20. Okt.) waren von auswärtigen Handel- und Gewerbetreibenden gut besucht. Die Hamburger Kaufleute und Kramer deckten sich für ihre Geschäfte auf anderen Märkten im Umkreis ein.

Über die ganze Stadt verstreut gab es Häuser, Keller, Buden, aus denen Kramer und Höker ihre Waren anboten. Als die Zunft der Kramer 1864 mit Einführung der Gewerbefreiheit aufgelöst wurde, war die Bedeutung der Jahrmärkte für die Versorgung mit Kram bereits zurückgegangen. Zunehmend war statt dessen die Zahl der Ladengeschäfte. Im Jahre 1897 gab es 1700 Ladeninhaber und 500–600 Karrenhändler.

Das Einzugsgebiet, aus dem Hamburg landwirtschaftliche Produkte bezog, reichte bis nach Holland und Dänemark und in die Altmark. Auf die Belieferung der hamburgischen Versorgungsmärkte spezialisiert waren vor allem Bauern der fruchtbaren Elbinseln, der Marschlande, der Geest und auch die Fischer aus dem Hamburger Umland. Sie brachten in Lastschiffen, Pferdewagen, Hundekarren und Körben Blumen, Obst, Gemüse, Saatgut, Kartoffeln, Hühner, Gänse, Eier, Milch und viele Sorten Fisch in die Stadt. Der Zwischenhandel auf dem städtischen Versorgungsmarkt, früher stets unterbunden, wurde seit der Franzosenzeit zunehmend geduldet. Die geschwinde Verteilung der leicht verderblichen Ware war ohnehin in der sich ausdehnenden Stadt auf die gewerblichen Ausrufer, die Höker und Karrenhändler, die zum Teil feste Bezirke und ihren Kundenstamm hatten, angewiesen.

Der Hauptmarkt für Lebensmittel war der Hopfenmarkt, auf dem auch Fleischschrangen und Fischbänke standen. Nach dem Hamburger Brand 1842 wurde er noch vergrößert; er hatte einen solchen Zulauf, daß der Fleisch- und Fischmarkt verlegt werden mußte. Der Platz am Berliner Bahnhof bis zum Meß-

berg wurde im Laufe der Zeit zum zweitgrößten Hamburger Markt. Am Schaarmarkt wurden Brenntorf, Steine, Heu und Fische angelandet und zunehmend auch Gemüse verkauft. Hauptsächlich besuchten Großhändler und Weiterverkäufer die Märkte, die für ihr Ladengeschäft oder die Belieferung ihres festen Kundenkreises einkauften. Darunter waren auch Händler benachbarter und selbst entfernter Städte, die ein zunehmendes Interesse an zu Schiff eingeführten ausländischen Agrarerzeugnissen, vor allem an Südfrüchten, hatten. Die innerstädtischen Viehmärkte wurden 1867 am Sternschanzenbahnhof und auf dem Heiligengeistfeld zusammengezogen; auch der zentrale Schlachthof wurde vom Schaarmarkt hierher verlegt. 1886 wurde in der St. Pauli Markthalle die erste öffentliche Fischauktion unter Beteiligung der Finkenwerder Seefischer abgehalten; der für die Fischer ungünstige Vorkauf von Reiseaufkäufern wurde damit unterbunden, ohne daß es Zeitverluste gab. 1907 wurde auch der Blumenmarkt aus dem Hopfenmarkt ausgegliedert und erst auf den Meßberg, danach in die neuerbaute Blumengroßmarkthalle (1914) am Deichtor verlegt.

Auf dem Deichtorplatz entstanden nach Abbruch des Berliner Bahnhofs bis 1911 zwei Großmarkthallen in moderner Stahlskelettbauweise mit Backsteinausfachung, außerdem ein dazugehöriger Fruchtschuppen. In das Umfeld dieser Hallen wurde nun der gesamte städtische Versorgungsmarkt für Obst und Gemüse zusammengezogen. Erst danach, als aus der Stadt das alte Bild des Markt- und Karrenhandels mit den verschiedenartigen bäuerlichen Trachten und dem charakteristischen Ausruf der Höker verschwand, etablierten sich in den neuen Stadtteilen die uns heute geläufigen Wochenmärkte, auf denen es in bescheidenem Umfang wieder den Direkthandel gibt.

Nicht ausreichend war das Marktversorgungssystem für die Arbeiterschaft. Für sie wie für Arme und Gebrechliche war die Beschaffung von Lebensmitteln eine beständige Sorge. In Zeiten der Arbeitslosigkeit und bei Arbeitsniederlegungen wurden die Versorgungsschwierigkeiten nahezu unüberwindlich. Deshalb kam es zur Bildung von Gesellschaften, die das Ziel hatten, eine kalkulierbare preisgünstige Versorgung mit Grundnahrungsmitteln für ihre Mitglieder zu gewährleisten. Eine solche private Gesellschaft war die ,,Neue Gesellschaft zur Vertheilung von Lebensbedürfnissen" von 1856, die 1897 über 10.000 Mitglieder hatte. Das Sortiment ihrer Waren konnte von den eingeschriebenen Mitgliedern aufgrund einer ausgedruckten Liste zu festgelegten Preisen bezogen werden. Größer als die privaten Vereine wurde der ,,Zentralverband Deutscher Konsumvereine" mit Sitz in Hamburg, eine sozialistische Gründung von 1903, der die Hamburger ,,Produktion" angeschlossen war. Unter Reduzierung der Zwischenhandelsspannen und möglichst aus eigener Fabrikation verkauften die Genossenschaften Nahrungs- und Lebensmittel aus ihren Läden an die Mitglieder.

Indessen begrüßten die höheren Stände lebhaft die verschiedenen Formen einer Einrichtung, die in nicht allzu ferner Zeit Allgemeingut werden sollte: das Warenhaus, in dem alle Artikel des täglichen Bedarfs und Komforts angeboten wurden. Wie die Hotels mit strengen Türwächtern versehen, wurden sie mit ihren marmornen Hallen, der elektrischen Beleuchtung und den reich gefüllten Etagen zum Traumland, in dem sich Kinder wie Erwachsene verloren.

Frank Jürgensen

Die Judenbörse

Die Elbstraße in der Neustadt war eine lange, verhältnismäßig breite Straße, die in Richtung auf den Elbstrom lief. Bis zum Jahre 1899 unterteilte man sie in die 1., 2. und 3. Elbstraße, wobei die 1. Elbstraße von der Mühlenstraße bis zum Neuen Steinweg reichte. In nördlicher Richtung schloß sich die 2. Elbstraße bis zur Peterstraße an, ihr folgte die 3. Elbstraße bis zum heutigen Enckeplatz. Verkürzt durch den südlichen Teil, über den jetzt die Ost-West-Straße verläuft, entspricht ihr seit der Umbenennung am 13. 1. 1948 die heutige Neanderstraße. Sie erinnert mit ihrem Namen an den bedeutenden Kirchengeschichtler Johann August Wilhelm Neander (1789–1850), der als David Mendel einer der ersten Juden an der Gelehrtenschule des Johanneums war und 1806 zum Christentum übertrat.

Die Elbstraße war seit dem späten 18. Jahrhundert eines der wichtigsten Zentren jüdischen Lebens in Hamburg. In ihr konzentrierte sich der jüdische Kleinhandel, der auf der Straße stattfand, da das Krameramt den Juden das Recht bestritt, offene Läden zu halten.[1] Vor allem im Textilhandel, der sog. Kleidersellerei, waren viele Juden tätig. Die zahlreichen Berichte in der stadthistorischen Literatur vermitteln ein lebendiges und farbiges Bild, das nun im einzelnen vorgestellt werden soll.

Eine Beschreibung der Situation zu Beginn des 19. Jahrhunderts findet sich in einem Bericht aus dem Jahre 1801: „Vom Michaelis Kirchhofe aus nahm ich meinen Weg durch die *Elbstraße*, über die sogenannte *Juden-Börse*, wo alles wie ein Bienenschwarm durcheinander summte. Das Schnattern der Israeliten, das Glockengeläute vom Michaelisthurm, das Rasseln der Wagen, und das Geschrei der Fischweiber mit stinkenden Schellfischen die so eben – vor 4 Tagen – frisch angekommen, hier um ein Spottgeld feil geboten wurden; das alles betäubte die Sinne so sehr, daß die Gedanken mit dem pestilentialischen Dufte der todten Thiere, des faulenden Käse, – der ebenfalls auf dieser Börse in allen Qualitäten zu haben ist, verbunden mit den Ausdünstungen der versammelten Menschenmasse – als dephlogisirte Luft Himmelan stieg. – ... Ich beklage jeden Fremden oder Unkundigen, der diese Straße passirt und sich nicht zu helfen weiß; er wird bald umringt und von allen Seiten durch die unwiderstehlichste Beredsamkeit zum Handel gezwungen werden. Die Juden sind über Erwerb aus, und sie folgen diesem Beruf meistens mit

134 Die Elbstraße in der Neustadt war seit dem späten 18. Jahrhundert eines der wichtigsten Zentren jüdischen Lebens in Hamburg. In ihr konzentrierte sich der jüdische Kleinhandel: „Billig! Billig!" Photographie von Strumper, 1892

Geschmeidigkeit, doch gewöhnlich ziemlich anhaltend. Keine Straße ist ihnen zu lang; sie laufen beständig umher und preisen ihre Sachen an. Diese sind selten für den ersten Anblik aufgeputzt, wie das nur zu oft der Fall bei den christlichen sogenannten Kleidersellern ist." Der aufklärerischen Tendenz unserer Quelle entspricht es, daß sich zu diesem Passus eine Anmerkung findet, in der der Anonymus sagt: „Es ist bemerkenswerth, daß Alles, was uns Christen nicht mehr gut genug scheint, den Juden angeboten wird. – Nicht allein alte werthlose Kleidungsstüke und sonstige leblose Dinge, (das Sprichwort sagt: Der Jude kann für alles Geld geben und alles wieder zu Gelde machen) sondern auch stinkende Fische, trokne Schollen, verfaultes und unreifes Obst etc. bietet man ihnen an. Es sind ja nur Juden! – schreit das dumme Vorurtheil der niedern Classe."[2]

Bildnerisch dargestellt finden sich die erwähnten Handelsjuden bei Christoffer Suhr, charakterisiert werden sie von K. J. H. Hübbe in der „Beschreibung des Ausrufs in Hamburg zur Erklärung der Kupfer" (1806/07).[3] Schon in jener Zeit hat sich die Bezeichnung „Judenbörse" für die Elbstraße eingebürgert. Sie findet sich auch in einer erstmals 1842 erschienenen jiddischen Parodie auf Schillers „Lied von der Glocke", in der es über den Beginn des Sabbats heißt: „An die Jüddenbörsch werd's stiller, In die Schulen und die Chewres, Sammeln sich die frumme Jüdden."[4]

Genauere topographische und andere Angaben zu den 3 Elbstraßen enthält Neddermeyers Werk aus dem Jahre 1847.[5] Danach zählte die 1. Elbstraße 444, die 2. 646 und die 3. 199 Bewohner. In der 1. Elbstraße befand sich die 1788 vermutlich von Sonnin errichtete Synagoge, die ursprünglich das Gotteshaus der Altonaer Gemeinde in Hamburg war und die 1906 abgebrochen wurde. In der 2. Elbstraße stand die 1805 gegründete Talmud-Tora-Armenschule. Sprachlich und kulturell waren die Juden in jener Zeit noch nicht assimiliert, dies sollte sich erst in der 2. Jahrhundertälfte – und dann in den neuen Stadtvierteln Rotherbaum und Harvestehude – ändern.[6]

Interessante Angaben über die Art der Waren und des Handels sind einer Quelle aus den frühen sechziger Jahren des 19. Jahrhunderts zu entnehmen. Es heißt dort: „Nasse Waaren. Man versteht darunter auf dem Seetransport vom Meerwasser genetzte, vom Empfänger zurückgewiesene, und nun auf Kosten der Versicherungsgesellschaft zum Meistgebot gebrachte Waaren aller Art. Diese Prozedur geschieht sehr in Masse und es hängt davon ein plötzliches Erscheinen eines und desselben Gegenstandes im Klein-, Karren- und Hausierhandel ab. Der Karrenhandel ist den meisten Fremden eine neue und fesselnde Erscheinung. Er ist das letzte Glied in der Handelskette, die sonst so ziemlich wohl schon im gewöhnlichen Detailhandel ausläuft. Bücher, Kleiderstoffe, Bänder, Handschuhe, Schwämme, Stahlfedern, Messer, Stiefelwichse, Seife, kurz Alles nur Erdenkliche kommt auf diese Weise oft spottwohlfeil weg. – Der Karrenhandel wird in allen Theilen der Stadt betrieben, vorzugsweise jedoch in der Gegend des Großneumarktes, der Elbstraße u.s.w. Diese ambulanten Kaufleute sind zum größten Theile Juden und wahre Meister im Verkaufen. Die Schiebkarren, welche den ganzen Kuddelmuddel tragen, sind mit 4 bis 5 Fuß breiten flachen Kasten oder Brettern tischartig bedeckt. An heiteren Nachmittagen sperren sie oft dergestalt die Straßen, daß von Zeit zu Zeit beschränkende polizeiliche Befehle nothwendig werden; einige Straßen giebt es aber, wo diese Handelsnomaden stehende Kolonien bilden, und jeden Nachmittag, Sonnabend ausgenommen, findet man sie sicher in den Seitengassen des Neuen Steinwegs. Die Gegend führt den Beinamen ,Die Judenbörse'. ... Andere Nebenstraßen in dem Stadttheile haben vorzugsweise andere Trödelartikel; einige aber im Mittelpunkte der ,Judenbörse' haben Alles auf die Straße geschleppt, was nur irgend einen wirklichen oder eingebildeten Werth hat oder gehabt hat. Haus an Haus ist mit alten Kleidern behängt, oder alten Stifeln, Gummischuhen, schmutzigen Hemden; Bettlaken, nach dem Rande zu noch ohne Löcher, Waschbecken, Tassen mit Sprüngen, zuweilen einmal auch ein altes Meißner Geschirr, Ofenröhren, rostige Nägel. Vogelbauer, Krinolinen, Lockenwickel und tausend andere oft vor Alter nicht mehr kenntliche Dinge liegen auf Tischen, Karren und auf dem bloßen Steinpflaster aufgehäuft."[7]

Anfang dieses Jahrhunderts tauchen erstmals Pläne auf, den Karrenhandel in der Elbstraße einzuschränken. Der „Hamburgische Korrespondent" berichtet in seiner Ausgabe vom 15. 10. 1902: „ ,Die Judenbörse', wie im Volksmunde der Karrenhandel in der zweiten Elbstraße genannt wird, soll nach einer Verfügung der Polizei-Behörde bekanntlich Ende des nächsten Jahres aus der Elbstraße verschwinden. Der wachsende Verkehr nach der Regulirung der auf den Holstenplatz mündenden Straßen fordert die ungehinderte Passage dieser Straße und daher die Beseitigung des alteingebürgerten Straßenhandels. Ob der ganze Ramsch-Straßen-Schacher in unsere Zeit noch paßt, ob noch ein Bedürfniß zu seiner Fortführung besteht, darüber sind die Meinungen sehr getheilt. Jedenfalls verschwindet mit ihr von ihrem angestammten Platz eine höchst charakteristische Erscheinung aus Alt-Hamburg."

Aber bis in die zwanziger Jahre hinein ist der jüdische Karrenhandel weiter nachweisbar: Melhop berichtet, daß 1912 75 und 1914 84 Standplätze in der Elbstraße eingerichtet waren und daß die „Judenbörse" wegen des wachsenden Verkehrs allmählich verschwinden solle.[8] War noch zunächst nach dem Ende des I. Weltkriegs generell von einer Zunahme des Straßenhandels berichtet worden,[9] so schränkten nunmehr behördliche Anordnungen die Tätigkeit der Händler ein. So verbot die Polizeiverordnung vom 2. 1. 1925 den Handel im Umherziehen mit Handelskarren auf sämtlichen Straßen der Alt- und Neustadt.[10] Erfordernisse des Verkehrs und moderne Handelsformen beendeten eine traditionsreiche und reizvolle Institution des städtischen Binnenhandels.

Seit ihrem Bestehen ist die „Judenbörse" in antijüdischen und antisemitischen Stellungnahmen und Äußerungen aus Hamburg erwähnt und diffamiert worden.[11] Schon die Bezeichnung „Judenbörse" mit ihrer pejorativen Konnotation – analog zu „Judenschule" (Synagoge) und „Judenviertel" – macht diesen Sachverhalt deutlich. Die Häufigkeit der Erwähnung der „Judenbörse" in der älteren und neueren stadthistorischen Literatur, in autobiographischen Berichten, Gedichten und Liedern bezeugt aber auch, daß die „Judenbörse" als historische Hamburgensie ihre Bedeutung hatte. Sie bildete *einen* Aspekt des vielfältigen jüdischen Lebens in Hamburg.

Peter Freimark

Sillem's Bazar

Auf der Galerie spielten Geiger schmelzende Liedchen, im Parterre plauderten Paare im Kaffeehaus; Damen mit blumenverzierten Schutenhüten, mit weitschwingenden Röcken, schmalen Taillen und zierlichen Retiküls flanierten neben backenbärtigen Herren in Pantalons, mit Zylinder und Galanteriestöckchen: Hamburg 1843, die Innenstadt hatte eine neue Attraktion erhalten. ,,Sillem's Bazar" hieß die überdachte Einkaufsstraße nach französischen Vorbildern, in der sich nachmittags die feinen Hanseaten trafen.

Der Schöpfer des wunderbaren Bauwerks, das nach Ansicht von Zeitgenossen für Hamburg so bedeutend war wie der Papst für Rom, hieß Eduard Averdieck, Architekt und Sohn eines Kaufmanns und weitgereist. Den Auftrag erteilte ihm der Geschäftsmann W. Sillem, der das Grundstück für die horrende Summe von 350000 Mark gekauft und in den Prachtbau weitere 1,2 Millionen Mark investiert hatte.

Sillem's Bazar lag gleich am noblen Jungfernstieg und führte zur Königstraße, heute Poststraße, hinüber. Die Passage war etwa 60 Meter lang und dreiteilig konzipiert: Zwischen zwei glasgedeckten, breiten Korridoren mit seitlichen Ladenlokalen war ein ,,Octagon" angelegt, mit drei Obergeschossen und einer Glaskuppel. Der Bazar bildete das Herzstück des Hotel de Russie, durch dessen Jungfernstiegfassade man in die Einkaufsstraße gelangte. Die Rotunde, Treffpunkt der Flaneure, spendete den Hotelzimmern Licht. Ursprünglich hatte Sillem das Gebäude als Mietshaus geplant. Doch die Zeitgenossen, die seine Passage lobten, kritisierten die teils bescheidenen Wohnräume.

Bis 1842 hatte auf diesem Grundstück das Hotel ,,Alte Stadt London" gestanden. Während des großen Brandes hatte man den Bau sprengen müssen, um das Feuer durch Schneisen in den Häuserreihen zu stoppen.

Während man die Urväter des Sillem'schen Projektes in orientalischen, mattengedeckten Souks oder im römischen Trajansmarkt suchen kann, standen die direkten Vorfahren in Paris: Anfang des 19. Jahrhunderts baute man dort gedeck-

135 Sillem's Bazar, 1843, war die erste Hamburger Ladenpassage und bildete das Herzstück des ,,Hotels de Russie", durch dessen Jungfernstiegfassade man sie betreten konnte: Jungfernstieg, Stahlstich von M. Kurz, um 1860

te Einkaufsgänge, die den Passanten Schutz vor den Widrigkeiten des Wetters, vor Straßenkot, Kaleschen und Kutschen boten.

Voraussetzung für die lichtdurchflutete Galerie war die technische Möglichkeit, durch Eisenstreben und große Glasflächen Fensterfronten und Glasdächer zu errichten. Diese Fähigkeit wurde 1851 auf der Londoner Weltausstellung mit dem Kristallpalast auf die Spitze getrieben.

Als die erste Hamburger Passage eröffnet wurde, meinten die Besucher, sie müsse den Vergleich mit ausländischer Konkurrenz nicht scheuen: ,,Mit seiner Schönheit im Allgemeinen und der geschmackvollen Ausführung der Einzeltheile dürfte der Bazar unübertroffen dastehen." An die Pracht und Eleganz der Ladenstraße, lobte der ,,Wandsbecker Bote", kämen die Pariser und Londoner Bauwerke dieser Art nicht heran.

In nüchternen Zahlen bot Sillem's Bazar wohl über 30 Läden, darüber hinaus für das Hotel 213 Räume im Parterre und 231 Zimmer in den Obergeschossen, dazu Küchen und Kammern für die Dienstboten. Die Ausstattung der Einkaufspassage allerdings war überreich. Averdieck hatte in Marmor geschwelgt, als er die Wände errichtete, die teuersten Materialien waren gerade gut genug. Wenn das Tageslicht nicht mehr durch das Glasdach und die Kuppel fiel, erleuchteten Gasflämmchen in Wandarmen aus Messing und in mächtigen Kandelabern die Ladenstraße. Das Licht spiegelte sich in den glänzenden Wandverkleidungen und Fensterscheiben. Ein Reporter der Leipziger Illustrierten wußte denn auch zu berichten: ,,Das helle Licht muß Abends in diesen Spiegelscheiben, diesen Vergoldungen, Marmorwänden und Glasdecken eine zauberschöne Wirkung hervorbringen."

Das Lustwandeln durch die Prachtpassage, die Möglichkeit, Bekannte zu treffen und neue Freundschaften zu schließen, gab es allerdings nicht umsonst. Die vornehmen Passanten mußten einen Eintritt von fünf Schilling zahlen, wenn sie durch

Versorgung

die mittleren Arkaden des Hotel de Russie in den Bazar wollten und vielleicht sogar einen Blick von den Triumphbögen auf der Empore des Octogons in die Ladenstraßen werfen mochten.

Das Eintrittsgeld – heute vielleicht fünf Mark – wurde allerdings auf Einkäufe voll angerechnet. Und schließlich gab es neben dem optischen Genuß der Passage auch Musik und Konzertveranstaltungen. Besonderen Reiz übte Sillem's Bazar auf die Hanseaten während der Weihnachtszeit aus. Dann herrschte in der Passage Gedränge. Während die Damen im Schein der Gaslichter Handschuhe und Hüte, Konfitüre, Kaschmirschals erstanden, wurde auf der Empore musiziert, waren die Gänge mit Weihnachtspyramiden verziert und die Halle „feenhaft" beleuchtet.

Die opulente Architektur trug dem Architekten wie dem Bauherrn allerdings nicht nur Lob ein. Skeptiker meinten, „Ob das Ganze die gehofften Früchte tragen, oder hinter den Erwartungen des Unternehmers zurückbleiben wird, kann nur die Zeit lehren." Diese Lehre war für Herrn Sillem bitter. Die Begeisterung für den feenhaften Bau ließ bald nach. Die Ladenmädchen warteten vergeblich auf Kundschaft. Die Waren, dezent hinter den Fenstern ausgestellt, weil schreierisches Anpreisen als unfein galt, blieben liegen. Oft, spöttelte ein Zeitgenosse, seien die allegorischen Figuren an den Wänden des Bazars die einzigen Gestalten gewesen, die Leben in die Ladenstraße brachten. Der Mißerfolg des eleganten Bauwerks im Vergleich zu seinen Vorbildern erklärt sich mit der Lage. Der Eingang am noblen Jungfernstieg genügte nicht. Die Passage hatte letztlich kein attraktives Ziel. Nachdem die Sensation des Neuen verklungen war, bot sie keinen Anreiz für Flaneure. Denn die rückwärtige Königstraße war damals ein eher unbedeutendes Gäßchen.

Nach kaum 40jährigem Bestehen fiel Sillem's Bazar folglich der Spitzhacke anheim. 1881–1882 bauten die Architekten Hanssen und Meerwein auf dem Grundstück das Renommier-Hotel Hamburger Hof, in dem der Bazar 1979 mit einer mehrgeschossigen Einkaufsstraße einen Nachfolger fand.

Gestalterisch aber lebt Sillem's Bazar im neuen Hanse-Viertel weiter, eine der neuen City-Passagen mit zusammen

136 An die Pracht und Eleganz der Ladenstraße, lobte der „Wandsbeker Bote", kämen die Pariser oder Londoner Bauwerke dieser Art nicht heran: Lithographie von R. Geissler, um 1860

mehr als 1100 Metern Länge, mit langen, breiten Korridoren, Glasdächern und Rotunden. Und das Hanse-Viertel beginnt justament dort, wo einst die „feenhafte" Ladenstraße des Kaufmanns Wilhelm Sillem an der Königstraße endete.

Der Bazar blieb im 19. Jahrhundert übrigens nicht die einzige Hamburger Passage: Die „Arkadenpassage" zwischen Alsterarkaden und neuem Wall besteht noch heute, die Steinwegpassage vegetiert im Sanierungsgebiet, und die nach der Jahrhundertwende entstandene Kaisergalerie in den Großen Bleichen wird als Raum für Theaterwerkstätten genutzt.

Gisela Schütte

137 Nach 40jährigem Bestehen wurde der Bazar abgerissen. 1881–82 bauten die Architekten Hanssen und Meerwein auf dem Grundstück den „Hamburger Hof": Lithographie, um 1905

Fischauktionshallen

Zwei kräftige Kentauren raufen um einen Fisch. So hat der Bildhauer Paul Türpe 1900 den traditionellen Kampf der Städte Hamburg und Altona um die Ware Fisch porträtiert – zu sehen am Stuhlmannbrunnen vor dem Altonaer Bahnhof.

Die Konkurrenz um den Fisch brandete genau an der Grenze zwischen den beiden Städten; dort lagen nämlich die Fischmärkte von Hamburg-St. Pauli und Altona unmittelbar nebeneinander. Der Wettbewerb auf dem Markt hat sich zugleich im raschen Ausbau des Verkaufsterrains beiderseits der Grenze niedergeschlagen. Altona hatte an dieser Stelle das ältere Platzrecht – seit dem 2. Mai 1703 als der Magistrat verordnete, „daß nemblich den Fischern hinkünftig frey stehe, deß Sontags Morgens bis die Glocke halbe Neun zu verkaufen," die verderbliche Ware gleich nach der Anlandung an den Käufer zu bringen. Das war die Geburtsstunde des Altonaer Fischmarktes.

Ein Großteil der Fänge wurde damals aber auch von sogenannten Reisekäufern schon auf dem Fluß erstanden. Die Fischer fühlten sich langfristig durch diese Art des Handels benachteiligt. Es entstand der Wunsch nach Auktionseinrichtungen an Land. Damit waren die Weichen für die großen Hallenbauten Ende des 19. Jahrhunderts gestellt.

Mit leichtem Vorsprung organisierten die Hamburger in St. Pauli auf ihrem Fischmarkt am 1. Mai 1887 die erste deutsche Fischauktion. Schon am 22. Juni desselben Jahres folgte Altona. Die Stadt errichtete unverzüglich 1888 eine provisorische Auktionshalle, die im Februar 1889 durch einen standfesten Bau in Holzfachwerk abgelöst wurde. Die 29 mal 22 Meter große Fischhalle war bereits mit Gas- und Wasseranschlüssen ausgerüstet und tat bis 1894 Dienst. Mit dem aufwendigen Neubau gelang es den Altonaern, der Konkurrenz etliche Kunden abzuwerben. Doch den Blick unverwandt nach Osten gerichtet, drängten die Baubeamten Altonas auf rasche Erweiterung der Auktions- und Landeeinrichtungen. Es sei höchste Zeit, so lautete ein Argument, die natürlichen Vorteile der besseren Lage sowie den Gleisanschluß mit der guten Verbindung über den Altonaer Bahnhof zum Hinterland zu nutzen.

138 Die nebeneinander gelegenen Fischmärkte von Altona und Hamburg standen in ständiger Konkurrenz. Die Hamburger organisierten 1887 die erste Fischauktion. Altona baute 1889 die erste Auktionshalle. 1896 folgte der endgültige erhaltene Bau: Die Altonaer Fischhalle, Anzeige von 1900

So wurde der gesamte Fischmarktbereich überplant und der Bau einer neuen Fischauktionshalle beschlossen. Der 103 mal 22 Meter große Hallenkomplex sollte Raum für Versteigerungen, Unterkunft für die Reisekäufer und Detailhändler, Einrichtungen für Lagerung von Geräten, Verpackung und Versand von Fischen sowie Platz zum Netzeflicken bieten.

Wegen der notwendigen Untergliederung wurde der Bau lang und schmal angelegt, um ausreichende Belichtung zu sichern, überragte das zehn Meter breite Mittelschiff der Halle die Seitenschiffe nach dem Vorbild der Basilika um zwei Meter. Ein Lichtgaden sollte den Bau nicht nur ausleuchten, sondern auch für die erforderliche Belüftung sorgen.

Im Zentrum der Halle lag eine überhöhte Vierung mit vergrößerten Fensterflächen. Eisenfachwerk bildete das Skelett, die Außenmauern wurden in Backstein aufgeführt und reich untergliedert.

Den Innenraum der Auktionshalle bestimmen die Emporen an den Langseiten mit dekorativen Eisenstützen und Geländern sowie die ornamental unterteilten Fensterflächen. Hallen wie diese, ebenso funktionsfähig wie architektonisch ansehnlich, gehörten in jenen Jahren der großen Bahnhofsprojekte zu den gründlich erlernten Lektionen der Ingenieure.

Kommt hinzu, daß bei der Fischauktionshalle die Zufahrtwege und Transportbedingungen, Lichtführung und Lüftung und schließlich die Reinigungsmöglichkeiten stimmen mußten.

Schon 1895 konnte der östliche Teil der Halle benutzt werden. 1896 war der Bau fertig.

Die Konkurrenz in Hamburg hatte ihren Fisch jahrhundertelang auf dem Alten Fischmarkt im Stadtzentrum verkauft, als nämlich die Fischer noch über einen Nebenarm der Bille in die Nähe des Platzes fahren konnten. Später lagen die Fischerboote an den Kajen, und der Fang wurde auf dem Hopfenmarkt verkauft. 1866 gründeten die Hamburger die Norddeutsche Fischereigesellschaft und stellten 1871 an der Hafenstraße in St. Pauli ihre erste Fischhalle auf. Die Hochseefischer, die hier ihre Ware anboten, kamen größtenteils aus Finkenwerder und Blankenese.

Doch die Halle lag ungünstig auf niedrigem Terrain; die immer größeren Fischmassen mußten über glitschige Stufen heruntergetragen werden. Zudem erwies sich der Landeplatz bald als zu eng. Spät eingelaufene Fischerboote mußten an

139 Seit 1894 bemühte sich auch Hamburg um einen Auktionshallenneubau. 1898 war die „St. Pauli-Fischhalle" fertig; um 1970 wurde sie abgerissen: Die Hamburger Fischhalle, Photographie, 1899

den bereits gelandeten Kuttern festmachen, „ein Umstand, der, zumal bei schwerem, böigem Wetter, für die Fischerfahrzeuge sich als sehr nachteilig erwies, da dann Collisionen nicht selten waren, und die durch den Sturm aufeinandergestoßenen Ewer, Kutter und Dampfer einander häufig namhafte Beschädigungen zufügte", berichtete der Hamburgische Correspondent.

Kam hinzu, daß in der Nähe der Fischhalle die Kohlendampfer aus England festmachten und ihre Fracht entluden, „und die zum Verkauf gestellten Fische bei der zumeist vorherrschenden westlichen Windrichtung mit großen Mengen Kohlenstaub überschütteten, wodurch die Waare unansehnlich und weniger verkaufsfähig gemacht wird." Zu allem Übel war es in der Halle auch noch so finster, daß die Käufer an dunklen Tagen oder am frühen Morgen häufig über die ausgestellten Fischkisten stolperten.

So beantragte der Senat 1894 eilends 636000 Mark für einen Hallenneubau. Mit den Plänen für die Anlage im Westen des St. Pauli-Fischmarktes, in sicherer Entfernung von den Kohlendampfern, wurde umgehend begonnen. Mit Umsicht erdachte man die günstigsten Landebedingungen für die Schiffe – an der Kaimauer und an Pontons. Mit Akribie ersannen die Ingenieure die erforderlichen Service-Einrichtungen für die Halle. Galt es doch, gegenüber Altona den entscheidenden Nachteil des fehlenden Gleisanschlusses wettzumachen.

Der Baubeginn für die Halle verzögerte sich. Die preußische Regierung legte nämlich Widerspruch gegen das Bauvorhaben an der Grenze ihrer Stadt Altona ein. Erst nach langen Verhandlungen wurde man einig. 1898 stand die St. Pauli-Fischhalle fertig da.

War der Bau in Altona schmal und langgestreckt, so erwies sich die Halle in St. Pauli als blockhaft und imposant. Der 50 mal 30 Meter große Bau, für den der Oberingenieur Andreas Meyer verantwortlich zeichnete, war „auf Zuwachs geschneidert" und konnte durch beidseitige Anbauten auf 100 Meter verlängert werden. Die dreischiffige Halle in Eisenfachwerk mit Backsteinfassaden wurde von einem gedrungenen Mittelturm und gewichtigen Eckbauten bestimmt. Im Inneren hatte man auf die Altonaer Emporen verzichtet. Doch auch hier waren an der überhöhten Mitte lange, aufklappbare Fensterreihen angeordnet.

Auktionsbetrieb und Verkaufsstände waren voneinander getrennt; der Boden besaß ein Gefälle, so daß die Spuren der Versteigerungen mühelos in die Kanalisation geschwemmt werden konnten. Darüber hinaus gab es Bassins für Fische, die lebend verkauft werden sollten.

„Nicht weniger wie 15 Bogenlampen

Versorgung

140 „Sortieren der Fische", Photographie von Knackstedt und Näther, um 1909

sind im Inneren der Halle angebracht, während zur Beleuchtung der Außenseiten sowie der Brücken und Pontonanlagen vier Bogenlampen und 15 Glühlampen dienten", schwärmte ein Reporter.
Die Kisten mit Seefischen und Schalentieren konnten jetzt mit elektrischen Winden gehoben werden, die Eisblöcke für den Versand wurden von Kränen bewegt. Darüber hinaus hatte Oberingenieur Meyer für einen fahrbaren elektrischen Kran und Handwinden gesorgt.

Schon 1906 war die Kapazität der Halle erschöpft und der eingeplante Zubau wurde notwendig. Im Umfeld der Fischhalle entstand in der Zeit vor dem Ersten Weltkrieg eine umfangreiche Marktanlage für alle Arten von Waren.
Seit 1915 strebten die Fischer eine Vereinigung der konkurrierenden Märkte an. Doch erst 1933 kam diese „Ehe" in Sachen Fischhandel zustande.
Die St. Pauli-Fischhalle fiel 1971–1972 der Spitzhacke zum Opfer. Dasselbe Schicksal sollte den Altonaer Bau treffen, der inzwischen seiner Laterne und etlicher dekorativer Elemente entkleidet war. Doch nach langem politischen Streit ist seit 1982 die Sanierung beschlossene Sache. Und nachdem Nutzungsänderungen von der Rollerdisco bis zum Freizeitzentrum an dem Bau vorübergingen, wird er nun wieder als gedeckte Marktfläche dienen. Architektonisch gesehen hatte der Kentaur Altona den längeren Atem.

Gisela Schütte

Vierländer

"Als am 16. August 1875 alle Stämme Deutschlands bei der Feier der Einweihung des Hermann-Denkmals vertreten waren, da fehlten auch die Vierländer nicht, die Einwohner jenes kleinen, aber eigenartigen Ländchens an den Ufern der Elbe, welches sich seine Eigenthümlichkeiten bis auf den heutigen Tag bewahrt hat. Sie waren vertreten durch zwei schmucke Vierländerinnen in ihrer anmuthigen Tracht mit dem kurzen, weit abstehenden faltenreichen Röckchen, der reichverzierten Jacke, dem goldgestickten Brustlatz, den rothen Strümpfen, niedrigen Schuhen und dem breiten sonderbar geformten Strohhut, unter dem die wie Windmühlenflügel abstehenden schwarzen Nesseln der am Kopf anliegenden Haube keck hervorsahen. Die allerhöchsten Herrschaften nahmen aus ihrer Hand die herrlichen Blumensträuße, Grüße aus ihrer Heimath, um so lieber entgegen, als auch von ihrem Angesichte die Freude über das vollbrachte großartige Werk und die Ehre, von ihrem Kaiser begrüßt zu werden, hell widerstrahlte. Es war nicht das erste Mal, daß unter dem Schutze einer Deputation freundliche Blumenspenderinnen aus Vierlanden eine solche Reise unternahmen; sie sind auch sonst schon bei besonders festlichen Gelegenheiten mitgezogen und dadurch im deutschen Vaterlande bekannt geworden; denn der Hamburger ist stolz auf diese seine fleißigen und sauberen Mitbürger und Mitbürgerinnen und zeigt sie gern den Fremden, namentlich denen, die ihn in seinen eigenen Mauern besuchen und seine Gastfreundschaft in Anspruch nehmen."[1]

Was hier der Hamburger Pastor Otto Schoost 1877 beschreibt, ist das merkwürdige Ergebnis eines widersprüchlichen Wandels im Verhältnis von Stadt und Umland während der Industrialisierung: Die Tracht, die besondere ständische Kleidung von Bewohnern einer kleinen Agrarlandschaft wurde zum Aushängeschild oder Markenzeichen einer Großstadt.

Die Vierlande sind eine fruchtbare Marschenlandschaft, die zwischen 13 und 24 Kilometern vom Zentrum Hamburgs entfernt elbaufwärts liegt. In der Zeit vor Eisenbahn und Kraftfahrzeug bedeuteten die Elbe und ihre abgedämmten Nebenarme Doove Elbe und Goose Elbe, die das 76 Quadratkilometer große Gebiet fächerartig aufschließen, ideale Wasserstraßen von und nach Hamburg. Schon im Mittelalter hatte sich daher die Landwirtschaft dieser in vier Kirchspiele gegliederten Deichhufendörfer auf den Hamburger Markt orientiert. Während die Zahl der etwa 150 Hufnerhöfe des Anerbenrechtes wegen ziemlich konstant blieb, steigerte sich die Zahl der Kleinbetriebe, Katen genannt. Sie zählten im Jahre 1570 bereits 177 Hofstellen, 1800 schon 665 und 1867 dann 797 Katen. Mit den vermehrten Betrieben stieg auch die Bevölkerungszahl. Man zählte 1824: 6968 Einwohner, 1871: 7767 und schließlich 1910: 10209.[2] Dieser Anstieg, der im 19. Jahrhundert noch

141 Auch Großbetriebe setzten die Vierländer Tracht als Werbesignal ein: Plakatlithographie, um 1910

Versorgung

142 Die Vierlande waren mit ihrer Produktion ganz auf den Hamburger Markt eingestellt. Ihre Tracht galt als Qualitätsgarantie: Meßberg mit dem Vierländer-Brunnen und Vierländer Händlern, Photographie von Dührkoop, 1902

nicht 75% erreichte, blieb weit hinter dem Bevölkerungszuwachs der Großstadt zurück. Ihr steigender Versorgungsbedarf wiederum förderte in den Vierlanden die Innovationsbereitschaft, ertragsteigernde Methoden anzuwenden und immer wieder neue Arten und Sorten anzubauen.

Es gab schon in vorindustrieller Zeit hier einen intensiven Gartenbau für Obst, Gemüse und Blumen. So kamen vor 1700 als derzeitige Neuheiten Erdbeeren und Tulpen von hier auf den Hamburger Markt. In der Folgezeit verbreitete sich das Angebot an Feingemüsen; auch Himbeeren und Rosen verschiedener Sorten kamen hinzu. Im 18. Jahrhundert wurden hier die Topfzucht und die Frühbeetkästen angewandt. Im 19. Jahrhundert heißen die Neuheiten Maiblumen, Rhabarber, Tomaten, und die Gartentechnik arbeitet zunehmend mit Glasbeeten und Gewächshäusern. Die Vierländer Gartenerzeugnisse galten schon lange auf dem Markt als früh, frisch, ergiebig und qualitätvoll.[3]

Für Transport und Marktverkauf hatten sich teils genossenschaftliche, teils zwischenhändlerische Vertriebsformen entwickelt. Frachtschiffer, Aufkäufer, Ausrufer waren daran beteiligt. Es bildeten sich unter ihnen zeitweilig in der Stadt wohnende Gruppen. Seit etwa 1770 gibt es Abbildungen von Vierländer Markthändlern, Frauen und Männern in einer auffälligen Kleidung. Zu gleicher Zeit traten auch aus anderen Erzeugerlandschaften Markthändler in ihren unverwechselbaren Trachten auf, wie die Altenländer Obsthändler, die Bardowicker Gemüsefrauen und weitere. Die ländlichen Händler kontrastierten mit ihren Trachten nicht nur untereinander, sondern auch zu den geringer geachteten städtischen Straßenhändlern.[4] Das bis 1811 in Hamburg gültig gewesene Verbot des Zwischenhandels mit Versorgungsgütern förderte offenbar die Funktion, die ländliche Tracht als vorgeblichen Ausweis für den Warenproduzenten anzusehen.

Die Tracht der Vierländer war damals aber auch in ihren Dörfern die verbindliche Kleidungsform.[5] Seit 1850 etwa begann diese Verbindlichkeit zuerst bei den Männern zu schwinden, zehn Jahre später auch bei den Frauen, und zunehmend mehr wurde bürgerliche Kleidung getragen. Dabei fällt auf, daß sich dieser Vorgang in den am stärksten von Markthändlern bewohnten Kirchenspielen Kirchwerder und Altengamme verzögerte. Schließlich legten fast nur noch die Frauen, um zum Markt zu fahren, die Tracht an. Um 1900 behielt nur noch ein Teil der Händlerinnen auf den Hamburger Großmärkten Hopfenmarkt und Meßberg Reste der Trachtenkennzeichnung bei, hauptsächlich den typischen Strohhut. Bei den Vierländer Blumenverkäuferinnen „an der Straße" sah man noch am häufigsten die ganze Tracht.

Dabei gehörte diese nun längst zum Hamburg-Image. Die Vierländer Ausrufer waren als „dekoratives Motiv vor der Hamburger Kulisse" voll verfügbar gemacht und zwar ebenso auf den Bühnen der Volkstheater, wie in den Ansichtsserien, bei den Festzügen und auf den wirtschaftswerbenden Ausstellungen als ein Stück „Alt-Hamburg".[6] Der Warenwerbung dienten und dienen Abbildungen der Vierländer Tracht als Zeichen für „ländlich, frisch und gut" noch heute. Als bekanntestes Beispiel prangt die Vierländerin bei einer marktstarken Margarinemarke.

Ulrich Bauche

Der einzig richtige Gradmesser für die Macht der Arbeiterklasse sind ihre Organisationen

Die Nachrufe in den Zeitungen beschränkten sich auf routiniert redigierte Meldungen; die veröffentlichten Reden zur Trauerfeier wirken heute hölzern, ungelenk pathetisch – Pflichtübungen, wie sie nicht selten anstanden in jenen Tagen, zwei Jahre nach Kriegsbeginn: Intelligenz und erprobte Treue hätten den Verstorbenen ausgezeichnet, ruhige Sachlichkeit, doch auch hinreißende Beredsamkeit und Vertrauen zu den Menschen – eine „eigenartige Harmonie"; ein fleißiger Reichstagsabgeordneter (1894–1906) sei er gewesen, und eine erstaunliche Arbeitskraft habe er besessen; nicht höhere Schulbildung, sondern Selbsterziehung habe ihn geprägt, den sozialdemokratischen Agitator und Organisator in vielen Bereichen der Arbeiterbewegung, auch in der Kleinarbeit,

Adolph von Elm
geboren am 27. September 1857 in Hamburg und gestorben am 18. September 1916 in Hamburg.

Ein Funktionärsleben war zu Ende gegangen, über dessen private Seite nur wenig bekannt war und ist: ein dänischer Vater, ein Gehörleiden (seit 1901) und die „ideale Freundschaft" mit Helma Steinbach, der für die Frauengleichberechtigung engagierten Gewerkschafterin vom Schneider-Verband.

Von Elms Lebenswerk würdigte als Trauerredner Heinrich Kaufmann, der Vorsitzende des Zentralverbandes deutscher Konsumgenossenschaften: Die „Volksfürsorge", da durfte der Verstorbene sicher sein, würde einer „reichen Zukunft" entgegensehen; und mit den Häusern des Konsum-, Bau- und Sparvereins „Produktion" habe er sich ein Denkmal gesetzt, dessen Steine noch von ihm zeugen würden, wenn sein Name längst vergessen sei. Kaufmanns Voraussage war treffend und erweist sich zugleich als falsch. Die 1912 gegründete „Volksfürsorge" ist heute einer der größten deutschen Versicherungskonzerne. Die Eingangshalle seiner Zentrale

143 Adolph von Elm, 1857–1916, sozialdemokratischer Reichstagsabgeordneter, Gründer der „Volksfürsorge" und der „Produktion": Photo, um 1910

an der Alster ziert eine Büste ihres ersten Geschäftsführers; doch in den Jahren, als dieses heute gemeinwirtschaftliche Gewerkschaftsunternehmen sein größtes Wachstum erlebte, 1933–1945, durfte des Initiators kaum gedacht werden. Auch die „Produktion" gibt es noch, freilich nicht als Konsumverein, sondern als Aktiengesellschaft, die sich vor allem durch die „Pro"-Läden in Erinnerung bringt. Von den Mietshäusern, die die „Produktion" seit der Jahrhundertwende errichten ließ, mußten viele nach den Bombennächten des Zweiten Weltkrieges erneuert werden; nicht wenige sind völlig verschwunden. Der von-Elm-Weg in Horn hat einige Züge von dem Gesicht bewahrt, das der sozialistisch-genossenschaftliche Wohnungsbau im Jahrzehnt nach von Elms Tod vielen Arbeiterwohnvierteln Hamburgs geben half.

Mit den Vorstellungen, die von Elm bei seinem Engagement leiten, hat jedoch diese Hinterlassenschaft nur noch wenig gemein, und diese Vorstellungen sind in der Geschichtsschreibung kaum bekannt. „Der Kampf der Arbeiterklasse" werde sich „immer mehr auf die wirtschaftlichen Gebiete zuspitzen", dort werde der „Endkampf" stattfinden, erklärte er letztmalig in einer großen programmatischen Rede am 1. Dezember 1912 im Ottensener Park; die SPD solle deshalb nicht so viel Rücksicht nehmen auf die liberale Fortschrittspartei, mit der sie, gerade auch in Hamburg, immer wieder Bündnisse bei Reichstagswahlen einging; nur um die „Übermacht der Agrarier" zu brechen, sei die Verbindung mit ihr notwendig.

Mit seiner Ansicht vom „Endkampf" auf wirtschaftlichem Gebiet stand von Elm ziemlich allein unter seinen sozialdemokratischen Genossen, zumindest unter den prominenten, die Reden hielten und Bücher, Broschüren und Artikel schrieben. Aber jemand, der sich tragen ließ von der gerade breitesten Meinungswelle, war er auch zuvor nie gewesen. Gewiß, er bekannte sich seit der Jahrhundertwende zum „Revisionismus", deutlicher als manch anderer Funktionär, doch dieses Bekenntnis im innerparteilichen Richtungsstreit dieser Zeit bot vielen unterschiedlichen Auffassungen Raum. Wie vielen Arbeiterführern seiner Generation ging es ihm weniger um die richtige Theorie als um meßbare Fortschritte für die Klasse, aus der er kam. Zu den „Reformern" oder „Reformisten" müßte man ihn zählen, will man ihm keine Sonderstellung einräumen. Denn „hineinwachsen" in den Sozialismus – so wurde die „revisionistische" Lehre meistens verstanden – würden die Arbeiter ihm zufolge nicht; das Bürgertum würde sie zum Kampf zwingen. Wilhelm Liebknecht (1826–1900) hatte ähnlich gedacht und geschrieben, ohne freilich der Wirtschaft so zentrale Bedeutung beizumessen. Von Elm hatte ihm zugestimmt, als dieser 1893 die Hamburger Sozialdemokraten an die gescheiterte Pariser Kommune zwei Jahrzehnte zuvor erinnerte: „Am 18. März 1871 der erste weltgeschichtliche Versuch, den Sozialismus in der Gemeinde und im Staat zu verwirklichen – ein Versuch, der einzig am ‚Unverstand der Massen' gescheitert ist". Den „Massen" fehle die Befähigung zum Urteil, diese besäßen nur die „Führer", so schrieb von Elm noch 1909 nach der großen Debatte zwischen den prominenten Sozialisten über die Zweckmäßigkeit des Massenstreiks im Kampf für politische Ziele.

Mehr als mit Wilhelm Liebknecht verband von Elm mit dem Hamburger Gewerkschafter Carl Legien, dem ersten Vorsitzenden der 1890 gebildeten Generalkommission der Freien Gewerkschaften Deutschlands. Bis 1896 gehörte er selbst dieser Kommission an, die die Arbeit der zahlreichen sozialdemokratisch orientierten mächtigen Einzelgewerkschaften koordinierte. 1876 hatte er, damals neunzehnjährig, den „Cigarrensortiererbund Hamburg und Umgegend" gründen helfen und war sein erster Vorsitzender geworden. 1883–1891 hatte er ihn als „Freundschaftsclub" fortgeführt. 1890/91 hatte er einen weitbeachteten Tabakarbeiterstreik geleitet und im Zuge dieses Streiks sowohl einen „Unterstützungsverein der Zigarren-Sortierer Deutschlands" als auch eine Tabakarbeitergenossenschaft gegründet, die Gemaßregelten in ihren Betrieben langfristig Beschäftigung und ausreichenden Verdienst sicherte. Bis zu seinem Tod blieb er Geschäftsführer dieser Genossenschaft.

Solches Engagement ließ ihn zu einem geachteten, aber unbequemen Funktionär der sich 1890, nach dem Auslaufen des Sozialistengesetzes, wieder neu legal formenden und auf schlagkräftige Geschlossenheit der Aussage bedachten sozialdemokratischen Arbeiterbewegung werden; aufmüpfig war er – auch gegen die Alten. „Würde man einzelnen Autoritäten wie Bebel", dem SPD-Vorsitzenden, der seit 1883 einen Hamburger Wahlkreis im Reichstag vertrat, „als Autoritäten unbedingten Glauben schenken, dann müßte man ja das freie Denken wieder aufgeben und ginge dann wieder rückwärts", sagte er 1891 in einer Rede. Für die Gründung von Genossenschaften trat er ein, soweit es die Verhältnisse zweckmäßig erscheinen ließen;

144 Die Produktion wurde 1899 auf Anregung von Adolph von Elm gegründet: Flugblatt, 1899

das war nicht in allen Wirtschaftszweigen der Fall; die Hamburger Schiffszimmerer z. B., die zunächst eine Schiffswerft betreiben wollten, verlegten sich bald mit Erfolg auf's Häuserbauen; ganz so nutzlos, wie es viele Parteiobere sahen – damals nicht zuletzt Otto Stolten, der 1901 dann der erste SPD-Bürgerschaftsabgeordnete wurde –, waren diese Unternehmungen also nicht. Auch die Arbeitsteilung zwischen gewerkschaftlicher und parteipolitischer Betätigung wollte von Elm strikt beachtet wissen, als diese Regelung noch längst nicht in der SPD anerkannte Mehrheitsmeinung war. Noch zu Bismarcks Regierungszeit, nachdem gerade die Renten- und Invalidenversicherung eingeführt worden war, hatte er 1889 eine staatliche Arbeitslosenunterstützung gefordert – vergeblich; auch die sozialdemokratischen Organisationen hatten diese Forderung nicht übernommen; 1902 brachte er diese Idee erneut vor und band sie an den Vorschlag einer Reichs-Arbeitslosenversicherung; erst 1927 wurden solche Vorstellungen endgültig Wirklichkeit. Auch die von ihm schon Mitte der 1890er Jahre öffentlich befürworteten Schiedsgerichte bei Lohnkämpfen wurden erst ein Vierteljahrhundert später, in der Weimarer Republik, eingerichtet, bei den sozialistischen Konsumgenossenschaften freilich gab es früher entsprechende Regelungen.

Solche Reformanstöße waren nicht originell in den Jahrzehnten vor dem Ersten Weltkrieg; auch und besonders sozialliberale Politiker verbreiteten sie. Daß die Herrschenden in Politik und Wirtschaft sie nicht aufgriffen, mag von Elm schließlich veranlaßt haben, im Kampf um die Wirtschaftsmacht den entscheidenden Hebel zur Änderung der Machtverteilung zu sehen. Daß der Parteienwettstreit um die Mehrheit der Wähler nicht zwangsläufig Fortschritte brachte, zeigte sich nicht zuletzt im Hamburger „Wahlrechtsraub" 1906. Aus der Geschichte kannte von Elm ein weiteres Beispiel des Mißerfolgs einer Arbeiterpolitik, die sich allein darauf konzentrierte, über Parlamente ihren Einfluß zu

145 1903 wurde der Zentralverband deutscher Konsumvereine gegründet. Er war eng mit der Großeinkaufsgesellschaft Deutscher Konsumgenossenschaften GEG verflochten: Verwaltungsgebäude der GEG neben dem Gewerkschaftshaus, Photographie von Kiemert, um 1912

verbreitern. Den Band XVI der Sozialdemokratischen Bibliothek (1. Aufl. 1887) über die Chartistenbewegung in England (1832–1850) hatte er intensiv studiert und mehrmals öffentlich über dieses Thema gesprochen: Politischer und wirtschaftlicher Kampf seien gleichermaßen notwendig für die Emanzipation der Arbeiter. Daß rein herkömmliche Interessenvertretungen dazu allein nicht ausreichten, hatte ihn sein Aufenthalt in den USA 1878–1882 gelehrt; noch um 1900 warnte er vor Zuständen, wie er sie dort erlebt hatte.

Auf die Idee der Konsumgenossenschaft der Arbeiter in Hamburg ist er allerdings nicht selbst gekommen. Auch die beiden hier seit Jahrzehnten ansässigen ,,Gesellschaften zur Vertheilung von Lebensbedürfnissen" mit zusammen über 30 000 Mitgliedern, darunter auch Arbeitern, hatten ihn nicht dazu angeregt, sondern der Großkaufmann Raphael Ernst May, der ihn auf die Arbeitsweise und besonders die Erfolge der britischen Genossenschaftsbewegung hinwies. Nach dem gescheiterten Hafenarbeiterstreik von 1896/97 war dies geschehen, den von Elm mitgeleitet hatte. Er las dann selbst die damals ins Deutsche übersetzten Schriften von Sidney und Beatrice Webb über die britische Gewerkschafts- und Genossenschaftsbewegung; sie überzeugten ihn, ohne daß er den in ihnen verbreiteten Optimismus über einen kurzen Weg zum Sozialismus teilte. 1899 wurde die ,,Produktion" gegründet; von Elm wurde Aufsichtsratsmitglied. Zehn Jahre später hatte sie die beiden ,,Gesellschaften" an Umsatz und Mitgliedern überflügelt.

Die ,,Produktion" sollte kein Konsumverein sein, wie er damals üblich war. Von vorneherein strebte sie an, vor allem Waren aus genossenschaftseigenen Betrieben zu verkaufen; nach englischem Vorbild sollte ein Verbundsystem bestehender Arbeitergenossenschaften geschaffen werden in ,,idealer Ehe", so von Elm, mit den Gewerkschaften. Die Gewinne sollten nicht, wie sonst meistens in Konsumvereinen, sämtlich als Dividende ausgeschüttet werden, sondern großenteils zur Erweiterung der Unternehmen und für einen Notfonds, der auch zur Streikunterstützung genutzt werden konnte, verwandt werden. Die Gewerkschaften sollten als Gegenleistung für die Konsumgenossenschaft werben und ihre Mitglieder auch Genossenschafter werden lassen.

Das Hamburger Gewerkschaftskartell, d. h. die Vorsitzenden der örtlichen Gewerkschaftsorganisationen, hatte das nötige Startkapital gegeben und damit öffentliche Kritik aus den Reihen der Partei auf sich gezogen; auch das viel gelesene Hamburger Echo hatte warnend gemäkelt: Der Einsatz für die SPD könnte geschmälert und die Illusion genährt werden, Sozialismus ließe sich auch ohne politischen Kampf verwirklichen. Von Elm antwortete den Kritikern – ,,doktrinäre Prinzipienreiter" und ,,Schriftgelehrte" nannte er sie – im Februar 1899 mit scharfer Polemik: Es sei in Hamburg gewesen, wo einst einer großen Massenversammlung verkündet worden wäre, ,,im Jahre 1898 komme der große Kladderadatsch"; doch die Hamburger Arbeiter seien längst davon überzeugt, daß sie nicht ,,mit Siebenmeilenstiefeln in den Zukunftsstaat" marschierten und gäben der SPD trotzdem immer mehr Stimmen. Und für die Parteiarbeit, für das Demonstrieren und Protestieren, bleibe den Arbeitern immer noch Zeit genug, ,,selbst wenn sie Waaren aus dem Konsumverein statt vom Krämer holen". Im übrigen mute einen der Umstand ,,drollig ... an, daß gerade diejenigen Kreise der Partei, welche an erster Stelle betheiligt sind bei der Regelung des ‚Konsums' und der Produktion von *geistigem* ‚Futterstoff' solch ängstliche Unkenrufe ertönen lassen, wenn eine Anzahl mündiger Parteigenossen drangehen will, den Nutzen aus der Regelung des Konsums und der Produktion von ge-

Versorgung

146 Es gehörte sich für einen Sozialdemokraten, auch Konsumvereinsmitglied zu sein: „Produktionsverkaufsstelle 8 in der Frankenstraße", Postkarte, 1910

meinen *leiblichen* Bedarfsartikeln Mehl, Reis, Grütze, Zucker, Kaffee, unverfälschtes Brot, Schuhe, Stiefel, Strümpfe, den Bau gesunder Miethswohnungen usw. einem *möglichst großen* Kreise von Proletariern in ihre Tasche zu leiten, anstatt eine Handvoll kapitalistischer Klein- und Großkrämer noch weiter damit zu bereichern".

Der Erfolg gab von Elm Recht. Es sei immer wieder eine Freude, über ein Geschäftsjahr der „Produktion" zu berichten, schrieben 1908 die Sozialistischen Monatshefte, die Zeitschrift der „Revisionisten"; „ein nie nachlassender Unternehmungsgeist, der sich stets neuen Sphären der genossenschaftlichen Tätigkeit" zuwende, verbinde sich „mit einer außergewöhnlich glücklichen Hand" bei der Leitung der Genossenschaft, die noch bei keiner neuen Aufgabe versagt habe. Der Umsatz in den mittlerweile 47 Verkaufsstellen sei 1907 gegenüber dem Vorjahr um etwa 40% gestiegen, die Eigenproduktion vor allem im Bäckerei- und Schlachtereigeschäft um etwa 50%. Besonders die Bautätigkeit sei vorangekommen. In Barmbek hätten die Einwohner eines großen „Produktions"-Hauses eine „*Vereinigung für Hauspflege*" gebildet, die sich die „Abhaltung von Unterhaltungsabenden, Vorträgen, Veranstaltungen für die Kinder usw. angelegen sein" lasse. Es waren die Anfänge des hamburgischen Kultursozialismus, der seine Blütezeit in den 1920er Jahren hatte, über die hier in nüchterner Kaufmannssprache Buch geführt wurde.

Arbeiter-Konsumgenossenschaften hatten inzwischen allenthalben in Deutschland an Zahl und Mitgliedern zugenommen; bald gehörte es sich für einen Sozialdemokraten, auch Konsumvereinsmitglied zu sein, selbst wenn seine Familie aus Gründen der Bequemlichkeit nach wie vor beim Krämer nebenan einkaufte. Die Gründung der „Produktion" hatte diese Entwicklung nicht nur durch ihren Erfolg beflügelt; sie hatte auch einen Anstoß gegeben, die seit 1894 in Hamburg bestehende Großeinkaufsgesellschaft deutscher Konsumgenossenschaften (GEG) nach englischem Vorbild auszubauen und Produktionsbetriebe, verstreut über das ganze Reich, zu erwerben und den Absatz zu organisieren. Eine Seifenfabrik in Sachsen gehörte dazu und später, nach dem Ersten Weltkrieg, eine Fischverarbeitungsfabrik in Altona, eine Fleischwarenfabrik in Oldenburg und eine Molkerei im Allgäu, nach dem Zweiten Weltkrieg sogar eine kleine Fischereiflotte. Der wachsende Marktanteil und die Anlehnung an die organisierte sozialistische Arbeiterbewegung hatten früh dazu geführt, daß die Konsumvereine von den anderen Genossenschaften, besonders den Handwerkerbanken (Volksbanken), angefeindet wurden, und die meisten von ihnen waren 1903 dem neu geschaffenen Zentralverband deutscher Konsumvereine beigetreten; er war eng mit der GEG verflochten; von Elm war eines seiner Führungsmitglieder. Solche Verbände waren

147 Produktionsverkaufsstelle, Postkarte, 1911

gesetzlich vorgeschrieben; sie wachten über die Einhaltung genossenschaftlicher Grundsätze und des Genossenschaftsrechts.

Mit der GEG und dem Zentralverband hatte die sozialdemokratische Konsumgenossenschaftsbewegung sich dem britischen Vorbild stark genähert. Doch darum allein war es von Elm gar nicht gegangen. Schon 1900 hatte er die englischen Gewerkschaften als ,,konservativ" und ,,engherzig" charakterisiert, als ignorant, borniert und geizig. Ihre ,,Organisationsstarre" hatte er kritisiert und damit auch die deutschen Gewerkschaften gemeint. Für die Unterstützung ,,wilder Streiks" nichtorganisierter Arbeiter war er eingetreten – nicht prinzipiell, doch wenn es angebracht schien, z. B. wenn sich die durch ständiges Hungern und Entbehren Erschlafften doch einmal gegen das Joch der Kapitalmacht erhöben, sollte man sie stärken; anschließend würde sich sicher die gewerkschaftliche Organisationsbasis verbreitern. Hilfe für die Zurückgebliebenen und Schwachen, das sei sozialistische Denkweise, ungeachtet dessen, zu welchen Theorien man sich im einzelnen bekenne. Und wenn das größte Arbeiterparlament der Welt, der britische Trade-Unions-Congress, gegen jede Gewalt- und Eroberungspolitik protestiere, dann sei auch das der ,,vollständigste Beweis" dafür, daß bei den ,,englischen Brüdern" dieselben großen Ideen wirksam wären, die die Herzen der deutschen Arbeiter höher schlagen ließen. Die internationalen Beziehungen sollten die Freien Gewerkschaften pflegen und die internationale Solidarität.

Organisationen, besonders auch die wirtschaftlichen, waren für von Elm nicht Ziel und Kern der Arbeiterpolitik, sondern praktische Instrumente, um Wünsche und Hoffnungen Wirklichkeit werden zu lassen. Seine Generation hatte erlebt wie keine zuvor, wieviel friedliche Veränderungen und Fortschritte auf diese Weise möglich waren; man mußte die bekannten Parolen nur praktikabel machen, den praktischen Ansatzpunkt finden: ,,Ein internationaler Bund der *organisierten* Arbeiter der ganzen Welt ist das Ziel! Dasselbe wird erreicht werden – nicht in wenigen Jahren – dazu sind die entgegenstehenden Schwierigkeiten noch zu groß – aber trotz alledem! Die *organisierten* Arbeiter Deutschlands, die sich rühmen können, die Lehren eines Karl Marx am frühesten begriffen zu haben, mögen die Avantgarde bilden, um das Wort des großen Meisters zur That werden zu lassen: ,Proletarier aller Länder, vereinigt Euch!'"

Der Erste Weltkrieg setzte diesem skeptischen Optimismus ein Ende. Von Elm hatte sich schon zuvor bescheidenere Agitationsziele gesetzt. Als seine letzte öffentliche Äußerung registrierte die ihm gegenüber stets wachsame hamburgische Politische Polizei einen Aufruf im Hamburger Echo vom 7. März 1914: ,,Unterstützt die genossenschaftliche Eigenproduktion!"

Arnold Sywottek

Öffentliche Ordnung

Am Ende des alten Reiches lag die hamburgische Staatsverwaltung[1] großenteils in den Händen des Rates, insbesondere das Justizwesen und überwiegend die innere Verwaltung – die „Polizei" – in Stadt- und Landgebiet. Dagegen hatte die „Erbgesessene" (grundbesitzende) Bürgerschaft die Kämmerei – die städtische Finanzverwaltung – in eigener Hand und war an zahlreichen Behörden beteiligt, so am Bauwesen, der Admiralität, verschiedenen Sicherheits- und Ordnungsbehörden, Schulaufsicht, Militärwesen und verschiedenen Fürsorgebehörden.

Mit der Besetzung Hamburgs durch französische Truppen im November 1806 – ein Schritt zur völligen Abschließung Englands vom europäischen Kontinent – geriet das gesamte öffentliche Leben der Stadt rasch unter französischen Einfluß und war zahlreichen Willkürmaßnahmen ausgesetzt, bis Hamburg gemeinsam mit den Hansestädten Lübeck und Bremen sowie dem Küstengebiet zwischen Ems und Elbe Anfang 1811 dem französischen Kaiserreich einverleibt wurde. In der Folge wurden die überkommene Verfassung und Verwaltung der alten Stadtrepublik radikal nach französischem Vorbild umgestaltet. Binnen kurzem wurden Stadtrecht und Rezesse, Rat, Erbgesessene Bürgerschaft, Kämmerei, Gerichte und Verwaltungsbehörden aufgehoben.

Die Oberaufsicht über die gesamte Zivil- und Militärverwaltung der drei hanseatischen Departments hielt als Generalgouverneur mit Sitz in Hamburg der Marschall Louis Nicolas Davout (1770–1823). Die Departementsverwaltung unterstand je einem Präfekt, zuständig für Armee, Polizei, Gerichte, Erziehungswesen, öffentliche Ordnung und Sicherheit, Handel, Industrie, Verkehr und Soziales. Er wurde unterstützt von einem vierköpfigen Präfekturrat und verfügte über die Präfekturgarde als Verwaltungsexekutive und für polizeiliche Maßnahmen.

Hamburg wurde Hauptort des Departements der Elbmündungen und bildete darin mit seinem Gebiet eines von vier Arrondissements. Die Stadt selbst – versehen mit dem Ehrentitel einer „bonne ville" – erhielt anstelle der Bürgermeister einen Maire, den bisherigen Ratsherrn Amandus Augustus Abendroth (1767–1842). Ihm unterstand ein dreißigköpfiger Munizipalrat für die Verwaltung und das Finanzwesen. Der Maire trug die Hauptlast der Verwaltung, die vor allem auf die fiskalischen und militärischen Bedürfnisse der Franzosen ausgerichtet war. Er beaufsichtigte Finanzen und Steuerwesen, öffentliche Arbeiten und Einrichtungen, Gesundheit und Sicherheit, – eine Aufgabenfülle, die durch seine prekäre Stellung als Repräsentant einer fremden Macht nicht erleichtert wurde.

Die neue Verwaltungsstruktur bedeutete gegenüber der bisherigen eine Straffung und Zentralisierung. Der Polizeiverwaltung der drei Departements stand nun ein französischer General-Polizeikommissar in Hamburg vor, den vier hamburgischen Polizeidistrikten je ein Polizeikommissar. Neue Aufgaben wurden der Polizei zugewiesen: Sie mußte Wohnungsregister erstellen, die Häuser straßenweise numerieren und Zivilstandsregister anlegen. Gleichzeitig wurde die Zivilehe eingeführt, zu schließen vor dem Maire. Verbunden damit war die rechtliche Gleichstellung der religiösen Bekenntnisse einschließlich des jüdischen. Theater und Presse unterlagen strenger Zensur.

Die Justiz wurde von der Verwaltung getrennt und – Hand in Hand mit der Einführung der französischen Gesetze – übersichtlich gegliedert. In den sechs hamburgischen Kantonen fungierte je ein Friedensrichter als Vergleichsbehörde, urteilte in geringeren Zivil- und Strafsachen und leitete den Familienrat in Vormundschaftsangelegenheiten. Für Handelssachen wurde ein mit Kaufleuten besetztes Handelsgericht geschaffen. Höherwertige Streitfälle, Pacht-, Miete-, Gesinde- und Beleidigungsklagen sowie – im neu eingeführten Schwurgerichtsverfahren – schwerere Strafsachen entschied das Tribunal erster Instanz mit einer Kriminal- und zwei Zivilkammern in öffentlicher Verhandlung, wobei in Strafprozessen Berufung an das Tribunal einer der beiden anderen Hansestädte, in Zivil- und Handelssachen über 1000 frs. an den kaiserlichen Gerichtshof in Hamburg möglich war; weitere Instanzen waren der Kassationshof und der hohe kaiserliche Gerichtshof in Paris. Als besonders drückend wurden die Sondergerichte gegen Schmuggel (vor allem mit England) empfunden, der Prevotalgerichtshof und die Douanengerichte. Im übrigen waren die höchsten Beamtenstellen in Justiz und Verwaltung Franzosen vorbehalten.

Das Finanzwesen wurde durch die Einrichtung einer Generalkasse übersichtlicher gestaltet. Künftig mußte der Maire dem Munizipalrat alljährlich einen Budgetentwurf zur Beratung vorlegen. Über deren Ergebnis befand der Präfekt. Das Steuerwesen wurde rationalisiert, wobei der französische Finanzbedarf allerdings zusätzliche Belastungen für die Bevölkerung mit sich brachte. Auch andere Neuerungen – die Errichtung einer Handelskammer und die Einführung der Gewerbefreiheit – bewirkten unter der Last des französischen Kontinentalsystems kaum eine wirtschaftliche Besserung. Reformen im Erziehungswesen gelangten über Anfänge nicht hinaus. Im Gesundheitswesen wurde besonders militärischen Erfordernissen Rechnung getragen, dabei allerdings auch erfolgreich die Pockenschutzimpfung eingeführt.

In der Militärverwaltung bildeten die hanseatischen Departements die 32. Militärdivision mit Sitz in Hamburg. Das aufgelöste Stadtmilitär wurde teilweise den französischen Truppen eingegliedert. Die Konskription lag in der Hand des Präfekten und eines Rekrutierungsrates. Dabei trafen die Einziehungen auf Widerstände, so daß trotz der neu eingeführten Wehrpflicht weder für die Marine noch für das Landheer die geforderten Kontingente voll erreicht wurden.

Nicht nur der finanzielle Druck, auch zahlreiche Repressalien, Hausdurchsuchungen nach englischen Waren, Konfiskationen, Verhaftungen und ein ausgebildetes Bestechungssystem machten die ohnedies als fremd und aufgezwungen empfundenen Neuerungen zusätzlich verhaßt. Gegenüber der alten, umständlichen und traditionsbeladenen Behördenorganisation bedeutete die straffe französische Verwaltung trotz vieler Härten und zeitraubender Instanzenzüge manchen Fortschritt, erhielt jedoch kaum Zeit zur Bewährung. Mit dem Ende der Franzosenzeit im Mai 1814 wurden fast alle französischen Einrichtungen beseitigt. Zu dem Wenigen, was blieb, zählten einzelne Behördennamen (Departement, Kommission). In der nun einsetzen-

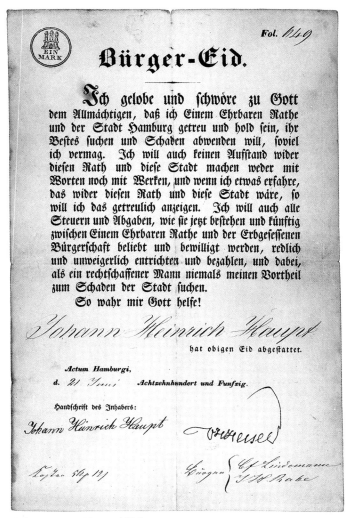

148 Bürgereid von 1850

den Restaurationsphase orientierten sich auch Reformbestrebungen nur zögernd an französischen Vorbildern.

Im öffentlichen Bewußtsein standen zunächst die Probleme des wirtschaftlichen Wiederaufbaus im Vordergrund. So wurde in allen Hansestädten die alte Verfassung wiederhergestellt. Reformgedanken knüpften in Hamburg besonders an Abendroths „Wünsche bei Hamburgs Wiedergeburt" (Kiel 1814) an. Noch im Mai 1814 wurde eine Reorganisationsdeputation aus 20 Bürgern unter dem Juristen und späteren Ratsherrn Johann Georg Mönckeberg (1766–1842) für drei Monate beauftragt, mit dem Rat über die künftige Verwaltung zu beraten, da „fast alle Zweige der öffentlichen Verwaltung sich in Zerrüttung und Verwirrung befinden" (Sammlung von Verordnungen der freien und Hansestadt Hamburg. 1814. S. 13). Aber die zahlreichen im „Testament der Zwanziger" niedergelegten Änderungsvorschläge wurden nur teilweise befolgt (im Justiz- und Finanzwesen, zuerst mit der rechtlichen Gleichstellung der christlichen Bekenntnisse), manche erst nach Jahrzehnten. Das Mandat der Zwanziger wurde nicht verlängert.

Verändert wurden zunächst die Verwaltungsgrenzen und die Gebietsverwaltung, ohne daß eine Vereinheitlichung erreicht wurde. Für das Bürgermilitär wurde das Stadtgebiet in sechs Bataillonsbezirke zu je acht Kompaniebezirken gegliedert; die Vorstadt St. Georg bildete einen siebten Bataillonsbezirk mit drei vorstädtischen und drei ländlichen Kompaniebezirken, – eine Einteilung, die mit geringen Veränderungen auch für andere Behörden – so für Steuer- und Wahlbezirke – übernommen wurde. Dagegen galten für kirchliche Zwecke, Hypothekenwesen und die Erbgesessene Bürgerschaft weiter die Kirchspielgrenzen, für das Armen- bzw. das Bauwesen wieder andere Einteilungen.

Gegen den Wunsch der Zwanziger wurde auch die Torsperre wieder eingeführt, womit die Vorstädte St. Georg und Hamburger Berg (1833: St. Pauli-Vorstadt) streng von der Stadt getrennt blieben. Erst 1833 wurden ihre Bewohner mit denen der Stadt rechtlich gleichgestellt und erhielten eine begrenzte Selbstverwaltung und eigene Gerichtsbarkeit unter dem Patronat je eines Ratsherrn. Wer im Landgebiet wohnte, blieb dagegen weiter ohne Wahlrecht. Nach Übernahme der Ländereien der Hospitäler und des Johannisklosters wurde die Gebietsverwaltung 1830 durch Einteilung in drei Landherrenschaften (Vorstädte, Geest- und Marschlande) gestrafft. Nur Ritzebüttel behielt bis 1864 eine eigene Verwaltung unter einem Ratsherrn als Amtmann und Amtsrichter. Bergedorf stand weiter unter der Hoheit Hamburgs und Lübecks, bis es 1868 nach fast 450 Jahren gemeinschaftlicher Verwaltung in den alleinigen Besitz Hamburgs überging.

In der Rechtsprechung, die der Rat großenteils wieder übernahm, wurden Geschworenengerichte und öffentliche Verhandlung beseitigt. Stadt- und Landpräturen – zuständig für Klagen bis 400 Mark Banco Streitwert – mußten allerdings ihre Polizeigewalt an zwei andere Ratsherren abgeben, – ein Schritt zur erneuten Trennung von Justiz und Verwaltung. Das Niedergericht – generelles Gericht erster Instanz in Stadt und Land – wurde vom Rat unabhängig. Dieser stellte aber weiterhin das zweitinstanzliche Obergericht. Das Handelsgericht wurde 1815 in veränderter Form erneuert und mit Kaufleuten und Juristen besetzt; es verhandelte mündlich und öffentlich. Für Dienstvergehen des Bürgermilitärs wurden 1814 Kriegsrichter eingesetzt. Mit der Vormundschaftsdeputation (1831) und dem Amtsgericht (1835) entstanden weitere Organe der Rechtsprechung, aber viele Gegenstände blieben in der Zuständigkeit der betreffenden Verwaltungsbehörden und die Justiz entsprechend unübersichtlich.

Hatte bereits die Bundesakte 1815 für die freien Städte drittstanzliche Obergerichte vorgesehen, so zogen sich die Verhandlungen darüber besonders wegen hamburgischer Widerstände hin, bis 1820 in Lübeck das gemeinschaftliche Oberappellationsgericht der vier freien Städte Deutschlands – der Hansestädte und Frankfurts – errichtet werden konnte (nach dem Ausscheiden Frankfurts 1866 als Oberappellationsgericht der freien Hansestädte fortgeführt). Es war ganz von der Verwaltung getrennt und allein mit Juristen der vier Städte besetzt. Zuständig für hochwertige Zivil- und schwere Strafsachen, erwarb es sich besonders mit seiner Rechtsprechung in Handels- und Seerechtsfragen hohes Ansehen.

Die Polizeiaufsicht wurde einer provisorischen Polizeibehörde unter zwei Ratsherren zugewiesen, bevor 1821 zunächst auf sechs Jahre eine allgemeine Polizeibehörde unter dem Senator Abendroth als erstem Polizeiherrn errichtet wurde, die 1826 bei gleichzeitiger Abgrenzung ihrer Strafgewalt gegenüber der Justiz wie fortan alle sechs Jahre bestätigt wurde. Sie schützte

Öffentliche Ordnung

Rechte und Freiheiten der Bürger, Sicherheit und Ordnung, beaufsichtigte die Fremden und ahndete Polizeivergehen und kleinere Delikte. Dies bedeutete erhebliche Kompetenzverluste für die alte Wedde, deren Zuständigkeit sich fortan auf Aufgebote und Heiratserlaubnisse, den öffentlichen Warenausruf und Auktionen beschränkte. Auf Druck der Geistlichkeit trat an die Stelle der Zivilstandsregister für ein halbes Jahrhundert wieder die Kirchenbuchführung. Im Anschluß an die Karlsbader Beschlüsse setzte der Rat 1819 eine Zensurkommission ein und verschärfte die formal schon bestehende Zensur.

Für das öffentliche Bauwesen in Stadt und Land trat 1814 die Baudeputation aus Ratsherren und Bürgern an die Stelle von Bauhof, Fortifikation und Gassendeputation; sie fungierte nach 1819 auch als Entfestigungskommission. Der Hamburger Feuerkasse wurde bei ihrer Neuordnung 1817 neben der Verwaltung der General-Feuerkasse auch die Aufsicht über die Löschanstalten übertragen, ihre Zuständigkeit 1839 auf die Vorstadt St. Georg ausgedehnt.

Im Gesundheitswesen wurden mit der Medizinalordnung von 1818 längst überfällige Reformen durchgeführt und ein Gesundheitsrat (kleines Kollegium aus Polizeiherren, einem Oberalten, Ärzten und einem Apotheker, im großen Kollegium dazu Vertreter sozialer Einrichtungen) eingesetzt. 1823 wurde, nachdem der Pesthof 1813 von den Franzosen niedergebrannt worden war, ein allgemeines Krankenhaus errichtet. Wegen der Choleraepidemie des Jahres 1831 wurde eine zusätzliche General-Gesundheitskommission bestellt.

Das Gefängniswesen, unter den Franzosen einer Gefängniskommission übertragen, wurde 1823 neu geordnet. Für Strafgefängnisse und Detentionshäuser, dazu Werk- und Armenhaus, Kurhaus und Entbindungsanstalt (1816 bzw. 1821 dem Zuchthaus angegliedert), wurde ein Gefängniskollegium aus einem Bürgermeister, Polizeiherren und Vertretern der Vorstände dieser Häuser gebildet.

Den Bemühungen um eine wirtschaftliche Erholung trug auch die Verwaltung mit Modernisierungen Rechnung. Noch 1814 wurden die Aufgaben der alten Admiralität, der Düpe und der Konvoi-, Elb- und Stackdeputationen in einer Schiffahrts- und Hafendeputation zusammengefaßt, zuständig für Fluß-, Hafen- und Uferbauten, Schiffahrtszeichen, Lotsenwesen, Hafenbetrieb und die Navigationsschule. Das Postwesen – in Hamburg bislang von auswärtigen Staaten betrieben – wurde 1821 vorläufig, 1832 endgültig einer Deputation aus Vertretern des Rates, der Kämmerei und der Kommerzdeputation übertragen. Die Maklerordnung wurde bis 1824 mehrfach revidiert. Im Generalreglement der Ämter und Brüderschaften 1835 wurde der 1814 erneuerte Zunftzwang nach jahrelangen Beratungen zugunsten des Handels gelockert; bereits die Zwanziger waren dafür eingetreten. Den Interessen von Handel und Gewerbe diente auch die 1843 eingesetzte Kommission zur Beaufsichtigung der Maße und Gewichte.

Unter dem Druck hoher Schulden wurde in allen Hansestädten die Finanzverwaltung gründlich reorganisiert. Manche französischen Einrichtungen wurden dabei übernommen, insbesondere die Aufstellung jährlicher ausgeglichener Haushaltspläne. Noch 1814 wurden in Hamburg eine Budgetkommission aus einem Ratssyndicus, einem Ratsherrn und den Kämmereiverordneten sowie eine Revisionsdeputation zur Kontrolle des Rechnungswesens ernannt. Der Schulden-Administrations-Deputation

149 Nachdem Hamburg 1811 dem französischen Kaiserreich einverleibt worden war, wurden Verfassung und Verwaltung nach französischem Vorbild umgestaltet. Anstelle eines Bürgermeisters erhielt die Stadt einen Maire, den bisherigen Ratsherrn Amandus Augustus Abendroth, 1787–1852: Lithographie von Carl Gröger, 1827

oblag die Aufsicht über das Anleihewesen. Außerdem wurde 1816 das unübersichtliche Kassenwesen in einer Stadtkasse bei der Kämmerei vereinigt. Damit einher ging eine Vereinheitlichung des Abgabenwesens, nachdem seit 1815 als wichtigste Steuer die Grundsteuer nach französischem Vorbild erhoben wurde (statt des bisherigen Schosses, einer Vermögensabgabe); dabei wurde auch die bisherige Geheimhaltung und Selbsteinschätzung bei der Steuerzahlung aufgegeben. Erwerb, Einkommen und Luxus wurden erst seit 1831 besteuert. 1815 wurde aus Verordneten des Rates, der Bürgerschaft und der Kämmerei eine Steuerdeputation für die Erhebung und Einnahme der direkten Steuern errichtet. Die indirekten Steuern wurden 1814 einer Zoll- und Akzisedeputation zugewiesen, wobei die alten Zölle zu einem einzigen wertbezogenen Stadtzoll verschmolzen wurden. Weitere Einnahmen flossen der Stempeldeputation und dem Zehntenamt zu.

Verhandlungen zwischen Rat und Geistlichkeit über eine Neuordnung des Bildungswesens blieben ohne Ergebnis. Das alte Scholarchat gewann noch an Bedeutung, da ihm neben der Stadtbibliothek auch der botanische Garten (1832) und die Sternwarte (1833) nach ihrer Verstaatlichung zugewiesen wurden, ebenso das 1843 gegründete naturhistorische Museum.

Das hamburgische Bürgermilitär, hervorgegangen aus den Freiwilligentruppen der Befreiungskriege, unterstand in Organisation und Bewaffnung einer Kommission aus Ratsherren, Bürgern und Offizieren. Es stand zwar in gutem Ansehen, hatte

150 1814 wurde die alte Verfassung wieder hergestellt. Die Änderungsvorschläge einer Reorganisationsdeputation wurden nur teilweise verfolgt. Reformen scheiterten bis in die vierziger Jahre an der konservativen Ratsmehrheit um den Bürgermeister Johann Hinrich Bartels, 1761–1850: Lithographie von B. Edinger, um 1840

aber nur geringen militärischen Wert, da es nur zu einzelnen Übungen einberufen wurde. Daneben stellte auch Hamburg ein kleines Bundeskontingent, dessen Garnison vom Militärdepartement beaufsichtigt wurde. Für Musterung, Einziehung und Ausrüstung war in Hamburg seit 1821 eine interimistische Bewaffnungskommission zuständig. Die hansestädtischen Kontingente, 1834 mit dem oldenburgischen zu einer Brigade vereinigt, gehörten der 2. Division des 10. Armeekorps im Bundesheer an. Seit 1814 galt in Hamburg die Wehrpflicht, doch wurde neben den Freiwilligen nur ein Teil der Wehrpflichtigen nach Losentscheid einberufen; zahlreiche Ausnahmeregelungen waren vorgesehen, Stellvertretung möglich.

Alle Reformen seit der Befreiung hatten ein zentrales Problem der hamburgischen Verwaltung nicht gelöst, – die auf dem Grundsatz der Selbstverwaltung beruhende Umfänglichkeit und fehlende Koordinierung der Behörden. Die Deputationen waren in ihrer Zusammensetzung verschieden und erlebten sowenig eine strukturelle Reform wie die sich selbst ergänzenden und teilweise überalterten bürgerlichen Kollegien, die besonders im Fürsorgebereich tätig waren. Nach der Verstaatlichung ihrer Behörden 1860 wurden die Kollegien (besonders die Oberalten) unter Beibehaltung ihrer bisherigen Namen faktisch zu Deputationen.

Weiterreichende Modernisierungen schienen während dieser Restaurationsphase allerdings schon wegen des Fehlens verfassungsmäßiger Voraussetzungen kaum möglich. So richteten sich auch die bürgerlich-liberalen Reformbestrebungen des Vormärz zunächst auf die Verfassung. Die Brandkatastrophe von 1842 führte die Unzulänglichkeit des hamburgischen Staatsapparates vor Augen. Reformgedanken wurden besonders von den Juristen Christian Friedrich Wurm (1803–1859), Hermann Baumeister (1806–1877) und Gustav Heinrich Kirchenpauer (1808–1887) und auf Wurms Veranlassung in der Patriotischen Gesellschaft erörtert, doch erwies sich die konservative Ratsmehrheit um den alten und volkstümlichen Bürgermeister Johann Heinrich Bartels (1761–1850) zunächst als mächtiger. Die Unbeweglichkeit des Rates rief zwar wachsende Kritik in der Bevölkerung hervor, doch blieben die Reformpläne hinsichtlich der künftigen Machtverteilung in allen Hansestädten wegen der Nichtbeteiligung der Unterschichten an den Beratungen gemäßigt. Letztere wurden vorwiegend vom Bildungsbürgertum geführt, während die öffentliche Diskussion in allen Bevölkerungsschichten stattfand und von Presse und Publizistik noch verstärkt wurde.

Es ging vor allem um die Zusammensetzung von Rat und Bürgerschaft, um die politische Repräsentanz der Gesamtbevölkerung, die Überalterung der bürgerlichen Kollegien und ihre kirchliche und politische Doppelfunktion (womit Nichtlutheraner ausgeschlossen blieben), um die Rechtsungleichheit von Stadt- und Landbewohnern und die Rechtsstellung der Juden. Zumal die Kollegien trugen aufgrund ihrer Tradition und Zusammensetzung aristokratische Züge, die auch die von ihnen getragenen Verwaltungsbereiche prägten.

Hauptforderungen der Reformer im Hinblick auf die Verwaltung waren deren Trennung von der Rechtspflege, auch eine Justizreform, die Aufhebung der – nur noch locker gehandhabten – Zensur und Gewährung von Pressefreiheit, ferner eine durchgreifende Neuordnung der Polizei, des Bau-, Finanz- und Schulwesens.

Die Auseinandersetzungen um eine neue Verfassung dauerten in Hamburg mehr als ein Jahrzehnt. Die 1859 angenommene und 1860 verkündete Verfassung schuf mit der Aufhebung der Erbgesessenen Bürgerschaft, der Stärkung der neuen gewählten Bürgerschaft gegenüber dem von ihr mitzuwählenden (und nun auch offiziell so genannten) Senat, der Trennung von Staat und Kirche wie der Verselbständigung der Justiz und der Einführung der Grundrechte (1848) wichtige Voraussetzungen für die Neugestaltung der Verwaltung. Die Teilung der Gewalten fand allerdings dort ihre Grenze, wo Senat und Bürgerschaft als Träger der Legislative auch maßgeblichen Anteil an der Verwaltung hatten.

Das Obergericht wurde vom Senat getrennt. Dieser blieb Exekutive und oberste Verwaltungsbehörde mit Aufsicht über alle Verwaltungs- und Justizbehörden, verfügte über das Bürgermilitär, leitete die Außenpolitik, ernannte die Beamten und hatte das Begnadigungsrecht. Die Rechtspflege war allein den Gerichten vorbehalten. – Es war ein vielbeachteter und symbolträchtiger Akt, als Ende 1860 nach heftigen Auseinandersetzungen endlich die Torsperre fiel, zum Nutzen der Entwicklung der Vorstädte und des umliegenden Landgebietes.

Die neue Verfassung ebnete den Weg für eine erste umfassende Neuordnung der gesamten Staatsverwaltung. Unter maßgeblicher Beteiligung der späteren Bürgermeister Carl Petersen (1809–1892) und Johannes Versmann (1820–1899) wurde sie 1863 im Gesetz über die Organisation der Verwaltung vorgenommen. Es bewirkte eine Straffung und Zentralisierung, schuf allerdings noch keine systematische Behördenorganisation. Die

Öffentliche Ordnung

Verwaltung wurde in neun Abteilungen gegliedert: Finanzen, Handel und Gewerbe, Bauwesen, Militärwesen, Unterrichtswesen, Justizwesen, Polizei und andere innere Angelegenheiten, öffentliche Wohltätigkeit, auswärtige Angelegenheiten. Davon unterstanden die Justizangelegenheiten, soweit Sache von Regierung und Verwaltung (einschließlich des Zehntenamts, Hypothekenwesens und Exekutionsbüros), Auswärtiges und die Oberaufsicht über die Religionsgemeinschaften dem Senat, alles übrige gemeinsam von Senat und Bürgerschaft gestellten Behörden (meist Deputationen) mit eigenem Verordnungsrecht, denen allerdings ebenfalls stets ein Senator vorstand. Damit hatte der Senat auch über die Finanzverwaltung wieder eine Mitverfügungsgewalt erlangt. Die Wahl in Deputationen mußten Bürger annehmen. Beschwerden gegen Deputationsbeschlüsse waren an den Senat zu richten und konnten erst, wenn dieser nicht abhalf, gerichtlich verfolgt werden.

In der Rechtsprechung schrieben die Grundrechte wieder Öffentlichkeit und Mündlichkeit der Verfahren vor, in Kriminalfällen den Anklageprozeß und in allen politischen und schweren Strafsachen Schwurgerichte, dazu die Wahl rechtskundiger Richter auf Lebenszeit durch Berufsgenossen. Auch im Oberappellationsgericht, das wegen Überbeanspruchung zeitweilig bereits durch Aktenverschickung hatte entlastet werden müssen, wurde 1865 das auf öffentlicher Anklage beruhende mündliche Verfahren in Strafsachen eingeführt. Neben dem Handelsgericht, für das seit 1866 das allgemeine deutsche Handelsgesetzbuch galt, wurde ein Gewerbegericht geschaffen, beide mit Juristen und beruflich sachverständigen Laienrichtern besetzt. Justiz und Verwaltung wurden auch in Vorstädten und Landgebiet getrennt, in den Landgemeinden zur Entscheidung von Bagatellsachen und als Schlichtungsinstanz wieder Friedensrichter ernannt. Diese Trennung wurde allerdings durch die Aufsicht des Senats ebenso eingeschränkt wie durch verbleibende Justizverwaltungsaufgaben der Gerichte, durch das ihnen übertragene Prüfungswesen für Assessoren und Referendare und gewisse den Verwaltungsbehörden verbliebene Strafbefugnisse, etwa im Polizei- und Steuerwesen. Gleichzeitig eingeleitete Bemühungen um ein neues Strafgesetzbuch, eine Gerichtsverfassung, eine Strafprozeßordnung und eine noch konsequentere Trennung von Strafrechtspflege und Polizei blieben ohne Erfolg.

Das Verwaltungsgesetz von 1863 hatte zwar die Polizei mit weiteren Deputationen zu einem Innenressort zusammengefaßt, doch fehlte weiter ein allgemeines Polizeigesetz. Mit der schrittweisen Ausgliederung und Verselbständigung vieler Verwaltungszweige hatte sich der Polizeibegriff, der noch im 18. Jahrhundert die gesamte staatliche bzw. städtische Verwaltung umfaßt hatte, allmählich auf die Belange öffentlicher Sicherheit, Ruhe und Ordnung verengt.

Zum Innenressort gehörten neben Polizei, Wedde und der Deputation für die Polizeiwache (eine Nacht- und Polizeiwache war 1851 eingerichtet worden) die Feuerkassendeputation, die 1855 errichtete Auswandererdeputation, eine Gefängnisdeputation (anstelle des großen und kleinen Gefängniskollegiums), der Gesundheitsrat und die für Sterbegelder zuständige Totenladendeputation.

Einen Schritt zur Trennung von Staat und Kirche hatte bereits die Aufhebung des Eheverbots für Christen und Juden und die Führung eigener Register über solche Heiraten seit 1851 bedeutet. Damit wurde auch die Wiedereinführung von Zivilehe

und Zivilstandsregistern angebahnt. Seit 1861 konnte vor Wedde, Vorstadtpatronen, Landherrenschaften bzw. dem Amt Ritzebüttel fakultativ die Zivilehe geschlossen werden. Nicht getaufte Kinder waren von den jeweiligen Oberküstern zu registrieren, bis 1865 erneut mit der Führung staatlicher Zivilstandsregister begonnen wurde. Die Standesämter beaufsichtigte eine Behörde des Senats, die auch Aufnahmen in den Staatsverband und Bürgerrechtsverleihungen vornahm.

Der Abteilung für das Bauwesen entsprach eine neue Baudeputation, für die seit 1865 ein neues Baupolizeigesetz galt und die von der bisherigen Schiffahrts- und Hafendeputation die auf Strom-, Ufer- und Deichbau sowie Flußtiefe bezüglichen Aufgaben übernahm, ferner die Funktionen der früheren Stadtwasserkunst-Deputation, nachdem die Wasserversorgung 1851 verstaatlicht worden war.

Eine Straffung erfuhr 1863 auch die Finanzverwaltung. Fortan war für Staatseigentum, -einnahmen und -ausgaben eine Finanzdeputation zuständig, die auch das Staatsschuldenwesen, die Lombard-(Pfandleihanstalts-)Verwaltung und die Aufsicht über das Auktionswesen übernahm und in fast allen anderen Deputationen mit Sitz und Stimme vertreten war. Weitere Aufgaben oblagen der Pensionskasse-Deputation, der Steuerdeputation und der Deputation für indirekte Steuern und Abgaben, letzterer in der Nachfolge der Zoll- und Akzise- sowie der Stempeldeputation. Die Akzise war zwischen Rat und Bürgerschaft lange umstritten. Der Rat sah in ihr eine wichtige Einnahme. 1864 kam ein Kompromiß zustande: Die Akziselinie wurde ausgedehnt, die Akzise auf eine reine Verbrauchsabgabe beschränkt. Wegen des wachsenden staatlichen Finanzbedarfs wurde 1866 auf Vorschlag der Bürgerschaft eine reine Einkommensteuer eingeführt.

Der Förderung von Handel und Gewerbe diente in Hamburg bereits 1857 der Übergang zum metrischen Gewichtssystem. 1863 wurde hier eine neue Deputation für Handel und Schiffahrt eingerichtet, die von der älteren für Schiffahrt und Hafen die Aufsicht über Hafen, Lotsen-, Signal- und Tonnenwesen, Arsenale, Navigationsschule, Dispache(Havarie-)wesen und die Verwaltung der Seemannskasse übernahm, dazu die Aufgaben der bisherigen Kommissionen für Schiffspapiere, für Maße und Gewichte, Kornordnung und -maße, ferner die Aufsicht über das Maklerwesen, über Waagen und Kräne. Für Bank und Teerhof bestanden selbständige Deputationen. Eine eigene erhielt nun das Post-, Eisenbahn- und Telegraphenwesen. Die Stadtpost war bereits 1852 dem deutsch-österreichischen Postverein beigetreten.

Anfang 1867 wurde die alte Kommerzdeputation zu einer Handelskammer als Vertretung des Großhandels umgebildet. Für den Kleinhandel trat 1904 die Detaillistenkammer hinzu. Eine Gewerbekammer wurde – nach Einführung der Gewerbefreiheit 1864–1872 errichtet.

Seit 1848 war immer stärker nach einer Trennung von Kirche und Schule verlangt worden, doch blieb das hamburgische Schulwesen nach 1863 christlich, wenn auch nicht konfessionell. Das gesamte Schulwesen wurde 1862 verstaatlicht und einer interimistischen, 1865 endgültig bestätigten Oberschulbehörde unterstellt. – Zur Verwaltungsabteilung für öffentliche Wohltätigkeit gehörten das Krankenhaus-, das Waisenhaus- und das Armenkollegium. – Die Militärverwaltung übten anstelle des früheren Militärdepartements eine Militärdeputation und eine besondere Aushebungskommission aus.

Öffentliche Ordnung

151 Die 1860 verkündete Verfassung schuf mit der Einführung einer gewählten Bürgerschaft, Trennung von Staat und Kirche, Verselbständigung der Justiz und Einführung der Grundrechte die Voraussetzung für eine Neugestaltung der Verwaltung. Bürgermeister Carl Petersen war maßgeblich daran beteiligt: Photographie von Koppmann, 1898

Wie die übrigen Hansestädte konnte auch Hamburg nach dem Beitritt zum Norddeutschen Bund 1867 und zum Deutschen Reich 1871 seine Selbständigkeit weithin bewahren, auch (von kleineren Gebietsteilen abgesehen) bis 1888 dem Zollverein fernbleiben, doch wurden erhebliche politische und administrative Umstellungen erforderlich. Anders als in Flächenstaaten kam es hier aber auch künftig nur in Ansätzen zur Ausbildung einer selbständigen Kommunalverwaltung unterhalb der Staatsverwaltung.

Fortan mußten die Hansestädte auf eine eigene Außenpolitik und eigene diplomatische Vertretungen außer der gemeinschaftlichen Vertretung in Berlin (1859–1920) verzichten. Aufgrund der 1867 mit Preußen abgeschlossenen Militärkonventionen ging ihr Militärwesen auf Preußen über und wurde auch das hamburgische Bürgermilitär aufgelöst. Künftig vermittelte eine senatorische Militärkommission die Beziehungen zwischen Garnison und Zivilbehörden.

Eine Reform der Gebietsverwaltung wurde mit der Landgemeindeordnung von 1871 vorgenommen, die den Landgemeinden besonders im Polizei-, Armen- und Schulwesen Selbstverwaltungsrechte einräumte und für die folgenden Jahre den Weg für eigene Ortsstatuten ebnete. Gleichzeitig wurden dabei die stadtnahen Ortschaften aus dem Landgebiet ausgegliedert und den städtischen Behörden als Vororte unterstellt. Die Verwaltungsgliederung in Bürgermilitärbezirke war seit 1867 überholt, so daß Stadt und Gebiet 1874 in neue Steuerbezirke aufgeteilt wurden: Stadt, Vorstadt, 15 Vororte, 4 Landherrenschaften (Geest, Marsch, Bergedorf, Ritzebüttel). 1894 wurden Vorstadt, Vororte und ein Teil der Marschlande in das Gebiet der rasch wachsenden Stadt einbezogen. Damit wurde nun allein zwischen Stadtgebiet (20 Stadtteile) und Landgebiet (4 Landherrenschaften) unterschieden. Allerdings wurden 1912 erneut Teile des Landgebiets der Stadt als „Vororte" angeschlossen; die früheren Vororte hatten zwischen Stadt und Land eine Zwischenstellung eingenommen. Neben der Stadt Hamburg bestanden nun die Stadtgemeinden Bergedorf und Cuxhaven sowie 38 Landgemeinden.

Da das Verwaltungsgesetz von 1863 die Grenze zwischen Justiz und Verwaltung unbeschadet ihrer prinzipiellen Trennung in der Praxis teilweise undeutlich gelassen hatte, wurde diese im Anschluß an das Gerichtsverfassungsgesetz 1879 präzisiert. Die Regelung betraf insbesondere die Zwangsmittel der Verwaltung und die Möglichkeit der Zivilklage gegen Staatsbehörden. Der Anstoß zu einer tiefergreifenden Reform ging von der Choleraepidemie des Jahres 1892 aus, die zahlreiche Mängel der Verwaltung aufdeckte. 1896 wurden Verwaltungsorganisation und Behördenkompetenz neu bestimmt, namentlich auf Betreiben des Bürgermeisters Versmann. Das Gesetz unterschied rein senatorisch besetzte Kommissionen und von Senat und Bürgerschaft gemeinsam beschickte Deputationen; einzelne Behörden wirkten ohne Senatsbeteiligung (Generalzolldirektion, Seeamt, Gewerbegericht u.a.). Es verfügte die Aufnahme leitender juristischer und technischer Beamter in die bisher nur von Senatoren und Bürgern besetzten Vorstände ihrer Behörden mit beratender Stimme und zumeist eigenem Wirkungskreis. Damit erhielten die Beamten eine ihrer Sachkompetenz entsprechende Stellung. Ihre soziale Sicherheit war bereits 1884 mit der Aufhebung der halbjährlichen Kündbarkeit verbessert worden. Das Gesetz von 1896 hob aber auch die mit der Schaffung von Verwaltungsabteilungen 1863 bewirkte Zentralisierung großenteils wieder auf. Die an der Spitze der Deputationen stehenden Senatoren wurden, da sie fortan seltener wechselten, gleichsam Fachminister für ihr Ressort. Der Senat als oberste Verwaltungsbehörde bildete zur Vereinfachung und Beschleunigung des Geschäftsganges für bestimmte Aufgabenbereiche Senatsabteilungen, so daß sich seine Plenarsitzungen künftig auf die wichtigeren Angelegenheiten konzentrieren konnten, während die Senatsabteilungen das Übrige entschieden oder vorberieten.

Anpassungen wurden besonders für die Justiz erforderlich. Noch 1869 wurde ein hamburgisches Strafgesetzbuch erlassen, gleichzeitig eine neue Strafprozeßordnung und in Strafsachen das öffentliche mündliche Anklageverfahren eingeführt; auch das Verhältnis der Verwaltung zur Strafrechtspflege und die Kompetenz der Polizeibehörde wurden neu geregelt. Die Strafjustiz fiel ganz den Gerichten zu, der Polizei allein die Verfolgung strafbarer Handlungen. Schon 1871 trat jedoch das Reichsstrafgesetzbuch an die Stelle des hamburgischen. Mit Einführung der Gerichtsverfassung des Deutschen Reiches 1879 endete die hamburgische Rechtspflege; auch mußte das Verhältnis von Verwaltung und Rechtspflege neu bestimmt werden. Letzte juristische Instanz war künftig das Reichsgericht in Leipzig bzw. das dortige Reichsoberhandelsgericht. Mit der

Öffentliche Ordnung

152 Der Senat von 1897 unter der Führung von Bürgermeister Versmann (rechts) mit den Bürgermeistern Lehmann und Mönckeberg (Dritter und Vierter von rechts) und dem späteren Bürgermeister Burchardt (14. von rechts): Gemälde von Hugo Vogel, 1897

Einführung des Bürgerlichen Gesetzbuches 1899 wurden die letzten Reste des alten hamburgischen Stadtrechts beseitigt. 1879 endete auch die Tätigkeit des Oberappellationsgerichts, nachdem die drei Hansestädte ein Jahr zuvor an seiner Stelle ein gemeinschaftliches Oberlandesgericht eingesetzt hatten.
Die Polizei, spätestens seit 1869 eine reine Verwaltungsbehörde, erhielt 1879 eine neue Organisation. Die Polizeibehörde wurde für Stadt, Vorstadt St. Pauli (deren Patronat aufgehoben wurde) und die in Polizeibezirke mit Bezirksbüros gegliederten Vororte zuständig, das Polizeikorps erweitert und straff organisiert. Das rasche Wachstum der Stadt machte, nachdem bereits 1891 ein eigenes Einwohnermeldebüro eingerichtet worden war, 1892 auch eine Neuordnung der Polizeibehörde erforderlich. Das Präsidialbüro wurde in sieben Abteilungen dezentralisiert: allgemeine und Wohlfahrtspolizei; Kriminal-, politische und Sittenpolizei; Gewerbe- und Verkehrspolizei; Polizeiwachdienst; Hafen-, Alster- und Schiffahrtspolizei; Einwohner-Meldebüro, Fremden-, Paß- und Gesindepolizei; Kassen- und Rechnungswesen. Daneben bestanden die Medizinal-, Veterinär- und Baupolizei sowie die Fabrikinspektion. Für das Gefängniswesen blieb eine eigene Deputation tätig.
Die Feuerkassendeputation war seit 1891 für das gesamte Staatsgebiet zuständig. Neben ihr verwaltete eine eigene Deputation das städtische Feuerlöschwesen und beaufsichtigte das ländliche. Die alte Deputation für den sicherheitsempfindlichen Teerhof war 1880 aufgehoben, für das Hypothekenwesen war 1868 ein Hypothekenamt errichtet worden.
Im Anschluß an das Reichskrankenversicherungsgesetz von 1883 wurde in Hamburg 1884 eine Behörde für städtische Krankenversicherung eingesetzt. Gleichzeitig wurde der Senat in Ausführung des Reichsunfallversicherungsgesetzes Zentral- und höhere Verwaltungsbehörde für die Unfallversicherung. Für die Invaliditäts- und Altersversicherung errichteten die Hansestädte 1890 in Lübeck die gemeinschaftliche Hanseatische Versicherungsanstalt, deren Landeszentralbehörde wiederum der Senat wurde. Eine einheitlichere und verbesserte Organisation erhielt das Versicherungswesen mit der Reichsversicherungsordnung von 1911. Oberste Verwaltungsbehörde wurde nun das Senatskommissariat für das Versicherungswesen, dem eine Behörde für das Versicherungswesen unterstand, angegliedert ein Oberversicherungsamt bzw. Versicherungsamt.
Die Medizinalordnung von 1899 regelte das Gesundheitswesen neu. Aufsichtsbehörde war das Medizinalkollegium. Für die staatlichen Krankenanstalten bestand ein Krankenhauskollegium. Als sanitäre Maßnahme wurde 1898 eine Wohnungspflegebehörde eingesetzt.
Nach der Verstaatlichung des Begräbniswesens und seiner Übertragung an die Gemeinden wurde es 1883 der Aufsicht einer Friedhofsdeputation unterstellt.
Gemäß Bundesgesetz über den Unterstützungswohnsitz von 1870 wurde die Armenpflege für den Ortsarmenverband Hamburg der Allgemeinen Armenanstalt zugewiesen. Ihre Leitung, das Armenkollegium, übernahm 1893 auch die Verwaltung des Werk- und Armenhauses, während das Waisenhaus weiter von einem eigenen Kollegium geführt wurde. Ein Jahr nach dem Reichsauswanderungsgesetz von 1897 wurde die Aufsicht über das Auswanderungswesen einer neuen Behörde übertragen. 1910 wurde für die Jugendfürsorge ein Jugendamt gebildet. Während des Weltkrieges entstand 1916 ein Kriegsversorgungsamt, 1917 ein Mieteamt.
Das Finanzwesen – Staatsvermögen, -kasse und -schuldenwesen – wurde weiter von der Finanzdeputation verwaltet, die auch den jährlichen Etatentwurf aufstellte; über diesen entschieden Senat und Bürgerschaft. Die Finanzdeputation beaufsichtigte ferner Lombard, Auktionswesen, Zollvereinsniederla-

153 Die Bürgerschaft Hamburgs von 1918: Photomontage von Benque und Kindermann, 1918

ge, Gaswerke und Beleuchtungswesen. Durch die Mitwirkung ihrer Mitglieder in zahlreichen anderen Behörden konnte sie auf deren Kassenführung und auf die Verwaltung insgesamt Einfluß nehmen. 1896 erhielt sie ein eigenes Revisions- und Kontrollbüro.

Das Steuerwesen oblag der Deputation für direkte Steuern – angeschlossen das Statistische Büro, zugleich als Einquartierungsamt (1879) und Zentralwahlkommission – und der Deputation für indirekte Steuern und Abgaben; dieser waren das Deklarationsbüro, das Handelsstatistische Büro und das Stempelkontor angegliedert. Anstelle des Zehntenamts wurden Erbschafts- und Testamentsabgaben seit 1868 vom Erbschaftsamt erhoben, einer reinen Steuerbehörde, seit es gemäß BGB und Gerichtsverfassungsgesetz seine übrigen Zuständigkeiten an das Amtsgericht abgegeben hatte. Aufgrund des Reichserbschaftssteuergesetzes von 1906 wurde es durch je ein Erbschaftssteueramt für das hamburgische Staatsgebiet und für Ritzebüttel abgelöst, deren Aufsicht eine Senatskommission übernahm. Nachdem die Erbschaftssteuer bis 1911 schrittweise an das Reich gefallen war, trat 1914 ein Steuerdirektor bzw. die Steuerdeputation an die Stelle dieser Behörden.

Nach dem Zollanschluß 1888 wurde der Senat zur obersten Landesfinanzbehörde. Für das Zollwesen wurde eine eigene Verwaltungsabteilung eingerichtet. Der Generalzolldirektion unterstanden fünf Hauptzollämter und die Hauptzollkasse.

Die Deputation für Handel, Schiffahrt und (seit 1907) Gewerbe faßte eine Vielzahl von Einzelverwaltungen zusammen: Dispachewesen, Eichamt, Kaiverwaltung, Münze, Schiffsvermessungsbehörden, Navigationsschule, Prüfungskommissionen für Seeschiffer, Steuerleute, Maschinisten und Schiffsingenieure, Seemannsämter, Hafen-, Lotsen-, Leucht- und Tonnenwesen, Strandämter, Fischerei, Auktionswesen, Seemannskasse und Schifferalte. Für Post- und Telegraphenangelegenheiten – in der Zuständigkeit der Bundes-, dann der Reichspostverwaltung – bestand eine Senatskommission, ebenso für die Eisenbahnen, soweit sie nicht 1884 in Eigentum und Betrieb der preußischen Eisenbahnverwaltung übergegangen waren.

Mit dem Unterrichtsgesetz von 1870, das auch die Schulpflicht einführte, begann in Hamburg der Aufbau eines staatlichen Volksschulwesens in Stadt und Vorstadt. 1890 erhielt die Oberschulbehörde eine Sektion für die Wissenschaftlichen Anstalten, der Stadtbibliothek, Sternwarte, chemisches und physisches Staatslaboratorium sowie verschiedene Museen und Sammlungen zugehörten, Nur für die 1869 gegründete Kunsthalle und die 1908 eröffnete Musikhalle gab es selbständige Verwaltungskommissionen.

Auch nach der Trennung von Kirche und Staat blieb die evangelisch-lutherische Kirche, die 1870 eine eigene Verfassung erhielt, Landeskirche unter dem Patronat des Senats. Ihm stand die Bestätigung der von der Synode erlassenen kirchlichen Verordnungen und von Pastorenwahlen, die Ernennung von Präsidialmitgliedern in Kirchenrat, Konvente der Stadt- und Landkreise und die einzelnen Kirchenvorstände sowie die Wahl des Seniors zu. Für den israelitischen Kultus bildete er eine eigene Aufsichtskommission.

Innerhalb eines Jahrhunderts, von der Restauration nach der Franzosenzeit bis in die Jahre des Ersten Weltkriegs hatte sich die innere Ordnung Hamburgs tiefgreifend verändert und jahrhundertealte Traditionen abgestreift. Dies war nicht spontan geschehen, eher widerstrebend, begünstigt durch die Verfassungsreform und erzwungen vor allem von zwei Vorgängen, die für die Entwicklung der Stadt insgesamt einschneidende Bedeutung erlangten,- dem Anschluß an das Reich und den Zollverein und der stürmischen Expansion der Stadt in der Gründerzeit, für die es in Deutschland kein Gegenstück gab.

Rainer Postel

Herrschaftsarchitektur in Hamburg?

Öffentliche Gebäude aus vorindustrieller Zeit – das Alte Rathaus bei der Trostbrücke, die Börse des 16. Jahrhunderts – haben die verschiedenen Brände nicht überstanden. Daß das Alte Rathaus während des Brandes 1842 gesprengt wurde, beschleunigte nur eine Entwicklung, die sich schon lange angebahnt hatte: seit dem Ende des 18. Jahrhunderts dachte man über einen Rathausneubau nach.

Noch wichtiger aber erschien eine neue Börse, das eigentliche Palladium der Handelsstadt. Als Institution kann sie in ihrer Bedeutung als Mittelpunkt des Geschäftslebens und als Sozialisationsplattform der führenden Bürger nicht überschätzt werden. Sie reichte aber über ihre heutige Funktion als Waren-, Wertpapier- und Devisenbörse hinaus: dort traf man sich – auch ohne geschäftliche Absichten, sie war das Kommunikationszentrum des herrschenden Bürgertums.

Anstelle der im 16. Jahrhundert bei der Trostbrücke errichteten Börsenhalle wurde 1839–41 der von C. L. Wimmel und F. G. Forsmann entworfene Neubau errichtet. Dieser Bau ist heute noch als Mittelsaal in dem Komplex erhalten, der durch An- und Ausbauten – zuletzt 1909–12 – entstanden ist.

Mit dem 1886–97 errichteten Rathaus steht er durch Flügelbauten in innigster Verbindung. „Merkurs eigene Stadt", das wird so unmittelbar nachvollziehbar; der Brunnen im gemeinsamen Hof sollte ursprünglich als Bekrönung einen Merkur erhalten. Die Verbindung hatte ganz praktische Bedeutung: das besitzende, mit politischen Rechten ausgestattete Bürgertum – ein Bruchteil der Einwohnerschaft – leistete einen erheblichen Teil der Verwaltungsarbeit in den Deputationen ja selbst. Was lag näher, als die Stätten privater Geschäftstätigkeit und öffentlichen Wirkens so dicht wie möglich zu verzahnen? Man sieht gleichsam die Börsianer in stetem Rollenwechsel – oder eben in ihrer besonderen Rolle als „Hamburger Bürger" – über den Hof hin- und herhasten.

154 Nach dem Neubau einer Börse, dem Mittelpunkt des Geschäftslebens, 1839–1841 und dem eines Rathauses als des Zentrums für die politisch führenden Gremien, 1886–1897, erschienen in Hamburg nur wenig weitere repräsentative Verwaltungsbauten notwendig: Das neue Stadthaus an der Stadthausbrücke als Sitz der Polizei, 1890 bis 1891, Photographie von Koppmann, 1982

155 Die Oberfinanzdirektion am Rödingsmarkt, 1907 bis 1910, Photographie von Carstens, 1912

Das Stadthaus, die Oberfinanzdirektion, die Oberschulbehörde, die Landherrenschaften – dafür wurde durchaus gelegentlich ein mehr oder weniger repräsentatives Gebäude errichtet. Aber weitgehend verließ man sich auf die Unterbringung der Behörden in Mietbüros und vorhandenen Gebäuden, die man ankaufte und bei veränderten Verwaltungsbedingungen auch wieder verließ. Nichts war rationeller angesichts der auf Grund von Bevölkerungszunahme und Entwicklung der staatlichen und kommunalen Aufgaben immer schneller wachsenden Verwaltung.

Dennoch kam es – neben Rathaus und Börse, und in dialektischer Spannung zu diesem Herzen der Stadt – zu einer Ansammlung von Verwaltungs- und Gerichtsbauten, die neue Ansprüche zu demonstrieren scheinen: am Wallring zwischen Dammtor und Holstentor.

Eines der großen städtebaulichen Vorhaben der zweiten Hälfte des 19. Jahrhunderts war die Anlage einer „Ringstraße" im Verlaufe des alten Wallringes. Das prächtige Wiener Vorbild setzte dafür die Maßstäbe, wenn es auch nie erreicht wurde. Wie dort sollte diese Ringstraße auch in Hamburg durch öffentliche Gebäude geziert werden. Die Gesamtanlage war das Werk des als Oberingenieur auch für Städtebau zuständigen Franz Andreas Meyer. Schrittweise entstand sie seit der Jahrhundertmitte. Und eines ihrer wesentlichen Elemente wurde das Holstentor mit dem seit 1912 so benannten Sievekingplatz.

Am Kaiser-Wilhelm-Denkmal, das 1903 auf dem Rathausmarkt enthüllt wurde, wiesen vier allegorische Gruppen auf die Errungenschaften des Deutschen Reiches hin: die Vereinheitlichung des Geldwesens, die Vereinheitlichung des Postwesens, die Sozialversicherung und die Reichsjustizgesetzgebung mit der Vereinheitlichung des Rechtswesens. Wenn man an die Stelle des Geldwesens die Zollverwaltung stellt, so fanden alle diese Errungenschaften ihren baulichen Ausdruck in Neubauten im Verlauf der Ringstraße.

An erster Stelle entstand die Oberpostdirektion für die neu eingerichtete Reichspost. Mit einem mächtigen Neurenaissancebau und fortgesetzt durch das Telegraphenamt und spätere Erweiterungen nimmt sie einen ganzen Abschnitt des Wallrings zwischen dem ehemaligen Dammtor und dem Holstentor ein. Karl Raschdorff hatte dafür prunkvolle Entwürfe geliefert, die freilich aus Sparsamkeitsgründen so stark reduziert wurden, daß sie in dem 1883–1886 ausgeführten Bau kaum mehr erkennbar waren. Dennoch entfaltet der mächtige Bau gleichsam den Anspruch des neuen Deutschen Reiches in Hamburg wie ein reputierlicher Statthalter. – Übrigens gab es zuvor auch die Idee, hier ein Gästehaus für den Kaiser zu bauen, ein Schloß in Hamburg! Aber

156 Nach dem Anschluß an das Reich kam es zu neuen Repräsentationsbauten für Reichsverwaltung und Justiz. Der Ausbau der „Ringstraße" zwischen Dammtor und Holstentor wurde für eine neue Gesamtanlage genutzt: Die Oberpostdirektion am Stephansplatz 1883–1887, Photographie um 1910

157 Wesentliches Element der neuen Anlage wurde der seit 1912 so benannte Sievekingplatz mit den Gerichtsgebäuden: Hanseatisches Oberlandesgericht, Photographie von Knackstedt und Näther, um 1912

Öffentliche Ordnung

das hatte es nie gegeben, und dabei sollte es auch bleiben. Umgekehrt wurde durch diesen Bau das alte Posthaus an der Poststraße überflüssig, wo vier der früheren Postorganisationen residiert hatten. Dort konnten Verwaltungen einziehen, wodurch das Rathaus wiederum überhaupt erst in der Konzeption der Rathausbaumeister möglich wurde.

1884 war die Hamburger Behörde für Krankenversicherung eingerichtet und zunächst mietweise untergebracht worden. Als 1891 die Reichssozialgesetzgebung in Kraft trat, jene berühmte Grundlage der neuzeitlichen Sozialversicherung, wurde auch hierfür 1894–95 an der Ringstraße – weiter zum Holstentor hin – ein eigenes Dienstgebäude errichtet. Dabei achtete man mehr auf feuersichere Bauweise wegen der zu beherbergenden Akten und Dokumente als auf eine besonders repräsentative Fassade: Der Backsteinbau mit einfachen Renaissance-Formen sieht kaum anders aus als die bewußt sparsamen Schulbauten jener Zeit.

Umso bedeutsamer trat wiederum mit einer Tempelfront und mächtigem Baukörper das Gebäude der Generalzolldirektion – zwischen Versicherungsgebäude und Telegraphenamt in Erscheinung. Als Putzbau mit Sandsteingliederungen und in Formen der Hochrenaissance wurde es 1888–91 nach Entwürfen von Hochbaudirektor Zimmermann errichtet. Dieses Haus war – ebenso wie die Speicherstadt des Freihafens – das Dokument des Zollanschlusses und damit der endgültigen Einverleibung Hamburgs in das Deutsche Reich. Daß Hamburg bei den Zollanschlußverhandlungen erreicht hatte, selbst die Zollverwaltung zu behalten, dokumentiert sich im mächtigen Hamburger Wappen im Giebelfeld. Die Bedeutung der Institution und ihrer Beamten kann man sich vergegenwärtigen, wenn man bedenkt, daß die gesamte westliche Hälfte des ersten Obergeschosses dem Generalzolldirektor als Dienstwohnung zur Verfügung stand.

Die bedeutendste Gebäudegruppe in diesem Zusammenhang ist die der Gerichtsgebäude. 1879 waren die Reichsjustizgesetze in Kraft getreten. Die wachsende Großstadt brachte eine Vermehrung der Rechtsfälle. So wurde hier systematisch ein „Justizforum" entwickelt, das alle hamburgischen Gerichte vereinigte.

Als erstes wurde 1879–1882 nach Entwürfen des Hochbaudirektors Zimmermann das Strafjustizgebäude mit Untersuchungsgefängnis errichtet, später mehrfach erweitert. Land- und Amtsgericht sowie Staatsanwaltschaft waren hier untergebracht. Die – für Hamburger Verhältnisse – ungewöhnlich prachtvolle Fassade aus hellem Backstein mit Sandsteingliederungen in Formen der deutschen Renaissance sollte der Bauaufgabe Würde verleihen. Aber natürlich steht dahinter schon mehr die Absicht, der Stadt an einer markanten, künftig noch prächtig auszubauenden Stelle ein Schmuckstück zu sichern.

1897–1903 erhielt es sein Gegenüber im wiederum von Zimmermann entworfenes Ziviljustizgebäude mit gleich aufwendigen Fassaden im selben Material und Stil, ebenfalls in den zwanziger Jahren erweitert. Nun spannte sich bereits ein Platz zwischen beiden Gebäuden. Die zugleich angelegten oder umgestalteten Straßen gliederten den Freiraum. Seine endgültige Form erhielt er jedoch erst ein Jahrzehnt später.

Dem Holstentor gegenüber wurde 1907–1912 das Hanseatische Oberlandesgericht nach Entwürfen der Architekten Lundt & Kallmorgen errichtet. Es schloß den Platz zum Forum, mächtig der Innenstadt gegenüberliegend, deren Rand seinerseits damals durch die Musikhalle bereits einen repräsentativen Bau aufzuweisen hatte. Die Architektur des Oberlandesgerichts entfaltet in dieser Position ihre ganze Machtgebärde – die in Hamburg nichts vergleichbares hat: Der mächtige Werksteinbau mit hoher Kuppelbekrönung wirkt wie die Residenz eines Oberherrn. Er zitiert mit seiner Tempelfront und seiner kubischen Blockhaftigkeit Palladio in fränkischem Muschelkalk. Die mächtige Mittelhalle nach dem Vorbild der Thermen des Caracalla macht ihn nicht vertrauter. Aber die pathetische Form erklärt sich natürlich aus der Bedeutung: dieses oberste Gericht der Hansestädte Bremen, Lübeck und Hamburg sollte die benachbarten, nur hamburgischen und sehr profanen Bedürfnissen gewidmeten Gerichtsgebäude überragen – in der Größe wie im architektonischen Anspruch.

Nach Fertigstellung des Oberlandesgerichtes wurde der Freiraum zwischen den Justizgebäuden zu einer großartig inszenierten Anlage mit Monumentalbrunnen umgestaltet. Allegorische Figuren von Handel, Technik und Industrie sowie der drei Hansestädte Hamburg, Lübeck und Bremen, Kindergruppen als „Streit" und „Frieden" nahmen Bezug auf die Bedeutung des Justizforums für die harmonische Regelung der öffentlichen Verhältnisse in den drei Hansestädten, wie es der Giebelspruch am Oberlandesgericht ausdrückte: „ius est ars boni et aequi".

So wie das Wachstum der Städte im Kaiserreich allenthalben zu Rathausneubauten führten, so entstanden durch die Justizgesetze des Deutschen Reiches seit 1879 auch allenthalben neue Gerichtshäuser, um den veränderten organisatorischen Bedingungen des Rechtswesens gerecht zu werden. Hamburg hat unter ihnen das bedeutsamste städtebaulich-architektonische Ensemble geschaffen. Wie das Rathaus der staatlichen Selbstvergewisserung diente, so dieses Ensemble der Feststellung der bleibenden Rechtsordnung trotz veränderter staatlicher Verhältnisse.

Zwei Ensembles – die Gruppe von Börse und Rathaus im Stadtzentrum, die Gruppe der öffentlichen Gebäude am nordwestlichen Wallringabschnitt – treten so zueinander stadträumlich in Beziehung. Sie geben Orientierungshilfen und gliedern das Stadtbild. In ihnen wird aber auch das politische Geschehen auf dem Höhepunkt der Epoche der Industrialisierung denkmalhaft anschaulich: die Entfaltung einer differenzierten staatlichen Verwaltung und Rechtspflege durch neue Gesetze und durch das schlichte Wachstum der Großstadt, aber auch die politische Neugliederung Deutschlands nach der Reichsgründung 1871, mit der Notwendigkeit der Bundesstaaten, ihr Selbstverständnis zu artikulieren und baulich ihre Identität zu wahren. „Hamburg und das Reich".

Hermann Hipp

Thatbestandsaufnahme in Criminalsachen

Als Kriminaloberinspektor Ohlsen Niels Ludwig Hansen am 30. Juni 1921 die Führung der Hafenkriminalpolizei seinem Nachfolger übergab, konnte er auf eine Dienstzeit von 46 Jahren zurückblicken. Er hatte als Polizeioffiziant 3. Klasse zu den 27 Männern gehört, die im Herbst 1875 bei einem wahrlich kleinen Gehalt in der neuen Hamburger „Criminalpolizei" ihre Arbeit der „Nachforschungen behufs Ermittelung des Thatbestandes und des Thäters und die sonstigen polizeilichen Maßnahmen für die Strafverfolgung" aufgenommen hatten.

Hansens Chef, der Polizeianwalt Dr. Stemann, hatte das Polizeiwesen in einem desolaten Zustand vorgefunden. Im Volk galten die wenigen und schlecht bezahlten Beamten als bestechlich, waren diese doch nach hergebrachter Tradition sehr auf ihre „Sporteln" angewiesen, d. h. auf feste Anteile an kassierten Gebühren oder verhängten Geldstrafen, und bis zum Jahre 1869 hatte es hier weder ein Strafgesetzbuch noch eine Strafprozeßordnung gegeben. Willkür und Rechtsunsicherheit waren weit verbreitet gewesen. Nun aber, wo endlich im Gerichtswesen das umständliche schriftliche Verfahren abgeschafft war, ging auch in der Polizei das biedermeierlich-patriarchalische Zeitalter seinem Ende entgegen. Keine Frage, daß Dr. Stemann und seine Männer große Hoffnungen in das „Gesetz betreffend Reorganisation der Polizeiverwaltung und was dem anhängig" setzten, das der Hohe Senat am 25. Oktober 1875 verabschiedet hatte. Nun mußte sich erweisen, was Hamburg aus seiner neuen Kriminalpolizei – bis dahin ohne Vergleich in Deutschland – machen würde.

Es war höchste Zeit gewesen. In den 15 Jahren seit 1860 hatte sich die Zahl der Einwohner von etwa 200000 auf über 380000 erhöht. Allein im Kerngebiet der Stadt lebten nun 260000 Männer, Frauen und Kinder in oft fürchterlicher Enge. Ein ungeheurer Aufschwung hatte – nicht zuletzt durch die französischen Kriegstribute nach 1871 – das neue Deutsche Reich erfaßt: Handel, Gewerbe und Verkehr nahmen ungeahnte Ausmaße an. Immer neue Kaianlagen, Werften und Lagerhäuser wuchsen förmlich über Nacht aus dem Schlick der Brooks und Marschen zwischen Süder- und Norderelbe; der Strom der Zuwanderer und Arbeitssuchenden riß nicht ab. Wo früher noch Äcker, Weiden und Knicks gewesen waren, entstanden in diesen Gründerjahren dichte Arbeitersiedlungen: Hammerbrook, Borgfelde, Hohenfelde, Eimsbüttel. Schon schob sich die Stadt mit ihren Hinterhöfen und Terrassen bis an das nahegelegene Dorf Barmbek heran ...

1892 ging die Einwohnerzahl erneut rapide auf eine Verdoppelung zu: die Volkszählung dieses Jahres wies an die 640000 Bewohner auf. Nicht zu übersehen waren Zehntausende, ja Hunderttausende von Auswanderern, die mit ihrer oft armseligen Habe die Gast- und Logierhäuser füllten, bevor sie ihren Weg in die Ungewißheit der Neuen Welt oder die Reise in die neuen deutschen Kolonien antraten.

158 Mit dem wirtschaftlichen Aufschwung und der Steigerung der Einwohnerzahl stieg auch die Kriminalität in Hamburg. 1875 wurde deshalb die „Criminalpolizei" gebildet, 1892 neu organisiert: Kriminalbeamter, Photo, um 1890

159 „Verkleidete Criminalpolizei-Offizianten auf Dauervigilanz", Photo, um 1895

Öffentliche Ordnung

160 Die Photographie wurde neben anderen technischen Hilfsmitteln in den Dienst der Kriminalpolizei gestellt: Aufnahmezimmer im Dach des Stadthauses, Photographie, 1898

Die inzwischen zu einer Hundertschaft herangewachsene kriminalpolizeiliche Streitmacht von 2 Inspektoren, 24 Schreibern, 5 Serganten und 70 Offizianten war wieder einmal hoffnungslos überfordert. Entscheidende Abhilfe brachte das am 21. Oktober 1892 vom Senat verkündete „Gesetz betreffend Abänderungen in der Organisation der Polizeibehörde", mit dem ein Polizeirat, der Befähigung zum Richteramt haben mußte, Chef der „Abteilung II, Kriminal- und Staatspolizei" wurde. Senator Hachmann fand ihn in dem am 25. Juni 1852 zu Seelze bei Hannover geborenen Staatsanwalt Dr. Gustav Heinrich Theodor Roscher und führte ihn am 16. Januar 1893 in das Amt ein. Etwas schweren Herzens bewilligte Hachmann ein Jahresgehalt von 3000 Goldmark. Schmunzelnd und trocken war Roschers zweideutiger Kommentar dazu: „Guter Rat ist teuer!"

Bald sollte sich zeigen, daß der Senator voll in den Glückstopf gegriffen hatte: Mit Roscher hatte er einen Mann gewonnen, der die Hamburger Kriminalpolizei zu ungeahnter Höhe führen sollte.
In dem neuen Polizeirat und Kripochef paarten sich hervorragende Rechtskenntnisse mit einer ungewöhnlichen Organisationsgabe: die Erfordernisse der täglichen Praxis gingen eine glückliche Symbiose mit den neuen Entdeckungen der Kriminalwissenschaft und -technik ein. Bei allem war dennoch nicht zu übersehen, daß er ein überaus pingeliger Systematiker war, der alles, was auch nur am Rande der Verbrechensbekämpfung dienen konnte, in seine Pläne einbezog. Roscher war klar, daß bei den Größenordnungen, mit denen er schon jetzt und noch mehr in naher Zukunft würde arbeiten müssen, es mehr denn je auf Präzision und Zuverlässigkeit ankam.
So übernahm er schon ein Jahr nach seinem Amtsantritt als erster Kriminalist in Deutschland das von dem Franzosen Bertillon 1884 entwickelte anthropologische Körpermeßverfahren, dem im neu eingerichteten „Erkennungsamt" alle über 20 Jahre alten Straftäter unterzogen wurden. Schon war es nicht mehr ganz so einfach für Ganoven, sich im Wiederholungsfalle unter falschem Namen zu verstecken. 1897 setzte er in Berlin ein einheitliches Verfahren für das ganze Reich durch.
Sein kritischer Geist hinderte ihn freilich nicht daran, am 1. August 1903 das Fingerabdruckverfahren in Hamburg einzuführen, es in Konkurrenz zum Bertillon-System zu setzen und ein verbessertes Identifizierungsverfahren für Fingerabdrücke zu entwickeln. 1905 erschien sein viel beachtetes „Handbuch der Daktyloskopie", und bald konnte er mit Genugtuung registrieren, daß sich Rußland, Italien, Spanien und die Niederlande sei-

161 „Leiche im Knick", Polizeiphotograph am Tatort, Photographie, um 1905

nem System weitgehend angeschlossen hatten, in Japan war es besonders erfolgreich.
Erfolgreich aber war auch Ohlsen Niels Ludwig Hansen gewesen: Eine Personalliste weist ihn 1900 als Sergeanten aus, 1910 war er Kommissar. Sein Gebiet war der Hafen, und an Arbeit war kein Mangel: die üblichen kleinen Diebstähle, unvermeidliche Schmuggeleien, falsche Ladepapiere und auch die illegalen Einwanderer. Da war es gut, daß die Hafenkripo dank Roschers Initiative im Dezember 1897 – fast ein Weihnachtsgeschenk – zu einem Gegenstand unerhörter Modernität kam: einem Elektroboot für die Fahrten zum Tatort, zu Kontrollen und für alle eiligen Dinge. Die Dienststellen in der Stadt hatten sogar Fahrräder bekommen, was die Fahnder überaus beweglich machte. Daß alle Kriminalbeamten „auf die Straßenbahn abonniert" waren, machte den Fortschritt besonders deutlich.
Ein ganz besonderes Steckenpferd war für Roscher freilich die Fotografie, und ihr widmete er sich von Anfang an in ganz besonderem Maße. Bei seinem Amtsantritt hatte die „Photographische Anstalt", gerade drei Jahre alt, noch in den Kinderschuhen gesteckt, sie war kaum über die notwendigsten (und teuren) Tatortaufnahmen und die Bertillonnage-Aufnahmen hinausgekommen. Der Kriminalist wußte, wie schlagkräftig und unwiderlegbar vor Gericht eine konsequent angewandte Fototechnik sein mußte. Ein für die damalige Zeit hypermodernes Atelier fand im Dachgeschoß des neuen Stadthauses Platz, für alle Zwecke waren die neuesten Kameramodelle vorrätig. Riesige Atelierfenster garantierten bestes Licht, Scheinwerfer waren installiert, leistungsfähige Kopiermaschinen garantierten bis zu 30000 Abzüge am Tag. Nein, hier wurde nicht gespart. Fachleute aus allen Ländern kamen und staunten. Als in Dresden im Jahre 1911 die vielbeachtete „Internationale Photographische Ausstellung" Besucher und Enthusiasten aus aller Welt vereinigte, war die Kripo Hamburg – wie ein Berichterstatter anerkennend vermerkte – „gleichsam außer Konkurrenz" erschienen. Die Qualität der gezeigten Arbeiten war nicht zu übertreffen.
Nicht zu übertreffen waren aber auch die für den täglichen Dienst mit akribischer Genauigkeit geführten vielen Karteien und Sammlungen zu speziellen Arbeitsgebieten, die bis ins heutige Computer-Zeitalter hinein ihre Bedeutung behielten. Ob es nun Merkmalskarteien (Tätowierungen, Körperfehler usw.) oder Spitznamenverzeichnisse waren, in denen die Suche nach Motten-Tedje oder der Achtfingrigen Walli letztlich zum Erfolg führen mußte, oder ob es Handschriften-Vergleichssammlungen, Modus-operandi-Karteien, Hehlerlisten oder Vermißtenkarten waren – Roschers Handschrift war unverkennbar.
Berühmt war das nach 22 Delikten geordnete Verbrecheralbum. Die unbekannten Paletotmarder, Zopfabschneider, die Boden- und die Kellerdiebe, – sie alle waren schnell zu finden. Die Sammlung umfaßte 1900 bereits 87 Bände mit 31200 Bildern. Da war Berlin mit seinen nur 17 Bänden „fast ein Dorf dagegen".
Wen wundert es, daß auch die kriminalistische Ausbildung in Hamburg Spitzenklasse war? Nur die „tüchtigsten und für die Zwecke der Kriminalpolizei verwendbaren Leute" aus der Schutzmannschaft konnten nach vierjähriger Probe- und Bewährungszeit auf endgültige Einstellung hoffen. Laufend fanden Kurse in verschiedenen Fachgebieten, in Rechtslehre, in kaufmännischer Buchführung usw. statt. Das auf Initiative Roschers 1897 eingerichtete Kriminalmuseum diente der Belehrung der Beamten, eine Fachbibliothek mit mehr als 3000 Werken unterstützte die Bemühungen um Aus- und Fortbildung. Beide Institutionen waren führend in Deutschland und erfreuten sich überaus reger Benutzung.
Dr. Gustav Roscher, der die Kriminalpolizei der Hansestadt mit einer Fülle von Ideen und mit bewundernswerter Tatkraft binnen weniger Jahre aus einer Art Mauerblümchendasein erlöste und ihr eine nationale und teils auch internationale Spitzenstellung verlieh – wobei seine Verdienste um Wissenschaft und Technik in der Kriminalistik nicht zu übersehen sind –, starb am 24. Dezember 1915 als hochangesehener und hochgeehrter Bürger dieser Stadt, dessen Senat ihn am 1. 2. 1900 zum Polizeipräsidenten gemacht hatte.
Heute erinnert nichts mehr an ihn, nicht einmal eine bescheidene Gedenktafel in der Halle des Polizeipräsidiums. Aber innerhalb der Kriminalpolizei, dieser seiner ureigenen Schöpfung, arbeitet der komplizierte Apparat zuverlässig wie zu seinen Zeiten.

Helmut Ebeling

Die Baukunst muß den Wänden gleichsam Augen und Ohren verleihen

Den Eintritt ins Industriezeitalter markiert auch eine Umwälzung des Gefängnisbauwesens im ,,Geist fortgeschrittener Menschlichkeit". Das in seinen Hauptzügen zwischen 1876 und 1906 fertiggestellte ,Centralgefängnis Fuhlsbüttel' beantwortete die in der Hansestadt seit den 30er Jahren des letzten Jahrhunderts heftig diskutierte ,Gefängnisfrage' in einem zeittypischen Sinn zur Wiedereingliederung Straffälliger in die Industriegesellschaft – und in den Arbeitsprozeß.

Die auf freiem Felde gelegene und 1879 ihrer Bestimmung übergebene Gefängnisanlage am Suhrenkamp bei Fuhlsbüttel gliederte sich in die außerhalb der Ringmauer liegenden Beamtenwohnhäuser und die innerhalb der Mauer jeweils von einem eigenen Hof umgebenen Gefängnisbauten für Männer, Frauen und Jugendliche sowie einen Krankenhausbau. Alle vier Komplexe erschloß ein Vorhof hinter dem gemeinsamen Eingangstor. Im Zentrum der Anlage stand das dreigeschossige Männergefängnis, dessen zum Haupttor weisender Flügel Verwaltungs- und Kirchenräume aufnahm und an der Giebelseite mit Fialen und einem Dachreiter bekrönt war. Die Erweiterung der Anlage, die unmittelbar nach der Jahrhundertwende (1901–1906) erfolgte, unterschied sich in der Grunddisposition und -gestaltung nur wenig von den Vorgängerbauten. Auffälliger komponiert, trat vor allem die Turmfassade des Verwaltungs- und Kirchenflügels mit ihrem Sandstein-Maßwerk zur Eingangsseite hervor.

Die neue Qualität der vor dem 1. Weltkrieg entstandenen Gefängnisbauten von Fuhlsbüttel gewinnt erst vor dem Hintergrund des vorindustriellen Anstaltswesen Konturen. Noch zehn Jahre nach der Neugliederung des Hamburger Armenwesens wies eine ,,Übersicht über die Gefängnisse der Stadt Hamburg vom Jahre 1854" unter über rund 2000 Häftlingen rund ein Viertel ,,wegen Vagabundierens u. Bettelei condemnierte Gefangene" auf und unterstrich damit den engen Zusammenhang zwischen ,Gefängnisfrage' und ,Armenfrage'. Die Verquickung von Armenfürsorge und Arbeitszwang, die das ,,Zucht-, Werk- und Armenhaus" Hamburgs schon seit dem 17. Jahrhundert begrifflich und räumlich zusammengefaßt hatte, lag auch der ,Armenordnung' von 1780 zugrunde: ,,Der Arme erhielt eine unter dem Existenzminimum liegende Unterstützung, fügte er sich den Bestimmungen nicht, wurde er im Zuchthaus zur Arbeit gezwungen".[1] Ein auch zur Stärkung der einheimischen Wirtschaft erwünschter Erfolg der Arbeitserziehung über den Anstaltsaufenthalt hinaus setzte sowohl die Gesunderhaltung der Arbeitskraft als auch die Weckung der Arbeitsbereitschaft bei den Insassen voraus. Das von Grausamkeiten und Willkür gekennzeichnete Anstaltsleben in den alten Schreckenskammern war aber kaum geeignet, die körperliche Unversehrtheit der Sträflinge zu garantieren, geschweige denn innere Widerstände gegen Verhaltenszumutungen der Industriearbeit abzubauen.

Grundlegende Reformansätze zur Neuordnung des Hamburger Gefängniswesens, die der Bau des Zentralgefängnisses Fuhlsbüttel schließlich zu Ende führte, hatten unter dem Eindruck britischer und nordamerikanischer Musterbauten bereits die Diskussionen der 1830er Jahre entwickelt. In einem vom Hamburger Senat in Auftrag gegebenen Gutachten schlug der in Altona geborene Anstaltspädagoge Julius – der ehemalige Hamburger Distriktarmenarzt machte sich später als ,Vater der Gefängniskunde' auf dem Kontinent einen Namen – den Bau einer dreistrahligen, von einem Punkt überschaubaren Anlage mit getrennten Einzelhaft- und Gemeinschaftsflügeln vor.[2] Damit wollte er auf der Grundlage des von dem englischen Rechtsgelehrten Jeremias Bentham propagierten ,panoptischen Systems' das ,pennsylvanische System' – der strikten Isolierhaft – mit dem ,Auburnschen System' – das eine gemeinschaftliche Beschäftigung der Gefangenen verlangte – kombinieren. Das von Bentham auch für Spitäler, Schulen und Fabriken empfohlene ,Panopticon' zur Industrieerziehung setzte sich über einem strahlenförmigen Grundriß als ,,Diagramm eines auf seine ideale Form reduzierten Machtmechanismus"[3] in der Gefängnisarchitektur des 19. Jahrhunderts umfassend durch.

Die architektonische Ordnung der nach diesen Reformansätzen in der ersten Hälfte des letzten Jahrhunderts neu entstandenen Musteranstalten legte auf eine gesundheitlich befriedigende Anordnung der Gefängnisanlage Wert und entlastete als gebaute Disziplinanordnung gleichzeitig die Aufseher von der Anwendung von Disziplinarmaßnahmen. Die Wirklichkeit der Gefängnisarchitektur strukturierte die Wahrnehmung der Häftlinge und steuerte ihr Verhalten nämlich nachhaltiger, als es die Strafkataloge der Gefängnisordnung vermocht hätten.[4] Tendenziell trugen der – nach Korrekturen der Anstaltsleiter in Berlin-Moabit und -Plötzensee – realisierte Entwurf des Baudirektors Zimmermann für das Hamburger Zentralgefängnis sowie die spätere Erweiterung neben dem körperlichen Wohlbefinden der Gefangenen vor allem den Absichten zu ihrer moralischen Anpassung Rechnung. Die Lage der Anstalt in der freien Natur vor der Stadt kam dem Behördenwunsch nach niedrigen Bodenpreisen entgegen, aber auch gesundheitlichen Anforderungen an den Gefängnisaufenthalt und dem Wunsch, unkontrollierte Außenkontakte der Gefangenen zu unterbinden. Die Beschränkung der Hauptbauten auf höchstens fünf Flügel bei maximal vier Geschossen und die großzügig ausgelegten Abstandswinkel und -flächen erleichterten Licht, Luft und Sonne den Zutritt, erschwerten aber die Kontaktaufnahme der Häftlinge untereinander.

Die Außenarchitektur dieser Anstaltswelt gab sich unerschütterlich, hierarchisch und sittenstreng. Die hohen Ringmauern mit ihren Wandvorlagen, der wehrhafte Aufbau der wie mittelalterliche Stadttore mit Türmen und Zinnenkränzen versehene Torgebäude, die massiven Backsteinaußenwände mit den gedrungen erscheinenden Fensteröffnungen repräsentierten eine trutzige Ordnung zur Stabilisierung der ‚inneren Sicherheit'. Die Verteilung der Dienstwohngebäude, die sich wie ein zweiter Gürtel um die Anstaltsmauer lagerten, und die sorgfältige Komposition der Eingangsbereiche, die wie Ehrenhöfe von einer bedeutungsträchtigen Zu- und Unterordnung der Baukörper gekennzeichnet waren, zeugten von einer feinsinnig differenzierten und legitimierten hierarchischen Struktur: Von den zentralen beherrschenden Kirchenfassaden hinter den von repräsentativen Wappen geschmückten Torgebäuden stufte sich die Ordnung über die Villen der Anstaltsleitung (Direktor, Geistlicher, Arzt, Lehrer, Oberinspektor) an den Vorhöfen herab bis auf die niederen Dienstgrade der vom Eingang weggedrängten Aufseher und Kanzlisten.

Die um ein Rasenrondell vor den Eingängen konzentrierten Dienstwohnsitze der hierarchischen Spitze des Vollzugsbeamtencorps flankierten den Weg durchs Staatsportal zum dahinter aufragenden Hause Gottes – in dessen Dienst auch die Staatsdiener innerhalb und außerhalb der Anstaltsmauern zu arbeiten und zu wohnen schienen.

Im Auge Gottes saßen die beaufsichtigenden Staats- und Gottesdiener freilich nicht. Einen möglichst allumfassenden Überblick mußte die architektonische Anlage eröffnen. Die wie Windmühlenflügel angeordneten Zellentrakte der beiden Hauptgebäude waren über alle Geschosse mit offenen Flurgalerien erschlossen und lagen im Sichtfeld der zentralen Wärterloge, einem verglasten kanzelartigen Vorbau in der Achse des Verwaltungs- und Kirchentraktes im Schnittpunkt der Flügel. Oberlichter und großflächige Fensteröffnungen im Flurbereich sowie der Verzicht auf massive Treppeneinbauten erhöhten die Übersichtlichkeit der Anlage, während die konzentrierte Anordnung von Gemeinschaftsräumen für Verwaltung, Kirche und Schule im Zentrum der Anlage kurze Wege und damit eine leichtere Kontrolle ermöglichte. Die in Kreissegmenten gegliederten Spazierhöfe der Einzelzellenflügel des älteren Anstaltsteils setzten das panoptische Prinzip schließlich auch in der Gestaltung der Freiflächen fort. Der durch die Gefängnisarchitektur räumlich organisierte panoptische Blick scheint aber schon früh einen ‚gläsernen Gefangenen' im Auge gehabt zu haben: ,,Die Baukunst muß den Wänden gleichsam Augen und Ohren verleihen, die Verwahrten müssen sich mit einer durchsichtigen Wand umgeben, den Augen des unsichtbaren Beobachters bloßgestellt wissen".[5]

Die gruppenweise Differenzierung der Gefangenen, die Scheidung von Jugendlichen und Erwachsenen sowie von Männern und Frauen in eigenen Gebäuden und die Unterscheidung der Häftlinge nach dem Straf- oder Besserungsmaß in verschiedenen Flügeln und Stockwerken versprachen die Wirksamkeit des panoptischen Prinzips gegen die ‚Ansteckung durch moralisch tieferstehende Insassen' zu erhöhen. Nicht zuletzt galt es, die beamteten Aufseher und deren Familien vor ihren menschlichen Schwächen zu schützen, indem sie ,,nicht innerhalb, sondern außerhalb der Gefängnismauern zu wohnen" hatten: ,,Hat der Beamte Frau und Kinder und Dienstboten, so werden zwischen den letzteren und den Gefangenen unstatthafte Verkehrsbeziehungen und Durchsteckereien niemals ausbleiben".[6]

In den Überlegungen zu den Einzelhaftbedingungen und ihrer architektonischen Ausgestaltung wurde der kalkulierte Zugriff auf die Gefangenen zur Veränderung ihrer Persönlichkeit am deutlichsten. Die Tür- und Fensteröffnungen ihrer Isolierzellen waren so ausgebildet, daß der Häftling in mönchischer Einsamkeit auf sich selbst verwiesen blieb; und der Fußbodenaufbau sollte die Fortpflanzung des Trittschalls ebenso verhindern wie die Luftisolierschichten der Zwischenwände akustische ,,Communicationen der Gefangenen untereinander durch Klopfen möglichst zu beschränken"[7] hatten. Andere, gemeinschaftlich zu nutzende Innenräume wie Schule und Kirche trugen dem Prinzip der strikten Isolierhaft Rechnung durch Einrichtung von ‚stalls' oder ‚boxessitzen', in denen die Häftlinge wie in geschlossenen Käfigen mit einer Öffnung nach vorn in Kopfhöhe untergebracht und gegeneinander abgeschottet waren. Im älteren Teil der Gefängnisanlage, in der die geschlossenen und gedeckten Sitze der Einzelhäftlinge im Kirchen- und Schulraum amphitheatralisch anstiegen, mußten die Isoliergefangenen schon ,,beim Verlassen der Zellen Mützen mit Mas-

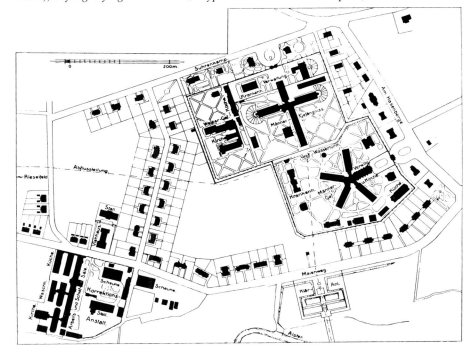

162 Das in seinen Hauptzügen zwischen 1876 und 1906 fertiggestellte ,,Centralgefängnis Fuhlsbüttel" beantwortete die in der Hansestadt seit den 1830er Jahren diskutierte ,,Gefängnisfrage" in einem zeittypischen Sinn: Übersichtsplan, 1914

Öffentliche Ordnung

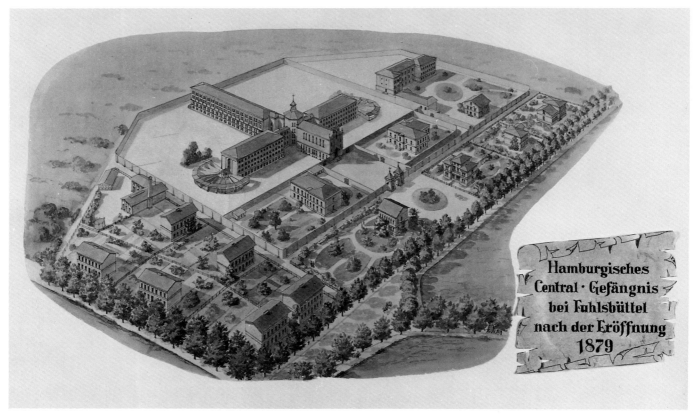

163 Das erste auf freiem Feld gelegene Gefängnis am Suhrenkamp gliederte sich in außerhalb der Ringmauer gelegene Beamtenwohnungen und jeweils von einem Hof umgebene Gefängnisbauten für Männer, Frauen und Jugendliche sowie einen Krankenhausbau: Aquarellierter Plan, 1879

ken aufsetzen und Nummernschilder anstecken".[8]
Die im Sichtfeld der Einzelhäftlinge verbliebenen Wirklichkeitspartikel arrangierte und besetzte das Gefängnis im Sinne seiner Erziehungsabsichten – bis hin in die Gestaltung der grünen Kulissen für den täglichen Spaziergang. „Kleine Erdwälle mit Nadelholzpflanzungen"[9] vor den fächerförmigen Einzelspazierhöfen unterbanden nicht nur jeden Blickkontakt, sondern verknüpften auch die Sorge um das körperliche Wohl der Gefangenen beim Spaziergang an der frischen Luft mit den Bemühungen um ihr seelisches Wohl. Den Freiflächen „eine möglichst gefällige Form und ein Schmuck von Sträuchern und Blumen zu verleihen, um wohltätig auf das Gemüt der Gefangenen einzuwirken"[10] schien ebenso Ziel des moralisch hebenden Zugriffs der Anstaltspädagogik, wie „bei Anlage der Einzelspazierhöfe ein zwingerartiger Charakter thunlichst vermieden werden sollte", um den Gefangenen

„beim Spaziergang ein gewisses Gefühl der Freiheit"[11] zu vermitteln. Wohldosierte Ausblicke aus den Spazierhof-Segmenten auf die künstlich angelegte Natur des älteren Anstaltsteils sowie die ‚anmutige Belebung' der gemeinschaftlichen Spazierhöfe der zweiten Anstalt durch Rasenbeete und Buschwerk versprachen eine besänftigende Wirkung. Die zur Wahrnehmung durch die Gefangenen anstelle der Wirklichkeit der Außenwelt konstruierte Natur-Wirklichkeit überspielte freilich nicht nur den gesellschaftlich repressiven Charakter der Gefängnissozialisation und der Anstaltswelt, sondern führte auch eine dem gleichförmigen Auf und Ab der Jahreszeiten folgende Entwicklung vor Augen, die mit ebenso natürlicher wie leidenschaftsloser Regelmäßigkeit und Unabhängigkeit vom menschlichen Willen ihre langfristigen Ergebnisse zeitigte – Eigenschaften, die den unregulierten und kurzsichtigen Delinquenten ja gerade zu fehlen schienen.

Die rationale Durchdringung elementarer Lebens- und Erziehungsvorgänge und ihre räumliche Neuorganisation in den Gefängnisbauten instrumentalisierten architektonische Mittel mit einer maschinenmäßig anmutenden Funktionalität zur Herstellung des körperlichen und geistigen Wohlbefindens und Wohlverhaltens der Häftlinge. Das zum Architekturprogramm versteinerte Erziehungsprogramm der pädagogischen Maschine wurde freilich nicht mit der Zuverlässigkeit und Präzision wirksam, wie das ihm zugrunde liegende Reiz-Reaktionsschema hätte erwarten lassen, sei es, weil das Erziehungsexperiment zur Fabrikation des zuverlässigen Menschen wichtige Randbedingungen der Lebenswelt ‚draußen' negiert hatte, sei es, weil sich Innenleben und Innenwelt der Gefangenen dem Zugriff der Anstaltswelt letztlich entzogen – spätestens, wenn sie ihrer Ordnungsarchitektur den Rücken gekehrt hatten.

Jörg Haspel

Adolf Petersen, eines Zigarrenmachers Sohn und „Lord von Barmbek"

Wilhelm Jasper Martin Petersen war, als ihm seine Frau Emilie geb. Maack am 7. Oktober 1882 in einer Kellerwohnung im Borstelmannsweg den zweiten Sohn gebar,[1] keiner, dessen Namen man im Hamburger „Gotha" hätte finden können. Das will heißen: Petersen handelte weder in Kaffee noch in Pfeffer, noch residierte er in einem Kontor in den Pickhuben oder am Neuen Wall. Selten hatte er mehr als einen „blanken Hamburger" – ein Markstück – in der Tasche, denn als Zigarrenarbeiter mußte er froh sein, wenn ihm von den zehn oder zwölf Mark, die er bei 60stündiger Arbeitszeit in einer Woche verdiente, genug für das Logis und das bescheidene tägliche Brot für Frau und Kinder blieb.

Sowohl für die Eltern als auch für den Zweitgeborenen, den sie Adolf taufen ließen, bot dieses Jahr 1882 wenig Besonderheiten. In der Hoffnung auf ein besseres Leben in der Neuen Welt hatten 113221 Auswanderer den Hafen „mit seiner Schiffe Mastenwald" in Richtung Amerika verlassen, und auf dem Rathausmarkt und Adolphsplatz konnten die Bürger nun Pracht und Glanz der neuen elektrischen Bogenlampen bestaunen, die den mehr als 10000 mit „Röhrengas" beschickten Straßenlaternen Konkurrenz zu machen begannen. Ein größerer Fortschritt war freilich für Vater Petersen, daß er seit einem Jahr die „Sozialdemokratische Bürgerzeitung" kaufen konnte und daß August Bebel drauf und dran war, endlich einen Hamburger Sitz für seine Partei im Reichstag zu erobern, denn das Bismarcksche Ausnahmegesetz vom 21. Oktober 1878 gegen die „gemeingefährlichen Bestrebungen der Sozialdemokratie" hatte auch der Zigarrenmacher voll zu spüren bekommen. Die Polizei hatte in seiner Kellerstube Bilder von Lassalle und Bebel vorgefunden. Das hatte für eine Ausweisung genügt. Mehr als vierzig Jahre später schrieb Sohn Adolf, inzwischen zu zweifelhaftem Ruhm gekommen, dazu: „Er reiste nach Kopenhagen und arbeitete dort in der Tabakbranche. Der Vater machte bittere Jahre durch, denn wie ein Dieb in der Nacht kam er im Jahre 3–4 mal aus Dänemark gereist, um die Familie zu besuchen. Diese Sozialistenverfolgungen mit allen polizeilichen Schandtaten und Willkürlichkeiten verbitterten meinem Vater das Leben und bleiben einer der größten Schandflecke der Bismarckschen Gewaltpolitik." So ging es bis 1890.

Die Hauptlast hatte in diesen 80er Jahren die Mutter zu tragen, die, wie Adolf schreibt, „schon als Kind fürs tägliche Brot mitarbeiten mußte und bis ins hohe

164 Adolf Petersen, der als „Lord von Barmbek" Verbrecherkarriere machte, verfaßte vor seinem Selbstmord im Gefängnis, 1933, eine Lebensbeschreibung, die erst Jahrzehnte später in den Akten entdeckt wurde: Photographie um 1920

Alter eine Arbeitsbiene blieb, jederzeit bereit, sich für ihre Kinder aufzuopfern...". Mutter Petersen, zärtlich auch „Milli" genannt und von sehr kleiner Statur, ging Waschen und Putzen, um die Familie durchzubringen. Anders als mit Karl, dem Ältesten, hatte sie mit Adolf ihren Kummer, und die Sorgen um ihn verließen sie ihr Leben nicht. Konnte schon der Säugling nur „durch Eier- und Weinnahrung" am Leben erhalten werden, so machte dem Kleinkind die englische Krankheit, diese Geißel der proletarischen Kellerkinder dieser Jahre, schwer zu schaffen. Mit einigem Stolz vermerkt der spätere „Lord von Barmbek", daß die Bekannten aus seiner Kindheit erstaunt gewesen seien, daß er sich dennoch zu einem so gerade, groß und stark gewachsenen Mann entwickelt habe. „Hätte jemand in meiner Kindheit gesagt, daß ich solch ein großer Gesetzesbrecher werden würde, man hätte es für die größte Illusion gehalten..."

Doch noch trennten ihn Jahre von seiner Bande, von der „Barmbeker Verbrechergesellschaft", wie die Polizei sie nannte. Noch war er nicht der „König" über Hunderobert, Rabenmax, über Mors, Schnuckchen und den Maulkönig, oder wie sonst auch diese „plietschen Jungs" alle hießen, die nachts gern mal „einen Tip abbissen", einen „Arnheim aufpulten" und sich mit „Hangelbangelkram" nicht abgaben.

Adolf Petersens Erinnerungen an die Schulzeit sind nicht ohne Bitterkeit, denn damals „war der Rohrstock das ständige Gespenst." Seine Erfahrungen gipfelten in der sicher nicht ganz unberechtigten Erkenntnis, daß „viele Menschen als Pädagogen fungieren, aber nichts weiter sind wie Kuppler für Zucht- und Nervenhäuser." Die Lehrer in dieser wilhelminischen Ära, so ist sein Urteil, „gleichen jenen Dieben, die, während man sie zur Richtstätte führt, sich noch untereinander die Taschen bestehlen. Man zog in der Schule eben nur Lakaiennaturen hoch. Die Wirkungen solcher

Öffentliche Ordnung

Erziehungsmethoden machen sich im späteren Leben so oder so ungünstig bemerkbar."

Nun, bei allem Wohlwollen scheint Adolfs Kritik – im reifen Alter im Zuchthaus geschrieben – doch etwas einseitig zu sein. Im Alter von etwa 13 oder 14 Jahren begann er die Schule, die so wenig geliebte, zu schwänzen, streunte wochenlang herum und beteiligte sich an einer Reihe „loser Streiche", wie er es nennt. Es begann die klassische Laufbahn eines Tunichtguts: Stibitzereien, Prahlereien bei Mädchen, gelegentliche Händel. Die Schule wurde beendet: Die Eltern waren froh, ihren Unband bei einem Töpfer und Ofensetzer in die Lehre geben zu können. Aber die Hoffnung, dem Sprößling würden die Flausen endlich vergehen, trog. Eines Tages praktizierte der bockbeinige Bube aus Rache einem Kunden nassen Lehm unter die Bettdecke. Verständlich, daß der Meister für diesen bösen Spaß kein Verständnis aufbrachte. „Meinen Vater hatte ich bitter erzürnt", gestand er, „dem durfte ich nicht in die Quere kommen." Und die Mutter? „Die unverdiente ewige Milde meiner Mutter, unter deren Fittichen ich ständig Zuflucht nahm, hat mir wohl mehr geschadet wie genützt. Mein Vater, der dies wußte, zog sich um des Familienfriedens Willen resigniert zurück." Dennoch: Der Vater hatte aus seiner Exilzeit Verbindungen nach Dänemark und brachte den Jungen bei einem Müllermeister in die Lehre. Dort auf dem Lande, fern von Hamburg und allem schlechten Umgang, sollte sich Adolfs Erneuerung vollziehen. Aber auch hier wieder nichts als Faxen und

neue Ränke. Bei Nacht und Nebel kehrte der verlorene Sohn nach Hamburg zurück . . .

„Als ich in die Tür trat, glaubte mein Vater eine Vision zu schauen und das höhnische Hexengekicher in Macbeth zu hören. Sein Sohn, von dem er glaubte, er sei an ganz sicherem Ort im fremden Land, um sich zum tüchtigen und ordentlichen Menschen durchzumausern, stand in leibhaftiger Gestalt vor ihm; sein mißglückter Erdenkloß war wieder zurück. Auf die Frage meines Vaters, was nun werden sollte, gab ich keine Antwort, legte mein Reisebündel auf die Erde und schlüpfte unter die Fittiche meiner Mutter."

Noch hatte Adolf Petersens große Ganovenkarriere nicht begonnen. Aber um die Jahrhundertwende, nach einem Umzug in die Barmbeker Heitmannstraße, begannen sich Adolfs Talente für ungesetzliche Erwerbsmöglichkeiten in besonderem Maße zu entwickeln. Es war das Barmbek der Terrassen und übervölkerten Mietskasernen, wo sich die pfiffigen „baschen Jungs" in Ahlwardts Gastwirtschaft an der Volksdorfer Straße trafen oder sich im Café Wettin, Hamburger Straße, amüsierten. Fünfzehn Zigaretten kosteten zehn Pfennige, und ein Schlagring zur erforderlichen Selbstverteidigung war für fünfzehn Pfennige zu haben. Sonntags gab es Rollfleisch vom Pferdeschlachter in der Mozartstraße, und an solchen Tagen ging es abends zum Schwoof in den „König von Preußen" in der Altstädter Mohlenhofstraße, wo es an willigen Mädchen nicht fehlte.

Eine Kaschemme in der Peterstraße

wurde bald Startpunkt für eine Reihe von Einbrüchen, denn das lustige Leben im Kreise der Apachen kostete Geld. Es folgten Gefängnisstrafen, unterbrochen von Zeiten, in denen Petersen auf freiem Fuß war. Neben Gelegenheitsarbeiten versuchte er sich als Wirt einer Kellerkneipe in der Barmbeker Bartholomäusstraße, die „sehr gut ging, denn sie war das Eldorado der Einbrecher und Kohlenarbeiter." Aber sie war auch Basis für neue und immer größere Raubzüge, die Petersens Ruhm als erstklassigen Geldschrankknacker, verwegenen Einbrecher und Räuber begründeten. Zuchthausstrafen. Im Ersten Weltkrieg als Berufsverbrecher interniert, brach er aus und scharte in den Wirren dieser Jahre eine gefährliche Bande um sich. Es war die Zeit der Einbrecherkolonnen mit bis zu zehn oder zwölf Mitgliedern.

„Die Bande umfaßt", so schrieb 1921 Untersuchungsrichter Dr. Lazarus, „einschließlich aller Komplizen und Helfershelfer sicher annähernd etwa 200 Personen aus allen Gegenden Hamburgs und anderer Städte." Der „Lord von Barmbek" betrieb Spielklubs und richtete einer Freundin eine komfortable Pension ein. Dieses Unternehmen existiert – sehr solide – noch heute und ist außer seinen gedruckten Erinnerungen das einzige, was von ihm blieb.

Einzelstrafen von insgesamt 50 Jahren Zuchthaus – zusammengezogen auf 25 Jahre – wurden gegen ihn verhängt. „Ein verpfuschtes Leben . . .", schrieb er über sich selbst. Aufseher Klock fand ihn am 21. 11. 1933 erhängt in einer Zelle des Untersuchungsgefängnisses vor.

Helmut Ebeling

Armut und Wohltätigkeit

Als hilfsbedürftig wird heute ein Mensch bezeichnet, der ohne fremden Beistand nur eingeschränkt oder überhaupt nicht sein Leben fristen oder seine Existenz sichern kann. Ursachen für einen solchen Zustand können Krankheit, Alter, Arbeitslosigkeit, Obdachlosigkeit oder andere Faktoren sein. Was auch immer eine Notlage herbeigeführt haben mag, die davon betroffenen Menschen befinden sich oder geraten sehr leicht in einen Zustand, der mit ,,Armut" bezeichnet wird. Dies ist jedoch ein Begriff, der nicht nur von den Ursachen her, sondern auch zeitlich und regional eine sehr unterschiedliche Bedeutung hat. Oft reichen Erfahrung und Phantasie des einzelnen gar nicht aus, um sich sachlich zutreffend vorstellen zu können, was Armut eigentlich meint, und wer in einer bestimmten Gesellschaft zu einer angebbaren Zeit zu den Armen zu zählen ist.

Als ein wichtiger Maßstab zur Feststellung der Armut gelten nach wie vor die Wohnbedingungen von Menschen. Aber weder die Größe noch die Ausstattung oder Lage der Wohnung allein sind geeignete Kriterien zur Feststellung, ob die Bewohner zu den Armen oder Hilfsbedürftigen der Stadt zu zählen waren. Ein viel zuverlässigerer Maßstab ist sicherlich die Miethöhe, also der Betrag, der vom Arbeitslohn aufzubringen war, um eine den Zeit- und Lebensumständen angemessene Wohnung sowie die zum Kochen und Heizen erforderlichen Feuerungsmaterialien bezahlen zu können.

Da die an eine Wohnung zu stellenden Ansprüche nicht unbegrenzt zurückgenommen werden können, ohne die Gefahr der Obdachlosigkeit heraufzubeschwören, ist der Anteil, den die Mietkosten am Gesamteinkommen einnehmen, ein besonders empfindlicher Gradmesser zur Beurteilung der Frage, wie nah eine Familie an die Armutsgrenze gerückt ist, die gewiß bei Obdachlosigkeit überschritten wird.

Fast für das gesamte 19. Jahrhundert ist anzunehmen, daß die Jahreseinkünfte der ,,Handarbeiter" – und damit die Belastung des Budgets durch Mietzahlungen – erheblich schwankten. Das Jahreseinkommen war nämlich nicht nur abhängig von Wirtschaftskrisen oder Konjunkturen, die sich in einem wechselnden Gleichgewicht zwischen Arbeitsangebot und Nachfrage niederschlugen, sondern insbesondere auch – und davon dürfte der größte Teil der Arbeiter betroffen gewesen sein in einer Stadt, deren Bewohner vorrangig vom ,,Hafen" und nicht von der Industrie lebten – vom Wechsel der Jahreszeiten, der sich in der teilweise beachtlichen Differenz von Sommer- und Winter-

165 Die Tatsache, daß ein großer Teil der Bevölkerung gerade oberhalb des Existenzminimums lebte, bildete für Hamburg keine erst im 19. Jahrhundert entstandene Erfahrung: ,,Der tiefe Keller war eine jener in jeder Großstadt vorhandenen Gasthöfe der Armen... 1882 wurde der tiefe Keller, in dem die Cholera 1850 zuerst ausbrach, nach 50-jährigem Bestehen geschlossen", Lithographie von Julius Schöpe, um 1882

Armut und Wohltätigkeit

166 Zu den älteren Einrichtungen, Waisenhaus (1604), Pesthof (1606), Werk- und Zuchthaus (1682), Gast- und Krankenhaus (1632), kam 1788 die Armenanstalt hinzu. Aber erst 1863 wurde eine Behörde für „öffentliche Wohlfahrt" geschaffen: „Das Asyl für obdachlose Frauen, Mädchen und Kinder zu Hamburg", Xylographie, um 1882

lohn niederschlug. Denn bei ungünstigen Witterungsbedingungen wie starkem Regen, Sturm, Schnee oder Frost mußten fast alle im Freien zu verrichtenden Arbeiten eingestellt werden, was totalen Verdienstausfall zur Folge hatte. Zudem war der Tagelohn wegen der im Winter ohnehin kürzeren Arbeitszeit, die in der Regel vom zur Verfügung stehenden Tageslicht abhängig war, geringer als in den Sommermonaten. Durch Übungen beim Bürgermilitär oder Krankheit entstand ebenso ein Lohnausfall wie an den zahlreichen Feiertagen, zu denen auch der „Blaue Montag" zu rechnen ist.
Ein Lohnrückgang, von dem fast jeder Arbeiter im Verlauf eines Jahres betroffen wurde, konnte sehr leicht das äußerst empfindliche Gleichgewicht des häuslichen Budgets ins Wanken bringen. In eine dadurch ausgelöste Situation gefährdeter materieller Existenz gerieten immer mehr Einwohner Hamburgs. Denn bei steigenden Einwohnerzahlen und rückläufigem Angebot an Bauland innerhalb der Stadt bis 1842 und auch bald nach dem Wiederaufbau, wurde sehr schnell die Grenze der Möglichkeiten erreicht, durch Aus- und/oder Umbau bestehender Gebäude den Wohnungsmangel zu beheben. Das unzureichende Wohnungsangebot führte unmittelbar zu Mietpreissteigerungen, die das Haushaltsbudget der Arbeiter empfindlich belasteten. Das drohende Defizit konnte allenfalls durch Konsumverzicht an anderer Stelle aufgefangen werden, also etwa durch Einsparungen bei Kleidung, Licht und Feuerung. Denn da ohnehin fast 70% der Jahreseinkünfte für Nahrungsmittel ausgegeben werden mußten,[1] war ein Zurücknehmen vorhandener Ansprüche kaum möglich. Unter diesen Bedingungen wuchs auch in Hamburg – wie in anderen großen

Städten – die Umzugshäufigkeit von Einzelpersonen und Familienhaushaltungen erheblich. Damit liegt neben der Belegungsdichte der vorhandenen Wohnungen ein weiterer Faktor zur Bestimmung der Armutsgrenze der Einwohner vor.
Trotz der bestehenden Wohnungsnot, die nur ein Bestandteil der nach der Jahrhundertmitte immer deutlicher zutage tretenden „Sozialen Frage" war – von deren Einzelproblemen alle Städte in der Hochindustrialisierungsphase mehr oder minder stark betroffen worden sind –, wurde keine öffentliche Initiative zur Wohnungsbeschaffung eingeleitet.
Die Tatsache, daß ein großer – wenn nicht sogar der größte – Teil der Bevölkerung direkt oberhalb des Existenzminimums lebte und stets von weiterem Absinken bedroht war, sobald Teuerung, Alter, Krankheit oder Arbeitslosigkeit das mühsam ausbalancierte Budget aus dem Gleichgewicht brachten, war für Hamburg – wie auch für die anderen Städte oder Landschaften – keineswegs erst eine im 19. Jahrhundert entstandene Erfahrung. Der uralten Tradition der Armut hatte man in Hamburg im ausgehenden 18. Jahrhundert entgegenzutreten versucht. Die 1788/89 gegründete Armenanstalt, die alsbald zum Vorbild vieler ähnlicher Einrichtungen geworden war, hatte nicht zuletzt aufgrund ihrer für damalige Verhältnisse zweckmäßigen Organisation zunächst durchschlagenden Erfolg gehabt. Die in der Armenordnung gebündelten Einzelmaßnahmen und Einrichtungen hatten eine Abstimmung mit den spätestens seit dem frühen 17. Jahrhundert vorhandenen öffentlichen Einrichtungen der geschlossenen Armenpflege ermöglicht, nämlich dem 1604 eröffneten Waisenhaus, dem zwei Jahre später errichteten Pesthof, dem 1632 eingerichteten Gast- und Kran-

Verband der alten Hamburgischen Warteschulen.

Speise-Ordnung

für die einzelnen Tage, unter einander verschiebbar, berechnet für je
100 Kinder, wobei Volksschüler je für 2 Kinder zu rechnen.

Montag . . .	10 ℔ Grütze, 10 Liter Milch.
Dienstag . .	9 ℔ Fleisch, 6 ℔ Reis, 7 Liter Kartoffeln, für 25 Pfg. Kraut und Wurzeln.
Mittwoch . .	10 ℔ Erbsen, 2 ℔ Reis, 5 Liter Kartoffeln, 1 ℔ Fett, für 25 Pfg. Kraut und Wurzeln.
Donnerstag .	6 ℔ Graupen, 2½ ℔ Pflaumen, 1½ ℔ Zucker, **oder** 10 ℔ Bohnen, 2 ℔ Reis, 5 Liter Kartoffeln, 1 ℔ Fett, für 25 Pfg. Kraut und Wurzeln.
Freitag . . .	9 ℔ Fleisch, 6 ℔ Reis, 7 Liter Kartoffeln, für 25 Pfg. Kraut und Wurzeln.
Sonnabend .	9 ℔ Reis, 10 Liter Milch, 1 ℔ Zucker, für 10 Pfg. Canehl.

Vom 1. Mai — 30. September täglich 12 Liter Milch à 15 Pfg. für Frühstück
und Vesper.
Vom 1. October — 30. April täglich 6 Liter Milch à 15 Pfg. für Vesper.

Die Wartefrauen haben ein Gehalt von monatlich ℳ 67.50, bekommen
dort, wo eine **zweite** Gehülfin in der Schule wohnt, für deren Beköstigung
monatlich ℳ 10.40, dürfen von den Vorräthen das Nöthige nehmen, und in
der Wochenrechnung wöchentlich ℳ 1.05 für Milch, ℳ 1.— für Brot, ℳ 2.—
für Butter, ℳ 1.50 für Sonntagsfleisch und 75 Pfg. für Beköstigung einer
Scheuerfrau anschreiben.

167 In Hamburg bestand länger als andernorts eine enge Verbindung zwischen Armenverwaltung und niederem Schulwesen. Die Hinwendung zu den Kindern der Armen geschah in dem Bestreben, eine Quelle zukünftiger Verarmung zu stopfen: „Speise-Ordnung" des Verbandes der alten hamburgischen Warteschulen, um 1900

kenhaus sowie dem 1622 eingeweihten Werk- und Zuchthaus.

Mit dem Ende der durch die napoleonischen Kriege ausgelösten politischen und ökonomischen Krisenzeit wurde auch die Armenordnung von 1788 wieder in Kraft gesetzt, allerdings mit teilweise veränderter Zielsetzung. Sie bestand nun vor allem darin, dem bereits verarmten Einwohner der Stadt finanzielle Hilfeleistung oder Sachbeihilfen aus seiner Notlage herauszuhelfen. In dem vorangegangenen Zeitraum, der sich noch durch ein ungebrochenes Verhältnis zum aufklärerischen Erziehungsoptimismus auszeichnete, war hingegen Arbeitsbeschaffung für den eingetragenen und arbeitsfähigen Armen das oberste Ziel. Denn man ging davon aus, daß jeder zunächst durch eigene Anstrengung zu seinem Lebensunterhalt beitragen solle und die frühzeitige Gewöhnung an Arbeit eine entsprechend positive Einstellung zur Arbeit durch den eingeleiteten Erziehungsprozeß in Gang bringe. Zudem war der finanzielle Gewinn, der von den Armen in den anstaltseigenen Betrieben erwirtschaftet wurde, ein durchaus wichtiger Einnahmefaktor zur Finanzierung der erforderlichen Ausgaben, der erst nach 1815 an Bedeutung verlor.

Ohne Zweifel blieb die Allgemeine Armenanstalt eine öffentliche Einrichtung; denn sie stand nach wie vor unter der Leitung eines Kollegiums, das seit je von seiner Zusammensetzung und Bestimmung her für Hamburg eine Art Behörde war. Somit müssen alle von der Allgemeinen Armenanstalt wahrgenommenen Aufgaben und erbrachten Leistungen als „öffentliche" Maßnahmen zur Linderung von Armut und Hilfsbedürftigkeit begriffen werden; obwohl erst nach der Verwaltungsneuordnung von 1863 eine besondere Behörde für „öffentliche Wohltätigkeit"[2] geschaffen worden ist, deren Aufgabe vor allem darin bestand, die traditionell gesonderten Verwaltungen der Allgemeinen Armenanstalt, des Allgemeinen Krankenhauses und des Waisenhauses zusammenzufassen.

Die Aufgaben der Allgemeinen Armenanstalt bestanden bis über die Jahrhundertmitte hinaus vor allem in der kostenlosen Ausgabe von Mahlzeiten, Kleidung und Feuerungsmaterial, festen oder vorübergehenden Geldunterstützungen, der Fürsorge für Alte und Kranke – auch durch Übernahme der Arzt- und Arzneikosten, sowie der Sorge für die Armenschulen und Kostkinder. Hinter diesem Aufgabenkatalog verbergen sich eine Fülle verschiedener Maßnahmen, die alle in einer langen Tradition begründet waren und erst im 19. Jahrhundert eine Schwerpunktverlagerung oder Akzentverschiebung erfahren haben. Das läßt sich an einem Beispiel der geschlossenen Armenfürsorge aufzeigen. In diesen Bereich gehörten seit dem Mittelalter z. B. das Heilig-Geist-Hospital, das Hiob-Hospital, das Gast- und Krankenhaus, der Pesthof, das Kurhaus und der Krankenhof. Sie alle hatten – mit teilweise unterschiedlichen und sich verändernden Schwerpunkten – die Aufgabe, Kranke und Behinderte aufzunehmen und zu pflegen. Im ausgehenden 18. und beginnenden 19. Jahrhundert setzte sich nun – wie auch anderenorts – allmählich die Erkenntnis durch, daß eine Trennung zweckmäßig sei zwischen solchen Heiminsassen, deren Gebrechen heilbar schien, und den chronischen Kranken und den Alten. So wurden viele der überkommenen caritativen Einrichtungen von Aufgaben entlastet, die heute von Krankenhäusern, Pflegeheimen, oder besonderen Anstalten wahrgenommen werden. Ihnen blieb jedoch in der Regel die Funktion von Altersheimen, deren Aufnahmebedingungen allerdings unterschiedlich waren. Es gab aber auch Altenwohnungen, die sich fast überall verstreut in der Stadt befanden.

Eine Folge davon, daß die als heilbar eingestuften Kranken, die einer intensiven Betreuung bedurften, von den chronisch Kranken getrennt werden sollten, war die Errichtung des Allgemeinen Krankenhauses. Sein Bau war zwar schon 1818 von Rat und Bürgerschaft beschlossen worden, wurde aber erst drei Jahre später begonnen und 1823 eröffnet. Diese – später Allgemeines Krankenhaus St. Georg bezeichnete – Einrichtung konnte etwa eintausend Kranke aufnehmen.[3] Neben dem Altonaer Allgemeinen Krankenhaus und dem in den achtziger Jahren errichteten Eppendorfer Allgemeinen Krankenhaus, war das Krankenhaus St. Georg bis zur Wende zum 20. Jahrhundert das einzige rein städtische Krankenhaus Hamburgs. Die mehr oder weniger großen Krankenabteilungen der Armen-, Waisen- und Altersheime ergänzten teilweise die öffentlichen Einrichtungen. Von größerer zusätzlicher Bedeutung für die medizinische Versorgung der Bevölkerung waren jedoch die Krankenhäuser, die von nichtstaatlichen Trägern errichtet und betrieben wurden, wie zum Beispiel das 1841–1843 neu gebaute Israelitische Krankenhaus, die 1850 errichteten Alsterdorfer Anstalten, das 1863 gegründete Seemannskrankenhaus, oder

168 Fast 900 private Stiftungen unterschiedlicher Ausrichtung widmeten sich traditionell öffentlichen Fürsorgeaufgaben. Das Waisenhaus wurde erst durch die Verwaltungsordnung von 1863 zu einer Einrichtung „öffentlicher Wohltätigkeit": Waisenkinder vor dem Portal des Waisenhauses, Photographie von Wolf & Co., um 1877

Häuser, die von anderen „freien" Trägern wie Kirchen, Logen oder dem Roten Kreuz gegründet worden sind.
In Hamburg bestand länger als andernorts eine enge Verbindung zwischen Armenverwaltung und niederem Schulwesen. Einem Grundprinzip der Armenanstalt entsprach die besondere Hinwendung zu den Kindern der Armen. Das geschah nicht etwa nur aus philantropischen Gründen, sondern vor allem in dem Bestreben, eine Quelle zukünftiger Verarmung mit Hilfe von Arbeitserziehung und Ausbildung zu verstopfen. In den Kriegswirren mußten jedoch auch diese Einrichtungen ihre Arbeit einstellen, die mit veränderter Zielsetzung und Organisation nach 1815 wieder aufgenommen wurde. Seit 1817 wurde die Zugangsmöglichkeit zu den Armenschulen für alle Kinder „unbemittelter Eltern" durch Senatsdekret[4] festgeschrieben. Für sogenannte schwererziehbare Kinder war die bis 1906 bestehende Strafschule[5] zuständig und die Schule des Werk- und Zuchthauses, die bezeichnenderweise der Gefängnisdeputation unterstellt war. Die Schulen der Armenanstalt, die gemeinsam mit den Privatschulen die Hauptlast der niederen Schulbildung zu tragen hatten, wurden 1871 vom Staat übernommen[6] und in das System der zu errichtenden Volksschulen überführt. Diese gerieten nun entgegen jeder Absicht in den Geruch, Armenschulen zu sein. So wurde ein „wohltätiger Schulverein" gegründet, der u. a. seine Aufgabe darin sah, die Kinder der Armen mit Nahrung und Kleidung auszustatten, Erholungsmöglichkeiten auf dem Lande zu beschaffen und Räumlichkeiten zu finden, in denen die Kinder ungestört ihre Hausaufgaben anfertigen konnten. Sicherlich waren diese Hilfeleistungen nur eine Art von „Tropfen auf den heißen Stein", wenn man bedenkt, daß fast die Hälfte der Kinder kein Schulgeld bezahlen konnte und der Verein sich immer neue Möglichkeiten, Geld durch Sammlungen und Wohltätigkeitsveranstaltungen zu beschaffen, ausdenken mußte. Unverständlich scheint dem heutigen Betrachter die Sorge der Vereinsmitglieder, wie man genügend Lederschuhe für arme Volksschüler beschaffen könne: „denn das Tragen von Holzpantoffeln galt als Zeichen der Ar-

mut und wurde ... 1892 von der Oberschulbehörde gänzlich verboten. Eine Zeit lang unterhielt der Verein ein eigenes Schuhlager, später traf er Vereinbarungen mit einzelnen Schuhmachern. Während des Ersten Weltkrieges übernahm der Verein die Versorgung aller bedürftigen schulpflichtigen Kinder mit Schuhen und mußte dabei wegen des Ledermangels auf die Holzpantoffeln zurückkommen."[7] Zusätzlich zu diesen Kosten stieg auch die Zahl der verabreichten Mahlzeiten von 1200 im Jahre 1875 auf über 179000 im Jahre 1912. Dies kann sowohl als Zeichen erheblicher Armut, wie als weitergreifende Hilfsbereitschaft gedeutet werden.

Ergänzt wurden die Armenschulen, die sowohl Tages- wie auch Abendschulen sein konnten, seit 1825 von den nach englischem Vorbild errichteten Sonntagsschulen,[8] die jedoch nach der Jahrhundertmitte sich ausschließlich auf einen Entwicklungsstrang beschränkten, der zu den im Zuge der Erweckungsbewegung entstandenen Kindergottesdiensten hinführte.

Wenn nun erst durch die Verwaltungsordnung von 1863 die Allgemeine Armenanstalt sowie das Kranken- und Waisenhaus zu Einrichtungen „öffentlicher Wohltätigkeit" wurden und man erst ein Jahrzehnt später öffentliche Volksschulen errichtete, ließe sich daraus die Vermutung ableiten, daß die Stadt nicht bereit gewesen wäre, öffentliche Fürsorgeaufgaben als soziale Verpflichtung anerkennen zu wollen. Es muß jedoch als Besonderheit Hamburgs hervorgehoben werden, daß sich fast 900 private Stiftungen[9] unterschiedlicher Ausrichtung, Urheberschaft und Zielsetzung traditionell sozialer Aufgaben widmeten. Darüber hinaus hatten nicht nur die Israelitische Gemeinde, verschiedene nichtlutherische christliche Konfessionen, Logen und andere Institutionen eigene soziale Einrichtungen. Allein die Handwerker verfügten über mehr als 200 Versorgungseinrichtungen mit verschiedener Zweckbestimmung. Erst das gesamte Spektrum möglicher Hilfseinrichtungen erlaubt eine zutreffende Beurteilung der Tatsache, daß in Hamburg im Vergleich zu anderen deutschen Staaten erst relativ spät „sozialpolitische" Maßnahmen ergriffen wurden, denn im traditionellen Verständnis „mildtätigen Verhaltens der Oberschicht" erschienen „staatliche Maßnahmen" nicht erforderlich.

Antje Kraus

169 Diplom für Zöglinge des Waisenhauses, Lithographie von F. W. Kähler, um 1900

Der Wasserträger Hummel

Die romantischen Gassen, die städtischen Gärten, die lustigen Volkstypen auf Märkten und Jahresfesten erwecken Heimweh nach der alten Stadt, die um so vieles mehr Heimat gewesen sein soll. Was diese Bilder nicht zeigen: die Stadt stank. Zwar nicht wie heute nach Abgasen und Industrie, sondern nach Fäkalien, Mist, Aas und faulenden Küchenabfällen, von den Bewohnern arglos auf Straßen und Gassen gekippt. Als Vorläufer der erst in den siebziger Jahren des 19. Jahrhunderts eingeführten Siele gab es allenfalls die sogenannten Hasenmoore, offene Gräben, an deren Rande Klosettbuden standen, deren schlammiger Inhalt in Fleete und Flußläufe geleitet wurde. Entsprechend dieser katastrophalen Zustände war auch das Trinkwasser, das namentlich in den Quartieren der Unterschichten aus den Fleeten geschöpft wurde. Die Statistiken des Senats verzeichnen bürokratisch korrekt die Todesopfer als Folge der Erkrankungen an Typhus, Cholera und Brechdurchfall, jährlich etwa 200 bis 300 Personen.

Hamburg, von Flußläufen umgeben, hatte erhebliche Trinkwasserprobleme. Das zwar reichlich vorhandene Grundwasser in den Marschengebieten war durch einen hohen Anteil an Eisensalzen für den menschlichen Genuß nicht geeignet und das Wasser auf der Geest lag zu tief und die wenigen Brunnen waren nicht sehr ergiebig. So hatten sich bereits seit dem ausgehenden Mittelalter Wasserkooperativen gebildet, Interessengemeinschaften von Bürgern, die in hölzernen Röhren Wasser aus vor den Toren der Stadt liegenden Feldbrunnen zu Schöpfstellen auf die zahlreichen Märkte leiteten. Ein solcher Brunnen stand auch auf dem Gänsemarkt. Die Wasserstellen waren beliebte Kommunikationszentren der Unterschichten, die hier nachbarschaftlichen Plausch abhielten und zuweilen wohl auch ihren Streit austrugen. Für die weiter abgelegeneren Haushalte besorgten den Transport des Trinkwassers Fuhrwerke mit großen Behältern und vornehmlich Trägerinnen, die mit einer sogenannten Dracht das Wasser in hölzernen Eimern in die Küchen der wohlhabenderen Bürger brachten.

170 Mit den sogenannten Originalen hat es seine eigene Bewandtnis. Stets waren sie Außenseiter, die diese Rolle selten freiwillig übernommen haben: Hummel, Lithographie von Christian Förster, um 1880

Männliche Wasserträger waren vermutlich selten, denn merkwürdigerweise sind nur von ihnen einige namentlich überliefert. In den Hafengebieten gab es Krischan und Georg und im Bereich der Dammtorstraße und am Wall jenen weit über die Grenzen der Stadt bekannt gewordenen Hummel, dessen Name Spottname, Erkennungsruf, ja sogar Schlachtruf der Hamburger geworden ist. Die Popularität gerade dieses Mannes ist eigentlich unerklärlich. Ein sicherlich etwas schwachsinniger Stadtarmer wurde zur Symbolfigur der weltoffenen Hafen- und Handelsstadt Hamburg, der es an attraktiveren und berühmteren ‚Originalen' nicht mangelte. Die beinahe patriotische Liebe der Bürger dieser Stadt zu einem armen Wasserträger, darin könnte etwas Tröstliches liegen. Doch mit den sogenannten Originalen hat es seine eigene Bewandtnis. Stets waren sie Außenseiter, die diese Rolle selten freiwillig übernommen haben und mit denen der sogenannte Volkswitz zumeist üble Späße trieb. Was an Schmunzelanekdoten über sie überliefert wurde, offenbart nämlich Sanktionen für Normenverstöße, die jede Gemeinschaft für Außenseiter in einem grausamen Strafenkatalog bereit hält. Georg und Krischan erfüllten ihre Außenseiterrolle, indem sie gutmütig mit allerhand Faxen auf die Späße der spottlustigen Umgebung eingingen. Krischan z. B. setzte bei ausreichendem Publikum seine Eimer ab, um in lustigen Verrenkungen unter dem Gejohle der Zuschauer darüber hinwegzuhüpfen. Doch Hummel versuchte sich wütend schimpfend und zuweilen auch handgreiflich der Belästigungen zu erwehren, und diese Reaktionen machten ihn wahrscheinlich so populär. Die Geschichten, die über ihn berichtet werden, sind nicht belegbar, es sind tradierte Volksanekdoten, die aber dennoch deutlich machen, daß Hummel unter den Verfolgungen und dem Spott seiner Umgebung litt und daß seine Versuche, dem Treiben ein Ende zu setzen, sogar zu Anzeigen bei der Polizei führten, die sehr leicht auch zu einer Einweisung in ein Werkhaus hätten führen können. So soll er einmal sogar vor den Polizeisenator zitiert worden sein, der ihm eine kräftige Standpauke gehalten habe, die der gestrenge Vertreter der Obrigkeit aber mit einem ,,Hummel, Hummel" wohlwollend beschloß, Hummel habe ihm, so heißt es, mit einem derben ,,Mors, Mors" geantwortet.

Mit Sicherheit läßt sich sagen, daß der Name Hummel ein sogenannter Ökelname ist, ein Spottname also. Wobei derartige Namen stets den untersten Grad von Sanktionen bedeuten. Seine richtigen Personalien lauten: Johann Wilhelm Benz oder Benzen, geboren 1786 als uneheliches Kind der Annamaria Toaspen. Über die Herkunft seines Spottnamens gibt es verschiedene Versionen. Eine seiner Namenserklärungen würde die Ursache seines Normenverstoßes belegen. Danach sei er von seiner Geliebten, namens Hummel schmählich betrogen

worden, so daß er in Schwermut verfiel und in sehnsuchtsvoller Verzweifelung laut auf der Straße ,,Hummel, meine liebe Hummel" gerufen habe. Zum andern heißt es, habe er sich den Spott seiner Mitmenschen so zu Herzen genommen, daß er mürrisch und verdrießlich geworden sei und ständig vor sich hin gebrummt und gemurmelt habe, dafür sei die niederdeutsche Bezeichnung ,,hummeln". Schließlich aber wird darauf hingewiesen, daß er der Nachfolgemieter des abgedankten Stadtsoldaten Daniel Christian Hummel in dem Einliegerraum im Hofe Große Drehbahn 36 gewesen sei. Dieser ehemalige Artillerist trug stets den roten Rock seiner alten Uniform, geschmückt mit Orden und Medaillen und war bei der Jugend außerordentlich beliebt, da er über ein unerschöpfliches Repertoire atemberaubender Heldengeschichten verfügte. Diesen Namen soll der ledige Arbeitsmann Benzen gewissermaßen übernommen haben.

Eine authentische Darstellung Benzens gibt es nicht, doch wird er wohl die Tracht des beginnenden 19. Jahrhunderts getragen haben, die enge kurze Jacke, Röhrenhosen und als Kopfbedeckung jenen hohen Zylinder, die sogenannte Angströhre oder auch Dintenproppen in dem, ursprünglich für das Gesangbuch gedacht, eine Art Beutel eingenäht war, wo aber in der Regel eine Schnapsflasche Platz fand. Hummel soll darin Reste der herrschaftlichen Mahlzeiten verwahrt haben, die mitleidige Mamsells ihm reichten. Er wird dies auch wohl bitter nötig gehabt haben, wenn man den kargen Lohn von einem Dreiling pro Eimer bedenkt. Dennoch galt er für die Obrigkeit nicht als arm. Arme

waren weitaus schlimmer dran, denn bei ihnen mußte eine totale Arbeitsunfähigkeit festgestellt werden. In erster Linie wurden die Bedürftigen ohnehin auf die private Mildtätigkeit verwiesen. Benzen konnte sich noch auf die geschilderte Art selbst ernähren, bis schließlich die Maßnahmen des Senats zur Verbesserung der Trinkwasserversorgung mit dem Bau der Rothenburgsorter Wasserkunst die Wasserträger überflüssig machten. Dadurch verlor Benzen seine Einnahmequelle und er geriet zusehends in Armut, bis er schließlich im Werkhaus Asyl erhielt. Lange fiel er diesem wohltätigen Institut nicht zur Last, etwa nach einem Jahr schon starb er am 15. 3. 1854. Seine letzte Ruhe fand er auf dem Dammtorfriedhof. Nach einem verdrießlichen Leben wurde er nun in dem sogenannten Nasenquetscher, einer einfachen Holzkiste, auf Kosten der allgemeinen Armenanstalt in einem namenlosen Grab bestattet.

Zuweilen wird beklagt, daß es heute keine Originale mehr gäbe. Da müssen Städte, die auf sich halten, ihre historischen ,Originale' als Selbstdarstellung für Festumzüge und Messen kostümieren und von Schauspielern und Bürgern darstellen lassen. Nach wie vor aber reagiert die Gesellschaft auf Außenseiter ihren Normverstößen entsprechend feindlich. Die Zeit wird zeigen, ob man sich dieses oder jenes ,Penners', oder welche Bezeichnung die Gesellschaft für Außenseiter auch immer bereithält, erinnern wird. Vielleicht sogar mit einem Denkmal, mit dem die Stadt Hamburg ihren Wasserträger scheinbar ehrt ... oder auch nur den Spott, den seine Zeitgenossen für ihn übrig hatten, wiederholt.

Hans-Joska Pintschovius

Elendsalkoholismus

Die „Alkoholfrage" nahm in der öffentlichen Diskussion im gesamten 19. Jahrhundert einen breiten Raum ein und wurde insbesondere im letzten Drittel von den Zeitgenossen als wichtiger Aspekt der „socialen Frage" definiert.[1] Der „Elendsalkoholismus" war ein markantes Symptom für die Proletarisierung breiter Bevölkerungsschichten im Gefolge der Industrialisierung. Die Arbeits- und Lebensverhältnisse des Industriearbeiters, die Entfremdung in der mechanisierten Produktion, körperliche Anstrengung, elende Wohnverhältnisse, niedrige Löhne und die allgemeine existenzielle Unsicherheit überhaupt – diese Faktoren nannte *Friedrich Engels* 1845 in seiner Schrift ‚Die Lage der arbeitenden Klasse in England' als Grund für den exzessiven Alkoholkonsum vieler Industriearbeiter: „... es ist die moralische und physische Notwendigkeit vorhanden, daß unter diesen Umständen eine sehr große Menge der Arbeiter dem Trunke verfallen muß." Demgegenüber definierten Vertreter der bürgerlichen Mäßigkeitsbewegung die „Trunksucht" als individuelle Schwäche, der es durch Belehrung und die allmähliche Verbesserung der Arbeits- und Lebensbedingungen entgegenzutreten gelte.

Nach dem heutigen Forschungsstand kann jedoch gesagt werden, daß die Industrialisierung mit ihren sozialen Folgen *nicht* der Auslöser für den hohen Alkohol- und hauptsächlich Schnapskonsum gewesen ist, sondern daß dieser sich vor allem in Nord- und Ostdeutschland schon seit dem ausgehenden 18. Jahrhundert in agrarisch strukturierten Gebieten nachweisen läßt. Es existiert eine Kontinuität vom „ländlichen" Trinken des 18. und 19. Jahrhunderts zum „städtischen" Alkoholkonsum unter dem Einfluß der Industrialisierung, vor allem was den Branntwein betrifft. Dieser verdrängte in Nord-, Mittel- und Ostdeutschland das Bier als traditionelles Getränk, weil er erstens seit etwa 1820 als Kartoffelschnaps viel billiger war und damit auch für die Armen als alltägliches Genußmittel erreichbar blieb und weil ihm zweitens seit dem 17. Jahrhundert als „aqua vitae" belebende und wärmende Eigenschaften aufgrund der

171 Das Wirtshaus war angesichts der elenden Wohnverhältnisse für viele Arbeiter der einzig mögliche gesellige Kommunikationsort: „Zum großen Faß", Kneipe in der Niedernstraße, Photographie von Bruhn, 1912

physiologischen Erfahrung zugesprochen wurden. Dieser „instrumentale" Konsum des Schnapses war unter den Landarbeitern und Handwerkern vor der Industriellen Revolution schon weit verbreitet: Ein Glas Schnaps zur Stärkung vor und während der Arbeit gehörte für viele zum normalen Trinkverhalten. Der instrumentale Gebrauch des Branntweins wurde ergänzt durch den „geselligen", der sich bis zum „narkotischen" Trinken steigern konnte: Ländlicher „Pauperismus" und exzessiver Schnapskonsum – die Jahre zwischen 1820 und 1850 werden in der zeitgenössischen Literatur häufig als Zeitalter der „Branntweinpest" bezeichnet – gehörten zusammen.

Im Zuge der Binnenwanderung brachten die Landbewohner, die in die Industrieregionen einwanderten, ihre Verhaltensstandards beim Alkoholgenuß mit. Während die Unternehmer den instrumentalen Schnapskonsum während der Arbeit und der Arbeitspausen bald untersagten, weil angetrunkene Arbeiter ein Sicherheitsrisiko waren und eine verminderte Arbeitsleistung erbrachten, nahm die gesellige Form des Trinkens im Wirtshaus eine immer wichtigere Funktion ein. Das hatte mehrere Gründe: Das Wirtshaus war angesichts der elenden Wohnverhältnisse für viele Arbeiter, insbesondere für unverheiratete, der einzig mögliche gesellige Kommunikationsort. Vor allem die politische Organisierung der Arbeiterbewegung war eng mit der Kneipe verknüpft: *Karl Kautsky* schrieb 1890, „daß unter den heutigen Verhältnissen Deutschlands das Wirthshaus das einzige Lokal ist, in dem die niederen Volksklassen frei zusammenkommen und ihre gemeinsamen Angelegenheiten besprechen können." Angesichts der Arbeits- und Lebensverhältnisse der breiten Masse bot der Alkoholgenuß häufig die einzig erschwingliche Form des Lebensgenusses überhaupt. Die Tröstungsfunktion des „Sorgenbrechers" Alkohol hingegen darf nicht überbewertet werden.

Die „Freie und Hansestadt Hamburg" spielte im 19. Jahrhundert eine sehr wesentliche Rolle im internationalen Schnapshandel. Der für den Export bestimmte preußische Kartoffelsprit ging vornehmlich nach Hamburg. *Friedrich*

172 Infolge der Branntweinverteuerung durch die Steuergesetzgebung von 1887, der Verbesserung der Bierqualität, der Agitation der Mäßigkeitsvereine, veränderte sich im letzten Drittel des 19. Jahrhunderts das Trinkverhalten – vom Schnaps zum Bier: Plakat der Winterhuder Brauerei, Lithographie, 1897

Engels schrieb dazu 1876 in seiner kleinen Schrift ,,Preußischer Schnaps im Deutschen Reichstag":
,,Dieser Sprit ging vorzugsweise nach Hamburg. Was geschah damit? Ein Teil wurde in solche Länder verschickt, wo die Eingangszölle ihm nicht Tor und Tür versperrten – an diesem Export nahm auch Stettin teil; die Hauptmasse aber wurde in Hamburg und Bremen zur Fälschung von Rum benutzt. Dieser in Westindien teilweise aus dem Zuckerrohr selbst, größtenteils aber aus den bei der Zuckerbereitung bleibenden Abfällen des Rohrs destillierte Schnaps war der einzige, der infolge seiner wohlfeilen Herstellungskosten als eine Art Luxusgetränk der Massen noch mit dem Kartoffelschnaps konkurrieren konnte. Um nun einen ,feinen' aber dennoch wohlfeilen Rum herzustellen, nahm man z. B. ein Faß wirklich feinen Jamaikarum, drei bis vier Fässer wohlfeilen schlechten Berbicerum und zwei bis drei Fässer preußischen Kartoffelsprit – und dies oder ein ähnliches Gemisch durcheinander ergab denn das Gewünschte. Dieses ,Gift', wie es bei der Fälschung beteiligte Kaufleute selbst in meiner Gegenwart nannten, wurde verschifft nach Dänemark, Schweden, Norwegen und Rußland, sehr bedeutenden Teils aber auch ging es wieder elbaufwärts oder über Stettin in die Länder, woher der edle Sprit gekommen war, und wurde dort teils für Rum getrunken, teils nach Österreich und Polen eingeschmuggelt.
Die Hamburger Kaufleute blieben nicht bei bei der Rumfälschung stehen. Mit der ihnen eigenen Genialität sahen sie zuerst, welche welterschütternde Zukunftsrolle dem preußischen Kartoffelschnaps vorbehalten war. Sie hatten sich schon an allerlei andern Getränken versucht, und bereits Ende der dreißiger Jahre wollte niemand im außerpreußischen Norddeutschland, der von Wein etwas verstand, weiße französische Weine aus Hamburg beziehen, da es allge-

173 Der ,,Arbeiter-Abstinentenbund" agitierte gegen den ,,Elendsalkoholismus" mit der These vom ,,Alkoholkapitalismus": Zeichnung von Georg Wilke, um 1910

mein hieß, diese würden dort mit Bleizucker süß gemacht und damit gleichzeitig vergiftet. Wie dem aber auch sei, der Kartoffelsprit wurde bald die Grundlage einer immer wachsenden Getränkefälschung. Dem Rum folgte der Kognak, der schon mehr Kunst in der Behandlung erforderte. Bald fing man an, Wein mit Sprit zu behandeln, und endlich kam man dahin, Portwein und spanische Weine ganz ohne Wein zu bereiten aus Sprit, Wasser und Pflanzensäften, die mehrfach durch Chemikalien versetzt wurden. Das Geschäft florierte um so mehr, als in vielen Ländern dergleichen Praktiken entweder direkt verboten waren oder doch so nahe an das Strafgesetz anstreiften, daß man es noch nicht für geraten hielt, sich daranzuwagen. Aber Hamburg war der Sitz des unbeschränkten Freihandels, und so wurde ,auf Hamburgs Wohlergehen' flott drauflos gefälscht."
Im letzten Drittel des 19. Jahrhunderts ging der Branntweinkonsum spürbar zurück, sowohl mengenmäßig als auch beim Pro-Kopf-Verbrauch, während der Bierkonsum stetig stieg. Dieser Wandel im Trinkverhalten vor allem der Arbeiterschicht beruhte auf mehreren Faktoren: Die Branntweinsteuergesetzgebung von 1887 verteuerte dieses Getränk spürbar. Gleichzeitig stieg die bis dahin teilweise unbefriedigende Qualität des Bieres, ,,Lager"- und Flaschenbiere setzten sich durch. Die Agitation vieler Mäßigkeits- und Abstinenzvereine zwischen 1883 (Gründung des ,Deutschen Vereins gegen den Mißbrauch geistiger Getränke') und 1914 vor allem gegen den Branntwein als gesundheitlich und sozial schädliches Getränk zeigte Wirkung: viele Arbeiter, aber auch Angehörige gehobener Schichten – denn die ,,Alkoholfrage" war keineswegs ein ausschließliches Problem der ,,Arbeiterklasse" – änderten ihr Trinkverhalten: vom Schnaps zum Bier.
In diesem Zusammenhang muß angemerkt werden, daß der ,,trunksüchtige Arbeiter" zwar vielfach der sozialen Wirklichkeit entsprach, daß dieses Bild aber auch häufig von der bürgerlichen Mäßigkeitsbewegung als propagandistischer Topos überstrapaziert wurde, denn das gesellige und auch exzessive Trinken war auch unter den gehobenen Schichten, bei den Studenten und beim Militär zu finden und nicht spezifisch auf die Arbeiter beschränkt. Der Begriff ,,Elendsalkoholismus" beschreibt zwar zutreffend ein Phänomen der sozialen Folgen der Industrialisierung, aber materielles Elend ist kein allgemein gültiges Motiv für hohen bzw. exzessiven Alkoholkonsum, denn auch in unseren heutigen Wohlstandsgesellschaften trinken viele, um andere Formen des Elends zu vergessen: ,,Alle diese Mittel aber sollen dazu dienen, den Menschen die Last, die ursprünglich überhaupt im Leben zu liegen scheint, vergessen zu machen ..." (Kant).

Alfred Heggen

Selbstmord

1908 wurde in Hamburg ein „Geselligkeits-Verein" besonderer Art gegründet – „der Klub der Selbstmörder", so heißt es in den Statuten, „verfolgt den Zweck, durch gesellschaftliche Unterhaltung den geselligen Verkehr unter seinen Mitgliedern zu pflegen". Sechs Jahre später geriet sein Vorsitzender, der Milchhändler Adolf Hollekamm, mit der politischen Polizei in Konflikt. Dem Anlaß zum Trotz (es ging um eine Beerdigung) schien der Verein eher dem Diesseits als dem Jenseits verpflichtet. Immerhin gab es 1914 noch 85 männliche Mitglieder. Er stand unter Beobachtung und das, obwohl die Satzung ausdrücklich vermerkt: „Politische und religiöse Bestrebungen sind im Klub ausgeschlossen".[1]

Solche Aufmerksamkeit ist keineswegs typisch für die Stadt, im Gegenteil, die m. W. erste wissenschaftliche Auseinandersetzung mit dem Thema „Selbstmord" in Hamburg stammt von einem Juristen, Hans Schlütter, der „die tiefen Ursachen dieses Übels, das Volk und Staat verseucht ... ergründen und zugleich Mittel und Wege" finden will, „diese Volkskrankheit an der Wurzel zu packen und mit Erfolg einzudämmen".[2] Das Datum der Veröffentlichung – 1925 – kann als Zeichen für ein relativ spät einsetzendes Problembewußtsein gewertet werden.

Amtlich erfaßt wurde das Selbstmordgeschehen in Hamburg seit 1872; für die ersten beiden Drittel des 19. Jahrhunderts liegt relativ wenig Material vor.[3] Die Jahresberichte der Verwaltungsbehörden liefern zwischen 1872 und 1914 keine durchgängig systematischen Angaben (etwa zum Alter, Geschlecht, Beruf, sozialen Rang, zur Konfession und Todesart von Selbstmördern). Und sie tauchen an verschiedenen Stellen auf – in Berichten des Medizinalkollegiums, des Hafenarztes, der Gefängnisdeputation und der Polizeibehörde. Ein Anlaß, sich stärker auf das *unfreiwillige* Sterben zu konzentrieren, war die Choleraepidemie von 1892. Außerdem stellten sich der Aufklärung Schwierigkeiten entgegen, die vermutlich nicht allein mit dem Umfang des polizeiärztlichen Dienstes, sondern auch mit den Angehörigen zu tun hatte. Hinzu kommt, daß die schwer vergleichbaren Angaben von Personen stammen, denen schon ihr Beruf von Fall zu Fall wechselnde Loyalitäten abverlangte: Theologen, Juristen, Ärzten des Gesundheitsamts, der Polizei, Gerichtsmedizinern, Polizisten, Versicherungsangestellten.

Obwohl die Daten nicht ausreichen, um einen Vergleich zu anderen Großstädten in Deutschland zu ziehen oder die Stadt-Land-Relation genauer zu erfassen, kann man feststellen, daß in vielen europäischen Staaten beobachtete Tendenzen des späten 19. und frühen 20. Jahrhunderts auch für Hamburg gelten.

So bringen sich mehr Männer als Frauen um – das Verhältnis 3 : 1 ändert sich im ersten Weltkrieg, als in Hamburg ein rapides Ansteigen der weiblichen Selbstmorde und Selbstmordversuche beobachtet wird und auf drei männliche bereits zwei weibliche Selbstmörder kommen. Diese Entwicklung hält in der Nachkriegszeit an.

Während des Krieges in den Produktionsprozeß eingegliederte weibliche Arbeitskräfte wurden mit Hilfe von Demobilisierungsverordnungen massenhaft entlassen, obwohl viele in ihrer Funktion als „Ernährer" inzwischen unentbehrlich waren. Die männliche Selbstmordrate sinkt zwischen 1915 und 1918, um unmittelbar nach Kriegsende wieder anzusteigen.[4] Bei den Todesarten, deren Wahl von der Zugänglichkeit bestimmter Mittel, der finanziellen und gesellschaftlichen Reichweite der Betroffenen abhängt, zeichnen sich geschlechtsgebundene „Vorlieben" ab. Für den Zeitraum von 1902 bis 1923 bevorzugen Frauen Vergiften und Ertrinken, Männer Erhängen und Erschießen.[5]

Die jahreszeitlichen Schwankungen sind für beide Geschlechter unterschiedlich. Der für nordische Länder charakteristische Doppelgipfel liegt zwischen 1872 und 1881 bei Frauen in den Monaten Mai bis August und Oktober, bei Männern in den Monaten April bis Mai und Juli.[6]

Die Verteilung nach Berufsgruppen gibt ein weniger differenziertes Bild. Von 1872 bis 1881 ist der größte Anteil männlicher Selbstmörder im Bereich „Handel und Verkehrsgewerbe" registriert, was bei einer Hafenstadt wie Hamburg nahezuliegen scheint; bei Frauen stehen Dienstmädchen und Personen ohne Berufsangabe an erster Stelle.[7] Den Jahresberichten der Gefängnisdeputation kann man entnehmen, daß sich zwischen 1883 und 1912 94 Häftlinge das Leben nahmen. Auffallend ist der hohe Anteil von Untersuchungsgefangenen, also der Gruppe mit der größten Fluktuation (74 Personen). Das Maximum wird zwischen 1892 und 1900 erreicht: 33 Menschen nehmen sich in der Untersuchungshaft das Leben.[8]

Es bleibt die Frage nach dem Verhältnis von wirtschaftlicher Entwicklung und Selbstmordhäufigkeit. An Hinweisen auf den Umfang öffentlicher Armut fehlt es nicht: so verzeichnen die Jahresberichte der Gefängnisdeputation ab 1892 einen Zuwachs an freiwilligen männlichen Schutzarrestanten, deren Zahl sich in sechs Jahren nahezu verdoppelt. 1897 waren bereits 16471 Männer auf diese Form staatlicher Fürsorge angewiesen.[9] Das Verhältnis von Verelendung und Suizidalität, wie es zu Beginn des 20. Jahrhunderts von Käthe Kollwitz, Hans Baluschek, Heinrich Zille, George Grosz, Lea und Hans Grundig für Berlin angedeutet wird, bleibt in Hamburg unaufgeklärt. Politische Konflikte von überregionaler Bedeutung wie der Hafenarbeiterstreik (1896/97) hinterlassen in den Statistiken keine Spur; es ist der Krieg, der auch für das Selbstmordgeschehen in der Hansestadt die einschneidenden und auffälligsten Veränderungen mit sich bringt.

Die Haltung verschiedener staatlicher Institutionen schwankt zwischem gewissenhaftem, doch unsystematischem Registrieren von Einzelphänomenen (zeitweise versucht man sogar, die *Motive* statistisch zu erfassen), Unverständnis dem Selbstmord als komplexem Geschehen gegenüber und Wachsamkeit in peripheren Fragen: so verhinderte die politische Polizei im Juni 1914, daß beim Leichenbegängnis eines Mitglieds aus jenem „Klub der Selbstmörder" die Vereinsschleife mit Inschrift und dem Symbol des Vereins, einer gestickten Pistole, mitgeführt wurde.[10]

Renate Berger

Auswanderer

Die Auswanderung weitete sich zur Mitte des vorigen Jahrhunderts zu einer Massenbewegung aus, der mit Ausbruch des Ersten Weltkrieges ein vorläufiges Ende gesetzt wurde. Im Zeitraum von 1830 bis 1914 gingen annähernd fünf Millionen Deutsche in die Vereinigten Staaten.[1] Ursachen dieser Massenauswanderung waren neben politischen vor allem wirtschaftliche und soziale Gründe. Unzufriedenheit mit den politischen Verhältnissen nach der Revolution von 1848, wirtschaftliche und soziale Probleme infolge rasch wachsender Bevölkerung und nicht ausreichend vorhandener Arbeitsplätze besonders in agrarisch strukturierten Gebieten, Mißernten und damit verbundenen Lebensmittelteuerungen sowie vielfach unrentabel gewordene Bauernhöfe infolge Erbteilung, vorwiegend im süddeutschen Raum, veranlaßten viele Menschen, ihre Hoffnung und ihr Glück in der Fremde zu suchen. Religiöse Anliegen, die in früheren Jahrhunderten den Entschluß zur Auswanderung maßgeblich beeinflußten, verloren im vorigen Jahrhundert an Bedeutung.[2] Mit Beginn der dreißiger Jahre des 19. Jahrhunderts fuhren von Hamburg aus Schiffe mit Auswanderern nach New York. Außer der direkten Verbindung gab es indirekte über andere Häfen in England oder Frankreich, von wo Auswanderer mit größeren Schiffen weiter transportiert wurden. In Hamburg war im Gegensatz zu Bremen die indirekte Beförderung nach Nordamerika von Bedeutung. Gegenüber der direkten Verbindung Hamburg – New York bot anfangs die Route nach Hull und weiter ab Liverpool wenn auch für die Reisenden umständlichere, dafür aber häufigere und preiswertere Passagegelegenheiten.

Während des amerikanischen Unabhängigkeitskrieges standen hanseatische Schiffe als Transporter in englischen Diensten. In diesem Zusammenhang wurden bereits Erfahrungen gesammelt, die nach Anerkennung der Unabhängigkeit der Vereinigten Staaten für die Reedereien Hamburgs und Bremens von Nutzen sein sollten. Während die für Bremen so bedeutende direkte Nordamerikafahrt bereits Ende des 18. Jahr-

hunderts einsetzte, hielt sich Hamburg in der Auswandererfahrt zunächst zurück. Auch die 1836 von Robert M. Sloman begründete Hamburger Linienschiffahrt, der sich mit der zunehmenden Amerikaauswanderung günstige Chancen bot, bewirkte im Vergleich mit Bremer Verhältnissen wenig. Bremens frühzeitige Konzentration auf die Nordatlantikroute sicherte der Stadt einen Wettbewerbsvorsprung. Doch das wirtschaftliche Interesse am Auswandererverkehr führte 1847 zur Gründung der Hamburg-Amerikanischen Packetfahrt-Actien-Gesellschaft (Hapag). Die Schiffe dieser zweiten Hamburger Auswanderer-Reederei neben Sloman übernahmen auch den Transport der in Paketen gebündelten Briefpost und verkehrten von Anfang an im festen Liniendienst zwischen Hamburg und New York. Auch die 1857 erfolgte Gründung des Konkurrenzunternehmens zur Hapag, der Norddeutsche Lloyd in Bremen, war eng verknüpft mit dem Auswandererverkehr.

Um die Auswanderung mit ihren Problemen für die Betroffenen zu erleichtern, wurde 1851 in Hamburg ein Nachweisungsbureau für Auswanderer auf privater Ebene durch Mitglieder des Hamburger Vereins zum Schutze von Auswanderern gegründet. Jahre zuvor hatten sich die hiesigen Reeder gegen eine strengere Handhabung der Auswanderungsbestimmungen noch erfolgreich zu wehren gewußt. Seit 1850 fügten sie sich den Vorschriften, die der Hamburger Gesetzgeber in Anlehnung an Bremer Bestimmungen erlassen hatte. Im Zusammenhang mit einer Revision der Auswanderungsschutzgesetzgebung wurde 1855 mit Einsetzung einer Deputation für das Auswandererwesen – wie die Hamburger Auswandererbehörde bis 1887 genannt wurde – die Tätigkeit privater Vereine im Rahmen staatlicher Institutionen fortgeführt. Dies war eine angesichts von über 50000 Auswanderungswilligen im Jahr 1854 besonders dringliche Entscheidung.[3] Die Hamburger Deputation, der Senatsmitglieder und Commerzdeputierte angehörten, hatte die Ausführung der Auswanderungsbestimmungen zu überwachen sowie Verordnungen und Verfügungen

vorzubereiten. Mit Wahrnehmung richterlicher Funktionen, d.h. Schlichtung von Auseinandersetzungen zwischen Auswanderern und Geschäftsleuten, war der Deputation eine wesentliche Aufgabe übertragen worden.

Vor Gründung privater und staatlicher Stellen zum Schutz der Auswanderer gab es bei Ankunft eines Auswandererzuges am Bahnhof der Berlin-Hamburger Eisenbahn harte Auseinandersetzungen der hiesigen Wirte um die Unterbringung der Auswanderer. Diese fielen häufigen Betrügereien zum Opfer, trotz aller vorbeugenden Maßnahmen wie der Verteilung von Handzetteln und Plakaten im Binnenland mit Hinweisen auf das Nachweisungsbureau sowie besonderen Regelungen für die Auswanderer- Logiswirte, die bezüglich der Unterbringung genaue Vorschriften enthielten. Der Hauptverdienst der Wirte jedoch lag in der Vermittlung von Passagekontrakten, dem Verkauf von Reiseutensilien und der Vermittlung des Geldwechsels. Die Zwischendeckspassagiere beispielsweise mußten sich selbst mit Bettzeug, Blechgeschirr und anderen nowendigen Dingen versorgen. Dabei besaßen sie nur geringe Vorstellungen von dem, was sie für eine solche Seereise benötigten.[4]

Der Entschluß auszuwandern, war für die Betroffenen eine nahezu unwiderrufliche Entscheidung. Außer dem materiellen Risiko mußte sich die Mehrzahl der Auswanderer den Anstrengungen und Gefahren einer Überfahrt im Zwischendeck – Raum zwischen Oberdeck und Laderaum – eines Segelschiffes aussetzen. Dieses Deck war zumeist nur provisorisch für die Aufnahme von Passagieren eingerichtet. In Hamburg existierten bis zur Mitte des vorigen Jahrhunderts keine gesetzlichen Bestimmungen über die Anzahl der Reisenden auf Schiffen und ihre Unterbringung. Es gab lediglich amerikanische Gesetze, die Passagierzahlen vorschrieben. Doch diese Vorschriften konnten umgangen werden.

Die gesetzlich vorgeschriebene Mindesthöhe des Zwischendecks betrug gemäß Hamburger Vorschrift seit 1850 ca. 1.72 m, später 1.83 m. Der Auswanderer besaß einen Anspruch auf eine Fläche

174 Im Zeitraum von 1830–1914 gingen annähernd 5 Millionen Deutsche nach Amerika. Der Entschluß auszuwandern, war für die Betroffenen eine nahezu unwiderrufliche Entscheidung: „In den alten Auswandererhallen am Amerika-Kai", Photographie, um 1895

von etwa der Größe eines Bettes. Durch das Übereinanderstellen zweier Kojen gewannen die Reeder zusätzlichen Platz. Diese Angaben sind insofern aufschlußreich, als das Zwischendeck außer als Schlafraum auch als Eß- und Aufenthaltsraum dienen mußte. Die Lüftung geschah zunächst nur durch Luken, später gab es auch Ventilatoren. Auf etwa 50 Passagiere kam eine Toilette. Dieser Zustand hatte bei häufiger ausbrechenden Epidemien auf Auswandererschiffen verheerende Folgen.[5] Seekrankheit, unzureichende und einseitige Ernährung und das enge Zusammenleben auf dem Schiff machten die Überfahrt unerträglich. Nur die Hoffnung auf besseres Wohlergehen in der neuen Heimat hielt die Auswanderer aufrecht.

Neue technische Entwicklungen im Schiffbau ab Mitte vorigen Jahrhunderts kamen auch der Auswanderung zugute. Die Segelschiffe wurden schneller und besser. Sie fuhren regelmäßiger nach Amerika und wurden für die Auswandererbeförderung besonders eingerichtet. Der Übergang vom Segel- zum Dampfschiffsverkehr vollzog sich innerhalb weniger Jahre. Mit dem Einsatz von Dampfschiffen wurde die Reisezeit auf der Route Hamburg-New York von sechs auf zwei Wochen verkürzt. Die Anfälligkeit der Reisenden und damit die Krankheitshäufigkeit konnte vermindert werden. Dennoch wurde das Raumangebot im Zwischendeck für Auswanderer nur geringfügig vergrößert. Noch in den achtziger Jahren des vorigen Jahr-

hunderts mußten die Mahlzeiten im Mittelgang zwischen den Betten bzw. an Deck im Freien eingenommen werden, da im Zwischendeck keine Sitzgelegenheiten vorhanden waren.[6] Die technische Entwicklung vermochte die sozialen Bedingungen also nicht zu verbessern. Lediglich die Konkurrenz der Häfen und Reedereien um das gewinnträchtige Auswanderergeschäft bewirkte für die Betroffenen gewisse Erleichterungen. Darüberhinaus setzten Verbesserungen in der Auswanderergesetzgebung und besondere Maßnahmen im Bereich der Auswandererfürsorge ein.
Der Andrang der Auswanderer war unregelmäßig, deshalb reichten häufig die vorhandenen Unterbringungsmöglichkeiten nicht aus. Vereinzelt standen älte-

Armut und Wohltätigkeit

175 Seekrankheit, unzureichende und einseitige Ernährung und das enge Zusammenleben auf dem Schiff machten die Überfahrt unerträglich. Nur die Hoffnung auf besseres Wohlergehen in der neuen Heimat hielt die Auswanderer aufrecht: Zwischendecks-Passagiere, Photographie von Dreesen, 1901

re Auswandererschiffe der Hamburg-Amerika Linie im Hafen als Übernachtungsquartiere zur Verfügung. Ferner wurden öffentliche Gebäude vorübergehend als Notunterkünfte bereitgestellt. Um ständige Quartiere für Auswanderer zu schaffen, errichtete die Hapag 1892 Baracken am Amerika-Kai. Diese Unterkünfte sollten vor allem dem Schutz der Hamburger Bevölkerung vor möglichen eingeschleppten Infektionskrankheiten dienen. Zu Beginn dieses Jahrhunderts schließlich wurden von der Hamburg-Amerika Linie auf der Veddel Auswandererhallen errichtet, die zu jener Zeit als vorbildliche Einrichtungen galten und zugleich eine zügige Abwicklung des Auswandererverkehrs ermöglichten.[7]

Die Rolle, die Hamburg neben Bremen im Auswandererverkehr des 19. Jahrhunderts hat einnehmen können, war bedingt durch die günstige geografische Lage sowie die vorteilhafte verkehrsmäßige Anbindung an das Hinterland. Der Ausbau der Verkehrsverbindungen, insbesondere des Schienenverkehrs, stellte eine der wesentlichen Voraussetzungen für die Massenwanderung im vorigen Jahrhundert dar. Darüber hinaus gab es in Hamburg neben der Reederei Sloman mit der Hapag ein Konkurrenzunternehmen, das geschäftliche Interessen mit technischen Neuerungen – auch zum Vorteil der Betroffenen – zu verbinden wußte. Die teilweise erbärmliche Unterbringung der Auswanderer in der Stadt wie auf den Schiffen hatte sich bis zum Ersten Weltkrieg gebessert. Der finanzielle Gewinn, der der Hapag aus dem Auswanderergeschäft erwuchs,[8] ermöglichte dieser Reederei den Aufbau seiner Dampferflotte.

Carsten Prange

Die unkirchlichste Stadt des Reiches?

Schon kurz nach der Jahrhundertwende hat man Hamburg „die unkirchlichste Stadt des Reiches"[1] genannt, und selbst ein Jahrhundert zuvor wurden der deutliche Rückgang der Beteiligung am Abendmahl und der mangelnde Besuch der Gottesdienste beklagt, so daß es nicht von ungefähr 1802 zur Aufhebung einiger der bis dahin üblichen sonn- und feiertäglichen Gottesdienste gekommen ist.[2]

In das Gemeindeleben der „12/13" der Bevölkerung, die im 19. Jahrhundert der evangelisch-lutherischen Kirche zugehörten, gibt es nur wenig Einblicke, davon manche allerdings höchst realistische durch Berichte der Stadtmission. Die Gemeindeglieder standen zwar durch Taufe, Konfirmation und – bis zur Einführung des 1865 fakultativen, 1876 obligatorischen Zivilstandsregisters – auch durch Trauung mit der Kirche in Kontakt. Doch viel von diesem muß wohl eher einer allgemeinen Gewohnheit als einem inneren Engagement zugeschrieben werden, denn die Gemeinden wurden hinsichtlich der kirchlichen Ordnung mit „wüsten, wilden, zaunlosen Gärten" verglichen, „wo im wirren Durcheinander selbst in derselben Familie Getaufte und Ungetaufte, kirchlich Getraute und Nichtgetraute, Konfirmierte und Nichtkonfirmierte nebeneinander leben".[3] So verwundert es auch nicht allzu sehr, daß nach 1800 mehrere Kirchen abgebrochen worden sind, darunter 1805 der Dom, und daß in der Franzosenzeit 1813 die Hauptkirchen – außer St. Michaelis – als Pferdeställe genutzt worden sind. Man kam eben ohne große Kirchen aus, denn selbst in Notzeiten hatte der Kirchenbesuch nicht zu-, sondern abgenommen.[4]

Diese Entwicklung einer Entfremdung breiter Schichten von der Kirche wird verständlicher vor dem Hintergrund, daß späte rationalistische Strömungen, die dem Geschäftsleben in der Neigung zu Nützlich-Praktischem entgegengekommen sind, in Hamburg erst ihre Blütezeit hatten, als sie anderswo bereits im Abflauen gewesen sind: die zeitgenössischen Auseinandersetzungen um den orthodoxen Katechismus, um das inhaltlich dürftig-trockene Gesangbuch von 1788 – dessen Lagerrestbestände 1842 dem Brand zum Opfer fielen und das dann durch ein besseres ersetzt werden mußte –, um die allgemeine Beichte und um die öffentliche Konfirmation legen davon Zeugnis ab. Die großen Problemkomplexe der allgemeinen Kirchengeschichte des 19. Jahrhunderts, wie der Streit zwischen Rationalismus, Orthodoxie und Erweckungsbewegung oder der seit Schleiermacher nicht mehr verstummende Ruf nach Trennung von Kirche und Staat und der Kampf um eine eigenständige Kirchenverfassung, dazu der umsichgreifende Lehrpluralismus in der Theologie, ließen eben auch Hamburg nicht unberührt.

Zu Beginn des 19. Jahrhunderts predigten auf Hamburgs Kanzeln fast ausschließlich Rationalisten. Wenn auch im benachbarten Altona seit 1763 eine kleine Gruppe der Herrnhuter Brüdergemeinde bestand, spielten pietistische Richtungen eine geringe Rolle. Weitaus bedeutsamer wurde die Erweckungsbewegung, denn die Zeit der französischen Besetzung und der Befreiungskriege hatte neue religiöse Bedürfnisse entstehen lassen, die nun in einer biblisch orientierten Frömmigkeit und in der übereinstimmenden Ablehnung des vorherrschenden Rationalismus ihren Zusammenhalt fanden. Unter den Laien gehörte der Advokat Ferdinand Beneke zum Kreis der Erweckten; ihm standen Matthias Claudius und über diesen wiederum einige Protestanten des Holsteiner Adels nahe. Friedrich Perthes gehörte dazu, Johann Daniel Runge, der Bruder des Malers, der Buchhändler Besser und unter den Pastoren Strauch, Wolters, John und vor allem Johann Wilhelm Rautenberg in St. Georg. Die Erweckungsbewegung erfaßte in Hamburg vornehmlich Menschen der niederen Schichten: Handwerker, kleine Gewerbetreibende, Arbeiter, weniger die Gebildeten und Kaufleute, die mehr der Aufklärung verhaftet waren. Die Gruppe der ersteren war es denn auch, der das 1825 von Rautenberg ins Leben gerufene Sonntagsschulwesen, aus dem sich später der Kindergottesdienst entwickelte, als eine Tat praktischen Christentums zugute kommen sollte. Ihr und auch dem 1830 von Rautenberg begründeten männlichen Besuchsverein verdankte dann Wichern entscheidende Eindrücke, die für seine späteren volkspädagogischen Intentionen, für die Errichtung des Rauhen Hauses und für die Innere Mission von Bedeutung geworden sind.

Zwischen den verschiedenen theologischen Richtungen und innerhalb der Erweckten kam es in den zwanziger und dreißiger Jahren mehrfach zum Kirchenstreit, d.h. zu heftigen publizistisch ausgetragenen Fehden um Lehrbegriffe, Symbole und Dogmen der Kirche, die auch außerhalb Hamburgs starke Beachtung fanden. Von praktisch-sozialer Bedeutung war die Erweckungsbewegung durch die Förderung der 1814 gegründeten Hamburg-Altonaischen Bibelgesellschaft, zu deren Stiftern aufgrund englischer Anregungen Angehörige der verschiedenen Konfessionen, Pastoren und Laien, und unterschiedlicher Schichten gehörten. Deren bedeutendstes Ergebnis war die Revision der Lutherbibel. Weiterhin unterstützte sie die Niedersächsische Gesellschaft zur Verbreitung christlicher Erbauungsschriften, die sog. Traktatgesellschaft von 1820, um die sich hauptsächlich Mitglieder der reformierten Gemeinde verdient gemacht haben. Überdies trug sie den „Friedensboten", die erste die Gedanken der Erweckungsbewegung in Deutschland verbreitende Zeitschrift. Und schließlich führte sie zur Gründung eines Missionsvereins, an dessen Missionsstunden Frauen allerdings noch nicht teilnehmen durften.

Die Kirche als Gesamtheit kümmerte sich noch nicht um die äußere und innere Missionsarbeit, diese Tätigkeit aus praktischer Nächstenliebe. Bei der geringen Zahl von Geistlichen in Hamburg, die mehr an Predigt und Sakrament dachten und wenig an tätigen Gemeindedienst, konnte sie es auch nicht. So blieb es der Initiative einzelner überlassen, die Menschen aus Not und Glaubenslosigkeit zu retten und zum Christentum hinzuführen. Solche Initiativen gingen beispielsweise von Senator Hudtwalcker aus, von Amalie Sieveking durch ihren ersten weiblichen Verein für Armen- und Krankenpflege und die Er-

176 Unter den kirchlichen Bauten, die im 19. Jahrhundert aufgegeben wurden, war der 1805–1806 auf Abriß verkaufte Hamburger Dom der eindrucksvollste. Es gab weder eine Verwendung für den Kirchenraum, noch Respekt vor der historischen Architektur: Lithographie von F. Meier nach zeitgenössischer Vorlage, um 1850

richtung des Amalien-Stiftes, von Elise Averdieck, der Begründerin der Heilanstalt Bethesda, und von Pastor Sengelmann, auf den die Gründung des St. Nikolai-Stiftes als Vorläufer der Alsterdorfer Anstalten zurückgeht.

Die Erweckten haben in Hamburg Beispielhaftes zur Linderung von Not und Elend geleistet, doch ihr Ziel der Wiederbelebung christlicher Frömmigkeit und der Schaffung einer Volkskirche haben sie nicht erreicht. Dazu war dieser überwiegend aus Laien zusammengesetzte kleine Kreis zu individualistisch geprägt. Ihm fehlte die Breitenwirkung einer mitreißenden Predigerpersönlichkeit und die über eine rein karitative Tätigkeit hinausreichende Schlagkraft, um für eine kirchliche Massenbewegung bahnbrechend werden zu können, zumal in den vierziger Jahren nach dem Großen Brand politische Probleme und politische Gruppierungen zunehmend in den Vordergrund traten.

Die Erweckungsbewegung gehört mit ihrem Niederschlag in religiösen Vereinen und Gesellschaften, die im Rahmen der Kirche mit der ihnen zuzuordnenden Diakonie eine Art Notbehelf gewesen sind, in eine Zeit des gesellschaftlichen Aufbruchs und neuer bürgerlicher Versammlungs- und Organisationsformen. Ihrer Blütezeit ist das Erscheinen einer reichhaltigen Buch- und Traktatliteratur zu verdanken, an dem Christen verschiedener Konfessionen zusammenarbeiten. Nicht zuletzt haben aber innerkirchliche Auseinandersetzungen und die „Verkümmerung der evangelischen Kirche zu einer Predigt- und Unterrichtsanstalt"[5] dazu geführt, daß die Erweckungsbewegung für die im Zusammenhang mit der industriellen Entwicklung heraufziehenden sozialen Probleme noch kein ausreichendes Gespür gezeigt hat.

Bis zur Trennung von Staat und Kirche durch die neue Verfassung von 1860 beruhte das hamburgische Stadtregiment auf dem Hauptrezeß von 1712, einem Vertrag zwischen Rat – später Senat genannt – und Bürgerschaft, und auf der Bugenhagenschen Kirchenordnung von 1529. Eine Besonderheit der Stadt war die Aufteilung in fünf Kirchspiele (St. Petri, St. Nikolai, St. Katharinen, St. Jakobi, St. Michaelis), in denen unabhängig von der jeweiligen Einwohnerzahl die städtischen und die kirchlichen Angelegenheiten durch je 12 Diakone – davon 3 Oberalte – und 24 Subdiakone in Kollegien beraten wurden, ehe sie vor die Bürgerschaft kamen. Da letztere den Diakonen – als den „Sechzigern" – Vollmacht in Kirchensachen erteilt

177 Übrig blieben die fünf Hauptkirchen als Mittelpunkt der bis 1860 von bürgerlichen Kollegien verwalteten fünf Kirchspiele (von links nach dem Rathausturm:) St. Petri, St. Jacobi, St. Michaelis, St. Nicolai, St. Katharinen: Photographie von Weimar, 1905.

hatte, lag das Kirchenregiment in deren und des Rats Händen. Beide entschieden nicht nur gemeinsam über Religionsstreitigkeiten, sondern bestimmten auch die äußeren Formen des Gottesdienstes. Über die Kirchspiele bestand eine Einheit von Staat und Kirche, denn eine weitere Eigenart der hamburgischen Verfassung war, daß die Mitglieder des Rats und der bürgerlichen Kollegien neben ihren städtisch-politischen Aufgaben noch kirchliche Funktionen bei der Verwaltung der 5 Hauptkirchen der Stadt auszuüben hatten. Nur bei der Wahl der Pastoren konnte auch der Senior oder der Hauptpastor der Kirche mitwirken. Die Geistlichen hatten ansonsten keinen Anteil an der Kirchenverwaltung. Das zeigt sich ebenfalls am „Geistlichen Ministerium", einem Gremium, das aus den als „Hauptpastoren" herausgehobenen Predigern der 5 Hauptkirchen und den Pastoren der Vorstädte St. Georg und St. Pauli und des Waisenhauses bestand. Unter dem Vorsitz des Seniors hatte es zwar über das kirchliche Lehramt zu wachen und – was eben so wichtig war – über das Schulwesen, insgesamt jedoch kam ihm ausschließlich beratende Funktion zu. Das geistliche und weltliche Regiment ruhte bei der „christlichen Obrigkeit", es wurde in Hamburg nicht durch getrennte Organe ausgeübt. Auch wenn die kirchlichen und bürgerlichen Ämter der Funktion nach voneinander geschieden waren, lagen sie in den Personen doch beieinander: die bürgerlichen Kollegien waren Vertretungen der Kirchspielseinwohner sowohl in weltlichen wie in kirchlichen Angelegenheiten der Stadt; die Bürger konnten ihre stadtbürgerlichen Rechte nur im Rahmen des Kirchspiels ausüben, das die Basis für das politische Leben abgab. Nichtlutheraner waren vom Rat, von der Bürgerschaft und von den Kollegien ausgeschlossen.

Das mochte angehen, solange die Verweltlichung des öffentlichen Lebens noch aufzuhalten war. Durch den Sieg der Aufklärung, den Einfluß der Französischen Revolution und die Säkularisation im frühen 19. Jahrhundert änderte sich die Stellung der Kirche im Staat allmählich grundlegend. Mit der Relativierung der Kirche als solcher und mit einer zunehmenden theologischen Entleerung und Entkonfessionalisierung des Denkens verschwammen auch die Grenzziehungen zwischen den Aufgaben von Kirche und Staat. Toleranz und Parität wurden überdies zu politischen Notwendigkeiten: Nachdem 1785 in Hamburg freie Religionsausübung zugestanden worden war, erhielten 1814 und 1819 in Annäherung an die Regelungen des Deutschen Bundes die nichtlutherischen Christen, d. h. die Katholiken, Reformierten und Mennoniten, Zugang zu den Konventen der Bürgerschaft und die Ratswahlfähigkeit. Sie erhielten Bürgerrechte, diese aber nicht in vollem Umfang, denn zu den bürgerlichen Kollegien, deren Mitglieder zugleich lutherische Kirchenvorsteher waren, konnten ohne Verfassungsänderung Nichtlutheraner nicht zugelassen werden.

So ist die Forderung nach Trennung von Kirche und Staat, nach Entflechtung von geistlicher und politischer Gewalt und damit das Problem einer neuen Verfassung nicht mehr aus der Diskussion verschwunden. Es kann festgestellt werden, daß sich Senat und Sechziger zwar noch als Repräsentanten der lutherischen Kirche betrachteten, daß sie in inneren kirchlichen Angelegenheiten jedoch keine Entscheidungen mehr fällten. Sie entfalteten hinsichtlich des Kirchenregiments „keinen expansiven Ehrgeiz",[6] waren vielmehr wohlwollend auf Ausgleich und Schutz bedacht und wollten die lutherische Kirche vor Sekten bewahren, indem sie noch 1839 Baptisten und Methodisten die Gottesdiensterlaubnis versagten.

Zu einer Revision der Verfassung kam es – nach langwierigen Erörterungen und Vorbereitungen nach 1848 und Stagnation in den frühen fünfziger Jahren – erst 1860. Fortan waren Senat und Bürgerschaft ausschließlich staatliche Organe. Die Kirche wurde als selbstständige Körperschaft des öffentlichen Rechts anerkannt. Durch die Trennung von Kirche und Staat fand das Kirchenregiment sein Ende. Ein besonderes Kirchengesetz regelte die Stellung der Kirche und legte den Grundstein für eine neue Kirchenverfassung, doch zogen sich die endgültigen Regelungen noch bis 1874/75 hin.

Die Kirche konnte nun unabhängig von Staatsbehörden handeln. Ihre Verfassung beruhte auf gesamtkirchlichen Organen mit eigener Willensbildung: den Kirchenkollegien, den Gemeindevorständen und dem Stadtkonvent, der wiederum mit Vertretern der Landkonvente die Synode bildete, aus deren Mitgliedern dann als Verwaltungs- und Aufsichtsinstanz ein Kirchenrat gewählt wurde. Als hamburgische Besonderheit entwickelte sich das Patronat, wodurch die Kirche aufs neue mit dem städtischen Senat verbunden wurde: Entsprechend der Tradition wurden nämlich zwei evangelisch-lutherische Senatsmitglieder in die Synode entsandt.

Mit der neuen Kirchenverfassung wurden zwei wesentliche Bereiche neu geregelt: Zum einen wurde das Schulwesen durch eine Oberschulbehörde endgültig unter staatliche Aufsicht gestellt, die allgemeine Schulpflicht wurde eingeführt, ein staatliches Volksschulwesen entstand. Zum anderen erhielt die Kirche ein eigenständiges Finanzwesen. Während die Stadt aufgrund ihrer kirchenregimentlichen Verpflichtungen und der Anerkennung der besonderen öffentlichen Funktionen der Pastoren, z. B. im Jugendunterricht und in der Armenpflege, von den 50er Jahren an Zuschüsse zu den Predigergehältern, die sonst von den jeweiligen Kirchspielverwaltungen aufzubringen waren, gewährt hatte, war die Bürgerschaft nach Inkrafttreten der neuen Kirchenverfassung der Meinung, die Kirche habe selbst für ihren Geldbedarf aufzukommen. Eine finanzielle Auseinandersetzung brachte dann im Gegenzug zur Übereignung von Vermögen des durch Stiftungen reich gewordenen St.

178 Die Geistlichen hatten keinen Anteil an der Kirchenverwaltung. Die fünf „Hauptpastoren" der Hauptkirchen bildeten aber zusammen mit den Pastoren der Vorstädte St. Georg und St. Pauli und des Waisenhauses das „Geistliche Ministerium" und hatten die Aufsicht über das kirchliche Lehramt und das Schulwesen: „Pastorenbildnisse" aus St. Jacobi, Montage von Weimar, 1894

Johannis-Klosters und des Hospitals zum Heiligen Geist an den Staat der Kirche eine jährliche Rente. Für den innerkirchlichen Ausgleich wurde 1874 die Kirchenhauptkasse errichtet.

Mit der vertraglich geregelten finanziellen Auseinandersetzung zwischen Stadt und Kirche ging Hamburg anderen deutschen Ländern voraus. Auch erreichte man im weltlich – und damit städtisch – gewordenen Begräbniswesen Übereinstimmung, und schließlich überließ die Stadt der Kirche Bauplätze und übernahm für Turmuhren der alten Kirchspielskirchen die Betriebs- und Instandhaltungskosten. Auch beim Wiederaufbau von St. Michaelis nach dem Brand von 1906 beteiligte sich die Stadt großzügig.

Da der weit überwiegende Teil der hamburgischen Bevölkerung im 19. Jahrhundert der ev.-lutherischen Kirche angehörte – das Phänomen des Kirchenaustritts und seine gesetzliche Regelung gewann erst seit dem Ende des Jahrhunderts Bedeutung –, führten andere Religionsgemeinschaften ein relatives Schattendasein. Freie Religionsausübung gab es für sie seit Ende des 18. Jahrhunderts, die volle politische Gleichstellung gelang wegen der Besonderheiten der hamburgischen Verfassung jedoch erst spät. Offener als Zufluchtort für kirchliche Minderheiten

Das Kollegium der Gemeinde-Ältesten der fünf Hauptkirchen von Hamburg 1903.

179 1860 wurden Staat und Kirche getrennt. Jedoch zog sich die Regelung der Kirchenverfassung bis 1874/75 hin: ,,Das Kollegium der fünf Hauptkirchen von Hamburg 1903, Photographie von Benque und Kindermann, 1903

und Freidenker war da bereits Altona unter dänischer Herrschaft. Erst nach den Freiheitskriegen gewann die englisch-reformierte Gemeinde ein gewisses Gewicht in Hamburg. Andere reformierte Gemeinden, von denen die französisch-reformierte durch eine starke schweizerische Kolonie und ihre beliebten französischsprachigen Prediger auffiel, spalteten sich. Unter englischem Einfluß entstanden Freikirchen, darunter nach anfänglichen Behinderungen die erste deutsche Baptistengemeinde. In den Besitz der katholischen Gemeinde war in der Franzosenzeit die kleine St. Michaeliskirche gekommen, sie war den französischen Truppen für den Gottesdienst abgetreten worden und blieb seitdem bis in die neunziger Jahre die einzige katholische Pfarrkirche. 1905 besaß Hamburg dann 5 katholische Kirchen mit 21 Geistlichen und einige katholische Schulen. Noch 1913 erregte Aufsehen, daß zwei Katholiken in die Bürgerschaft gewählt worden waren. Vergleicht man die Verhältnisse in den drei Hansestädten miteinander, so haben in Hamburg die Katholiken am längsten auf eine politische Gleichstellung warten müssen. Gleichwohl war die katholische Gemeinde ziemlich unabhängig, der Senat übte nur ein Aufsichtsrecht über sie. Eine überragende Bedeutung hatte für Hamburg außerdem die jüdische Gemeinde.

Die Kirche war in Hamburg – wie anderswo – zugleich ein Ausschnitt wie ein Gegenüber von Gesellschaft und Staat, daraus haben sich günstige und weniger günstige Entwicklungen ergeben. Zu einer eigenständigen Größe in der Stadt ist sie erst relativ spät gelangt. Das mag die sozialen Verengungserscheinungen und einen gewissen Mangel an Realitätsnähe in der 2. Hälfte des 19. Jahrhunderts mitbedingt haben, die der Kirche so häufig vorgeworfen werden. Dabei darf dann allerdings nicht außer Betracht gelassen werden, daß ihr im organisatorischen Aufbau ein freies, aktives Laienelement weithin gefehlt hat, das diesen Mängeln vielleicht hätte entgegenwirken können.

Marie-Elisabeth Hilger

Einen Dom müßt ihr begründen

Das Mittelalter hatte die deutschen Städte so ausreichend mit Kirchen versehen, daß es jedenfalls bei den Protestanten jahrhundertelang keinen Mangel daran gab. Nur Stadterweiterungen und die Einbeziehung von Vorstädten boten später noch den Grund für Kirchenbauten. In Hamburg entstanden so im 17. und 18. Jahrhundert die Hauptkirche St. Michaelis und die Dreieinigkeitskirche St. Georg in der Vorstadt. Zahllos sind freilich die Kirchenneubauten in den Stadterweiterungsgebieten des 19. und 20. Jahrhunderts.

Daß aber in einer traditionell protestantischen Innenstadt noch im 19. Jahrhundert ein Kirchenneubau entstehen konnte, der sich in die „Stadtkrone" mittelalterlicher Türme einmischte, war selten. Dazu führte die Katastrophe des Hamburger Stadtbrandes von 1842. Damals brannten die beiden Hauptpfarrkirchen St. Petri und St. Nikolai nieder. Beide mußten nun neu gebaut werden.

Für die neu zu errichtende Nikolaikirche wurde von der Baukommission des Kirchspiels 1844 ein Wettbewerb ausgeschrieben, zu dem 44 Entwürfe eingingen. Ein Preisgericht aus Fachleuten – sieben Hamburger Architekten und Baubeamten – erkannte den ersten Preis dem Entwurf des Dresdner Architekten Gottfried Semper zu. Beeindruckt hatte der elegante, damals moderne „Rundbogenstil" des Ganzen – weitaus mehr aber überzeugte das Preisgericht die

180 Gegenüber einer rationalistischen, die zweckmäßige Lösung gottesdienstlicher und architektonischer Probleme verfolgenden Partei hatten sich beim Bau von St. Nicolai diejenigen durchgesetzt, die einen stimmungsvollen Monumentalbau wollten: „Die Richtfeier der St. Nicolaikirche", Xylographie nach J. Gottheil aus der Illustrierten Zeitung, 1859

Entwurfsidee: Ohne viel Rücksicht auf Traditionen hatte Semper für den protestantischen Gottesdienst und seine sachlichen und liturgischen Bedürfnisse entworfen; die Mitte der Kirche sollte ein überkuppelter Predigtraum sein, an den sich ein Abendmahlschor und ein abtrennbarer zusätzlicher Feierraum anschlossen. An Stelle eines Turmes trat die Mittelkuppel selbst.

Für Semper wurde dieser Entwurf später zum Anlaß von Rechtfertigungsschriften und damit von grundsätzlichen Erwägungen zum protestantischen Kirchenbau: ,,Unsere Kirchen sollen Kirchen des 19. Jahrhunderts sein; man soll sie in Zukunft nicht für Werke des 13. Jahrhunderts halten; man begeht einen Raub an der Vergangenheit und belügt die Zukunft. Am schmählichsten aber behandelt man die Gegenwart, denn man spricht ihr das Dasein ab und beraubt sie der monumentalen Urkunden''.

Um es gleich zu sagen: Auch weiterhin beschränkte sich Sempers Erfolg im Falle der St. Nikolai-Kirche auf die ,,Fachwelt''. Im gesamten Architektur-Schrifttum wurde der Entwurf fortan gerühmt als schlüssige moderne Lösung für das Problem des protestantischen Kirchenbaus. Aber gebaut wurde diese Kirche nicht. Dafür sorgten die ,,Laien'' in der Baukommission, aber auch in der Öffentlichkeit schlechthin.

Als die Wettbewerbsentwürfe öffentlich ausgestellt wurden, zog nämlich ein anderer Entwurf alle Sympathien des Publikums auf sich: Der englische Architekt George Gilbert Scott hatte sich gar nicht erst damit befaßt, eine eigene Lösung für die Probleme des protestantischen Kirchenbaus zu suchen. Scott begab sich vielmehr auf eine Reise durch das Rheinland, ließ sich den Kölner Dom und andere gotische Kirchen zeigen und entwickelte aus den dabei von ihm herausgearbeiteten Prinzipien der deutschen Gotik um 1300 seine Kirche: Eine fünfschiffige Basilika mit Westturm und gestaffeltem Chor, reich mit stilgerechter Dekoration überhäuft. Scott hatte seinen Entwurf mit großartig durchgeführten perspektivischen Zeichnungen vorgeführt, die ihre Wirkung nicht verfehlten – das Publikum war hingerissen.

Wer zahlt, schafft an. Immerhin bemühte sich die Baukommission, ihre Sympathie auch fachlich zu begründen, als sie sich über das Preisgericht hinwegsetzte: Sulpiz Boisserée – einer der bedeutendsten

181 Einfügung der Dokumentenkapsel in die Turmspitze, Xylographie, 1874

Kenner der Kunst des Mittelalters und Förderer der Fertigstellung des Kölner Doms – und Ernst Friedrich Zwirner – der Kölner Dombaumeister – sollten Gutachten abgeben. Jetzt erhielt Scott die erste Stelle – Semper wurde nicht mehr berücksichtigt.

Und so konnte die Baukommission ihr Ersuchen an den Senat, die für Scott getroffene Entscheidung zu bestätigen, damit zusammenfassend begründen, daß sie meinte: ,,Der Gottesdienst erfordere ein schönes, ehrfurchtgebietendes Gebäude, das von Scott geschaffene sei, nach dem Urteil aller Laien, Kunstliebhaber und unparteiischen Sachverständigen, als das Muster eines solchen Bauwerks zu betrachten''.

Unter Einsatz der damals modernsten Bautechnik – Vorläufer eisenarmierten Betons als Fundamentplatte für den Turm – wurde das Gebäude ausgeführt. Dem gotischen Ideal entsprechend wurden alle Gliederungen und Schmuckteile in reichster und sorgfältigster Steinmetzarbeit aus Sandstein hergestellt. Die wenigen restlichen Wandflächen erhielten eine Oberfläche aus geglätteten gelben Verblendziegeln. Nur das Kernmauerwerk wurde in konventionellem rotem Mauerziegel ausgeführt.

Am 24. 9. 1846 wurde festlich der Grundstein gelegt. Am 24. 9. 1863 wurde die Kirche eingeweiht, am 16. 8. 1874 der Turm. Noch lange wurde an der Ausstattung innen und außen gearbeitet – sie ist nie fertig geworden.

1943 wurde die Kirche durch Bomben schwer getroffen. Wenn sie wirklich ,,alt'' gewesen wäre, hätte man sie sicherlich restauriert. Für eine Kirche des 19. Jahrhunderts hatte man damals aber noch keinen Sinn. Erst in den fünfziger Jahren wurde sie dann so weit abgetragen, wie sie heute vor Augen steht: Der Turm ist so gut wie komplett erhalten, von der Kirche selbst zeugen Reste der Außenmauern.

In merkwürdigstem Kontrast zur schwärmerischen Neugotik-Begeisterung steht die außerordentlich ,,hamburgische'' Idee, den riesigen Keller unter der Kirche teilweise zu vermieten. Er ist bis heute intakt und in Funktion als Weinkeller. Scott hatte eine solche Verwendung natürlich nicht geplant. Sie wurde möglich, als sich die in den 1860er Jahren eingerichtete Heizungsanlage als völlig unzulänglich erwies und man sie 1894 ersetzte. Scott selbst hatte übrigens die Frage der Erwärmung der Kirche zunächst überhaupt nicht bedacht.

Das gewaltige Bauwerk sollte von Anfang an auch als Denkmal für den Wiederaufbau nach dem Großen Brand verstanden werden:

,,Einen Dom müßt ihr begründen
Der noch in der fernsten Zeit
Von dem Geist des Volkes künden
Mög' in seiner Herrlichkeit!''

So hieß es in den Tagesblättern.
Der Porträtmaler Hans Hinrich Porth drückte die Motive der Baukommission aus: ,,Wir sind nun einmal Menschen, die durch die äußeren Sinne ihre Eindrücke empfangen: und je mehr bei einer Sache alle Sinne zusammenwirken, je stärker und nachhaltiger wird der Eindruck auf Verstand, Herz und Gemüt sein. – Wer es noch nicht fühlt, welch ein Unterschied es ist, ob man zum Gottesdienst in einen Konzertsaal, in eine Aula oder in ein würdiges, im edlen kirchlichen Stil erbautes Gotteshaus tritt, der folgt überhaupt einseitig nur der Verstandesrichtung.''

,,Kirchlicher Stil'' – das war die Gotik. Über sie sagte Zwirner in seinem Gutachten: ,,Man wird aber auch zugeben müssen, daß kein Baustil zur Andacht so sehr hinlenkt, als gerade der in den schönen hochgewölbten Hallen unserer Vorfahren; man sieht in ihren aufsteigenden,

Die unkirchlichste Stadt des Reiches

182 Das Innere von St. Nicolai, Photographie von Koppmann, um 1890

einer noch immer weiteren Entwicklung fähigen Formen ein Streben und Ringen nach dem Unendlichen, wodurch sich unser Gemüt mächtig erhoben fühlt zur Verehrung des Höchsten".
Porth war einer der begeistertsten Verfechter des Scott-Entwurfes und leistete zu seiner Realisierung dadurch einen entscheidenden Beitrag, daß er schon 1842 eine „Schillingssammlung" ins Leben rief, d. h. eine laufende wöchentliche Sammelaktion. Bis 1888 erbrachte sie 1588 210 Mark. Porth stellte sich so sehr in den Dienst der Sache, daß er 1847 als Kirchenschreiber angestellt wurde.
Übrigens wuchs die Finanzierung weit über die ursprüngliche Planung – die insofern gar keine gewesen war – hinaus, obwohl die Kirche mit nur drei Schiffen kleiner ausgeführt wurde als im ersten Entwurf. Die im Wettbewerb ausgelobte Bausumme von 1 Million Mark Banco war bis 1892 auf 4,6 Millionen Mark an-

gewachsen. Staatszuschüsse in Höhe von 1 185 400 Mark und die Ergebnisse von Spenden, Legaten und Zinsen einschließlich der „Schillingssammlung" in Höhe von 2 845 700 Mark bildeten die wesentlichen Posten.
Gegenüber einer rationalistischen, fachmännischen, die zweckmäßige Lösung gottesdienstlicher und architektonischer Probleme verfolgenden Partei hatten sich beim Neubau von St. Nikolai diejenigen durchgesetzt, die im Gegensatz zur „Verstandesrichtung" einen stimmungsvollen Monumentalbau wollten. Daß er in vieler Hinsicht unpraktisch war und daß die Kosten davonliefen, wurde dafür in Kauf genommen.
Zieht man nun die kirchengeschichtliche Situation in Hamburg in dieser Zeit in Betracht, so stellt man mit Erstaunen fest, daß sie gerade damals im Zeichen der Auseinandersetzung zweier kirchlicher Parteien stand, deren Ziele sich di-

rekt mit den zwei Richtungen in der St.-Nikolai-Planung verbinden lassen:
Die „Erweckungsbewegung" war im lutherischen Deutschland in der ersten Hälfte des 19. Jahrhunderts in breiter Front aufgebrochen, den allgemein herrschenden kirchlichen Rationalismus zurückzudrängen. Hamburg war eines ihrer Zentren, dennoch gewann sie hier nie die Oberhand. Aber ihre Vertreter nahmen doch die Rolle einer aktiven Minderheit in der Kirche ein. Alle die Personen, die als einzelne aus der Schar der Scott-Anhänger heraustreten, scheinen der Erweckungsbewegung angehört zu haben. Da ist zunächst jener Hans Hinrich Porth mit seiner naiven Frömmigkeit: „Sein kindlicher Glaube gab ihm die Zuversicht auf die Ausführbarkeit, und sein Eifer machte ihn erfinderisch". Dann gehörte der Propagandist und Geschichtsschreiber des Nikolai-Kirchenbaus Ferdinand Stöter, Kandidat an der Micha-

183 Ganz anders hieß es über den von den Rationalisten betriebenen Wiederaufbau der Petrikirche: "Man kann es als einen Akt der Pietät ansehen, die älteste Kirche Hamburgs wesentlich in ihrer älteren Form und nach ihrem alten Grundriß wieder aufzuführen": Photographie, um 1880

eliskirche und Mitglied der Baukommission, zur Erweckungsbewegung. Einer ihrer Hauptvertreter war aber Ludwig Christian Strauch, Schwager Senator Hudtwalckers und seit 1819 bis zu seinem Tode 1855 Hauptpastor an St. Nikolai.

Und schließlich war es kein Zufall, daß alle Drucksachen der Baukommission und der Schillingssammlung im Rauhen Haus hergestellt wurden. Dessen Begründer Johann Hinrich Wichern war schon 1842 an der "Schillingssammlung" Porths beteiligt gewesen.

Die untrennbare Verknüpfung zwischen nationalen, liberalen und sogar demokratischen Bestrebungen einerseits und den religiösen Zielen der Erweckungsbewegung andererseits bei ihren maßgeblichen Vertretern – eben wieder Martin H. Hudtwalcker – drückte sich wohl in dem aus, was die Geschichte des Kirchenbaus am Anfang so entscheidend prägt: Die ausschlaggebende Bedeutung des Publikums gegenüber den Fachleuten, der Laien, die den Bau zur Volkssache machten. So berichtet die Baukommission 1846 dem Senat über die Wahl des Scott-Entwurfes: "Endlich habe sich fast der größte Teil unseres Publikums für den Bau dieser Kirche erklärt, und diese Stimme des Volks sei hier wohl als eine höhere anzunehmen, vor welcher, selbst wenn man darin irre, schon der Eifer für eine solche Sache, als Verehrung des Höchsten gelten und seinen Wert finden werde".

In Streitschriften wurde die Meinung der rationalistischen Mehrheit der Kirche, der Gegenpartei der "Erweckten", oft deutlich ausgesprochen: Dort konnte man einem stimmungsvollen gotischen Neubau von St. Nikolai nichts abgewinnen.

Ganz anders verhielt es sich mit dem Wiederaufbau der Hauptkirche St. Petri: Auf dem alten Grundriß und mit Teilen des mittelalterlichen Bauwerks entstand hier ebenfalls ein Neubau. Über ihn heißt es bei Johannes Geffcken, einem scharfen Kritiker des Scott-Entwurfs für St. Nikolai und dem ausdrücklichen Sprachrohr des rationalistischen Seniors des Geistlichen Ministeriums: "Man kann es als einen Akt der Pietät ansehen, die älteste Kirche Hamburgs wesentlich in ihrer alten Form und nach ihrem alten Grundriß wieder aufzuführen, und zwar so, daß sie von den Fesseln der Unschönheit, die das ehrwürdige Gebäude im Innern und Äußern entstellte, befreit wird, und verjüngt aus der Asche entstehe...".

Tatsächlich wurde der Stil der Petrikirche beim Wiederaufbau "gereinigt", die Anlage geklärt. Vor allem aber wurde die Gelegenheit genutzt, die beiden südlichen Seitenschiffe in einen Zentralraum umzuwandeln, durch wenige Maßnahmen in Pfeiler- und Gewölbeanordnung diesen Raumteil in eine echt protestantische Predigtkirche umzudeuten. 1835 bis 1869 war Johannes Alt Hauptpastor der Petrikirche – einer der Vorkämpfer der Rationalisten in der Auseinandersetzung mit der Erweckungsbewegung.

Hermann Hipp

Johann Hinrich Wichern und das Rauhe Haus

Wilhelm ist zehneinhalb Jahre alt; seine Mutter lebt in wilder Ehe mit einem Hausknecht, den sie beim Handel mit Seidenhüten kennengelernt hat. Wilhelm hat bisher in einer Fischbeinfabrik gearbeitet und die Abendschule besucht. – Johannes ist fünfzehneinhalb Jahre alt. Seine Mutter ist Witwe und hat lange Zeit in wilder Ehe mit einem Zigarrenmacher gelebt. Johannes entwickelte sich zu einem Ausbund aller Unarten und wurde von seiner Mutter mit schwerer Prügel bestraft, solange sie noch stärker war als er. Er besuchte zwar die Sonntagsschule, benahm sich aber so, daß er aus ihr entfernt werden mußte. – Der Vater des vierzehnjährigen Cornelius ist Alkoholiker und benutzt den Jungen, um sich das für den Kauf des Branntweins nötige Geld zu beschaffen. Cornelius ist gewalttätig, er mißhandelt seine Mutter und seine Geschwister. Manchmal kommt er eine Woche lang nicht nach Hause. – Nicolaus, zehneinhalb Jahre alt, ist der uneheliche Sohn eines Dienstmädchens. Er wurde bei Pflegeeltern untergebracht, die ihn schon seit einigen Jahren in eine Tabakfabrik schickten, in der er von morgens 6 Uhr bis abends ½ 9 Uhr arbeiten mußte. Er kann weder lesen noch schreiben, ist aber gutartig.[1] Diese Angaben notierte Johann Hinrich Wichern über vier Jungen, die im November und Dezember 1833 in das Rauhe Haus aufgenommen wurden.

Wichern war nach dem Studium der Theologie in Göttingen und Berlin Anfang September 1831 in seine Heimatstadt Hamburg zurückgekehrt und hatte hier am 6. April 1832 die theologische Prüfung abgelegt; er war damit Kandidat geworden und blieb es bis zu seiner Berufung in den preußischen Staatsdienst im Jahre 1857, da er bewußt darauf verzichtete, ein kirchliches Amt zu übernehmen.[2] Seit Juni 1832 betätigte er sich als Oberlehrer des Sonntagsschulvereins, der 1825 in der Vorstadt St. Georg ins Leben gerufen worden war und von dem zuständigen Gemeindepfarrer Johann Wilhelm Rautenberg stark gefördert wurde. Wichern trat auch dem Besuchsverein bei, der sich auf Anregung Rautenbergs gebildet hatte. Seine Mitglieder gingen in die Häuser, um für den Besuch der Sonntagsschule zu werben und die Lebensverhältnisse der Kinder kennenzulernen, die angemeldet worden waren. Was sie dabei beobachteten, wissen wir aus Wicherns „Notizen über gemachte Besuche, besonders in Beziehung auf die Sonntagsschule", und seinen Aufzeichnungen über „Hamburgs wahres und geheimes Volksleben";[3] es war ein ungeahntes Maß an Armut und Verwahrlosung. Diese Beobachtungen waren es, die den Besuchsverein im Oktober 1832 zu der Erkenntnis brachten, daß den Kindern mit der Sonntagsschule allein nicht geholfen sei, daß vielmehr eine Rettungsanstalt geschaffen werden müsse, um sie aus ihrer schädlichen Umwelt herausnehmen zu können.

Der Gedanke war damals nicht neu. In Weimar hatte Johannes Daniel Falk 1813 begonnen, für die Erziehung und Ausbildung von Kindern zu sorgen, die in den napoleonischen Kriegen ihre Eltern verloren hatten oder aus der Bahn geworfen waren. Meist brachte er sie bei Handwerkern und Bauern unter; doch gab es in seinem Lutherhof auch Ansätze von Anstaltserziehung. Weit ausgeprägter war sie in Düsselthal bei Düsseldorf, wo Graf Adelbert von der Recke Volmerstein in einem ehemaligen Trappistenkloster 1822 eine Rettungsanstalt eröffnet hatte. Schließlich gab es seit 1820 in dem an der Schweizer Grenze gelegenen Beuggen eine Armen-Schullehrer-Anstalt, mit der eine Kinderrettungsanstalt verbunden war; sie stand unter der Leitung von Christian Heinrich Zeller und wurde in Süddeutschland zum

184 Das „Rettungshaus für verwahrloste Kinder" wurde mit einem Startkapital aus Spenden in einem bäuerlichen Gebäude in Horn, „Ruge's Huus", begonnen: Das alte Rauhe Haus und ein neueres Familienhaus, Xylographie von E. Limmer aus der Illustrierten Zeitung, 1892

Ausgangspunkt einer wahren Rettungshausbewegung. Auch die Bezeichnung „Rettungshaus" hatte sich eingebürgert. Sie weist auf den Ursprung dieser Einrichtungen in der Erweckungsbewegung und bringt zum Ausdruck, daß es sich um Anstalten handelt, welche „die Erziehung ihrer Zöglinge nicht von der Anwendung bloß menschlicher Mittel und Kräfte, sondern einzig und allein von dem großen Retter des Menschengeschlechts ... erwarten".[4] Das Rettungshaus ist für die Erweckungsbewegung und die frühe Innere Mission ebenso typisch wie das Waisenhaus für den Pietismus und die Industrieschule für die Aufklärung.

Wichern hatte sowohl von Falk als auch von Düsselthal und Beuggen erfahren und sich selbst schon geraume Zeit mit dem Gedanken getragen, in Hamburg eine Rettungsanstalt ins Leben zu rufen. Auch Senator Hudtwalcker hatte 1829 einmal die Errichtung einer Anstalt für sittlich verwahrloste Kinder ins Auge gefaßt, davon aber Abstand genommen, weil kein geeigneter Leiter gefunden werden konnte.[5] Als sich dann dem Besuchsverein die Notwendigkeit eines Rettungshauses aufdrängte, scheint von Anfang an festgestanden zu haben, daß Wichern die Leitung übernehmen müsse.[6] Ursprünglich hatte der Besuchsverein beabsichtigt, selbst das Rettungshaus zu schaffen; er ließ sich aber durch Hudtwalcker davon überzeugen, daß dies seine Kräfte überstieg. Als durch eine letztwillige Verfügung und durch Spenden das Startkapital vorhanden und auf dem Besitz des Syndikus Sieveking in Horn ein geeignetes Gebäude, welches „Rauhes Haus" hieß, gefunden war, konstituierte sich im Juni 1833 ein provisorischer Verwaltungsrat, dessen Vorsitz Sieveking übernahm. Am 12. September veranstaltete dieser eine Versammlung im Auktionssaal der Börsenhalle, um die Öffentlichkeit über das Vorhaben zu informieren und um seine Förderung zu bitten; auf die Unterstützung durch staatliche Mittel wurde ausdrücklich verzichtet. Sieveking eröffnete die Versammlung und legte drei „Propositionen in Betreff der Rettungsanstalt für verwahrloste Kinder in Hamburg" vor, deren erste von Wichern ausführlich erläutert wurde.[7] Dabei entwickelte dieser einen Gedanken, der sowohl für die Organisation als auch für die bauliche Gestaltung des Rauhen Hauses von großer Bedeutung wurde. Er erklärte, die Ursache

der Verwahrlosung der Kinder sei primär in der Zerrüttung des Familienlebens zu erblicken. Es liege zwar nahe, dadurch Abhilfe zu schaffen, daß die Kinder in Pflegefamilien aufgenommen würden. Da sich dies aber nicht durchführen lasse, müsse eine Rettungsanstalt geschaffen werden, in der die Kinder in mehreren familienartigen Gruppen zusammenleben können; die Voraussetzungen dafür müßten durch den Bau nicht eines großen kasernenartigen Gebäudes, sondern mehrerer Wohnhäuser geschaffen werden.

So geschah es. Am 31. Oktober zog Wichern mit seiner Mutter und zwei Geschwistern in das Rauhe Haus ein; am 8. November wurden die ersten drei Jungen aufgenommen, und bis zum Jahresende folgten neun weitere. Die Gesuche um Aufnahme von Kindern waren so zahlreich, daß schon 1834 ein weiteres Haus für zwei Familiengruppen gebaut werden mußte, das wegen seines Stiles „Schweizer Haus" genannt wurde. Der Vorgang wiederholte sich; es entstanden 1841 der „Bienenkorb" und für die Mädchen, die seit Ende 1835 aufgenommen wurden, 1843 die „Schwalbennester". Zu den Familienhäusern kamen weitere Gebäude hinzu wie das „Mutterhaus", in dem Wichern wohnte, ein „Arbeitshaus" mit Werkstätten und ein Betsaal. Der Name „Rauhes Haus" ließ eine solche Vielzahl von Gebäuden nicht erwarten, und Wichern berichtete 1845, viele Besucher seien erstaunt, „hier nicht ein Haus, sondern viele Häuser" anzutreffen.[8] Die Baugeschichte des Rauhen Hauses war jedoch – wie sein Mitarbeiter und erster Biograph Oldenberg feststellte – „nur eine weitere Entfaltung von Wicherns Rettungsgedanken": „Um Familien und um in ihnen Menschenseelen zu erbauen, mußte er Familienhäuser bauen".[9]

Die Gliederung der Kinder in Familiengruppen hatte aber nicht nur Konsequenzen für die bauliche Gestaltung der Anstalt. Wichern mußte sich nämlich von Anfang an darüber klar gewesen sein, daß er zu ihrer Betreuung Gehilfen benötigen würde. In seiner Rede vor der Versammlung in der Börsenhalle am 12. September 1833 ist er darauf noch nicht näher eingegangen, sondern hat Befürchtungen wegen der großen Zahl des Aufsichtspersonals mit dem vagen Hinweis zerstreut, es werde „sich bald zu Tage legen, daß durch eine zur Hand lie

gende Einrichtung auch diese Besorgnis ohne viel Mühe beseitigt werden kann". Es ist sehr wahrscheinlich, daß ihm schon damals die Verbindung des Rettungshauses mit einer Ausbildungsstätte vorschwebte, wie er sie von Beuggen her kannte, daß er sich darüber aber nicht näher aussprach, um die Gründung der Rettungsanstalt, dieser – wie Sieveking im November 1833 schrieb – „etwas gewagten Unternehmung",[10] nicht mit einem weiteren Projekt zu belasten. 1834 gewann er die ersten beiden geeigneten Gehilfen, von denen einer in Beuggen erzogen und von Zeller empfohlen worden war. 1836 hatte sich die Zahl verdoppelt und 1837 erwähnte Wichern zum ersten Mal im Jahresbericht das „Gehilfeninstitut".[11] Es kostete Wichern größte Mühe, den Verwaltungsrat des Rauhen Hauses davon zu überzeugen, daß das Gehilfeninstitut sich aus der Konzeption der Rettungsanstalt als zwangsläufige Konsequenz ergab, und er bedauerte es jetzt, daß es nicht von vornherein als „Mitzweck" der Anstalt erklärt worden war.[12] 1844 bildete sich ein Kuratorium für die Brüderanstalt, wie das Institut inzwischen hieß, und wurde im folgenden Jahre bei einer Reorganisation des Verwaltungsrates diesem eingegliedert. Erst damit war auch die Brüderanstalt ein Bestandteil des Rauhen Hauses geworden.[13]

Die Bedeutung der Brüderanstalt erschöpfte sich jedoch nicht darin, Gehilfen für das Rauhe Haus zu stellen. Die Brüder, meist junge Handwerker, erhielten von Wichern, der dabei von jungen Theologen, den „Oberhelfern", unterstützt wurde, einen Unterricht, der sie befähigte, auch außerhalb des Rauhen Hauses als Vorsteher von Rettungshäusern, als Wärter und Pfleger in Gefängnissen und Armenhäusern und als Kolonistenprediger unter den deutschen Auswanderern in Nordamerika tätig zu werden. Während die Kinderanstalt bis 1848 primär für hamburgische Kinder bestimmt war und durch Beiträge aus Hamburg finanziert wurde,[14] diente die Brüderanstalt auch „ganz allgemeinen christlichen und sozialen Zwecken";[15] dem entsprach es, daß sie aus Hamburg – von seltenen Ausnahmen abgesehen – weder Beiträge noch Anmeldungen erhielt.

So wichtig das Familienprinzip für Wichern ist, reicht es doch nicht aus, das Rauhe Haus erschöpfend zu charakteri

Die unkirchlichste Stadt des Reiches

185 Das Rettungshaus ist für die Erweckungsbewegung ebenso typisch wie das Waisenhaus für den Pietismus und die Industrieschule für die Aufklärung: Der Betsaal im Rauhen Haus, Xylographie, um 1860

sieren. Wichern hat immer großen Wert darauf gelegt, daß es „durchaus Privatanstalt" ist und „von öffentlichen Behörden keine Geldunterstützung" erhält.[16] Auch das hat er schon in seiner Rede am 12. September 1833 ausgesprochen und erklärt, daß diese Tatsache „den Geist der Anstalt vielleicht in ihrem innersten Kern bezeichnet"; würde die Anstalt nämlich staatliche Mittel entgegennehmen, müßte sie auch einen staatlichen Einfluß auf ihr Leben und ihre Entwicklung akzeptieren, und das wiederum müßte ihre Eigenart als freies christliches Liebeswerk gefährden. Aus dem Charakter als Privatanstalt folgte auch, daß die Kinder nicht zwangsweise durch obrigkeitliche Anordnung eingewiesen wurden, sondern aufgrund der freien Entschließung der Eltern, mit denen darüber ein Vertrag abgeschlossen wurde.[17] Das Rauhe Haus war deshalb keine Polizei- oder Strafanstalt, sondern „von allem diesem das gerade Gegenteil", und verzichtete auf „die durch Mauern, Riegel und Wächter garantierte Gefängnissicherung".[18] Eine der ersten Arbeiten, die Wichern zusammen mit den Jungen durchführte, war die Abtragung eines Walles, welcher das Grundstück an zwei Seiten umschloß. Sie sollten daraus lernen, „wie nicht Mauern und Gräben, sondern Vertrauen und Liebe allein sie hier halten sollen".[19] Er legte Wert darauf, „daß die Kinder sich im Rauhen Hause weder unter einer Schulzucht noch unter dem Zwang eines Strafhauses fühlen und befinden", und sprach von dem „Prinzip der Freiheit, zu dem sich die Anstalt bekennt".[20] Daß dies nicht nur Theorie gewesen ist, geht daraus hervor, daß er sich gelegentlich gegen den Verdacht wehren muß, die Freiheit und Selbständigkeit der Kinder sei auf einen Mangel an sorgfältiger Beaufsichtigung zurückzuführen.[21]

Davon konnte jedoch keine Rede sein. Es gibt kaum ein Thema, welches Wichern in den Jahresberichten so häufig behandelt hat, wie das der Aufsicht; sie war im Rauhen Haus lückenlos und umfassend und das Gegenstück der den Kindern gewährten Freiheit. Wichern sprach gelegentlich von der Aufsicht, „die dem hiesigen Boden der Freiheit ebenso üppig entwächst, wie die Kinder sich in dieser mit der Aufsicht durchwachsenen und durchwucherten Freiheit entwickeln sollen".[22] Die Aufsicht brauchte – davon war er überzeugt – nur eine Woche lang auszusetzen, „und jedes unserer Häuser böte das Bild einer Pariser Bettelherberge".[23] Es handelt sich dabei jedoch um eine Aufsicht so besonderer Art, daß – wie Wichern einmal bemerkt – „der Name Aufsicht das nicht klar bezeichnet, was hier eigentlich gemeint ist".[24] Sie ist nämlich nicht „das Tun eines Aufsehers im gemeinen Sinne", der „etwa mit dem Stock die Ordnung aufrechterhalten müßte", sondern eine auf der Lebensgemeinschaft mit den Kindern beruhende Einsicht und Wachsamkeit, „sie ist der praktische Verstand der brüderlichen Liebe".[25]

Diese Eigenart der Erziehungsarbeit des Rauhen Hauses wird von Wichern nicht nur aus seinem formalen Charakter als Privatanstalt abgeleitet, sondern auch daraus, daß es eine christliche Einrichtung ist. Aus diesem Grunde wird nämlich jedem Kind bei seiner Aufnahme erklärt, „daß ihm mit dem Eintritt in dies Haus ... alles ohne Ausnahme vollständig und für immer vergeben sei". Das war nicht Aufnahmeritual, sondern hatte durchgreifende Konsequenzen für die Behandlung des Kindes; es durfte nichts geschehen, „was infolge des früheren Lebens strafend, drohend oder mit Mißtrauen an das Kind hinanträte". Alles sollte die Gültigkeit jener Zusage bezeugen und Vertrauen ausdrücken. „Verstünde das Kind es, es müßte ihm sein, als wäre es bei Christo zur Herberge gekommen."[26]

Helmut Talazko

Fragen der Religion, der Trauer und des Trostes wurden dabei ausgeklammert: der Ohlsdorfer Friedhof

Die rasche Bevölkerungszunahme in der zweiten Hälfte des 19. Jh. erforderte auch im Friedhofswesen ein Umdenken oder wie die Zeitgenossen sagten „neue Verhältnisse". Bisher hatten die Kirchen das Beerdigungswesen in ihrer Hand gehabt, obwohl sich der Staat schon am Ende des 18. Jh. mit „sanitätspolizeilichen" Auflagen eingemischt hatte. Damals waren in Hamburg die Gräber, die mitten in der Stadt innerhalb und außerhalb der Kirchen gelegen hatten, auf neue Begräbnisplätze vor die Tore der Stadt verlegt worden. Als dann aber 1862 zum zweiten Mal einer dieser neuen Plätze wegen Überfüllung geschlossen und wieder weiter hinaus verlegt werden sollte, verlangte die Bürgerschaft anstelle der Neuanlage einzelner Plätze der Kirchengemeinden die Anlage eines „Centralkirchhofs", der zwischen Barmbek und Winterhude liegen sollte.[1] Über den Ankauf dieses und anderer Gebiete verhandelte man aber über mehrere Jahre erfolglos.

Die Frage, wo die Toten gerade der armen Bevölkerung Hamburgs in Zukunft beerdigt werden sollten, wurde in dieser Zeit so akut, daß schließlich 1873 Senat und Bürgerschaft eine gemischte „Commission zur Verlegung der Begräbnisplätze" einsetzten. Aufgabe der Kommission war es, „die Beschlußfassungen von Senat und Bürgerschaft über die Verlegung der Begräbnisplätze vorzubereiten."

Hauptberatungspunkt der ersten Sitzung war die Frage des Landkaufes. Lage, Größe und Entfernung des neuen Friedhofes zur Stadt, alle diese Determinanten waren noch offen und wurden diskutiert. Für die Einrichtung eines zentralen Begräbnisplatzes entschieden dabei die Argumente, daß „bei einer einheitlichen Verwaltung [der Friedhof] einfacher, zweckmäßiger und billiger eingerichtet,

der Raum zweckmäßiger verteilt und die sanitätspolizeiliche Aufsicht wirksamer ausgeübt werden könne, daß ferner die Herstellung von Bahn- und Omnibusverbindungen leichter nach einem Terrain als nach mehreren auszuführen sei."[2]

Auf den kirchlichen Plätzen waren bis zu fünf Särge übereinander beerdigt worden und der Verwesungsprozeß hatte sich infolge der Tiefe der Gräber erheblich verzögert. Bei der Festlegung der Größe der neuen Friedhofsfläche spielte die Forderung der Medizinalbehörde nach Einzelbeerdigung die maßgebende Rolle. Man einigte sich vorläufig auf einen Bedarf von etwa 90 ha, da man die „zuverlässige Bestimmung der erforderlichen Größe" als „unthunlich" ansah. Faktoren wie Verwesungsfrist, Anzahl der Familiengräber und besonders jede „Abschätzung über die Zunahme der Leichen" waren zu ungewiß, als daß sie hätten von vornherein festgelegt werden können.

Hier wird deutlich, daß sich die Kommission auf keinerlei eigene Erfahrungen für die neue Friedhofsanlage stützen konnte. So orientierte sie sich auch bei anderen Einzelproblemen an Auskünften, die aus anderen Städten mit neuangelegten kommunalen Friedhöfen eingeholt wurden.[3]

Zum Ankauf wählte man unter mehreren Angeboten das Ohlsdorfer Gebiet aus. Es handelte sich um die billigste und größte Landfläche, die in Bodenbeschaffenheit – gefordert wurde lockerer Sandboden und relativ niedriger Grundwasserstand für eine schnelle Verwesung der Leichen – und Entfernung allen Ansprüchen genügte. Man entschied sich bewußt nicht für ein Gebiet, das näher an der Stadt lag, da die Bebauung zu schnell näherrücken würde und dann unter Umständen „die jetzige Beerdigungsweise mit großem Gefolge im Schritt" möglich

gewesen wäre; ein alter Zopf, der den Bürgern der prosperierenden Handelsstadt offenbar zu viel Zeit in Anspruch zu nehmen oder gar politisch gefährlich zu sein schien und mit dem neuen Friedhof gleich mit abgeschnitten werden sollte. Für Ohlsdorf sprach auch die Vergrößerungsfähigkeit des Gebietes und die Nähe zu den anderen, weit aus der Stadt herausgelegten, öffentlichen Anstalten – Gefängnis, Werk- und Armenhaus und Alsterdorfer Anstalten. Außerdem versprach man sich eine Förderung der Alsterkanalisation. Den einzigen Nachteil sah man darin, daß umfangreiche Straßenarbeiten nötig waren.[4]

Nach dem Ankauf im Herbst 1874 wurde ein großer Teil des Gebietes zu landwirtschaftlicher Nutzung verpachtet. Es handelte sich insgesamt um ein leicht hügeliges Gelände, das durch Knicks in Weideflächen abgeteilt war. Obwohl noch nicht geklärt war, ob der Staat oder die Kirchengemeinden den neuen Friedhof verwalten würden, veranlaßte die Kommission sofort die Planung für eine provisorische Friedhofsanlage. Dabei wurden einzelne Programmpunkte für einen Gesamtplan festgelegt. So sollte die „Friedhofsanlage als eine einheitliche Anlage mit einem gemeinsamen Centrum" ausgeführt werden. Eine Eisenbahneinführung sollte möglich sein. Der Friedhof sollte der Umgebung entsprechend parkartig und landschaftlich gehalten werden, eine beschränkte architektonische Ausschmückung sollte jedoch nicht ausgeschlossen werden.[5] Die Baudeputation unter Oberingenieur Franz Andreas Meyer übernahm die Planung. 1876 wurde ein erstes hochgelegenes, sandiges Gebiet, auf dem keine Entwässerungsarbeiten nötig waren, für die Beerdigung hergerichtet und ein Bauernhaus in eine provisorische Kapelle umgewandelt.

Die unkirchlichste Stadt des Reiches

186 Die Frage, wo die arme Bevölkerung beerdigt werden sollte, wurde so akut, daß der Senat eine „Commission zur Verlegung der Begräbnisplätze" einsetzte. 1874 wurde der Ohlsdorfer Friedhof provisorisch eröffnet. Zunächst wurden nur Tote aus den öffentlichen Anstalten beerdigt: Einweihungsfeier am 1. Juli 1877, Photographie

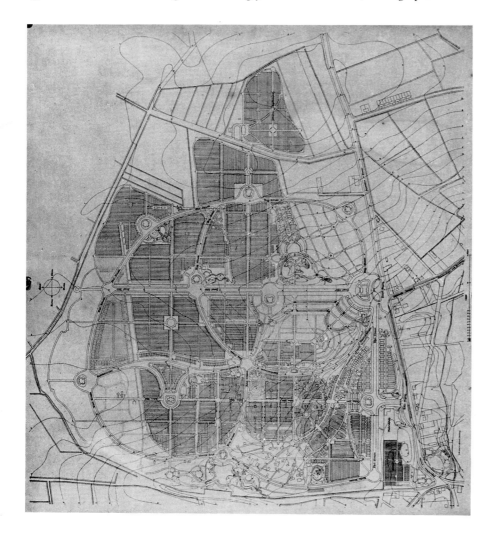

187 Erst der Generalplan von Wilhelm Cordes, 1881, legte das Aussehen des frühen Friedhofteiles fest mit seinen ringartigen Straßenzügen und den gradlinigen Hauptwegen, den über das Gelände verteilten Kapellenstandpunkten und der landschaftlichen Gestaltung des Terrains: Plan des Friedhofs, um 1895

Gleichzeitig wurden zahlreiche Verhandlungen mit den Kirchengemeinden über die Frage der Friedhofsverwaltung geführt, die die Kirchen als ihr angestammtes Recht ansahen. Auch wenn es nicht als Hauptargument angeführt wurde, so hatten die evangelischen Gemeinden aus dem Beerdigungswesen bis dahin immerhin auch finanzielle Vorteile gezogen und wollten zudem aus Angst vor einem weiteren Verlust ihres allgemeinen gesellschaftlichen Einflusses nur ungern auf diese Aufgabe verzichten. Schließlich wurde den Vertretern der Kirchen aber dargelegt, „daß die religiöse Frage und die Frage der Verwaltung sich keineswegs decken, daß die letztere vielmehr lediglich eine Finanz- und Zweckmäßigkeitsfrage ist, und daß bei der Entwicklung, welche die hiesigen Friedhofsverhältnisse nun einmal genommen, die Verwaltung eine communale werde sein müssen."[6]

So empfahl die Kommission im März 1878 Senat und Bürgerschaft eine staatliche Verwaltung des Friedhofes, auf dem die Beerdigung für Angehörige aller Konfessionen möglich sein sollte. Angehörige derselben Konfession sollten in der Regel in der Reihe nebeneinander beerdigt werden, man wollte daher neben einer allgemeinen evangelischen Abteilung – immerhin 90% der Hamburger Bevölkerung – besondere Abteilungen für die römisch-katholische Gemeinde, die beiden jüdischen Gemeinden und für konfessionslose Mitbürgerschaffen.

Noch vor Klärung dieser Fragen waren mit der, fast heimlichen, Eröffnung eines ersten Friedhofsteiles am 1. Juli 1877 schon endgültige Tatsachen geschaffen worden.[7] Anfangs wurden nur Leichen aus den öffentlichen Anstalten beigesetzt. Erst ab 1879 wurde mit dem Verkauf von Grabstätten begonnen. Eine neue Begräbnisordnung sah grundsätzlich die Beerdigung in zwei Klassen vor, dem Gemeinsamen Grab, auch Reihengrab genannt, und dem Eigenen Grab, die sich nicht nur in der Beerdigungsweise, sondern auch in der Ruhezeit deutlich voneinander unterschieden. Beide Begräbnisarten verteilten sich in der zweiten Hälfte des 19. Jh. durchaus unterschiedlich. Im Jahre 1896 wurden etwa 12000 Tote in Ohlsdorf beigesetzt, von denen mehr als die Hälfte Kinder unter fünf Jahren waren. Insgesamt wurden 80,6% der Toten im Gemeinsamen Grab, 15% im Eigenen Grab und 4,4% in der Sonderform des Genossenschaftsgrabes beerdigt.[8] Der Ohlsdorfer Friedhof war ein Friedhof der Armen.

Der erste Friedhofsbereich war als Provisorium mit der Vorgabe ausgeführt worden, daß er eine spätere Gesamtplanung nicht stören sollte. Außer einer Skizze von Oberingenieur Meyer bestand noch keine weitere Planung, als Meyer und der Medicinal-Inspector Dr. Kraus 1877 eine Informationsreise nach London und Paris antraten. In seinem Bericht zeigte sich Meyer besonders beeindruckt von dem Planquadratsystem zur Auffindung der Gräber auf dem Londoner Friedhof bei Little-Ilford, das dann auch in Hamburg ausprobiert und übernommen wurde, sowie von den dortigen „Columbarien oder Zellengrüften", die „eine große bauliche Anlage, ..., ähnlich wie die Gruftanlagen auf italienischen Friedhöfen" bilden. Nach anschließender Diskussion wurde Meyer beauftragt, auf der Grundlage seiner Skizze und der dort festgelegten Programmpunkte einen Gesamtplan zu entwerfen. Den daraufhin vorgelegten Plan mit einem Gebäudekomplex und großen Arkadenanlagen in der Mitte des Friedhofsgeländes lehnte die Kommission dann aber wegen der immensen Kosten von 3779000,– M entschieden ab. Um die Kosten zu verringern, war man bereit, die vorher aufgestellten Programmpunkte zu „modificieren". Auf die Eisenbahnanlage im Zentrum wollte man verzichten, wenn ein Bahnhof gegenüber dem Haupteingang geplant würde. Der Gebäudekomplex in der Mitte sollte aufgegeben werden, weil die Erdbewegungen dafür zu teuer waren und die parkartige Eingangszone ohne Gräber dadurch zu groß geraten war. Die große Kolumbarienanlage wollte man vorläufig überhaupt nicht anlegen. Insgesamt sollten große Erdbewegungen vermieden werden und die Anlagen den vorhandenen Niveauverhältnissen angepaßt werden.

188 Nachdem die Feuerbestattung sich immer mehr verbreitete, wurde in der Nähe des neuen Friedhofsgeländes in Ohlsdorf auch ein Krematorium, eines der frühesten in Deutschland, angelegt: Photographie, um 1892

Außerdem hatten die Kosten für die Ausführung der ganzen Friedhofsanlage die Kommission so nachhaltig beeindruckt, daß man die Vorschläge „auf das für die nächsten 10 Jahre Erforderliche" beschränken wollte, „um für die späteren Einrichtungen noch weitere Erfahrungen zu sammeln."[9]

Daß aus dem Friedhof trotz der beschränkten Mittel ein schon um 1900 weithin berühmtes „Kunstwerk" entstand, ist dem 1879 eingesetzten Friedhofsverwalter und späteren Direktor Wilhelm Cordes zu verdanken. Nachdem dieser anfangs nur kleinere Erweiterungen des Beerdigungsterrains ausgeführt hatte, legte er 1881 einen Bericht mit Generalplan und Kostenanschlag vor. Aufgrund dieses Planes beschloß die Kommission 1882 endgültig die zahlreichen z. T. schon erwähnten „Modificationen" der früher aufgestellten Programmpunkte. Damit war das Aussehen des ersten Friedhofsteiles festgelegt. Mit seinen ringartigen Straßenzügen und den geradlinigen Hauptwegen, den über das Gelände verteilten Kapellenstandpunkten und der landschaftlichen Gestaltung des Terrains, wobei noch besonders auf die Erhaltung der Knicks als erster „Bebauung" des Gebietes Wert gelegt wurde, entsprach die in der Folgezeit sukzessive von Senat und Bürgerschaft genehmigte und fertiggestellte Anlage diesen Programmpunkten.

Durch die Arbeit der Kommission zur Verlegung der Begräbnisplätze war in Hamburg innerhalb von zehn Jahren ein städtisches Einzelproblem, wie es die Anlage eines neuen Beerdigungsplatzes für eine bisher unbekannt große Zahl von Verstorbenen darstellt, entsprechend den veränderten gesellschaftlichen Umständen und einer veränderten Geisteshaltung der Epoche gelöst worden. Es ist bezeichnend, daß diese Aufgabe von der öffentlichen Verwaltung nicht mehr den Kirchen, also den religiösen Gemeinschaften überlassen, sondern an eine staatliche „Arbeitsgruppe" delegiert worden war, die sie mit fast wissenschaftlicher Akribie anging und vorrangig nach dem Gesichtspunkt der „Zweckmäßigkeit" und, darin enthalten, der billigen und rationellen Lösung behandelte. Fragen der Religion, des Totenkultes, der Verbindung zwischen Lebenden und Toten, der Trauer und des Trostes wurden dabei weitgehend ausgeklammert und althergebrachte Bräuche der Bestattung auf ein Mindestmaß reduziert.

Barbara Leisner

Innerhalb des deutschen Judentums hatten die Hamburger Juden ein eigenes Profil

Der Beginn des 19. Jahrhunderts markiert einen wichtigen Einschnitt in der Geschichte der Juden im Hamburger Raum. Diese Geschichte reicht bis in das späte 16. Jahrhundert zurück, als von der iberischen Halbinsel vertriebene Juden – Sefardim oder „portugiesische" Juden – über die Niederlande in die Handels- und Hafenstadt kamen und hier als Kaufleute, Bankiers und Ärzte tätig waren. Ihr Niederlassungsrecht wurde durch Verträge mit dem Rat geregelt. Allerdings verschlechterten sich die Konditionen gegen Ende des 17. Jahrhunderts, so daß die meisten der Sefardim Hamburg verließen, zurück blieb nur eine kleine Restgemeinde.

Fast gleichzeitig mit den „portugiesischen" waren auch „hochdeutsche" Juden – Aschkenasim – an die Elbe gekommen. Sie ließen sich nicht nur in der Reichsstadt Hamburg, sondern auch in den beiden religiösen Freistätten Altona und Wandsbek nieder. In Altona erhielten sie – nach 1640 von den dänischen Königen – Schutzbriefe (Privilegien), die ihnen u. a. die Erlaubnis einräumten, Handel zu treiben, eine Synagoge einzurichten und einen eigenen Friedhof (Königstraße) zu halten.[1] Ähnlich günstig waren die Privilegien, die den Juden in Wandsbek vom Gutsherrn gewährt wurden. Schlechter war die rechtliche Situation in Hamburg: da das Kaiserliche Judenreglement von 1710 deutlich hinter den genannten Privilegien zurückblieb, zogen viele Juden es vor, Altonaer oder Wandsbeker Schutzjuden zu sein. Beruflich – im Handel und in zunftfreien Berufen – waren aber viele von ihnen in Hamburg tätig, und wohnten auch hier, wo sie schließlich eigene Filialgemeinden gründeten (Altonaer in Hamburg, Wandsbeker in Hamburg), die neben der Hamburger Gemeinde bestanden. Alle aschkenasischen Gemeinden der Region schlossen sich nach 1671 zu einem Gemeindeverband zusammen, an dessen Spitze der in Altona amtierende Rabbi-

189 Seit 1671 waren die jüdischen Gemeinden in Hamburg, Altona und Wandsbek vereinigt. Obwohl ihnen das Judenreglement von 1710 nur geringe Rechte einräumte, bildeten die Hamburger Juden im 18. Jahrhundert die größte jüdische Gemeinschaft in Deutschland: Innenansicht der Hamburger Synagoge in der Elbstraße, erbaut 1760, Photographie, um 1900

ner stand, der auch das dortige Rabbinatsgericht leitete. Die Gemeinden waren Körperschaften mit eigener Selbstverwaltung und Jurisdiktion, die durch Statuten ihre internen Angelegenheiten regelten.[2]

Bevölkerungsmäßig war der Anteil der Juden um die Wende vom 18. zum 19. Jahrhundert sowohl in Altona wie auch in Hamburg beträchtlich. In Altona hatten die Juden im Jahre 1780 einen Anteil von fast 10% und bildeten die größte religiöse Minderheit.[3] In Hamburg erreichten die Juden im Jahre 1811 – dem Jahr der ersten exakten Zählung – einen Anteil von fast 6%. Die hier lebenden 6300 aschkenasischen Juden, zu denen noch 130 „portugiesische" Juden kamen, bildeten zur damaligen Zeit die größte jüdische Gemeinschaft in Deutschland.[4]

In jene Zeit nun fällt der angesprochene Einschnitt, der sich zunächst einmal auf die äußere Situation der jüdischen Minderheit auswirkte. Die Eingliederung der alten Reichsstadt Hamburg in das französische Kaiserreich hatte unter anderem zur Folge, daß den Juden die vollen bürgerlichen und politischen Rechte zugesprochen wurden. Juden beteiligten sich sofort aktiv an der Verwaltung ihrer Stadt: unter den 30 Mitgliedern des Conseil municipal waren 2 Juden, Moses Isaac Hertz und Jacob Oppenheimer. Von großer Bedeutung für die Gemeinden war, daß durch die Separationsakte vom 26. 4. 1812 die ehrwürdige Dreigemeinde Altona-Hamburg-Wandsbek, die ja Juden aus 3 sehr unterschiedlichen obrigkeitlichen Herrschaftssystemen vereinigt hatte, aufgelöst wurde.

Mit dem Ende der Franzosenzeit änderte sich die Situation grundlegend: der Rat setzte nicht nur die alte Verfassung wieder in Kraft, sondern auch die fossilienhaften Bestimmungen des Judenreglements von 1710. Dies bedeutete wiederum die Eingrenzung auf bestimmte berufliche Tätigkeiten, die Juden ausüben durften, sowie die Aufrechterhaltung des Verbots auf Erwerb von Grundbesitz, das aber de facto in vielen Fällen umgangen wurde. Der Dreigemeinde-Verband wurde nicht wiederhergestellt. Die „Deutsch-Israelitische Gemeinde in Hamburg", wie sie sich seit 1821 nannte und in der sich nun (fast) alle aschkenasischen Juden Hamburgs zusammenfanden, trat in der Restaurationsphase mit einer Reihe von Denkschriften und Suppliken an den Rat heran, um die bürgerlichen und politischen Rechte der Juden zu verbessern. In dem nun anbrechenden (publizistischen) Emanzipationskampf vertrat der Jurist und spätere Oberrichter Gabriel Riesser beredt jüdische und liberale Anliegen.[5] Antijüdische Krawalle in den Jahren 1819, 1830 und 1835 bewiesen, wie schnell sich im Falle sozialer Spannungen der Unmut gegen die Juden als soziale Minderheit richtete und richten ließ.

Erste Erfolge im Kampf um die Emanzipation stellten sich 1842 ein. Nach dem Großen Brand wurden die Beschränkungen hinsichtlich des Erwerbs von Grundeigentum und der Wahl der Wohngegend innerhalb der Stadt aufgehoben. Die Revolution von 1848 brachte den Durchbruch: die in Frankfurt verkündeten „Grundrechte der Deutschen" und insbesondere der Artikel 16 wurden in Hamburg in Kraft gesetzt. Die „Provisorische Verordnung behufs Ausführung des § 16 der Grundrechte des deutschen Volkes in bezug auf die Israeliten" wurde am 21. 2. 1849 durch Rats- und Bürgerbeschluß rechtsgültig. Juden konnten nun das Bürgerrecht gewinnen und machten von dieser Möglichkeit sogleich regen Gebrauch. Die Hamburger Verfassung von 1860, die u. a. die politischen Rechte auf alle einkommensteuerzahlenden Bürger erweiterte, setzte den Schlußpunkt im Emanzipationskampf. Hierzu gehörte auch, daß alte Rechtsverhältnisse beendet wurden; durch Gesetze wurden 1864 die Deutsch-Israelitische

Gemeinde und die kleine portugiesische Gemeinde in Religionsgesellschaften mit freiwilliger Mitgliedschaft umgewandelt, die Armenfürsorge übernahm der Staat, und die jüdische Jurisdiktion in Familien- und Erbangelegenheiten entfiel. – Die Juden in Altona und Wandsbek erhielten durch das vom dänischen König Friedrich VII. am 14. 7. 1863 verkündete „Gesetz betreffend die Verhältnisse der Juden im Herzogtum Holstein" die rechtliche Gleichstellung zugesprochen.

Die Neugestaltung des Verhältnisses zwischen jüdischer Minderheit und Majoritätsgesellschaft bzw. zwischen der Gemeinde und den staatlichen Institutionen war begleitet von innerjüdischen Entwicklungen, die im gleichen Zeitraum vor sich gingen. Innerhalb von 2 Generationen veränderte sich die Binnenstruktur der jüdischen Minorität in entscheidender Weise. Im Zuge der nun voll einsetzenden Assimilations- und Akkulturationsbestrebungen gab man minoritätsbedingte Eigenheiten weitgehend auf und drängte auf Angleichung und sozialen Aufstieg. Dies betraf zunächst einmal die Sprache: man wandte sich vom Jiddischen ab und betonte sowohl in der 1805 gegründeten orthodoxen Talmud Tora-Schule wie in der liberalen Stiftungsschule von 1815 den Wert der hochdeutschen Sprache. Auch in der Kleidung und beim Eintritt in neue attraktive Berufe strebte man an, vermeintlich althergebrachte gruppenspezifische Besonderheiten abzulegen. Diese Modernisierungstendenzen fanden ihren wohl wichtigsten Niederschlag im religiösen Raum. Mit der 1817 vollzogenen Gründung des „Israelitischen Tempelvereins" konstituierte sich eine Gruppe, die in einem einzurichtenden „Tempel" Reformen des herkömmlichen synagogalen Gottesdienstes durchführte. Im Mittelpunkt der Reformen stand die Einführung einer Predigt in deutscher Sprache und die Benutzung der Orgel im Gottesdienst. Der in Hamburg gegründete Tempelverband gab wichtige Anstöße für das entstehende Reformjudentum in Europa und später auch in Amerika. Nun sah sich auch die Orthodoxie, die heftig gegen die neue Gruppierung polemisiert hatte, genötigt, Neuerungen einzuführen. Mit dem 1821 als Rabbiner nach Hamburg berufenen Isaak Bernays kam ein Mann, der neben seiner Ausbildung auf einer Talmudhochschule auch

an einer Universität studiert hatte. Bernays predigte in deutscher Sprache und bereicherte das Curriculum der Talmud Tora-Schule um weltliche Fächer.

Trotz großer Spannungen zwischen den einzelnen Gruppierungen kam es aber zu keiner Spaltung der Gemeinde. Diese blieb zuständig für das Wohlfahrts-, Schul- und Begräbniswesen und die Finanzverwaltung, sie vertrat jüdische Anliegen gegenüber städtischen Behörden. Unter ihrem Dach amtierten die Kultusverbände mit eigener Autonomie: der orthodoxe Synagogenverband mit der Gemeinde-Synagoge (ab 1859 Kohlhöfen, ab 1906 Bornplatz), der liberale Tempel-Verband mit seinen Gotteshäusern (ab 1818 Brunnenstraße, ab 1844 Poolstraße) und seit 1894 die Neue Dammtor-Synagoge (Beneckestraße), die eine gemäßigt konservative Richtung vertrat. Neben diesen Synagogen und kleineren Bethäusern gab es ein breit gefächertes jüdisches Vereins- und Stiftungswesen, das vor allem karitative und kulturelle Zielsetzungen verfolgte. Darüber hinaus waren viele Juden Mitglieder allgemeiner kultureller und politischer Vereine und Parteien, nicht wenige von ihnen betätigten sich als Mäzene von Kultur und Wissenschaft in der Stadtrepublik. Die große Mehrzahl der Juden beteiligte sich rege am kommunalen und gemeindlichen Leben und fühlte sich ihrer Heimatstadt tief verbunden. Der liberalen Grundströmung der prosperierenden Hafen- und Handelsstadt entsprach ein blühendes Gemeindeleben, das – anders als in Altona, wo die Orthodoxie eigentlich immer dominierte – alle Lager umspannte und in seinen Gremien Vertreter unterschiedlichster Meinungen vereinigte.

Zu jener Zeit – in der 2. Hälfte des 19. Jahrhunderts – vollzogen sich in demographischer und wirtschaftlicher Hinsicht wichtige Veränderungen, die für die Situation der Juden in Hamburg bis in die Zeit der Weimarer Republik kennzeichnend bleiben sollten. Diese Veränderungen sind nur vor dem Hintergrund der allgemeinen Stadtentwicklung richtig einzuschätzen. Angesichts der rapide ansteigenden Bevölkerung Hamburgs, die ihre Ursache neben der Zuwanderung auch in Gebietserweiterungen hatte, sank der Anteil der Juden kontinuierlich ab. 1871 machten die Juden noch 4,1% der Gesamtbevölkerung aus, 1910 nur noch 1,9%, in absoluten Zahlen für die-

Die unkirchlichste Stadt des Reiches

ses Jahr 18392 bei einer Gesamtbevölkerung von etwas über 1000000.[6] Längst hatte die Hauptstadt des neuen Kaiserreichs Berlin mehr Juden als Hamburg, auch Breslau und Frankfurt a. M. zogen an Hamburg vorbei. Nach dem Fallen der Torsperre 1860 verließen die Juden zunehmend ihre alten Wohngebiete zwischen Zeughausmarkt und Ellerntorsbrücke in der Neustadt. Zurück blieben ärmere Schichten, etwa Kleinhändler, kaufmännische Angestellte und Arbeiter. Die wohlhabenderen Juden – aber nicht nur sie – zogen in die neuen Stadtviertel Rotherbaum, Harvestehude, Eppendorf und Eimsbüttel. Im Jahre 1900 lebten dort bereits 49,3%, 1925 69,7% der hamburgischen Juden, die sich in ihren Lebensgewohnheiten weitgehend an die Gesamtgesellschaft assimiliert, d. h. verbürgerlicht hatten.[7] Beruflich konzentrierten sich die Juden im Handel (1895 = 55,5%) und in der Industrie (1895 = 17,2%), hier vor allem im Bekleidungsgewerbe. 7,5% waren als Rechtsanwälte, Ärzte, Journalisten und Lehrer tätig.[8] Damit wich die berufliche Gliederung nicht von den Werten ab, die für andere deutsche Städte in jener Zeit vorliegen. Überaus breit war das berufliche und soziale Spektrum: neben dem Bankier Salomon Heine, einem der Wohltäter dieser Stadt, und dem Generaldirektor der Hapag Albert Ballin gab es jüdische Mitglieder der Bürgerschaft und Reichstagsabgeordnete wie Isaac Wolffson und Anton Rée, aber auch Rabbiner, Kaufleute, Handlungsgehilfen, Handwerker und Rentiers.

Erste Schatten auf den langjährigen Integrationsprozeß, der aus Juden in Hamburg Hamburger Juden gemacht hatte, warf die in den siebziger Jahren in Berlin entstehende antisemitische Bewegung. Sie hatte zunächst kaum Auswirkungen in Hamburg. Erst in den achtziger Jahren setzte sich der politisch organisierte Antisemitismus stärker durch. In Flugblättern und auf Versammlungen wurde gegen Juden gehetzt. Der Berliner Hofprediger Adolf Stoecker durfte in Hamburg allerdings nicht auftreten. Darauf hielt er seine Versammlungen in den preußi-

190 Nachdem die Juden in der Franzosenzeit die bürgerlichen und politischen Rechte erhalten hatten, setzte der Senat 1814 wieder das alte Judenreglement ein. Der Emanzipationskampf der Juden hatte erst 1842, 1849 und mit der Verfassung von 1860 Erfolge: Der neue israelitische Tempel in der Poolstraße mit reformiertem synagogalen Gottesdienst bei seiner Einweihung, Xylographie, 1845

191 Die neue orthodoxe Synagoge an den Kohlhöfen, Xylographie, 1859

192 Der letzte große orthodoxe Synagogenbau am Bornplatz, Photographie, 1906

schen Städten Altona und Wandsbek ab. Vor allem durch den 1893 in Hamburg gegründeten „Deutschnationalen Handlungsgehilfen-Verband" wurden völkische und antisemitische Parolen laut. „Juden und nachweislich von Juden abstammende Personen" waren nach § 2 des Programms des DHV von der Mitgliedschaft ausgeschlossen.[9] Widerstand gegen den Antisemitismus leistete vor allem der „Centralverein deutscher Staatsbürger jüdischen Glaubens", der eine Ortsgruppe auch in Hamburg unterhielt. Aber auch die kleine Gruppe der Zionisten setzte sich entschieden zur Wehr. Ihr gelang es in Zusammenarbeit mit dem Synagogenverband übrigens auch, den 9. Zionisten-Kongreß 1909 in Hamburg durchzuführen, den einzigen Kongreß, der auf deutschem Boden stattfand.

Die Geschichte der Juden in Hamburg vom ausgehenden 18. bis zum beginnenden 20. Jahrhundert ist die Geschichte einer religiösen Minderheit, die sich – unterbrochen von Phasen des Rückschlags – kontinuierlich in die Gesamtgesellschaft integrierte, einen erstaunlichen sozialen Aufstieg vollbrachte und maßgeblich zum politischen, wirtschaftlichen und kulturellen Erscheinungsbild dieser Stadt beitrug. Innerhalb des deutschen Judentums hatten die Hamburger Juden ein eigenes unverwechselbares Profil. Als selbstbewußte Bürger einer weltoffenen Hafen- und Handelsstadt mehrten sie Hamburgs Nutzen und Ansehen im Reich und in der Welt.

Peter Freimark

Vaterländisches
Schul- und Erziehungswesen

Hamburg gilt mit einigem Recht als „Sonderfall in der Geschichte Deutschlands". Zu den Bereichen, in denen die Stadt im 19. Jahrhundert eine Sonderstellung einnahm, gehörte das Schulwesen.[1] Das Schulhalten wurde als freies Gewerbe angesehen, dem sich jeder widmen konnte, der sich dazu berufen fühlte. Eine effektive Schulaufsicht bestand nicht. Die damit beauftragten Hauptpastoren waren mit der Kontrolle der privaten Schulen überfordert. Hamburg war der letzte deutsche Staat, in dem die Schulpflicht eingeführt wurde. Das ‚Gesetz betreffend das Unterrichtswesen' vom 11. 11. 1870 bestimmte eigentlich keine Schulpflicht, sondern eine Unterrichtspflicht vom sechsten bis zum vierzehnten Lebensjahr. Mit diesem Gesetz endete die althamburgische Schulgeschichte, wurde der Anschluß an die allgemeine Entwicklung gewonnen.

Auch in Hamburg begann mit der Aufklärung der Weg „der Verweltlichung, Verstaatlichung und Verfachlichung des Schulwesens",[2] der die Schule „aus einem bloßen Additum zum Fundamentum des Bildungsprozesses"[3] werden ließ. Noch 1833 blieben von 21000 Kindern 3000 ohne jeden Unterricht.[4] Seit dieser Zeit, verstärkt seit dem Vormärz war die grundlegende Reform des Schulwesens ein zentrales politisches Thema in der Stadt. Ohne den Zwang einer Anpassung an die Verhältnisse im Norddeutschen Bund bzw. im Deutschen Reich wäre eine Veränderung des bestehenden Systems möglicherweise noch weiter hinausgezögert worden. „Die Auseinandersetzung um die Schulfrage bewegte sich zwischen zwei Polen: 1. dem Verlangen nach umfassender und unentgeltlicher Bildung in obligatorischen allgemeinen Volksschulen mit öffentlichem Charakter, das in Volksversammlungen und von der entstehenden Arbeiterbewegung formuliert wurde; 2. dem Versuch, die bestehenden Verhältnisse mit der Vorherrschaft der Kirche über die Schulen und dem Bildungsprivileg der Reichen möglichst weitgehend zu erhalten. Diese Position kam nach der Niederlage der Revolution von 1848/49 durch eine 10-jährige Verzögerung der Schulreformdebatte zum Ausdruck".[5] Die wichtigsten Beiträge zur Diskussion leisteten die Lehrer Theodor Hoffmann und Anton Rée, der sich als Pädagoge und Politiker für die Emanzipation seiner jüdischen Glaubensgenossen einsetzte und für die Demokratisierung des Bildungswesens stritt. Rée trat für die allgemeine Volksschule ein, während Hoffmann an der ständischen Gliederung des Schulwesens festhielt. Beide wollten Privatschulen nicht abschaffen. Hoffmann plädierte für ein einheitliches, Rée für ein gestaffeltes Schulgeld bei kostenlosem Unterricht für die Ärmeren. Hoffmann hielt an der Beteiligung der Kirche an der Schulverwaltung und an Religion als Unterrichtsfach fest, Rée dagegen wünschte die völlige Trennung von Staat und Kirche und lehnte das Schulfach Religion ab.

Erst mit dem Unterrichtsgesetz von 1870 wurde „ein Recht auf Bildung für alle Kinder gesetzlich anerkannt".[6] „Verweltlichung" und „Verstaatlichung" des Schulwesens kamen in der Oberschulbehörde zum Ausdruck, die seit 1871 das öffentliche Erziehungs- und Bildungswesen leitete. Sie gliederte sich in vier

Sektionen: für die wissenschaftlichen Anstalten, das höhere Schulwesen, die Volksschulen und die Privatschulen. Lediglich die Navigationsschule unterstand der Deputation für Handel, Schiffahrt und Gewerbe. Die Schulen der 1788 gegründeten Armenanstalt, wichtige Vorläufer der Volksschulen, wurden 1871 von der Oberschulbehörde übernommen. Bis 1910 wirkten zwei Geistliche an der Behördenleitung mit. Der Einfluß der Bürgerschaft wurde in diesem Jahr verstärkt, so daß nun drei Senatoren, zwei bürgerliche Mitglieder der Finanzdeputation, ein bürgerliches Mitglied der Baudeputation, neun Bürgerschaftsabgeordnete, von denen nicht mehr als zwei Lehrer sein durften, drei vom Senat gewählte Schulaufsichtsbeamte und vier von der Schulsynode gewählte Deputierte die Oberschulbehörde bildeten. Die Schulsynode, die sich aus den Vorstehern und fest angestellten Lehrern der öffentlichen und den Vorstehern der nicht öffentlichen Schulen zusammensetzte, war eine hamburgische Besonderheit. Sie konnte mit Gutachten und Anträgen tätig werden.

Die „Verstaatlichung" drängte den Einfluß der Privatschulen nachhaltig zurück. Im Jahre 1877, als Hamburg rund 270000 Einwohner hatte, bestanden drei staatliche höhere Lehranstalten für Knaben mit rund 1600 Schülern und 25 Volksschulen mit 11000 Schülern. Bei den nicht öffentlichen Schulen gab es 13 prüfungsberechtigte höhere Schulen mit 4400 Schülern und rund 150 Kirchen-, Stiftungs-, Vereins- oder private Schulen mit ca. 18000 Schülern und Schülerinnen. Im Jahre 1914, als Hamburg rund 1 Million Einwohner hatte, bestanden 21 höhere Schulen: 2 Gymnasien, 3 Realgymnasien, 5 Oberrealschulen, 9 Realschulen, 2 Lyzeen, dazu in Bergedorf und Cuxhaven je ein Gymnasium mit Realschule. Zusammen erreichten sie eine Schülerzahl von rund 12300. Vier Lehrerbildungsanstalten, 209 staatliche Volksschulen (mit Sonderschulen) hatten ca. 117000 Schüler; in den 47 Schulen des Landgebietes wurden 9800 Kinder unterrichtet. In 78 nicht öffentlichen Schulen wurden 6600 Schüler und 14300 Schülerinnen erzogen.[7] In der Mädchenbildung war das private Schulwesen bis zum ersten Weltkrieg noch von einiger Bedeutung.

Das berufsbildende Schulwesen wurde 1864 von der Patriotischen Gesellschaft übernommen und kam damit als erster Teil des hamburgischen Schulwesens unter staatliche Oberaufsicht. Es wurde in der Folgezeit unter dem Eindruck der wirtschaftlichen Veränderung stark ausgebaut. 1909/10 wurden 7559 gewerbliche Lehrlinge, 3615 kaufmännische Lehrlinge und 957 „weibliche Handelsbeflissene" ermittelt.[8] Das berufsbildende Schulwesen umfaßte die Baugewerkschule mit Hoch- und Tiefbauabteilungen, das Technikum mit den höheren Maschinenbau-, Schiffbau-, Elektrotechnik-, Schiffsmaschinenbau- und Schiffsingenieurschulen, die Kunstgewerbeschule, die Wagenbauschule, die Tagesgewerbeschule, die Abend- und Sonntagsgewerbeschulen und kaufmännische Fortbildungsschulen. Daneben bestanden private Anstalten wie die Fortbildungsschulen des ‚Vereins für Handlungscommis' und der Detaillistenverei-

193 Das Schulhalten wurde als freies Gewerbe angesehen. Eine effektive Schulaufsicht bestand nicht. Nach 1833 blieben von 21 000 Kindern 3000 ohne jeden Unterricht: Das alte Schulhaus in St. Georg, Lithographie von 1858

ne. Die Einführung einer Fortbildungsschulpflicht wurde zwischen 1904 und 1913 debattiert. Sie wurde 1913 für männliche Jugendliche gesetzlich verankert, wegen des Kriegsausbruchs jedoch nicht verwirklicht.

Das Bevölkerungswachstum und der Ausbau des Schulwesens führten im Kaiserreich zu zahlreichen Schulneubauten. Bis zur Mitte der neunziger Jahre wurden über 12 000 000 Mark für neue Volksschulen ausgegeben. 1895 bestanden 106 Volksschulen mit 752 Klassen für Knaben, 735 für Mädchen und 6 gemischte Klassen. Im März 1895 wurden 33 716 Knaben und 33 889 Mädchen unterrichtet. Die durchschnittliche Klassenfrequenz betrug 45 Schüler.[9] Am 31. März 1912 waren 187 Volksschulen vorhanden, die in 2630 Klassen 108 813 Schüler hatten. Die Klassenfrequenz betrug nun im Durchschnitt 41 Schüler.[10]

Die „Verfachlichung" des Schulwesens wirkte sich in der Lehrerbildung aus. Sie wurde zunächst vom 1825 gegründeten „Schulwissenschaftlichen Bildungsverein", zeitweise im Zusammenwirken mit der 1805 entstandenen „Gesellschaft der Freunde des vaterländischen Schul- und Erziehungswesens", getragen. 1872 wurde ein Lehrerseminar gegründet, 1875 eine Präparandenanstalt zur Vorbereitung auf das Seminar eingerichtet. Ein Lehrerinnenseminar entstand 1876. Von 1873 bis 1896 wurden 729 Seminaristen, von 1877 bis 1896 689 Seminaristinnen ausgebildet.[11] Zahlreiche Lehrerinnen und Lehrer kamen von außerhalb nach Hamburg.

Die Lehrerorganisationen hatten in Hamburg erheblichen Anteil an der Reform des Schulwesens. Die „Gesellschaft der Freunde" war seit ihrer Gründung sowohl Fachverband als auch Interessenvertretung der Lehrer. Fortbildung und Unterstützung in Alter und Not gehörten zu ihren Aufgaben. Als sich die Vereinigung weigerte, auch Schulgehilfen aufzunehmen, bildeten diese den ‚Schulwissenschaftlichen Bildungsverein', der über Jahrzehnte zur ‚Gesellschaft' in einem Spannungsfeld von Konkurrenz und Kooperation stand. Der 1873 gegründete ‚Verein Hamburger Volksschullehrer' und die von ihm geprägte Zeitschrift ‚Pädagogische Reform' wurden zu wichtigen Zentren fortschrittlicher Schulpolitik. 1893 übertraf der Verein mit 787 Mitgliedern die beiden älteren Lehrerorganisationen. Ein Jahr später löste er sich auf. Seine Mitglieder traten der „Gesellschaft" bei, die nun endgültig zum führenden Lehrerverein der Stadt wurde.

194 Seit dem Vormärz war die grundlegende Reform des Schulwesens ein zentrales politisches Thema in Hamburg. Erst mit dem Unterrichtsgesetz von 1870 wurde jedoch „ein Recht auf Bildung für alle Kinder gesetzlich anerkannt": „Volksschulgebäude Laeisz-Straße 12", Photocollage, 1907

In der Folge entwickelte sich die „Gesellschaft zu einer ausgesprochen reformerischen Kraft. In ihr setzte der 1888 im ‚Verein Hamburger Volksschullehrer' gebildete Jugendschriftenausschuß seine Arbeit fort, die auf das künstlerisch wertvolle Jugendbuch zielte und gegen die „Schundliteratur" gerichtet war. Durch die Ablehnung des Hurrapatriotismus und Militarismus in der Jugendliteratur wie durch ihre kritische Stellungnahme gegen die Wahlrechtsverschlechterung 1906 geriet die ‚Gesellschaft' in Konflikte mit der Oberschulbehörde und dem Senat, über die Wahlrechtsfrage auch in innere Auseinandersetzungen.[12] Als der Lehrer Wilhelm Lamszus 1912 sein Antikriegsbuch ‚Das Menschenschlachthaus' veröffentlichte, wurde er beurlaubt. Der liberale Senator von Berenberg-Goßler hob die Beurlaubung jedoch auf und ließ sich auch durch die preußischen Interventionen nicht beirren. Ein Lehrer, der mit seiner achten Klasse das Buch las, wurde dagegen mit einem scharfen Verweis, einem Aufschub seiner Beförderung und dem Verbot, Geschichtsunterricht zu erteilen, bestraft.[13] Lehrer, die als Sozialdemokraten „überführt" wurden, mußten den Schuldienst verlassen. Zu ihnen gehörte Emil Krause, der später von 1919 bis 1933 Schulsenator war und maßgeblich zur Reform und Demokratisierung des Bildungswesens beigetragen hat.[14] Wie Krause nahmen viele Volksschullehrer tätigen Anteil an den kulturellen Bestrebungen der Arbeiterbewegung. Die 1905 entstandene „Pädagogische Vereinigung" verschrieb sich der ‚Wanderpädagogik' und setzte sich wie der 1901 gebildete ‚Verein für Ferienwohlfahrtsbestrebungen' für die Erziehung und Erholung der Arbeiterkinder ein.

Das jüdische Schulwesen erhielt durch die 1805 entstandene Talmud Tora-Schule und die 1815 geschaffene „Israelitische Freischule", die spätere ‚Stiftungsschule von 1815', an der Anton Rée unterrichtete, neue Impulse. Für jüdische Lehrer galt jedoch noch keine Gleichberechtigung. Dr. phil. Marcus Maas wurde 1851/52 als Lehrer am Johanneum abgelehnt. Dr. Adolf Wohlwill war nur kurze Zeit, 1873/74, als Hilfslehrer für Geschichte an der Gelehrtenschule tätig. Mit Ausnahme von Dr.

195 Barmbeker Schulklasse, Photographie von Wendt, um 1910

A. Fels, der am Realgymnasium des Johanneums von 1873 bis 1884 Oberlehrer, danach bis 1895 Professor war, gab es vor 1912 keinen Oberlehrer jüdischen Glaubens, übrigens auch keinen katholischer Konfession, in Hamburg.[15]

Neben den Volksschulen und den berufsbildenden Schulen wurden im Kaiserreich auch die Wissenschaftlichen Anstalten, zu denen die Stadtbibliothek, die Museen für Völkerkunde und für Hamburgische Geschichte, die Sternwarte, das Physikalische und das Chemische Staatslaboratorium, das Museum für Kunst und Gewerbe, das Mineralogisch-Geologische Institut, das Naturhistorische Museum, das Botanische Staatsinstitut, der Zoologische Garten und die Kunsthalle gehörten, ausgebaut.

Das 1603 gegründete Akademische Gymnasium, das bis ins frühe 19. Jahrhundert zwischen den Gelehrtenschulen und den Universitäten eine Zwischenstellung einnahm, auf den Hochschulbesuch vorbereitete und einen Teil des Universitätsangebotes zugänglich machte, verlor durch die Ausbildung der Gymnasien und die Universitätsreformen seine einstigen Funktionen. Mehrfach wurde im Laufe des 19. Jahrhunderts seine Umwandlung in eine Universität erörtert, ohne daß greifbare Schritte eingeleitet wurden. 1883 wurde das Akademische Gymnasium aufgehoben. An seine Stelle trat, von den Direktoren der Wissenschaftlichen Anstalten getragen, das ‚Allgemeine Vorlesungswesen‘. Damit wurde die von der Aufklärung begründete Tradition öffentlicher Vorträge und Vorlesungen auf eine neue Grundlage gestellt. Hamburgische und von auswärts berufene Dozenten boten Vorlesungen aus nahezu allen Wissenschaften zur Allgemein- und Fortbildung an. Im Winter 1905/06 kamen über 73000 Hörer.[16] Mit der ‚Hamburgischen Wissenschaftlichen Stiftung‘ von 1907, dem von dem Kaufmann Edmund Siemers im gleichen Jahr geschenkten Vorlesungsgebäude (1911 vollendet) und dem 1908 errichteten Kolonialinstitut, das der Ausbildung von in den deutschen Kolonien tätigen Beamten, Kaufleuten und Wissenschaftlern und als wissenschaftliche und wirtschaftliche Zentralstelle dienen sollte, wurden Vorarbeiten für eine Universität geleistet. Die vor allem von Senator Werner von Melle angestrebte Hamburger Hochschule wurde, nach heftigen Auseinandersetzungen vor dem ersten Weltkrieg und der kriegsbedingten Unterbrechung, erst 1919 geschaffen.

Wie die Aufklärungsbewegung der ,,Gebildeten" im 18. Jahrhundert waren die Emanzipationsbewegungen des 19. Jahrhunderts auch und gerade Bildungs- und Kulturbewegungen. Dies gilt für die Frauenbewegung wie für die Arbeiterbewegung. Ih-

196 Als erster Teil kam 1864 das von der Patriotischen Gesellschaft übernommene berufsbildende Schulwesen unter staatliche Oberaufsicht. Dazu gehörte auch die Kunstgewerbeschule im 1877 eingeweihten Gebäude: ,,Schul- und Museumsgebäude vor dem Steinthor", Photographie von Dreesen, 1901

Vaterländisches Schul- und Erziehungswesen

197 Das „Allgemeine Vorlesungswesen", die „Hamburgische wissenschaftliche Stiftung" mit dem von Edmund Siemers geschenkten Vorlesungsgebäude, 1907–1911, und das Kolonialinstitut waren wichtige Vorläufer der erst 1919 geschaffenen Universität: Großer Hörsaal des Vorlesungsgebäudes, Photographie von Diestel und Gubitz, um 1920

re Geschichte in Hamburg begann mit der 1845 gegründeten ‚Bildungsgesellschaft für Arbeiter', deren Stifter der Tischler Johann Friedrich Martens war, der unter dem Einfluß von Ludwig Börne und Wilhelm Weitling stand. Ein Jahr nach der Errichtung wurde aus der Gesellschaft der ‚Bildungsverein', der eng mit der Patriotischen Gesellschaft zusammenarbeitete. Auch Schriftsteller und Journalisten schlossen sich ihm an. Mit 230 Mitgliedern wurde 1845 begonnen, 1847 waren es bereits 392, Anfang 1848 505, im März 1848 600.[17] Vom Arbeiterbildungsverein liefen direkte Verbindungen zur eigenständigen, politischen Arbeiterbewegung, die mit dem Allgemeinen Deutscher Arbeiterverein 1863 ihr Wirken auch in Hamburg begann. Die Sozialdemokratie wurde vor allem nach der Aufhebung des Sozialistengesetzes zu einer starken Bildungs- und Kulturbewegung, wobei enge Wechselwirkungen zur fortschrittlichen bürgerlichen Kulturpolitik und vielfältige eigenständige Aktivitäten festzustellen sind. Schon unter dem Sozialistengesetz entstand in Barmbek 1881 der erste Arbeiter-Fortbildungsverein. Die „Zentral-Arbeiterbibliothek" wurde 1911 geschaffen. Ein „Ausschuß zur Förderung der Jugendspiele" bildete sich 1911/12. Die „Zentralkommission für das Arbei-

terbildungswesen" wurde 1909/10 eingerichtet. Im Winter 1913/14 veranstaltete sie 24 Kurse, die 726 Hörer hatten. Im Winter 1912/13 kamen zu 73 Vorträgen 12019 Besucher. Neben allgemein- und berufsbildenden Kursen wurden Kurse und Vorträge zur Geschichte, Literaturgeschichte, zur Naturwissenschaft und Volkswirtschaft angeboten. Literarische Abende, Konzerte und Schauspielaufführungen kamen hinzu.[18] Auch in der sozialistischen Jugend wurde eine beachtliche Bildungs- und Kulturarbeit geleistet. Von den neuen Wohnblöcken der ‚Produktion' oder der Baugenossenschaft der Schiffszimmerer gingen kulturelle Aktivitäten aus. Die Mitwirkung der Volksschullehrer, die sich auch in der ‚Sozialwissenschaftlichen Vereinigung', dem ersten sozialistischen Lehrerverein Deutschlands, zusammenfanden, war ein wichtiger Faktor der Bildungs- und Kulturarbeit.

In der Lehrer- und in der Arbeiterbewegung wurden die Grundlagen für die pädagogischen Reformen und die Demokratisierung des Bildungswesens geschaffen, die Hamburg in der Weimarer Republik zu einem Mittelpunkt fortschrittlicher Schulpolitik werden ließen.

Franklin Kopitzsch

Von der Gelehrtenschule zur höheren Lehranstalt: Das Johanneum

Im ausgehenden 18. Jahrhundert war das 1529 gegründete Johanneum,[1] Hamburgs traditionsreiche Gelehrtenschule, in eine tiefe Krise geraten. Schulaufsicht und Lehrer hatten den Anschluß an die pädagogischen Reformbestrebungen der Aufklärung nicht herzustellen vermocht. Eine bis dahin unbekannte Hochkonjunktur ließ vielen Jungen und ihren Eltern einen Beruf in Handel und Gewerbe verlockender erscheinen als den Besuch der höheren Schule und der Universität. Um die Jahrhundertwende setzte eine lebhafte Diskussion über die Zukunft der gelehrten Bildung ein, die zuständigen Instanzen erkannten das Problem und beriefen 1802 mit Johannes Gurlitt, dem Direktor des Pädagogiums zu Kloster Berge bei Magdeburg, einen bewährten Lehrer, dem die Erneuerung des Johanneums gelang. Im Sinne der Aufklärung verband er Bürger- und Gelehrtenschule und ersetzte das starre Klassenprinzip durch Fach- und Leistungsklassen. Eine Maturitätsprüfung wurde auf freiwilliger Basis eingeführt. Auch jüdische Schüler wurden nun aufgenommen. Auf dem Johanneum sollten sowohl die angehenden Kaufleute wie die zukünftigen Akademiker erzogen werden. In den unteren Klassen, die nach dem alten System weitergeführt wurden, waren beide Gruppen zusammen. Die oberen Klassen von Quinta bis Prima, in denen das Fach- und Leistungssystem galt, konnten auch von den späteren Kaufleuten besucht werden. Statt der alten Sprachen wurden sie in Italienisch, Französisch und Englisch unterwiesen. Ein dauerhafter Erfolg blieb dieser Verbindung von Bürger- und Gelehrtenschule jedoch versagt. In den Jahren 1834 bis 1837 wurde die Realschule des Johanneums abgetrennt, aus der 1876 ein Realgymnasium wurde. Ein Jahr nach Gurlitts Tod wurde 1828 auch das Prinzip der Fachklassen wegen seiner disziplinarischen und organisatorischen Probleme, für die damals keine Lösung möglich schien, aufgegeben. Im selben

198 Das Johanneum, Hamburgs traditionsreiche Gelehrtenschule, blieb bis 1840 in den seit 1526 benutzten Räumen des danach abgerissenen St. Johannis-Klosters: ,,Quarta des alten Johanneums", Lithographie von Otto Speckter, 1840

Jahr wurde Englisch zum verbindlichen Lehrfach. Auch die Naturwissenschaften erhielten im Unterricht einen größeren Anteil. Die Räumlichkeiten des St. Johannis-Klosters, die der Schule seit 1529 als Heimstatt dienten, reichten bald nicht mehr aus, so daß ein Neubau erforderlich wurde. Das neue Gebäude am Domplatz wurde 1840 bezogen und entging dem Brand von 1842. Sieben Jahrzehnte später wurde auch dort der Platz eng. In der Nähe des Stadtparks erhielt das Johanneum ein neues, von Oberbaudirektor Fritz Schumacher geschaffenes Gebäude.

Unter dem Direktor Johannes Classen erlebte das Johanneum von 1864 bis 1874 eine von humanistischem Geist bestimmte Blütezeit, von der auch das Schülervereinswesen profitierte. Neben dem 1817 gegründeten Wissenschaftlichen Verein wirkten ein Historischer Verein, Lesezirkel und weitere Zusammenschlüsse, die zeitweise die in den fünfziger Jahren entstandenen Schülerverbindungen in den Hintergrund drängten. Während Classens Direktorat begann aber auch die Anpassung der Schule an die Verhältnisse in Preußen und im Deutschen Reich, die sein Nachfolger Richard Hoche, der von 1874 bis 1888 Direktor war, zum Abschluß brachte.

Vaterländisches Schul- und Erziehungswesen

199 1840 bezog das Johanneum – inzwischen Bürger- und Gelehrtenschule – den auf dem Platz des abgerissenen Doms errichteten Neubau: Lithographie von Wilhelm Heuer, 1861

Die Abiturprüfung wurde 1871 verbindlich. Lehrpläne wurden angeglichen und preußische Zucht und Ordnung hielten ihren Einzug in Klassenzimmern und Schulhof. Der Umbau der Schule zur „Lehranstalt" wurde vollzogen. Aus der „idealen, alten Gelehrtenschule mit ihrem prächtigen Eigenleben" wurde nun „ein Gymnasium, wie sie überall in Deutschland vorhanden waren, eine Anstalt, die für den Einjährigfreiwilligendienst und akademische Berufe die vom Staate verlangte Abstempelung gab".[2] Hoche setzte in den ersten Konferenzen einen neuen Ton durch: „Die Schüler haben beim Erscheinen des Lehrers sich von ihren Plätzen zu erheben, bei Frage und Antwort aufzustehen, Untersekundaner werden geduzt... Die Schüler der Oberklassen dürfen nicht mehr in der Pause in irgendein nahegelegenes Wirtshaus zum Frühstück gehn, die Primaner haben ihre Stöcke zu Hause zu lassen und müssen auf das Privilegium, ohne Entschuldigung fehlen zu dürfen, verzichten."[3]

Eine anschauliche Schilderung des Schullebens verdanken wir dem aus einem wohlhabenden jüdischen Hause stammenden Leo Lippmann, der 1899 Abitur machte. Er berichtete, daß ihm die Lehrer, von wenigen Ausnahmen abgesehen, „fast als Halbgötter" erschienen. „Daß ein Lehrer in und außer der Schule auch ein Freund seiner Schüler sein kann, ein Freund, der mit ihnen jung bleiben und jung sein muß, habe ich während meiner Schulzeit leider nie empfunden".[4] „Schon in meiner Schulzeit empfand ich es als einen großen Fehler des Lehrplans, daß der Geschichtsunterricht mit dem Jahre 1815 aufhörte – aus der späteren Zeit lernten wir nur die einzelnen Schlachten des Krieges 1870/71 – und daß Französisch und Englisch nur Nebenfächer waren."[5] „Als unzureichend erschien uns Schülern auch der Lehrplan in der Literaturgeschichte. Wir genossen einen recht interessanten Unterricht über die mittelalterliche Literatur. Noch heute ist mir das ‚Vaterunser' in der Fassung von Wulfilas Gotenbibel im Gedächtnis. Nachdem wir Nibelungen-, Gudrun- und Waltharilied in der Ursprache gelesen hatten, beschäftigten wir uns in der Deutschstunde wochenlang mit Luther und Hans Sachs. Auch die Schlesische Dichterschule, Logaus und Opitz' Werke sollten uns Sekundaner und Primaner begeistern. Daß es

200 Als humanistisches Gymnasium – Standesschule der Gebildeten – erhielt das Johanneum 1914 den Neubau von Fritz Schumacher an der Maria-Louisen-Straße: Photographie, um 1920

auch nach den Freiheitskriegen eine deutsche Literatur gegeben hat, erfuhren wir nicht in der Schule."[6] Ein positiveres Bild zeichnete Lippmann vom Unterricht in Mathematik, Physik und Latein. Der Direktor Friedrich Schultess verstand es, den Primanern die griechischen Dichter nahezubringen. ,,Schultess war auch der erste unserer Lehrer, der es ertrug, wenn die Schüler eigene Gedanken äußerten, und der es auch zuließ, daß die Schüler selbst kleine Vorträge hielten, statt immer nur auf Fragen zu antworten,"[7] Wichtige Bildungseindrücke gewann Lippmann durch Elternhaus, Freunde, Theater und Reisen sowie das Allgemeine Vorlesungswesen.[8]

Im Jahre 1881 erhielt Hamburg eine zweite, die ,Neue Gelehrtenschule', die 1883 in ,Wilhelm-Gymnasium' umbenannt wurde und 1885 ein eigenes Haus an der Moorweidenstraße bekam. Ursprünglich sollte das neue Gymnasium nach Lessing benannt werden, doch wie schon bei den Auseinandersetzungen um das 1881 errichtete Lessing-Denkmal auf dem Gänsemarkt zeigte sich, daß viele gerade der einflußreichen Hamburger dem Aufklärer und Kritiker Lessing, dem Herausgeber der ,,Fragmente" des Hamburger Gymnasialprofessors Hermann Samuel Reimarus, des Religions- und Bibelkritikers also, mit Vorbehalten und Abneigung begegneten.[9]

Zwei Gymnasien im 1913 zur Millionenstadt gewordenen Hamburg – dies zeigt, daß auch hier Gurlitts Plan einer Verbindung von Bürger- und Gelehrtenschule längst Geschichte geworden war. Das Gymnasium hatte sich im Laufe des 19. Jahrhunderts zur Standesschule der Gebildeten entwickelt. Es war in der Lage, ,,Geist und Gedächtnis" zu trainieren, ,,die Fähigkeit, methodisch zu denken" zu vermitteln,[10] doch entfernte es sich vom wirklichen Leben der Gesellschaft, von den sozialen und politischen Problemen der Gegenwart und den umwälzenden Veränderungen in Wissenschaft und Technik.

Franklin Kopitzsch

Die Patriotische Gesellschaft

Die Gründung der „Hamburgischen Gesellschaft zur Beförderung der Künste und nützlichen Gewerbe", die sich schon bald den ehrenden Beinamen Patriotische Gesellschaft erwarb, im April 1765 war ein wichtiger Einschnitt in der Geschichte der Stadt.[1] Zum ersten Mal vereinigten sich Angehörige verschiedener Stände und Berufe, Akademiker und Kaufleute, an der Selbstverwaltung Beteiligte und von ihr Ausgeschlossene zu gemeinnütziger Reformarbeit. Sie beanspruchten damit Mitsprache und Mitverantwortung in Bereichen, die bis dahin Staat und Kirche vorbehalten waren. Zugleich markierte die Entstehung dieser Organisation den Übergang der Aufklärung von einer wissenschaftlich-literarischen Strömung zu einer nahezu alle Lebensbereiche umfassenden Reformbewegung praktizierter Menschlichkeit. Mitglieder reformierten und mennonitischen Glaubens gehörten der Vereinigung von Anfang an, Katholiken stießen in der Folge hinzu. Juden traten seit 1800 bei. Auch in der Toleranz war die Gesellschaft der gesamtstädtischen Entwicklung voraus.

Am Beginn ihrer Tätigkeit stand das Bestreben, die durch die Krise nach dem Siebenjährigen Krieg stark getroffene hamburgische Wirtschaft, insbesondere das Gewerbe, zu fördern. Die Bekanntmachung neuer Erfindungen, die Ausgabe von Prämien für ihre Anwendung, die Förderung von Handwerkern und Arbeitern, die unter dem Zunftzwang zu leiden hatten, und eigene Ausstellungen dienten diesem Ziel. Mit der 1767 eingerichteten Zeichenklasse für zwölf Schüler im Bauzeichnen begann die Geschichte des berufsbildenden Schulwesens in Hamburg. Bis zur Verstaatlichung 1864 wurden die Gewerbeschulen von der Gesellschaft geführt.

Zum Schwerpunkt der Vereinsarbeit wurde bald, den Menschen einen besseren Schutz vor Krankheiten und Unfällen, vor Not und Armut zu geben. An der Gründung der Rettungsanstalt für im Wasser Verunglückte (1768), der Allgemeinen Versorgungsanstalt mit der ersten allgemeinen Sparkasse (1778), der

Kreditkasse für Erben und Grundstücke (1782/83) und der Armenanstalt (1788) war die Patriotische Gesellschaft entscheidend beteiligt. Hilfe zur Selbsthilfe war ihr Ziel. Armut galt nicht mehr als Folge von Laster und Müßiggang, sondern von strukturellen und konjunkturellen Wirtschaftslagen. Den Armen sollte Arbeit verschafft, ihren Kindern Erziehung und Unterricht gesichert und den Arbeitsunfähigen Unterstützung gegeben werden. Im Zeichen einer Hochkonjunktur erlebte die Armenanstalt ein Jahrzehnt außerordentlicher Erfolge. Die Phase von 1788 bis 1799, als eine Wirtschaftskrise die Stadt hart traf, war ein Höhepunkt sozialer Mitverantwortung in Hamburg. Der Reformansatz von 1788 blieb Episode, unter den veränderten Bedingungen und Auffassungen des 19. Jahrhunderts wurde er nicht wieder aufgenommen.

Neben den großen Projekten förderte die Patriotische Gesellschaft in vielfältiger Weise die Verbesserung der Lebensverhältnisse – von der Einführung des Blitzableiters 1775 bis zur Anlage der ersten deutschen Flußbadeanstalt in der Alster 1792 und dem Seebad in Cuxhaven 1816.

Gehörten der Vereinigung 1765 96 Mitglieder an, so erweiterte sich der Kreis nach der Intensivierung der Arbeitsweise und stärkeren Beteiligung der Vereinsangehörigen an den Diskussionen und Vorhaben durch die veränderte „Einrichtung" von 1789 erheblich. Auch Vertreter der politischen Führungsschicht wirkten jetzt in größerer Zahl mit. Von 1790 bis 1805 wurden 514 Mitglieder und 66 Assoziierte aufgenommen. Konnten 1803 550 Mitglieder verzeichnet werden, so ging ihre Zahl in der Franzosenzeit und in der Restauration auf 292 Mitglieder und 42 Ehrenmitglieder 1833 zurück.

Im Vormärz wurde die Gesellschaft zu einem Forum politischer Diskussion und Opposition. Da in der Bürgerschaft nur abgestimmt wurde, überdies viele politisch Interessierte ihr aufgrund der Bindung der Teilhabe an den Grundbesitz nicht angehörten, wurden die Versamm-

lungen des Vereins zunehmend wichtiger und zu einem Faktor nun auch der politischen Modernisierung. Im 1845 – 1847 von Theodor Bülau erbauten Haus der Patriotischen Gesellschaft tagte 1848 bis 1850 die Konstituante, das verfassunggebende Parlament, 1859 bis 1897, bis zum Umzug in das neuerbaute Rathaus, die Bürgerschaft.

Aus der Patriotischen Gesellschaft entstanden 1839 der Verein für Hamburgische Geschichte, 1846 der Bildungsverein für Arbeiter, 1859 der Architekten- und Ingenieur-Verein und 1868 der Verein für Kunst und Wissenschaft. Durch die Differenzierung des Vereinswesens und die Übernahme ihrer Einrichtungen durch den Staat, zuletzt 1900 der Rettungsanstalt, verlor die Organisation, der seit dem Vormärz rund 500 Mitglieder angehörten (1845: 515, 1906: 531), an Bedeutung und Einfluß. Mit dem Arbeitsnachweis und der ersten öffentlichen Bücherhalle gelangen ihr 1898 noch einmal zukunftsweisende Gründungen. Im 20. Jahrhundert wurde sie von einer aktiv gestaltenden Kraft im Leben der Stadt zu einer wohltätigen und kulturellen Zielen dienenden Vereinigung neben vielen anderen.

Die treffendste Charaktisierung dieser Sozietät hat Alfred Lichtwark gegeben. Er schrieb 1897, daß sie „mehr als ein Jahrhundert lang Hamburg geradezu regiert hat. Es gab Zeiten, in denen ihr Einfluß tatsächlich weiter reichte als irgend ein Organ des Staates. Freilich lebte sie im Grunde nur in einer umgewechselten Dekoration: in ihrem Vorstande saßen dieselben Männer, die im Senat und in der Bürgerschaft durch die starren Formen des Verfassungslebens am freieren Wirken behindert wurden." Von 1765 bis gegen 1870 war die Gesellschaft für ihn „etwas wie ein freiwilliges Kultusministerium, das zugleich die Funktionen eines Parlamentes ausübte." „Von ihr", so konnte er Bilanz ziehen, „sind beinahe alle Unternehmungen zur Förderung der kulturellen und ökonomischen Wohlfahrt ausgegangen".[2]

Franklin Kopitzsch

Die Patriotische Gesellschaft

201 Im von 1845–1847 von Theodor Bülau erbauten Haus der Patriotischen Gesellschaft zur Förderung der Künste und nützlichen Gewerbe tagte 1848 bis 1850 die Constituante, das verfassungsgebende Parlament, und 1859–1897 – bis zum Einzug in das neuerbaute Rathaus – die gewählte Bürgerschaft: Gemälde von Carl Rodeck, um 1900

Wohnungsfragen

„In dem alten Hamburg lagen die alten Kaufmannhäuser zwar zusammen in stattlichen Straßen, doch waren diese so vielfach durchschnitten und durchsetzt mit den engsten kleinen Twieten, daß das echte Volksleben sich ebensosehr unter den Augen der oberen wie der unteren Klassen abspielte."[1] Für die Heimatschutzideen gegenüber aufgeschlossene Marie Zacharias (1828–1907) war der Blick auf das Volksleben aus ihrem Elternhaus auf dem Hüxter im Katharinenkirchspiel eine bemerkenswerte Kindheitserinnerung. Nun war die Mischung und das dichte Nebeneinander von Kaufmanns- und Mehrfamilienhäusern mit Hofbebauung eine Besonderheit des Katharinenkirchspiels. Für die anderen Kirchspiele läßt sich eher eine ‚vorherrschende Bebauung' ausmachen: Im St. Nicolai lagen hauptsächlich Kaufmannshäuser, in St. Petri vorwiegend Wohnsitze von Handwerkern und Gewerbetreibenden, während Mehrfamilienhäuser und Hofwohnungen in St. Jacobi überwogen, ähnlich wie in der Neustadt. Doch diese Regelbebauung war vielfach durchbrochen, sodaß der bauliche Befund das Bild, das der Topograph von Hess 1811 festhielt, bestätigte: „Jedermann, der ein Haus baut, hat die Freiheit, es nach seinen Bedürfnisse und nach seiner Laune aufzuführen ... Daher das sonderbare Gemengsel von breiten und schmalen, hohen und niedrigen, bunten und einfachen, altmodischen und modernen Gebäuden, wovon beinah keine Straße frei ist. Auf den vorzüglichen und breiten Gassen stehen neben pallastähnlichen Häusern kleine, niedrige Wohnungen mit Kellern und Sählen; stellenweise enthalten die Hauptstraßen Kutscherställe, Hütten und Buden, da in Nebengassen große Gebäude stehen."[2] Berücksichtigt man außerdem die relativ geringe Ausdehnung des damaligen Stadtgebietes – jeder Punkt war zu Fuß in maximal 20 Minuten erreichbar – so erscheint ein räumlich dichtes Nebeneinanderleben der „oberen und der unteren Klassen" als ein für die vorindustrielle Stadt charakteristischer Zug.

Zum Bild des alten Hamburg gehörten gleichsam als Jahrhunderte alte Zeugen hanseatischen Wohlstandes die Kaufmannshäuser. Das „Absinken der alten Häuser" – ihre verriegelten Flügeltüren, ihre Umnutzung als reine Geschäftsräume oder als kleine Wohnungen – war im 19. Jh. zum Sinnbild für den ‚Wandel der Zeiten' geworden.

Noch in den ersten Jahrzehnten des 19. Jhs. dienten viele Kaufmannshäuser Wohn- und Geschäftszwecken zugleich, die älteren unter ihnen galten aber vor allem als „bequem in Ansehung des Handels". Das Kaufmannshaus vereinte nicht nur Kontor und Warenlager unter einem Dach, sondern war auch gemeinsamer Lebensraum eines Familienverbandes im weitesten Sinne: Hier lebten Eltern und Kinder zusammen mit alleinstehenden Tanten, der verwitweten Großmutter, aber auch mit den Dienstmädchen und den Bediensteten der „Handlung", den Commis und Lehrburschen. Die Bewohner eines solchen Hauses standen also teils in verwandtschaftlichen, teils in wirtschaftlichen Beziehungen zu einander. Der eigentliche Wohnraum der Familie beschränkte sich in diesen Häusern in der Regel auf ein kleines Zimmer in 1. Obergeschoß.

Untersuchungen Hamburger Kaufmannshäuser ergaben, daß im 18. Jh. einschneidende Veränderungen erfolgt waren. Durch Verlagerung der Küche in den Keller und durch Vermehrung heizbarer Räume in den oberen Geschossen und im Hofflügel wurde der Dielenraum – ursprünglich mit dem Herd Mittelpunkt des häuslichen Lebens – entwertet. Diese Neigung zur Ausdehnung des zum Wohnen benutzten Bereichs einerseits und zur Separierung einzelner Räume in private und mehr öffentlich repräsentative andererseits, deutet neue Wohnbedürfnisse an, die mit der Entwicklung eines spezifisch bürgerlichen Lebensideals in der zweiten Hälfte des 18. Jhs. zusammenhängen.

Das – sozial relativ isolierte – Bildungsbürgertum vor allem war es, das dem Adel Verschwendungssucht, Oberflächlichkeit, Fixierung auf starres Zeremoniell und Konventionen anlastete und dem „Verinnerlichung, Tiefe des Gefühls, Versenkung ins Buch, Bildung der einzelnen Persönlichkeit"[3] entgegensetzte. In diesem Lebensentwurf wurden aus eher geschäftsmäßigen Familienbeziehungen persönliche, geistige und gefühlsmäßige Bindungen, die Familie und damit das Heim zum Ort der Entfaltung und Pflege persönlicher Neigungen, aber auch zum Re-

202 Zum Bild des alten Hamburg gehörten als jahrhundertealte Zeugen hanseatischen Wohlstandes die Kaufmannshäuser. Das Absinken der alten Häuser – ihre Umnutzung als reine Geschäftsräume oder billige Wohnungen – war im 19. Jahrhundert zum Sinnbild des Wandels der Zeiten geworden: Neuer Wandrahm. Photographie von Koppmann, 1884

fugium nach den Härten des Arbeitslebens. Auch in den Kreisen des politisch und wirtschaftlich selbstständigen und sozial selbstbewußten Hamburger Bürgertums fanden solche aufklärerischen Lebensentwürfe vielfache Resonanz. Mit der Intensivierung und Intimisierung der Beziehungen zu den nächsten Angehörigen verbunden war ein Prozeß des stärkeren Sich-Abschließens nach außen, ein Prozeß, der an den veränderten Wohnformen sichtbar wird. Erste Spuren einer Trennung von Privatsphäre und Geschäftsleben finden sich in den beschriebenen Veränderungen des noch ‚ganzen' Kaufmannshauses, ein weiterer Schritt dahin ist in der wachsenden Zahl von Sommer- und Landhäusern gegen Ende des 18. Jhs. zu sehen. Für wohlhabende Hamburger Familien war es im Laufe des 18. Jhs. zur Selbstverständlichkeit geworden, die Sommermonate ‚vor den Toren' zu verbringen. Um die Stadt zog sich von Billwärder bis Blankenese ein Ring von mehr oder weniger aufwendig ausgestatteten Landhäusern.

Diese Villen und Parkanlagen galten als der Ort, wo ,,sowohl der Staats- als Geschäftsmann nach vollbrachtem Tagewerk Erholung, Gesundheit und stilles Vergnügen genießet".[4] Das Gartenportal des Güntherschen Parks in Hamm trug die Inschrift ,,Laborum dulce lenimen" – süßes Linderungsmittel gegen die Arbeit. Bei allem Luxus, der zuweilen das Landhausleben prägte, bleibt der im Vergleich zu den steifen, offiziellen Festlichkeiten der Wintersaison in der Stadt privatere Charakter der Geselligkeit in den Landhäusern unübersehbar. So wird an der ,,sommerlich-winterlichen Doppelexistenz" des Hamburger Bürgertums die Herausbildung einer familiär-privaten, von der öffentlich-geschäftsmäßigen abgetrennte Lebenssphäre und damit auch die Entstehung einer von der Arbeitswelt abgegrenzten Freizeit besonders greifbar.

Zu der Buntheit und Vielfalt des alten Stadtbildes, wie sie von Heß beschrieb und frühe Fotografien sie festgehalten haben, trugen vor allem zahlreiche Fachwerkhäuser unterschiedlichster Größe und Nutzungsart bei. Es handelt sich um je nach Bedarf umgebaute oder aufgestockte Häuser, ,,in denen der Mittelstand mit seinen zahlreichen Berufen und verschiedenen wirtschaftlichen Verhältnissen sowie das sich allmählich entwickelnde Proletariat wohnten":[5] eingeschossige Buden, oder solche mit einem ‚Sahl' darüber, mal einzeln, mal in Reihen stehend, zweigeschossige Einfamilien- oder mehrstöckige Mehrfamilienhäuser – bereits im 18. Jh. sind in der Hafengegend bis zu sechsstöckige Mietshäuser nachzuweisen.

So verschiedenartig diese nach außen erschienen, ihre Grundrisse ließen ein einheitliches Prinzip erkennen: von einem Hauptraum, der Diele mit dem (offenen) Herd waren eine (heizbare) ‚Vorderstube' und ein oder zwei weitere Kammern abgeteilt. Je nach Bedarf diente die ‚Stube' als Werkstatt oder Laden, wurden Zwischengeschosse eingezogen oder Obergeschosse mitbenutzt, Sahlwohnungen mit eigenem Zugang eingebaut oder weitere Stockwerke aufgesetzt. In diesen Umbauten und Aufstockungen, die aus Einfamilien- Mehrfamilienhäuser machten, und in der Zunahme ‚reiner' Mietshäuser mit mehreren ‚Sahlwohnungen', spiegelt sich nicht nur das Anwachsen des ‚freien' Arbeitskräftepotentials, sondern auch die schrittweise Auflösung des ‚ganzen Hauses', in dem Gesellen und Lehrlinge in ‚Kost und Logis' mit der Familie des Meisters unter einem Dach gelebt hatten.

Die veränderten Wohnbedürfnisse hatten auch in der Stadt neue Gebäudetypen entstehen lassen. Ein Beispiel dafür ist das klassizistische Stadtpalais des Bankiers Gottlieb Jenisch, das zwar Wohn- und Geschäftsbereich unter einem Dach vereinte, in dem aber der zur Belétage herangewachsene Wohnbereich ein deutliches Übergewicht bekommen hatte.

Solche neuen Putzbauten hatten gerade begonnen, das Stadtbild punktuell zu verändern, als die Brandkatastrophe von 1842 1100 Wohnhäuser und über 3000 Sähle, Buden und Keller vernichtete. In dem danach entstandenen relativ einheitlichen Straßenbild des neuen Stadtzentrums herrschte bald neben dem Wohn- und Geschäftshaus für eine Familie, ein neuer Wohnhaustyp, das Etagenhaus vor. Als die Etage 1846 zum ersten Mal als Wohnungskategorie auftauchte, wurden bereits 3768 solcher Wohnungen registriert. In diese Etagen zogen Geschäftsleute, Juristen ein, also verstärkt andere Kreise als die, für die bisher Mietwohnungen gebaut worden waren. Die neue ‚bürgerliche' Etagenwohnung kam einerseits den Wünschen nach mehr Privatheit, nach stärkerer räumlicher Trennung von Geschäfts- und Familienleben entgegen, andererseits bot sie genügend Raum, um neben familiären auch noch Repräsentationsbedürfnisse zu erfüllen.

Die Art des Wiederaufbaus der Innenstadt war ein Bruch mit jahrhundertealten Bautraditionen. Dem Maler Friedrich Wasmann (1805–1886) verkündete das Bild der Stadt ,, den Eintritt einer neuen Zeit": ,,Statt der soliden Patrizier- und Kaufhäuser

203 Zur Buntheit und Vielfalt des alten Stadtbildes trugen vor allem Fachwerkhäuser unterschiedlicher Größe und Nutzungsart bei – umgebaute oder aufgestockte Häuser, ,,in denen der Mittelstand . . . oder das sich allmählich entwickelnde Proletariat wohnte": Herrlichkeit 64, Photographie, um 1900

Wohnungsfragen

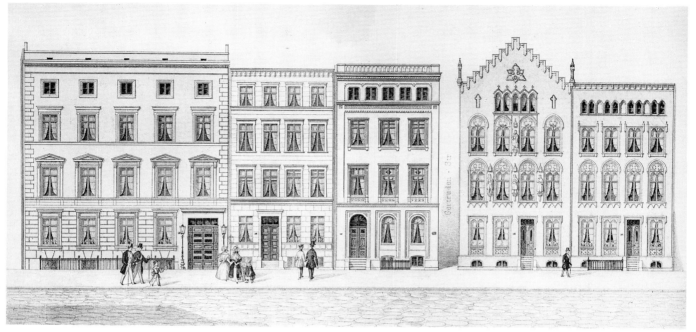

204 Zum Wiederaufbau nach 1842 schrieben die Zeitgenossen: „Statt der soliden Patrizier- und Kaufhäuser ... erhob sich ein zum Teil prächtiger Neubau mit platten arabischen Dächern in allen möglichen Spielarten". „Er hat gewonnen an Reinlichkeit und Frische, an Behaglichkeit und Eleganz": Ferdinandstraße, Lithographie von Charles Fuchs, um 1850

im Innern mit geräumigen, auf Säulen ruhenden Vorplätzen und Gesellschaftssälen und all den gemütlichen Zimmern, Kammern und Winkeln ... erhob sich ein zum Teil prächtiger Neubau mit platten arabischen Dächern in allen möglichen Spielarten, in einer Geschwindigkeit, als wüchse er aus dem Boden hervor. Statt der gutgebauten, für *eine* Familie berechneten Bürgerhäuser entstanden gradlinige Straßen mit kasernenartigen, Stockwerk über Stockwerk aufgetürmten Häuservierecken, in denen statt Familien Menschengruppen, übereinandergeschichtet und einander fremd wohnten ..."[6] Der Wiederaufbau der Stadt habe das Leben des Mittelstandes verschönert, berichtet ein anderer Zeitgenosse: „Er hat gewonnen an Reinlichkeit und Frische, an Behaglichkeit und Eleganz. An die Stelle der kleinen, niedrigen rauchigen Stuben sind helle, freundliche geräumige Zimmer getreten, die um so leichter sich sauber und frisch erhalten lassen, als jedes Haus im Neubau seine Wasserleitung besitzt ..."[7]

Für die Bewohner der zerstörten Buden, Sähle und Kellerwohnungen war in den Wiederaufbauplänen wenig Platz geblieben. Sie hatten die Wahl, entweder in für 25-jährige Dauer errichteten Notwohnungen ,vor den Toren' oder in den vom Brand verschonten Gebieten der Alt- und Neustadt sowie der Vorstädte unterzukommen, es sei denn sie waren in der Lage in ,etwas bessere' neu erbaute Mietshäuser einzuziehen, die dort entstanden, wo die alten Straßenzüge unverändert geblieben waren, dafür aber dann etwa 40% mehr Jahresmiete zu bezahlen. Ein Vergleich der Bevölkerungsverteilung zwischen Stadtgebiet und Vorstädten von 1840 und 1846 läßt vermuten, daß ein erheblicher Teil dieser Brandopfer in die beiden Vorstädte abgewandert ist. Schon in den Jahrzehnten vor dem Brand hat der Bedarf an Mietwohnungen ständig zugenommen. Dies ist nicht allein zu erklären mit dem stetigen, in erster Linie durch Zuwanderung verursachten Anwachsen der Bevölkerung von 100192 im Jahre 1811 auf 171013 im Jahre 1850, die beiden Vorstädte eingeschlossen. Es war mitbedingt durch strukturelle Veränderungen der Arbeitswelt: In Hamburg als Hafenstadt war die Zahl der ,freien' Lohnarbeiter, die getrennt von ihrem Arbeitsplatz wohnten, schon immer relativ groß. Mit der Entstehung von Fabriken wuchs gerade dieser Teil der Bevölkerung. Im Tor-,,Sperr-Reglement" von 1840 sind die außerhalb der Tore ,,in den Fabriken auf dem Grasbrook und im Wandbereiter Rahmen beschäftigten Arbeiter schon ausdrücklich erwähnt, weil ihnen „ein freier Einlaß gestattet ist". Hinzu kommt der wachsende Widerstand von Gesellen und Lehrlingen gegen die Reglementierung durch ,Kost und Logis' im Meisterhaushalt. 1861 erklärte ,Der Freischütz', daß auch für Commis und Lehrlinge, wie für Gesellen und Arbeiter „das Leben in der Familie ihres Prinzipals längst aufgehört hat".[8]

Der unübersehbare Wohnungsmangel und die Erwartung eines weiteren Anwachsens der Bevölkerung ließ in den folgenden Jahrzehnten in bisher nicht gekanntem Ausmaß Grund- und Bodenspekulation gedeihen.

Eines der ersten und größten Spekulationsobjekte war die schon 1837 von Dr. August Abendroth, Carl Heine und Adolf Jenquel für 70000 Mk. Bco. vom Staat erworbene Uhlenhorst. Als Mitglied der Baudeputation setzte Abendroth 1844 die Aufhebung der im Kaufvertrag festgelegten Nutzungsbeschränkungen für das Gelände durch. Nach der Aufhebung der Torsperre (1860) erreichte der Verkauf der parzellierten Grundstücke in den alsternahen Gebieten westlich des Hofweges, die „vorzugsweise zu Gartenwohnungen" reserviert waren, einen ersten Höhepunkt, während die weniger attraktiven Gebiete im Osten und Nordosten, für deren Bebauung keine derartigen Einschränkungen vorlagen, in einer zweiten intensiven Ver-

205 Mit dem Arbeiterzuwachs prägten Mietskasernen das Bild der Quartiere in der Nähe des Hafens, der Industriestandorte und auch ehemals ländlicher Gebiete. Die Auswirkungen der sozialen Verhältnisse ließen sich nicht übersehen: „In allen Arbeiterstadtteilen Hamburgs sah man Scharen von rachitischen Kindern mit krummen Beinen . . ."; „Hinterhof im Krayenkamp mit Stadtmusikanten", Photographie von Wutcke, 1902

kaufsperiode 1880 bis 1889, veräußert wurden. Erschließung, Parzellierung, Weiterverkauf – nach diesem Rezept haben die Erben der drei Erwerber einen Gewinn von insgesamt sechs Millionen Mark gemacht.
In anderen Stadtteilen mußten die Sommerhäuser schrittweise einer gewinnbringenderen Bebauung weichen: Einer stündlich verkehrenden Pferdebahn nach Hoheluft folgten Kapitalanleger und Gewerbebetriebe und verbauten der Familie Krüß in ihrem Sommerhaus die Aussicht auf die fünf Hauptkirchen und in die freie Natur. 1887, vier Jahre nach der Einrichtung einer Straßenbahnlinie, zog sich die Familie vor den immer näher rückenden Fronten von Mietshäusern zurück und verkaufte ihr Haus zum Abbruch an den Töpfermeister T. A. E. Baetcke, der hier Etagenhäuser mit Hinterwohngebäuden – Terrassen – bauen ließ. Auf das ehemalige Villengrundstück zogen nun ‚kleine Leute', Schuhmacher, Schneider, Maler, Polizeibeamte, Zigarrenmacher . . . insgesamt über 40 Mietparteien.[9]
Zwischen 1867 und 1913 nahm die Einwohnerzahl Hamburgs von etwa 220000 auf rund eine Million zu, mehrheitlich durch Wanderungsgewinne. 1910 lebten fast 80 Prozent in den Vorstädten und Vororten; diese nahmen demnach nicht nur den Hauptanteil der Bevölkerungsgewinne auf, sondern auch die durch den Bau des Freihafens, die Anlegung von Geschäftsstraßen und die Zunahme reiner Kontorhäuser oder durch Sanierungsmaßnahmen ‚freigesetzten' ehemaligen Einwohner der Kernstadt: „Die große Kaufmannschaft verlegt ihre Wohnungen von der Gröningerstraße und dem Grimm, der Reichenstraße und dem Wandrahm, dem Cremon und der Deichstraße nach der Uhlenhorst und Harvestehude und beläßt nur ihr Kontor in der Stadt; die mittleren Kaufleute ziehen vorzugsweise nach Hamm, Borgfelde und Eilbeck oder nach dem Rothenbaum und Eppendorf, das Kleinbürgertum nach St. Georg und Eimsbüttel; die Arbeiterschaft bevölkert nicht mehr nur das Gängeviertel und St. Pauli, sondern vorzugsweise den Hammerbrook, Rotenburgsort und Barmbek. Das Tempo dieser Flucht vom Zentrum der historischen Stadt in die Außenbezirke beschleunigt sich von Jahr zu Jahr."[10] Der Ausbau verbesserter Verkehrsverbindungen und die Niederlassung arbeitsintensiver Industriebetriebe am Rande der Stadt förderten die rasche Erweiterung der Stadt und die Verdichtung der 1894 in

Wohnungsfragen 232

206 Erwachsene, die sich ein Bett teilten, oder Wohnungen, die sich mehrere Familien teilten, waren genauso wenig eine Seltenheit wie die Aufnahme von möglicherweise verschiedengeschlechtlichen Einlogierern: „Arbeiterküche", Photographie von Osterland, um 1905

Stadtteile umbenannten, ehedem ländlichen Vororte. Im Dorf Barmbek, das 1855 noch 1800 Einwohner hatte, wohnten 1886 bereits 16000, zur Jahrhundertwende gut 48000 und 1915 fast 130000 Einwohner. Ähnlich rasant wuchsen die Einwohnerzahlen in anderen Dörfern – und mit ihnen die Gewinne der spekulierenden Bauern, Terraingesellschaften, Bauunternehmer sowie Haus- und Grundbesitzer.
Der Hauptanteil des Einwohnerzuwachses entfiel auf Arbeiter. Neben denen traditioneller Arbeiterquartiere in der Nähe des Hafens und vieler Arbeitsstätten oder der Industriedörfer Schiffbek und Ottensen prägten seit 1890 Mietskasernen verstärkt auch das Bild ehemals ländlicher Gebiete. Auswirkungen der sozialen und baulichen Verhältnisse ließen sich nicht übersehen: „In allen Arbeiterstadtteilen Hamburgs sah man Scharen von rachitischen Kindern mit krummen Beinen, ... Hatte zufällig einmal ein kleines Kind gerade Beine, so staunten alle Nachbarinnen und nannten es ein ‚Herrschaftskind'".[11]
Schlechte Wohnverhältnisse, feuchte Unterkünfte, zuwenig Sonne, fehlende Durchlüftungsmöglichkeiten und mangelhafte sanitäre Einrichtungen erhöhten neben gesundheitsschädlichen Bedingungen am Arbeitsplatz das Krankheitsrisiko. Proletarierkrankheiten wie Lungentuberkulose galten vor allem als Wohnungskrankheiten – und als unwirtschaftlich: „Scharlach, Diphterie, Masern, Keuchhusten beschränken sich fast ausschließlich auf die frühen Lebensalter, während die Tuberculose die Menschen in der Blüthe der Jahre dahinrafft, wenn alle Mittel und Mühe, die auf die Ernährung und Erziehung verwendet sind, Frucht bringen und Zinsen tragen sollen."[12]

Ausmaß und Selbstverständlichkeit des proletarischen Wohnungselends beleuchtet auch die Tatsache, daß Wohnungen statistisch erst als überbelegt ausgewiesen wurden, wenn fünf oder mehr Personen auf einen heizbaren Raum kamen. Erwachsene, die sich ein Bett teilten, oder Wohnungen, die sich mehrere Familien teilten, waren genausowenig eine Seltenheit wie die Aufnahme und Unterbringung von möglicherweise verschieden-geschlechtlichen Einlogierern in der Familienwohnung. Um die Jahrhundertwende hatte in Hamburg jeder dritte ledige Mann zwischen 20 und 25 Jahren als Durchgangsstation eine Schlafstelle inne: und der Anteil der Schlafmädchen und Schlafburschen stieg mit dem Arbeiteranteil in den Stadtteilen. Zwei Drittel aller Hamburger Wohnungen hatten nach der amtlichen Statistik im Jahr 1895 mindestens einmal die Mieter gewechselt. Die zeitgenössische Einschätzung, daß das Einlogiererwesen der wichtigste Teil der Wohnungsfrage sei wie diese den Hebel zur Lösung der Arbeiterfrage darstellte, resultierte freilich nicht nur aus der Einsicht in die quantifizierbaren Mängel der proletarischen Wohnsituation, wie Überbelegung oder unzureichende Sanitäreinrichtungen, sondern auch aus der Irritation über die bürgerlichem Familienideal zuwiderlaufenden Wohnweisen der Arbeiter, bei denen verschiedene Generationen und Geschlechter sowie verwandte und fremde Mitbewohner hinter derselben Wohnungstür verschwanden.
Die Arbeiter und ihre Gewerkschaften jedoch bekämpften weniger die ‚proletarische Wohngemeinschaft' als patriarchalische Formen der bürgerlichen Großfamilie, in die familienfremde Dienstboten und Gesellen selbstverständlich miteinbezogen

207 Der von Gewerkschaften und SPD gegründete „Konsum-, Bau- und Sparverein ‚Produktion'" baute 1906 in Barmbek einen Block, der 254 Wohneinheiten und 7 Ladenlokale aufnahm: Holzstich von Rudolph, 1906

waren, und forderten die Abschaffung von Kost- und Logiszwang. Hinter der hohen Fluktuation der Mieter, deren Habe selten mehr als eine Schottsche Karre voll ausmachte, scheint nicht nur Unbehaustheit, sondern auch ein Moment positiv genutzter Freizügigkeit durch, so läßt zumindest die Klage eines Hamburger Fabrikbesitzers ahnen, dessen Vorhaben, „die Arbeiter durch Wohnerleichterungen mehr an sein Unternehmen zu fesseln", daran scheiterte, daß „diese, wenn sich Aussicht bietet, anderswo einige Groschen mehr zu verdienen, ohne Weiteres ausziehen und die Wohnung im Stiche lassen".[13] Das unhäusliche Verhalten der Arbeiter, die sich aus beengten Wohn- und Familienverhältnissen in Kellerkneipen flüchteten, erregte nicht nur wegen des körperlichen und wirtschaftlichen Ruins, den das anstelle des Familienlebens tretende Kneipenleben heraufbeschwor, Aufmerksamkeit, sondern auch wegen der polit-moralischen Zersetzung, die von diesen „Brutstätten der Revolution" (Laufenberg) angeblich ausging.

Staatliche und kommunale Beiträge zur Wohnungsreform, die im Interesse der Arbeiter lagen, soweit es das wohlverstandene Eigeninteresse des Bürgertums zuließ, das sowohl in Altona als auch in Hamburg aufgrund ungleicher Bürger- und Wahlrechte die Stadtparlamente beherrschte, konzentrierten sich auf die Bau- und Wohnungsgesetzgebung. Aufmerksamkeit erregte im Deutschen Kaiserreich das hamburgische Wohnungspflegegesetz von 1873. Es ergänzte die Bestimmungen der Baupolizeigesetzgebung durch Anforderungen, die auch die Benutzung von Altstadtbauten regeln helfen sollten. Allzu strenge Maßstäbe konnte der Gesetzgeber freilich nicht anlegen. Als ein wirkungsvoller Beitrag zur Sanierung unhygienischer Wohnformen galt denn auch, „wenn recht viele dieser Wohnungen aus anderen Anlässen beseitigt werden, indem sie Neubauten Platz machen oder einer anderen Verwendung als zu Wohnzwecken übergeben werden."[14]

Nach ersten theoretischen und praktischen Beiträgen zur Arbeiterwohnungsfrage im dritten Viertel des letzten Jahrhunderts setzte zu Beginn der 90er Jahre eine neue Diskussions- und Bauwelle zur Arbeiterwohnungsreform ein. Gegen die patriarchalisch-wohltätigen Konzepte von Stiftsbauten, gegen die herkömmlichen gemeinnützigen Bestrebungen der Bauvereine und -gesellschaften und schließlich gegen die Wohnungsfürsorge privater Arbeitgeber setzte sich eine neue Organisationsform durch: Zum ‚Vorort der Genossenschaften' machte Hamburg auch seine starke Wohnbaugenossenschaftsbewegung.

Mit Ausnahme der nach der Jahrhundertwende verstärkt auftretenden Genossenschaftsgründungen für die ländlichen Vororte die eher dem Ideal der Kleinhaussiedlung oder der Gartenstadt folgten, waren die seit 1892 aus dem Boden schießenden Baugenossenschaften weitgehend einem Architektur- und Wohnungsprogramm verpflichtet, wie es zur gleichen Zeit der Hamburger Architekten- und Ingenieurverein diskutierte. Dieser redete dem großstädtischen Etagenhaus in „thunlichster Nähe der Arbeitsstätten, damit der Familienvater seine Mahlzeit mit der Familie einnehmen kann" das Wort, sprach sich für kleine abgeschlossene Familienwohnungen „gegen die sittlichen Schäden, welche das Schlafburschenwesen in gar vielen Fällen zur Folge hat", aus sowie für die Durchmischung und Durchdringung verschiedener Wohnungsgrößen und sozialer Gruppen bei Vermeidung besonderer Arbeiterquartiere „in denen die Arbeiter getrennt von allen übrigen Gesellschaftsklassen, sich sicher noch mehr als Paria der Gesellschaft fühlen werden, als sie dies leider jetzt schon thun."[15]

Gemeinsamkeiten der Entstehungsgeschichte und Erfolge der beiden im Cholera-Jahr 1892 gegründeten Traditionsbaugenossenschaften Altonaer Spar- und Bauverein und Bau- und Sparverein Hamburg sind bezeichnend für Motivation und Wirkung ihrer großangelegten Bautätigkeit.

Den Arbeiterfamilien – zumindest denjenigen mit einem halbwegs regelmäßigen Einkommen zur Finanzierung der Genossenschaftsanteile – boten die Selbsthilfe-Organisationen in der Regel preiswerteren und gesünderen Wohnraum als der freie Wohnungsmarkt, vor allem aber gewährten die Genossenschaften ein langfristig sicheres Wohnrecht und garantierten eine im doppelten Sinne solide Anlage der abgesparten Einlagen. Solide gegründet war die Finanzierung der Projekte, aber auch ihre Bauausführung; und der Verzicht auf ungesund erachtete Hinterhäuser zugunsten großer einheitlicher Baukomplexe über kammförmigen oder mehrflügeligen Grundrissen mit zum Straßenraum geöffneten Höfen – ‚Hamburger Burg' – entwickelte sich vor dem 1. Weltkrieg ebenso zu einem Hauptkennzeichen genossenschaftlicher Wohnanlagen wie das Bemühen um eine gestalterische Abkehr vom Mietskasernenstil des späten 19. Jahrhunderts.

Auch wenn der praktische Beitrag der Baugenossenschaften zur Lösung der Wohnungsfrage gering erscheint – das Bauvolumen der vier größten Genossenschaften auf Alt-Hamburger Gebiet machte keine fünf Prozent des Wohnungszuwachses zwischen 1895 und 1914 aus –, so kann ihre wohnerzieherische Wirkung in Arbeiterkreisen kaum überschätzt werden. Diejenigen Genossen, die es per Los oder über die Warteliste geschafft hatten, eine der begehrten Wohnungen zu ergattern, konnten den noch nicht berücksichtigten Mitgliedern den Beweis antreten, daß Entbehrungen und Hoffnungen auf eine bessere Wohnung für ihresgleichen nicht vergeblich sein mußten, und die Begehrlichkeit – oder das Bedürfnis – Außen- oder Tieferstehender wecken.

Über die orthodoxe Baugenossenschaftsbewegung hinaus gingen schließlich die Aktivitäten des 1899 aus Gewerkschafts- und SPD-Kreisen gegründeten „Konsum-, Bau- und Sparvereins ‚Produktion' Hamburg". Nach Anfangserfolgen der ebenfalls von einzelnen Vertretern des Bürgertums unterstützten ‚utopischen Monstregenossenschaft' legten die ‚Habenichtse' 1906 den Grundstein zu einem ‚Millionenbau' am Schleidenplatz in Barmbek, der neben 254 Wohneinheiten auch sieben Ladenlokale aufnahm, „um durch das räumliche Zusammenrücken der Mitglieder das leibliche und geistige Wohl der Genossen zu fördern und die Verteilung der Lebensmittel billiger zu gestalten."[16] Der PRO-Block und seine Bewohnergemeinschaft – ein Symbol der „Loslösung der Arbeiterschaft von bürgerlicher Bevormundung" – bot nicht nur 1906 auf der „künstlerischen Weihnachtsausstellung" der „Vereinigung für Kunstpflege" einer mustergültigen Arbeiterwohnungsausstattung der Firma Bejeuhr & Loock Raum, sondern sie standen auch im Zentrum verschiedenster Experimente zur kollektiven Haushalts- und Lebensführung.

Die Ende des 19. Jhs. entstandene Sozialtopographie der Stadt erschließt sich einem Spaziergänger zum Teil auch heute noch am baulichen Befund: An der Alster vorwiegend freistehende Villen mit Gartenanlagen ringsherum; westwärts davon, in Harvestehude, Ein- und Zweifamilienhäuser in geschlossener Reihenvillenbebauung mit Vorgärten und Grünflächen im Innern der Blöcke; weiter weg von der Alster, in der Isestraße, Etagenhäuser mit nur noch kleinen Vorgärten, einer höheren Geschoßzahl und weitgehender Ausnutzung der Grundstückstiefen durch Schlitzbauweise; den Eimsbüttler Mietskasernen im Schanzenviertel fehlen Vorgärten ganz, die einzelnen Geschosse sind niedriger, die Wohnungen entsprechend kleiner,

208 Wo alte Photographien einen Blick in die Wohnungen von damals gestatten, werden die sozialen Gegensätze des ausgehenden 19. Jahrhunderts deutlicher anschaulich: „Herrenzimmer der Villa des Barons von Ohlendorf" in Hamm, Photographie von Irmert, um 1880

209 Salon mit Gemäldesammlung im Jenisch-Palais an den Großen Bleichen, Photographie, um 1880

die Innenflächen der Grundstücke nicht nur durch Schlitzbauweise, sondern zusätzlich durch Hinterhäuser ausgenutzt. Allein die Fassadenausbildung scheint auf den ersten Blick ein ‚soziales Gefälle' zu überspielen. Nur bei den Hinterhäusern hat man weitgehend auf Schmuckformen verzichtet.

Wo alte Fotografien einen Blick in die Wohnungen von damals gestatten, werden die sozialen Gegensätze des ausgehenden 19. Jhs. noch deutlicher anschaulich. Ein Paradebeispiel für gründerzeitlichen Luxus, war die von Martin Haller 1872–74 erbaute Villa des neureichen Heinrich von Ohlendorff in Hamm: Säulen, Treppen und Kamine aus italienischem Marmor, Wandgemälde, riesige Kristallkronleuchter, Vorhänge aus violettem Atlas, Möbel „vom alten Piglheim", ein Intarsientisch von der Wiener Weltausstellung 1873, an dem „drei Kaiser gefrühstückt haben", ein Service für 48 Personen aus der

210 Beste Stube eines Malermeisters, Steinstraße, Hof 80, Gouache von E. Niese, 1891

211 Arbeiterstube, Langer Gang 8, Photographie von 1933

212 Bretterbude an der Billstraße, Billwerder Ausschlag, Photographie, um 1910

Berliner Porzellanmanufaktur, „dasselbe Muster, das Friedrich der Große für das neue Palais in Potsdam anfertigen ließ".[17]
„Alles das hat es in den hamburgischen Häusern, in die ich gekommen bin, nie und nirgends gegeben ... Plüsch-Sessel und -Sofas nämlich, sogenannte Makart-Zimmer, Überladenheit und Muffigkeit ... Hamburgisch ist immer Gepflegtheit, Würde und – auch bei reichen Mitteln Schlichtheit gewesen", versichert Heinrich Merck[18] allerdings mit der Einschränkung, daß es hin und wieder einen Hang zum Luxus gegeben habe. Sicherlich brauchte sich die alteingesessene Hamburger Oberschicht, die von jeher wirtschaftlich mächtig und politisch bestimmend war, nicht eine neue kulturelle Identität beim Adel zu entlehnen. Eher dürften die ‚alten Familien' es auf diese Weise verstanden haben, sich von den schnell reichgewordenen ‚Parvenues' abzusetzen.
Speise- und Herrenzimmer, Kristalleuchter und Büsten deutscher Geistesgrößen, Perserteppich und orientalische Topfpflanzen waren jetzt jedoch auch in den – gegenüber Privat- und Nutzräumen völlig übergewichtigen – Repräsentationsräumen der Hamburger Villen und herrschaftlichen Etagenwohnungen anzutreffen. Eine zunehmend mechanisierte Möbel- und Kunstindustrie hatte diese Art von Inbesitznahme von Vergangenheit und fernen Ländern ermöglicht. Und sie hat mit ihren historischen Massenprodukten auch Angebote für das Kleinbürgertum und die Arbeiterschaft gemacht.
„Meist aber waren ziemlich viel Schmuck an Gardinen, Bildern, Schränken in den Wohnungen. Ein runder Tisch mit Plüschdecke und Sofa mit einer Bilderwand – das war der Stolz der Hausfrau. Da hingen Bebel oder Marx und der alte Kaiser, Bilder der Militärdienstzeit und der eingerahmte Konfirmationsschein und die ländlichen Großeltern friedlich nebeneinander – dies war die Stätte der Hausgötter."[19] Solche ‚guten Stuben' hat der Jugendseelsorger Walther Classen in den Wohnungen der Klientel seines ‚Lehrlingshorts' im Hammerbrook um die Jahrhundertwende gesehen. Die Orientierung großer Teile der Arbeiterschaft an bürgerlichen Familienidealen und Wohnvorstellungen wurde durch die Trennung von Wohnung und Arbeitsplatz als einer der Bedingungen der Lohnarbeit sicherlich begünstigt. Auf Grund der materiellen Situation der meisten Arbeiterfamilien – kein zum Lebensunterhalt ausreichender Lohn des Mannes, Unsicherheit des Arbeitsplatzes, lange Arbeitszeiten für Mann und Frau, unbeaufsichtigte Kinder, überfüllte, enge, meist auch dunkle und feuchte Wohnungen – konnte die Vorstellung von der ‚Frau im Hause', von der Rückzugsmöglichkeit in eine ‚gute Stube' subjektiv die Bedeutung eines Fortschritts gewinnen.
Die Vorstellung, daß die Industrialisierung im Laufe des 19. Jahrhunderts die sich verschärfenden sozialen Gegensätze durch die Herausbildung einer großbürgerlichen Wohnkultur und eines proletarischen Wohnungselends in den Raum projizierte, bliebe unvollständig ohne einen Hinweis auf den sich hinter diesem sozialräumlichen Widerspruch abzeichnenden Prozeß des historischen Wandels: Die Industrialisierung zog nicht nur eine schwer erträgliche Wohnungsnot für breite Bevölkerungskreise in Hamburg nach sich, sondern auch ein unaufschiebbares Verlangen, Wohnungsnot zu beseitigen. Die Wohnbedürfnisse, die das 19. Jahrhundert rief, ist unser Jahrhundert nicht mehr losgeworden.

Jörg Haspel und Ursula Schneider

Ein Stadthaus an der Alster, ein Landhaus an der Elbe, ein Rittergut in Holstein

„Ein Hamburger Patrizier großen Stils, ein Jenisch, Godeffroy, Rücker, Schröder, Amsinck muß ein Stadthaus an der Esplanade, am Jungfernstieg oder an den Großen Bleichen, ein Landhaus an der Elbe und ein Rittergut in Holstein oder Mecklenburg besitzen", schrieb Reichskanzler Fürst Bernhard von Bülow in seinen Erinnerungen an die beiden Brüder Jenisch, deren Großneffe er war.[1]
Martin Johann Jenisch (1793–1757) und Gottlieb Jenisch (1797–1875) übernahmen 1827 das Vermögen und das Bankgeschäft ihres Vaters. Sie gehörten damit zu den reichsten Bürgern Hamburgs. Martin Johann wurde außerdem 1827 zum Senator gewählt. Er hatte später als Präses der Baudeputation Einblick in die Neuplanungen der Stadt und Zugriff auf die städtischen Baubeamten. Wie niemand anderer konnten die beiden Brüder die luxuriöse Bau- und Wohnkultur der reichen Hamburger im 19. Jahrhundert demonstrieren. Wie von niemand anderem sind mit dem Stadthaus des Gottlieb, dem heutigen Übersee-Club am Neuen Jungfernstieg, und dem Landhaus des Martin Johann, der heutigen Außenstelle des Altonaer Museums im Jenisch-Park, Zeugnisse dieser Bau- und Wohnkultur noch heute erhalten.
Die Familie des Vaters Martin Johann Jenisch hatte seit 1788 in der Katharinenstraße 17 gewohnt, einem charakteristischen Kaufmannshaus der Altstadt mit Diele, Hofflügel und Speicher am Fleet; die Vertäfelung des in dieser Zeit ausgestatteten Festsaales befindet sich noch im Museum für Kunst und Gewerbe. Der 28-jährige Sohn Martin Johann zog bereits in die großzügiger angelegte Neustadt aus; für ihn wurde 1821 ein Stadthaus in den Großen Bleichen 23 gekauft. Nachdem Martin Johann Senator geworden war, kaufte und arrondierte sein Bruder 1829–33 ein zentrales Grundstück an der neu angelegten Prachtpromenade des Neuen Jungfernstiegs. Mit den Entwürfen für ein Stadtpalais wurden die Leitenden Baubeamten Carl Ludwig Wimmel und Franz Gustav Forsmann beauftragt. 1834 war das Palais, in das auch die von beiden Brüdern betriebene Firma verlegt wurde, fertig.
Senator Jenisch selbst betrieb in dieser Zeit bereits den Ankauf eines geeigneten Landhausgeländes. 1828 übernahm er von Caspar Voght dessen Mustergut in Flottbek und bestimmte die höchste Stelle im Südteil des üppigen Landschaftsparks für den Bau einer Villa. Der Baubeamte Forsmann erhielt 1828 den Auftrag für die Entwürfe. Diese sandte Jenisch 1829 dem preußischen Leitenden Baubeamten Karl Friedrich Schinkel. Seine Gegenvorschläge zu einer Art Lustschloß gingen teilweise in die 1831 bis 1834 ausgeführte Version des Landhauses ein. – Bruder Gottlieb Jenisch kaufte sich erst 1845 ein Landhaus: die 1836 von dem englischen Architekten A. P. Mee für R. Godeffroy erbaute Villa, die „Bost", in Dockenhuden.
Über die Rittergüter der Jenisch ist weniger bekannt. Neben dem Gut in Flottbek führte Martin Johann die Holsteinischen Rittergüter in Blumendorf und Fresenburg. Aber auch von Bruder Gottlieb sind Landgüter überliefert.
Das Jenisch-Palais am Neuen Jungfernstieg verkörpert als erstes den Typ des großbürgerlichen Stadtpalais mit Blick auf die Alster.[2] Es verband die Annehmlichkeiten der zentralen Lage und der Schönheit der Alsterlandschaft – allerdings noch ohne Park – eine Kombination, die im Laufe des Jahrhunderts in den vielen Prachtbauten in Harvestehude weiterentwickelt und variiert worden ist.
Die neue Promenade und ihre Bebauung waren aus einem Guß. Hier hatten nur reiche Hamburger Grundstücke gekauft. Ihre Architekten hielten sich an gemeinsame Baurichtlinien. Das Jenisch-Palais tat sich jedoch schon auf alten Ansichten des Neuen Jungfernstieg in diskreter Weise durch die feinere Gliederung hervor. Ein weißer Putzbau – an antike Marmorbauten erinnernd – mit grauer Hausteingliederung und vergoldeten Eisengußgittern verziert, vertikal in Sokkel-, Haupt- und Mezzaningeschoß mit Kranzgesims, horizontal in Mitteltrakt und Seitenrisalite gegliedert.
Ein von Kandelabern flankiertes Portal ließ Equipagen ein, die in den Hof weiterfahren konnten. Der Besucher trat von der Durchfahrt in einen Korridor, von dem er das repräsentative Treppenhaus erreichen konnte. Im „Parterre" lagen vorn die Firmenräume, zwei „Comptoirs" und ein „Cabinet", außerdem ein „Gewölbe" mit dem „Safe". Hinten schlossen sich – um die Dienstbotentreppe gelagert – die „Dienerstube", zwei „Dienstbotenzimmer", das „Eßzimmer der Leute" und vor allem zwei Küchen mit Nebenräumen an. In der „1. Etage" – über Repräsentationstreppe wie über Dienstbotentreppe erreichbar – befanden sich für den Bedarf der Familie „Wohnstube" und „Speisesaal", für Repräsentationszwecke der „Entree-Salon", drei weitere „Salons" und der „Große Saal" mit anschließendem „Buffet-Raum", daneben ein weiterer „Dienerraum". In dieser Etage lagen auch Schlaf- und Ankleidezimmer der Herrschaften, während im darüber liegenden Mezzaningeschoß Gäste- und Dienstbotenzimmer untergebracht waren.
Gottlieb Jenisch, der eine Freiin Amalie Caroline von Lützow, Witwe des Grafen Rudolf von Westphalen, heiratete, mit der er drei Töchter hatte, wohnte mit seiner Familie bis zu seinem Tod 1875 in diesem Haus. Das Kontor wurde bis 1842 als Firmenkontor genutzt; danach scheinen die Jenischs nur noch ihr Vermögen verwaltet zu haben. Das Haus diente der Familie im übrigen während der kälteren Jahreszeit als Stadtwohnung. In der „Saison" fanden hier die kleinen und größeren Empfänge, Essen, Gesellschaften und Bälle statt, zu denen sich die Hamburger Großbürger gegenseitig einluden. Überliefert ist davon we-

213 Das Palais des Gottlieb Jenisch am gerade neu angelegten Neuen Jungfernstieg verkörpert als erstes den Typ des großbürgerlichen Stadtpalais mit Blick auf die Alster: Jenisch-Palais von Franz-Gustav Forsmann, 1831–1834, Photographie, um 1900

nig. Das Haus, das nach 1899 an Gustav Amsinck verkauft und von Martin Haller durchaus einfühlsam umgebaut wurde, mag jedoch einen Eindruck von der gediegenen bürgerlichen Pracht geben, mit der hier das Leben zelebriert wurde.

Wenn die Familien die Sommermonate an der Elbe verbrachten, hatte Bruder Martin Johann allerdings das reichere Anwesen und auch das eindrucksvollere Landhaus.[3] Für 137 200 Mark banco hatte er Caspar Voghts Flottbeker Gut gekauft. Voghts für die damalige Landwirtschaft wie für die Sozialreform gleichermaßen bedeutendes Projekt der „ornamented farm" war in Schwierigkeiten geraten. Wenngleich der alte Eigentümer dem neuen schon bald nach dem Wechsel im August 1828 bescheinigt hatte, „daß Sie Flottbeks Schönheit kannten und verstanden, Geschmack daran fanden und ganz den Wert fühlen können," und sein Lebenswerk in den Händen des 36-jährigen Senators fortgeführt und gesteigert zu sehen hoffte, so waren die Voraussetzungen für solche Erwartungen inzwischen gewandelt. Immerhin war Jenisch dem Rat des Älteren gefolgt und hatte für seinen Neubau eine Stelle des Parks unweit des von Voght beibehaltenen, 1794–97 nach Plänen von Johann August Arens erbauten Landhauses gewählt. Diese Stelle war geeignet, in der Achse des Parks dem Haus das „imponierende Ansehen" und den Bewohnern die beste Aussicht über das sanft abfallende Tal bis zur Elbe zu geben. Jenisch hatte allerdings damit schon zu erkennen gegeben, daß er nicht vorhatte, die Einheit von Landwirtschaft und Park, die „ornamented farm" fortzuführen. Zugleich drückte Jenisch damit seinen Willen aus, auf Repräsentation gerichteten städtischen Wohnstil weitgehend beizubehalten.

Ganz deutlich ist dieses Bestreben in der Anordnung und Ausgestaltung der Landhausräume im Erdgeschoß. Man tritt durch einen geräumigen Windfang in ein großes, von zwei Säulen aus Stuckmarmor getragenes Vestibül. Von die-

214 Wenn die Familien die Sommermonate an der Elbe verbrachten, hatte Bruder Martin Johann Jenisch das reichere Anwesen und auch das eindrucksvollere Landhaus: Jenisch-Haus von Franz-Gustav Forsmann, 1831–1834, Photographie, um 1900

sem schon saalartigen Raum, der eine größere Zahl von Menschen zu feierlichen Anlässen aufzunehmen vermochte, führt einerseits eine repräsentative Treppe mit vergoldetem Geländer in das erste Geschoß, andererseits eine der sechs Türen in den langgestreckten Speisesaal. Vestibül und Treppenhaus nehmen einen größeren Raum ein als der sonst für ein Landhaus bestimmte Hauptraum, der Gartensaal. Im Speisesaal, der einer Gesellschaft von über zwanzig Personen Platz bieten konnte, ist die klassizistische Dekoration am reichsten ausgebildet: ein kostbarer Parkettfußboden ist in Rauten gefeldert, über einem Wandsokkel, glatten Wandfeldern, die von Blattranken und Meanderbändern berahmt sind, zieht sich ein Fries mit geflügelten Eroten, die einen Kranz tragen, eine schwere Kassettendecke trägt symmetrische Palmblätter und Sternblüten als Ornamente. Im Wechsel dazu ist der folgende Raum an der Südostecke mit einem reich dekorierten Parkettfußboden in Kreisform und einer schlichteren Dekke ausgestaltet. Er enthält außerdem einen italienischen Marmorkamin. Der Gartensaal, nach Süden hin zum Park mit seinem weit gestreckten Rasen, dem sogenannten Bowling Green, durch Glastüren geöffnet, kann ebenfalls von einem Kamin aus Carraramarmor beheizt werden. Dem Raum dürfte in etwa der Eindruck eigen gewesen sein, den er heute vermittelt, da die von Jenisch in Italien gekauften Skulpturen darin aufgestellt sind. Damit ist in Hamburg ein Motiv aufgenommen worden, das von englischen Adelsfamilien aus Italien in ihre Landhäuser übertragen worden war: Salons, in denen antike Statuen, deren Kopien oder klassizistische Nachbildungen aufgestellt waren.

Jenisch hatte auf seinen Reisen in Italien für seine Stadt- und Landhäuser nicht nur Skulpturen erworben, sondern auch Gemälde, zum Teil eigens auf Bestellung. Einen nicht unbeträchtlichen Teil seiner zuletzt etwa 100 Bilder umfassenden Sammlung hatte er auf der 1829 veranstalteten Ausstellung des jungen Kunstvereins in Hamburg gekauft, dessen Vorstandsmitglied er war. Bis 1842 erweiterte er seine Sammlung ständig. Sie ist im ganzen erhalten geblieben und ihrem ursprünglichen Verwendungszweck entsprechend zum Teil auch heute im Jenisch-Haus aufgehängt. Vorwiegend enthält sie Werke zeitgenössischer, hauptsächlich deutscher Künstler der Romantik und des Biedermeier mit religiösen Themen, Landschaften, Genreszenen und Stilleben, daneben auch Kopien nach klassischen italienischen Meistern. Mit seiner Neigung zur zeitgenössischen Kunst, die er auch mit mäzenatischen Förderungen und Stiftungen verband, bildet er unter seinen Standesgenossen eine Ausnahme.

Über die ursprüngliche Bestimmung und Einrichtung der meisten Räume des Landhauses gibt es keine genauen Hinweise, da persönliche Nachrichten im letzten Krieg vernichtet worden sind. Immerhin läßt sich wohl sagen, daß in dieser Villa ein „großes Haus" mit zahlreichen Bediensteten geführt worden ist. Im Souterrain befanden sich eine große Küche, mehrere Vorratsräume und Dienstbotenzimmer. Sicherlich diente das Erdgeschoß in erster Linie dem Empfang und der Bewirtung von Besuchern und Gästen. Die Zimmer des er-

215 Das abendliche Leben in den Sommermonaten wird sich im Jenisch-Haus ähnlich abgespielt haben wie es von Caspar Voght geschildert wird: „Abendgesellschaft bei Baron Voght", Aquarell, um 1820

sten Geschosses haben wohl den Schlaf- und Ankleidezimmern des kinderlosen Ehepaares und seiner häufigen Gäste gedient. Bezeichnenderweise führt aus dem Souterrain in das erste Geschoß eine verdeckte Treppe, die das Personal zur Bedienung zu benutzen hatte. Im niedrigeren Obergeschoß haben das Personal und die Beschließer gewohnt, vielleicht auch Kinder von Gästen.

Überliefert ist der allgemein übliche Brauch, daß im Mai der Umzug von der Stadtwohnung an den Großen Bleichen mit allem nötigen Mobiliar erfolgte, das auf mehreren Fuhrwerken befördert wurde. Im späten Herbst erfolgte der Rückzug entweder in die Stadtwohnung oder auf die von Jenisch erworbenen Güter Blumendorf oder Fresenburg bei Oldesloe.

Als Höhepunkte des sommerlichen Lebens im „Flottbeker Haus" blieben in Erinnerung das große Festmahl, das der Senator anläßlich des Empfanges für den dänischen König Christian VIII. im September 1845 veranstaltete, und – schon nach dem Tode des Hausherrn – die Feier der Silbernen Hochzeit des Bruders Gottlieb, die Fanny Henriette Jenisch 1862 ausrichtete, als der Park mit 3000 Lampen illuminiert war. Im übrigen dürfte sich das familiäre Leben an einem Sommerabend etwa so abgespielt haben, wie es eine Zeichnung von einer Abendgesellschaft bei Caspar von Voght schildert.

Seit 1927 befinden sich das Jenisch-Haus als Museum großbürgerlicher Wohnkultur und der Park in öffentlichem Besitz. Da die ursprüngliche Einrichtung nicht mehr vorhanden war oder nicht wiedergefunden werden konnte, entstand ein Kompromiß: Im Erdgeschoß sind die großen Repräsentationsräume im Stil des Klassizismus und des Biedermeier gehalten, teilweise mit Gegenständen aus Jenisch's Besitz. In den beiden Obergeschossen befindet sich eine Abfolge von 18 Räumen mit großbürgerlichen Einrichtungen von der Spätrenaissance bis zum Jugendstil.

Christian Ludwig Küster und Volker Plagemann

Die Hütten der Armut und des Lasters

Der große Brand von 1842 hatte vor allem in den Wohn- und Geschäftsvierteln der wohlhabenden Hamburger Bürger seine Spuren hinterlassen. Erhalten geblieben waren jene Gebiete der Alt- und Neustadt, in denen teilweise bereits seit dem Mittelalter die Masse der ärmeren Bevölkerungsschichten wohnte: die Gängeviertel. Ihren Namen hatten sie durch ein unübersichtliches Gewirr von Gassen und Gängen erhalten, die oft so schmal waren, daß gerade zwei Personen aneinander vorbeigehen konnten. In viele der dicht nebeneinander gestellten Fachwerkhäuser drang nie das Sonnenlicht. Diese ungewöhnliche Bebauungsdichte hatte jedoch nicht von Anfang an bestanden, sondern war das Resultat eines längeren Prozesses. Bis weit in das 19. Jahrhundert hinein vollzog sich die Hamburger Stadtentwicklung innerhalb der mittelalterlichen Festungsmauern. Insbesondere die politisch einflußreichen Haus- und Grundeigentümer hatten lange Zeit hartnäckig die Erschließung neuer Wohngebiete außerhalb der Stadtmauern blockiert, weil sie eine Senkung der Bodenpreise und der Mieten verhindern wollten. Andererseits strebte die Hamburger Arbeiterbevölkerung in einer Zeit, in der öffentliche Verkehrsmittel noch unbekannt waren, nach Wohnungen möglichst in der Nähe des Hafengebietes, wo täglich Tausende von Menschen Beschäftigung fanden. So mußte auf beschränktem Raum eine ständig wachsende Zahl von Mietern ihr Unterkommen finden. Häuser, die ursprünglich nur mit ein oder zwei Stockwerken errichtet worden waren, erhielten Aufstockungen; Gärten, Hinterhöfe und andere Hindernisse einer maximalen Erhöhung der Grundrente verschwanden und machten einer expansiven Bebauung Platz, die jeden freien Quadratmeter zu nutzen suchte. Im Jahre 1886 lebten in den Gängevierteln auf einem Hektar durchschnittlich 1459 Menschen, fast doppelt so viele wie in der Inneren Stadt insgesamt.[1]

Parallel zu dieser Verdichtung vollzog sich seit den 60er Jahren ein Prozeß räumlicher und sozialer Differenzierung, der mit dem Bau der Speicherstadt seinen Höhepunkt erreichte. Während viele Handwerker und Industriearbeiter in die neuen Wohnviertel am Stadtrand (Barmbek, Eimsbüttel etc.) zogen, verblieben in den Gängevierteln vor allem die Hafenarbeiter und die große Zahl

216 Ihren Namen hatten die Gängeviertel nach dem sie charakterisierenden Gewirr von schmalen Gängen. Im hanseatischen Bürgertum wurden diese Arbeiterquartiere als Inseln der Barbarei und der Unmoral hingestellt: „Gang im Gängeviertel", Photographie, um 1900

der ungelernten Tagelöhner und Gelegenheitsarbeiter, für die der Hafen ebenfalls die wichtigste Erwerbsquelle bildete. Hafenarbeit war im 19. Jahrhundert noch weitgehend Gelegenheitsarbeit. Längere Perioden der Arbeitslosigkeit gehörten wegen der kurzfristigen Arbeitsverhältnisse und der Überfüllung des Arbeitsmarktes zum Alltag der Beschäftigten. Sie waren deshalb darauf angewiesen, die Arbeitsvermittlungsstellen in der Hafengegend so schnell und häufig wie möglich erreichen zu können, ohne dabei die kostspieligen (seit 1866 entstandenen) öffentlichen Verkehrsmittel benutzen zu müssen. Zudem war im Hafen Nachtarbeit an der Tagesordnung. Viele Beschäftigte konnten deshalb erst den Nachhauseweg antreten, wenn die Straßenbahnen ihren Betrieb bereits eingestellt hatten. Für die Masse der unständigen Hafen- und Gelegenheitsarbeiter blieb es daher ein grundlegendes Bedürfnis, in einem der alten, zentral gelegenen Wohnviertel Unterkunft zu finden.

Eine Kanalisation war in diesen Gebieten nur teilweise vorhanden und wegen der Baufälligkeit mancher Häuser auch nachträglich oft nicht anzulegen. Die Anwohner mußten deshalb ihre Abwässer eigenhändig zum nächstgelegenen Einfallsloch der Kanalisation tragen oder schütteten sie kurzerhand in die Straßenrinne, die meist mitten durch den Gang verlief. Da in dem engen, winkeligen Gewirr der Gänge nur ein schwacher Luftdurchzug herrschte, verdichteten sich die Gerüche des Rinnsteins, der Aborte und der zum Trocknen quer über die Gänge gehängten Wäsche zu einer für Außenstehende schockartigen Mischung: ,,Die Brust fühlt sich ordentlich beklemmt von dem übelriechenden brodemartigen Dunst, der durch die aus den Häusern drängenden Düfte sich zu einem Potpouri aller möglichen Gerüche bildet. Man empfindet mit Schillers Taucher, wenn man aus diesen Gängen heraus wieder auf eine freie breite Straße tritt, in der ein kühlerer Wind Razzia gehalten hat auf die Dünste der Menschenwohnungen: Es freue sich, wer da atmet in rosigem Licht, da drinnen aber ist's fürchterlich."[2]

217 ,,Kinder spielen Schule im Hof Schulgang Nr. 8", Photographie, um 1910

Dennoch gehörten die Gängeviertel streckenweise zu den architektonisch reizvollsten Wohngebieten der Hansestadt. Als nach der Cholera von 1892 und dem Hafenarbeiterstreik von 1896/97 endgültig der Abriß dieser Quartiere beschlossen wurde, strömten ganze Scharen von Malern in die Stadt, um die Abbruchgebiete zumindest auf Papier und Leinwand für die Nachwelt zu erhalten. Fachleute verglichen nach vollendeter Sanierung der Neustadt-Süd nicht ohne Melancholie das zerstörte Viertel, welches zu den ,,schönsten, malerischten und eigenartigsten Partien von Hamburg" gerechnet wurde, mit den an gleicher Stelle entstandenen Neubauten: ,,ein ausgesucht häßliches charakterloses Mietskasernenviertel mit breiten langweiligen Straßen."[3]

Nicht zu übersehen war jedoch ein langwieriger Verslumungsprozeß, der die Wohnverhältnisse in diesen Gebieten wesentlich prägte. Schon in den 60er Jahren wurde lebhaft über die geringe

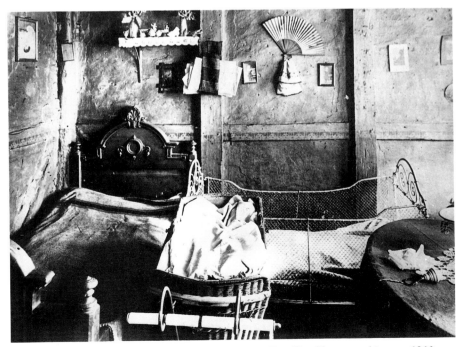

218 Wohn- und Schlafraum einer kinderreichen Familie, Photographie, um 1910

Neigung der Hausbesitzer geklagt, Geld für Instandhaltungs- und Baupflegemaßnahmen zu investieren. Und auch in späterer Zeit waren sämtliche Berichte über die Gängeviertel gefüllt mit Beschwerden über nicht funktionierende Kochstellen, über Fenster, deren Öffnung wegen mangelnder Stabilität sorgfältig vermieden wurde oder über unbeleuchtete Treppenhäuser, in denen ein herabhängendes schmieriges Tau als Ersatz für nicht vorhandene Treppengeländer diente.

Im hanseatischen Bürgertum galten die Arbeiterquartiere der Innenstadt, ähnlich wie in anderen Großstädten, als Inseln der Barbarei und der Unmoral, als Orte, die jenseits aller Kultur und Zivilisation lagen. Ein eindrucksvolles Beispiel für diese Sichtweise liefert eine Broschüre des Hamburger Notars Heinrich Asher über ,,Das Gängeviertel und die Möglichkeit, dasselbe zu durchbrechen", welche bei ihrem Erscheinen (1865) große Aufmerksamkeit fand. Was Asher den Zeitgenossen über seinen Rundgang durch die ,,Hütten der Armut und des Lasters" zu berichten wußte, war zweifellos geeignet, den ruhigen Schlaf der ehrbaren Hamburger Bürger zu beeinträchtigen. Wurde ihnen doch hier in drastischer Weise jenes ,,Labyrinth von Häusern, Buden, Schmutz und Elend" vor Augen geführt, das sie selbst aus eigener Erfahrung kaum kannten. Was war von einem Viertel zu halten, in dessen Häusern zwei Dutzend Familien ,,nur durch eine dünne Bretterwand getrennt" auf engstem Raum zusammenlebten, in dem ,,ehrlose Dirnen ihr Gewerbe am hellen Tage und auf offener Gasse" betrieben, wo der ,,Anblick viehischer Begierden und der widerlichsten Völlerei in den stets offenen Branntweinschenken" zum Alltag gehörte? Konnte es da verwundern, daß diese Menschen ,,von Jugend auf jedes Schamerröten verlernt" hatten, daß ,,die zahllosen wilden Ehen" alle Moral untergruben und die ,,Verpflichtungen gegen den Staat" nicht mehr ernst genommen wurden, daß die Kinder häufig nicht einmal getauft waren und sich später der ,,Aufsicht durch die Schule" entzogen? Da mochte man es wohl glauben, wenn einem versichert wurde, daß sogar Inzest in jenen Gebieten ,,nichts Unerhörtes" sei.

Woher Asher seine Intimkenntnisse über das Leben in den Gängevierteln bezog,

219 Die Broschüre ,,Das Gängeviertel und die Möglichkeit dasselbe zu durchbrechen" des Notars Heinrich Asher faßte Abscheu und Ängste des Bürgertums zusammen. Sie waren der Hintergrund für die mit gesundheitspolizeilichen Argumenten begründeten Flächenabrisse: Abbruchgebiet hinter der Steinstraße, Photographie, 1914

bleibt freilich unklar. Direktem Kontakt mit der dort ansässigen Bevölkerung können sie kaum entsprungen sein, befand er sich doch bei seinem nächtlichen Streifzug durch die Gänge ,,in der steten Angst, daß uns jemand begegnen möchte, der sich da mehr zu Hause fühlt als wir." Alle Vorsicht war freilich umsonst, denn Asher und seine Begleiter wurden von den Anwohnern schnell als Outsider erkannt: ,,Während wir weiter schreiten, regnet es von allen Seiten Spitz- und Schmähreden, und wir sind noch froh, daß es nichts Schlimmeres regnet."[4]

Ashers Bericht gibt daher weniger Aufschluß über die Gängeviertel und ihre Bewohner als vielmehr über das Bild, das man sich innerhalb des städtischen Bürgertums von ihnen machte. Trotzdem vermitteln einige seiner Hiobsbotschaften durchaus Anhaltspunkte für weitergehende Überlegungen. In der Tat hatten junge Arbeiterinnen und Arbeiter wohl ein direkteres, weniger schamvolles Verhältnis zu ihrem Körper und ihrer Sexualität als die Altersgenossen aus den wohlhabenden Bevölkerungsschichten. In der Tat war die Unterklassen-Prostitution in den Hafenvierteln ein öffentliches Ereignis, verglichen mit den verschwiegenen Bordellen, in denen besser situierte Bürger auf Entspannung hoff-

ten. Und zweifellos entsprach das Zusammenleben in den Gängevierteln nicht den offiziellen Vorstellungen von der stabilen, nach außen abgeschlossenen Kleinfamilie als Keimzelle jeder dauerhaften Ordnung. Stattdessen entwickelte sich hier in den Jahrzehnten des Kaiserreichs eine ,,halboffene"[5] Familienstruktur: Eine wachsende Zahl von Familien nahm Einlogierer auf, junge, ledige, meist zugewanderte Arbeiter, die gegen ein Entgelt beherbergt und beköstigt wurden. Viele von ihnen, die sogenannten Schlafgänger, verfügten nicht über ein eigenes Zimmer, sondern hatten lediglich Anspruch auf ein Bett, das zuweilen noch mit anderen geteilt werden mußte. Daß unter solchen Umständen düstere Mutmaßungen über die dort herrschenden unsittlichen Zustände kursierten, überrascht nicht. Inwieweit der Mangel an Rückzugsmöglichkeiten in die Privatheit von der Arbeiterbevölkerung selbst als Defizit empfunden wurde, ist eine offene Frage.

Die Bewohner der Gängeviertel hätten die Phantasie der herrschenden Machtelite jedoch kaum so nachhaltig beschäftigt, wenn sie lediglich ein Anlaß zu moralischer Entrüstung gewesen wären. Darüber hinaus galten diese Quartiere aber auch als Quelle vielfältiger Gefah-

220 Der Hamburger Photograph Paul Wutcke war einer der wenigen, die nicht nur das malerische und verruchte Milieu der Gängeviertel zeigten. Er nahm die Bewohner selbst auf, die sich ihm kurz vor der Zerstörung ihres Lebensbereiches zum Erinnerungsphoto stellten: Photographie von Paul Wutcke, 1901/02

ren. Die Aggressivität, mit der Asher und seine Freunde auf ihrer Entdeckungsreise empfangen wurden, war kein Einzelfall, sondern eine generelle Verhaltensweise gegenüber Fremden, welche durch ihr Äußeres die Zugehörigkeit zu einer anderen Klasse demonstrierten. Kehrseite dieser Aggressivität war eine ausgeprägte Berührungsangst der besitzenden Klassen gegenüber den Gängevierteln: ,,Wer nicht gerade in diesen Gegenden zu tun hat, oder wen die Neugierde hierher führt, der vermeidet es, diese Straßen zu passieren, die dabei in der Nähe des stärksten Verkehrs liegen'', hieß es 1906 in einem Zeitungsbericht über das Arbeiterquartier in der Altstadt-Ost. Polizeiliche, pädagogische und geistliche Ordnungskräfte hatten in diesen Gebieten von jeher einen schweren Stand. Insbesondere die Arbeit der Polizei galt in dem Labyrinth der Gänge und Höfe als ,,ungemein schwierig, da gewisse Teile der Bevölkerung sofort für ihren Kumpan Partei nehmen, die Sicherheitsbeamten aufzuhalten suchen und den Fliehenden den Zugang zu den zahlreichen Schlupfwinkeln offenhalten.''[6] In den großen Kämpfen der Hamburger Arbeiterbewegung wurden die Gängeviertel immer wieder zum Schauplatz gewaltsamer, oft tagelanger Auseinandersetzungen zwischen der Polizei und den Anwohnern (Steinstraßenunruhen 1890, Schaarmarktkrawalle 1897, Wahlrechtsunruhen und Schopenstehlkrawalle 1906). Schon 1865 hatte auch Asher konstatiert, daß ,,die Polizei, die Kirche und die Schule an jeder durchgreifenden Wirkung in jenen Quartieren behindert'' seien.

So mußten die Gängeviertel den tonangebenden Hamburger Kreisen in doppelter Hinsicht wie eine Provokation erscheinen: als Ort, in dem bürgerliche Moralvorstellungen außer Kraft gesetzt waren und als Sammelpunkt einer Bevölkerung, die es verstanden hatte, sich dem ordnenden Zugriff der staatlichen Macht zumindest teilweise zu verweigern. Für Asher bot dies allemal Grund genug, eine radikale Planierung der Neustadt-Nord zu fordern. War es doch nach seiner Ansicht die ,,Pflicht des Staates, dafür zu sorgen, daß es keinen Winkel, geschweige denn einen im Verhältnis zum Ganzen so bedeutenden Teil gebe, der sich seiner Kontrolle in diesem Grade entzieht; um so mehr, wenn es gerade der Teil unseres Gemeinwesens ist, der als wahrer Herd aller Laster, aller Verbrechen, alles aufrührerischen Strebens, der strengen Kontrolle am meisten bedürftig ist.''[7]

Die Abrißplaner waren jedoch realistisch genug, zu erkennen, daß eine Verwirklichung dieser Pläne auf fast unüberwindbare Hindernisse stoßen würde. Mit Flächensanierungsmaßnahmen hatten die Behörden noch keinerlei Erfahrungen gesammelt. Ein vollständiger Aufkauf des Sanierungsgebietes oder eine Enteignung aller Grundstücke mußte die Staatskasse mit gewaltigen Summen belasten. Die zu erwartende Obdachlosigkeit Hunderter von Menschen schuf weitere Probleme. Es sollte daher noch mehrere Jahrzehnte dauern, bis diese Wohnviertel endgültig beseitigt waren. Ängste, soziale Obsessionen, aber auch heimliche Faszination, die mit den Gängevierteln unzertrennbar assoziiert waren, blieben bis weit in das 20. Jahrhundert hinein lebendig.

Michael Grüttner

Buden, Sähle, Höfe, Terrassen, Passagen

Einst als Schandtat der Profitinteressen und als Schandflecke im Stadtbild gebrandmarkt, gelten sie heute immer weniger als schlechte Adresse. Ja, manche unter den quer zur Straßenrandbebauung angeordneten und in Hamburg als „Passagen" oder „Terrassen" bekannten Hinterwohnhäusern aus der zweiten Hälfte des letzten Jahrhunderts werden sogar als ausgesprochen attraktives Angebot geschätzt. Rund hundert Jahre nach ihrer Entstehung jedoch scheinen ihre Tage als Hauptabbruchkandidaten heutiger Sanierungsprojekte in vielen Fällen gezählt. Zählen lassen sich mittlerweile die erhaltenen Terrassenwohngebiete, die ehemals wie ein Gürtel die Kernstadt umgaben, auch als seltener werdende Dokumente der Industrialisierung des Wohnalltags kleinbürgerlicher und Arbeiterschichten.

Terrassen und Passagen, die Wohnhofformen der Stadterweiterungsgebiete des frühen Industriezeitalters setzten sich architektonisch und räumlich nicht nur von den Wohnsitzen der Oberschicht und den Landhausgebieten des Großbürgertums ab, für die Hofbebauungen „zum Schutze unserer Villen und Gärten" ausgeschlossen waren, sondern auch von den Wohnformen der Unterschichten im ehemaligen Stadtkern. Mietwohnungen und Hinterhäuser lassen sich für die Hansestadt nämlich bereits für das Mittelalter nachweisen, und alt-hamburgische Wohnungstypen wie „Buden" und „Sähle" oder „Wohnkeller" galten schon vor dem 19. Jahrhundert als „Obdach der Armen", als „Wohnsitz des Elends" oder als typische Behausung für „Miethleute von geringem, doch nahrhaftem Pöbel".

„Buden (Bodae, domus parvae) sind kleine Wohnungen von einem Stockwerke und stehen gemeiniglich in Gängen und Höfen", so definierte und lokalisierte der Topograph von Heß 1810 den althamburgischen Kleinstwohnungstyp. Die Verdrängung der ursprünglich einräumigen Buden von der Straße auf die Höfe und Gänge hatte massenhaft während der Blütezeit der Stadt eingesetzt,

als das Wirtschafts- und Bevölkerungswachstum eine Verdichtung der Straßenrandbebauung mit Geschoßbauten und eine Überbauung der anschließenden Gartengrundstücke mit flachen Wohn- und Nebengebäuden nach sich zog. „In der zweiten Hälfte des 17. Jahrhunderts werden die Höfe allmählich ganz bebaut. Diese Häuser auf den Höfen – Buden genannt – sind anfangs eingeschossig, werden jedoch auch bald zweigeschossig errichtet".[1]

Während der Ausbau des Dachgeschosses bis dahin erfolgte, um in der Regel eine zusätzliche Schlafkammer zu der im Erdgeschoß vom Eingangs- und Herdraum separierten heizbaren Stube zu gewinnen und den Einfamilienreihenhauscharakter der Buden typologisch nicht veränderte, markierte deren seit 1800 verstärkt feststellbare Aufstockung zum Einbau zusätzlicher Wohneinheiten den Übergang zu einem neuen Gebäude- und Wohnungstyp. „Sähle sind die oberen Stockwerke oder Theile derselben über solchen Häusern oder Wohnungen, wo der Einwohner des untersten Stockwerks nicht das ganze Haus, oft nur einen Teil derselben für sich und seine Familie einnimmt." Die ebenfalls seit dem Mittelalter nachweisbaren durch Umnutzung, Aufbauten oder Einziehen einer Zwischendecke entstandenen Obergeschoßwohnungen in Mehrfamilienhäusern hatten schon vor der Industrialisierung zu recht modern anmutenden Wohnverhältnissen geführt.

Bei der Wohnungszählung 1810 repräsentierten 3502 Buden den Kleinwohnungsbestand im Erdgeschoß der Hofhäuser, während die 10881 Sähle Stockwerkswohnungen in Vorder- und Hintergebäuden umfaßten. Für die Wohnbebauung an Gängen und Höfen blieb die Bezeichnung Bude (Budenreihe) gebräuchlich soweit die Aufstockung um ein Geschoß (Sahlwohnung) den Charakter der Hinterhäuser als Kleinhäuser nicht gänzlich zerstörte.

Nicht nur in den traditionellen Wohnquartieren der Unterschichten in der Innenstadt blieben jedoch im letzten Jahr-

hundert vorindustrielle Bauformen für die Gestaltung der Wohnumwelt der arbeitenden Klasse prägend. Auch die seit der Aufhebung der Torsperre (1860) und der Einführung der Zunft- und Gewerbefreiheit (1865) außerhalb der Wallanlagen massenhaft entstandenen Wohngebiete hatten auf traditionelle Architektur- und Planungsvorstellungen zurückgegriffen.

Der für gründerzeitliche Stadterweiterungsgebiete typischen Querstellung der Hinterhäuser zur Straße sowie ihrer Erschließung über Torwege der Vorderhäuser lagen Bebauungsstrukturen zugrunde, wie sie auch für die Hofbebauung der Buden und Sähle in der Innenstadt charakteristisch gewesen waren. Die vorindustrielle „Parzellierungskultur" der wie eine Streifenflur in lange schmale Grundstücke aufgeteilten Straßengevierte, die bereits die Hinterhauslandschaft von Alt-Hamburg in ihren Grundzügen gegliedert hatte, blieb für die Hofbebauung im Industriezeitalter zunächst verbindlich. Die Baupolizei-Gesetzgebung hätte auch andere Wohnhofformen als die kammartig rechtwinklig zur Straße abgehenden Sackgassen und Durchgänge zugelassen – und hat diese ja auch tatsächlich für in Parallelstellung oder als Rundumbebauung realisierte Ausnahmen wie im Schanzenviertel nicht verhindert. So wenig umwälzend das gründerzeitliche Hinterhausleben zumindest den aus alteingesessenen Unterschichten rekrutierten Hamburger Arbeiterfamilien auf den ersten Blick erschienen sein mochte, so wenig stellte das Wohnen zur Miete im Mehrfamilienhaus unbedingt eine neue Qualität der Wohnerfahrung dar. Wichtige Merkmale der Etagenwohnung waren ja schon den alten Sählen eigen und wurden von von Heß mehrfach als besondere „Merkwürdigkeit" angeführt: „Die Bewohner derselben haben keine notwendige Gemeinschaft mit dem unten zur Hausthür eingehenden Hausherrn, sondern unter sich, wenn ihrer mehrere sind, eine gemeinschaftliche Sahlthüre unten an der Gasse und eine

221 „Buden sind kleine Wohnungen von einem Stockwerke und stehen gemeiniglich in Gängen und Höfen" hatte schon v. Heß 1810 definiert. „Sähle" – neben „Wohnkellern" „Obdach der Armen" und „Wohnsitz des Elends" – waren die Aufstockungen der Buden: Hof mit Bude und Sählen, Brauerknechtsgraben 31, Photographie von Koppmann, 1904

Treppe. Sonst hat jeder Sahl eine besondere Thüre wieder für sich und die Inhaber des einen können von den anderen getrennt bleiben, wenn sie es anders wollen."

Das Prinzip der Vereinigung mehrerer Parteien oder Familien unter einem Dach bei gleichzeitiger baulicher Abscheidung der Wohneinheiten führt die Unterscheidung zwischen Erdgeschoß-Haustüren und Obergeschoß-Haustüren (oder Sahltüren) nicht nur in erhaltenen vorindustriellen Wohnquartieren wie den Witwenwohnungen der Krameramtsstuben in der Neustadt oder den Hinterhäusern des Kattenhofes in St. Georg anschaulich vor Augen, sondern auch in frühen Terrassenwohnanlagen mit den charakteristischen „Dreitürengruppen" im Karolinenviertel.

Die Betonung solcher Kontinuitätsstränge zwischen vorindustriellen und industrialisierten Wohnungsbau- und Wohnverhaltensweisen in der architekturhistorischen Entwicklung und der Entstehung neuer Gebäudetypen kann zwar den Einbruch, den die Industrialisierung auch für die Wohnverhältnisse der breiten Bevölkerung dargestellt haben dürfte, nicht mildern, aber sie könnte die Akzeptanz erklären helfen, die die ersten Bewohner diesen – heute oft unerträglich empfundenen – Formen entgegengebracht zu haben scheinen. Daß die neue Qualität der von der Industrialisierung ausgelösten Stadterweiterung im letzten Drittel des vorigen Jahrhunderts nicht nur den umplanten und umbauten „Betroffenen", sondern auch den verantwortlichen Führungsschichten der Stadt zunächst noch gar nicht voll bewußt gewesen sein dürfte, machte Fritz Schumacher in seiner treffenden Analyse der Hamburger Wohnungspolitik des 19. Jahrhunderts deutlich, wenn er nach Gründen für einen „Mangel an Planerphantasie" sucht: „Ohne es recht zu wissen, nahm man die Form, die sich für die Kernstadt aus tausend Zwängen ergab und machte sie zur Typus-Form, aus der die neue Schöpfung der Zonenstadt gegossen wurde. Die neue Stadt erwuchs ohne weiteres nach dem Bilde der geflickten alten, – die Phantasie raffte sich nicht auf zur Befreiung von ihren übermächtigen Eindrücken."

Die Begrifflichkeit, mit der die neuen Wohnhaustypen versehen wurden, betonte nun freilich nicht gerade ihre Verwandtschaft mit alt-hamburgischen Bauweisen. „Etagenhäuser" lösten die „Sähle" ab, „Terrassen" traten anstelle der Höfe und statt der „Twieten" der Altstadt oder der „Gänge" der Neustadt verbanden „Passagen" die Straßen. Die neuen Bezeichnungen legten aber nicht nur von der gewonnenen Weltläufigkeit und Adaptionsfähigkeit der lokalen Bauherren und Baumeister Zeugnis ab, sondern unterstrichen auch deren Innovationsbereitschaft.

Der Verzicht auf die Ausbildung einer aufwendiger gestalteten Eingangstüre für die Erdgeschoßwohnung neben der schlichten Tür zu den Sahlwohnungen der Obergeschosse und schließlich deren Zusammenfassung zu einem gemeinsamen Hauseingang lassen einen Funktionsverlust der traditionellen Separierung der Hauseingänge erkennen, sei es, daß eine mehrfache Erschließung benachbarter Wohneinheiten als unrationell erachtet wurde, sei es, daß die ursprüngliche Unterscheidung zwischen der Haustüre des Hausherrn und den Aufgangstüren der Mieter durch den Auszug des anspruchsvolleren Hauseigentümers aus der „Mietskaserne" end-

Wohnungsfragen

222 Die typische Querstellung der Hinterhofbebauung wurde nach Aufhebung der Torsperre auch für die Massenbebauung außerhalb der alten Innenstadt, die „Terrassen" beibehalten – eine Architektur, die zu ihrer Zeit keiner Photographie für würdig gehalten wurde: Terrasse Sternstraße, Photographie 1980

gültig bedeutungslos geworden war. Statt der räumlichen Abscheidung vom Hausbesitzer stand in den Spännertypen vor allem die Trennung der Mieter untereinander und von den Aftermietern im Vordergrund: „Es kommt daher in Hamburg kaum vor, daß wie in anderen Städten die Gärten, Hofplätze, Müllgruben, Waschküchen, Aborte, Wasserhähne und Ausgüsse gemeinschaftlich benutzt werden".[2] Die Ausbildung eines eigenen Vorplatzes als Verteiler innerhalb der Wohnungen anstelle des traditionell als Eingangsraum genutzten Herdraumes, scheint die Ausbildung einer ungestörten Privat- und Familiensphäre im Massenmietshaus erleichtert zu haben. Galt als Hauptvorteil des Vorplatzes doch die Tatsache, „daß er den ungenierten Zugang zu den einzelnen Zimmern und besonders zu dem Kloset bildet, und gerade dieser Umstand macht den Vorplatz besonders für den Fall wertvoll, daß sich in der Wohnung Aftermieter befinden".[3]

Die der Arbeitsteilung im Produktionsbereich nicht unähnliche räumliche Trennung verschiedenster Lebensvorgänge, ihre systematische Zusammenfassung zu (klein-)familiengerechten Wohneinheiten und deren rationale Anordnung schufen Typisierungen und setzten diese voraus. Das nach Maßgabe der Baupolizeigesetze erzielte ökonomische Gleichmaß der systematischen – oder schematischen – Anordnung der Gebäude- und Geschoßgrundrisse sowie der einheitlichen – oder einförmigen – Durchgestaltung des Gebäudeinneren und der Außenerscheinung bestimmt noch heute das in sich geschlossene Bild großflächig erhaltener Wohnanlagen wie der Falkenriedterrassen – und bezeugt die durchschlagende Gestaltungskraft einer auf serielle Fertigung angelegten Entwurfs- und Bauökonomie. Weniger streng regulierte Straßenführungen und Hofbildungen, wie sie das im liberalistischen Wildwuchs ausgewucherte Karolinenviertel prägen, oder Ausnahmen von der Regel paarweise und gradlinig angelegter Terrassen, wie die Jägerpassage in St. Pauli, entstammen aber der frühesten Phase der industrialisierten Hinterhausbebauung, als die Entwicklung einer planmäßigen, großflächigen Wohnüberbauung sozusagen noch in den Kinderschuhen steckte.

Ihre formale Geschlossenheit und Einheitlichkeit in zu langen Reihen addierten und bis zum Jahrhundertende überwiegend in klassizistischer Tradition durch Gesimsbänder zusammengefaßten Hinterhauszeilen verdankten die Terrassen wohl grundlegend der Tatsache, daß sie, im Gegensatz zur vorindustriellen Hofbebauung meist in einem Zug und in einer Hand als Ware geplant, erstellt und verkauft oder vermietet wurden.

223 Hinterhofbebauungen, die zwei Straßen miteinander verbanden, wurden „Passagen" genannt: „Bohmbachspassage in St. Georg, Photographie, um 1930

Die Veränderung der Hinterhauslandschaft, die in der Ablösung individualisierter Giebelfassaden durch eine die Einzelgebäude zu einem Gesamtbaukörper vereinheitlichende Fassadengestaltung womöglich am deutlichsten zutage trat, resultierte aber nicht nur aus den neuen ökonomischen Potenzen der Baukapitalisten, sondern auch aus den neuen architektonischen Ansprüchen ihrer Baumeister auf eine geschlossene Komposition der Baumassen (des noch um seine Anerkennung als Architekturaufgabe ringenden Massenwohnungsbaues) zu einem eher repräsentativ wirkenden, großmaßstäblichen Ensemble.

Gleichzeitig zeichnen sich die Hamburger Terrassen durch ihre nutzungsspezifische Konzentration auf Wohnfunktionen aus. „Terrassen" in den Vororten traten nicht nur begrifflich die Nachfolge von „Höfen" in der Innenstadt an, sondern waren dem Gesetzgeber auch synonym mit „Wohnhöfen". Die Höfe der Alt- und Neustadt aber hatten Wohn- und Lebensgemeinschaften beherbergt, die das Arbeitsleben nicht nur im Falle des „Schmiedehofes" selbstverständlich miteinbezogen hatten. Die Identität des Hofes als Wohn- und Wirtschaftseinheit spaltete sich unter dem Druck der von der Industrialisierung durchgesetzten Trennung von Wohnen und Arbeiten.

Die zumindest in einem zeitlichen Zusammenhang mit der Citybildung und Innenstadtsanierung stehende Wiederentdeckung der – wie ein „Binnenexotikum" wahrgenommenen – Altstadtwohnquartiere und des Gängeviertels durch Maler, Fotografen und Schriftsteller, die seit dem ausgehenden 19. Jahrhundert „noch schnell die malerische Schönheit dieser Gegend zu genießen" suchten, verweist auf eine doppelte Gegenerfahrung: als gleichermaßen faszinierendes wie irritierendes soziales Gegenmilieu zur bürgerlichen Kultur- und Lebensweise, aber auch als historische Gegenwelt und als Nachbild der „guten alten Zeit" inmitten einer industrialisierten Umwelt. Die Klagen aus Heimatschutzkreisen über „neue mit Zement verputzte und armselige Häuser" an den Gängen oder über eine durch „häßliche Backsteinbauten" geschlossene Baulücke in den alten Höfen unterstrichen die Bedeutung der historischen Prägung, die neben ihrem Sozialcharakter das Erleben der traditionellen Massenquartiere lenkte.

Mittlerweile haben die Terrassen in den Vororten auch als Sanierungssubstanz die Nachfolge der ehemaligen Hinterhöfe der Alt- und Neustadt angetreten. Ihre Wiederentdeckung durch eine veränderte Sichtweise sowie ihre anhaltende Dezimierung durch überkommene Standards erinnern an den historischen Vorgang der Neuordnung Hamburgs im Kaiserreich. Vor diesem historischen Hintergrund müßte sich der Zusammenhang zwischen den von der traditionellen Heimatliebe ins Herz geschlossenen Objekten althamburgischer Milieuinseln und den im alternativen Heimatverständnis schützenswerten Zeugnissen des Industriezeitalters jedoch vermitteln lassen, ehe auch dieses Kapitel der lokalen Wohnarchitekturgeschichte auf einige fremdenverkehrswirksame Raritäten reduziert ist.

Jörg Haspel

Das Etagenhaus

Das Etagenhaus – ein mehrstöckiges massives Gebäude mit abgeschlossenen, von einem gemeinsamen Treppenhaus zugänglichen Mietswohnungen – tritt in Hamburg[1] vergleichsweise spät in Erscheinung.
Nach dem großen Brand von 1842 entstand ein charakteristischer Haustypus, der nach Bauformen, Bautechnik und Nutzung als Vorstufe zum europäisch-großstädtischen Etagenhaus gelten kann.[2] Die neu errichteten Häuser hatten über dem Erdgeschoß meist drei oder vier Vollgeschosse. Spitze Giebel und Mansarddächer gab es nicht mehr. Die Umfassungswände wurden massiv gemauert, während für die Innenwände das traditionelle Fachwerk vorerst noch gebräuchlich blieb. Kanalisation und Wasserversorgung waren für das gesamte Neubaugebiet vorgesehen. Ungünstiger als zuvor gestalteten sich indessen die Luft- und Lichtverhältnisse: die sehr tiefen Parzellen wurden bis zum Äußersten ausgenutzt, so daß im Inneren der Baublocks oft nur schachtähnliche Höfe verblieben; Zimmer, Kammern und Küchen ohne Fenster waren nicht selten. Die besseren Häuser enthielten noch oft die Bel Etage, die vorzugsweise vom Hauseigentümer bewohnt wurde, – die oberen Stockwerke wurden schon damals regelmäßig vermietet. Städtebaulich bedeutsam war die Fassadengestaltung, die vor allem durch die klassizistische Tradition sowie den damals beliebten „florentinischen" Rundbogenstil bestimmt war.
Wie das ältere Hamburger Bürgerhaus, so ist auch das Wohnhaus der Wiederaufbauepoche nach dem Hamburger Brand bis auf wenige Dokumente aus dem heutigen Stadtbild verschwunden.
Mit der gründerzeitlichen Stadterweiterung wird in Hamburg jener Wohnhaustypus heimisch, der alle einschlägigen Merkmale des europäisch-großstädtischen Etagenhauses aufweist: neben einigen technischen Neuerungen[3] wäre das vollständige soziale Spektrum von der „Mietskaserne" bis zum „hochherrschaftlichen" Miethaus zu nennen. – Nach Grundriß- und Aufrißstruktur sowie in der Stilentwicklung zeigt das Hamburger Etagenhaus durchaus eigenes – hamburgisches – Gepräge.
Das Problem einer – im Rahmen der gesetzlichen Bestimmungen – maximalen Ausnutzung der schmalen, tiefen Parzellen wurde in den einzelnen Städten verschieden gelöst.[4] In Hamburg hat sich von den 70er Jahren an eine als „Schlitzbauweise" bezeichnete Form herausgebildet; kennzeichnend sind die tiefen Einschnitte der Rückfront, die sich durch die Aneinanderreihung T-förmiger Einzelgrundrisse ergeben. Entwickelt wurde diese Form für Häuser der gehobenen Kategorien; sie wurde aber später auch für Häuser mit Mittel- und Kleinwohnungen allgemein üblich. – Die Rückfronten sind immer glatt verputzt und entbehren jeder architektonischen Gestaltung.
Die innere Organisation des T-Grundrisses läßt sich am besten an dem verbreiteten Fünf-Zimmer-Schema darstellen, wie es fast vierzig Jahre hindurch mit geringfügigen Veränderungen verbindlich blieb. Das zentral gelegene Treppenhaus

224 Mietskasernen mit Arbeiterwohnungen um 1880. Charakteristisch für die Frühzeit des Mietshauses waren das tiefliegende, durch sogenannte Kellerkränze beleuchtete Souterrain und die frei in den Straßenraum vortretenden Vortreppen der Hauseingänge: Idastraße in Hammerbrook, Photographie, um 1880

225 Die hamburgisch-gründerzeitliche Fassadengestaltung präsentierte Ziegelflächen mit üppigem, stark plastischem Putzdekor: Hansaplatz in St. Georg auf dem Hansa-Brunnen, Photographie von Koppmann, 1878

wird nur durch Oberlicht beleuchtet. Die Wohnungsgrundrisse, zwei pro Etage, verhalten sich fast oder völlig spiegelgleich. Jede Wohnung hat zwei Zimmer mit Fenster zur Straße und ein halbdunkles Zimmer mit zur Seite gerücktem Fenster zum Schlitz; diese Zimmergruppe ist regelmäßig durch Schiebetüren bzw. Flügeltüren verbunden. Die Küche liegt seitlich am Schlitz, die Nebenräume an einem Lichtschacht, zwei Zimmer nach hinten. Der lange schmale Korridor schließt an den etwas breiteren Vorplatz an. Alle Zimmer und Nebenräume sind direkt vom Korridor bzw. Vorplatz zugänglich.

Als Paradigma verstanden ist diese Form in vielen Varianten – erweitert oder vereinfacht oder auch einer schiefwinkligen Parzelle angepaßt – wiederzuerkennen (völlig individuelle Lösungen finden sich fast nur bei Eckhäusern).

Die wichtigste Variante ist der sogenannte Dreispänner, der in dieser Form erst nach 1900 auftaucht und vor allem für die einfacheren Wohnverhältnisse Bedeutung erlangt. Der T-förmige Gesamtgrundriß wird beibehalten, aber im Hinterflügel eine dritte Wohnung angeordnet. – Der Vierspänner ist ähnlich organisiert und enthält fast ausnahmslos Kleinwohnungen.

Neben das herkömmliche, als privates Spekulationsobjekt errichtete Mietshaus – meist eine Einzelanlage mit nur einem Eingang und einem Treppenhaus – tritt um die Jahrhundertwende der von Genossenschaften oder gemeinnützigen Einrichtungen erbaute Großwohnblock mit zahlreichen Treppenaufgängen und ineinander verschachtelten „Haus"-Grundrissen.[5] Mit der – für Hamburg – neuartigen Wirtschaftsform wird die entsprechende Bauform von anderen deutschen Großstädten übernommen. Einen entscheidenden Bruch mit der hamburgischen Tradition bedeutet der Verzicht auf die Hinterflügel-(Schlitz-)Bauweise.[6]

Für das Verhältnis von Wohnungsgröße und Ausstattung hat sich in Hamburg eine ganz bestimmte, von anderen Städten durchaus verschiedene[7] Rangordnung herausgebildet.

Die Ein-Zimmer-Wohnung, in Berliner und Wiener Arbeiterhäusern noch um die Jahrhundertwende normal, wird in Hamburg schon um 1870/80 kaum mehr gebaut. Die damaligen Kleinwohnungen enthalten durchweg zwei Zimmer, Vorplatz, Küche mit Wasserstelle und WC; nach 1900 kommt oft noch ein Balkon hinzu. Den gleichen Standard zeigen vor dem Ersten Weltkrieg die meisten Drei-Zimmer-Wohnungen,[8] und bis um 1900 gilt dies sogar für zahlreiche Vier-Zimmer-Wohnungen. Häufiger ist allerdings schon damals die „gehobene" Vier-Zimmer-Wohnung mit Bad und Mädchen-

Wohnungsfragen

226 Die Rahmung einer Straßeneinmündung durch gleiche Eckhäuser und die Betonung der Ecken durch Erker mit Turmbekrönung waren um die Jahrhundertwende beliebt. Typisch für die Jahre nach 1900 sind die fast auf Straßenniveau liegenden „Kellerläden" und die zwei Geschoßhöhen einnehmenden Hauseingänge: Feldstraße in St. Pauli, 1903, Photographie von Osterland, um 1910

kammer; die Zimmer sind dann merklich größer, die Vorderzimmer durch Schiebetüren verbunden und zuweilen mit Parkettfußböden versehen. Für Wohnungen mit fünf und mehr Zimmern sind diese Dinge selbstverständlich. Von etwa 1905/06 an werden in Häusern dieser Kategorie auch Zentralheizung und Fahrstuhl üblich. Der Aufgang für Dienstboten und Lieferanten kommt in Hamburg nur in der eigentlichen Spitzengruppe – und auch dort nicht immer – vor; zugänglich ist er über eine Außentreppe durch den Keller. – Der in Hamburg sehr verbreitete Vorgarten ist kein sicheres Indiz für den sozialen Status: bei Häusern ohne Ladengeschäfte findet er sich oft schon in bescheidenen Verhältnissen, andererseits fehlt er bei Häusern aller Kategorien, wenn Ladengeschäfte vorhanden sind.

Der Aufriß des gründerzeitlichen Etagenhauses in Hamburg ist normalerweise fünfstöckig (Erdgeschoß bzw. Hochparterre, vier Obergeschosse). Dies gilt jedenfalls für die Innenstadt und die innenstadt-nahen Wohnviertel; in den entfernteren Stadtteilen begegnen Etagenhäuser von dieser Höhe erst um die Jahrhundertwende häufiger.
Die Tendenz zur Angleichung der einzelnen Stockwerke nach Höhe und Wohnqualität macht sich schon um 1870 bemerkbar. Eine eigentliche Bel Etage kommt schon damals kaum, nach 1900 überhaupt nicht mehr vor; andererseits wird das oberste Stockwerk mehr und mehr aufgewertet. Damit entfällt weitgehend eine soziale Differenzierung der Bewohner innerhalb eines Hauses.
Eine wichtige Rolle spielt bis um 1900 das Souterrain, – in der Umgangssprache wie auch amtlich „Keller" genannt. In den Etagenhäusern der Spitzengruppe nimmt es (wie in den damaligen Villen) Küche, Dienstbotenräume und andere Nebenräume der Hochparterrewohnungen auf und bildet mit diesen zusammen das sogenannte Unterhaus (eine interne Treppe verbindet dann die beiden Geschosse). Im übrigen wird es vorzugsweise als Ladengeschoß genutzt; in den einfachen und mittleren Wohngegenden reihen sich die „Kellerläden" fast lückenlos aneinander und bestimmen das unverwechselbare hamburgische Straßenbild jener Zeit. – Bis um die Jahrhundertwende ist eine ständige Höherlegung des „Keller"-Niveaus zu beobachten, die einerseits auf entsprechende gesetzliche Bestimmungen, andererseits auf das Bedürfnis, die Ladenfronten repräsentativer zu gestalten, zurückzufüh-

ren ist. Da übrigens eine einzige Stufe genügte, das De-Facto-Erdgeschoß als „Keller" auszuweisen, wurde diese Bauform schließlich ein beliebtes Mittel, Bestimmungen zur Begrenzung der Geschoßzahl zu umgehen.[9] – Nach 1905/06 wurde auch diese Form des Souterrains kaum noch gebaut.

Daß das Mietshaus neben seiner praktischen und sozialgeschichtlichen Bedeutung auch kunstgeschichtliche Relevanz besitzt, wird erst neuerdings erkannt.

Der kunstgeschichtliche Befund beschränkt sich grundsätzlich nicht auf die Fassade. Gerade die Innenarchitektur (Deckenstuck, Türen, Geländer usw.) des gründerzeitlichen Mietshauses zeigt charakteristische Formen, die auf historisierendes Lehngut weitgehend verzichten und damit den Beweis liefern, daß diese Epoche auch ohne ihr angebliches Hauptkennzeichen stilistisch aussagekräftig ist. Besondere Beachtung verdient in dieser Hinsicht das Treppenhaus mit dem zugehörigen Foyer. Es vermittelt zwischen der öffentlichen Sphäre der Straße und der Privatsphäre der Wohnungen und stellt somit immer – zumindest bescheidene – repräsentative Anforderungen. Bautechnisch-formal ist es ein mehrgeschossiger Innenraum, – der einzige des Etagenhauses. Der individuelle Charakter eines Treppenhauses wird durch verschiedene Faktoren bestimmt: neben dem „Stil" im engeren Sinne sind Grundriß- und Konstruktionsformen, Abmessungen, Proportionen und – nicht zuletzt – die Lichtverhältnisse von Bedeutung.[10]

Für die Fassadengestaltung[11] bestand das eigentliche Problem darin, die historisierenden Schmuckformen in die – damals – moderne Gesamtstruktur des Etagenhaus-Aufrisses zu integrieren. Ob und wie weit dies im Einzelfall gelungen ist, entscheidet über den künstlerischen Rang der betreffenden Fassade; die dekorativen Teile – oft serienmäßig vorgefertigte Versatzstücke – sind als solche von minderem Interesse.

Im übrigen ist die Etagenhausfassade nicht nur für sich zu werten, sondern immer auch als Bestandteil einer zusammenhängenden Straßenfront, die wiederum oft in einem architektonischen Bezug zur benachbarten Straßenseite steht. Für die Stadt-Identität Hamburgs ist das Etagenhaus der wilhelminischen Epoche jedenfalls ein wesentlicher Faktor, – selbst wenn es sich um „Durchschnittsware" handelt. Die besten Leistungen stellen als Architekturschöpfungen von überlokalem Rang neben den öffentlichen Gebäuden, den Bürohäusern und den technischen Bauten einen wichtigen Beitrag Hamburgs zur Kunstgeschichte des 19. und frühen 20. Jahrhunderts dar.

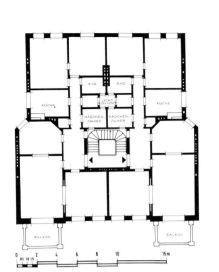
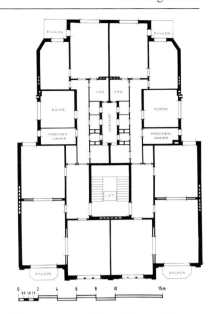

227 Beispiel für das hamburgische 5-Zimmer-Schema bürgerlicher Etagenhäuser: Grindelallee 186, 1876, und Isestraße 55, 1912, Umzeichnung.

228 Nach der Jahrhundertwende wurden „hochherrschaftliche Wohnhäuser" in mehrseitigen Prospekten angepriesen, die Angaben über Lage und Verkehrsmittelanschluß, Vorder- und Hintergärten, Anzahl und Größe der Zimmer, vor allem aber über technischen Komfort machten – „Weinschrank, Eisschrank, Geldschrank, elektrische Lichtanlage, Zentralheizung, Staubabsaugungsanlagen, Telefonanlage, elektrischer Personenaufzug": Schäferkampsallee 22, Prospekt, 1912.

Peter Wiek

Wohnungsfragen

229 Mit dem Anwachsen des Marktes für Etagenwohnungen entwickelte sich eine bürgerliche Nachfrage nach Inneneinrichtungen, deren Befriedigung sich immer stärker industriell organisierte. Anzeigen aus „Illustriertes Albumwerk", Hamburg 1910.

Ein helles Schlafzimmer für den Fabrikarbeiter

Eine wichtige Zielgruppe für die vielfältigen volkskulturellen Bestrebungen um 1900 – initiiert und geprägt durch bildungsbürgerliche Reformbewegungen – stellten die Arbeiter dar. Seit der Jahrhundertwende zeichneten sich in Ausstellungen, Vortragsreihen sowie in der Presse die Anfänge einer Kampagne für eine neue proletarische Wohnkultur ab. Vor dem Hintergrund der gewachsenen Kaufkraft und der gestiegenen Ansprüche der Arbeiter hatte die Reformbewegung jedoch weniger eine grundlegende Verbesserung proletarischer Lebensbedingungen im Auge als vielmehr eine ‚Demokratisierung des proletarischen Geschmacks‘.

Die zur Konsumentenerziehung für den Binnenmarkt der Wohnungseinrichtungen ebenso wie für die Vermittlung eines klassenübergreifenden sozialästhetischen Leitbildes geeignete Geschmacksbildung verfolgte aber nicht nur Interessen der Industrie zur Erschließung neuer Käuferkreise und zur Kompensation proletarischer Ansprüche auf kulturelle Teilhabe, sondern konnte auch an Vorstellungen der Arbeiterbewegung nahestehender Kreise anknüpfen. Die Kritik der produktkulturellen Erneuerungsbewegung, die sich vor dem 1. Weltkrieg insbesondere um den 1907 gegründeten Deutschen Werkbund sammelte, an der historistischen und Jugendstil-Massenproduktion bot sowohl Berührungspunkte mit kapitalismuskritischen Ansätzen sozialistisch orientierter Teile der Kunstgewerbereformbewegung, wie sie auf geschmackskultureller Ebene der Gesellschaftskritik der organisierten Arbeiterschaft zu entsprechen schien. Der mit der Perspektive einer Funktionalisierung des Arbeiterhaushaltes aufgenommene ‚Kampf gegen den Kitsch‘ zur Ästhetisierung des Alltags ließ sich auf den ersten Blick ja nahtlos einreihen in den breiten politischen und gewerkschaftlichen Widerstand gegen die Ergebnisse der industriekapitalistischen Massenproduktion.

Noch ehe die aus den Reihen der Arbeiterbewegung in Berlin gebildete ‚Kommission für vorbildliche Arbeiterwohnungen‘ im dortigen Gewerkschaftshaus 1911 die ersten Arbeiter-Möbelprogramme als „Dokumente der Lebensauffassung und der Energie des zu sich selbst gekommenen Proletariats"[1] der proletarischen Öffentlichkeit vorstellte, hatten die Weihnachtsausstellungen im Hamburger Gewerkschaftshaus bereits eine Vielzahl mustergültiger Einrichtungsgegenstände zum Verkauf angeboten. In enger Zusammenarbeit demonstrierten die Zentralkommission für das Arbeiterbildungswesen sowie der Verein für Kunstpflege in Hamburg eine ‚häusliche Kunstpflege‘. Kritisiert wurde das „Sammelsurium von Geschmacklosigkeit"[2] in vielen Arbeiterhaushalten. Sowohl in der Wohnungseinrichtung als auch an kleineren Gegenständen des täglichen Gebrauchs sollte der Arbeiter ein klassenbewußtes Kunstverständnis unter Beweis stellen: „Weil er Arbeiter ist, muß der Arbeiter in seiner Wohnung und in seinem Hausgerät *Echtheit, Einfachheit und schlichte Schönheit verlangen*"[3] und er muß als Produzent wie als Besteller gleicherweise kritisch werden."[4]

Bereits ab 1904 vertrieb der Verein für Kunstpflege preiswerten künstlerischen Zimmerschmuck, Vasen und Skulpturen. Kunstblätter junger Hamburger Künstler des Künstlerclubs wurden – als Reproduktionen speziell für Arbeiterhaushalte erstellt – verkauft zu einem Preis von rund 1,– Mark, etwa ein Viertel des Taglohns, den ein Kaiarbeiter um 1910 erhielt.

Die größte Bedeutung kam jedoch der Ausstellung von Möbeln zu. Das Angebot einer einfachen Arbeiterzimmereinrichtung wurde in den Jahren nach 1905 zu einer vollständigen Arbeiterwohnungseinrichtung erweitert. 1909 mietete der Verein für Kunstpflege eine Arbeiterwohnung in der Hammerbrookstraße 21, in der er für drei Jahre eine „dauernde Ausstellung" von Möbeln einrichtete. Hier wurde den Arbeitern – ihrer arbeitsfreien Zeit entsprechend abends und am Wochenende – die Chance geboten, sich gleichzeitig über Möglichkeiten einer als geschmackvoll und funktional erachteten Einrichtung zu informieren und Möbel, Skulpturen, Vasen, Bilder, Rahmen, Bücher, Mappenwerke, Postkarten, Hausgerät, Töpferwaren, Handwebereien, Decken, Kissen und Spielzeug preisgünstig zu erwerben.[5]

In einem Lichtbildvortrag des Verein für Kunstpflege am 26. 10. 1908 im Gewerkschaftshaus veranschaulichte der wissenschaftliche Mitarbeiter des Museum für Kunst und Gewerbe Raspe an dem Thema ‚Wohnungskultur des Arbeiters‘ das Ziel der „Arbeiterklasse . . ., die trotz des kulturwidrigen Zustandes unserer Vorstädte, der sich deutlich als ein Übergang, der überwunden werden wird, erkennen läßt, auch auf dem Gebiete der Wohnung Klassenkultur treiben kann und muß."[6] Die Vorschläge des Referenten zur Ausgestaltung der Arbeiterwohnung waren beispielhaft für die gesamte Werbepraxis des Vereins und der Träger der Hamburger Arbeiterkulturbestrebungen. In ihrer Detailliertheit gingen sie über die bis dahin entworfenen Pläne weit hinaus.

Für die Innenräume erschien dem Volkspädagogen „eine gedämpfte Helligkeit am angenehmsten", und er empfahl große, ruhige Flächen an Wänden und Möbeln sowie Tapeten ohne Muster. Für optimal wurde ein schöner, schlichter Wandanstrich erachtet. Der ästhetischen Norm der Einfachheit und Schlichtheit entsprechend, schlug man in dem Bestreben nach einer Rationalisierung der Hausarbeit einfache Leinengardinen als Fensterschmuck vor. Die Möbel hätten möglichst „profilarm" zu sein. „So wenig Schnitzwerk, . . ., Rillen und Vorsprünge an Betten und Schränken wie irgend möglich" sollten an ihnen vorzufinden sein.

Bei der Einrichtung der Küche, die als Wohnküche konzipiert war, war Raspe zufolge insbesondere auf ein Geschirr zu achten, das den „Sinn für Form und Farbe" dokumentierte: „Abkehr von der Buntheit" hieß das Motto. Anstelle der

Wohnungsfragen

230 Vor dem Hintergrund der gewachsenen Kaufkraft und der gestiegenen Ansprüche der Arbeiter hatte die Reformbewegung weniger eine grundlegende Verbesserung proletarischer Lebensbedingungen im Auge als eine ,,Demokratisierung des proletarischen Geschmacks'': ,,Schlafzimmer für einfache Verhältnisse'' von Rudolf Bejeuhr, Photographie, um 1910

allgemein von der Reformbewegung kritisierten, weil selten benutzten ,,guten Stube" forderte auch der Geschmackserzieher aus dem Museum eine ,,gemütliche saubere Wohnstube, in der auch wirklich gewohnt wird." ,,Ramschluxusmöbel" lehnte der Referent als Produkte der Imitativkultur des Industriejugendstils, die letztlich in der Tradition des bürgerlichen Salons stünden, ebenso ab wie eine ,,Überladung mit Nippsachen und ähnlichem Trödel", denen Raspe ,,Tonvasen oder gute Gipsabdrücke von wirklichem Kunstwert" als Zimmerschmuck vorzog.

Priorität sollte aber in jeder Hinsicht das Schlafzimmer genießen: ,,Zum Schlafen muß *vor* jeder anderen Rücksicht das *beste, größte und hellste* Zimmer genommen werden. Ein dumpfes und dunkles Schlafzimmer raubt den Erwachsenen gleich am Tagesanbruch jede Daseins- und Schaffensfreude ... Für den Fabrikarbeiter, der auch während des Arbeitstages selten reine Luft zu atmen hat, ist es vollends der Gipfel der Unvernunft, auch noch für die Nacht das schlechteste Loch sich auszusuchen! Also so viel Luft wie möglich."

Die hier anklingende Konzentration der reformerischen Durchdringung der proletarischen Alltagskultur auf das Arbeiterschlafzimmer wirft aber bereits ein bezeichnendes Schlaglicht auf die künstlerischen Reformbestrebungen vor dem 1. Weltkrieg überhaupt. Zweifel an der Unvermeidlichkeit gesundheitsschädlicher Arbeitsbedingungen oder unzulänglicher Löhne, die dem Fabrikarbeiter den Schlaf mitsamt der Daseins- und Schaffensfreude rauben mochte, schienen nicht aufzukommen. Die mit der Jahrhundertwende verstärkt feststellbare Hinwendung auf die Arbeiterwohnungsfrage konnte der organisierten Arbeiterbewegung eine Erweiterung und Verfeinerung ihrer politischen Programmatik und ihrer klassenkämpferischen Praxis bedeuten – für die Vertreter der bürgerlichen Reformansätze der Produktkultur bedeutete sie selten mehr als eine – bestenfalls kompensatorische – Abwendung (und Ablenkung) von der Produktionssphäre zu Heim und Herd.

Die ästhetischen Kampagnen zur Möbelreform stießen in Arbeiterkreisen auf eine geringe Resonanz. Reale Wohnverhältnisse der Hamburger Arbeiter sowie die Reaktionen auf die dokumentierte Wohnkultur belegen das Festhalten an den herkömmlichen Wohnformen. Ein von den Trägern der Reformbestrebungen erhoffter Massenkonsum der angebotenen Artikel durch proletarische Kreise erfolgte nicht. Zu beobachten ist die Verweigerung einer Rezeption dieser neuen Wohnkultur, insbesondere aus dem Moment der ökonomischen und sozialen Lage der Arbeiter heraus. Nicht nur die mangelhafte Konsumfähigkeit der Arbeiterfamilien – die Anschaffung neuer Möbel war ganz selten möglich – spiegelte sich hier wider. Als ,,Arme-Leute-Kunst" und damit als indirektes Eingeständnis ihrer sozialen Lage, wurden die Schlichtheits- und Einfachheitsnormen ebenso von ökonomisch priviligierten Kreisen der Hamburger Arbeiter weitgehend abgelehnt. Inwieweit in der selbständigen und selbstbewußten Weigerung der Arbeiter, gerade angeeignete Formen bürgerlicher Hochkultur aufzugeben, Merkmale einer unbürgerlichen kulturellen Identität steckten, muß von der sozial- und kulturgeschichtlichen Forschung thematisiert werden. Die Hamburger Ausstellungsveranstalter reagierten auf das zurückhaltende und teilweise kritische Echo der Besucher in der sozialdemokratischen Presse auf jeden Fall mit Enttäuschung: ,,In der Tat erheischt und verdient die unendlich schwierige Pionierarbeit, die von einer kleinen Gruppe innerhalb des Vereins ... auf dem Möbelgebiet geleistet worden ist, eine liebevollere Aufmerksamkeit und kräftigere Sympathie seitens der Hamburger Arbeiterschaft."[7]

Gisela Grau

Die Hauptträgerin des Familienlebens ist die Frau

„Frauen (sind) die Repräsentanten der Sitte, der Liebe, der Scham, des unmittelbaren Gefühls, wie die Männer die Repräsentanten des Gesetzes, der Pflicht, der Ehre und des Gedankens; jene vertreten vorzugsweise das Familienleben, diese vorzugsweise das öffentliche und Geschäftsleben ..."[1] So stand es im Brockhaus, der ‚Real-Encyklopädie für gebildete Stände' aus dem Jahre 1865, die sicherlich in keinem Bücherschrank des hanseatischen Bürgertums fehlte. Zu diesem Zeitpunkt waren die Geschlechtsrollenklischees normativ geworden, die Umwandlung der bürgerlichen Familie und ihre Verallgemeinerung zum verbindlichen Familienmodell für alle Gesellschaftsschichten war abgeschlossen. Das neue Familienleitbild enthielt im Kern bereits alle wesentlichen Momente des ‚modernen Familienlebens', durch die es sich grundlegend von den traditionellen Familienformen unterschied:
- „Intensivierung und Intimisierung der Ehebeziehung; Liebe wird zum ehestiftenden Motiv;
- Zentrale Bedeutung der Kinder und ihrer Erziehung; ‚Kindheit' als ein besonderes Lebensalter grenzt sich aus;
- Abschottung der Familie als privater Sphäre von den anderen Lebensbereichen, besonders denen des Berufs und Erwerbs; aber auch gegen Eingriffe von außen."[2]

Dieses neue Familienideal wurde in der zweiten Hälfte des 18. Jahrhunderts vom aufgeklärten Deutschland, den Angehörigen des sich allmählich herausbildenden Bürgertums als Gegenbild zur adeligen Lebensweise entwickelt. Voraussetzung für seine Entstehung waren die gemeinsamen Existenzbedingungen der ‚Bürger', der wenigen Großkaufleute und Unternehmer, höheren Beamten und Vertreter freier Berufe: Arbeits- und Wohnbereich fielen zunehmend auseinander. Die Frau hatte mit der außerhäuslichen Erwerbsarbeit nichts zu tun, ihr verblieb die noch recht umfangreiche Eigenproduktion in Haus und Garten. Die bürgerliche Familie wandelte sich mehr und mehr von einer Produktions- in eine Konsumtionsgemeinschaft. Erst im Zuge der Industrialisierung, als die Trennung von Produktions- und Reproduktionsbereich sich allgemein durchsetzte, wurde das neue Familienleitbild zur gesellschaftlichen Norm. Die bürgerliche Familie konnte diese Rolle als Vorbild nur deshalb übernehmen, weil sie aufgrund der in ihr verwirklichten Trennung zwischen privater und beruflicher Sphäre der allgemeinen Lebensweise einer Gesellschaft von Lohnarbeitern und damit den Erfordernissen der Industrialisierung entgegenkam.[3] Mit dieser Entwicklung wurde die bürgerliche Frau gänzlich auf Haushalt und Familie verwiesen. In ‚Gesellschaft' kam ihr allein die Funktion zu, durch Auftreten, Kleidung und Bewirtung ‚standesgemäß' Einkommen und soziale Stellung des Mannes zu repräsentieren. Körperliche Arbeit war für sie verpönt. Dienstbotenhaltung galt deshalb als unverzichtbares Symbol ‚standesgemäßer' Lebensführung. Durch sie konnte körperliche, ‚schmutzige' Arbeit an das Hauspersonal delegiert werden. Die Frau war ‚frei' für Repräsentationspflichten.

231 Während in bürgerlichen Verhältnissen erst geheiratet wurde, wenn der Verdienst des Mannes eine gesicherte Existenz oder zumindest die Aussicht darauf bot, war die Zukunftsperspektive einer Arbeiterehe Existenzunsicherheit, Angst vor Arbeitslosigkeit, Krankheit, Alter und Verlust des Partners: Hochzeit von Adele Wolter und Otto Wittig, 1912; sie kam als Dienstmädchen aus Dithmarschen nach Hamburg, er stammte aus Sachsen und war Beamter am Telegraphenamt, Photographie, 1912

Die Erziehung der ‚höheren Töchter' war einzig auf die Ehe ausgerichtet: Sie „langweilten sich meist in dem beschäftigten Müßiggang, der sie unbefriedigt und nach Inhalt für ihr Leben seufzen ließ. Für die unvermögenden Mädchen des gebildeten Mittelstandes kam noch die Sorge für ihre Zukunft dazu. Wenn sie sich nicht verheirateten, wurden sie eine Last für die Angehörigen, die sich der Pflicht, für sie zu sorgen, nicht entziehen konnten, galt doch Arbeit der Mädchen für den Erwerb für eine Schmach in gebildeten Kreisen. Es war nicht nur in Hamburg, wo ein angesehener Mann seinen vermögenslosen Nichten die Lehrerinnenausbildung verwehrte, weil das eine Schande für die ganze Familie gewesen wäre ..."[4]

Geheiratet wurde im Hamburger Bürgertum entgegen dem Leitbild selten aus Liebe. Ausschlaggebender waren Finanzkraft, gesellschaftliches und politisches Ansehen sowie Geschäftsverbindungen des Hauses. In der dünnen Oberschicht der Mercks, Mönckebergs und Schramms heiratete ‚man' untereinander. Hier kannte jeder jeden, „wußte von jedem woher er kam".[5] Abweichungen waren nicht gestattet. Der gehobene Mittelstand war weniger engherzig, doch auch hier ‚hatte alles seine Grenzen': Eine Verlobung der Töchter mit Kapitänen der Handelsmarine, Lehrern, Zahnärzten, Ladenbesitzern und Offizieren, kurz ‚Aufsteigern aus dem Volk', war unerwünscht. Die jungen Leute kannten sich meist von Kindheit an. Später traf ‚man' sich bei gesellschaftlichen Anlässen, in der Tanzstunde, im Sportclub, jedoch nie allein. „Verkehr ... blieb immer ein harmloser. Eingehakt gehen erschien unmöglich und ein Kuß so gefährlich und bedeutsam, daß auf ihn sofort die Verlobung hätte folgen müssen."⁶ Streng erzogene Töchter durften nicht einmal allein in die Stadt fahren um einzukaufen. Koketterie und ‚Poussieren' waren ‚indiskutabel'. Unberührt und ungeküßt hatte die anständige Hanseatin in die Ehe zu gehen. Von den Hanseaten wurde das nicht erwartet. Ihr Ansehen in der Männergesellschaft stieg im Gegenteil mit der ‚Erfahrung'. Es gab in Hamburg genug feine ‚Etablisments', deren Bewohnerinnen garantiert gesund waren. Auch eine ‚Person' aus dem Volk, Geliebte bis zur Ehe, wurde akzeptiert. Sie verdiente ihr Einkommen auf ‚ehrbare Weise', vielleicht als Verkäuferin, und wußte von Anfang an, daß ihr ‚Herr' eines Tages eine ‚Dame von Stande' heiraten würde. Dafür konnte sie mit einer ansehnlichen Abfindung rechnen. Prostitution, vor- und außereheliche Verhältnisse wurden als gesellschaftlich notwendig legitimiert. Sie hatten systemstabilisierende Funktion, da sie eine deutliche Grenze zwischen der ‚käuflichen Frau' und der ‚anständigen Dame' zogen, die ‚sittliche Reinheit' des Mädchens bewahrten und dem Mann das Ausleben seines ‚ausgeprägten Sexualtriebes' ermöglichten. Gleichzeitig wurde die bürgerliche Ehemoral ständig durch das außereheliche Sexualverhalten des Mannes infrage gestellt. Insofern kann die staatliche Reglementierung der Prostitution mit Hilfe von Bordellen und Zwangseinschreibung der Prostituierten als Versuch gewertet werden, die öffentliche Moral zu schützen, indem die Prostitution staatlich organisiert und kontrolliert wurde. Diese Doppelmoral, ein „Gemisch aus echter Sittenstrenge, Prüderie und Heuchelei charakterisierte das familiäre und gesellschaftliche Leben der Oberschicht nicht nur in Hamburg."⁸

Anders war das Verhältnis zu Ehe und Sexualität in der Arbeiterschaft. Sexualität war etwas alltägliches. Schon früh erlebte manches Arbeiterkind sexuelle Attacken des Vaters auf Mutter oder Schwester. Es wußte von den ‚Freiern' der Tante. An vielen Arbeitsplätzen waren sexuelle Verhaltensweisen und Vorgänge das Dauerthema. Sexualität wurde zwar erlebt, aber der Grad des Wissens über geschlechtliche Vorgänge und Verhütung war außerordentlich gering. Auch die bürgerliche Doppelmoral, vermittelt durch Schule und Kirche, ging an keinem Arbeiterkind spurlos vorüber.

Voreheliche Sexualbeziehungen waren für beide Geschlechter üblich. Geheiratet wurde erst dann, wenn ein Kind kam. ‚Wilde Ehen' waren zum Entsetzen von Kirche und Senat in Arbeiterkreisen nichts Anstößiges. Bis 1833, als Bürger- und Heimatrecht vom Senat neu geordnet wurden und sich dadurch die Kosten einer beabsichtigten Eheschließung senkten, lebte vermutlich die Masse der Hamburger Unterschichten im ‚Konkubinat'. Erst 1868 wurden alle Heiratsbeschränkungen aufgehoben. Zu diesem Zeitpunkt waren nur 31% der Bevölkerung verheiratet, 1910 waren es bereits 38%, heute ist es in Hamburg jeder zweite. Uneheliche Kinder waren keine Seltenheit, deren Zahl stieg in der zweiten Hälfte des 19. Jahrhunderts sogar noch an: 1872 kamen auf 100 eheliche 10 uneheliche Geburten, 1913 waren es bereits 17."⁹

Trotz alltäglich gegenteiliger Erfahrungen verbanden viele Arbeiter und Arbeiterinnen mit ‚Familie' Vorstellungen von Glück und Zuneigung, dies erhofften sie zumindestens für ‚ihre' Ehe. Mit besonderer Vorliebe heirateten viele Arbeiter eine ‚Lüttmaid', ein Dienstmädchen. Von ihr erwarteten sie, daß sie mit dem knappen Wirtschaftsgeld gut haushalten konnte. Nur wenn das Paar etwas gespart hatte bzw. der bescheidene Hausstand angeschafft und abbezahlt war, konnte es hoffen, auch nach der Geburt des ersten Kindes gerade so eben ohne ‚Borg' mit dem Einkommen des Mannes auszukommen. Das gelang nur wenigen. Die Zukunftsperspektive einer Arbeiterehe war Existenzunsicherheit, die Angst vor Arbeitslosigkeit, Krankheit, Alter und Verlust des Partners.

Ganz anders sah der Start ins Eheglück im hanseatischen Bürgertum aus. Geheiratet wurde erst, wenn der Verdienst des Mannes eine gesicherte Existenz oder zumindest die Aussicht darauf bot. In reichen Familien war es darüber hinaus üblich, die Tochter zumindest in den ersten Ehejahren zu unterstützen. Dies berichtet auch Staatsrat Leo Lippmann in seinen Erinnerungen. Als promovierter Sohn eines Kaufmanns ist er Repräsentant des gehobenen Hamburger Bürgertums. Er beschreibt den typischen Beginn einer bürgerlichen Ehe: Ein Jahr nach seiner Heirat mit Anna Porten, Tochter eines Arztes, im Jahr 1906 erhielt Lippmann ein Assessorgehalt von 3600,– M. im

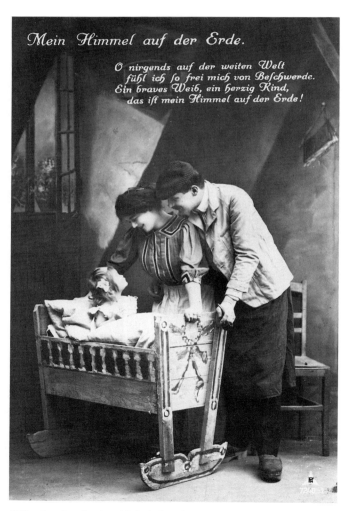

232 *Im Laufe des 19. Jahrhunderts wurden die Geschlechterrollenklischees normativ. Die bürgerliche Familie wurde zum verbindlichen Familienmodell für alle Gesellschaftsschichten: Postkarte an Frieda Haaker, Dienstmädchen, von ihrem Freund Otto aus Berlin, 1911*

233 Großbürgerliche und neureiche Familien lebten in einem Stadthaus und – den Sommer über – in einer Villa. Der Hausherrin standen zahlreiche Dienstboten zur Verfügung: Familie von Ohlendorf mit adeligen Gästen auf der Terrasse des Landhauses in Hamm, Photo von Bieber, 1900

234 Arbeitsraum des Küchenpersonals, Köchin, Unterköchin, Serviermädchen und Lüttmaid: die Küche des Landhauses Ohlendorf, Photographie von Koppmann, 1880

Jahr. Die Ausgaben beliefen sich auf 9100,– M., die Differenz steuerten Eltern und Schwiegereltern bei. Das Paar bezog 6 Zimmer in der 3. Etage eines „unmodernen Hauses" in der Isestraße. Die Jahresmiete betrug 1400,– M. Für die Einrichtung der Wohnung standen ihnen 12000,– M. zur Verfügung, eine Zuwendung der Eltern. Fast sämtliche Teppiche und Lampen wurden ihnen zur Hochzeit geschenkt. 1912 zogen Lippmanns in die „größere, schönere und modernere 2. Etage" eines Hauses in der Sierichstraße um, für die sie ca. 3000,– M. Miete bezahlten. Leo Lippmanns Einkommen war mittlerweile auf 12700,– M. gestiegen. Einen bedeutenden Posten im Haushaltsbudget machten die zur standesgemäßen Lebensweise notwendigen Reisen aus. 1907 gab das Paar dafür 560,– M. aus, es ging 3 Wochen nach Sylt. 1912 hatten sich die Ausgaben für die Reise verdreifacht. Mit wachsendem Lebensstandard rückten die Reiseziele in die Ferne. „Nur eine Hausangestellte" half im kinderlosen Haushalt. Rückblickend bezeichnet Leo Lippmann seinen Lebensstandard als „gut und behaglich", aber durchweg einfacher als den von Freunden und Bekannten.[10]

Im Vergleich zur hanseatischen ‚Hautevolee', zu der die Senatorenfamilie Schramm gehörte, trifft seine Einschätzung sicherlich zu. Dort fing ‚man' mit „nur" acht Zimmern und zwei Dienstmädchen „erst einmal klein an", um sich bei vergrößertem Vermögen und sich bietender Gelegenheit eine fertige Villa zu kaufen, „in der die Familie möglichst bis zum Lebensende wohnen blieb – mehrfaches Umziehen hätte den Eindruck von Unsolidität gemacht."[11] P. E. Schramm (geb. 1894) beschreibt anschaulich den Lebensstil seiner Eltern Senator Dr. Max Schramm und Frau Olga mit ihren drei Kindern: „Wer lebte alles in einem solchen Hause? Da das unsrige sehr geräumig war, brauchte meine Mutter außer dem Kinderfräulein, das ... beim Nähen half: eine Köchin, eine Unterköchin, ein Serviermädchen, eine Jungfer und ein Dienstmädchen, das vor allem zum Putzen da war. Das war gar nicht mal ein besonderer Aufwand. In anderen Häusern öffnete noch wie früher ein Diener die Tür." Aufgabe der Jungfer war es lediglich, sich um die luxuriöse Toilette der ‚Dame des Hauses' zu kümmern. Die Wäsche wurde außer Haus gewaschen. Den Garten machten Gärtner und ‚Jätefrauen', die Fenster wurden vom Glaser geputzt und der Parkettfußboden alle paar Monate von einem Spezialisten geschliffen. Arbeitsaufwendig war vor allem die pompöse Einrichtung: „Das Mahagoni der Möbel, die hölzernen Wandverkleidungen, die Türdrücker und Beschläge aus Messing, das Silber und Kristall" mußte ständig neu auf repräsentativen Hochglanz gebracht werden. Durch Anschaffung neu erfundener Haushaltsgeräte sorgte Olga Schramm dafür, daß sich die verbleibende Arbeit noch mehr verminderte. Die Urgroßeltern hatten vor 100 Jahren „ungefähr ebensoviele Hilfskräfte. Aber damals war noch im Hause geschlachtet, für den Winter eingemacht, Wein auf Flaschen gefüllt, die Wäsche geschneidert und ausgebessert worden."[12] Das Verhältnis zum Dienstpersonal war „noch patriarchalisch". Die Schramms konnten es sich leisten, die soziale Distanz war unüberbrückbar.

Die Mehrheit der bürgerlichen Hausfrauen hatte nicht weniger sondern anderes zu tun. Die Ansprüche waren gestiegen. Es wurde ‚feiner' gekocht. Die komfortable Ausstattung der bürgerlichen Häuslichkeit erforderte Mehrarbeit, deren Zeitaufwand nicht zu unterschätzen ist. Hinzu kam als neue Aufgabe die Erziehung der Kinder. Zumindest nach außen mußte der

Anschein ‚standesgemäßer' Lebensweise mühsam gewahrt werden – auf Kosten der Hausfrau und des Dienstmädchens. Gemeinsam arbeiteten sie hinter verschlossenen Küchentüren im Haushalt. Hier war entgegen dem Schein der alljährlich stattfindenden luxuriösen Tafelgesellschaft im Alltag Schmalhans Küchenmeister. Die Hausfrau mußte sehr sparsam wirtschaften. Deshalb kaufte sie eigenhändig ein, kochte, verwertete alle im Haushalt anfallenden Reste und stellte kleinere, dekorative Einrichtungsgegenstände sowie modische Kleidung selbst her. Für sie war eine bewußte Abgrenzung zum ‚Dienstpersonal' notwendig, um die ‚angemessene' soziale Distanz, die in der Küche täglich durchbrochen wurde, immer wieder herzustellen. Vor den Kulissen sollte der Eindruck einer von aller Arbeit befreiten ‚Herrin des Hauses' aufrecht erhalten bleiben. Das Dienstmädchen im Hause war hier sichtbares Zeichen, daß sich die Frau ‚Müßiggang' leisten konnte.[13]

Bei der Bewältigung der Hausfrauenaufgaben halfen Haushalts- und Kochbücher. Eine der bekanntesten Autorinnen war Henriette Davidis. Ihre Bücher wurden bis 1914 Jahr für Jahr neu aufgelegt. Als Ziel allen häuslichen Wirkens beschrieb sie in ihrem Ratgeber ‚Die Hausfrau', der erstmals 1860 erschien: „Dem Hause würdig vorzustehen, dasselbe nach Möglichkeit zum angenehmsten Aufenthalt des Mannes zu machen, nur ihm gefallen zu wollen, auf alle seine Wünsche, insofern sie zum häuslichen Glück dienen, die größte Rücksicht zu nehmen, möglichst alles zu vermeiden suchen, was Sorgen nach sich ziehen könnte, nie zu vergessen, daß der Mann der Versorger der Familie ist, dies sei und bleiben die schönsten Aufgaben des weiblichen Berufs."[14] Ihre allein dem „häuslichen Wohlstand und Familienglück" dienenden Anweisungen betrafen alle nur denkbaren Formen der bürgerlichen Häuslichkeit, von dem „Sparsystem der Hausfrau", dem Einkauf und der Vorratshaltung von Lebensmitteln, der täglichen Speisezubereitung, über das „Reinigen und Putzen der Zimmer und Möbel", die Wäsche, zum „Nähtisch, Nähwerk, Nähen und Stricken". Der „Behandlung der Dienstboten" und dem „Dienstbotentisch" waren ausführliche Kapitel gewidmet, denn „durch nichts kann so sehr die häusliche Zufriedenheit gestört und der Hausfrau das Leben schwer gemacht werden, als durch Dienstboten!"[15]

Von dieser und vielen anderen ‚Sorgen' der bürgerlichen Hausfrau war die Arbeiterfrau befreit. Sie mußte dafür jeden Tag neu mit dem Mangel haushalten. Der Verdienst des Mannes reichte meist nicht aus, um die Familie zu ernähren, zudem war er schwankend und unsicher. Vorratswirtschaft und planvolles Haushalten waren für die Arbeiterfrau unmöglich.[16] Neben der Erwerbsarbeit von Frau und Kindern war für rund ein Drittel der Hamburger Arbeiterfamilien die Aufnahme von Einlogierern eine feste Einkommensquelle, die bis zu 10% der Gesamteinnahmen ausmachte. Besonders verbreitet war das Schlafgängerwesen in den hafennahen Arbeiterquartieren der Alt- und Neustadt. Die Einlogierer waren meist zugewanderte, junge Arbeiter, die für einen Schlafplatz und Beköstigung zahlten. Nur wenn durch den Arbeitsplatz oder die gemeinsame gewerkschaftliche bzw. politische Betätigung ein intensiver Kontakt da war, boten diese Untermietverhältnisse alltägliche Solidarisierungsmöglichkeiten, konnte die „halboffene Familienstruktur als klassenmäßige Sozialisations- und Kommunikationsinstanz dienen."[17] Auf jeden Fall schränkten die Schlafgänger die ohnehin schon beengten Wohnverhältnisse der Ar-

235 In den Arbeiterfamilien herrschte eine „halboffene Familienstruktur". Die ohnehin schon beschränkten Wohnverhältnisse wurden durch Einlogierer noch mehr beengt: Hof Langer Jammer im Brauerknechtsgraben, Photo von Wutcke, um 1900

236 Das Leben der meisten Arbeiterfamilien spielte sich in der Wohnküche ab: Küche im Kornträgergang 47, Photo von 1934

beiterfamilien noch mehr ein. 1885 wohnten 67% der hamburgischen Bevölkerung in Wohnungen mit einem bzw. zwei heizbaren Zimmern, 1910 waren es 50%.[18] Eine „gute Stube" nach bürgerlichem Vorbild konnten sich nur besser verdienende Facharbeiterfamilien leisten. Das Leben der meisten Familien spielte sich in der Wohnküche ab. Die Einrichtung einer solchen Küche beschreibt Fritz Wartenberg (geb. 1902) in seinen Erinnerungen an die elterliche Dreizimmerwohnung in Ottensen: „Von unserer Küche ist zu berichten, daß sie einen eisernen Kohleherd aufwies, dem eine massive Kohlenkiste zur Seite stand. Licht spendete eine Petroleumlampe, bis nach Jahren eine Gasleitung in unsere Wohnung verlegt wurde. Ein Gasherd krönte den technischen Fortschritt (und löste den Kohleherd ab). Die Küche war der eigentliche Wohnraum; mit wachstuchbezogenem Sofa und einfachen hölzernen Stühlen um den Eßtisch. Der Handstein, ein Ausguß mit Wasserhahn, war die Waschgelegenheit für die ganze Familie." Er schildert auch die umfangreiche Hausarbeit der Mutter, besonders beeindruckt hat ihn der allwöchentliche „Waschtag": „In einem riesigen Waschtopf aus starkem Zinkblech kochte die Wäsche und erfüllte die Küche mit brodelnden Dämpfen. In einer massiven Wanne, mit einem Waschbrett bestückt, ruffelte meine Mutter jedes einzelne Wäschestück bis es fleckenfrei und blütenweiß war. Schweiß rann ihr über das Gesicht und rieselte in

kleinen Bächen über Hals und Busen." Die Familie Wartenberg hatte einen Schrebergarten und Kaninchen im Hinterhof. Das belebte den Küchenzettel. „Im Laufe der Woche gab es in regelmäßigem Wechsel deftige Hausmannskost: Erbsen- und Bohnensuppe, je nach Jahreszeit Kohlgerichte mit angedeuteten Fleischeinlagen, Buchweizengrütze . . .". Alma Wartenberg kaufte als aktive Sozialdemokratin „selbstverständlich . . . in der Pro", dem 1899 gegründeten Bau-, Spar- und Konsumverein, dessen Ziel es war, die materiellen Lebensbedingungen der Hamburger Arbeiterschaft zu heben. Den Wert der ‚Produktion' erkannten immer mehr Männer und Frauen, 1913 gehörten ihr 68417 Mitglieder an.[19] Im Vergleich zu anderen Arbeiterfamilien war das Einkommen der Wartenbergs gesichert. Der Vater verdiente als Maschinist relativ gut und konnte die fünfköpfige Familie allein ernähren.
Wesentlich beschränkter waren die Lebensverhältnisse einer Hamburger Hafenarbeiterfamilie mit acht Kindern, deren Haushaltung im Jahr 1899 in den ‚Mitteilungen aus der Arbeit der Hamburger Stadtmission' beschrieben wurde: „Der Mann verdient werktäglich durchschnittlich 4 M.". In der Woche rund 24 M. „Die Frau arbeitet nebenher für ein Geschäft. Was sie dabei verdient, ist kein bares Geld, sondern Zeug für die Wäsche resp. Kleider der Kinder . . . Die älteste Tochter (13 Jahre) verdient bereits mit, sie hat eine Aushülfsstelle für den Nach-

237 *Vorratswirtschaft und planvolles Haushalten waren für die Arbeiterfrau kaum möglich. Auch der ,,Ratgeber" ,,Das häusliche Glück" konnte da nicht helfen. Sozialdemokratinnen verachteten solche Schriften als ,,bürgerliche Bettelsuppenpolitik": Hamburger Arbeiterfrau beim Einkauf, Photographie von Dührkoop, 1910*

mittag, wofür ihr jede Woche 1 M. vergütet wird. Die Wohnung (mit 4 kleinen Zimmern) kostet 270 M. jährlich." 5,19 M. pro Woche. Trotz aller Bemühungen reichte das Einkommen dieser Familie in einer durchschnittlichen Woche nicht. Die Ernährung blieb, ungeachtet der Anstrengungen der Frau, ungenügend: Höchstens Sonntags Fleisch, an den übrigen Tagen Kartoffelvariationen, Kaffee und Brot. Für besondere Ausgaben wie Kleidung und Schuhe blieb fast nichts übrig. Im Notfall half das Pfandhaus. Freizeit- und Bildungsbedürfnisse mußten unbefriedigt bleiben. Solche Existenzbedingungen einer Arbeiterfamilie waren in Hamburg kein Einzelfall. Die Frauen führten einen aussichtslosen Kampf gegen das tägliche Elend.[20]
Auch wohlmeinende Ratschläge christlicher Seelsorger halfen da nicht. Sie bürdeten der Arbeiterfrau eher noch Verantwortung für ‚selbstverschuldetes Elend' auf. Der auflagenstärkste ‚Ratgeber' war ‚Das häusliche Glück', der 1882 erstmals vom Verband ‚Arbeiterwohl' herausgegeben worden war. Binnen eines Jahres erlebte dieses ,,Hülfsbuch für alle Frauen und Mädchen, die ‚billig und gut' haushalten lernen wollen", elf Auflagen! 1913 erschien es immer noch. Die Anweisungen für alle Bereiche der Hauswirtschaft waren nur leicht überarbeitet worden. Im einleitenden ,,Mahnwort eines Seelsorgers" waren die ,,Vorbedingungen des häuslichen Glücks" zusammengefaßt, die die junge Hausfrau erfüllen sollte: ,,– Sei vor Allem gottesfürchtig und fromm! – Ertrage die Fehler Deines Mannes mit Geduld! – Werde immer friedfertiger und sanftmütiger! – Verrichte Deine Arbeit mit Fleiß und stets unverdrossen! – Befleißige Dich in Allem der Sparsamkeit! – Liebe über alles Reinlichkeit und Ordnung!"
Die Sozialdemokratinnen hatten für diese und ähnliche Schriften nur eine Zusammenfassung: ,,Bürgerliche Bettelsuppenpolitik".[21]
Ähnliche Ziele verfolgten die Ende des 19. Jahrhunderts im Reich wie in Hamburg einsetzenden bürgerlichen Initiativen für eine ,,gründliche hauswirtschaftliche Ausbildung unbemittelter Mädchen". Die ersten drei privaten Haushaltungsschulen für Volksschülerinnen wurden in der Hansestadt 1897 von Agnes Wolffson ins Leben gerufen. Sie wollte mit ihnen ,,den Beweis erbringen, welchen Einfluß ein rationell und systematisch erteilter hauswirtschaftlicher Unterricht auf die Hebung der Lebensführung der arbeitenden Klassen haben kann und muß."[22] Ihrem Vorbild folgten eine Reihe anderer Initiativen. Besonders aktiv waren in dieser Frage bürgerliche Hausfrauen aus dem ‚Allgemeinen Deutschen Frauenverein'. Sie gründeten den ‚Verein für Haushaltungsschulen in Hamburg von 1899', denn ,,eine Hauptursache der im Volk bestehenden Noth" war in ihren Augen, ,,daß die Arbeiterfrau oft nicht versteht, mit dem durch den Wochenlohn des Mannes bedingten Mitteln auszukommen": ,,Sie hat es nicht gelernt. Die Frau des Volkes übernimmt in den meisten Fällen ungenügend vorbereitet ihren Hausfrauenberuf. Ihr Mangel an praktischen Kenntnissen und die hierdurch bedingte Unfähigkeit, in richtiger Weise zu sparen und Ordnung zu halten, verursacht Unzufriedenheit, Armuth und Elend." Doch nicht allein den ,,zukünftigen Müttern des Volkes" sollte der von ihnen gebotene Haushaltungsunterricht zu gute kommen. Sie hofften zugleich den Dienstbotenmangel einzuschränken und ,,bessere Dienstmädchen" zu erziehen.[23]
Unterstützt wurden solche Initiativen besonders vom hamburgischen ‚Armen-Collegium', das die obige Einschätzung teilte. Bereits 1900 forderte es ,,die Einführung des obligatorischen Haushaltungsunterrichts in die Volksschule für alle im letzten Schuljahr stehenden Mädchen", da höchstens 15–20% aller Volksschülerinnen durch die privaten Vereine eine hauswirtschaftliche Ausbildung erhielten.[24] Doch dazu kam es erst 1908, nach ‚erfolgreichem', zweijährigen Versuch an zwei Volksschulen. Der Hamburger Senat hoffte auf diese Weise, mit Hilfe der Mädchen und Frauen, die soziale Ordnung zu stabilisieren: ,,Die Hauptträgerin des Familienlebens ist die Frau ... Die Familie ist Grundlage unserer gesellschaftlichen und staatlichen Ordnung. Ohne geordnetes Familienleben keine Sittlichkeit, keine wirtschaftliche Wohlfahrt, keine körperliche Gesundheit, kein innerer Frieden. Darum zwingt neben der Pflicht der Menschenliebe auch die Rücksicht auf das *öffentliche Interesse*, alles zu thun, was möglich ist, um einem weiteren Verfall des Familienlebens der unbemittelten Bevölkerung ... Einhalt zu gebieten."[25]

Karen Hagemann

Ich hab schon früh bei fremden Leuten arbeiten müssen

„Ich wurde 1887 in der Nähe von Dresden geboren. Als ich vier Jahre alt war, nach der Heirat meiner Mutter und meines Stiefvaters, sind wir nach Altona gezogen. Mein Stiefvater war Bäcker. Er hatte hier in Altona eine Anstellung bekommen, in einer Mehlfabrik. Dort hat er jahrelang gearbeitet, doch dann machte die Fabrik pleite. Danach ging er in den Hafen. Wir waren sechs Kinder. Ich hab bis zum Ende meiner Schulzeit nicht gewußt, daß er nicht mein Vater war. Den hab' ich überhaupt nicht kennengelernt. Er starb bei einem Arbeitsunfall, bevor er meine Mutter heiraten konnte. Wenn alle auf die Welt gekommen wären und überlebt hätten, wären wir zwölf geworden, zwölf! Meine Eltern hätten nie heiraten dürfen. Sie haben sich nicht vertragen. Nicht selten hat mein Vater meine Mutter zum Verkehr gezwungen. Das war nicht schön, das als Kind zu erleben. Vor meinem Vater hatte ich immer Angst. Er hat uns viel geschlagen. Wir durften in der Wohnung nicht laut sein ... nicht toben, sonst gab es was vor den Hintern. Es ist schlimm, wenn man so ängstlich leben muß. Es war wirklich nicht schön zu Hause. Wir haben in einer Terrassenwohnung in nur zwei Räumen gewohnt. Vier Betten standen in dem einen Zimmer, immer zwei mußten in einem schlafen. Unser Wohnraum war die Küche ...

Das Geld war bei uns sehr knapp. Mein Vater lieferte einfach nicht alles ab. Er hat es zwar nicht vertrunken, aber verpraßt. Er war in den ,Florasälen‘, in denen es Theater und Musik gab. Bestimmt hatte er auch eine Liebste, wie das so ist bei den Männern. Doch da sind wir nicht hinter gekommen. Meine Mutter war immer so treu und brav. Die hat von morgens bis abends gearbeitet. Schon früh morgens fing sie an. Wir mußten mit ihr um sechs Uhr aufstehen. Sie hat für andere Leute gewaschen und geputzt. Höchstens vier Mark erhielt sie für den ganzen Tag. Ich als älteste mußte meine Geschwister in die Warteschule bzw. Krippe bringen. Abgehetzt bin ich in die Schule gekommen. Der Lehrer hat immer zu mir gesagt, ,Du bist zu bedauern,

immer rennst Du Dich ab‘. Ich hab' schon früh bei fremden Leuten arbeiten müssen, mit zehn Jahren. Ich mußte Essen austragen, für einen Mittagstisch. Da bin ich gewesen, bis ich aus der Schule kam. Der Betrieb war groß und immer voll. Ich mußte das Essen aus dem Haus bringen, zu all denen, die keine Mittagspause machen konnten. Früher war ja kein Laden über Mittag geschlossen. Zum Teil mußte ich weit gehen. Zwischendurch aß ich dort auch zu Mittag. Das fand ich schön. Ich kriegte dasselbe Essen wie die Erwachsenen. Das war für uns Kinder nicht selbstverständlich. Bei uns zu Hause gab es, wenn wir sonntags Fleisch aßen, nur ein winziges Stückchen für uns Kinder, das meiste kriegte mein Vater. Dort kriegte auch ich eine ganze Karbonade. Ich arbeitete in der Mittagspause der Schule, um elf hörten wir auf, um zwei fingen wir wieder an. Wenn ich mit der Schule fertig war mußte ich wieder zum Mittagstisch, um Lebensmittel für ihn abzuholen, Zucker, Mehl, immer in großen Tüten. Das war eine ganz schöne Schlepperei, umsonst bin ich nicht so schief. Trotzdem war ich seelig, ich hab' das alles so gerne getan. Dort durfte ich reden und machen was ich wollte, ganz anders als zu Hause. Außerdem konnte ich meine Mutter so unterstützen. Ich kriegte für diese Aushilfe eine Mark die Woche, die gab ich ihr. Auch als ich nach der Schule verdiente, mußte ich mein Geld, solange ich zu Hause wohnte, abgeben. Ich wurde ,Badewärterin‘ im Bismarckbad. Das hört sich so hochtrabend an, eigentlich war ich nur ,Mädchen für alles‘. Was sollte ich sonst werden? Ich hatte ja nichts gelernt. 16 Mark verdiente ich dort die Woche. Davon konnte ich die drei Mark für den Schlafplatz bei der Cousine meines späteren Mannes aufbringen ... Ich bin schon früh zu Hause weg, mit 16 Jahren. Dort habe ich es nicht mehr ausgehalten. Mit 20 Jahren – viel zu jung – habe ich geheiratet. Für mich war das vielleicht ganz gut. Erst durch meinen Mann bin ich zu dem geworden, was ich bin ...“[1]

Die Geschichte der Anna Kordmann steht für die vieler Hamburger Arbeiterkinder. Ihre Kindheit hatte wenig mit der der behüteten Söhne und Töchter aus der wohlhabenden Oberschicht gemein. Selten fanden sie die Zeit zu unbeschwertem Spiel. Ihr Spielplatz waren Hinterhof, Terrasse und Straße. Da Spielzeug meist zu teuer war, behalfen sich die Kinder mit Ideenreichtum und Improvisation.

Schon früh mußten nicht wenige zum Unterhalt der Familie beitragen. Jungen waren vor allem als Austräger und Boten gewerblich tätig. Die Hamburger Bürger waren es gewohnt, frühmorgens frische ,Rundstücke‘, Milch und die Zeitung ins Haus gebracht zu bekommen. Mädchen halfen häufiger in einem fremden Haushalt oder beaufsichtigten die Kinder einer ,Herrschaft‘. Üblich war daneben die Aushilfe in Läden und Gastwirtschaften und die Mitarbeit im Heimgewerbe. Nicht selten waren die Eltern die Arbeitgeber. Im Unterschied zu anderen Gebieten des Reiches arbeiteten in Hamburg seit Beginn der Industrialisierung nur wenig Kinder in Fabriken. Es fehlten die dafür typischen Industriezweige, insbesondere eine entwickelte Textilindustrie. Auskunft über das Ausmaß der Kinderarbeit in Hamburg gibt nur eine Erhebung der Oberschulbehörde aus dem Jahr 1904, die sämtliche Volksschulen erfaßte. Danach waren 72% der Mädchen und 31,8% der Jungen in irgendeiner Form erwerbstätig. Die meisten im Alter von 10–14 Jahren. Umfang und Dauer der Beschäftigung waren sehr verschiedenartig, ihre Entlohnung außerordentlich gering. Der Verdienst von Anna Kordmann – eine Mark pro Woche – entsprach dem Durchschnitt. Zwei Hauptgründe führten nach obiger Erhebung immer wieder zur Kinderarbeit: „1. Unterstützung der Eltern, besonders wenn die Familie zahlreich oder einer der Eltern krank oder gar schon verstorben“ war. „2. Lohnersparnisse zur Beschaffung von Kleidung, besonders Konfirmationskleidung ...“[2]

Bereits im 19. Jahrhundert versuchte

238 Anna Kordmann mußte schon mit 10 Jahren als Hilfskraft für einen Mittagstisch arbeiten. Mit ihren Eltern und 5 Geschwistern lebte sie in einer 2-Zimmer-Wohnung: Anna – vierte von links – zwischen den Kindern auf ihrer Terrasse in Altona, Photo, 1911

man von staatlicher Seite auf gesetzlichem Wege die Kinderarbeit einzuschränken, all diese Versuche waren jedoch wenig wirkungsvoll. Erst im Januar 1904 trat ein vergleichsweise umfassendes Kinderschutzgesetz für Gewerbe, Handel und Verkehr in Kraft. Als Altersgrenze für die Beschäftigung fremder Kinder sah es die Vollendung des 12. Lebensjahres vor, bei eigenen Kindern des zehnten. Nachtarbeit, die Beschäftigung vor Schulbeginn sowie an Sonn- und Feiertagen wurde ebenso verboten wie besonders gesundheitsgefährdende Arbeiten. Ausnahmen waren gestattet. Für fremde Kinder waren Arbeitskarten erforderlich, die zumindest die Chance für eine behördliche Kontrolle boten.[3] Diese Chance wurde jedoch nicht genutzt, da die Gefahren und Nachteile der Kinderarbeit von der Oberschulbehörde als relativ gering eingeschätzt wurden. Sie sah eher eine Reihe von Vorzügen bei der Kinderarbeit: „1. Anleitung und Gewöhnung zur Arbeit ... 2. Gewöhnung an Sparsamkeit, Ordnung, Sauberkeit und Pünktlichkeit durch den oft recht merklichen Einfluß besserer Häuser und Familien, in denen die Kinder in der Regel beschäftigt sind. 3. Eine häufig bessere Ernährung als sie im eigenen Hause gewährt werden kann."[4] Diese Einschätzung der Kinderarbeit wurde von der SPD und den Gewerkschaften nicht geteilt.

Nicht nur durch Erwerbsarbeit konnten die Kinder das Familieneinkommen aufbessern, auch die ‚Beschaffung' von Naturalien war eine große Hilfe: im Herbst sammelten sie die Felder am Stadtrand nach Gemüse und Kartoffeln ab, Obst wurde ‚besorgt', täglich mußte das Grünfutter für die Kaninchen auf dem Balkon oder im Hinterhof zusammengetragen werden. Dies waren vor allem Aufgaben der Jungen. Mädchen mußten dagegen eher ihrer Mutter im Hause helfen, insbesondere dann, wenn diese erwerbstätig war. Die älteste Tochter ersetzte für die kleineren Geschwister die Mutter.

Die geschlechtsspezifische Arbeitsteilung setzte sich frühzeitig durch. Arbeitertöchter wurden ebenso wie Bürgertöchter von Anfang an für ein Leben in der Familie und für die Familie erzogen, erlernten das ‚weibliche Dulden' ihrer Doppel- und Dreifachbelastung. Nach Schulschluß stand ihnen im Unterschied zu ihren Brüdern eine Berufsausbildung nicht zu, denn sie ‚heirateten ja doch'. Sofort mußten sie, wie Anna Kordmann, zum Familienunterhalt beitragen.[5]

Das Lebensniveau einer Arbeiterfamilie hing in entscheidendem Maße von der Zahl der im Haushalt lebenden und noch nicht ihren Unterhalt verdienenden Kinder ab: „In kinderlosen und mit ein oder zwei Kindern gesegneten Ehen herrschen gewöhnlich schlichte, aber geregelte Verhältnisse, eheliche Einigkeit. Wo aber viele Kinder sind, herrscht meist Unfriede, Elend, Schmutz, Not. Untreue von Seiten des Mannes ist hier häufiger. Man kann dreist behaupten, daß mehr als drei Kinder in einer Familie Schuld zum Ruin derselben sind."[6]

Nicht selten floh der Mann, wie Vater Kordmann, aus diesem häuslichen Elend

239 Da die typischen Industriezweige in Hamburg fehlten, war die Kinderarbeit in Fabriken selten. Üblich war dagegen die Aushilfe in Läden und Gastwirtschaften. Fast 52% der Kinder, die die Volksschule besuchten, war 1904 in irgendeiner Form erwerbstätig: Photographie, um 1910

in eines der vielen Wirtshäuser. Dort versuchte er die Not im Alkohol zu vergessen. Das Familienleben stellte sich aus der Sicht des Mannes, der Frau und der Kinder sehr unterschiedlich dar. Der Mann sah seine Aufgabe zumeist als erfüllt an, wenn er nach seinem Gutdünken einen mehr oder minder großen Teil des Wochenlohnes der Frau aushändigte. Ihr überließ er die Verantwortung für Haushaltsführung, Kindererziehung und Familienplanung. Als ‚Leidtragende' versuchten vor allem die Arbeiterfrauen zunehmend die Kinderzahl einzuschränken. Doch ihre Möglichkeiten der Geburtenbeschränkung und ihr Wissen darüber waren begrenzt. Praktisch standen ihnen nur die wenig von ihrem Willen abhängende Enthaltsamkeit und das „Sich-in-acht-nehmen" des Mannes zur Verfügung. Andere Mittel waren entweder unbekannt oder zu teuer. Letzter Ausweg war die Abtreibung bei einer Engelmacherin. Das ganze Fühlen und Denken der Frauen war von der ständigen Angst vor der Empfängnis beherrscht.[7] Ihr Bestreben die Kinderzahl einzuschränken, schlug sich in der Entwicklung der Geburtenzahlen nieder. Bis in die 90er Jahre des 19. Jahrhunderts hinein stieg die Zahl der Geburten in Hamburg noch an. Einen deutlichen Aufschwung erfuhren sie insbesondere in den 60er Jahren, als per Landes- und Bundesgesetzen die Freizügigkeit eingeführt und 1868 die letzten polizeilichen Beschränkungen der Eheschließung aufgehoben wurden. Folge war ein weder vorher noch nachher erreichter Anstieg der Heiraten, dem Ende der 60er Jahre und in den 70er Jahren ein außerordentlicher Anstieg der Geburten folgte. Doch bereits seit 1876 fielen die Geburtenziffern ab. Besonders drastisch war der Rückgang nach der Jahrhundertwende. Mit 22,7 Geburten auf 1000 Einwohner im Jahr 1911 (1876: 41,5) lag Hamburg neben Berlin deutlich unter dem Reichsdurchschnitt von 29 Geburten. Damit folgten auch die Arbeiterfamilien dem Trend zur kleineren Kinderzahl, der sich in den begüterten Hamburger Kreisen schon früher durchgesetzt hatte. Doch immer noch wurden im reichen Harvestehude fast 50% weniger Kinder geboren als im Gängeviertel der Neustadt-Süd, einem typischen Hamburger Arbeiterquartier, in dem durchschnittlich 4,1 Kinder in jeder Familie zur Welt kamen. Die Kinderzahl wurde vor allem durch die hohe Säuglingssterblichkeit reduziert. Im Jahre 1889 starben in Hamburg noch 24 von 100 geborenen Kindern, 1913 waren es 11. An diesem seit Ende der 80er Jahre einsetzenden Rückgang hatte die Arbeiterschaft der Hansestadt nur unterproportionalen Anteil. Noch 1913 starben im ersten Lebensjahr von 100 geborenen Kindern in der Neustadt-Süd 16,4, in Harvestehude jedoch nur 7 Kinder. Ursache der Säuglingssterblichkeit war neben dem ‚plötzlichen Todesfall' durch das Ersticken im Bett der Mutter meist eine ‚allgemeine Lebensschwäche', verursacht durch schlechte gesundheitliche Konstitution infolge mangelhafter Ernährung, Hygiene und Pflege.[8] Der Verlust von 6 Kindern durch Fehlgeburt oder frühen Tod in der Familie Kordmann, war also kein Einzelfall. Geringe Kinderzahl galt in der Endphase des Kaiserreiches als Kennzeichen des ‚aufgeklärten, modernen' Arbeiterehepaares. Dies, obwohl innerhalb der sozialdemokratischen Arbeiterbewegung die Geburtenbeschränkung nicht unumstritten war.[9]

Haupterziehungsperson für die Kinder war die Mutter. Der Vater wurde, wie es auch Anna Kordmann schildert, nur als ‚angstmachende, strafende' Instanz erlebt. Er stand an der Spitze der familiären Hierarchie. Seinen Anspruch auf diese Stellung leitete er aus dem herrschenden Geschlechtsrollenverständnis sowie seiner Funktion als ‚Ernährer' der Familie ab. Durchgesetzt wurde dieser Anspruch mit Prügeln, dem üblichen Erziehungsmittel. Unter diesen Bedingungen die sicher nicht durchgängig, aber weit verbreitet waren, reproduzierte sich die autoritär-patriarchalische Hierarchie in der Arbeiterfamilie: wer geprügelt wurde, wird selbst zum Prügler.[10]

Erst nach der Schulzeit, mit dem ersten größeren Verdienst, änderte sich die Stellung des Arbeiterkindes innerhalb der Familie. Mit der ökonomischen Bedeutung für den Familienunterhalt gewann es auch an persönlicher Autonomie und erhielt einen größeren Spielraum. Dies galt jedoch vor allem für die Jungen. Die Familienbindung der Arbeitertöchter war durch das geringe (Frauen-) Einkommen, das ihnen eine selbständige Existenz in der Regel nicht ermöglichte, stärker ausgeprägt. Sie lebten häufig bis zur Heirat in der Wohnung der Eltern und damit unter deren Kontrolle. Nur selten bot die Situation in der proletarischen Familie die Voraussetzungen für die Entwicklung eines kindlichen Selbstbewußtseins.

Karen Hagemann

Die Dienstbotenordnung von 1899

In Hamburg gab es bis ins ausgehende 19. Jahrhundert keine eigentliche Gesindeordnung, die das Dienstverhältnis zwischen Herrschaften und Dienstboten auf einer Rechtsgrundlage regelte, sondern nur einige polizeiliche „Verordnungen in Beziehung auf das Gesinde", durch die auswärtige Dienstboten einer genauen Kontrolle hinsichtlich Art und Umfang ihrer Berufstätigkeit unterworfen wurden, um zu vermeiden, daß sie durch ungeregelte Lebensführung ins Elend gerieten und daraufhin dem Staat zur Last fielen.[1]

Dabei wurde bereits im Jahre 1752 ein Vorschlag zu einer Gesindeordnung eingereicht, der sich mit folgenden Artikeln befaßte: An- und Abgehen, Kündigung, Zeugnis(verweigerungs)recht, Krankheit, Lohn, Arbeit, Kleidung, Heirat. Diese Schrift vertrat auch die in vielen auswärtigen Gesindeordnungen geäußerte Ansicht, daß zuviel Lohn das Gesinde verderbe und Heirat den Dienst breche. Ein weiterer Vorschlag erreichte den Senat 1764: „Zum Gesinde-Reglement". Erörtert wird die Einrichtung eines „Gesinde-Comptoirs", das als Kontrollorgan der in Hamburg arbeitenden Dienstboten tätig sein soll. Im Jahr 1794 äußerte sich der Armenpfleger Schneider: „Ich glaube nicht zu irren und durch meine Beobachtungen bestätigt gefunden zu haben, daß die Verarmung sowohl der unteren als niederen Volksklasse hauptsächlich dem Aufwand und eingerissenen Luxus der Diensten, vorzüglich der Dienstmädchen zuzuschreiben sind". Seiner Meinung nach hätte zur Änderung dieser Zustände neben einer Gesindeordnung auch eine Kleiderordnung geschaffen werden müssen, deren Befolgen von der Polizei überwacht worden wäre. Der Bürger Carl Heinrich Schrader sah 1795 die Grundursache des

240 Zwischen 1833 und 1883 stieg die Zahl der Dienstboten von 10 400 auf 30 000; 95% davon waren Frauen. Seit 1887 beschäftigte sich deshalb ein Ausschuß mit einer Verordnung, „die den gegenwärtigen Verhältnissen der Regelung des Dienstbotenwesens in Hamburg Rechnung tragen" sollte: Dienstmädchen beim Einkochen, Photographie von Ebert, 1909

,Verderbnisses' der Dienstboten ebenfalls in dem unter diesem Stande ,eingerissenen' Luxus, ,,welcher zur Untreue leitet". Eine Verbesserung erhoffte auch er sich von entsprechenden Verordnungen. All diese Schriften, deren gemeinsame Grundidee die starke Reglementierung des Dienstbotendaseins ist, fanden während der Französischen Revolution und nach der Besetzung durch die Franzosen nicht die gewünschte Resonanz.

Erst nach 1813 wandte man sich auch wieder solchen Problemen zu: Aufgrund des immer stärker werdenden Zuzugs fremder Dienstboten nach Hamburg, der immer nachdrücklicher werdenden Klagen über die angebliche Zügellosigkeit des Gesindes und der wiederholten Bittschriften um eine Gesindeordnung sah sich der Rat schließlich veranlaßt, bei der Bürgerschaft im Mai 1833 eine wirksamere Verordnung für das Gesinde zu beantragen. Noch im selben Jahr wurde daraufhin die ,,Verordnung in Beziehung auf das Gesinde" verabschiedet: Das Gesinde aus der ,,Fremde" mußte sich auf dem Gesindebüro melden, ausweisen (Geburtsschein, Taufschein, Heimatschein) und erhielt dann gegen Entrichtung einer Gebühr eine Aufenthaltskarte für eine kurze Frist, in der ein Dienst gefunden werden mußte; danach wurde sie für die Dauer des Dienstes ,,prolongiert". Bei Beendigung des Dienstes hatte sich der Dienstbote unverzüglich, spätestens am folgenden Tag, wieder zu melden. Übertretungen gegen diese Bestimmungen wurden mit Geld- und Haftstrafen oder Ausweisung geahndet.

Aber auch mit dieser Verordnung verstummte in den folgenden Jahren der Ruf nach einer regelrechten Gesindeordnung nicht. Doch erst im Zuge überregionaler Bestrebungen nach der Reichsgründung, die Bestimmungen bezüglich des Gesindewesens zu vereinheitlichen, sah sich die Bürgerschaft veranlaßt, den Senat zu beauftragen, sich um die baldige Vorlage einer Gesindeordnung zu bemühen. Daraufhin beschloß der Senat am 16. Dez. 1887 die Erarbeitung einer Verordnung, ,,die den gegenwärtigen Verhältnissen der Regelung des Dienstbotenwesens in Hamburg Rechnung" tragen sollte.

Dieses war nun tatsächlich dringend geboten, denn zwischen 1833 und 1883 war die Zahl der Dienstboten in Hamburg von 10400 auf 30000 gestiegen, entsprechend dem Bevölkerungszuwachs von 180000 auf 430000 Einwohner; es widersprach mehr und mehr dem Rechtsempfinden einer breiteren Öffentlichkeit, daß das Arbeitsverhältnis einer derart großen Zahl von weiblichen Arbeitnehmern – denn zu diesem Zeitpunkt waren mehr als 95% der Dienstboten Frauen – keinen verbindlichen Rechtsvorschriften unterlag.

Die Konstituierung eines Dienstbotenerlasses wurde einem Ausschuß übertragen, der im Juli 1888 der Bürgerschaft einen ersten Entwurf mit 68 Paragraphen vorlegte, in denen die Eingehung und Beendigung eines Dienstvertrages, Beginn und Dauer der Dienstzeit, das gegenseitige Verhältnis zwischen Dienstherrschaften und Dienstboten sowie Meldepflicht und Strafbestimmungen geregelt wurden. Nach eingehender Beratung in der Bürgerschaft wurde der Ent-

241 ,,Kinderfräulein", Postkarte, um 1910

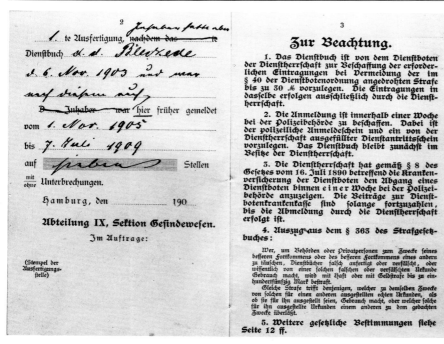

242 1899 trat eine Dienstbotenverordnung endlich in Kraft. Die Arbeiterpresse kritisierte, daß sie Tarifbestimmungen nicht enthielte und Arbeits- und Freizeit unzureichend geregelt seien: Dienstbuch von 1909

wurf jedoch am 30. Oktober 1889 abgelehnt, mit der Begründung, daß zu viele detaillierte Bestimmungen die praktische Anwendbarkeit verhinderten und zudem die Regelung der Streitigkeiten zwischen Dienstboten und Herrschaften nicht zufriedenstellend sei.
Erst in der Bürgerschaftssitzung vom 3. Oktober 1894 wurde erneut beantragt, daß eine ,,praktische und handliche" Gesindeordnung erarbeitet werden solle, die höchstens 12–20 Paragraphen enthalten dürfe. Wieder konstituierte sich ein Ausschuß, der bis April 1896 eine verkürzte Fassung von vierzig Paragraphen vorlegte. Bei der Debatte der Bürgerschaft über diesen Entwurf im Januar 1897 kam es über einige Punkte zu einer erregten Diskussion, zum Beispiel ob den Dienstboten gestattet werden sollte, den Dienst 24 Stunden später als vereinbart antreten zu dürfen. Diese Zeit wurde von manchen als zu lang empfunden: Zum einen könnten die Dienstboten dem Müßiggang und dem Laster verfallen, denn es stellte sich die Frage, wo und wie die Mädchen, die keine Verwandten am Ort hätten, diese Stunden zubrächten. Zum anderen – und dieses Argument scheint noch schwerwiegender – wäre es für die Herrschaften unzumutbar, eine so lange Zeit ohne Personal auskommen zu müssen. Einen weiteren Streitpunkt bildete der Einlaß von Freunden oder Verwandten der Dienstboten in das Haus der Dienstherrschaft: dieser dürfte nicht ohne Erlaubnis der Herrschaft geschehen, da man selbst bei den Verwandten der Dienstboten nie wissen könnte, ob sie vertrauenswürdig wären. Nach Abschluß dieser Debatte wurde der Entwurf zur Prüfung an den Senat weitergeleitet, von diesem schließlich 1898 verabschiedet und am 15. April 1899 in Kraft gesetzt.
Vor allem in der oppositionellen Presse wurde mit Kritik an dieser Verordnung nicht gespart, wobei neben den vorgesehenen Strafbestimmungen besonders die fehlenden Tarifbestimmungen und die unzureichende Regelung der Arbeits- bzw. Freizeit hervorgehoben wurden.
In § 11 hieß es zum Beispiel, daß der Dienstbote weder das Recht habe, bestimmte Tage oder Tageszeiten für sich in Anspruch zu nehmen, noch sich ohne Erlaubnis der Dienstherrschaft vom Haus zu entfernen. Diese sei lediglich verpflichtet, ihm zur ,,Beiwohnung des Gottesdienstes, zur Besorgung eigener Angelegenheiten und zum Genuß erlaubter Vergnügungen die im Mietvertrag festgesetzte, andernfalls aber eine angemessene Zeit zu gestatten." In der Praxis wurde allerdings in den wenigsten Fällen eine bestimmte Zeit vereinbart, so daß die Einhaltung dieses Paragraphen der Willkür unterlag. Diese äußerte sich oft genug so, daß der im Vertrag grundsätzlich zugestandene ,,Ausgehtag" nicht gewährt wurde, da nach § 13 der Dienstbote verpflichtet war, in ,,dringenden Fällen" noch andere als die im Vertrag vereinbarten Arbeiten zu verrichten – etwa Erntearbeiten in den landherrschaftlichen Gebieten oder Dienst bei Festen, Gesellschaften und Bällen. Daß derartige ,,dringende Fälle" tatsächlich nicht selten waren, zeigen zahlreiche Briefe von Dienstmädchen, in denen vornehmlich darum ersucht wird, eine detaillierte, verbindliche Verordnung zu schaffen, die die Freizeit, insbesondere die ,,Ausgehtage" regelt. Insgesamt wurde mit der Hamburger Dienstbotenordnung das Verhältnis Dienstbote – Dienstherrschaft zwar auf eine rechtliche Grundlage gestellt, in der Praxis ergab sich aber kaum eine Veränderung oder Verbesserung der Lage der Dienstboten. Dementsprechend heftig war die Kritik der Dienstboten, die den Gesetzgebern vorwarfen, daß die Ursachen für die Mißstände im Gesindewesen immer nur bei den ,,übelwollenden" Dienstboten, nie aber bei den Herrschaften gesucht wurden. Ihre Kritik blieb von den Gesetzgebern jedoch ungehört, bis im Zuge der revolutionären Vorgänge Ende 1918 die Dienstbotenordnung wieder ganz außer Kraft gesetzt und das Gesindewesen aufgehoben wurde.

Dagmar Müller-Staats

Die Scheidung zwischen den Prostituierten und dem anständigen Teil der Bevölkerung

„Es giebt in Hamburg keine privilegierten Freudenhäuser, aber eine Menge geduldeter. Unter diesen tolerierten Häusern, die sich vom Millern- oder Altonaerthore an den Hütten... über die Drehbahn durch die Neue- und ABC-Straße hindurchziehen (Mamsellhäuser nennt sie der Pöbel), an deren Fenstern und Thüren zum Theil die geputzten Unglücklichen stumm oder halblaut einladen, sind die ersten und bedeutendsten diejenigen, wo man die einquartierten Mädchen aus dem Entrée oder Vorzimmer in ihr eigenes elegantes Zimmer gewöhnlich im 2. Stock führt... Einige Wirthe dieser Häuser besolden Ärzte, die für die Gebühr monatlich oder wöchentlich die Geschöpfe besichtigen und, wo nöthig, in Kur nehmen... Eine zweite niedrigere Klasse von Lustgeschöpfen wohnt in ähnlichen aber kleineren Häusern in den benannten, auch in anderen Gassen der Neu- und Altstadt. Sie sind zum Theil bei Handwerkern, Kleinhökern, Theekrämern, Wäscherinnen einquartiert... Das Mädchen fordert und erhält gewöhnlich ein Paar Mark; und theilt diese ärmliche Gabe mit der Wirthsperson... Zu der dritten (Klasse) zählen wir die Gassennimphen, Nachtvögel, die abends vorzüglich in der Gegend der Speise- und Kaffeehäuser wie Blindschleichen umherschwanken. Sie sind in allen Kirchspielen zu Hause, auf Sälen, in Kellern und Buden der Gänge versteckt, wo sie in Schlafstellen eingemiethet leben... Die vierte, nicht gerade niedrigste Klasse, insofern sie nemlich mit der dritten fast gleichen Schritt hält, ist die der Buhlschwestern auf dem Hamburger Berge, der zwischen Hamburg und Altona liegenden Vorstadt (St. Pauli). Diese laden vor Thüren und Fenstern gelagert, laut, dreist und ungescheut bei Tage und in der Dämmerung die vorübergehenden ein..."[1]

Diese Schilderung der Hamburger Prostitutionsverhältnisse erschien 1805 in der Zeitschrift ‚Hamburg und Altona.

243 1807 wurde das erste „Reglement" erlassen, das Leben und Treiben von „Bordellwirthen" und „Öffentlichen Frauen" regelte. Das Reglementierungssystem änderte sich bis 1921 grundsätzlich nicht: „De Kunstabler kummt", Bordellstraße im Specksgang, Gouache von E. Niese, 1891

Journal zur Geschichte der Zeit, der Sitten und des Geschmacks'. Die etwas pikierte Beschreibung eines ‚anständigen' Bürgers kritisiert die hanseatischen Verhältnisse: Trotz aller Bemühungen wurden Polizeigewalt und Strafgerichtsbarkeit dem ‚Übel der Prostitution' nicht Herr. Offiziell war jede Form der Prostitution zu diesem Zeitpunkt noch verboten, den ‚Buhlschwestern' drohten drakonische Strafen. Ungeachtet dessen trat die Prostitution Ende des 18. Jahrhunderts immer offener auf und konnte sich schließlich in den Hamburger Gassen behaupten. Die Polizei erlahmte allmählich in der „Verfolgung der Huren und Kuppler". Sie erkannte, daß alle Verbote lediglich eine Umgestaltung bewirkten: Die geheime Prostitution breitete sich in all ihren Formen aus. Polizei und Senat waren schließlich gezwungen sie als eine nicht „ausrottbare" und deshalb „zu duldende soziale Erscheinung" anzuerkennen.[2] Dieser Einsicht trug der Senat dadurch Rechnung, daß er die Prostitution zwar duldete, gleichzeitig aber die ‚Gefährdung der Allgemeinheit' dadurch herabzumindern versuchte, daß er sie speziellen gesundheits- und sittenpolizeilichen Vorschriften unterwarf. Damit folgte er französischem Vorbild. Das erste ‚Reglement' wurde 1807 erlassen, es umfaßte einundzwanzig (!) Bestimmungen, die das Leben und Treiben von ‚Bordellwirthen' und ‚öffentlichen Frauen' regelten. Die wichtigsten Bestimmungen waren:
- Beschränkung der Prostitution auf staatlich konzessionierte und kontrollierte Bordelle;
- Meldepflicht der Prostituierten in diesen Bordellen durch die ‚Wirthe und Wirthinnen';
- Kontrolle des Gesundheitszustandes der Frauen durch die Bordellwirthe, Anzeigepflicht bei Infizierung mit einer Geschlechtskrankheit, Verpflichtung zu einer ‚Kur' im Falle der Ansteckung;
- Finanzierung des sittenpolizeilichen und gesundheitlichen Kontrollsystems durch eine ‚Kurcasse', in die „jeder Wirth für jedes bey ihm logierende Frauenzimmer monatlich ... 2 Mark" bezahlen mußte, da daß „Publikum dieser Sache halber keine Kosten tragen" sollte;
- Verbot der „Gassenhurerei" und „jedes Anrufens und Ansprechens auf der Gasse";

Gruss aus Hamburg bei Nacht.
In den Blumen-Sälen.

244 Mit dem Bevölkerungswachstum entstanden große Vergnügungslokale, in denen sich „freie Märkte" für die „Ware Liebe" entwickelten. Immer mehr Frauen waren aufgrund ihrer miserablen Existenzbedingungen gezwungen, sich zu prostituieren: „Gruß aus Hamburg bei Nacht", Lithographie von N. Nachum, um 1905

- Verbot jeglicher Ausplünderung der zu den „Wirthen kommenden Mannspersonen etwa in trunkenem Muthe". Offiziell begründet wurde die Einführung des Reglementierungssystems damit, daß Bordelle für Hamburg ein notwendiges Übel seien, denn man brauche sie für die Soldaten, die ledigen Arbeiter, die Fremden und die Matrosen. Am System der Reglementierung änderte sich im Grundsatz bis zu seiner Aufhebung durch die Hamburger Bürgerschaft im Juni 1921 nichts. Durch die nachfolgenden Verordnungen wurden nur einzelne Bestimmungen modifiziert bzw. konkretisiert. Am einschränkendsten für das Leben der Prostituierten war neben der Zwangseinschreibung die Einführung sogenannter ‚Sperrbezirke'. Sie durften sich seit 1834 um das Rathaus und die Binnenalster herum, im vornehmeren Wohn- und Geschäftsviertel der Hansestadt, nicht blicken lassen. Auch ein Besuch im Stadttheater wurde ihnen weitgehend untersagt.[3] Bis zur Mitte des 19. Jahrhunderts nahm die Zahl der Prostituierten ständig zu: 1833 gab es in Hamburg 113 Bordelle mit 569 ‚öffentlichen Mädchen', 1863 waren es bereits 180 mit 1047 Prostituierten. Seit Beginn der 70er Jahre verringerte sich die Zahl der polizeilich registrierten Frauen, 1900 waren es ‚nur' noch 902. Jedoch wurden in diesem Jahr allein 1915 Frauen wegen Übertretens sittenpolizeilicher Vorschriften (Türstehen, nächtliches Herumtreiben, Kontrollentzug) bestraft. Die Zahl der ‚kasernierten' Prostituierten war zwar zurückgegangen, um so stärker war seit den 90er Jahren die heimliche Prostitution gestiegen. Nach Schätzungen des Chefs der Hamburger Polizei betrug die Zahl der sich heimlich prostituierenden Frauen 1895 ca. 3000 bis 4000, statistisch erfaßt waren in diesem Jahr nur ca. 1000 registrierte Frauen.[4]

Mit dem Bevölkerungswachstum der Hansestadt, der Zunahme des Fremdenstromes und dem Aufschwung der Schiffahrt entstanden große städtische Vergnügungslokale, vor allem auf St. Pauli, in der Alt- und Neustadt und seit der Errichtung des Hauptbahnhofes 1905 auch auf St. Georg. Hier entwickelten sich ‚freie Märkte' auf denen die ‚Ware Liebe' angeboten wurde. Sie unterlagen nur den Bedingungen von Angebot und Nachfrage und waren dem staatlichen Überwachungssystem weitgehend entzogen.

Immer mehr junge Frauen waren gezwungen sich aufgrund ihrer miserablen Existenzbedingungen zumindest zeitweilig zu prostituieren. Viele von ihnen gingen tagsüber einem ‚ehrbaren' Erwerb als Fabrikarbeiterin, Näherin oder Verkäuferin nach, doch der Lohn reichte nicht zum Überleben.[5]

245 *Begründet wurde die Reglementierung der Prostitution damit, daß sie ein notwendiges Übel sei und für die Soldaten, die ledigen Arbeiter, die Fremden und Matrosen gebraucht werde. Kaum verhohlen wurde jedoch das Vergnügen auch der bürgerlichen Besucher: Heimkehr von St. Pauli, Xylographie nach C. H. Kuechler, um 1895*

Die Situation der registrierten Prostituierten war durch eine außerordentliche persönliche und materielle Abhängigkeit vom Bordellwirt gekennzeichnet, der diese ausnutzte, um sich in jeder Form an den Frauen zu bereichern. Sie waren gezwungen Schulden zu machen, da sie für Kleidung, ‚Unterkunft' und Verpflegung überhöhte Preise an den Wirt zahlen mußten. Die soziale Stigmatisierung versperrte ihnen die Rückkehr ins ‚anständige Leben'. Dadurch wurden diese Frauen zu den eigentlichen Opfern der gesellschaftlichen Doppelmoral. Demgegenüber besaß die ‚freie Prostituierte' ein größeres Maß an individuellem Spielraum, wenn auch das sich mit dieser Form der Prostitution herausbildende Zuhälterwesen eine neue Form der Unterdrückung darstellte.

Im Gegensatz zu anderen deutschen Städten hielt Hamburg auch nach der Einführung des Strafgesetzbuches 1871, das neue gesetzliche Grundlagen bezüglich der Prostitution und der Kuppelei enthielt, an seiner Reglementierungspraxis fest. Senat und Polizeibehörde ließen die konzessionierten Bordelle weiter bestehen, obwohl § 180 StGB. – der sogenannte Kuppeleiparagraph – die Kuppelei und die Errichtung von Bordellen, auch der polizeilich konzessionierten, unter Strafe stellte. Das Strafgesetzbuch forderte statt dessen ‚nur' Zwangseinschreibung und Gesundheitskontrolle der Prostituierten. Offiziell wurden 1876 aufgrund eines Bundesratsbeschlusses die Hamburger Bordelle zwar geschlossen, aber mit anderer gesetzlicher Regelung und veränderter Bezeichnung blieb alles beim alten: Die Bordellbesitzer wurden zu ‚Beherbergern' bzw. ‚Vermietern' ohne polizeiliche Konzession und Schankerlaubnis. An dem Verhältnis zwischen Prostituierter und Bordellwirt änderte die neue Bezeichnung faktisch nichts.[7] Für die registrierten Frauen selbst verschlechterten sich die Lebensbedingungen: Ein umfassender Verhaltenskatalog in einer 1876 erlassenen ‚Polizeilichen Vorschrift' schränkte ihre Bewegungsfreiheit weiter ein. Die Zahl der Straßen, in denen sie sich nicht aufhalten durften, wurde vergrößert, ihnen wurde verboten, bestimmte Gaststätten aufzusuchen und nach 11 Uhr abends auf der Straße zu sein. Zudem wurden sie ständig durch Beamte in den ihnen polizeilich zugewiesenen Straßen beobachtet. Dieses Hamburger System der Reglementierung wurde in der Öffentlichkeit und selbst im Reichstag immer stärker kritisiert, insbesondere von der Sozialdemokratie und Teilen der bürgerlichen Frauenbewegung.[8] Unangefochten von dieser Kritik wurde es vom Senat aufrechterhalten und verteidigt. Exemplarisch für seine Argumentation sei hier aus der Rede des Hamburgischen Bundesratsbevollmächtigten, Syndicus Dr. Schäfer zitiert, die er im Januar 1904 vor dem Reichstag hielt: ,,Solange es die Erde gegeben hat, hat die Prostitution existiert. Die Verpflichtung, welche durch diese Tatsache der Hamburger Polizeibehörde auferlegt ist, ist die Prostitution zu überwachen, damit ihre Schäden auf das allergeringste Maß zurückgeführt werden. Die Hamburger Polizei verfolgt daher mit vollem Bewußtsein das System der Kasernierung, der Lokalisierung der Prostitution ... (Dadurch) wird natürlich erreicht, daß die Prostituierten in bestimmte Straßen ziehen und daß der andere, der anständige Teil aus der Bevölkerung aus diesen Straßen mehr und mehr hinauszieht. Das ist ja gerade das, was wir durch unser System erreichen wollen: Die Scheidung zwischen den Prostituierten und dem anständigen Teil der Bevölkerung."[9] Bordelle waren in der Hansestadt also gewissermaßen eine Senatseinrichtung. Vor dem Hintergrund der bürgerlichen Doppelmoral stellte das Hamburger Reglementierungssystem den Versuch dar, ,,durch ordnungspolitische Maßnahmen" den wahren Umfang der Prostitution zu verschleiern und ,,den Prostituierten im Akt der Einsperrung demonstrativ ihren Platz außerhalb der Gesellschaft zuzuweisen".[10]

Karen Hagemann

Aus dem keuschen Dämmer des Hauses herausgezogen

,,Man warf uns vor, zu radikal gewesen zu sein, unsere Grundsätze offen bekannt zu haben; aber wir bedauern es nicht, klar ausgesprochen zu haben, was wir wollten. Wenn die Zeit noch nicht reif war für die Verwirklichung unserer Ideen, so war es besser, ihre Erfüllung der Zukunft zu überlassen, als einen Kompromiß mit der alten Zeit zu machen." ,,Der Gedanke, die Frau zur völligen Freiheit der geistigen Entwicklung, zur ökonomischen Unabhängigkeit und zum Besitz aller bürgerlichen Rechte zu führen, war in die Bahn zur Verwirklichung getreten; dieser Gedanke konnte nicht wieder sterben."[1]

Diese Sätze schrieb Malwida von Meysenburg als sie die eigenen Erfahrungen und die ihrer Mitstreiterinnen für die erste Frauenhochschule Deutschlands 1875 in ihren Memoiren zusammenfaßte. Am 1. Januar 1850 war diese ‚Hamburgische Frauenhochschule' von Emilie Wüstenfeld und anderen bürgerlichen Frauen der ‚Freien Gemeinde' gegründet worden. Bereits 1849 hatten sie sich unter dem Einfluß der liberal-demokratischen Ideen des Vormärz zu einem ‚Frauenbildungsverein' zusammengeschlossen. Im Mittelpunkt ihres Interesses stand, wie in der gesamten bürgerlichen Frauenbewegung des 19. Jahrhunderts, die Verbesserung der Bildungs- und Erwerbsmöglichkeiten des weiblichen Geschlechts. Für sie war angesichts der ,,Unsicherheit des äußeren Besitzes" und der ungewissen Zukunft einer Ehe, eine ,,tüchtige Bildung die einzig sichere Mitgift für das Leben." Darum forderten sie die wissenschaftliche Ausbildung nicht nur, wie die damals vorherrschenden Bildungsbestrebungen, für ‚gelehrte Unterhaltungen' im Kreise der Freunde des Hauses, sondern für ihre Berufstätigkeit als Lehrerin oder Erzieherin.[2] Zu diesem Zweck war der Schule ein nach Fröbelschen Prinzipien ausgerichteter Kindergarten sowie eine Elementarschule angeschlossen. Finanziert wurde die Frauenhochschule durch Spenden aus dem hanseatischen Patriziat, die jedoch mit wachsendem politischen Druck in der Nachmärzzeit immer spärlicher flossen. Bereits im Jahre 1852 waren die Initiatorinnen deshalb gezwungen, die Hochschule zu schließen. Dieser erste Anfang einer Frauenbewegung fiel wie überall in Deutschland der Reaktion zum Opfer. Seine Trägerinnen Emilie Wüstenfeld, Charlotte Paulsen und Amalie Sieveking zogen sich in den folgenden Jahrzehnten in die private Wohltätigkeit zurück.[3]

Erst Ende des 19. Jahrhunderts kam es in Hamburg zu einem neuen, vorsichtigen Angang. Am 27. Juni 1896 wurde auf Initiative von Helene Bonfort und Lida Gustava Heymann eine ‚Hamburger Ortsgruppe des Allgemeinen Deutschen Frauenvereins' (ADF) ins Leben gerufen. Deren Ziele waren:

,,– Hebung der sittlichen und wirtschaftlichen Selbständigkeit der Frauen und Befreiung ihrer Arbeit von hemmenden Beschränkungen;
– Erweiterung und Vertiefung der Frauenbildung in allen Ständen;
– Erweckung von Verständnis für die Aufgaben der Frau im öffentlichen Leben, insbesondere auf dem Gebiet der öffentlichen Wohlfahrtspflege."[4]

Auf die Forderung nach dem Frauenwahlrecht verzichtete die Ortsgruppe, wie der 1865 auf Reichsebene gegründete ADF, mit dem Hinweis auf die ungünstigen politischen Verhältnisse. Im Mittelpunkt ihrer Aktivitäten stand die praktische Mitarbeit in der Wohlfahrtspflege. Die ,,soziale Pflichterfüllung" wurde als ,,spezifisch weibliche Kulturaufgabe" angesehen, die den ,,weiblichen Fähigkeiten besonders angemessen sei". Leitgedanke dabei war, daß ,,nur aufgrund der freiwilligen und fruchtbringenden Erfüllung neuer Pflichten im häuslichen sowie im öffentlichen Leben" die Frauen zu ihrem Recht als Staatsbürgerinnen kommen könnten.[5] Diese Position war innerhalb der Ortsgruppe nicht unumstritten. Von Anfang an bestanden Differenzen zwischen den ,,älteren Konservativen" um Helene Bonfort und den ,,jüngeren Radikalen" um Lida Gustava Heymann.[6] Die radikalen Frauen wollten die Aufgaben der Frauenbewegung nicht auf die Wohlfahrts- und Bildungsarbeit beschränkt sehen. Sie forderten eine stärker politisch ausgerichtete Arbeit und traten für das allgemeine gleiche Frauen-Wahlrecht ein. Ihr Interesse konzentrierte sich zunehmend auf den Kampf gegen die Reglementierung der Prostitution, die sogenannte ‚Sittlichkeitsfrage', die seit Mitte der 90er Jahre Gegenstand der Auseinandersetzungen im Bund Deutscher Frauenvereine (BDF) geworden war, dem 1894 konstituierten nationalen Dachverband der bürgerlichen Frauenbewegung. Aufgrund der unterschiedlichen Standpunkte kam es Ende 1898 zur Spaltung der Hamburger Ortsgruppe des ADF. Am 18. 1. 1899 gründete Lida Gustava Heymann gemeinsam mit anderen Radikalen den ‚Hamburger Zweigverein der internationalen Föderation', den ersten ‚abolitionistischen' Verein Deutschlands. Ziele des in England entstandenen ‚Abolitionismus' waren der Kampf gegen die staatliche Unterstützung der Prostitution durch die Reglementierung sowie die Aufklärung über die dahinter stehende gesellschaftliche Doppelmoral. Konkretes Ziel des Hamburger Zweigvereins war es, die Polizeibehörde dazu zu bringen, ihr spezifisches System der Reglementierung durch ‚Kasernierung' und ‚Lokalisierung' der Prostitution aufzugeben. Durch gezielte Öffentlichkeitsarbeit – Flugblattaktionen und Versammlungen – sollte die Bevölkerung der Hansestadt aufgerüttelt werden. Prompt verbot die Politische Polizei bereits nach Erscheinen des ersten Flugblattes im Februar 1900 jede öffentliche Versammlung des Vereins. Dieses Verbot hielt sie bis 1908 aufrecht. Die rechtliche Grundlage dazu bot das Hamburger Vereinsgesetz von 1893, das Frauen zwar nicht, wie in Preußen, von öffentlichen Versammlungen ausschloß, aber mit dem § 2 eine allgemeine Handhabe gegen unliebsame, ,,den öffentlichen Frieden" bedrohende Versammlungen enthielt.

1908 hatte der Zweigverein trotz der polizeilichen Verfolgungen 115 Mitglieder

246 Erst Ende des 19. Jahrhunderts kam es in Hamburg zu einem neuen Anfang: Erste Ausgabe der Frauenzeitschrift der Hamburger Ortsgruppe des „Allgemeinen Deutschen Frauenbundes", 1897

(darunter 15 Männer), neben denen in Berlin, Dresden und Leipzig war er der bedeutendste im Reich. Hamburg entwickelte sich dank der Aktivitäten der Abolitionistinnen zu einer der Hochburgen der radikalen bürgerlichen Frauenbewegung.[7]

Die Hamburger Ortsgruppe des ADF, die seit der Spaltung den gemäßigten Flügel repräsentierte, konzentrierte ihre Tätigkeit weiterhin auf die Wohlfahrts- und Bildungsarbeit. Die ‚Sittlichkeitsfrage' wurde erstmals Ende des Jahres 1902 zum Gegenstand der Diskussion. Sie lehnte die Aufhebung der Reglementierung ab. Damit nahm sie eine außerordentlich konservative Position ein: Selbst vom gemäßigten Flügel innerhalb des BDF wurde das Reglementierungssystem verurteilt. Im Unterschied zu den Abolitionistinnen forderte dieser allerdings ein generelles Verbot der Prostitution sowie die strikte Bestrafung und Umerziehung der Prostituierten.[9]

Ab 1908 setzte sowohl in Hamburg als auch im Reich die entscheidende Wende in der Geschichte der bürgerlichen Frauenbewegung ein. Der linke Flügel verlor aufgrund innerer Zersplitterung immer mehr an Bedeutung. Der gemäßigte Flügel konnte seine führende Position ausbauen. Er wurde durch den Zustrom überwiegend konservativer Frauen gestärkt, die durch das Vereinsgesetz von 1908, das erstmals im ganzen Reich die politische Betätigung der Frauen gestattete, zur Mitarbeit ermutigt wurden. Die Mitgliederzahl des ADF in Hamburg stieg von 360 im Jahr 1898 auf 648 im Jahr 1913 an. Diese Entwicklung wirkte sich auch auf die Haltung der bürgerlichen Frauenbewegung zum Stimmrecht aus. Mehrheitlich wurde im BDF vor 1914 die Forderung eines eingeschränkten Frauenwahlrechts vertreten, das Klassenwahlrecht der Männer sollte auf die Frauen ausgedehnt werden. Erst die Erfahrungen des 1. Weltkrieges, in dem die Frauen zwar im Erwerbsleben ‚ihren Mann' stehen mußten, politisch aber weiterhin rechtslos blieben, bewegte auch die Mehrheit der bürgerlichen Frauen dazu, gleiche Staatsbürgerinnenrechte für alle Frauen zu fordern.[9]

Karen Hagemann

Proletarierinnen auf zur Tat, damit der Tag des Wahlrechts naht!

„Frauen, Mädchen, Arbeiterinnen aller Branchen! Durchdrungen von der Notwendigkeit, endlich uns zu organisieren, um nicht gänzlich unseren Arbeitgebern zum Opfer zu verfallen, treten wir hiermit öffentlich an Euch heran, um Euch aufzufordern, in die geschlossenen Reihen unseres Vereins mit einzutreten, um dann für ein menschenwürdiges Dasein zu kämpfen... Durch Kampf zum Sieg!"[1] Dieser Aufruf erschien am 24. November 1886 in der Hamburger ‚Bürgerzeitung'. Er war von den Frauen des ‚Vereins zur Vertretung der gewerblichen Interessen der Frauen und Mädchen Hamburgs' veröffentlicht worden. Dieser Verein war der erste bedeutendere Zusammenschluß von Arbeiterinnen und Arbeiterfrauen in der Hansestadt. Während der Zeit der Sozialistengesetze (1878–1890) waren viele von ihnen in die sozialistische Bewegung hineingezogen worden: Sie ersetzten ihre Männer, die infolge von Haftstrafen oder Ausweisung die politische Arbeit nicht mehr fortführen konnten oder unterstützten sie bei der konspirativen Tätigkeit. Im November 1885 schlossen sich die engagiertesten unter ihnen zusammen. Auf der offiziellen Gründungsversammlung am 29. Januar 1886 traten 200 Frauen dem Verein bei. Sein Hauptziel war, so formulierte es das Statut, „die Hebung der geistigen und materiellen Interessen der Mitglieder, insbesondere die Regelung der Lohnverhältnisse..."[2] Der Verein bestand bis 1892.

Im Vordergrund der Interessen der proletarischen Frauen stand nicht, wie bei den bürgerlichen, der Kampf um das gleiche Recht auf Bildung und Erwerb – die Not zwang die Proletarierinnen zur Erwerbstätigkeit – sondern der Schutz vor zuviel Arbeit, vor gesundheitsgefährdenden Tätigkeiten. Sie kämpften für bessere Arbeits- und Lebensbedingungen, erkannten dabei den emanzipatorischen Charakter der Arbeit, die sie in die sozialen Auseinandersetzungen einbezog und vom Mann ökonomisch unabhängiger machte, sahen aber auch die aus ihr resultierende Doppelbelastung der erwerbstätigen Frau. Da für sie die Arbeiterin in der „Welt des Privateigentums" doppelt unterdrückt war, als Proletarierin und als Geschlechtswesen, erschien ihnen eine Befreiung nur in einer anderen, sozialistischen Gesellschaft denkbar. Eine entscheidende Hilfe bei der Formulierung ihrer Interessen war ihnen August Bebels Buch ‚Die Frau und der Sozialismus', das zwischen 1879 und 1891

247 Auch in der Arbeiterbewegung herrschte das bürgerliche Familienbild vor. Die Frau war für Haushalt und Kinder verantwortlich. Politik und Bildung blieben Männersache: Gedenkblatt von Gewerkschaften und Sozialdemokratie zum 1. Mai 1890

in acht Auflagen (20000 Ex.) erschien, obwohl es bereits einen Monat nach seiner Veröffentlichung verboten worden war.[3]

Am 8. Juni 1892 wurde als Nachfolgeorganisation des Vereins von 1886 der ‚Zentralverein der Frauen und Mädchen Deutschlands' mit fünf Zweigstellen in den Industrievororten Hamburgs gegründet. 1893 gehörten ihm bereits 350 Frauen an. Da die Gewerkschaften 1892 auf ihrem 1. Kongreß beschlossen hatten, auch die Interessen der Arbeiterinnen zu vertreten, konzentrierten sich die Genossinnen des Zentralvereins stärker auf politische Fragen. Ihr Ziel, alle proletarischen Frauenassoziationen im Raum Hamburg zusammenzufassen, erreichten sie nicht. Entscheidende Ursache dafür war der von den Gewerkschaften ausgehende Druck, sich ihnen und nicht dem Zentralverein anzuschließen. Sie standen jedem autonomen Zusammenschluß der Frauen skeptisch gegenüber. 1895 mußte der Verein wegen drastisch zurückgehender Mitgliederzahlen seine Arbeit einstellen. Letzter Auslöser dazu waren die zunehmenden Verfolgungen durch die preußische Politische Polizei, die im Juni 1895 in einem gegen 140 Frauen eingeleiteten „Monsterprozeß" gipfelten, in dem 121 der Angeklagten wegen Zugehörigkeit zu einem „politischen Verein", der Zweigstelle Ottensen verurteilt wurden![4]

Einen Aufschwung erhielt die sozialdemokratische Frauenbewegung der Hansestadt durch den großen Hafenarbeiterstreik von 1896/97, der auch viele Arbeiterfrauen politisiert hatte. SPD und Gewerkschaften versuchten durch ‚öffentliche Versammlungen' die Frauen der streikenden Arbeiter und Seeleute für die Unterstützung der Streikziele zu gewinnen. Eine der führenden Agitatorinnen auf diesen Versammlungen war Luise Zietz.[5]

1900 wurde sie von den Hamburger Sozialdemokratinnen zur ersten ‚Vertrauensperson' gewählt. 1902 traten ihr für den 2. und 3. Wahlkreis zwei weitere Vertrauensfrauen zur Seite. Mit der Wahl einer ‚Vertrauensperson' griffen die Hamburgerinnen die Empfehlung der ersten SPD-Frauenkonferenz im September 1900 auf, daß in jeder großen Stadt in öffentlichen Frauenversammlungen ‚Vertrauenspersonen' gewählt werden sollten. Deren Aufgabe war es, Kontakte zu anderen Vertrauenspersonen und zur ‚Zentralvertrauensperson' in Berlin zu halten und an ihrem Ort die Agitation unter den Frauen zu leiten. In der Partei war diese Organisationsform trotz der offensichtlichen Erfolge umstritten. Die Gegner in der Hamburger Parteiführung befürchteten eine ‚Sonderorganisation' der Frauen. 1906 wurde auf ihren Druck das ‚Vertrauenspersonensystem' in Hamburg abgeschafft, statt dessen mußte eine Frau in jeden Vorstand gewählt werden. 1908 nach der Einführung des Reichsvereinsgesetzes, geschah das gleiche in der Gesamtpartei. Als Vorsitzende des 1908 neu geschaffenen ‚Reichsfrauenbüros' wurde Luise Zietz in den Parteivorstand gewählt. Sie verließ Hamburg, das unter ihrer Führung zu einer der Hochburgen der sozialdemokratischen Frauenbewegung geworden war. Die Zahl der Sozialdemokratinnen war von 490 im Jahre 1895 (Anteil: 3,7%) auf 11672 im Jahre 1914 angestiegen (Anteil: 17,2%)![6]

Vor allem Hausfrauen – die Ehefrauen der Parteigenossen – wurden Mitglieder der SPD. Sie konnten immerhin noch leichter als die mit Haushalt, Kindern

248 Der 1886 gegründete „Verein zur Vertretung der gewerblichen Interessen der Frauen und Mädchen Hamburgs" war der erste Zusammenschluß von Arbeiterinnen und Arbeiterfrauen in Hamburg. Seit 1900 schlossen sich die Hamburger Sozialdemokratinnen zusammen: Anzeige im Hamburger Echo vom 6. 3. 1914

und Erwerbsarbeit dreifach belasteten Arbeiterinnen die Zeit für politische und soziale Aktivitäten erübrigen. Nur vereinzelt wurden diese durch ihren Ehemann bei Hausarbeit und Kindererziehung unterstützt. Er ging zur SPD-Versammlung in die Parteikneipe, ‚seine' Frau hatte Haus und Kinder zu hüten. Politik war auch für die meisten Sozialdemokraten ‚Männersache'. Die Notwendigkeit veränderter Rollenvorstellungen und Verhaltensweisen wurde nur von einzelnen sozialdemokratischen Funktionärinnen erkannt und thematisiert. So forderte Clara Zetkin, die Redakteurin der SPD-Frauenzeitschrift ‚Gleichheit', auf dem SPD-Parteitag 1906 dazu auf, Jungen und Mädchen nach dem Grundsatz der strikten Gleichheit zu erziehen und ihnen im Haushalt dieselben Rechte und Pflichten zuzuweisen. Männer sollten bei den täglichen Hausarbeiten mit anfassen.[7]

Aufgrund der spezifischen weiblichen Erfahrungen sahen die Sozialdemokratinnen nach wie vor besondere Frauenaktivitäten, wie öffentliche Frauenversammlungen und besondere Bildungs-

und Diskutierabende, als notwendig an, deren Schwerpunkt die Aufklärung und Werbung der Proletarierinnen sein sollte.[8]

Im Mittelpunkt der Frauenagitation stand der Kampf um das Frauenwahlrecht. Die SPD war im Kaiserreich die einzige Partei, die das allgemeine, geheime und gleiche Wahlrecht für beiderlei Geschlecht forderte. Bereits 1891 war diese Forderung in das Parteiprogramm aufgenommen worden. Zum Kampftag für das Frauenwahlrecht wurde der ‚Internationale Frauentag', der von der 2. Internationalen Sozialistischen Frauenkonferenz 1910 in Kopenhagen beschlossen worden war. Zentrale Forderung des Frauentages, der jährlich Anfang März durchgeführt werden sollte, war neben dem Frauenwahlrecht die „sozialistische Umgestaltung der Gesellschaftsordnung". Am 19. März 1911 fand der erste Internationale Frauentag auch in Hamburg statt: an den 16 öffentlichen Frauenversammlungen nahmen rund 4500 Menschen teil, in der Mehrzahl Frauen. Vereinzelt kam es sogar zu ersten kleineren Straßendemonstrationen. Trotz des Erfolges wurde der Frauentag von vielen Genossen mit Skepsis betrachtet. Sie befürchteten „Separatismus und Feminismus". Die wachsende Opposition in der eigenen Partei konnte nicht verhindern, daß die Hamburger Sozialdemokratinnen, wie ihre Genossinnen im In- und Ausland, alljährlich bis 1914 den internationalen Frauentag durchführten. Für sie war er ein Symbol ihrer Unabhängigkeit, ein öffentlicher Ausdruck ihrer Teilnahme am politischen Geschehen, eine Demonstration für ihre Forderungen, gemäß der Erkenntnis: „Der Kampf um die politische Gleichberechtigung des weiblichen Geschlechts ist nur das Werk des weiblichen Geschlechts selbst!"[9] Erst in der Novemberrevolution 1918 führte ihr Kampf zum Erfolg.

Karen Hagemann

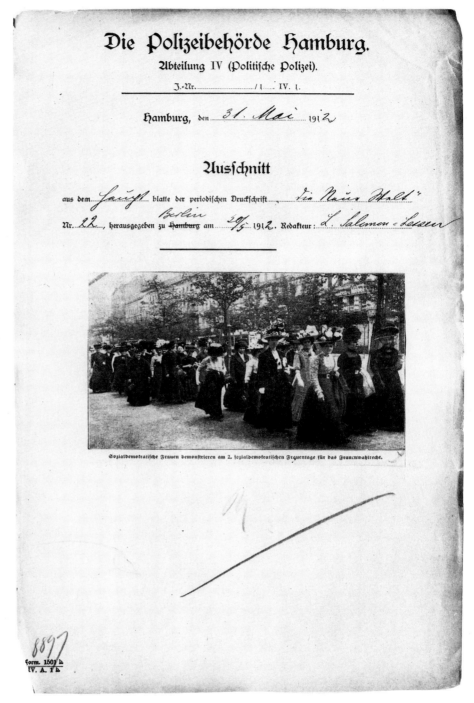

249 Im Mittelpunkt der von der politischen Polizei beobachteten Frauenagitation stand der Kampf um das Frauenwahlrecht: Sozialdemokratische Frauen demonstrieren für das Frauenwahlrecht, Photographie der politischen Polizei, 1912

Eine immer größere Vielfalt an Vergnügungen

Über die Begriffe ,,Feierabend'' und ,,Freizeit'', ihre Entstehung und ihre – im Laufe der Jahrhunderte oder Jahrzehnte sich wandelnde – Bedeutung gibt es viele Erörterungen.[1] Hier stehen die Beschäftigungen im Mittelpunkt, mit denen die Hamburger des 19. und frühen 20. Jahrhunderts die Stunden ausgefüllt haben, in denen sie nicht unmittelbar das Geld für ihren Lebensunterhalt und ihre Bedürfnisse erwarben.

Die Aufklärung, die ja den Begriff der ,,Freizeit'' prägte, verstand diesen Zeitraum durchaus als ,,Zeit der individuellen Freiheit'' und ,,Zeit zu freier Tätigkeit'', fand aber seinen eigentlichen Sinn in der menschenwürdigen Weiterbildung hin zum Ideal ihres Menschenbildes und verfolgte damit letztlich einen politischen, zumindest einen sozialen Zweck. Auf politische oder soziale Zwecke ausgerichtete Betätigung kennzeichnete auch weiterhin einen großen Teil der möglichen Freizeitbeschäftigungen, doch die politische Entwicklung des 19. Jahrhunderts führte besonders die bürgerlichen Schichten zweimal in stärkerem Maße zur betont privaten, von keinerlei öffentlichen oder allgemeinen Zwecken bestimmten Nutzung der Freizeit.[2] Die politische Ohnmacht in der Epoche nach den Befreiungskriegen – allgemein als ,,Restauration'' bezeichnet – und später nach der Gründerzeitkrise – wenn auch jetzt mehr aus wirtschaftlichen Gründen – ließ gerade den Bürger seine Befriedigung und seinen Lebenssinn im häuslichen, individuellen Rahmen suchen.

Tatsächlich gewann die arbeitsfreie Zeit für die Menschen im 19. Jahrhundert zunehmend an Bedeutung, nicht nur wegen der fortschreitenden Arbeitszeitverkürzung, die am Ende der Epoche auch dem Arbeitnehmer endlich einen gewissen Zeit-Freiraum nach der Tagesarbeit gewährte. Auch der Bürger, der als selbständiger Kaufmann oder Unternehmer seinem Beruf nachging, trennte mehr als je zuvor in seinem Bewußtsein den Arbeitsbereich des Wochentages von der privaten Sphäre der Abendstunden oder der Sonn- und Feiertage.

Hinzu kam die – in Hamburg eher als anderswo – mehr und mehr deutliche räumliche Trennung von Arbeitsplatz und Wohnung, die eine Trennung zwischen der Arbeit und ihren Erfordernissen und der privaten Häuslichkeit und ihren Belangen bewußt machte. Andererseits wurde diese räumliche Trennung durch eine größere Entfernung zwischen Arbeits- und Wohnbereich erkauft, die längere Wege bedingte und damit zugleich eine Verkürzung der ,,Freizeit'' zur Folge hatte. So läßt sich die Dauer der ,,Freizeit'' – abgesehen von den Sonn- und Feiertagen – ziemlich gleichmäßig für das gesamte 19. Jahrhundert mit durchschnittlich etwa 2–3 Stunden pro Tag annehmen. Vor Einführung der Gewerbefreiheit umfaßte die Arbeitszeit in den Handwerksbetrieben auch einzelne Stunden zunftmäßig geregelter ,,Nicht-Arbeit'', wie Krugtage der Gesellen, gegenseitige Besuche oder Umtrunk mit den wandernden Zunftgenossen, sei es zum Willkomm oder zum Abschied. Nach 1864 mußten derartige Veranstaltungen nun außerhalb der Arbeitszeit stattfinden. Ohnehin wurden seitdem alle Arbeitszeit-

regelungen strenger gehandhabt, und vieles, was an Privatem früher nebenbei in der Arbeitszeit erledigt worden war, mußte jetzt am Abend nach der Arbeit geschafft werden, so daß die Freizeitstunden mit häuslichen Besorgungen angefüllt waren, die eine wirkliche Freizeitbeschäftigung im Sinne der ,,individuellen freien Tätigkeit'' der Aufklärung in weiten Bevölkerungsschichten auf ein Mindestmaß beschränkten.

Arbeitete die Frau, waren ihre Abend- und Feiertagsstunden mit der Bewältigung des Haushalts ausgefüllt, die sonst den ,,Tagesberuf'' der Hausfrau darstellte. Die Nahrungsversorgung, die im 19. Jahrhundert Arbeiten zur Konservierung der Nahrungsmittel erforderte, nahm viel Zeit in Anspruch, ebenso die Pflege der Wäsche und Kleidung, die zudem oft im Haushalt selbst hergestellt wurde. Die standesgemäße ,,Freizeit''-Beschäftigung der ,,höheren Tochter'', die feine Handarbeit des Stickens, Nähens oder Aufputzens der Kleider und Accessoires, wurde für die Frau der weniger begüterten Schichten zur zwingenden Notwendigkeit des Stopfens und Flickens.

Die Männer nutzten ihre handwerklichen Fähigkeiten, um Reparaturen im Hause selbst auszuführen oder Möbel, Geräte und Spielsachen herzustellen und damit möglichst den kargen Lohn für unabwendbare Ausgaben zu sparen.

Hartwig Fiege berichtet über sein Elternhaus aus der Zeit um 1900 – sein Vater war bei der Post in Altona und später in Hamburg in einem unteren Dienstgrad tätig –:[3] ,,Das ganze Leben konnte nur durchgestanden werden, wenn Eltern und Kinder fleißig und sparsam waren. Unsere Eltern waren darin vorbildlich. Vater machte alles, was nur irgend möglich war, selber'', und erläutert: ,,Er konnte gut mit Säge und Meißel, Feile und Hobel, Nadel und Faden umgehen und hat uns Kindern Krämerläden, eine Ritterburg, einen Pferdestall mit Speicher und sogar eine ,Spielkommode' mit sechs Schubfächern zum Aufbewahren von Spielsachen aus altem Kistenholz gebaut. Er machte alle Maler- und Tapezierarbeiten selbst, überzog Matratzen und polsterte Sofa und Sessel neu, konnte schön gemusterte Stuhlsitze aus Reet flechten und Schuhe nicht nur fachgerecht besohlen, sondern auch durch Vorschuhen vergrößern. Er schneiderte sogar aus gut erhaltenen Teilen seiner abgetragenen Uniformen Hausschuhe für die ganze Familie, wobei er für die Sohlen mehrere Lagen Stoff aufeinandersteppte. Viele Winke hat er sicher der Zeitschrift ,Der Praktische Wegweiser' entnommen, die er viele Jahre gehalten hat.'' Und auch die Mutter schneiderte möglichst alles selbst, für sich wie für die Kinder.

Die Lektüre von Zeitschriften, die praktische Tips für Eigenherstellung und sparsameres Wirtschaften gaben, bildeten deshalb auch eine wichtige Beschäftigung während der Freizeit, ebenso wie Bücher, Zeitungen und Zeitschriften zur beruflichen Weiterbildung, während die sogenannte ,,schöne Literatur'' schon aus Zeitgründen – und aus Kostengründen – mehr den Wohlhabenderen vorbehalten blieb. In deren Bibliotheken spielten jedoch vor allem die ,,Klassiker'' die Hauptrolle, die nun zum allgemeinen, gesellschaftlich notwendigen Bildungsgut des Bürgertums wurden. Der junge John B. Goßler, späterer Chef der Firma Joh. Berenberg, Goßler & Co., berichtete um 1860 in seinen Briefen an die Freunde vielfach von seiner Lektüre.[4] Neben Goethe und vor allem Schiller las er auch Lessing, Klopstock und Wieland. Ausländische Weltliteratur war bei ihm mit antiken Schriftstellern, Dante, Shakespeare und Cervantes vertreten. Seiner Generation zeitlich näher waren die Werke von Eichendorff, Lord Byron und Walter Scott, zu denen sich in Goßlers Lesestoff noch Heinrich Heine gesellte. An zeitgenössischer Literatur schätzte er vor allem Adalbert Stifter, Berthold Auerbach, Victor Hugo, Alessandro Manzoni und – da ihm das Plattdeutsche immerhin vertraut war – Fritz Reuter. In der Bibliothek seines jüngeren Verwandten, des Juristen Dr. Max Schramm, war um 1900 der Anteil zeitgenössischer Schriftsteller wesentlich stärker.[5] Hier standen Theodor Fontane, der um diese Zeit erst in Deutschland bekannt werdende Dostojewski, Gerhart Hauptmann und Arthur Schnitzler zusammen mit den jungen aus dem unmittelbaren räumlichen Umkreis stammenden Dichtern Richard Dehmel, Detlev von Liliencron und Thomas Mann neben den immer noch am höchsten eingestuften Klassikern. Die Anschaffung zeitgenössischer Belletristik für den hauseigenen Bücherschrank, die ja intensivere Auseinandersetzung bedeutete, war in diesem Umfang jedoch ungewöhnlich. Den Bedarf an „schöner Literatur", vor allem zur Lese-Unterhaltung, deckte man vorzugsweise – auch in den oberen Schichten – lieber in den zahlreichen Leihbüchereien, wenn nicht die Beschäftigung mit der Belletristik überhaupt den Frauen des Hauses überlassen wurde, die dann die Bücher ebenfalls kaum selbst erwarben.

Ins Ressort der Frauen fiel meistens auch die Hausmusik. Zur notwendigen Ausbildung der „höheren Töchter" gehörte selbstverständlich das Klavierspiel, und die Musik bildete in Hamburg eine beliebte Beschäftigung für die Mußestunden der begüterten Schichten, an der die Männer zwar mit großem Interesse, aber eher passiv teilnahmen. Daß im Hause Goßler Vater und Sohn selbst gemeinsam Mozartsche Sonaten vortrugen,[6] war äußerst ungewöhnlich, doch fanden sich gerade manche Ärzte und Juristen zu häuslichen Streichquartetten zusammen.

Ungewöhnlich waren auch handwerkliche Liebhaberkünste, die in den unteren Schichten zum Überleben notwendig waren, in den Kreisen der tonangebenden Familien der Stadt. So berichtet Anna Lutteroth, verh. Eimer, über ihren Onkel Wilhelm Hell,[7] der 1861 in die Familie eingeheiratet hatte, daß er „allerlei Liebhabereien, die bisher in der Familie Lutteroth unbekannt waren", betrieben habe, und erwähnt zuerst seine Drechselarbeiten. Allerdings wird schon vorher betont, er stamme „aus kleinbürgerlicher Familie" und habe „auch anfangs nicht ganz in den Rahmen des Bürgermeisterhauses gepaßt". Standesgemäßer war da schon seine Orchideenzucht in den Treibhäusern seiner Wohnung Ecke Harvestehuder Weg und Alsterchaussee, eine Liebhaberei, die besonders von den Besitzern der großen Grundstücke an der Elbchaussee gepflegt wurde.[8] Im Gewächshaus der „Schillerburg" am malerischen Elbabhang zog auch der Hamburger Konsul Gustav Schiller diese preziösen Blumen und benannte eine seiner Neuschöpfungen „Cattleya Schilleriana". Auch der Reeder Robert M. Sloman jr. kümmerte sich selbst um seine Treibhäuser auf seinem Besitz an der Elbchaussee; afrikanische Farne und seltene Moose,

Zwergobst, Trauben, Rosen und natürlich wieder Orchideen waren seine Spezialität.[9] Die gewöhnliche Gartenarbeit wurde aber immer dem eigens dazu beschäftigten Gärtner überlassen, und eine so eingehende Beschäftigung mit dem Garten, wie sie Therese Lutteroth ausübte,[10] war in den wohlhabenden Kreisen in Hamburg völlig unpassend und wurde nur deshalb geduldet, weil Therese Lutteroth erstens nach Jena gezogen war und zweitens sich ohnehin „erlaubte, ein Original zu sein". Sie besorgte sich oft ihre Blumen und Sträucher aus dem Wald und okulierte selbst, was eher der Gartenbearbeitung der unter- und kleinbürgerlichen Schichten entsprach, die allerdings ihre Gartenflächen in der Hauptsache für den Anbau von Nutzpflanzen gebrauchten, um so ihren Speisezettel durch billigere, selbstgezogene Nahrungsmittel zu bereichern. Von Kartoffelanbau, Kohl- und Wurzelernte erzählt wiederum Hartwig Fiege,[11] für die er die Sparsamkeit im Hause seines Vaters als Hauptgrund nennt.

Die Feiertage waren in allen Schichten bei gutem Wetter Ausflügen in die Umgebung gewidmet. Mußte die Familie auf den Pfennig sehen, wurde auch dabei oft das Angenehme mit dem Nützlichen verbunden. „In den Knicks in Bahrenfeld, Othmarschen und Flottbek wurden Fliederbeeren und Brombeeren, aber auch Fliederblüten, Brombeer- und Himbeerblüten für selbstgemachten Tee gepflückt".[12] Für einen Ganztagsausflug zur „Erholung in der freien Natur" war vor allem der Pfingsttag der beliebteste Termin, dessen im Kleinbürgertum üblichen Ablauf, leicht sarkastisch überspitzt, der Hamburger „Volksdichter" und gelernte Schlosser Heinrich Köllisch in seinem Couplet „De Pingsttour" beschrieb. Morgens um sechs Uhr ging es bereits los. Nach Marsch und feuchtfröhlichem Picknick kam der Höhepunkt:

„Bi lütten ward de Krom fidel,
man heurt jem sing'n ut vulle Kehl:
Vun Edelweiß, de Wacht am Rhein,
de Fischerin un Komm'n Se rein!
De anner Sied, de blarrt jedoch:
Lebt denn meine Male noch?
Im Grunewald ist Holzauktion!
Un denn noch Revolutschon . . ."

Ein Regenguß beendete natürlich das Vergnügen, und doch: „So ward in Hamborg Pingsten fiert/un sick fein amüsiert."

Die Gastwirte hatten diesem Trend schon früh Rechnung getragen. Seit Beginn des 19. Jahrhunderts entstanden rund um Hamburg zahlreiche Garten- und Ausfluglokale, deren angesehenstes „Rainvilles Garten" an der Elbchaussee war, das 1799 in Konkurrenz zu dem schon bestehenden Klostergasthaus in Harvestehude und dem Heußhof in Eimsbüttel trat, zu denen sich später der Andreasbrunnen in Eppendorf gesellte. Die beiden letztgenannten nahmen auch Beherbergungsgäste auf, verloren aber wie die beiden anderen nach 1860 an Bedeutung, als die Besiedlung der Vororte die einstige ländliche Umgebung in den städtischen Bereich zu integrieren begann. Das Uhlenhorster Fährhaus blieb dagegen wegen seiner Lage an der Alster bis in unser Jahrhundert ein beliebtes Ausfluglokal, vor allem bei Wasserpartien. Wer es erübrigen konnte, mietete sich für diese Ausflüge einen Wagen oder ein Boot, im späteren 19. Jahrhundert erstand man ein Billett für Omnibus, Eisenbahn oder Dampfschiff. Im Hause des Stadtbibliothekssekretärs Dr. Klose war es um 1865 Sitte, einmal im Jahr mit der

250 *Die politische Ohnmacht in der Epoche nach den Befreiungskriegen und später nach der Gründerzeitkrise ließ gerade den Bürger seine Befriedigung und seinen Lebenssinn im häuslichen individuellen Rahmen suchen:* ,,*Die Familien Duncker und Kerner bei der Abendunterhaltung*", *Aquarell von Julius Milde, 1832*

ganzen Familie eine solche Ausfahrt zu unternehmen,[13] die beispielsweise nach Blankenese, Wellingsbüttel, Ahrensburg oder in die Vierlande führte. Das einfache Mittagessen wurde dann in einem Gasthof eingenommen und nachmittags dort auch der Kaffee bestellt, zu dem mitgebrachter Kuchen verzehrt wurde. Die Wanderungen in die nähere Umgebung machten dagegen die Mutter und die Kinder allein.

Näher an der Stadt lagen die beiden ,,Tivolis" in St. Georg und St. Pauli, die mehr abendliche Unterhaltung boten. Ihrer vollen Ausnutzung stand jedoch bis zum Ende des Jahres 1860 noch die Torsperre entgegen, die nach Einbruch der Dunkelheit von jedem, der durch das Tor zu passieren wünschte, ein Entgelt verlangte. Bis 1841 waren überdies nur drei der Stadttore bis 12 Uhr nachts passierbar, die anderen waren überhaupt völlig geschlossen. So boten sich für abendliche Vergnügungen mehr die Lokalitäten innerhalb der Stadt an, und ein reichliches Sortiment an Gastwirtschaften aller Art, Tanzlokalen und Etablissements sorgte für alle dementsprechenden Bedürfnisse. Bei diesen Vergnügungen sonderten sich die einzelnen Bevölkerungsschichten jedoch sehr streng voneinander ab. 1831 berichtete der Engländer John Strang über Hamburg:[14] ,,In den Wintermonaten, besonders um Weihnachten, finden zahlreiche private Bälle und öffentliche Maskeraden statt. Im Augenblick (Strang besuchte Hamburg im Sommer) allerdings muß ein Fremder, der Terpsichore opfern möchte, damit zufrieden sein, die nicht allzu eleganten Walzertanzenden zu betrachten, die die verschiedenen öffentlichen Tanzhallen bevölkern, ein Zeitvertreib übrigens, der in den Augen der besonneneren Schichten des Gemeinwesens weder vernünftig noch reputierlich ist. Die Tanzveranstaltungen im Elbpavillon jedoch, in dem zur Erbauung der mittleren und unteren Klassen häufig Bälle abgehalten werden und diejenigen im Schweizer Pavillon, wo selbst Damen gehobener Kreise herumwirbeln, würden Almack's (Londoner Gesellschaftsraum für die Oberschicht) keinesfalls zur Unehre gereichen." Ein ähnliches Urteil über die öffentlichen Tanzveranstaltungen im allgemeinen fällte schon

Eine immer größere Vielfalt an Vergnügungen

251 In Handwerker- und Arbeiterfamilien waren die Freizeitstunden von häuslicher Arbeit bestimmt. Eine wirkliche Freizeitbeschäftigung im Sinne der „individuellen freien Tätigkeit" der Aufklärung war auf ein Mindestmaß beschränkt: Schrebergarten in Langenfelde, Photographie, um 1914

zehn Jahre vorher Jeremias Gotthelf,[15] und noch für 1913 konstatierte Edith Oppens:[16] „Für wohlbehütete Mädchen fanden alle Feste im häuslichen Rahmen statt."
Als standesgemäße Vergnügungen in der Öffentlichkeit galten lediglich die Besuche der verschiedenen Kunst- und Kulturinstitute, von denen Hamburg immerhin in zunehmendem Maße mehr zu bieten hatte, oder der verschiedenen Parkanlagen und großen Ausstellungen. Auch hierbei waren allerdings nicht alle Einrichtungen für alle Schichten der Bevölkerung gleichermaßen offen, sei es aus Kostengründen, sei es aus Standesrücksichten. Zunächst zwar aus wirtschaftlichen Motiven heraus in Szene gesetzt, stellten die verschiedenen Garten-, Landwirtschafts-, Gewerbe- und Industrieausstellungen, die Hamburg im 19. Jahrhundert erlebte, überdies ein gern genutztes Freizeitangebot der bürgerlichen Bevölkerung dar. Weitere Möglichkeiten gaben seit 1821 der Botanische und seit 1865 der Zoologische Garten, später ab 1907 Hagenbecks Tierpark und ab 1910 der Stadtpark, die wiederum neben der botanischen und zoologischen Belehrung auch Gastwirtschaften zur leiblichen Stärkung anboten.
Im Winter vergnügte sich Hoch und Niedrig auf dem Eis, wenn Alster oder sogar Elbe zugefroren waren. Dann hatten geschäftstüchtige Schankwirte schnell Buden auf dem Eis errichtet, die die Eisläufer und Schlittenfahrer mit warmen Getränken oder heißem Gebäck und Würsten labten. Auch längere Ausfahrten mit dem Pferdeschlitten waren in den begüterten Kreisen eine angenehme Unterbrechung des Winteralltags. Es ging zwar nicht immer so hochherrschaftlich her wie bei der berühmten Wintergesellschaft, die Johan Cesar Godeffroy 1866 im Hirschparkhaus in Dockenhuden den namhaften Hamburger Familien gab, die prächtige Pferdeschlitten mit livrierten Dienern über die gefrorene Elbe zum Hirschpark und abends bei Fackelbeleuchtung wieder in die Stadt zurück brachten, doch bei guten Schneeverhältnissen profitierten viele Gastwirtschaften der Umgebung von den Ausfahrten und servierten den Durchgefrorenen einen Punsch oder das beliebte „Eierbier", eine heiße Biersuppe mit Eiern, Zimt und Zitronen.
Zu den selbstverständlichen Vergnügungen im Jahreslauf gehörten auch die beiden großen Jahrmärkte, der „Lämmermarkt" kurz vor Pfingsten und der „Hamburger Dom" kurz vor Weihnachten. Der Lämmermarkt fand vor dem Steintor statt und bot wie der „Dom", der im 19. Jahrhundert mehrfach seinen Platz wechselte, Verkaufs- und Schaubuden verschiedener Art, Schankwirtschaften, Karussells und Sensationen der Akrobatik und Dressur, Attraktionen, die sonst nur auf dem Spielbudenplatz in St. Pauli zu finden waren. Der „Dom" wurde noch ergänzt durch die üblichen Weihnachtsmarktbuden mit preiswertem Spielzeug, billigem Weihnachtsschmuck und – in der zweiten Jahrhunderthälfte, als sich in Hamburg der Tannenbaum als Weihnachtsstubenzier allgemein durchgesetzt hatte – auch durch Weihnachtsbäume.
Die Jahresfeste selbst wurden vorzugsweise als reine Familienfeste begangen und spielten sich im 19. Jahrhundert in Hamburg wie überall im deutschsprachigen Raum im bürgerlich-brauchtümlich geprägten Rahmen ab. Lediglich die Speisesitten an einzelnen Feiertagen unterschieden sich von Region zu Region, und so gehörten in Hamburg zum Silvesterabend in dieser Zeit traditionsgemäß der Bischof, ein Rotweinpunsch auf Po-

252 Auf Wochenendvergnügungen hatten sich zahlreiche Ausflugslokale eingerichtet. Für abendliche Vergnügungen boten sich Lokalitäten innerhalb der Stadt an. Immer aber waren die einzelnen Bevölkerungsschichten streng voneinander abgesondert: Tanzveranstaltung im „Elbpavillon", Lithographie von Ph. Weisse, um 1830

meranzen, Zimt und Schwarzbrot angesetzt, und der berühmte Apfelkuchen, der mit viel Eiern, Korinthen, Zimt und Kardamon in der Ochsenaugenpfanne mit Schmalz gebacken werden mußte. Eine besondere Festspezialität, die in alteingesessenen Hamburger Familien bis in unser Jahrhundert beibehalten wurde, war das „Heißwecken-Essen" an einem der Tage vor Aschermittwoch. Zum Verzehr dieses nur für die Fastnachtszeit hergestellten Gebäcks, das einen Brötchenteig mit Butter und Eiern anreichert, trafen sich die Familien mit Freunden und Nachbarn. Frisch aus dem Backofen wurden die „Heißwecken" oder – üblicherweise plattdeutsch bezeichneten – „Heetwekken" in der süßen, mit Rosinen versehenen Version mit Zimt und Zucker warm zu heißer Milch gegessen, in der ungesüßten Variante mit Rauchfleisch und Johannisbeergelee. Dazu gehörte ein Süßwein. An diese, meist als zweites Frühstück genossene Mahlzeit schloß sich ein gemeinsamer Spaziergang an, und zum Mittag, das ja hamburgischer Sitte gemäß in den Nachmittagsstunden eingenommen wurde, gab es meist ebenfalls ein traditionsbestimmtes Gericht, wie z. B. den beliebten Grünkohl mit Röstkartoffeln und geräuchertem Schweinskopf, zu dem allerdings ursprünglich als Hamburger Fastnachtsdienstagsessen Sauerkraut, Mehlklöße und Backobst gehörten.

Das Essen spielte natürlich auch bei den übrigen Familienfesten eine wichtige Rolle. Zur unterhaltenden Ausgestaltung hatte darüber hinaus das 19. Jahrhundert in bürgerlichen Kreisen das Arrangieren von „Lebenden Bildern" zur Perfektion entwickelt, die auch in den Hamburger Erinnerungen aus jener Zeit immer wieder beschrieben werden. Beziehungsreich zusammengestellt und je nach künstlerischem und finanziellem Vermögen phantasievoll kostümiert, traten verschiedene Personen auf, rezitierten wohl auch dem jeweiligen Anlaß entsprechende Verse, die dem Geburtstagskind, Jubilar oder Hochzeitspaar die guten Wünsche der Umgebung eindrucksvoll nahebringen sollten. Besonders bei Polterabenden, Silbernen oder Goldenen Hochzeiten waren diese Darbietungen beliebt, und dazu wurde das ganze Repertoire an historischen, allegorischen, märchenhaften oder exotischen Personen aufgeboten, um eine möglichst malerische Wirkung zu erreichen. So zählt die zu den Kaufmannskreisen gehörende Julie Plath 1846 vom Polterabend ihres Bruders elf solche Gruppen auf, von der „Erinnerung und Hoffnung" über „Zigeuner" bis hin zu „Helgoländern" und „Vierländern".[17]

Auch manche der Herrengesellschaften fanden im häuslichen Rahmen statt, vor allem dann, wenn es sich um gleichgestellte Freundeskreise handelte, die damit nur die bereits im 18. Jh. übliche Sitte der privaten Unterhaltungsabende fortsetzten, in die

Eine immer größere Vielfalt an Vergnügungen

oft auch die Frauen einbezogen waren. Mehr und mehr aber spielte sich der außerberufliche Gedankenaustausch der Männer, auch wenn oft handfeste berufliche Interessen damit verbunden waren, in den Clubs, Restaurants und Wirtschaften ab. Vor allem die Mittagszeit, die wegen der großen Entfernungen zwischen Wohn- und Arbeitsstätte kaum noch zu Hause verbracht werden konnte, wurde von den Männern in zunehmendem Maße zu einem Treffen im Club oder am Stammtisch genutzt. Die in diesen Lokalitäten ausliegenden Zeitungen dienten zugleich der Information über politische und berufliche Belange.

Clubhäuser und Gastwirtschaften waren auch die Zentren der zahlreichen Vereine, die – wie überall in Deutschland so auch in Hamburg – jetzt mehr und mehr das gesellschaftliche, politische und wirtschaftliche Leben der Stadt prägten.[18] Der angesehenste und in seiner Zielsetzung am weitesten gefächerte war die sog. ,,Patriotische Gesellschaft", bereits 1765 als ,,Hamburgische Gesellschaft zur Beförderung der Manufacturen, Künste und nützlichen Gewerbe" gegründet. Ebenso auf die gemeinnützige Tätigkeit aller Art im Sinne der Aufklärung gerichtet war die 1789 gegründete Gesellschaft ,,Harmonie", deren Zweck die Satzung 1794 formuliert hatte als ,,Genuß geselliger Unterhaltung und erlaubten Vergnügens, Erwerb und Mitteilung gemeinnütziger Kenntnisse und erbauliche Näherung der Mitglieder".

Zu diesen traditionellen Gesellschaften traten nun im Laufe des 19. Jahrhunderts unzählige weitere, die zwar teilweise allein der Pflege der Geselligkeit dienten, andererseits aber auch als Ventil für die obrigkeitlich in engen Schranken gehaltene, durch die Befreiungskriege geweckte politische Aktivität der Bürger oder sogar als Vorbereitung für künftige Beteiligung an staatlicher Verantwortung und beruflicher Mitsprache eine kaum zu überschätzende Funktion innehatten. In kulturpolitischer Hinsicht gewannen beispielsweise die verschiedenen geistes- und naturwissenschaftlichen Fachvereine eine besondere Bedeutung, da sie den Grundstock bildeten zu den späteren staatlichen Forschungsinstituten, Museen und Sammlungen. Zur besseren beruflichen Kommunikation und Ausbildung schlossen sich schon 1805 die Lehrer in der ,,Gesellschaft der Freunde des vaterländischen Schul- und Erziehungswesens", 1828 die Juristen zum Zwecke der Gründung einer juristischen Fachbibliothek in der ,,Juristischen Lesegesellschaft von 1828"[19] und 1837 die Schiffseigner im ,,Verein Hamburgischer Rheder" zusammen, um nur einige Aspekte herauszugreifen. Überwiegend aus den unteren Mittelschichten kamen zunächst die Mitglieder der Bürgervereine, deren erster, der ,,St. Pauli-Bürgerverein", 1843 gegründet wurde und als seinen Zweck ,,Gemeinnützige und wissenschaftliche Unterhaltung, gesellige Vergnügungen, Besprechung bürgerlicher Angelegenheiten, Beförderung nützlicher und wohltätiger Einrichtungen, Beratungen über auf gesetzlichem Wege zu erlangende Abhilfe bestehender Mängel und Beseitigung der dem Bürgerwohl entgegenstehenden Hindernisse" angab. Diese letzten, lokalpolitisch bezogenen Punkte waren es auch, die dem St. Pauli-Bürgerverein rasch Nachfolgeorganisationen in anderen Stadtteilen bescherten, da hier tatkräftig und erfolgreich an der Verbesserung der jeweiligen Situation gemeinsam gearbeitet wurde und die Bürgervereine anfangs vor allem die Interessen der nicht grundbesitzenden Einwohner der Stadt vertraten. 1886 beim Zusammenschluß der Hamburger Bürgervereine im ,,Centralausschuß Hamburger Bürger-Vereine" waren es schon zehn Einzelvereine mit insgesamt rund 2000 Mitgliedern, 1909 dann 42 Vereine mit über 120000 Mitgliedern. Parallel dazu organisierten sich 1845 die Hamburger Arbeiter zum ersten Mal in der ,,Bildungs-Gesellschaft für Arbeiter", die dann 1863 in dem Hamburger ,,Lokalverband des Allgemeinen Arbeitervereins" aufging. 1846 entstand die – nach dem Emanzipationsgesetz von 1849 wieder aufgelöste – ,,Gesellschaft für soziale und politische Interessen der Juden". Schließlich sei als Beispiel für die zahlreichen beruflich bestimmten Arbeitnehmervereine der 1858 gegründete ,,Verein für Handlungs-Commis" genannt.

Wurde in diesen Vereinen von den Mitgliedern nach Feierabend ganz konkrete, zukunftsorientierte Arbeit geleistet, so

253 Zu den selbstverständlichen Vergnügungen im Jahreslauf gehörten die beiden großen Jahrmärkte, der ,,Lämmermarkt" kurz vor Pfingsten und der ,,Hamburger Dom" kurz vor Weihnachten: ,,Eine Scene auf dem Hamburger Lämmermarkte", Xylographie nach Ch. Förster, 1868

254 ,,Gruß vom Hamburger Dom", Postkarte, um 1900

255 Im Laufe des Jahrhunderts entwickelte sich vor allem in der Vorstadt Hamburger Berg ein ständiges Vergnügungsviertel: „Spielbudenplatz" in St. Pauli, Lithographie von Kanning, um 1860

dienten andere Vereine, die übrigens teilweise auch als Untergruppierungen aus den bisher geschilderten hervorgingen, dem Vergnügen und der Entspannung. Die Gesangvereine spielten für die Geselligkeit und das Musikleben der Stadt während des ganzen 19. Jahrhunderts eine wichtige Rolle. Wie sie, aus der geistigen Situation des deutschen Bürgertums nach den Befreiungskriegen gegen Napoleon entstanden, waren auch die verschiedenen Turn- und Sportverbände fortan aus dem Leben der Stadt nicht mehr wegzudenken. 1816 wurde die „Hamburger Turnerschaft" gegründet, die erste überhaupt außerhalb Berlins, und auch der in Hamburg vor allem in gehobenen Kreisen selbstverständliche Wassersport wurde vornehmlich auf Vereinsbasis betrieben, wo nun die alljährlichen großen Ruder- oder Segelregatten veranstaltet wurden.

Die Vereine waren auch überwiegend die Träger der großen Feste, die zu besonderen Gedenktagen oder anläßlich überregionaler Verbandtreffen in Hamburg stattfanden.[20] So stellten beispielsweise der „Künstlerverein", die „Hamburger Turnerschaft von 1816" und der „Allgemeine Alster-Club" eigene Formationen für den großen Festzug anläßlich der Feier von Schillers 100. Geburtstag 1859. An den „nationalen" Gedenkfeiern 1863 zur „50-Jahr-Feier der Befreiung Hamburgs", den „Sedanfeiern" – die allerdings in Hamburg in den einzelnen Jahren zwischen 1876 und 1896, in denen der Sedantag hier als bürgerlicher Festtag galt, sehr unterschiedlich aufwendig begangen wurden –, der großen Feier anläßlich des 100. Geburtstages Kaiser Wilhelms I. 1897 und schließlich an der „100-Jahr-Feier der Befreiung Hamburgs" 1913 beteiligten sich die verschiedenen Sport-, Gesangs- und Schützenvereine und die Kriegerverbände, die sich vor allem nach dem Krieg 1870/71 zusammengeschlossen hatten, ebenso wie die Bürgervereine mit besonderem Engagement. Die einzelnen überlokalen Bundestreffen der Vereine wurden durch großartige Festzüge zu Feiern für die ganze Stadt, aber auch die internen, jährlich wiederkehrenden Verbandsfeste wurden möglichst aufwendig und phantasievoll ausgestaltet, warben sie doch gleichzeitig für den jeweiligen Verein und sein spezifisches Anliegen. Zu einem allgemeinen Volksfest hatte sich das seit 1605 in Hamburg gefeierte Sommerfest der im städtischen Waisenhaus untergebrachten Waisenkinder ausgeweitet; das „Waisengrün" wurde allerdings 1876 wegen „sittlicher Gefährdung" der Kinder in dieser Form eingestellt. Zum Vergnügen für alle Bevölkerungsschichten gab es im Sommer zudem die beliebten Blumencorsofahrten entlang oder auf der Alster, je nachdem im pferdebespannten Wagen oder im bequemen Alsterboot. Träger dieser Veranstaltungen waren wieder die Vereine, zu denen sich seit 1873 auch noch die Karnevalsvereine gesellten, die sich nach einigen mißglückten Rosenmontagsumzugsversuchen jedoch wieder in die nur für Mitglieder zugänglichen Räume ihrer Vereinslokale zurückzogen und damit die Öffentlichkeit ausschlossen. Der Karneval fand ohnehin in Hamburg wenig Anklang. Man hielt sich lieber an die als zu dieser Stadt passend empfundenen, angestammten Feste und Vergnügungen, die allerdings nur selten auf obrigkeitlicher Anregung beruhten, sondern der privaten Initiative – sowohl im häuslichen Rahmen wie auf Vereinsebene – bedurften, die in der Freizeit für die Freizeit entwickelt wurde.

Gisela Jaacks

Eine immer größere Vielfalt an Vergnügungen

256 Außerberuflicher Gedankenaustausch der Männer, bei dem es häufig um berufliche oder politische Interessen ging, spielte sich immer mehr in Clubs, Restaurants und Wirtschaften ab: ,,Club Harmonie" – mit einer Darstellung der Börse an der Wand, Photographie, um 1890

257 Seit 1845 gab es eine ,,Bildungs-Gesellschaft für Arbeiter": ,,Stiftungsfest des Arbeiter-Bildungsvereins 1846", Xylographie

Promenade der Hanseaten

Er war ursprünglich – schlicht und nützlich – ein Staudamm für die Getreidemühle des Pächters Hinrich Reese. Also hieß er Reesendamm. Zum Namen Jungfernstieg kam es erst später, als die Stadt sich entschlossen hatte, den Damm zu einer Promenade auszubauen. Davon meldet die Sperlingsche Chronik: „Im Jahre 1665 war die Straße auf dem Wall vom Voglerswall bis zum Blauen Turm gesteinbrüggt und mit Bäumen bepflanzt auf beiden Seiten, so daß ein Spaziergang ward, seit der Zeit Jungfernstieg genannt, weil daß Frauenzimmer sich zum öfteren dahin verfügt zu lustieren." Das Reizmoment der Jungfern oder Frauenzimmer sollte noch lange andauern in Schilderungen und Berichten. Der hanseatische Hauspoet Friedrich von Hagedorn (1708–1754), Vertreter des bürgerlichen Rokoko, faßte es tändelnd in die Verse („Die Alster"):[1]

„Das Ufer ziert ein Gang mit Linden,
In dem wir holde Schönen sehn,
Die dort, wann Tag und Hitze
        schwinden,
Entzückend auf und nieder gehn".

Dies hat, vielfach tradiert und variiert, immer wieder wirkungsvoll hineingepaßt in das Bild von Idylle und Urbanität, das man in der Entfaltung des Jungfernstiegs so anziehend ausgeprägt fand. Es gereichte dem Ruf der Hansestadt zur Zierde und schmeichelte dem Bürgerstolz. Die „Neue Illustrirte Zeitung" schilderte 1882:

„Zwischen 1 bis 4 Uhr promenirt die Hamburger Damenwelt vorzugsweise auf dem Jungfernstieg, theils um frische Luft zu schöpfen, theils um sich bewundern zu lassen, theils um in den fashionablen Magazins Einkäufe zu machen. Da der Gatte oder Vater im Comptoir beschäftigt, die Kinder oder kleinen Geschwister in der Schule sind, so haben sie jetzt die beste Gelegenheit, sich im Glanz ihrer Schönheit und Anmuth zu zeigen. Nach Beendigung der Börse – gegen ½ 3 Uhr – füllt sich der Jungfernstieg auch mit einem zahlreichen Herrenpublikum, das, ehe es von dem Tempel Mercur's in seine Comptoire zurückkehrt, um dort noch mehrere Stunden einer angestrengten Tätigkeit obzuliegen, einige Augenblicke auf den breiten Kais des Alterbassins sich ergeht. Es ist indessen weniger das Bedürfniß, die frische, von dem blauen Wasserspiegel herwehende Brise einzuathmen, welches die Börsenleute en masse hierher treibt, als vielmehr die Sehnsucht, mit den schönen, eleganten Frauengestalten, denen um diese Stunde der Jungfernstieg zum Tummelplatz ihrer Reize und ihrer Anmuth dient, Blicke und in vielen Fällen auch Worte und Händedrücke zu wechseln ... Will der Cavalier der Dame seines Herzens noch eine besondere Aufmerksamkeit erweisen, so beschenkt er sie mit einem duftigen Rosen- oder Veilchenbouquet, das ihm eine der vor den Thüren der großen Hotels stehenden und in ihren schönsten Sonntagstaat ge-

258 „Zwischen 1 und 4 Uhr promenirt die Hamburger Damenwelt vorzugsweise auf dem Jungfernstieg, theils um frische Luft zu schöpfen, theils um sich bewundern zu lassen, theils um in den fashionablen Magazins Einkäufe zu machen": Xylographie nach C. H. Kuechler, um 1895

259 Alsterpavillon, Photographie von C. Döring, 1900

kleideten Vierländerinnen entgegengereicht."[2]

Unterhaltsame Information für die „besseren Kreise". Nichts sollte das Bild trüben. Um eine gar nicht so lange Spanne zuvor, 1853, hatte der Verfasser einer kleinen, schwärmerischen Studie über Alster und Jungfernstieg in der Zeitung ‚Der Freischütz' jedoch verschämt beobachtet: „Hie und da tauchen blasse, verlebte Gesichter auf, sie stellen sich in einiger Entfernung vom Pavillon an's Ufer und sehen zu, wie die Schwäne gefüttert werden, oder schielen auch nach den mit Behaglichkeit schlürfenden Caffeetrinkern. Ach, die guten Leute haben nicht zu Mittag gegessen, sie gehören zu den ‚verfehlten Existenzen'."[3]

Der Große Brand von 1842 zerstörte den Jungfernstieg. Dank der vom Bankier und legendären Dichteronkel Salomon Heine tatkräftig geförderten Hilfsaktion wurden auf dem Jungfernstieg Behelfsbauten errichtet, die sogenannten Buden. Handwerker, Händler und Gewerbetreibende ließen sich darin nieder. Der Wiederaufbau am nun verbreiterten Jungfernstieg vollzog sich rasch, im Erscheinungsbild einheitlich mit Anlehnung an die ehemals klassizistischen Züge. Das Hamburger Adreßbuch von 1848 konnte, mit stolzem Unterton, vermelden: „Die niedergebrannten Häuser und Gasthöfe sind fast ohne Ausnahme bereits durch grandiöse Gebäude ersetzt; besonders bemerkenswert sind die Passage des Herrn W. Sillem und das Prätzmannsche Besitztum."

Der Jungfernstieg wurde nach dem Brand die Straße der noblen Hotels und opulenten Passagen. Die Reihe begann mit dem Hotel St. Petersburg an der Ecke Alsterarkaden. Das ‚Hotel zum Kronprinzen', daneben die Prätzmannsche, später Scholwiensche Passage, das ‚Hotel Victoria', das ‚Hotel de Russie' mit Eingang zum Sillem'schen Bazar und ‚Streits Hotel' neben Samuel Heines wiedererrichtetem Haus: sie konkurrierten um die Gunst einer feinen, internationalen Gesellschaft. Von mancher Begebenheit in ihnen berichten die Chronisten: so von der ersten Intonierung des Hoffman von Fallerslebenschen Deutschlandliedes für Hofrat Carl Welcker, Vorkämpfer der deutschen Einigung, 1841 im ‚Streits'; so von der Verwandlung eines Saales im ‚Hamburger Hof' zum Oberdeck eines Ozeandampfers 1900 Prinz Heinrich von Preußen zum Gefallen; so 1912 von der Einkehr des dänischen Königs Frederiks VIII. inkognito im „Streits" und dessen tödlichem Schlaganfall beim Schäferstündchen in einem Etablissement nahe dem Gänsemarkt. Keines dieser Hotels hat die Zeiten überdauert.

Deutlicher Akzent auf der Uferseite war stets der Alsterpavillon. Er existierte zwischen 1799 – Gründung durch den emigrierten französischen Royalisten Quatre Barbes – und 1913 in vier verschiedenen Fassungen; im Juni 1914 wurde der fünfte Pavillon eröffnet. Carl Schellenberg pries „das eminent weltstädtische Vergnügen", sich am Alsterpavillon niederzulassen:" ... wir wissen kaum einen Platz in Deutschland, den wir diesem vergleichen möchten."[4]

Als „Beförderer vieler Lustbarkeiten" erwies sich der von Hagedorn besungene „angenehme Alsterfluß" mehrmals günstig. Für das Norddeutsche Musikfest 1841, zu dem auch der gefeierte Franz Liszt erschien, erhob sich auf der Binnenalster der „Feenpavillon"; lampiongeschmückte Boote umkreisten ihn abends, während deutsches Liedgut aus Männerkehlen tönte. Erstaunliche Reverenz erwiesen die Hanseaten den Hohenzollern auf der Binnenalster: für König Wilhelm I. errichteten sie 1868 eine Attrappe des Schlosses Babelsberg, und Kaiser Wilhelm II. trachteten sie 1895 mit einer verschwenderisch ausgestatteten Insel samt Leuchtturm zu imponieren. Alstervergnügen der nationalen Gründerepoche.

Paul Theodor Hoffmann

Germania und Hammonia

Die überregionalen Feste der Turner-, Sänger- oder Germanisten- und Juristen-Bünde boten vor der Reichsgründung 1871 einen Ersatz für die fehlende politische Einigung Deutschlands. Aber auch nach 1871 war gerade in diesen Zusammenkünften, vor allem der Turner- und Sängergruppen, zu denen sich jetzt noch die Kriegerverbände gesellten, die Demonstration des Einheitsgedankens am stärksten spürbar, der der Allgemeinheit dann sichtbar in den gewaltigen Festzügen zur Schau gestellt wurde. Eine einheitliche nationale Symbolik aber konnte sich in dem Staatenbund des Deutschen Reiches von 1871 nicht entwickeln, jeder einzelne Bundesstaat hatte bereits für sich spezifische Symbole geprägt, die nicht ohne weiteres mit einer übergeordneten Reichssymbolik in Einklang zu bringen waren.[1] Zudem sollten die neuen Symbolfiguren dem Staatsbürger zugleich das jetzt gültige Geschichtsbild vermitteln, das einerseits nicht vorhandene Traditionen des neuen Reichs rekonstruieren und andererseits die zukunftsbezogenen Ideologien rechtfertigen mußte.[2]

Die Festzüge bedienten sich denn auch einer Vielzahl an Symbolen, um – je nach Anlaß und Veranstaltungsort – ihrem Anliegen, offizielles Geschichtsbild und spezielle Selbstdarstellung eines Verbandes oder einer Gemeinde den Zuschauern beeindruckend vor Augen zu führen, gerecht zu werden.[3] Hamburgs Festzüge waren vor 1871 ohne Symbolfiguren ausgekommen, obwohl die Gestalt der „Hammonia" als Stadtgöttin bereits seit dem späten Mittelalter zumindest literarisch und seit dem Barock auch optisch in Opernaufführungen, auf Medaillen oder in den Kartuschen der Stadtpläne feststellbar ist.[4] Seit dem Beginn des 19. Jahrhunderts trat die „Hammonia" dann häufiger in Erscheinung, und Heinrich Heines respektlose Beschreibung in seinem „Deutschland – Ein Wintermärchen" tat dem keinen Abbruch. Die „Hammonia" gab es als Backmodel ebenso, wie sie die Medaillen anläßlich verschiedener Verbandstreffen, Einweihungen oder Ausstellungen in Hamburg zierte. Zu der üblichen Mauerkrone der Stadtgöttin kamen At-

260 Hamburgs Festzüge waren vor 1871 ohne Symbolfiguren ausgekommen. Im ersten großen Festzug nach der Reichsgründung präsentierte sich „Hammonia" am Beginn des Zuges, während „Germania" – in der vom Niederwalddenkmal geprägten Erscheinung – erst am Ende des Zuges folgte: Gouache von E. Niese, 1883

tribute hinzu, die stets auf den friedlichen Handel der Stadt hindeuteten: Merkurstab, Anker, Schiffe, Bierfässer, Zirkel und Buch. Das Gedenkblatt der Seemanns-Corporation vom Festzug 1863 anläßlich der Feier des 50. Jahrestages der Befreiung Hamburgs von der napoleonischen Herrschaft zeigte dagegen die „Hammonia triumphans", mit zerrissenen Ketten über Kanonen hinwegschreitend. Trauernd dagegen saß „Hammonia" auf den zahlreichen Dankesplaketten und Erinnerungsblättern zum großen Brand von 1842 neben den Trümmern ihrer Stadt.

Zum ersten Mal trat sie dabei in Verbindung mit der „Germania" – oder, wie es damals hieß, dem „deutschen Vaterland" – in Erscheinung, doch diese „Germania", ein politisch nicht näher faßbares Gebiet bezeichnend, war konsequenterweise nur als unbestimmbare allegorische Figur dargestellt, in ein idealisches Bühnenkostüm – halb antik, halb mittelalterlich – gehüllt und mit einem Füllhorn voller Spenden für die hilfsbedürftige Stadt ausgestattet. Auch nach 1871 blieb die „Germania" zunächst noch eine sehr verschwommene, willkürlich aufgeputzte Figur, wie es das Beispiel des Kölner Festzuges zur Vollendung des Doms 1880 zeigt,[5] in dem „Germania", gestaltet als eine Art Pallas Athene, jedoch mit germanischem Flügelhelm und einem Schwert statt des Speers, „schützend den Lorbeerkranz preußisch-deutscher Siege über den vollendeten Dom" hielt. Erst nach der Einweihung des Niederwalddenkmals fand die „Germania" ihre gültige Form, die jetzt mit Harnisch und Schwert, auf dem Felsen stehend, von Eichenlaub bekränzt, die deutsche Kaiserkrone – die es in Wirklichkeit für das neue Reich gar nicht gab – in der Rechten gen Himmel streckte. In diesem Aufzug präsentierte sich dann auch die „Germania" in dem ersten großen Festzug, den Hamburg nach der Reichsgründung erlebte: dem Festzug zum „1. allgemeinen deutschen Kriegerfest" am 16. Juli 1883. Allerdings unterblieb die Geste mit der Kaiserkrone, die für die Dauer eines Festzuges eben nicht von einer Darstellerin durchzuhalten war. Kennzeichnend für das leicht distanzierte Verhältnis, das Hamburg zum Reich und zu dieser neuen kriegerischen Symbolgestalt einnahm, dürfte schon damals die Gegenüberstellung zur „Hammonia" gewesen sein, die zu Beginn des Zuges – während sich die „Germania" am Ende zwischen den Kriegerverbänden bewegte – mit dem friedlichen Palmenzweig in der Hand auf einem Koggenrumpf stand und von den personifizierten fünf Erdteilen umgeben war. Ihren Wagen begleiteten Korporationen Hamburger Innungen und Berufsgruppen.

Diese Kontraposition der beiden Symbolfiguren blieb in den Festzügen bestehen, auch wenn „Germania" und „Hammonia" in fast gleicher Haltung seit 1888 die Brooksbrücke schmückten. 1897 bei der Centenarfeier für Kaiser Wilhelm I. stellten wiederum die Kriegerverbände den Festwagen der „Germania", während die friedliche „Hammonia" von den Bürgervereinen gestaltet wurde. Einen

261 „Germania" hatte 1903 den letzten ihrer seltenen Festzug-Auftritte in Hamburg. Bei dem größten deutschen Festzug zu Zeiten des Kaiserreichs blieb „Hammonia" wieder „im Kreise der Ihren": Hammonia-Wagen vom 16. deutschen Bundesschießen 1909, Gouache von H. de Bruycker 1909

Beweis für das Selbstverständnis Hamburgs bot im Kaiser-Wilhelm-Festzug von 1897 der dritte allegorische Festwagen, in dem „Germania" und „Hammonia" vereint waren und der „Germania im Schutze Hammonias" betitelt war: Auf einem mit einem Baldachin überdachten Wagen saß hinten die „Germania", den Blick auf die vorn im Wagen aufgestellte Büste Wilhelms I. gerichtet, die überragt wurde durch das am Vorderteil des Wagens, das in der Art eines Schiffsbugs hochgezogen war, angebrachte gewaltige Hamburger Wappen. Man fühlte sich in Hamburg als „zweite Stadt des deutschen Reiches",[6] und in dieser Stellung gebührte ihr auch die Huldigung des Reichs, wie es der Maler H. Katsch auf seinem für das neue Rathaus bestimmten, von der Festzugstheatralik inspirierten Gemälde 1899 vorsah, auf dem ein Herold in den Reichsfarben der „Königin Hammonia" die Vertreter der deutschen Gewerbe und der deutschen Schutzgebiete zuführt.[7]

Das war denn aber wohl doch zu viel der Ehre für Hamburg. Das Gemälde von Katsch wurde von den Hamburger Regierenden abgelehnt, und auch die Festzugssymbolik stellte derartige Bezüge zwischen „Germania" und „Hammonia" nicht mehr her. 1898, bei dem Festzug zum „9. deutschen Turnfest" bewegten sich „Germania" und „Hammonia" wieder in dem jeweils vertrauten Rahmen.

Ihren Auftritt beschrieb der zeitgenössische Interpret: „Festwagen der Germania, von 4 durch alte Germanen geleiteten Pferden gezogen, mit Heide, Kornähren und Kornblumen geschmückt. Im Mittelpunkte befindet sich Germania unter der deutschen Eiche sitzend, in der Rechten das Reichsschwert, in der Linken den Reichsschild haltend, den Blick auf die die Jetztzeit und Zukunft des Reiches darstellende, von Vertretern aller Waffengattungen umgebene Kolossalbüste Sr. Maj. Kaiser Wilhelm II. gerichtet, deren Sockel die Reliefs der beiden ersten deutschen Kaiser und deren Paladine zieren. Der hintere Abschluß des Wagens stellt die durch einen Barden, umgeben von altgermanischen Jünglingen, verkörperte alte Germanenzeit dar. – Der sechsspännige Festwagen der Hammonia. Im Hinterteil eines reich mit Gold, Silber und Perlmutter verzierten Schiffes thront auf erhabenem Sockel Hammonia, das Bundesbanner haltend, zu ihren Füßen allegorische Frauengestalten, die Elbe, Alster und Bille darstellend, zu ihrer Linken der Meeresgott Neptun. Der Vorderteil, an dem Attribute der Schiffahrt und des Fischfangs angebracht sind, ist mit Schiffsvolk besetzt. Vom Maste herab weht ein in einer goldenen Kugel endigender Heimatswimpel, welcher von einer Nixe, das Wasser darstellend, getragen wird." Immerhin fuhr die „Hammonia" sechsspännig, während man der „Germania" nur vier Pferde zugestand!

Der deutsche Radfahrerbund ließ dann bei seinem „20. Bundestag" 1903 noch einmal die typische Niederwalddenkmal-Germania durch Hamburgs Straßen ziehen, dann hatte „Germania" in dieser Stadt ausgespielt. Bei dem größten Festzug, den Hamburg während des preußisch-deutschen Kaiserreichs erlebte, dem Festzug zum „16. deutschen Bundesschießen" 1909, blieb „Hammonia im Kreis der Ihren", wie ein damaliger Dichter erläuterte: Auf einem Schiffswagen thronte die Stadtgöttin, überragt von einer koggenbekrönten Weltkugel, umgeben von Alster, Elbe und Bille, „die Reichtum ihr gegeben, Glanz und Ruhm". Eine „Germania" fehlte, obwohl es sich um ein Bundestreffen aller Schützenverbände des Reiches handelte. Der letzte große Festzug, den Hamburg vor dem Ersten Weltkrieg zur Hundertjahrfeier der Befreiung von der Französenherrschaft 1913 veranstaltete, zeigte keine Symbolfiguren mehr. Der Aufruf des Festausschusses vom Oktober 1912 bezeichnete das Hamburger Märzfest zwar als Fest „nationaler Größe" im „Gedanken der allgemeinen Wehrpflicht", doch das Vorbereitungskomitee sprach sich ausdrücklich gegen jede allegorische Darstellung aus. Sie war ihm künstlerisch nicht mehr zeitgemäß.

Gisela Jaacks

Seht, welch ein Fest!
Schiller-Feier und Schiller-Denkmal

Am 10. November 1859, dem in ganz Deutschland feierlich begangenen 100. Geburtstag Schillers, waren in Hamburg alle Festlichkeiten verboten. Unter Hinweis auf den gleichzeitigen Buß- und Bettag hatte der vom Handelsbürgertum getragene Senat in einer unheiligen Allianz mit der Kirche jedes Gedenken an den „Geisteshelden" untersagt. Denn die geplanten Veranstaltungen sollten auch in Hamburg nicht bloß ein schöngeistiges „Volksfest", sondern vielmehr eine politische Demonstration darstellen. Dennoch gerieten die Schiller-Feier und das aus ihr hervorgehende Projekt eines Schiller-Denkmals zur bedeutendsten öffentlichen Selbstdarstellung der in der Tradition der Revolution von 1848/49 nach nationaler Einheit in bürgerlicher Freiheit strebenden Gesellschaftsschichten, die Hamburg im 19. Jahrhundert je erlebte.

Bereits im September 1859 hatten Vertreter des Bildungsbürgertums ein „Comité für die Schillerfeier" gegründet: „Möge die dritte Stadt Deutschland's, seine erste Handelsstadt würdig eintreten in die Reihe deutscher Städte, die sich rüsten, in dem Jubiläum unseres großen nationalen Dichters ein wahres *Nationalfest* zu begehen!". Das einflußreiche Handelsbürgertum Hamburgs allerdings versagte sich der Festvorbereitung. Jahrelang, als „Verfassungskämpfe" titulierte Auseinandersetzungen um eine den gewandelten Zeitforderungen Rechnung tragende Reform des Staatswesens zwischen den traditionell privilegierten Kreisen und der sich nun wirtschaftlich, kulturell und auch politisch emanzipierenden Mittelschicht hatten die gesellschaftliche Gegnerschaft vertieft. Als Zugeständnis an die allgemeine Schiller-Begeisterung veranstalteten die Handelsherren stattdessen eine – vom fortschrittlichen Bürgertum als „Konkurrenzunternehmen" kritisierte – Sammlung zugunsten einer Schiller-Glocke „Concordia" – freilich für die Nikolai-Kirche, das neue Gotteshaus der Kaufmannschaft.

Unter dem Eindruck dieser politisch begründeten Behinderungen bemühten sich die „schillerisch Gesinnten" um ein Bündnis mit anderen sozialen Schichten.

Neben den Gewerken traten nun auch die Arbeiterbildungsvereine in die Planung des Festes ein und begannen, eigene Schiller-Feiern vorzubereiten sowie

262 Der Zug des Hamburger Künstlervereins führte eine Schillerbüste mit sich, Lithographie von Otto Speckter, 1859

Gesellen und Arbeiter für den geplanten Festzug zu mobilisieren. Die Koalition von initiierendem Bildungsbürgertum, Schulen, Arbeiterschaft und den zusammen mit der Bevölkerung an den volkstümlichen Veranstaltungen teilnehmenden Handwerksverbänden kam zustande und wurde zum Träger der dreitägigen hamburgischen Schiller-Feier.

,,In privaten Kreisen und in geschlossenen Räumen" herrschte jedoch schon am 10. November – dem kirchlichen Bannspruch zum Trotz – ,,ungetrübte Festfreude". Vor allem der ,,Bildungsverein für Arbeiter" ignorierte das Verbot und beging in seinem Vereinslokal eine Vorfeier. Viele Hamburger zog es auch zu den Schillerfeiern der Nachbarstädte. Die Daheimgebliebenen aber nutzten den angeordneten Feiertag zu intensiven Festvorbereitungen. So erklärt sich, daß die Schiller-Feier in Hamburg alle ähnlichen Veranstaltungen in Deutschland an Umfang und Anzahl der Teilnehmenden übertreffen konnte.

Am 11. November wurde die Schiller-Feier der Hansestadt dann doch mit Kirchengeläut begonnen. ,,In den Hauptstraßen war fast kein Haus, das sich nicht zum Feste geschmückt hätte. Tausende und aber Tausende von Flaggen, unter ihnen in herzerfreuender Anzahl die theure Schwarz-Roth-Goldene", registrierte ein republikanisch gesinnter Augenzeuge. Am Vormittag wurden zunächst zahlreiche Schulfeiern abgehalten, die Attraktionen des Abends reichten von Theateraufführungen bis hin zu einer Zirkus-Gala. Eine Illumination der Stadt beendete den ersten Festtag.

Hauptveranstaltung des zweiten Festtags war eine Feier des Hamburger ,,Bildungs-Vereins für Arbeiter", bei der vor 1000 versammelten Arbeitern erstmals die Anregung für eine – dann schon 1860 im Vereinslokal aufgestellte – denkmalartige ,,Gedächtnißtafel mit dem Bildnis Schiller's" geäußert wurde. Bühnendarbietungen, Reden, Deklamationen und Bekränzungen von Schiller-Büsten gestalteten das weitere Festprogramm.

Den Höhepunkt der Hamburger Schiller-Feier jedoch bildete der große Festzug vom 13. November, an dem sich rund zwanzigtausend Menschen, also knapp zwanzig Prozent der männlichen Einwohnerschaft (Frauen waren nicht zugelassen!), aktiv und eine weitaus größere Zahl als Zuschauer beteiligten. Die Teilnehmer rekrutierten sich ,,nicht nur aus den Kreisen der Gelehrten und Künstler, sondern auch aus dem eigentlichen Nährstande, aus dem Stande der Handwerker". Der ,,Bildungs-Verein für Arbeiter" stellte mit eintausend Mann sogar die stärkste Abteilung des ganzen Zuges. Volksverbundenheit dokumentierte auch die durch jene Straßen verlaufende Marschroute, die ,,vorherrschend von den Mittelklassen der Bevölkerung, also ihrem umfangreichsten und wichtigsten Bestandtheile, bewohnt werden".

Den Festzug selbst nutzten die teilnehmenden Gruppen zu ebenso aufwendiger wie beziehungsreicher Selbstdarstellung mit den Insignien ihres Berufsstandes oder Gewerbezweiges. Die ,,Steindrucker" beispielsweise stellten auf einer Schnellpresse ein tausendfach verteiltes Schiller-Porträt mit der demonstrativen Aufschrift her ,,Der Mensch ist frei geschaffen, ist frei / Und wär er in Ketten geboren". Inmitten der Abteilung des Hamburger Künstler-Vereins wurde als ,,kühnstes und herrlichstes Schaustück des ganzen Zuges" eine Kolossalbüste Schillers mitgeführt. Im Mittelpunkt der großen Schlußkundgebung auf dem Heiligengeistfeld schließlich stand ein vom Hamburger Bildhauer Ludwig Winck (1827–1866) geschaffenes Gips-Standbild des Dichters.

,,Seht, welch ein Fest! – Des Tages werden sich / Die Kinder spät als Greise noch erinnern!", triumphierten die Hamburger nun mit den Worten ihres ,,deutschen Volkshelden". Vom abschließenden Festmahl her datiert die Anregung, diese Erinnerung nicht nur in Druckwerken, sondern auch durch ein dauerhaftes, öffentliches Denkmal wachzuhalten. Bereits im Januar 1860 wurde daraufhin ein Hamburger ,,Schiller-Verein" gegründet, dessen Hauptzweck die Errichtung eines solchen Standbildes war. Die politischen Motive dieses Denkmalprojekts waren denen der Schiller-Feier vergleichbar. Bestand doch die historische Bedeutung der Hamburger Schiller-Feier weniger in ihren direkten politischen Auswirkungen, als vielmehr in der durch ihr Gelingen maßgeblich geförderten Ermunterung und Ermutigung des Bürgertums zu selbständigem und selbstbewußterem gesellschaftlichen Handeln. So drangen nicht von ungefähr mit dem Wirksamwerden der neuen Hamburgischen Verfassung von 1860 in Person von Vorstandsmitgliedern des Schiller-Vereins die ersten engagierten Vertreter des bildungsbürgerlichen Mittelstandes in die Bürgerschaft, den Behördenapparat und später sogar in den Senat ein.

Sechs Jahre jedoch vergingen, bis nach langwierigen Standortdiskussionen, erheblichen Finanzierungsproblemen und einer überregionalen Künstlerkonkurrenz am 10. Mai 1866 das ohne staatliche Unterstützung verwirklichte Schil-

ler-Denkmal am Ferdinandstor auf den Wallanlagen vor der Kunsthalle enthüllt werden konnte (1958 wurde es zum ‚Dammtorpark' versetzt). Nach dem frühen Tod des ausführenden Hamburger Bildhauers Julius Lippelt (1829–1864) hatte sein Atelierpartner Carl Börner (1828–1905) die letzte der vier „Lyrik" und „Drama", „Philosophie" und „Geschichte" als Wirkungsbereiche Schillers darstellenden Sockelfiguren des bronzenen Standbilds vollendet. Es stellte das erste skulptural aufwendige Denkmal der Hansestadt überhaupt dar und war für die Entwicklung der lokalen Bildhauerkunst von entsprechend großer künstlerischer Bedeutung.

Wenige Tage nach der Enthüllung des Denkmals stellte die fortschrittliche Tageszeitung ‚Reform' den idealen Versen Schillers, den idealistischen Worten der Festredner und den moralischen wie politischen Hoffnungen, die man schon an die Schiller-Feier von 1859 und nun auch an die Denkmalsetzung geknüpft hatte, die gesellschaftlichen Realitäten sowohl in Hamburg, als auch in dem noch immer ungeeigneten und jetzt sogar vor einem „Bruderkriege" stehenden Deutschland gegenüber: ,, ‚Holder Friede! Süße Eintracht!' ... Möge uns Schillers Genius aus dem Reich der idealen Einheit in das der wirklichen leiten, auf daß wir nicht bloß in schönen Versen uns selbst ‚als einig Volk' preisen, sondern diesen Versen reale Unterlagen geben ...".

Roland Jaeger

264   Aus der Schillerfeier ging der Aufruf zur Errichtung eines Schillerdenkmals hervor. 1866 wurde das Denkmal – von Julius Lippelt und Carl Börner – enthüllt: Photographie von 1866

263   Schiller-Feier und Schiller-Denkmal gerieten zur bedeutendsten öffentlichen Selbstdarstellung der in der Tradition der Revolution von 1848/49 stehenden Gruppen, die Hamburg im 19. Jahrhundert erlebte. Der „Bildungs-Verein für Arbeiter" stellte mit eintausend Mann die stärkste Abteilung des Festzuges: Ausschnitt aus einer Lithographie von C. Adler, 1859

Badevergnügen

Das sommerliche Badevergnügen der Hamburger spielte sich an einer Vielzahl von Fluß- und Seeufern ab. Einige Badegelegenheiten lagen in unmittelbarer Nähe der Stadt und waren bequem erreichbar: die Ufer der Außenalster und der in sie mündenden Flüsse, ebenso die Elbe am Grasbrook, vor dem Stadtdeich und bei St. Pauli. Andere lagen entfernter, wie der Sandstrand vor Övelgönne und die immerhin mit dem Boot erreichbaren Elbinseln.

Der größer werdende Andrang machte frühzeitig bewachte Badestellen und die Errichtung von Anlagen für die mindesten Bedürfnisse der Badenden notwendig. Der erste städtische Badeplatz mit Umkleidekabinen entstand noch vor 1850 auf dem Grasbrook. In den Jahrzehnten danach wurden weitere Männerbäder auf Steinwerder (1864), am Schwanenwik (1869), am Bullerdeich (1876) und eine Frauenbadeanstalt an der Bille bei Brandshof (1885) eingerichtet. Das Bad auf dem Grasbrook wurde mit Rücksicht auf den Schiffsverkehr mehrmals und endlich 1887 auf die Veddel verlegt.

Nur in wenigen Fällen waren Frauen und Mädchen zu diesen Bädern zugelassen. Sie badeten dann streng von den Männern getrennt in eigenen Badeeinrichtungen. Die Frau von Stand besuchte solche Anlagen überhaupt nicht. Sie benutzte den Badekarren, um vor aller Augen verborgen und von allen getrennt das Wasser aufzusuchen.

Das Baden im städtischen Freibad war unentgeltlich. Allein die Fähren zu den auf den Elbinseln liegenden Badeanstalten kosteten 2 oder 5 Pfennige. Zur Einrichtung der Bäder gehörten eine Badeaufsicht, Umkleideräume, Badestege, Abgrenzungen im Wasser und Bretterzäune gegen neugierige Blicke.

Ein umfassendes Vergnügungsprogramm, das allerdings auch etwas kostete, erwartete die Besucher in einigen kommerziell betriebenen Freibädern, von denen die 1793 begründete „Alsterlust", die nach dem Brand von 1842 an die Außenalster verlegt wurde, als größte Einrichtung dieser Art in Hamburg genannt sei. In der „Alsterlust" umgaben zweigeschossige Galerien die beiden gleich ausgedehnten Schwimmbasins für Damen und für Herren. Aufgeschütteter Sand verdeckte den Alsterschlick, das Wasser wurde durch Wellenräder bewegt, Sprungbretter erhöhten das Wasservergnügen. Zur körperlichen Ertüchtigung standen Turngeräte zur Verfügung. Warm gebadet und geduscht werden konnte gegen Aufpreis. Wer dies alles nur bestaunen wollte, wurde zum halben Preis von 20 Pf eingelassen. Schon die Ausstattung der Restaurationsräume mit Parkettböden und Draperien, die Aussicht von der Terrasse und die Gelegenheit dort zu tafeln war das Geld wert.

Sehr früh gab es in Hamburg auch eine Warmbadeanstalt. Die Voraussetzungen dafür waren gegeben, als zwei Dampfmaschinen von 75 Pferdekraft Leistung Ende 1848 begannen, Elbwasser durch ein System gußeiserner Druckleitungen in das Stadtgebiet zu pumpen. Es entstand die von William Lindley entworfene, 1855 ausgeführte öffentliche Wasch- und Badeanstalt auf dem Schweinemarkt, ein auffälliger pavillonartiger Rundbau mit hohem Mittelschornstein. Vorbilder gab es dafür in England, wie die Londoner Wasch- und Badeanstalten in White Chapel und Maidstone. Von dort, noch nicht von den römischen Thermenanlagen, die damals in Italien mit wachsendem archäologischen Eifer freigelegt und untersucht wurden, stammten die Anregungen zu ihrer Einrichtung und Konstruktion. Das Ineinandergreifen sozialer Aufgaben und technischer Funktionen ist an diesem Erstlingsbau durchaus erfolgreich auf die örtlichen Umstände abgestellt gewesen. In der Mitte, um den Schornstein herum angeordnet, befanden sich die Stände, an denen gegen eine Gebühr Wäsche gewaschen, gewrungen, getrocknet und geplättet werden konnte. Von zwei besonderen Eingängen aus waren die 49 Wannenbäder der Männer und die 16 Bäder der Frauenabteilung zu erreichen, in denen – je nach entrichtetem Tarif – erster und zweiter Klasse gebadet werden konnte. Das Wasserreservoir wurde in Zeiten geringen städtischen Wasserverbrauchs nachgefüllt und half so, Ver-

265 Die ersten Badeanstalten entstanden, als man in den Flüssen noch baden konnte – am Grasbrook (1850), auf Steinwerder (1864), am Schwanenwik (1869), am Bullerdeich (1876), bei Brandshof (1885). Die Frau von Stand benutzte den Badekarren: Am Strand der Elbvororte, Photographie, um 1892

266 Mit der Warmbadeanstalt an der Hohen Weide, 1895, beginnend, entstand eine ganze Serie großer Hallenbäder, denen das Vorbild antiker Thermen zugrunde lag: „Volksbadeanstalt" an der Hohen Weide, Photographie von Koppmann, 1895

brauchsschwankungen des städtischen Versorgungsnetzes auszugleichen. Das Abwasser der an hoher Stelle gelegenen Badeanstalt diente zur besseren Spülung der Kanalisation. Denn in deren Anfangszeit fielen nur geringe Mengen häuslichen Abwassers regelmäßig an, Feststoffe wurden schlecht abtransportiert, Schwebstoffe setzten sich ab. Das Unternehmen wurde von einer auf Gemeinnützigkeit verpflichteten Gesellschaft betrieben; Grundstück und laufender Wasserbedarf wurden der Gesellschaft kostenfrei überlassen; die Benutzertarife waren entsprechend niedrig. Überschüsse sollten zur Auslösung der privaten Anteilseigner der Aktiengesellschaft verwendet werden und so die Anstalt eines Tages vollständig an den Staat fallen.

Aus dem Badebetrieb am Schweinemarkt resultierten tatsächlich beständige Überschüsse; diese verwendete man aber so, daß 1881 am Schaarmarkt eine zweite Badeanstalt projektiert und ausgeführt werden konnte. Dort gab es Wannenbäder sowie eine kleine Schwimmhalle mit temperiertem Wasser.

Mit der Warmbadeanstalt an der Hohen Weide, 1895 beginnend, entstand eine ganze Serie großer Hallenbäder – denen nun auch das Vorbild antiker Thermen zugrunde lag: 1905 die Warmbadeanstalt am Lübecker Tor, 1909 das Bad in Barmbek, 1911 das in Hammerbrook, 1914 das in Eppendorf. Baden wurde offensichtlich zum Bedürfnis. Jede neue Anstalt ließ die Besucherzahl aufs Neue steigen. Für das Jahr 1912 zählte die Statistik 2675114 Besucher in Warmbadeanstalten, davon nutzten 1,6 Millionen das Schwimmbecken, die anderen Besucher die Wannen- und Brausebäder. Die Besucherzahl der städtischen Freibäder von 2,5 Millionen wurde damit das erste Mal übertroffen.

Frank Jürgensen

Arbeiter-Turner

An einem schönen Sommertag des Jahres 1894 zogen Hamburger Arbeiter-Turner aus zu fröhlichem Wandern. Gerade ein Jahr war ihre Organisation alt und prompt manifestierte sich der Stolz der jungen Vereinsmitglieder am Abend, an der Dampferbrücke von Harburg, im Gesang der ‚Arbeiter-Marseillaise', des Kampfliedes des Hamburger Arbeiterdichters Jakob Audorf.

Was dann geschah, schildert das ‚Deutsche Blatt' vom 13. Juli: ,,Kaum war der erste Vers ertönt, als von einigen kräftigen Männerkehlen das Lied ‚Deutschland über Alles' angestimmt wurde. Mit unwiderstehlicher Gewalt pflanzte sich das herrliche Lied durch die unzählige Menge fort... Kleinlaut und in gedrückter Stimmung mußten die roten Brüder den elementaren Ausbruch begeisterter Vaterlandsliebe über sich ergehen lassen."

Jener Sängerstreit zu Harburg kann als charakteristisch für die Situation gelten, in der sich der Arbeitersport in Hamburg und anderswo befand: Heftig befehdet als Teil der Arbeiterbewegung, oft in seiner Existenzgrundlage bedroht und trotz alledem im steten Aufwärtstrend, dank der Solidarität der Mitglieder, die Erstaunliches zuwege brachten.

Daß das Ereignis von der Dampferbrücke überliefert wurde, ist weniger den Arbeitersport-Vereinen – die 1933 verboten und deren Materialien oft vernichtet wurden – zu danken als der Politischen Polizei und einer argwöhnischen bürgerlichen Presse, die detailliert registrierten, was an Aktivitäten der Sportler bekannt wurde.

Festgehalten wurde so auch jener Text, den der Schriftsetzer Joseph Quellmalz aus Ahrensburg Ende 1892 im ‚Sprechsaal' des ‚Hamburger Echo' (SPD) plazieren ließ: Ein ‚Aufruf an alle arbeiterfreundlichen Turner' zwecks ,,Vereinigung". Die Turner, 1848 noch auf den Barrikaden, seien mit der Deutschen Turnerschaft (DT) längst ,,im chauvinistischen Kreise" angelangt, befand Quellmalz – eine Meinung, die schon früher zu Protesten Anlaß gegeben hatte: 1880 sagten sich Arbeiter vom Wandsbeker DT-Verein los, weil sie weder Kaisers Geburtstag noch den Tag von Sedan feiern wollten. In Bergedorf gründeten Proletarier 1885 einen eigenen Sportverein, als Bürger und Handwerker sie nicht in ihren Reihen dulden wollten, und in Harburg waren – eine Empfehlung der DT – Gewerkschafter und Sozialdemokraten vom Turnen ausgeschlossen worden.

Harburg 93, Wandsbek 81 und Hinschenfelde gehörten denn auch zu den ersten Mitgliedsvereinen, als Pfingsten 1893 in Gera der Arbeiter-Turnerbund (ATB) entstand. Ein Jahr später meldete der ATB für Hamburg, Altona, Wandsbek und Harburg bereits über 900 Arbeiter-Turner – mehr als im übrigen Norddeutschland. Harburg war nach Fichte Berlin sogar zweitgrößter deutscher Verein.[1]

Rasch wurde noch 1893 ein Turnfest organisiert, am 30. Juli in Hinschenfelde.

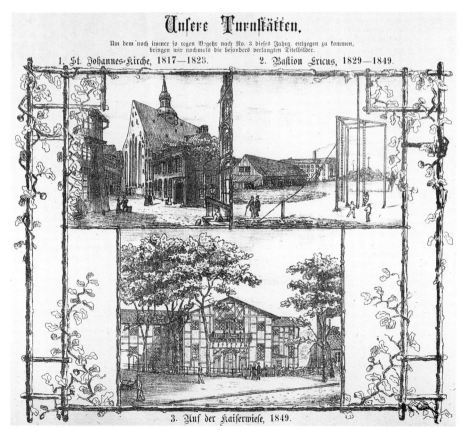

,,Kein Haus des größtentheils von Arbeitern bewohnten Ortes war ungeschmückt", berichtete das ‚Echo.' – ,,Hinschenfelde hat wohl noch nie eine so große Menschenmenge gesehen."

Den Festzug allerdings hatte die Polizei verboten – nur eine von vielen Schikanen, denen die Arbeiter-Turner ausgesetzt waren. Auf der Veddel wetterte der Pastor gegen sie, in Groß-Flottbek waren sie von der Entlassung aus den Staatsbahn-Werkstätten bedroht, und ein Schulrektor von Georgswerder wünschte, Jugendliche vom Turnbetrieb fernzuhalten.

‚Politik im Verein' lehnten die Arbeiter-Turner, Beispiel St. Pauli, dabei ab, ließen allerdings auch nie Zweifel, wo ihr politischer Standort zu suchen war: ,,Außerhalb des Turnvereins muß jeder Arbeiter-Turner auf dem Boden der mo-

267 Die Turner, 1848 noch auf den Barrikaden, seien mit der deutschen Turnerschaft längst ,,im chauvinistischen Kreise" angelangt, hieß es 1892 im ,,Hamburger Echo": Frühe Hamburger ,,Turnstätten", Lithographie, um 1850

dernen Arbeiterbewegung stehen." Die bürgerliche Gesellschaft wurde abgelehnt, der Kampf für soziale Rechte (Acht-Stunden-Tag) auch vom ATB geführt. Körper und Geist sollten sich frei entfalten im Arbeitersport, anders als in der Deutschen Turnerschaft, „wo willenlose, blindgehorchende und zu jedem Dienst bereite Menschenkinder erzogen werden" (ATB-Aufruf 1896).

In der DT aber waren viele Arbeiter organisiert. 1898 zählte der Arbeiter-Turnerbund fast 28000 Mitglieder, die DT 626000. Umso intensiver agitierten die Arbeitersportler: „In einer Zeit, wo die Gegensätze so grell zutage treten, gibt es nur zwei Parteien, ein hüben und ein drüben!" Als die DT 1898 in Hamburg ihr Deutsches Turnfest veranstaltete – „ein Tummelplatz kriecherischer Byzantiner und bramarbasierender Chauvinisten" (ATB), „ein Riesenklimbim der Bourgeoisie" („Echo') – warben die Arbeitersportler mit 11000 Flugblättern.

Senat und Bürgerschaft hatten für dieses Turnfest mit 30000 Mark gebürgt. Hamburgs ATB-Vereine gingen stets leer aus, „weil sie sozialdemokratische Vereine sind, denen das Turnen nur Mittel zum Zweck der politischen Agitation ist", wie es in einer Bürgerschaftsdebatte hieß. Die Städtischen Turnhallen blieben ihnen verschlossen. Otto Stolten und den Reichstagsabgeordneten Carl Legien, beide SPD, bewegte dies zu häufigem Protest. Die Mehrheit in der Bürgerschaft aber hatten immer Politiker wie der Hauptpastor Rode von der Oberschulbehörde hinter sich, der 1903 aus einem Liederbuch der Arbeiter-Turner zitierte, „in dem die rothe Fahne und andere sozialdemokratische Worte eine Rolle spielen, die deutsche Treue verhöhnt wird." Rode: „Oberschulbehörde und Senat können unmöglich vor der rothen Internationale eine Verbeugung machen."

So blieben über 12500 Arbeiter-Turner (im Jahr 1909) in Hamburg vor verschlossenen Hallen, diffamiert als „Übungstruppen der staatsfeindlichen Sozialdemokratie" („Hamburger Nachrichten', 1911). Bürgerliche Vereine bekamen sogar für ein so fragwürdiges Spektakel wie das Sechs-Tage-Rennen der Radfahrer 1911 im St. Pauli-Turnsaal Geld, aber dem Arbeitersport-Verein Vorwärts Hamburg wurde auf die Bitte um Übungsstunden in einer Halle hin mitgeteilt: „Weitere Gesuche dieser Art werden unbeantwortet zur Akte ge-

268 „Kein Haus des größtentheils von Arbeitern bewohnten Ortes war ungeschmückt": In Hinschenfelde veranstaltete der Arbeiter-Turnerbund Deutschlands 1893 das 1. Bundes-Turn-Fest, Anzeige

nommen." „Hamburg", folgerte der SPD-Bürgerschaftsabgeordnete Meyer, sei „angeblich liberal, in Wirklichkeit reaktionärer als das ostelbische Junkertum".

Das Hallenverbot zwang die Arbeitersportler, sich mit Privatsälen zu behelfen, meist in Wirtshäusern. Schlimm genug, wollte man doch die Jugendlichen von Alkohol und Nikotin fernhalten. Und abhängig waren die Vereine auch stets von Lust und Laune des jeweiligen Wirtes. 1910, als der „Alte Schützenhof" schloß, saß der ATV Barmbek mit 380 Mitgliedern, davon 200 Jungen und Mädchen, auf der Straße. Die Turner

Eine immer größere Vielfalt an Vergnügungen

269 „Das Kreisturnfest 1896 auf der Gehrken-Wiese an der Königstraße", Wandsbek: Photo von 1896

von Eilbek-Hamm 02 verloren innerhalb kürzester Zeit drei Turnlokale durch Verkauf bzw. Abriß.
Barmbek griff, wie viele andere Hamburger Vereine auch, zur Selbsthilfe. Im Garten hinterm Lokal ‚Zum Stadtpark', Barmbekerstr. 163, entstand 1911 eine kleine Turnhalle mit Umkleideraum, Waschvorrichtung und einem Spruch überm Eingang: „Einigkeit macht stark!" Harburg 93 besaß bereits seit 1908 eine eigene Halle. Und die Freie Turnerschaft Hammerbrook-Rothenburgsort, deren 900 Mitglieder sich mit einem Tanzsaal begnügen mußten, während die 900 bürgerlichen Turner drei Schulturnhallen und ein 100 000 Mark-Darlehen der Stadt zur Verfügung hatten, finanzierte für 167 662 Mark (!) in der Großmannstr. 83 eine Turnhalle mit vierstöckigem Wohnhaus. „Ein neuer Beweis, was Solidarität unter Arbeitern zu vollbringen vermag", schrieb das ‚Echo' 1913.
Nachdem ursprünglich nur Männer im ATB geturnt hatten, kamen bald auch Frauen, Jungen, Mädchen hinzu. Das Preisturnen wurde 1901, ein Beschluß des Bundestages zu Harburg, abgeschafft. „Der gute Turner soll nicht turnen, um Preise zu erringen, sondern er soll zur Gesundheit und Kräftigung des Körpers turnen und den minder tüchtigen zur Seite und weiter bilden."

Neben Turnübungen und Kraftsport (Pyramiden, Marmorgruppen) fand auch die Leichtathletik Eingang in den ATB. 1908 wird aus Hamburg von Dreisprung, Kugelstoßen, dem 150 m-Schnellauf, genannt ‚Eilbotenlauf', berichtet. Schlag- und Faustball wurde gespielt, ab 1913 auch Fußball in Serie.
Ein Arbeiter-Radfahrverein bestand in Hamburg seit 1894 und spaltete sich 1896, weil der Ursprungsverein die Mitgliedschaft in sozialdemokratischen Vereinen nicht mehr zur Bedingung für die Mitarbeit bei sich machen wollte. Die Ausgetretenen, „rote Radler", erklärten deutlich, für wen sie in die Pedale treten wollten: „Im Interesse der socialdemokratischen Bewegung mittels Agitation auf dem Landgebiet." Bereits 1894 hatte der ‚Correspondent' recht verschreckt gemeldet, zwölf sozialdemokratische Radfahrer hätten in Winsen/Luhe und den Dörfern drumherum das ‚Echo' vertrieben – „das Neueste auf dem Gebiet der politischen Agitation!"
Probleme mit der Obrigkeit hatten natürlich auch die Arbeiter-Radfahrer, die u. a. Geld für die SPD-Parteikasse in Berlin sammelten, ebenso wie die Turnvereine auch Streikende unterstützten und beim 1. Mai-Umzug vorneweg radelten. Unbeschadet blieb dagegen der Arbeiter-Schwimmverein Hamburg von 1909. Bäder seien für alle da, stellte die

Behörde fest, und stufte den Verein als politisch neutral ein. Dies war ein Sonderfall, denn der AWV 09 gehörte zwar nie dem Arbeiter-Wassersportverband an, war andererseits aber zeitweise von Anarchisten und Syndikalisten dominiert.
Die Staatlichen Turnhallen haben sich den Arbeitersportlern erst im Krieg geöffnet: Der Kaiser kannte bekanntlich keine Parteien mehr und der ATB bezeichnete den Krieg als „schwere unabänderliche Pflicht".
„Noch nie war die Bedeutung körperlicher Erziehung und Kräftigung eine derartig große, wie in der jetzigen Kriegszeit", erklärte der Bezirksvorstand der nunmehr über 30 Vereine im ATB Ostern 1916 im Groß-Flottbeker Lokal „Friedenseiche". Und die Freie Turnerschaft von Barmbek-Winterhude bat noch im zweiten Kriegsjahr um Genehmigung eines ganztägigen Ausmarsches mit anschließender Geländeübung. „Diese Veranstaltung soll bezwecken, speziell jungen Leuten die spätere militärische Ausbildung zu erleichtern und ihnen Vorkenntnisse zu geben."
Die Polizei hatte nun nichts mehr gegen die Arbeitersportler einzuwenden: „Keine politischen Bedenken", lautete der Bescheid.

Werner Skrentny

Kulturelles Leben und Künstlertum

270 Das Publikum brachte den Nachfolgern Schröders, aufgebracht über die sich häufenden Mißstände, Intrigen, Schlampereien, seine Empörung wiederholt so lautstark, ja handgreiflich zum Ausdruck, daß die Direktion vor den Vorhang treten und öffentlich Abbitte leisten mußte: Auf der Galerie des Stadttheaters, Gemälde von Hans Speckter, um 1880

Republikanisches Hof-, Burg- und Gartentheater

Wie das Theater im Überlebenskampf gegen seine „drei Hauptgegner" – „die Polizei, die Religion" und den „gereinigten Geschmack" – bürgerliche Reputation (und ein ehrliches Begräbnis) erkämpfte und dafür mit seiner Seele bezahlte, hat Goethe 1813 in seiner Skizze „Deutsches Theater" klar umrissen: attackiert von Gottsched und anderen Biedermännern sowie den „noch nördlichern hamburgischen Pfarrern und Superintendenten", sahen die Freunde der Bühne sich genötigt, „diese der höheren Sinnlichkeit eigentlich nur gewidmete Anstalt für eine sittliche auszugeben" und die dramatische Kunst über jedes erträgliche Maß dem „Sittlichen, Anständigen, Gebilligten" zu unterwerfen. Damit wurde eine „vielleicht nie zu zerstörende Mittelmäßigkeit" perpetuiert – die auch wir im folgenden nicht beschönigen wollen.

Als Friedrich Ludwig Schröder 1816 auf seinem Landsitz starb und unter gewaltiger Anteilnahme der Hamburger Bevölkerung zu Grabe getragen wurde, da war die große Stunde des Theaters am Gänsemarkt als der ersten, tonangebenden Bühne in deutschen Landen zwar längst abgelaufen, aber – wie seine Nachfolger schmerzlich erfahren mußten – noch nicht vergessen: das Publikum, aufgebracht über die sich häufenden Mißstände, Intrigen, Schlampereien, brachte seine Empörung wiederholt so lautstark, ja handgreiflich zum Ausdruck, daß die Direktion vor den Vorhang treten und öffentlich Abbitte leisten mußte. Mit der Zeit freilich erlahmte der Widerstand, wuchs die Resignation. Man kann den Spieß allerdings auch umkehren: schon Schröder nannte das Hamburger Publikum „das ungebildetste, das ich je kennengelernt habe... Indessen, ich verdanke (ihm) meinen Wohlstand, und so vergeb' ich ihm den Mord an meiner Kunst." Und sein Weggefährte Friedrich Ludwig Schmidt, der die Geschicke des Theaters mit wechselnden Partnern von 1815 – 1841 leitete, bekräftigte, daß Stücke, die zum Mit- und Nachdenken aufriefen, von den vergnügungssüchtigen Hanseaten als „Klönkram" verworfen wurden. „Die Schauspielerinnen mußten hübsch und üppig aussehen; die

Kulturelles Leben und Künstlertum

Sänger bedurften vor allen Dingen starker Stimmen, die Schauspieler kräftiger Lungen; die Leidenschaften mußten in Fetzen gerissen, die Späße kräftig und deutlich sein, dann war der Akteur ‚en verfluchter Keerl!'" Aus den Worten Schmidts, der sich gegen den Niedergang des Hauses noch einmal redlich, aber nur mit halbem Erfolg zur Wehr setzte, spricht auch die Enttäuschung über ein Ereignis, das große Erwartungen geweckt hatte: der Umzug aus dem unwirtlichen Ackermannschen Theaterschuppen in ein neues, schöneres und für mehr als 2000 Zuschauer angelegtes „Stadttheater", das nach einem Entwurf Karl Friedrich Schinkels (der den Aktionären zu aufwendig erschien) 1826 von dem einheimischen Baumeister Wimmel auf dem Gelände des ehemaligen Kalkhofs an der Dammtorstraße errichtet wurde. Der weitgereiste Kritiker M. G. Saphir sah auf den ersten Blick, daß sich die Position der Schauspielkunst in dem schmucklosen „Fabrikgebäude" im gleichen Maße verschlechtern mußte, wie die Musik akustisch besser zur Geltung kam. „Um Feinheiten, kunstvollere Nuancen und geistreiche Pointierung" war es nun, wie auch Schmidt rasch erkannte, „unwiederbringlich getan". Damit aber waren die Weichen gestellt für die Verdrängung des Schauspiels – dessen Anteil 1826/27 mit 60% noch deutlich überwog – durch Oper und Ballett, die in der Saison 1900/01 224 von 269 Vorstellungen bestritten.

Beschleunigt wurde dieser Prozeß durch den rapiden Verfall des Dramas, das bis in die 90er Jahre hinein dem Regiment anämischer Klassiker-Epigonen und klotzig auftrumpfender Szenenroutiniers ausgeliefert blieb. Unter den Stadttheater-Direktoren war Jean Baptiste Baison derjenige, der die tödliche Krise des Schauspiels nicht nur am schärfsten diagnostizierte, sondern auch einige Anstrengungen unternahm – insbesondere mit der Verpflichtung des liberalen Publizisten Robert Prutz für das neue Amt des Dramaturgen –, um das Schlimmste zu verhüten. „Wie arm, wie entsetzlich arm an Stücken sind wir!", schrieb er 1848. Und: „Das deutsche Schauspiel steht am Vorabend seines totalen Verfalls, die besseren, strebenden Schauspieler werden binnen . . . zehn Jahren teils tot, teils stumpf sein, . . . Wenn nicht ein sozialer Umschwung den Dingen eine andere Wendung gibt, so ist kein Heil zu erwarten."

Auf „große politische Ereignisse", die ein „fischblütiges Publikum" erwärmen, hoffte auch Prutz, und der kritische Lokalmatador Carl Toepfer frohlockte bereits, daß „die Stunde aller Gaukler geschlagen" habe. Voreilig, wie sich rasch erwies, denn die Stürme des Revolutionsjahres 1848 fegten die Theater leer, weil auf der Zeitbühne Wichtigeres geschah als auf den Brettern, die längst aufgehört hatten, die Welt zu deuten oder zu bedeuten. Die Entlarvung des Theaters als Wirklichkeitsersatz, als eines Ventils für die dem Bürger verweigerte soziale Aktivität, als einer Sandkastenarena, in der sich die gehätschelten Favoriten unter den Anfeuerungsrufen der Fans ihrer Herausforderer zu erwehren hatten, versetzte der Theatromanie weiter Publikumskreise nach den ersten Erschütterungen durch die Julirevolution einen tödlichen Schlag.

Die Degeneration des Dramas und die Demoralisierung der Schauspielkunst durch die Auswüchse des Virtuosentums sollte der zeitweilige Mitdirektor und Nachfolger Baisons, Chéri Maurice, ungleich besser verkraften – nicht in diesem Amte freilich, das ihn um ein Haar ruiniert hätte, sondern als Gründer und Direktor des Thalia-Theaters (seit 1843), das zum Schutze des Stadttheaters nur eine Konzession für die „niederen" Gattungen mit und ohne Gesang (Posse, Schwank, Vaudeville etc.) erhalten hatte. Mit dieser Beschränkung auf das leichte, überwiegend heitere Fach fiel Maurice haargenau die Aufgabe zu, die seinem soliden Theatersinn gemäß war. Angesichts der Entfremdung von Literatur und Theater konnte sich das Theater hierzulande nicht mehr als dienender, verbündeter Vermittler literarischer Texte – die entweder uneinlösbare oder ungedeckte, zum epigonalen Abklatsch verkommene Ansprüche stellen, zuviel oder zuwenig fordern, – sondern nur noch aus eigener Kraft und Inspiration legitimieren: durch die komödiantisch zupackende Vergegenwärtigung rollenhafter Gebrauchsstücke, von Gottvater Nestroy, der den Spielplan des Thalia-Theaters in den 40er Jahren zeitweilig so beherrschte, daß er dem eines Wiener Vorstadttheaters sehr nahekam, bis herunter zu den ab- und umschreibenden Konfektionären der Branche.

Wer in solcher Selbstherrlichkeit – und gewiß auch Selbstgenügsamkeit – des Theaters nur eine Flucht aus der Wirklichkeit in Spiel und Phantasie sehen möchte, sei daran erinnert, daß diese überschäumende Theaterkunst, wo sie sich augenzwinkernd oder provokativ mit dem Publikum anlegt, dessen wache Präsenz fordert und – wenn Zwischenrufe, Jubel und Gelächter sich zum Wechselspiel von Aktion und Reaktion steigern – mit zuweilen höchst brisanter Aktualität belohnt. Da die Posse, wie Kierkegaard im Berliner Königstädter Theater beobachtete, „sich für gewöhnlich in den niederen Lebenssphären (bewegt), erkennen die Galerie und der zweite Rang sich selbst unverzüglich wieder, und ihr Lärmen und Bravorufen ist keine ästhetische Würdigung des einzelnen Künstlers, sondern ein rein lyrischer Ausdruck ihres Wohlbefindens". Die solchermaßen zur Produktivität ermunterte Individualität ist der ästhetischen Verpflichtung enthoben, traditionell, d. h. mit dem „bornierten Ernst" des gebildeten Publikums zu reagieren, das „im Theater veredelt und gebildet werden oder wenigstens sich einbilden will, daß es das wird". Die Feststellung des „Telegraph für Deutschland", daß das Thalia-Theater „tief in die Hamburger Volkszustände" eingreife, daß es „unentbehrlich" sei für das Volk, liegt auf eben dieser Linie.

Doch auch die in ihren besten Exemplaren mehr und mehr aus Berlin importierte *Posse* konnte dem Theater nur vorübergehend aus der Patsche helfen, weil die wachsende Distanz zwischen einer um sich selbst kreisenden, vom Fundus zehrenden Theaterwelt und der rasch sich verändernden Wirklichkeit auch durch die bewährten Zugpferde der Gattung, das aktualisierende Couplet – für das am Thalia-Theater zeitweilig Julius Stettenheim zuständig war – und das anzüglich zwischen Schein und Sein jonglierende schauspielerische Extempore nicht mehr zu überbrücken war. Als das Thalia im Jahre 1867 – zu einer Zeit, da schon die ersten Streiks die Hansestadt erschüttert hatten – „Die Maschinenbauer", eine Posse mit Gesang und Tanz von A. Weirauch, herausbrachte, da stellte es sich mitnichten den Nöten und Problemen des Industriezeitalters, sondern verpflanzte lediglich das Alt-Gewohnte in ein ungewohntes Milieu: eine große Werkstatt mit einem Hof, „auf welchem große Lokomotiven-Kessel gearbeitet" wurden und hinter dem eine Schmiede mit glühenden Öfen sichtbar war. Die Attraktion der Szene war eine große Dampfmaschine, die alle Drehbänke und Hebelmaschinen in Bewegung setzte. Die Figuren indes agierten und intrigierten, liebten und haßten wie eh und je, repetierten die abgegriffenen Rollen- und Charaktertypen und wurden durch stereotype Redewendungen und alle halbwegs geläufigen

271 Der Theaterleiter Friedrich Ludwig Schröder war Symbolfigur für die große Zeit des Theaters am Gänsemarkt: Gemälde von Carl Gröger, 1823

Dialekte auseinandergehalten. Ein radebrechender Franzose und ein reicher spleeniger Engländer mit seinem verliebten Neffen, der am Ende nicht nur die Braut heimführte, sondern auch die Firma sanierte, komplettierten das Ensemble. Nur einmal muckte einer auf gegen das „merkwürdige Vergnügen, ... den ganzen Tag an der Maschine zu stehn." Worauf ihn der junge Engländer „feurig" ermahnte, stolz zu sein auf die großen „Maschinenwerke, die da geben Zeugnis von der erhabenen Kraft des Menschen und ihm machen zum Sklaven die gewaltigen Elemente..." Als der Monteur „wider Willen ergriffen" eingestand, die Dinge so noch nicht gesehen zu haben, war er reif für die Moral des Ganzen, daß nämlich die Menschen Zufriedenheit nie da suchen, wo sie zu finden ist, „sondern beneiden lieber einen Andern, ... nur weil er hat ein paar Groschen mehr". Im Thalia-Regiebuch ist dieses Loblied auf die Arbeit – aus dem Munde eines Arbeitgebers – stark zusammengestrichen. Immerhin.

Das Theater theaterte alles ein – in friedlosen Zeiten und bei gesteigertem patriotischen Bedarf auch den Krieg. Mühe machte es offenbar nur, ihn so zu „privatisieren", daß das eingespielte Possenensemble nur noch in den bunten Rock zu schlüpfen brauchte. In Emil Pohl's Posse mit Gesang, „Wir Barbaren", die das Thalia am 26. 1. 1871 herausbrachte, wird der deutsch-französische Krieg zum Anlaß für eine Art Betriebsausflug ins Elsaß, dem sich – mit der Eröffnung einer florierenden Marketenderei – sogar das Hausmädchen anschließt. Nur eben: wo sonst eine Tracht Prügel droht, ist es nun ein französischer Erschießungsbefehl oder die deutsche Rückfrage, ob der gefangene Franzose „am Hals oder an die Beine aufgehangen werden" soll. Doch das beeinträchtigt weder die Fröhlichkeit noch die Sangeslust.

Die Sänger sind – erraten! – ein Sachse, ein Hamburger, ein Bayer, ein Württemberger, damit auch die alten Stammesfehden ihren Lachgewinn abwerfen. Natürlich wird auch Süßholz geraspelt und zum glücklichen Schluß beschert der General persönlich dem deutschen Leutnant Fritz seine elsässische Gräfin. Daß zwischendurch auch gestorben werden muß, ist bei Licht besehen auch so etwas wie ein happy end:

„Viele Tapfre sind gefallen
Auf der Ehre blut'gem Feld,
Schöner Tod, ich gönn' ihn allen,
So zu gehn zur bessern Welt..."

singt, den Alten Fritz beschwörend, der junge Fritz, der sich selbst einen „schlichten Berliner Jungen" nennt.

Unter dem 17. 9. 1839 lesen wir in Hebbels „Tagebüchern": „Heute im Tivoli. Mir zuliebe kamen auch Gutzkow und Wihl." Dr. Ludwig Wihl, Mitarbeiter an Gutzkows „Telegraph", hatte erst unlängst eine Lanze für das Sommertheater im Tivoligarten gebrochen, das den Sittlichkeitsaposteln seit langem ein Dorn im Auge war, weil die „Frauen aus dem Mittelstand" schon mittags ihre Kinder mit Regenschirmen vorausschickten, um Plätze zu belegen, ganz zu schweigen von den Szenen, die „dem einsamen Beobachter" abends in den „abgelegenen Partien des Gartens aufstoßen". „Wenn ich mir an den Übersetzungen der Pariser Boulevardstücke und ähnlichem deutschem Trödel die Lust am städischen Theater verleidet habe, dann zieht es mich hinaus nach jenem Familiengarten in St. Georg., wo man für wenige Schillinge und zum Zeitvertrieb neben Tee, Grog, Limonade und Bayerischen Bier eine wundervolle Luft, süßen Blütenduft, einen freien Himmel – und Theater trinkt... Dies Theater wird von der vornehmen Welt oft... über die Achsel angesehen. Und doch möchte ich wissen, wo sich die Musen vergnüglicher fühlen!"

Von einem „Volkstheater" anderer, primitiver Art vor einem „Publikum von Matrosen, Handwerkern, Dienstmädchen", das er in einer kleinen, dunklen Bretterbude auf St. Pauli besuchte, berichtet Karl Gutzkow:

„Die Leistungen waren gräßlich. Es sollte der bekannte „Freischütz" sein. Drei von der Straße gegriffene Musiker bildeten das Orchester. ... Kaspar war, um das Publikum anzulocken, Harlekin und lebendiger Theaterzettel draußen, Baßbuffo und Intrigant drinnen ... Die Bühne wurde finster. Samiel blitzte, Kaspar donnerte, Max bebte ... Bei dem Rufe ‚Das wilde Heer!' war die Phantasie dieses Publikums so aufgeregt, daß eine Katze hätte dürfen über das Theater laufen und man würde diese für den Teufel selbst gehalten haben."

Die – hier noch unfreiwillige – *Parodie* sollte sich, lustvoll ausgespielt, zu einer begehrten Spezialität der Sommer- und Vorstadttheater entwickeln, seit die armseligen Buden auf dem Hamburger Berg in den 40er Jahren stattlichen und bequemen Theatern weichen mußten, die – wie das 1841 eröffnete „Urania-Theater" (das später „Actien-", „Varieté-" und „Ernst Drucker-Theater" heißen sollte) – bis zu 1500 Zuschauern Platz boten und mit der Aufführung von Opern und klassischen Dramen sogar dem Stadttheater Konkurrenz machten.

Mit einer „Robert der Teufel"-Parodie und „Gustav oder der Maskenball" (1835), beide von Jakob Heinrich David, machte Maurice im Steinstraßentheater den Anfang, das mit 150 Auf-

Kulturelles Leben und Künstlertum

272   Hebbel notierte 1839: „Dies Theater wird von der vornehmen Welt oft ... über die Achsel angesehen. Und doch möchte ich wissen, wo sich die Musen vergnüglicher fühlen": Das Tivoli-Theater, Lithographie, um 1840

führungen die 80 Aufführungen des Auber'schen Originals in der Dammtorstraße noch übertraf. Da die Verpflanzung einer exotischen oder wildromantischen Fabel in ein hamburgisches Alltags-Milieu den besonderen Reiz dieser Gattung ausmacht, erhielt auch das Lokalidiom, das Hamburger Platt, durch die Parodie eine erste Chance, die auch der plattdeutschen Posse Auftrieb gab. Davids „Nacht auf Wache" krönte eine erste Blütezeit des plattdeutschen Lokalstücks, die durch Davids frühen Tod und den raschen Aufstieg Maurice's abrupt beendet wurde. In dessen Thalia-Konzept eines überregionalen Spitzenensembles war für das Hamburger Platt – das er weder sprach noch verstand – kein Platz.

Eine neue Heimat fand das plattdeutsche Volkstheater spät – mit dem Blick auf Wien und Berlin möchte man sagen: in letzter Minute – bei Carl Schultze, der 1858 das „Joachimsthal", ein Tivoli-Gelände am unteren Ende der Reeperbahn mit Marionetten- und Pantomimentheater, Musik und Akrobatik, Grotten, Teichen und einem Tiergarten, mit der Absicht pachtete, das „Gauklertreiben" durch „eine edlere Komödie zu ersetzen". Daß es dann im „Carl Schultze-Theater" – wie der 1864 errichtete Neubau, ein gasbeleuchtetes Rang- und Logentheater, getauft wurde – so arg edel nicht zuging, dafür sorgte schon 1860 der Riesenerfolg der Meyerbeer-Parodie „Linorah oder die Wallfahrt nach der Ölmühle" von Joh. Peter Lyser, der Schultze auf einen anderen, eigenen Weg brachte.

Sonnenuntergang vor der Ölmühle auf dem Heiligengeistfeld, flanierendes Volk, darunter auch Klas Melkmann aus Wilhelmsburg, gespielt von Carl Schultze, der sich den Zuschauern vorstellt: „Ick bin eigentlich nich tom Melkmann, sondern tom Schönie born und wenn ick op de Straat an to singen fang, so loopen alle lütten Jungens un Deerns tosam."

Gounod's Faustoper „Margarethe" löste 1862 eine wahre Faust-Epidemie aus, als gleich 3 Vorstadttheater vom Kassenschlager der Dammtorstraße auf ihre Weise profitierten und wiederum Carl Schultze, nicht zuletzt mit seinen politischen Couplets als Reitendiener Deubel, das Rennen machte: schon nach wenigen Wochen konnte er zur „goldenen Hochzeit von Faust und Margarethe", d.h. zur 50. Aufführung einladen, der bis 1880 noch 250 weitere folgen sollten. Daß auch die Opernfreunde – an manchen Abenden zu Tausenden – zum Hamburger Berg pilgerten, um sich an den hausgemachten Faust-Gerichten zu laben, versteht sich von selbst. Wie im „Carl Schultze-Theater" Hamburger Mißstände angeprangert, „Hamburger Leiden" – so der Titel von Julius Stindes „klassischem" Volksstück – publik gemacht wurden, illustriert exemplarisch die Lokalposse „Im Gängeviertel" (1867), die gegen die Sanierungspläne der Gebrüder Wex und für die um ihre billigen Wohnungen bangenden „Gangbewohner" Partei ergriff und letztere veranlaßte, sich bei Schultze per Zeitungsanzeige öffentlich zu bedanken.

Der aber machte nicht nur aus lokalen Schlagzeilen handfestes Theater, sondern zitierte auch die Großen der Weltpolitik auf die Bretter seines Hauses: „Wilhelm König und Fritze Fischmarkt auf der Reise zur Internationalen Ausstellung in Hamburg", vom Hausautor und Oberregisseur Schöbel zu eben diesem Anlaß 1863 produziert, attackiert u.a. den preußischen und den französischen Monarchen (Louis, Gütermakler aus Paris), aber auch Bismarck (Fischmarkt) ganz unverholen, und als

Kulturelles Leben und Künstlertum

273 Carl Schultze pachtete 1858 ein Tivoli-Gelände auf St. Pauli und errichtete 1864 ein gasbeleuchtetes Rang- und Logentheater für ein vor allem von Parodien lebendes plattdeutsches Volkstheater: Carl Schultze als Deubel im Schauspiel ,,Faust und Margarete", Lithographie von J. Guntrum, 1862

der preußische Gesandte ein Verbot erwirkte – das flugs noch einmal mehr als 3000 Neugierige zum St. Pauli-Tivoli strömen ließ –, kündigte Schultze sogleich die Fortsetzung an: ,,Wilhelmine Keenich oder Die Frau setzt das Geschäft fort". Am Schluß des Stückes werde im Zirkus von Frau Keenich ,,das Schulpferd Bundestag, in Freiheit dressiert von Louis aus Paris, die Aufmerksamkeit des geehrten Publikums erregen." Nach dem Sieg Preußens bei Königgrätz und dem entsprechenden Kurswechsel der Senatspolitik zögerte Schultze allerdings keinen Augenblick, den eben im ,,Politischen Unsinn" noch verhöhnten Bismarck – wie die ,,Reform" spottet – ,,zum Apostel des neuen deutschen Evangeliums" zu erheben.

Daß die Hamburger – soweit es sie interessierte – gegen Ende des Jahrhunderts auch die Avantgardisten eines neuen europäischen Dramas und Theaters (den frühen, sozialkritischen Hauptmann, Wedekind und Strindberg, Antoines Théâtre libre und Brahms berühmten Ibsen-Zyklus) zuerst im Carl Schultze-Theater bestaunen oder auspfeifen konnten, geht schon nicht mehr auf das Konto Schultzes, sondern seiner rasch wechselnden Nachfolger. Zu diesem Zeitpunkt hatte sich die St. Pauli-,,Szene", deren ,,Gründerzeit" 1861 mit der Aufhebung der Torsperre eingesetzt hatte, bereits gründlich verändert. Gegen die leicht geschürzten, pikant gewürzten Attraktionen der Operette und des ,,Tingeltangels", die eingängigen Mixturen von Zirkus, Varieté und Revue, die vielfach als Beigabe zu den gastronomischen Genüssen des Etablissements serviert wurden, hatten die unverdrossenen Protagonisten des ,,Volkstheaters" und der plattdeutschen Muse – die im ,,Ernst Drucker-Theater" ein Refugium gefunden hatte – keinen leichten Stand.

Der wachsende Unmut über den desolaten Zustand des Schauspiels in Hamburg, das von den Nachlaß-Verwaltern des 1897 verstorbenen Theaterzaren Pollini nichts zu erhoffen hatte, gab den Plänen zur Gründung eines neuen, der Weltstadt Hamburg würdigen Theaters den entscheidenden Auftrieb: am 15. 9. 1900 öffnete nach nur 13 monatiger Bauzeit das ,,Deutsche Schauspielhaus" an der Kirchenallee seine Pforten. Der Hausherr, Alfred Freiherr von Berger, ließ keinen Zweifel daran, daß er, der sich bei der Kür des Burgtheater-Direktors schmählich übergangen sah, in der Hansestadt eine ,,blühende Kolonie des alten Burgtheaters" gründen und den Eingeborenen damit doch nur jenen ,,Hamburger Stil" zurückbringen werde, den einst der große Schröder dem Burgtheater ,,eingeimpft" hatte. Er versprach das Beste vom Besten, ein ,,durch und durch modernes Theater" und die Pflege der Klassiker, verschwieg aber, daß die ,,Moderne" für ihn eigentlich schon bei Hebbel aufhörte. Er setzte auf renommierte Vollblutschauspieler, die er zum Teil aus Wien mitbrachte, und hatte schon bald alle Hände voll zu tun, um im Machtgerangel der Stars noch halbwegs vertretbare Rollenbesetzungen durchzudrücken. Um die Privilegien wettzumachen, die sich Pollini für seine Theater bei den Bühnenverlegern gesichert hatte, beging der Baron den verhängnisvollen Fehler, die Erfolgsautoren des Tages durch feste Jahreshonorare (zwischen drei- und sechstausend Mark) an sich zu binden. Zwar gingen ihm bei diesem Fischzug auch Hauptmann und Schnitzler ins Netz, das Gros aber bildeten die Schwank- und Schmalzfabrikanten vom Schlage Blumenthal, Kadelburg, Schönthan, Fulda und Philippi. Ein Machwerk von Schönthan, das er selbst ,,recht schwach" fand, akzeptierte er mit der Begründung, daß man es doch nicht dem Thalia-Theater überlassen könne. So schlug das Optionsrecht um in Selbstentmündigung, einen Zwang zur Minderwertigkeit. Wollte Berger, wie Kritiker argwöhnten, die ganze ,,Richtung" diffamieren, indem

274 Nach Gründung des ,,Deutschen Schauspielhauses" ließ der neue Hausherr Alfred Freiherr von Berger keinen Zweifel daran, daß er in der Hansestadt eine ,,blühende Kolonie des alten Burgtheaters" gründen und damit doch nur jenen ,,Hamburger Stil" zurückbringen werde, den einst der große Schröder dem Burgtheater ,,eingeimpft" hatte: ,,Die Braut von Messina", Szenenphoto, 1904

er auf drittklassige Schmarotzer des Neuen auswich? Er selbst versuchte, die Defizite und Mißgriffe im zeitgenössischen Repertoire einem dickfellig auf Unterhaltung erpichten Publikum anzulasten, das sich jeder künstlerischen Erziehung widersetze. Doch da es Versuche am tauglichen Objekt gar nicht gab, steht diese Anklage auf schwachen Füßen. So bleiben denn auf der Haben-Seite nur die vielgerühmten Klassiker-Inszenierungen Bergers und eine für damalige Verhältnisse noch ungewöhnliche Intensität der Regiearbeit, die jede Figur – wie das auch Reinhardt tat – aus der Eigenart des Schauspielers zu entwikkeln suchte. Daß der nach Hamburg vertriebene Wiener in dem nach Wien emigrierten Norddeutschen Hebbel ,,seinen" Dichter fand, wurde begünstigt durch die Entdeckung einer exzellenten Hebbel-Tragödin in der herben Adele Doré. Selbst Hebbel erhielt bei Berger, der Massenansammlungen im Stil der Meininger und eine nicht abreißende Geräuschkulisse mit Trommeln und Trompeten, Meeresbrandung und rauschenden Bächen, zwitschernden Vögeln und stampfenden Rossen über alles liebte, einen ,,Stich ins Opernhafte". Dabei verstand der Baron die verschwenderische Üppigkeit auch im Dekorativen, die kostspielige Verwendung echter, duftender Blumenbeete in einer Gartendekoration oder der Berge von echtem Laub, durch das die Recken im Odenwald (,,Nibelungen") waten mußten, als das legitime Mittel, um dem Publikum, wie es sich gehört, eine Realität vorzutäuschen.

Erst sein Nachfolger Carl Hagemann (1910-1913) setzte solcher ,,Hoftheaterei" die Absicht entgegen, den Stil der Dichtung mit einfachen Mitteln, klar gegliederten Formen und Flächen in einen schönen, aber unaufdringlichen Rahmen zu transponieren. Er sicherte sich die Mitarbeit so begabter Bühnenbildner wie des jungen Ralf Voltmer und meinte es zweifellos auch bei der Wahl seiner ,,Dichter", die die ,,Schriftsteller des Tages" ablösen sollten, ernst mit dem Bekenntnis zur Moderne. Die Schuld an seinem Scheitern suchte auch er beim Publikum, in der ,,Abwanderung gewisser Kreise in harmlose, weniger aufregende Bezirke der Kunst". Jedoch: was der ,,emsige Eklektiker" Hagemann an Entdeckungen präsentierte, waren durchweg ,,nur aufgewärmte Entzückungen", Reminiszenzen an ,,die Vergangenheit der Bühnenmoderne" – Heckscher statt Maeterlinck, Vollmöller und Hardt statt Hofmannsthal, Eulenberg statt Wedekind. Als Direktor wie als Regisseur unsicher, und eben darum unansprechbar, unbeweglich, gelang es Hagemann nicht, den ,,Kampf der Typen am Borgesch", die Reibereien zwischen jung und alt, restaurativen und progressiven Tendenzen zu schlichten, geschweige denn in eine produktive Spannung umzusetzen.

Und so blieb es noch einmal dem Thalia-Theater, genauer gesagt: seinem jungen Oberregisseur Leopold Jessner (1905-1915) vorbehalten, die Forderungen des Tages nicht mit schönen Worten zu formulieren, sondern in produktiven Inszenierungen wegweisender Werke zu realisieren, sein Lustspiel-Ensemble und -Publikum Schritt für Schritt, mit Zuckerbrot und Peitsche an Gorkis ,,Nachtasyl" oder Hauptmanns ,,Vor Sonnenaufgang", vor allem aber an die Reihe seiner Wedekind-Inszenierungen heranzuführen, in denen Jessner nach eigenen

275 Es blieb dem Thalia Theater vorbehalten, in produktiven Inszenierungen wegweisende Werke, darunter eine Reihe von Wedekind-Stücken zu realisieren: ,,Frühlingserwachen" von Wedekind, Szenenphoto als Postkarte, 1907

Worten den expressiv auf das Wesentliche konzentrierten, rhythmisch gegliederten Regiestil seiner Berliner Staatstheater-Zeit im Ansatz schon vorwegnahm. Seine ,,Dantons Tod"-Inszenierung von 1910 – die erste überhaupt – spielte auf karger Szene vor ,,blutroten oder rötlich schillernden Hintergründen. Dieses große Scharlachfarbene, das am Ende der Dinge in ein Tiefviolett überging, agierte wundervoll als Quintessenz des Stücks..." Auch in der Darstellung gab es ,,keine (Bergerschen) Prunkgebärden, sondern intensive Synthese". Es erhärtet die Konsequenz seiner Theaterarbeit, daß er mit der Einrichtung seiner ,,Hamburger Volksschauspiele" (1911-1914) um ein neues, noch nicht mit Theaterkonfekt überfüttertes Publikum warb.

Und das Stadttheater? Auf ,,Mono-Pollini" folgte zunächst der Mini-Pollini Bachur. Dann aber, unter Hans Loewenfeld (ab 1912), der sich für neue Entwicklungen in der Musik (Franz Schreker, E. W. Korngold) und der Szene aufgeschlossener zeigte als jeder seiner Vorgänger, wehte auch hier ein frischerer Wind. Nicht lange freilich, denn der Ausbruch des Weltkriegs verschärfte die ökonomische Krise insbesondere der Oper so dramatisch, daß die künstlerischen Ambitionen mehr und mehr zurückgeschraubt werden mußten und der Stadtstaat nach Kriegsende nicht mehr umhin konnte, die immer wieder aufgeschobenen Probleme staatlicher Kulturförderung ernsthaft anzupacken.

Wer ein Schlußtableau mag, kann wählen zwischen jener ,,Tannhäuser"-Aufführung, die am 6. 11. 1918 von bewaffneten Angehörigen des Arbeiter- und Soldatenrates just in dem Augenblick beendet wurde, als Elisabeth zum Gebet ansetzte, und der Feier zum 75. Jubiläum des Thalia-Theaters drei Tage später, die verschoben wurde, weil an diesem Tag ,,infolge des eifrigen Gebrauchs von Schießgewehren" auf den Straßen selbst ,,erste Helden" sich nicht aus dem Hause trauten.

Diedrich Diederichsen

Zusammenschluß vornehmer Musikliebhaber

1828 taten sich fünf in Hamburg ansässige Männer, die Juristen Busch und Trummer, der Arzt Kunhardt, der ehemalige Oberst Stockfleth und als einziger Musiker der als Komponist, Pianist und Chorleiter bereits bekannte Friedrich Wilhelm Grund, zusammen und gründeten am 9. November 1828 die Philharmonische Gesellschaft, deren einziges Ziel aus den Anfangssätzen des Gründungsprotokolls hervorgeht: ,,Es wird ein Verein zur Aufführung von Winterconcerten beabsichtigt, wofür durch Subskription die Theilnahme eines geschlossenen Cirkels gewonnen werden soll. Der Zweck des Vereins wird auf Aufführungen von Symphonien und den ausgezeichnetsten Ouvertüren durch Musiker gerichtet sein, und zugleich hiesigen und auswärtigen Künstlern Gelegenheit bieten, sich vor einem gebildeten Publikum hören lassen zu können." Vier Konzerte pro Saison waren geplant, doch mußte das erste, ursprünglich auf den 13. Dezember festgesetzte Konzert wegen der knappen Zeit auf den 17. Januar verlegt werden. Aufführungsort war der ‚Apollo-Saal' auf der Drehbahn, 1804 erbaut und wegen seiner überaus guten Akustik auch von gastierenden Virtuosen gern als Konzertsaal genutzt. Als Konzerttage kamen zunächst nur die Sonnabende in Frage, da die Musiker fast ausschließlich Mitglieder des Stadttheaterorchesters waren und nur am Sonnabend spielfrei hatten. Schon das Programm des ersten Philharmonischen Konzertes in Hamburg zeigt allerdings, daß die Veranstalter von vorneherein von ihrem Konzept abwichen und neben Orchesterwerken und Instrumentalkonzerten auch Ge-

276 Der Ausschluß der Frauen aus der öffentlichen Musikausübung hatte schon vor dem 19. Jahrhundert ein lebendiges Musikleben in privaten Zirkeln entstehen lassen. Auch neben den neuen Chor- und Musikvereinen existierten solche Zirkel weiter: Hausmusik, Kreidezeichnung, um 1830

sangsnummern aufnahmen. Bis 1863 leitete Friedrich Wilhelm Grund selbst die Philharmonischen Konzerte und nahm sich in den ersten Jahren vor allem der Aufführungen Beethovenscher Werke an.

Allerdings hatten die Hamburger auch schon vorher nicht auf öffentlich zugängliche Orchesterkonzerte verzichten müssen.[1] Bereits Georg Philipp Telemann und nach ihm Carl Philipp Emanuel Bach hatten in ihrer Eigenschaft als städtische Musikdirektoren im 18. Jahrhundert regelmäßig Konzerte veranstaltet, für die sie jedoch das finanzielle Risiko völlig privat tragen mußten. Auch andere Musiker und Musikalienhändler hatten sich vom Rat die Genehmigung für die Veranstaltung von Konzerten auf Subskriptionsbasis, d. h. eine Art Abonnement, erteilen lassen und durchaus Erfolge verbuchen können. 1793 begann der Theaterdirektor Friedrich Ludwig Schröder in seinem ‚Comödienhaus am Gänsemarkt‘, dem späteren Stadttheater, an den spielfreien Tagen mit Konzerten, bald wohlklingend ‚Musikalische Akademien‘ genannt, um die Einnahmen seines Theaters zu verbessern, und diese Konzertreihe wurde über das ganze 19. Jahrhundert hin fortgesetzt. Der unmittelbare Vorläufer der Philharmonischen Gesellschaft war jedoch die Gesellschaft ‚Harmonie‘, 1789 als „Zusammenschluß vornehmer Musikliebhaber zum Zwecke ständiger Konzertaufführungen" entstanden. Bis zur Gründung der Philharmonischen Gesellschaft 1828 veranstaltete sie alljährlich sechs Konzerte, zu denen auch Gäste willkommen waren.

Die Schwierigkeit bei all diesen frühen Initiativen lag jedoch darin, daß die aus dem späten Mittelalter überkommene zunftähnliche Organisation der in Hamburg tätigen Musiker die künstlerische Vielfalt und das künstlerische Niveau der Konzerte von den Fähigkeiten der jeweils amtierenden Stelleninhaber völlig abhängig machte.[2] Bis 1811 war jeder Konzertveranstalter in Hamburg gesetzlich gezwungen, ein Orchester aus den fest angestellten Ratsmusikanten und den offiziell eingeschriebenen freien Berufsmusikern der Stadt, den sog. „Rollbrüdern", zu bilden, zu denen allerdings im Bedarfsfall – Ratsmusikanten und Rollbrüder stellten ja zusammen zu Beginn des 19. Jahrhunderts nur noch 16 Musiker – ergänzend andere und auswärtige Musiker herangezogen werden durften. Diese Vorschrift galt auch für das Theaterorchester. Zudem unterlag das gesamte Hamburger Musikleben bis 1822 offiziell dem städtischen Kantor und Musikdirektor, der allerdings hauptsächlich die Kirchenmusik beaufsichtigte, in der bis zu diesem Zeitpunkt auch keine Frau mitwirken durfte. Nach dem Tode des letzten Stelleninhabers Christian Friedrich Gottlieb Schwencke, 1822, wurde das Musikdirektorenamt jedoch nicht wieder besetzt, und die privaten Initiativen hatten von nun an freie Hand, da der Rat sich nicht mehr um die Musikorganisation der Stadt kümmerte.

Der Ausschluß der Frauen aus der offiziellen Musikausübung, sofern sie von Laien ausgeführt werden konnte, hatte ein höchst lebendiges Musikleben in privaten Zirkeln entstehen lassen, und die Auflösung der alten Organisationsformen rief konsequenterweise sofort eine Fülle an Chor- und Musikvereinen hervor, die gern ihre Kunst nun auch der Öffentlichkeit präsentieren wollten. Der bedeutendste war die 1819 gegründete ‚Gesellschaft der Freunde des religiösen Gesanges‘ die seit 1868 unter dem Namen ‚Singakademie‘ aus dem Konzertleben der Stadt nicht mehr wegzudenken war. Bei ihrer Gründung waren dieselben Männer beteiligt wie bei der Gründung der Philhar-

277 Ein Höhepunkt öffentlichen bürgerlichen Musizierens war das dritte norddeutsche Musikfest, das 1841 in Hamburg ausgerichtet wurde. In der Michaeliskirche fanden die beiden geistlichen Konzerte statt: Lithographie, 1841

monischen Gesellschaft, und der Leiter hieß ebenfalls Friedrich Wilhelm Grund. Ein gemeinsames Konzertieren ergab sich nach 1828 als selbstverständlich, obwohl die ‚Gesellschaft‘ zunächst vor allem die Pflege des Kirchenchorgesangs als ihr Programm ansah. 1823 folgte die Gründung der ‚Hamburger Liedertafel‘, eines Männergesangvereins, 1843 des ‚Cäcilienvereins‘, wiederum zur Pflege der vokalen Kirchenmusik, neben vielen anderen mehr oder weniger großen und dauerhaften, deren Konzerte häufig allerdings kaum über den privaten Rahmen hinausgingen. Musikalischen Genuß boten auch die Theater, wobei jedoch in der Auswahl durch die Theaterleitung und der Beliebtheit beim Publikum eher der erfolgversprechende theatralische Effekt eines Stückes ausschlaggebend war als seine musikalische Bedeutung.

Öffentliche Kammerkonzerte neben den Orgelkonzerten in den Kirchen veranstalteten vor allem die verschiedenen Musikalienhandlungen, die auch weniger bekannten einheimischen wie auswärtigen Musikern Gelegenheit zu Soloauftritten gaben und viele Quartett-Vereine ins Leben riefen, an denen sich dann auch die Musiker der Philharmonischen Konzerte beteiligten, bis sie ab 1876 eine eigene Kammerkonzertreihe anboten.

Einen Höhepunkt für Hamburgs Musikliebhaber bedeutete das Dritte Norddeutsche Musikfest 1841 in Hamburg.[3] Zwei Jahre zuvor hatten sich zehn Städte – außer Hamburg Lübeck, Schwerin, Rostock, Wismar, Güstrow, Bremen, Altona, Kiel und Lüneburg – zur Organisation der Norddeutschen Musikfeste vereinigt, und nach Lübeck und Schwerin war Hamburg der dritte Veranstaltungsort. Zahlreiche gesellige Zusammenkünfte begleiteten das musikalische Programm, das mit drei Konzerten

278 Sowohl für das Musikfest 1841 wie für das dritte deutsche Sängerbundesfest, 1882, wurde eine eigene Festhalle gebaut: „Concert in der Festhalle", Xylographie, 1882

einen Querschnitt durch die damalige Aufführungspraxis bot. Die Michaeliskirche nahm die beiden geistlichen Konzerte auf, in denen einmal Händels ‚Messias' gegeben wurde, zum zweiten ein gemischtes Kirchenmusikprogramm, zu dem allerdings auch Beethovens Ouvertüre „Die Weihe des Hauses" zählte. Für das weltliche Programm hatte man extra eine große Festhalle bauen müssen, denn Hamburg verfügte über keinen Saal, der ca. 5000 Zuhörer hätte fassen können. Als berühmte Gäste kamen zum Musikfest Heinrich Marschner und Franz Liszt, der schon 1840 das Hamburger Publikum als Klaviervirtuose zu Begeisterungsstürmen hingerissen hatte. Ähnliche Musikfeste mit gleich überwältigender Beteiligung erlebte Hamburg später noch einmal mit dem Dritten deutschen Sängerbundesfest im August 1882 mit ca. 7000 Sängern aus allen Teilen des jungen Reiches und zwei Jahre später mit einem mehr lokalen Hamburger Musikfest, an dem immerhin noch 1567 Chorsänger und 180 Orchestermitglieder zusammen musizierten.

Der große Brand im Mai 1842 brachte das Hamburger Musikleben in eine ernste Krise. Dem Wiederaufbau der zerstörten Stadtteile, dem Fortbestehen des Handels galt das Interesse der Hamburger Bevölkerung, musikalische Unterhaltung auch ernster und gehobener Art trat in den Hintergrund. 1843 fand beispielsweise kein einziges Philharmonisches Konzert statt.

Nach 1850 aber setzte erneut ein Aufschwung ein. Mit dem 1100 Plätze umfassenden Wörmerschen Konzertsaal in der Fuhlentwiete – der später den Namen ‚Conventgarten' führte – fand sich ein größerer Konzertsaal, und auch die Bildung eines speziellen Sinfonieorchesters für die Philharmonischen Konzerte nahm greifbarere Formen an; seit 1867 gab es dann in dieser Reihe zehn Abende pro Saison. Die Stabilisierung auf dem Gebiet der Orchesterkonzerte lockte zahlreiche berühmte Gäste nach Hamburg, das überhaupt von jeher für Virtuosen eine besondere Anziehungskraft besessen hatte. Angelica Catalani, Henriette Sontag und Jenny Lind hatten hier schon in der ersten Hälfte des 19. Jahrhunderts gesungen, die berühmten Geiger Nicolo Paganini, Henri Vieuxtemps und Joseph Joachim gastierten, als Pianisten wurden beispielsweise immer wieder Clara Wieck-Schumann und Hans von Bülow bejubelt; Hector Berlioz, Max Bruch und Richard Wagner gaben Konzerte, die jedoch nicht alle den gewünschten Erfolg erzielten, der allerdings den mitreißenden Konzerten, die Johann Strauß Vater 1836 und später Johann Strauß Sohn im Jahre 1852 in Hamburg dirigierten, sicher war. Die anspruchslose musikalische Unterhaltung, die auch in den Vorstadttheatern und bei den Konzerten der Militärmusikkapellen das Programm bestimmte, fand ohnehin immer genügend Zuhörer, zumal sie auch finanziell leichter erschwinglich war.

1889 begann darum die Reihe der ‚Volks-Konzerte', die mit verbilligten Eintrittspreisen auch den weniger begüterten Musikinteressierten die Möglichkeit des Konzertbesuches gewähren sollte. Hinter dieser neuen Veranstaltungsserie stand jedoch auch die Absicht, den Philharmonischen Konzerten neue Freunde zu gewinnen, denn sie hatten seit einigen Jahren mit einer starken und publikumswirksamen Konkurrenz zu kämpfen. Schon die Stadttheaterkonzerte waren, vor allem bei der Verpflichtung zugkräftiger Virtuosengäste, der Philharmonischen Gesellschaft häufig zuvorgekommen. 1856 hatte der Musiklehrer Georg Dietrich Otten den ‚Hamburger Musik-Verein' gegründet, der bis 1863 regelmäßig Abonnementskonzerte gab. In dieser Reihe trat Johannes Brahms in den 50er Jahren mehrmals als Pianist mit eigenen und fremden Werken auf. Ebenso hatte in dieser Zeit die vielseitige Konzertreihe der ‚Akademie von 1851', einer Gründung des Musikers Karl Grädener, reichen Zulauf. 1877 begann der ehemalige Militärmusiker Julius Laube mit einem eigenen Orchester, dessen Mitglieder zum Teil aber auch in den Reihen des Philharmonischen Orchesters zu finden waren, seine Reihe der volkstümlichen Konzerte, die sich in Hamburg großer Beliebtheit erfreuten. Der schwierigste Gegner trat jedoch erst 1886 auf, als die Berliner Konzertagentur Wolff in Hamburg die ‚Neuen Abonnements-Konzerte' startete, deren Programmgestaltung derjenigen der Philharmonische Konzerte sehr ähnlich war. Zunächst führte das Orchester des Stadttheaters die Konzerte durch, dann kam es vorübergehend zur Bildung einer eigenen Truppe, die aber bald durch die Berliner Philharmoniker abgelöst wurde. Wolff konnte für seine Konzerte namhafte Dirigenten saisonweise verpflichten: Hans von Bülow, der zu dieser Zeit die musikalische Leitung im Stadttheater innehatte, machte den Anfang, 1894/95 folgte Gustav Mahler, dann kamen Felix Weingartner, Arthur Nikisch und als Gäste Karl Muck, Richard Strauss und Felix Mottl.

Diese Konkurrenz, die den Fortbestand der Philharmonischen Konzerte ernsthaft gefährdete, rief 1896 finanzkräftige und einflußreiche Hamburger unter Führung von Rudolph Petersen auf den Plan, die den ‚Verein Hamburgischer Musikfreunde' gründeten mit dem Ziel, durch private wie staatliche Unterstützung die Mittel für ein ständiges Hamburger Sinfonieorchester zu schaffen. Der Senat sagte seine Hilfe unter der Bedingung zu, daß alljährlich fünf Volkskonzerte zum einheitlichen Eintrittspreis von 50 Pfennig veranstaltet würden, zu denen ein Jahr später noch regelmäßig die sog. Volksschülerkonzerte hinzukamen. Bei der Organisation der ‚Volkskonzerte' wirkte vor allem der Hamburger Lehrer-Gesangverein tatkräftig mit, der aber auch als Chor in den Konzerten häufig auftrat und die Singakademie verstärkte.

Kulturelles Leben und Künstlertum

279 Im 19. Jahrhundert fanden öffentliche Konzerte in kommerziellen Sälen mit Restauration oder in den Theatern statt. Erst mit der von Carl Laeisz gestifteten, von den Architekten Haller und Meerwein 1904–1908 errichteten Musikhalle stand ein öffentliches Konzerthaus zur Verfügung: Photographie von 1912

1904 begannen die Hamburger Architekten Haller und Meerwein mit dem Bau der neuen Musikhalle am Holstenplatz, dem heutigen Karl-Muck-Platz, die mit zwei Sälen, 1900 bzw. 500 Sitzplätze fassend, aufgrund einer Stiftung des Reeders Carl Laeisz den Mittelpunkt des Hamburger Konzertlebens für die Zukunft bilden sollte und im Juni 1908 durch ein Festkonzert mit Werken von Johann Sebastian Bach, Georg Friedrich Händel, Johannes Brahms und Ludwig van Beethoven eingeweiht wurde. Die Dirigenten der Philharmonischen Konzerte konnten nun auch für die Aufführung zeitgenössischer Werke Einführungsabende anbieten, die dem interessierten Publikum den Zugang zu neuartigen Klängen und Kompositionsformen erleichtern sollten.

Damit hatten die Bemühungen der Hamburger Musikfreunde, die alle Aktivitäten des 19. Jahrhunderts letztlich bestimmt hatten, endlich einen erfolgreichen Abschluß gefunden. Hamburg besaß nunmehr ein stehendes Sinfonieorchester und einen geeigneten Konzertsaal. Anläßlich des Musikfestes 1841 hatte ein auswärtiger Festteilnehmer über die Hamburger Musikverhältnisse geklagt:[4] „Aber eine dauernde Pflege, eine förmliche sichere Reception der Kunst ist nirgends durch eine bestimmte öffentliche Form ausgesprochen, oder durch ein Institut gesichert. Man könnte sagen, die Kunst in Hamburg verhielte sich zum Geschäftsleben, wie das Römische Recht zu dem Hamburger Stadtrecht. Ersteres gilt nur da, wo das Letztere nicht existiert oder nicht widerspricht." Zumindest eine „öffentliche Form" war jetzt gewährleistet.

Gisela Jaacks

Tatsächlich ist ein literarischer Rang hier etwa so wertlos wie Ordenssterne

Hatten noch im 18. Jahrhundert die jakobinischen Schriftsteller ihre Freiheitsideale im Protest gegen den Feudalstaat formuliert, so wandte sich im Vorfeld der Märzrevolution die Gesellschaftskritik der Hamburger Literaten vor allem gegen die „unheimliche Verführungsmacht, die im Geldsacke lauert". [2] Aus dem „verluderten Kaufmannsnest",[3] angesichts „der Geldwerdung Gottes oder ... der Gottwerdung des Geldes"[4] emigrierte Heinrich Heine 1831 nach Paris, um von dort den deutschen Lesern die „Weltgeschichte"[5] zu vermitteln.

Ökonomisch motivierte Empörung über die gebrochenen Versprechen von 1807 artikulierte der Weinhändler, Demokrat und organisierte Abstinenzgegner Wilhelm Hocker: „Wir geben den Siegern, für Freiheit entflammt, / Ein Plätzchen im Staate, ein nährendes Amt, / Wir lassen nach Neigung sie schalten. / Die hemmenden Steuern, der Zöll, Verhaft, / Das drückende Kopfgeld wird abgeschafft ... '/ Und dennoch, ihr Leutchen, blieb Alles beim Alten: / Was hat man versprochen, was hat man gehalten" – und beschwor die Freiheit hamburgischen Handels und Gewerbes unter nationalem Vorzeichen: „Wir wollen kräftig uns bewahren / Der Elb' ureigne deutsche Fluth, / ... / So lang' der Hafen reich an Masten, / Die Speicher reich an Wein und Korn / so lange lassen wir nicht tasten / an unserm blauen Segensborn. / Wir lieben alle Nationen, / ... / doch darf in Deutschlands Gau'n nur thronen / Das deutsche Herz, der deutsche Held."[6]

Hocker führte einen täglichen Kampf mit Reaktion und Zensur, der „immer mißlich für ihn ausfiel".[7] Seit 1835 saß er immer wieder auf dem Winserbaum ein, seine 1843 in Kiel erschienenen Gedichte widmete er folgerichtig „Der Behörde, die voll Strenge jegliches Verbrechen ahndet, / Die mit Stricken und Daumschrauben auf den Hochverräther fahndet, / Die durch Stock- und Ruthenschläge, Winserbaum und Roggenkist, / Jeden züchtigt, der entschlossen, muthvoll und freisinnig ist: / Hamburgs Polizei-Behörde weih'n wir diesen Theil vom Ganzen".[8] Die ‚Fabel aus der Mohrenrepublik' (1842) brachte drei Monate Winserbaum: Dem Vorwurf der Entschlußlosigkeit, Überalterung und Konformität begegneten die Stadtväter umgehend.

Für manchen der zwangsweise durch die deutschen Fürstentümer und die übrige Welt reisenden Dichter war Hamburg Zwischenstation. Ludolph Wienbarg, dessen 1834 gedruckte Kieler Vorlesungen ‚Ästhetische Feldzüge, dem jungen Deutschland gewidmet' diesem den Namen gaben, kam 1836, aus Frankfurt ausgewiesen, gleichzeitig mit dem aus Mannheim ausgewiesenen Karl Gutzkow nach Hamburg. Gutzkow gab hier bis 1842 die Zeitschrift ‚Der Telegraph' heraus, an der Friedrich Hebbel mitarbeitete. Der Dialog der Progressiven war nicht nur von politischer Brisanz: Als Hocker Gutzkows Drama ‚Richard Savage' ein Plagiat nannte, ließ dieser Hebbel eine wütende Antwort veröffentlichen. Die entstehende Fehde gipfelte in einer Duellforderung Hebbels an Hocker.[9]

Das Ereignis, das, ungeachtet aller Rivalität, die Hamburger Literaten in Betroffenheit einte, war der Brand vom Mai 1842. Unter vielen Ungenannten verfaßten Johann Wilhelm Christern, Louis Eduard Goulay und Heinrich Zeise Gedichte, Gebete, Balladen, die als Flugblätter oder Heftchen verkauft wurden und deren „Netto-Erlös" für den ‚Hülfsverein für nothleidende Abgebrannte', die „Wittwen der beim Brand verunglückten Altonaer", für den Wiederaufbau der Kirchen usw. bestimmt war.

Doch es war nicht alles verloren: „Zwischen Türmen und Ruinen schimmert Hamburgs Börse".[10] Außerdem riefen die Flammen dankbar empfundene Solidarität hervor: „Lernten jene Feuergluthen / Uns nicht tausend Brüder kennen / Die sich Hamburgs Bürger nennen: / Als die Braven, Edlen, Guten, / Die in jener Schreckenszeit / Hamburgs Rettung sich geweiht".[11] Die Spenden aus ganz Deutschland kommentierte Heine, schon im Blick auf die Verwendung des Geldes, aus der Ferne: „Gottlob! Man kollektierte für uns / Selbst bei den fernsten Nationen – / Ein gutes Geschäft – die Kollekte betrug / Wohl an die acht Millionen",[12] während Hocker noch zum 1. Januar 1843 beobachtete, „daß der Obdachlosen bange Zähre / Noch jetzt um die verlor'ne Habe rinnt", obwohl „Ganz Deutschland bot zum milden Zweck die Hände".[13] Alles in allem war der Brand wohl ein Geschäft ohne genaue Buchführung, denn als Karl Baurmeister, wegen seiner Publikationen zu '48 später mehrfach verhaftet, 1843 schrieb „Wo blieb der Rest des Geldes aus dem Unterstützungs-Fonds für die abgebrannten Hamburger?", mußte er Hamburg schleunigst verlassen.

Der Brand wurde aber auch als Chance zum sozialen Neubeginn gesehen: „Aber es steht zu hoffen, daß der Große Brand auch die unteren Intelligenzen ein bißchen erleuchtet haben wird ... Namentlich die bürgerliche Gleichstellung der verschiedenen Konfessionen wird jetzt gewiß nicht mehr in Hamburg vertagt werden können".[14] „Mein Hamburg ... / Du darfst vertrau'n, daß dir dein Werk gelingt; / ... / Jedoch am meisten wird uns stets erquicken / Der Eintracht und des Friedens milder Geist".[15]

Der Brand weckte patriotische Gefühle und wurde als Mahnung zur Erneuerung gewertet. In diesem Sinne begann eine kritische Aufarbeitung der Geschichte Hamburgs. Christern, Kämpfer für Pressefreiheit und nationale Einigung, publizierte die „Geschichte der freien Stadt Hamburg und ihrer Verfassung" 1843 und „Hamburg und die Hamburger. Portraits, Zustände und Skizzen" 1847. Ähnlich bot später auch Otto Beneke in „Hamburgische Geschichten und Denkwürdigkeiten" (1856) aufrechte Männer aus Hamburgs Historie als Vorbilder an. Johann Gustav Gallois – „Der Hansabund, von seiner Entstehung bis zu seiner Auflösung" 1852 und „Hamburgische Chronik von den ältesten Zeiten bis auf die Jetztzeit" 1861–64 – war einer der wenigen bürgerlichen Literaten, die während der Reaktionsphase nach '48 noch an den Idealen des Vormärz festhielten. Er war Führer der Linken Fraktion nach den Wahlen zur Hamburger Konstituante vom Oktober/Dezember 1848, die sich im Hause des Verlegers Julius Campe traf.

Buchhandlung und Verlag Hoffmann und Campe, gegründet 1810, wurden 1823 von Julius Campe übernommen und der freiheitlichen, demokratischen Bewegung gewidmet; verlegt wurden u.a. Heine, Börne, Gutzkow, Hebbel, Gottschall und Wienbarg, wobei Campe liberales politisches Engagement mit Geschäftstüchtigkeit verband: „Ich danke dem Schöpfer in der Höh', / Der diesen Saft der Reben / Erschuf, und zum Verleger mir / Den Julius Campe gegeben".[16]

Der Hamburger Buchhandel war insoweit „frei", als er den

Senat und die Gesandten nicht störte. Campe konnte jedoch noch nicht einmal durch den Bundestagsbeschluß vom Dezember 1835 erschüttert werden, der sein ganzes Geschäft als staatsgefährdend verbot – bester Beweis: Die Druckerzeugnisse seines Verlags mußten in Preußen 1841/42 und in Österreich 1846 bis 48 noch einmal verboten werden.

Für die '48er gründete der von Hoffmann und Campe kommende Buchhändler Otto Meißner im Juni 1848 einen Verlag, seine ersten Autoren waren Hölty, Feuerbach, Büchner; seine sicherlich berühmtesten Buchveröffentlichungen die drei Bände des ‚Kapital'.

Die Hamburger Literaten konnten auch im dänischen Altona publizieren – die Gesetze dort waren liberaler, der König weit und zumindest bis 1848 wenig interessiert. Allerdings reichte Hamburgs Arm über die Stadtgrenzen hinaus, wie der Erzieher Georg Eckermann erfahren mußte auf seine ,,Allerunterthänigste Bitte um Recht und Gerechtigkeit an Seine Majestät Friedrich Wilhelm IV" (1847 im Selbstverlag erschienen, 2. Auflage 1848). Er war von Hamburg nach Wandsbek retiriert, wurde aber von dort und aus ganz Holstein ausgewiesen. Nach mehreren Weigerungen seinerseits und darauffolgenden Verhaftungen machte er sich auf, sich persönlich beim dänischen König zu beschweren und ,,Hülfe gegen die Plackereien der wandsbeker Polizei zu suchen".[17] 1848 war dafür aber kein günstiger Zeitpunkt und so wurde er in Kiel gleich wieder festgesetzt.

Den schleswig-holsteinischen Feldzug 1848 machten auch die ,Jungen Deutschen' mit Waffe und Lied mit; dabei waren Wienbarg, Adolph Strodtmann im Studentencorps, der später seine ,Lieder eines Kriegsgefangenen auf der Dronning Maria' verfaßte, Heinrich Zeise mit ,Kriegslieder auf Schleswig-Holstein', Christern mit ,Kampflieder der Schleswig-Holsteiner'.

,Barrikadenlyrik' entstand 1848 auch in Hamburg: Christerns ,Hamburger Loosungswort' widmete er dem Bürgerverein 1849, Rudolph Gottschall veröffentlichte ,Die Marseillaise. Ein dramatisches Gedicht' 1849, Gallois am 23. März 1848 ,Leuchtkugeln' und Heinrich Zeise warnte in der ,Reform': ,,Sie wetzen heimlich ihren Dolch, um euer Recht zu schmälen, / Drum seid gerüstet stets zum Kampf, nicht ruhe Schwert und Lanze, / . . . / Und wenn man kränket euer Recht und sinnt auf euren Schaden, / So reißt das Straßenpflaster auf und bauet Barrikaden".[18]

Manchem Hamburger Schriftsteller wird es, als Hans Schröder ihn 1851 für sein ,Lexikon der hamburgischen Schriftsteller bis zur Gegenwart' befragte, so ergangen sein wie Gallois, der sich an seine Publikationen vor '48 nicht mehr namentlich erinnern konnte: Er habe ,,mehrere kleine Flugschriften, Pamphlets etc., welche meist anonym erschienen" verfaßt, sei aber nicht mehr ,,im Stande", alle näher anzugeben.

Als Beispiel für den Übergang vieler bürgerlichen Literaten von radikaldemokratischen auf staatstragende Positionen in dem sich herausbildenden Gegensatz von Bürgertum und Arbeiterbewegung steht Adolph Strodtmann, der über Paris (1850), London und Amerika 1856 nach Hamburg zog. Der Übersetzer Byrons, Shelleys und Tennysons gab hier die Sammelbände ,Lieder- und Balladenbuch amerikanischer und englischer Dichter der Gegenwart . . . mit einem Zueignungsbriefe an Ferdinand Freiligrath' und ,Die Arbeiterdichtung in Frankreich. Ausgewählte Lieder französischer Proletarier' 1862 und 1863 heraus, vor allem aber die erste kritische Heinrich Heine-Gesamtausgabe 1861-69 bei Hoffmann und Campe. Aber

280 Für manchen der exilierten deutschen Dichter war Hamburg Zwischenstation. Karl Gutzkow gab hier 1836 bis 1842 die Zeitschrift ,,Der Telegraph" heraus, an der Hebbel mitarbeitete: Stahlstich, um 1850

schon 1870/71 war Strodtmann als Kriegsberichterstatter dreier Zeitungen Teilnehmer am Frankreich-Feldzug. Mit seinen Kriegserinnerungen ,Alldeutschland, in Frankreich hinein!' begleitete er das Umschwenken der Bourgeoisie auf die Position imperialer Politik.

Denselben Einflüssen unterlag die seit den '40er Jahren besonders von Hamburg aus entstehende Reise- und Abenteuerliteratur (Friedrich Gerstäcker ,Streif- und Jagdzüge durch die Vereinigten Staaten' 1844, ,Die Flußpiraten des Mississippi' 1848 usw., Heinrich Smidt ,Berlin und Westafrika' 1846, Heinrich Barth ,Reisen und Entdeckungen in Nord- und Zentralafrika' 1858), die ursprünglich humanistisch-wissenschaftlichen Charakter hatte, später aber immer mehr zur Rechtfertigung des Imperialismus geriet, wie bei Smidt, der schon 1853 ein ,Liederbuch für Preußens Marine' herausgab.

Als Reaktion auf die Arbeiterbewegung und die nicht wegzudiskutierende ,,soziale Frage", nämlich im Gefolge des Naturalismus, entstand in Hamburg wieder ein Dichterkreis: Die ,Literarische Gesellschaft', 1891 gegründet, stellte sich die Aufgabe, ,,immer größere Kreise für die Segnungen eines wahrhaft edlen Kunstgenusses empfänglich zu machen und sich allgemach zu einer imposanten Vertretung des Hamburger literarischen Lebens zu entfalten".[19]

281 Der Schlosser Jakob Audorf wurde in den 1860er Jahren zum politischen Dichter. Er schrieb u. a. 1864 die „Arbeiter-Marseillaise", das bis 1891 meist gesungene Kampflied: Xylographie um 1898

Vorsitzender der Gesellschaft war der Volksschullehrer Otto Ernst, der Sohn eines Ottenser Tabakarbeiters. Er veröffentlichte 1905, 1908 und 1916 unter den Titeln ‚Asmus Sempers Jugendjahre', ‚Semper der Jüngling' und ‚Semper der Mann' den Roman seiner Bildung, in dem er seine Herkunft, die tägliche Not, die brotlose Arbeit beschrieb und gleichzeitig als stilles Glück im Winkel romantisch verklärte. Die Semper-Romane hatten eine „unerhörte Wirkung .., die Gelehrte und Ungelehrte, Berühmte und Unberühmte, Kranke und ... Beladene getröstet und mit Lebensmut erfüllt"[20] haben – sie neutralisierten gesellschaftliches Bewußtsein durch den frühbürgerlich-optimistischen Glauben an soziale Integration durch Bildung und Kunst.

Die auffälligste Figur der ‚Literarischen Gesellschaft' war Detlev Baron von Liliencron, aus unbegütertem schleswig-holsteinischem Adel, preußischer Offizier, Kriegsteilnehmer. Liliencrons Zuneigung zu den bäuerlichen einfachen Menschen, sein Mitleid mit den Entrechteten und Armen führte zu seinem Wunsch „Gegenwelten" zu schaffen und er entwarf eine preußisch-altritterliche Welt mit so überzeugenden Traumschlössern, daß seine Leser anfragten, ob sie sich nicht auf seinen Gütern erholen könnten. Im Gefolge Liliencrons dichteten Gustav Falke, Jakob Löwenberg und Carl Bulcke; realistische Einblicke in die soziale Welt der Elbfischer, verbunden mit phantastischen Elementen, vermittelte der 1916 gefallene Gorch Fock.

Richard Dehmel schloß sich an, als er 1901 nach Hamburg kam. Auf seine frühen sozialkritischen Gedichte folgte bald eine Hinwendung zu egoistischem Genuß und Militarismus. 1914 Kriegsfreiwilliger, unterschrieb er die Erklärung der 93 Wissenschaftler und Künstler für den Krieg. Die Arbeiterbewegung wollte er umlenken: „O, laßt euch rühren, ihr Tausende! / Einst sah ich euch in sternklarer Winternacht / Zwischen den trüben Reihen der Gaslaternen / Wie einen ungeheuren Heerwurm / Den Ausweg aus eurer Drangsal suchen; / Dann aber krocht ihr in einen bezahlten Saal / Und hörtet Worte durch Rauch und Bierdunst schallen / Von Freiheit, Gleichheit und dergleichen. / Geht doch hinaus und seht die Bäume wachsen"[21] oder doch neutralisieren, indem er sie in das Programm der ‚Werkleute auf Haus Nyland' seines Freundes Josef Winckler einbezog. 1913 empfahl er Winckler einen Harburger Fabrikarbeiter: „Die kommunistische Tendenz seiner Dichtung wird Ihnen wohl nichts ausmachen ... Ich bin sogar der Meinung, daß die Quadriga sehr gut dabei fahren wird, wenn sie zwischen das imperatorische Viergespann noch ein proletarisches Streitroß einspannen. Woraus Sie entnehmen mögen, daß ich Sie ... für Manns genug halte, die Zügel nicht aus der Hand zu verlieren".[22]

Das politische Selbstverständnis und Selbstbewußtsein der hier so heftig umworbenen Plebejer knüpfte an die '48er Revolution an, die „nun einmal aus der Weltgeschichte nicht heraus zu bringen ist, trotz Pfaffen und Gensd'armen und Zuchthäusern und Galgen".[23] Ab 23. März 1848 erschien die ‚Reform' auf Subskription des St. Pauli Bürgervereins als radikalste Zeitung Hamburgs. Einer ihrer Redakteure war, neben Christern und Zeise, Heinrich Schacht, geboren 1817, Zigarrenfabrik mit acht Jahren, Schmiedelehre mit vierzehn: „Ich habe den Amboß der Schiffsschmiede verlassen und bin der Hammer der Reimschmiede geworden".[24] Für die ‚Reform' schrieb er eine ‚Deutsche Bitte' in der Form des Vaterunser, die Protest zugleich gegen deutsche Zustände nach '48 und religiöse Unterwürfigkeit ist: „Heilig, heilig sei dein großer Name, / Der uns führt durch rabenschwarze Nacht! / Stolz und prächtig wehet Deutschlands Fahne – / Schwarz-Roth-Gold! o Deutschland, bleibe wach!"[25] heißt es in der zweiten Strophe. Die Gesamtausgabe seiner bis 1855 erschienenen Schriften, unter dem Titel ‚Bilder aus Hamburgs Volksleben. Dem Bildungsverein für Handwerker in Hamburg in dankbarer Hochachtung' gewidmet, sind durchaus kein Loblied auf „Sparsamkeit" und „innige Gemüthlichkeit", wie der Herausgeber im Vorwort versichert, sondern schildern neben Unterdrückung und Armut die moralische Integrität und das für den ganzen Staat vorbildliche ökonomische Organisationstalent der „kleinen Leute".

Die politische Organisation der Arbeiterklasse führte zu Gedicht- und Liedschöpfungen, die die als kollektiv erkannten Lebenserfahrungen und -aufgaben verarbeiteten: Der Schlosser Jakob Audorf wurde in den '60er Jahren zum politischen Dichter, schrieb u. a. das Arbeiterbundeslied, unterstützte die frühen Lohnkämpfe – ‚St. Peter und die Streikbrecher' – vor allem aber schrieb Audorf 1864 das bis '91 meistgesungene Kampflied, die ‚Arbeiter-Marseillaise' und gab damit der Arbeiterklasse ein bedeutendes Identifikationsmoment. Wilhelm Geib, der erste politische Führer der Hamburger Arbeiterbe-

Kulturelles Leben und Künstlertum

282   Auffälligste Figur der 1891 begründeten „Literarischen Gesellschaft" war Detlev von Liliencron: Gemälde von Arthur Illies, 1906

wegung, gründete 1864 eine Buchhandlung und Leihbücherei und schrieb agitatorische Lieder und Gedichte, die in der 2. Auflage 1876 den Aufschwung der Arbeiterbewegung Anfang der '70er Jahre widerspiegeln. Besonders seine Gedichte auf die Pariser Commune werten den Kampf der Kommunarden als Kampf für die Unterdrückten aller Länder: „Nicht Herren mehr und nicht mehr Knechte – der Arbeit Frucht dem Arbeitsmann!"

Die Tradition sozialistischer Literaturverbreitung in der Arbeiterbewegung, schon 1845 mit der Gründung des ‚Bildungsvereins für Arbeiter' durch Wilhelm Weitling in Hamburg begonnen, setzte sich durch das allgemein übliche Vorlesen in Heimarbeiterstuben und durch den 1878 gegründeten ‚Fortbildungsverein für Barmbek-Uhlenhorst' fort. Während die Bildungsorganisationen Lesefähigkeit und Allgemeinwissen vermittelten, konzentrierten sich die nach 1893 im Zusammenhang mit der ‚Freien Volksbühne' – in Hamburg gegründet von Otto Ernst und Gustav Falke – entstehenden Organisationen auf die Vermittlung von Theater, Literatur, Kunst und Musik, z.T. auf betont populäre Art: „Gute Bücher" wurden auf Tombolen verlost und auf Bildungsbasaren ausgestellt und verkauft. Der zeitweilig beträchtliche Einfluß des bürgerlichen Kunst- und Bildungsbegriffs auf die Organisationen der Arbeiterklasse, schon durch die personelle Identität von Vorstandsmitgliedern der verschiedenen Vereine, wurde 1909 durch die Schaffung einer ‚Zentralkommission für das Arbeiterbildungswesen' zurückgedrängt, die alle Kulturorganisationen der Arbeiterbewegung unter den Einfluß von Gewerkschaft und SPD stellte.

Die z.T. erst nach dem 1. Weltkrieg veröffentlichten Autobiographien der Hamburger Arbeiter Franz Bergg (1913), Julius Bruhns und Karl Egon Frohme zeigen, wie im Zeitraum des Sozialistengesetzes die fortschrittlichsten Arbeiter sich ihrer Subjektivität und Klassenzugehörigkeit bewußt wurden und die Grundlagen einer eigenen sozialistischen Erzählliteratur legten, die für Hamburg in Willi Bredels historisch konsequent in diese Zeit zurückreichender Trilogie ‚Verwandte und Bekannte' einen ersten Höhepunkt fand.

Christine Maiwald

Um die Künstler selbst nicht zum besten bestellt

Als am 2. Dezember 1810 Philipp Otto Runge starb, gab es in Hamburg wenige, die auch nur ahnten, welch einen Verlust für die Kunst der Tod des Dreiunddreißigjährigen bedeutete.
War Hamburg, ohne Akademie und Museum, deshalb eine kunstferne Stadt, hätte der junge Runge in Berlin oder in Dresden wesentlich mehr Anklang gefunden? War Hamburg eine Stadt der Pfeffersäcke? Gustav Pauli erläuterte 1925 in seiner immer noch nicht ersetzten Geschichte der ‚Hamburger Malerei der guten alten Zeit‘, daß in Hamburg nicht die Künste schlechthin, wohl aber die zeitgenössischen Künstler „unter Teilnahmslosigkeit verkümmern" mußten: „Das Gesamtbild, das wir vom künstlerischen Leben Hamburgs gegen Ende des achtzehnten Jahrhunderts gewinnen, ist so, daß es bei aller geistigen Regsamkeit und Wohlhabenheit doch um die Künstler selbst nicht zum besten bestellt war ... Die Hauptursache hierfür haben wir in dem wählerischen wesentlich historisch orientierten Geschmack der führenden Gesellschaft zu erblicken".
Erfolg beim Hamburger Publikum hatten die Porträtisten. Der beste war auch der erfolgreichste, Friedrich Carl Gröger, der sich 1815, aus Lübeck kommend, in Hamburg niederließ. Durch seine Kunst ist uns die Gestalt von vielen Hamburgern der beiden Jahrzehnte seines Wirkens in der Stadt überliefert, von Bürgermeistern und Pastoren, von Kaufleuten und Advokaten, von deren Ehefrauen und Kindern. Gröger hat den Schauspieldirektor Schröder, den Romancier Veit Weber (der bürgerlich Leohnhard Wächter hieß) und den alten Domherrn Lorenz Meyer, den letzten Präses des Hamburgischen Domkapitels, porträtiert. Seine Bildnisse, meist Halbfiguren vor neutralem Hintergrund, sind schlicht und ohne Aufwand, nüchtern und sachlich, wie man sich nicht nur damals gern in Hamburg gab.
Gröger hatte einen Malerfreund, Jacob Aldenrath, mit dem er schon an der Berliner Akademie studiert hatte und in Dresden und Paris gewesen war. Beide wirkten bei der lithographischen Umsetzung von Grögers Bildnissen zusammen, die zunehmend wichtig wurde. Durch die neu erfundene Technik der Lithographie nahm die Bildniskunst an Nützlichkeit zu: Verwandte, Freunde und Verehrer konnten nun ohne Aufwand mit einem Bildnis bedacht werden. Gedruckt wurden diese Porträts bei Michael Speckter. Eine ungewöhnliche Gestalt! Seit 1793 hatte er mit Daniel Runge (dem Bruder des Malers), Hülsenbeck (dessen Kinder wir von Runges Bildnis kennen) und Wülffing ein Exportgeschäft betrieben, dann wegen mancher ungünstigen Verhältnisse das Geschäft aufgegeben und sich ganz der Kunst und Literatur gewidmet, vor allem seine große Sammlung älterer Graphik weiter ausgebaut. Deren größten Teil mußte er später Ernst Harzen verkaufen, für 18000 Hamburger Mark, das entspricht etwa 200000 Deutscher Mark heute. Mit dem Erlös gründete er 1818 auf dem Valentinskamp eine Steindruckerei, die erste in Norddeutschland und, dank eines Privilegs, für zehn Jahre die einzige der Stadt; Heinrich Herterich, einst Runges Lehrer, wurde sein künstlerischer Mitarbeiter. Erst 1852 gab der Sohn Otto Speckter den Geschäftsbetrieb der Steindruckerei auf. Wie Gröger und Aldenrath ließ auch der vielbeschäftigte Porträtist Siegfried Bendixen hier drucken, und viele andere Künstler, die sich dem neuen graphischen Verfahren zugewandt hatten. Eine ernste Konkurrenz wurde die Steindruckerei der Brüder Suhr, zu der auch eine Spielkartenfabrik gehörte. Christoffer Suhr hatte seit der Jahrhundertwende einen Namen als Porträtmaler, er war mit Radierungsfolgen wie ‚Kleidertracht und Gebräuche in Hamburg‘ und ‚Der Ausruf in Hamburg‘ berühmt geworden; Cornelius, gelernter Zuckersieder, hatte mit der Camera obscura Stadt- und Landschaftsansichten gezeichnet und daraus farbige Panoramen gemacht, seit 1815 reiste er mit seinen Guckkästen durch die Welt, von London bis Moskau; Peter, ausgebildet als Drogist, hatte sich seit 1818 um Druckerei und Verlag gekümmert und trotz des Verbots auch vor 1828 Lithographien ge-

283 Nach Erfindung der Lithographie gründete Michael Speckter 1818 die erste Steindruckerei in Hamburg, die für viele Künstler gedruckt hat und bis 1852 existierte. Mit ihr konkurrierte die Druckerei der Gebrüder Suhr, deren fruchtbarster Zeichner Peter Suhr war: Lithographiertes Titelblatt, 1838

zeichnet und gedruckt. Seit 1831 firmierte er allein, meist als ‚Lithographisches Institut Peter Suhr‘. Bis heute wird unsere Bildvorstellung von den Straßen und Plätzen Hamburg samt den dazugehörigen Menschen von den Lithographien Peter Suhrs geprägt, der seine fruchtbare Tätigkeit bis zur Jahrhundertmitte ausübte. Nur der Lithograph Wilhelm Heuer konnte seinen geschäftlichen Erfolg mindern.
Auch der junge Erwin Speckter hat uns Schilderungen des Hamburger Volkslebens hinterlassen. Aber diese schlichten Zeugnisse vom Alltagsleben in der Stadt wurden nie in der väterlichen Druckerei vervielfältigt, blieben Studien im Skizzenbuch von 1824. Der Jüngling sah in Overbeck sein großes Vorbild, den Nazarener, der die Kunst aus der Rückkehr zum Glauben des Mittelalters zu erneuern trachtete. Aber mit Bildern solcher Art konnte Speckter in Hamburg nur einen Menschen finden, der ihn mit Aufträgen weiterhalf, den Senatssyndicus Sieveking, der einer der großen Staatsmänner Hamburgs war.
Die wichtigste Arbeit für Karl Sieveking war aber die Ausmalung eines Kabinetts in dem Landhaus, das dieser im Vorort Hamm besaß und das er gerade von Alexis de Chateauneuf umbauen ließ. 1830 hatte Speckter das Werk vollendet; das Kabinett wurde später ausgebaut und befindet sich heute im

Museum für Kunst und Gewerbe. 1833 vermittelte ihm Chateauneuf einen weiteren Auftrag für Wandbilder, im Hause des Bürgermeisters Abendroth. Hatte er dort das vorgegebene Thema, Amors Sieg über die Elemente, in der Nachfolge Runges um den Gedanken der Entwicklung in Gestalt der Tages- und Jahreszeiten – die Liebe als allzeit wirkende Macht – erweitert, so bestimmte er hier die Themen allein: die Grazien, den Amor und die Musen. Speckter starb, nachdem er gerade das erste Fresko vollendet hatte, 1835 mit 29 Jahren; Milde und Boppo vollendeten die Arbeit. Die erhaltenen drei Entwürfe, Aquarelle, haben eine Leichtigkeit, Heiterkeit und Grazie, wie sie in der deutschen Kunst nicht häufig sind.

Wandmalerei fand sich in Hamburg sehr selten. Kaum mehr wäre noch zu nennen als Eggers' ,,mythologische Scherze" von 1832 in Mercks Villa, Mildes zarte Bilder im Nölting-Haus oder ein Fries in Sieveking Haus. Auch in den Kirchen sind monumentale Kunstwerke selten; vor allem Overbecks Altarbild ‚Christus am Ölberg' – 1834 durch Subskription für die Kapelle des städtischen Krankenhauses in St. Georg erworben –, das von Milde entworfene Fenster für St. Petri von 1844 und Steinfurths Altarbild dort, zwei Jahre später entstanden. Außer dem Bäckerjungen, der bei der Aufstellung von Overbecks Bild vor Rührung weinte, so jedenfalls die Legende, scheinen nicht viele Hamburger von Bildern des christlichen Glaubens bewegt worden zu sein.

Selbst der im 19. Jahrhundert so verbreitete Brauch, große Männer durch Standbilder zu ehren, fand in Hamburg erst spät Eingang, mit Julius Lippelts 1866 aufgestelltem Schillerdenkmal, denn die Denkmäler der früheren Zeit wurden von der Architektur dominiert. In den Jahren vor dem großen Brand von 1842 war Otto Sigismund Runge, Neffe des Malers, fast der einzige Bildhauer in Hamburg; plastischer Schmuck war in der Biedermeierzeit hier wenig gefragt.

Der Wiederaufbau der Kirchen und Häuser brachte mehrere Bildhauer nach Hamburg. Ihre romantische Kunst im gotischen Stile war nun vor allem für Statuen an St. Nikolai und in St. Katharinen begehrt, sogar für einen holzgeschnitzten Altar (in St. Petri). Es waren ebenso Künstler mit klassizistischer Schulung, so Bernhard Schiller und Ernst Vivié, wie Steinmetzen aus der Kölner Dombauhütte, vor allem Friedrich Neuber und Engelbert Peiffer, die nun Apostelfiguren für die Kirchen oder Künstlerbildnisse für die Kunsthalle meißelten.

Der Aufbau des neuen Rathauses brachte neue Bildhauer in die Stadt, so Carl Börner, der außer neubarocken Statuen die Stuckdecke im großen Sitzungssaal geschaffen hat, und den Tiroler Bildschnitzer Alois Denoth, der seinem Hang zu genrehafter Schilderung besonders in den Halbfiguren auf den Fensterverdachungen im Hauptgeschoß nachgeben konnte, schließlich auch Karl Garbers, von dem auch das Giebelrelief am Altonaer Rathaus stammt, an dem der junge Barlach mitgewirkt hat.

Die Wandbilder Hugo Vogels im Großen Sitzungssaal stehen dem plastischen Schmuck an minderem künstlerischen Rang nicht nach. Auch sein monumentales Gruppenbildnis des Senats im Jahr 1897 spricht ebenso gegen den Künstler wie den Auftraggeber.

Wo sich wie in Hamburg das Interesse an Bildern so auf Porträt, Vedute und lokales Genre konzentriert, da müßten Künstler mit Ansichten der heimischen Landschaft eigentlich besonderen Erfolg gehabt haben. Aber die nüchternen Wiedergaben

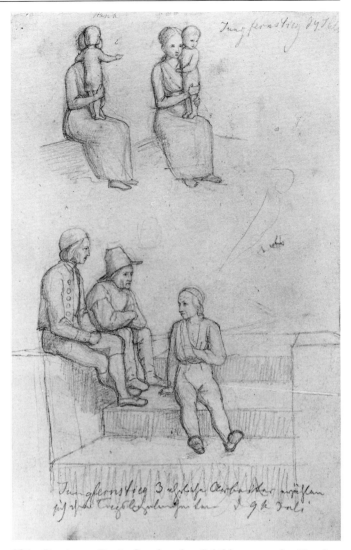

284 Der junge Erwin Speckter hat Schilderungen des Hamburger Volkslebens hinterlassen: ,,Jungfernstieg drei ehrliche Arbeiter erzählen sich ihre Tagesbegebenheiten d. 9ten Juli", Zeichnung, 1824

der niederdeutschen Landschaft, wie sie Adolph Vollmer, Jakob Gensler, Christian Morgenstern, Hermann Carmiencke und ihre Freunde in den Jahren um 1830 malten, nicht komponierte und nicht mit Sentiment befrachtete Darstellungen eines genau beobachteten Ausschnitts aus der Natur, fanden beim Hamburger Publikum wenig Gegenliebe.

Die gleiche Nüchternheit haben die Bildnisse von Erwin Speckter, Julius Oldach, Carl Julius Milde und Emil Janssen, die alle die Münchner Akademie besucht hatten und dort Schüler des Nazareners Peter Cornelius gewesen waren. Fast ausnahmslos haben die vier jungen Künstler nur Mitglieder der Familie und des gemeinsamen Freundeskreises porträtiert. Sie scheinen die größere Öffentlichkeit gar nicht gesucht zu haben, wohl wissend, wie wenig die nüchternen hamburgischen Kaufleute bereit gewesen wären, sich ihrem Stil auszusetzen, dem auch der Rest von Verklärung abging, den Gröger durch die Lichtführung zu schaffen wußte. Speckters Bildnis der vier Schwestern,

Kulturelles Leben und Künstlertum

285 Die realistischen Wiedergaben der norddeutschen Landschaft von Jakob Gensler fanden beim Hamburger Publikum wenig Gegenliebe: „Hamburg nach dem Brand", Gemälde, 1842

Oldachs Stammbaum, Mildes aquarellierte Schilderung der Familie Rautenberg und Janssens Selbstbildnis, alle im Zeitraum von acht Jahren (1825–1833) entstanden, gehören sicherlich zu den bedeutenden deutschen Porträts ihrer Zeit, sind aber geradezu unter Ausschluß der Öffentlichkeit entstanden und für viele Jahrzehnte verblieben. Oldach und Speckter sind früh gestorben, auch Janssen und Jakob Gensler wurden nicht alt, Milde ging nach Lübeck, war dort mehr Lehrer und Konservator als Maler, Carmienke ging nach Kopenhagen wie Morgenstern und Gurlitt nach München, Vollmer blieb in Hamburg und nährte sich mit gemalten und lithographierten Ansichten und mit prächtigen Marinen.

Seebilder waren anfangs in Hamburg erstaunlicherweise garnicht so häufig. Erst seit der Jahrhundertmitte spielten sie eine größere Rolle; der gefeierte dänische Marinemaler Anton Melbye war regelmäßig in Hamburg, malte hier auch; seine effektvoll beleuchteten Bilder mit Segelschiffen fanden ebenso viele Käufer wie die Gemälde der vielen anderen, von denen der heute noch recht bekannte Hugo Schnars-Alquist, ein Virtuose in der naturalistischen Wiedergabe von Wellen und Wogen, genannt sei.

Die Marinen waren Kunstwerke, die mühelos ihre Liebhaber und Freunde fanden, vor allem Wohlgefühl auslösten. Jenen Männern, die sich seit 1817 im Hause des Oberstleutnants Mettlerkamp allwöchentlich den Winter über trafen, um gemeinsam Kunstwerke zu studieren und um sich über Kunstwerke zu unterhalten, hätten solche Bilder nicht ausgereicht. Als man 1822 ein größeres Lokal nötig hatte und deshalb beim Kunsthändler Harzen tagte, nun auch eine Geschäftsordnung niederschrieb, war man zu neunzehn. Immer andere Zeichnungen und Kupferstiche wurden vorgelegt und – meist von den Besitzern – besprochen. Allmählich kam auch der Gedanke

Kulturelles Leben und Künstlertum

286 Beliebt waren dagegen die Landschaften von Valentin Ruths. Als 1863 bis 1869 die Hamburger Kunsthalle erbaut wurde, ließ man ihn das repräsentative Treppenhaus mit Landschaften ausstatten: Photographie, um 1900

auf, eine Ausstellung zeitgenössischer Kunst zu veranstalten. Beim ersten Mal entstand noch ein Defizit, schon beim zweiten nicht mehr – seit 1829 gab es alle zwei Jahre eine Kunstvereinsausstellung, von 1848 in den Räumen der Patriotischen Gesellschaft eine permanente Ausstellung mit ständigem Wechsel des Ausgestellten, dazu weiterhin Ausstellungen von kurzer Dauer, seit 1852 in den Börsenarkaden. Der Besuch war hervorragend, die Mitgliederzahl stieg im Revolutionsjahr 1848 um das Achtfache auf 467, zwanzig Jahre später waren es 1203, 1888 wurden 2105 Mitglieder gezählt. Im Jahresbericht 1853 liest man, es sei für den Vorstand „wohltuend zu bemerken ... wie sehr unsere Mittelklasse anfing, sich für Kunst zu interessieren, die Sääle faßten kaum die Zahl der Besucher ..." Der Verkaufserfolg war wechselnd, meist aber gut, so wurden 1874 für 35 590 Taler 137 Kunstwerke verkauft. Gegen Ende des Jahrhunderts wurde es üblich, daneben Einzelausstellungen berühmter Künstler wie Menzel und Böcklin, auch von Hamburgern wie Martin Gensler und Valentin Ruths zu veranstalten.

Wir wissen wenig Genaues über die Zusammensetzung der Mitgliederschaft um 1900. Es ist jedoch kaum zynisch, wenn man feststellt, daß es selten in der neueren Geschichte der Kunst eine solche Übereinstimmung zwischen Künstler und Publikum gegeben hat wie in den deutschen Kunstvereinen jener Jahrzehnte. Hermann Kauffmann, dessen 100. Geburtstag 1908 mit einer großen Ausstellung gefeiert wurde, macht in besonderer Weise deutlich, wie sehr die Künstler dem Publikum entgegenkamen und nicht umgekehrt. Gustav Pauli, der Kauffmann als „eine illustrative Begabung für Darstellung des Volkslebens in landschaftlicher Umgebung" kennzeichnet, nennt ihn „den erfolgreichen Bildermaler, einen, der seine Sachen versteht, schnell fertig und vom Beifall des Publikums klingend belohnt". Paulis Urteil ist klar: „Die unverwöhnte und gleichgültige Bourgeoisie der Kunstvereine zog ihn zu sich herab". Statt den Schönheitssinn zu bilden, ließ sie das im Konkurrenz- und Klassenkampf verhärtete Gemüt von stimmungsvollen Bildern rühren.

In Altona fand schon 1819 im Verein vaterländischer Künstler und Kunstfreunde eine Kunstausstellung statt, an der zweiten im Jahr 1821 nahmen neben Künstlern auch die Kunstfreunde teil, unter denen wir uns Liebhaber vorstellen müssen (nichts anderes heißt das damals gebräuchliche Wort Dilettant), die nebenher und ohne Akademieausbildung zeichneten und malten.

Alfred Lichtwark, der erste Direktor der Kunsthalle, hatte ver-

287 Erst die von Alfred Lichtwark animierten impressionistischen Maler fanden eine Form, mit der auch die heimische Landschaft einem breiten Publikum schmackhaft wurde: Jean Paul Kayser, Das Alstertal, Entwurf zu einem Wandgemälde im Paulsen-Stift, 1900

sucht, mit dem „Verein der Kunstfreunde" die Laienkunst anzuregen, den Buchschmuck, die Töpferei, die Kunst des Blumenschmucks. Schon 1904 mußte er resigniert feststellen: „Das einzige, das eingeschlagen hat, ist die Amateurphotographie".

1886 wurde von Mitgliedern der Kunstgewerbe-Abteilung des Gewerbevereins, einer Sektion der Patriotischen Gesellschaft, ein Kunstgewerbe-Verein gegründet, „um den vielseitigen Bestrebungen zur Hebung des deutschen Kunstgewerbes auch in Hamburg einen Mittelpunkt zu geben, in dem sich Alle, welche an diesen Bestrebungen durch ihr handwerkliches oder künstlerisches Schaffen, durch ihre Freude an kunstgewerblichen Alterthümern, durch ihr Verständniß für die geschmackvolle Einrichtung unserer Wohnungen und für die Bedeutung der Kunst im Leben des Einzelnen wie der Nation theilnehmen, zu gemeinsamer Arbeit und wechselseitiger Belehrung vereinigen können". Schon zwei Monate später hatte der Verein 346 Mitglieder! Die einen liebten die Vorträge, die mit dem Vorlegen kunstgewerblicher Gegenstände verbunden waren, die anderen hatten vor allem die Nachsitzungen, wo man sich „bei launigen Reden und Gegenreden, bei fröhlichen Liedern und kräftigem Umtrunk" versammelte, die Stiftungsfeste und die gemeinsamen Ausflüge im Sinn, dritte wollten besonders das Museum für Kunst und Gewerbe und die Gewerbeschulen fördern. Die Kunsthandwerker dachten verständlicherweise an Möglichkeiten, ihr Gewerbe zu fördern. Mit dem alten veranstaltete der neue Verein 1889 eine große Gewerbe- und Industrie-Ausstellung, die fast fünf Monate andauerte und ein gewaltiger Erfolg wurde. Die Hamburger Künstler und Kunsthandwerker erhielten zahlreiche Medaillen, unter den Mitgliedern des Vereins bekamen zwei Architekten, drei Bildhauer, ein Zeichner und sieben Handwerker – darunter ein Klempner und ein Korbflechter – eine Goldmedaille. Eine Episode des Vereinslebens kann den herrschenden Geschmack anschaulich machen: Auf dem vierten Stiftungsfest bei Sagebiel wurde Justus Brinckmann, der Direktor des Museums, unermüdliches Vorstandsmitglied und leidenschaftlicher Vortragsredner, zum Ehrenmitglied ernannt. „Hierauf teilte sich der Vorhang, und die Bühne zeigte ein reizend zusammengestelltes Bild. An der linken Seite die Büste Dr. Brinckmanns auf einer Säule umgeben von Handwerkern; über der Büste schwebten Engel, einen Lorbeerkranz haltend, während von der rechten Seite aus einer Gruppe Hammonia einen Lorbeerkranz dem Gefeierten hinüberreichte. Das Bild fand solchen Beifall, daß es sechs Mal gezeigt werden mußte." So stand's in den Hamburger Nachrichten.

Schon ein Jahr darauf bahnte sich eine Wende zum Geist einer neuen Zeit an: „Ein gesundes Kunstgewerbe wird sich mit seiner Zeit eins wissen und sein Heil nicht dauernd in einer altertümelnd nachahmenden oder mit Motiven einer fremden Kultur spielenden Richtung suchen", heißt es in einer Vereinspublikation, und der Gedanke der Materialgerechtigkeit klingt auch bereits an.

Nachdem beim Wiederaufbau der 1906 ausgebrannten Michaeliskirche das heimische Kunstgewerbe trotz zahlreicher Proteste nur ungenügend berücksichtigt worden war, stellte der Verein die wirtschaftlichen Belange seiner kunsthandwerklichen Mitglieder vor die Absicht zu bilden und den Wunsch nach Geselligkeit. Er zeigte im Museum während des Winters 1909/10 die Ausstellung „Raumkunst im neuzeitlichen Landhause" mit 96 heimischen Ausstellern. Sie führte den kunstsinnigen und kaufkräftigen Hamburgern vor Auge, daß die neue Stilkunst auch hier Fuß gefaßt hatte.

Kehren wir zur Zeit des Historismus zurück, als man die Stilformen des Rokoko, des Barock und der Renaissance wiederaufnahm. Schon in der Jahrhundertmitte findet man in Hamburg hervorragende Leistungen wie Plambecks Prunktisch mit seinen reichen Intarsien, der auf der Weltausstellung 1851 in London ausgezeichnet wurde, oder seine mit Intarsien gezierte Sakristeitür von St. Nikolai (1861–63). Möbeltischler hatten in Hamburg einen besonderen Rang; einen Großteil ihrer Produktion exportierten sie nach England und nach Südamerika. Doch Plambeck hatte wirtschaftlich geringen Erfolg – ,,die Leute bewunderten seine Werke und zuckten die Achseln statt zu bestellen", hieß es in einem Nachruf. Robert Bichweilers 1878 gegründete Kunstgewerbliche Werkstatt übte vor allem mit ihrer Keramik großen Einfluß aus. Alexander Schönauer erhielt schon in jungen Jahren den Auftrag, das neue Ratssilber zu schaffen und wurde dafür zum Senatsgoldschmied ernannt. Der Dekorationsmaler Hermann Schmidt, der viele neue Kirchen der Stadt dekoriert hatte, entwarf für Arnold Otto Meyers Haus Hauhopen in Othmarschen ein Wohnzimmer mit Decken- und Wandmalerei und mit Wandteppichen, deren gestickter Figurenfries einen Hochzeitszug in altdeutscher Tracht darstellt; diese Stickerei wurde auf der Ausstellung von 1889 bei der Verleihung der Goldmedaille besonders berücksichtigt. In Hamburg gab es ein 1878 von Dr. Marie Meyer gegründetes Stickatelier, wo Frauen mit großer technischer Fertigkeit die Entwürfe Emma Schreibers umsetzten; ihr Tischtuch zur Hochzeit von Prinz Wilhelm und Prinzessin Auguste Victoria erhielt 1882 in Paris eine Goldmedaille.

Auch im Kunstgewerbe war das Neue in Hamburg schwer durchzusetzen. Die Zeitschrift ,Beiträge zu einer Volkskunst' von Oskar Schwindrazheim mit ihren Anregungen zu einer neuen, von den klassischen Stilen unabhängigen Wohnkultur in der Tradition der Volkskunst fand so wenig Anklang, daß sie mit dem dritten Jahrgang einging. Der geborene Hamburger Peter Behrens hat von seiner Heimatstadt nur einen Auftrag erhalten, das Vestibül der deutschen Abteilung auf der I. Internationalen Ausstellung für moderne dekorative Kunst in Turin 1902. Zu dieser Hamburger Halle gehörten auch die Bänke und Panneaus mit den Lederschnitten von Georg Hulbe, dem sicherlich erfolgreichsten Hamburger Kunsthandwerker seiner Zeit. In Altona formten Hermann Mutz und Sohn Richard nach japanischem Vorbild glasierte Keramik, Barlach arbeitete in ihrer Werkstatt mit. Aber der fehlende Anklang in Hamburg ließ die beiden Jungen die Stadt verlassen. Erst die 1907 an die neue Landeskunstschule berufenen Wiener Luksch und Czeschka konnten den Jugendstil hier heimisch machen.

Neunundneunzig Jahre nach Runges Tod schrieb Lichtwark an seinen Bremer Kollegen und späteren Nachfolger, den Freund Gustav Pauli: ,,Mehr als eine Million Einwohner in Hamburg und der abhängigen Umgebung, Reichthum und Wohlhabenheit in genügender Fülle, und ein solches Gemeinwesen, das ein paar hundert reiche Photographen nährt, hat nicht einen Maler oder Bildhauer am Leben zu halten Willen und Kraft."

Helmut R. Leppien

288 Das historische Kunstgewerbe in Hamburg, dessen Förderung sich Justus Brinckmann und das von ihm gegründete und geleitete Kunst- und Gewerbemuseum widmeten, hat hervorragende Leistungen erbracht: T. F. H. Plambecks Prunktisch, wurde auf der Londoner Weltausstellung, 1851, prämiiert: Photographie

289 Alexander Schönauer erhielt schon in jungen Jahren den Auftrag für das neue Ratssilber und wurde zum Senatsgoldschmied ernannt: Photographie Beatrice Frehn 1977

Photographen und Operateure

Kein Deutscher hat an der Erfindung der Photographie einen Anteil. Sie ist und bleibt die Tat des Louis Jacques Mandé Daguerre in Paris. Frankreich hatte die Entdeckung Daguerres adoptiert und die ganze Welt freigebig damit beschenkt. Das erste praktikable Verfahren der Photographie war also die Daguerreotypie. Eine Sensation, von der die gesamte zivilisierte Welt fasziniert wurde.

Aus Hamburg machte sich der Miniaturmaler Carl Ferdinand Stelzner (1805–1894) eilends nach Paris auf, als das Verfahren Daguerres dort am 19. August 1839 publiziert worden war. Es war seine dritte Parisreise, denn Stelzner hatte seine Ausbildung als Miniaturmaler dort erfahren. Die Vorliebe für modische Details, die seine Miniaturen – die Hamburger Kunsthalle bewahrt welche – auszeichnete, ging auch in Stelzners Daguerreotypporträts ein. Sein erstes Atelier in Hamburg teilte Stelzner mit Hermann Biow (1804–1850).

Sind Stelzners Daguerreotypien elegant und charmant, auch klein im Format, so strebte Biow nach Monumentalität; dies nicht nur durch das große Format von 21,6 × 16,2 cm, sondern auch durch die Art, wie er seine Klienten fast dies ganze Format ausfüllen ließ. Carl Ferdinand Stelzner gelangen auf einem Viertel dieser Fläche (10,8 × 8,1 cm) intime und bezaubernde Familiengruppen; Biows große Porträts haben etwas Anspruchliches, Beachtung Heischendes. Hermann Biow blieb auch nur bis 1847 in Hamburg, dann ging er auf Reisen. C. F. Stelzner legte am 9. Oktober 1840 den Hamburger Bürgereid ab: „Ick lave und schwöre to Gott dem Allmächtigen..." Noch war Platt die Amtssprache. Stelzner, die Gefährlichkeit der Ingredienzien nicht ahnend, mit denen die versilberten Kupferplatten der Daguerreotypien sensibilisiert wurden, erblindete 1854. Erst 1894 starb er in seinem Hause Am Jungfernstieg 24.

Die Porträtisten Stelzner und Biow wurden durch die „schreckliche Feuersbrunst", die Hamburg vom 5. bis 8. Mai 1842 heimsuchte, zu Reportern. Noch waren ihre Platten nicht lichtempfindlich genug, um Flammen, Rauch und Einsturz aufzunehmen, aber die „rauchenden Trümmer" daguerreotypierten sie. C. F. Stelzners Bild ‚Die Ruinen der Alstergegend' wurde später weltweit bekannt und schließlich als das erste News-Photo angesehen. Insgesamt haben sich drei Brandbilder von Stelzner erhalten.

Hermann Biow bot 46 Aufnahmen der Artistischen Sektion des Historischen Vereins an. Obwohl die Presse Biows Aufnahmen „eine historisch unschätzbare Sammlung" nannte, die „an geeignetem Ort niedergelegt werden" müsse, unterblieb der Ankauf. Der Apotheker Dr. Georg Ludwig Ulex (1811–1883) gutachtete, daß man Daguerreotypien nur richtig unter Glas verkleben müsse, um Gase und Wasserdunst abzuhalten, dann würden sie sich halten. Der Gymnasialprofessor Dr. Wiebel (1808–1888) hingegen legte eine Daguerreotypie unter eine Glocke mit Schwefelwasserstoff, worauf das Bild sich empfahl. Damit war der Kauf der Trümmeraufnahmen Biows abgelehnt: sie gingen verloren.

Hermann Biow nahm viele bedeutende Zeitgenossen auf, wobei ihm eine ‚Nationalgallerie' vorschwebte. 1849 erschien ein Tafelwerk mit 126 Bildnissen von Mitgliedern der Frankfurter Nationalversammlung „nach Biows Lichtbildern auf Stein ge-

290 Unmittelbar nachdem 1839 das neue Verfahren Daguerres publiziert worden war, fuhr der Hamburger Miniaturmaler Carl Ferdinand Stelzner nach Paris, um sich darin einweihen zu lassen. Der erste Hamburger Photograph erblindete 1854 infolge des Umgangs mit Photochemikalien: Daguerreotypie aus Stelzners Atelier, um 1860

zeichnet". 1846 war Biow in Dresden, vom König von Sachsen „mit höchst interessanten Aufträgen beehrt". 1847 rief Friedrich Wilhelm IV. ihn nach Berlin, wo er im Rittersaal des Schlosses sein Atelier einrichtete. 1849 verlor er bei einem Aufruhr in Dresden seine Apparate und zahllose Daguerreotypien, unter denen sich wahrscheinlich die Hamburger Brandaufnahmen befanden. Mitten in den Vorbereitungen für die Herausgabe seiner Galerie deutscher Zeitgenossen in Kupferstichen starb Hermann Biow am 20. Februar 1850 in Dresden an einem Leberleiden. Auch er ein Opfer der photographischen Chemie.

„Eine wahre Wut auf berühmte und berüchtigte Personalitäten" nannte der Anonymus Cephir die Sammelleidenschaft Biows in der ersten photographischen Streitschrift, die 1843 in Hamburg erschien: „Der Daguerreotypenkrieg in Hamburg, oder Saphir, der Humorist, und Biow, der Daguerreotypist, vor dem Richterstuhl des Momus". Moritz Gottlieb Saphir (1795–1858) hatte seine boshafte Feder an Biow gewetzt, der nicht schlecht zurückschlug. Saphir hatte die Photographie als „Sonnendiebstahlsmalerei" verhöhnt.

Die Daguerreotypie bürgerte sich in Hamburg geschwinder als in anderen Orten ein. Bis zum Jahre 1860 lassen sich rund 170 Daguerreotypisten in Hamburg nachweisen. Darunter H. Oskar Fielitz (1819–1859) aus Braunschweig, dem Stelzner die Leitung seines Ateliers anvertraute, als er blind geworden war.

Fielitz wechselte vom Studium der Chemie zur Daguerreotypie. Aus den USA brachte er „die hohe Politur" mit, die seinen Daguerreotypien besondere Schönheit verlieh. Auch der ehemalige Schauspieler und Gastwirt Wilhelm Breuning (1816–1872) soll bei Stelzner gearbeitet haben, ehe er sich in St. Georg selbständig machte. Die erste Daguerreotypistin in Hamburg aber war Emilie Bieber; sie eröffnete ihr Atelier am 16. September 1852 in der Großen Bäckerstraße 26.
Emilie Bieber (1810–1884), in Hamburg geboren, nimmt nicht den künstlerischen Rang von Stelzner und Biow ein, doch wurde sie die Gründerin eines weltbekannten Ateliers. Ihr schien kein Glück beschieden, aber ehe sie ihr Studio endgültig aufgab, ging sie zu einer Wahrsagerin. Weil diese ihr viele Equipagen vor ihrem Hause weissagte, photographierte sie weiter. Der Erfolg stellt sich auch ein, nachdem die Kaiserin Friedrich bei ihr vorfuhr, „um sich endlich mal von einer Frau aufnehmen zu lassen". Als Emilie das Atelier 1872 in ein fünfstöckiges Haus am Neuen Jungfernstieg verlegt hatte, machte sie ihren 1841 in Altona geborenen Neffen Leonard Berlin zum Nachfolger. Er brachte das Haus E. Bieber zu Ruhm, wurde Professor und Hofphotograph von einem halben Dutzend regierender Häupter. Als 1892 in Hamburg die Cholera ausbrach, holte er seine Familie nach Berlin, wo er ein zweites Atelier aufmachte. 1902 bestimmte er seinen Sohn Emil zum Chef des Hamburger Studios, das um diese Zeit in ein Eckhaus am Jungfernstieg verlegt wurde, welches bald nur noch die ‚Bieber-Ecke' hieß. 1933 entzogen sich die Biebers der ‚Arisierung' und emigrierten über England nach Cape Town, wo sie wieder Fuß faßten. Am 19. April 1963 erlosch mit Emils Tod die ‚Dynastie' Bieber.
Die großen Ateliers engagierten sich für die Alltags-Produktion ‚Operateure', die sich dem Stil des Chefs anzupassen hatten. Der Wiener Photograph Raimund F. Schmiedt (1874–1943) trat 1893 als Aufnahmeleiter bei E. Bieber ein. Er modernisierte die Ateliers in Hamburg und Berlin und machte sich später als renommierter Porträt- und Theaterphotograph in Hamburg selbständig.
Zu den Besonderheiten der Bieberschen Produktion gehörte ein Album mit 23 Porträts der Hamburger Senatoren, das im Handel erschien. An der Herstellung von ganzfigurigen Bildnissen der Ritter des preußischen Schwarzen Adler-Ordens hat Emil jahrelang gearbeitet. Neben vielen Fürsten nahm er auch den Maler Adolph von Menzel im Ordensornat auf. Die rote Ledermappe mit den Ordensinsignien war schon fertig, doch der Erste Weltkrieg verhinderte die Übergabe der Sammlung an Wilhelm II.
Schließlich ging aus dem Hause E. Bieber wie aus jedem Atelier jene Massenware an Porträt-Photos hervor, gegen die Alfred Lichtwark (1852–1914) wetterte: „Künstliche Haltung, Beleuchtung und Retouche korrigieren die unbotmäßige Nase, und am Ende aller Dinge wird aus dem Bildnis ein Schemen, eine bloße Phantasie über das gegebene Thema". Lichtwark forderte vom Publikum „Respekt vor der Natur". Seine Hoffnungen setzte er auf die Amateurphotographen. Um ihre Leistungen vorzuführen, zeigte er 1893 in der Hamburger Kunsthalle 6000 Photos von 458 Amateuren aus aller Herren Länder. Er selbst hielt drei Vorträge, die unter dem Titel ‚Die Bedeutung der Amateurphotographie' 1894 als Buch erschienen. Es war das erste Mal, daß ein Kunsthistoriker und Museumsleiter sich so progressiv für die Photographie engagierte.

291 Hermann Biow teilte bis 1847 mit Stelzner das Atelier, dann ging er auf Reisen und brachte es mit seinen Porträts berühmter Zeitgenossen zu beachtlicher Reputation. 1850 starb er an einem Leberleiden, ebenfalls einer Folge der photographischen Chemie: Porträt Friedrich Wilhelms IV. von Preussen, Daguerreotypie von Hermann Biow, 1847

Alsbald freilich entwickelte sich aus dem „Zurück zur Natur" ein programmatischer Stil, der die Photographie als Teil der künstlerischen Gesamtkonzeption im Sinne des Art Nouveau, des Jugendstils begriff. Man erhoffte eine Erneuerung der Photographie durch Annäherung an die Kunstbestrebungen der Zeit, es entstand, was ihre Adepten „Kunstphotographie" nannten. Als deren ‚Vater' sah man Ernst Wilhelm Juhl (1850–1915) an.
Obwohl er selbst nicht photographierte, regte Juhl durch seine publizistische Tätigkeit die Amateure zu eigenen stilimmanenten Arbeiten an. Vor allem schuf er durch die Gründung der „Gesellschaft zur Förderung der Amateurphotographie" die institutionellen Grundlagen für das Arbeiten der Hamburger Kunstphotographen Theodor (1868–1943) und Oskar (1871–1937) Hofmeister. Die Brüder waren reine Amateure. Ihre Begabung entzündete sich an den Bildern, die sie auf den Hamburger Ausstellungen sahen. Der ersten von 1893 folgten nämlich bis 1903 weitere neun ‚Internationale Ausstellungen von Kunstphotographien', das Jahr 1901 ausgenommen. Sie machten Hamburg zu einem der Zentren des Pictorialism, wie man die Stilrichtung international nannte. Die verbindende Idee war die Schaffung von Bildern „für die Wand", großen,

prächtig gerahmten Edeldrucken, denen man ihre banale Herkunft von redlichen Photographien möglichst nicht ansehen sollte.

Vornehmlich benutzte man den ‚Gummidruck', ein Verfahren, das kein photographisches Silber enthielt und dem man eine Farbigkeit nach eigenem Gutdünken verleihen konnte. Diese Technik wurde zu einer Art Fetisch, wer sie ausübte, war ein ‚Gummist'. Das Fehlen des Silbers sicherte den Gummidrucken ‚Ewigkeitswert', was sehnlich erwünscht war. Schließlich gab die Verwendung von weichzeichnenden Aufnahmeoptiken der Jahrhundertwende-Photographie ihren malerischen Touch.

,,Mit großem Ernst" (Lichtwark) widmeten sich die Hofmeisters der Darstellung des Lebens von Bauern und Fischern. Von 1897 an bilden sie die Spitze der ‚Hamburger Schule' der Kunstphotographie. Sie waren von Schaffensdrang besessen und stiegen kometenhaft auf. Oskar machte seine Aufnahmen in allen Teilen Europas, während Theodor des Ausarbeiten der Gummidrucke besorgte; sie gab es in der Regel nur in einem Exemplar, das als das ‚Orginal' angesehen wurde. Uneigennützig unterrichteten die Brüder Hofmeister zahlreiche Amateure. Ihr Einfluß wurde vielfach deutlich, besonders bei dem Kaufmann Heinrich W. Müller (1859–1933), der erst 1897 zu photographieren begann. Die Hamburger Schule brachte eine große Zahl von Kleinmeistern hervor, unter ihnen Georg Einbeck (1871–1951), dessen Schwanenmotiv ‚Schweigen' am stärksten dem Jugendstil verpflichtet ist. Von der Fülle des von dem Dermatologen Dr. E. Arning (1855–1936) Geschaffenen hat die Besatzungszeit nach dem Zweiten Weltkrieg fast nichts übriggelassen. Generell kann man sagen, daß alles, was in den Familien verblieb, verloren ist, nur die Bestände, die ins Museum für Kunst und Gewerbe in Hamburg gelangten, haben überlebt.

Die Hoffnungen Lichtwarks, über den von den Amateuren herbeigeführten Stilwandel auch die Berufsphotographen bekehren zu können, erwies sich als berechtigt. 1883 hatte Rudolf Dührkoop (1848–1918) ein ‚Kunstphotographisches Atelier' in Hamburg eröffnet, ohne je die Photographie erlernt zu haben. Da seine Erfolge zunächst gering waren, besuchte er die Vorträge Lichtwarks, der das Photographiertwerden für seine Person ablehnte. Eines der zwei Bildnisse, die es von Lichtwark überhaupt gibt, wurde 1899 von Dührkoop aufgenommen. Dessen Erfolge beruhten schließlich auf der unkonventionellen Aufnahme von Menschen im Freien und im eigenen Heim. Der Tendenz der Kunstphotographie folgend, strebte er nach unvergänglichen Drucken seiner Porträts, wofür er die Photogravüre benutzte. ,,Für solche Damen und Herren, welche von ihren photographischen Bildnissen erwarten und verlangen, daß ihre Gesichter darauf ‚schöner' und jünger erscheinen, als sie in Wirklichkeit sind, ist diese Art der Photographierung nicht gemacht; den Beifall solcher wird sie schwerlich erringen. Desto sicherer den aller derer, welche vor allem Wahrheit und Echtheit vom Bildnis fordern...", heißt es 1907 in der Vossischen Zeitung in Berlin. Denn auch Dührkoop besaß in Berlin ein Atelier. Seine Tochter Minya Diez-Dührkoop (1873–1929) pflegte den modischen Akzent des Jugendstils in ihren liebenswürdigen Doppelporträts. Jedenfalls erneuerten die Dührkoops die Porträtphotographie dadurch, daß sie sie aus dem Glashaus herausholten und vom Kopfhalter erlösten. Ihre besten Bildnisse zeigen lockere und heitere Menschen – das letzte Mal, ehe der Weltkrieg alles von Grund auf veränderte.

Das festzuhalten, was sich notwendigerweise am äußeren Bilde

292 Emilie Bieber wurde die Gründerin des weltbekannten Ateliers ,,E. Bieber". Aus diesem Atelier gingen berühmte Serien von ganzfigurigen Porträts hervor. ,,Künstliche Haltung, Beleuchtung und Retouche ... am Ende aller Dinge wird aus dem Bildnis ein Schemen, eine bloße Phantasie über das gegebene Thema", wetterte Alfred Lichtwark: Adolf v. Menzel, im Ornat des Schwarzen Adlerordens, 1898

der Stadt Hamburg verändern mußte, unternahm bereits der Lithograph Charles Fuchs (1803–1877) mit Hilfe der Talbotypie, deren Papierstruktur durch Übermalung verschleiert wurde. Diese frühen Photo-Hamburgensien sind von zarter Schönheit. Um 1862 gewinnt Carl Friedrich Höge (1834–1908) durch seine archaisch wirkenden Glasplatten-Aufnahmen Bedeutung. Die Firma G. Koppmann und Co. soll dann von 1872 ab im Auftrage der Baudeputation mehr als zehntausend Auf-

Kulturelles Leben und Künstlertum   318

293 Die Amateure Theodor und Oskar Hofmeister machten Hamburg zu einem Zentrum der „Kunstphotographie"
oder des – wie es international hieß – „Pictorialism": „Meeresstille", 1899

294 Eine Erscheinung besonderer Art war Hans Breuer. Er war der erste wirkliche Photo-Reporter in Deutschland, der für die illustrierte Presse arbeitete. Er photographierte Wilhelm II., als er in Bremerhaven die deutschen Truppen nach China schickte: „Pardon wird nicht gegeben", 1900

nahmen von historisch bemerkenswerten Häusern, Straßen und Plätzen, die der Hafenerweiterung und der Stadtsanierung zum Opfer fallen, gemacht haben. In der Regel geschah dies auf Glasplatten 30 x 40 cm. Sehr fruchtbar war die Photographiertätigkeit von J. H. Strumper (1843–1913), der auch aktuelle Ereignisse aufnahm. Er und Koppmann vervielfältigten ihre Bilder für den Verkauf in Lichtdrucken.

Da der Abbruch der malerisch aussehenden, aber unhygienischen Wohnhäuser der kleinen Leute auch nach 1900 weiterging, hatte der Straßenphotograph Paul E. A. Wutcke (1872–1945) ein reiches Feld. Er spannte über die Straßen ein Schild mit dem Datum des Abbruchs und versammelte die Bewohner vor seiner Kamera. So entstanden kunstlose, aber fast surreale Bilder. Sehr hamburgische Photographen waren Johann Hamann (1859–1935) und Sohn Heinrich (1883–1975), die für die HAPAG arbeiteten. 1889 hatte Johann sein Atelier eröffnet. Er mußte die 150 Kapitäne der HAPAG aufnehmen, einmal mit, einmal ohne Mütze; Albert Ballin ließ sich jeweils die zwei Photos vorlegen, wenn ein Kapitän sich bei ihm meldete. Johann war der erste Photograph in Hamburg, der seine Kunden im eigenen Heim mit Blitzlicht aufnahm. Die Bilder sind heute authentische Zeugen der Wohnkultur der 90er Jahre. Als 1911 der Riesendampfer ‚Imperator' auf Stapel gelegt wurde, dokumentierte Heinrich Hamann den Bau vom Kiel bis zum Flaggenknauf. Eine Erscheinung besonderer Art war Hans Breuer (1869–1961) aus Sonderburg, der sich 1897 in Hamburg niederließ. Er war einer der ersten wirklichen Photo-Reporter in Deutschland, der für die illustrierte Presse arbeitete.

„Moj'n, Breuer", rief Wilhelm II. ihm zu, wenn er seiner ansichtig wurde. Breuer photographierte den Kaiser auch an jenem Morgen des Jahres 1900, als dieser bei der Verschiffung deutscher Truppen nach China das verhängnisvolle Wort sprach: „Pardon wird nicht gegeben". Das Photo, auf das Breuer nur den Satz schrieb, ging um die ganze Welt, ein Photo, das Geschichte machte.

Fritz Kempe

Kulturelles Leben und Künstlertum

Von den „Lebenden" zum „Lichtschauspielhaus"

„Wer in Hamburg die Straßen durchwandert, der findet in den Hauptverkehrsadern eine Menge ‚Theater lebender Bilder' (so werden die Kinematographentheater hier ausschließlich genannt), die alle durch die Bank ein recht gutes Geschäft machen", notierte ein aufmerksamer Beobachter 1909. „In jedem Stadtteil, sei es St.Georg, St.Pauli, Eimsbüttel oder Barmbeck hat man Gelegenheit genug, Vorführungen... zu sehen und da der Eintrittspreis nicht mehr wie 20 Pfg. im Durchschnitt beträgt, so ist es begreiflich, daß sich dort Alt wie Jung ein Rendezvous gibt."[1]

1910 bestanden in Hamburg 40 Kinos. Die ersten Gründungen hatten sich zunächst auf die Amüsier- und Theaterviertel konzentriert: den Spielbudenplatz und die Reeperbahn sowie auf den Umkreis Hamburger Bühnen an Steindamm, Schulterblatt und in der Nähe des Gänsemarkts. Über diese Zentren hinaus, die auch in der Tonfilmzeit noch Bestand haben sollten, verdichtete sich bereits vor 1914 das Netz der Bezirkskinos. Handelte es sich zunächst oft um dubiose Niederlassungen mit kurzer Lebenserwartung, provisorisch zwischen Häuserlücken gezwängt, in leerstehenden Läden untergebracht, setzte auch außerhalb der Innenstadt ab etwa 1908 die Entwicklung hin zum soliden Kinoneubau komfortablen Zuschnitts ein.

Diese kleineren Betriebe warben kaum oder überhaupt nicht durch Annoncen, auch Eröffnungs- und Premierenberichte sind nicht überliefert. Mit größerer Aufmerksamkeit hatten noch die Vorführungen der ‚Kino-Pioniere' rechnen können.

Ihre Hamburger Premiere feierte die Großprojektion ‚lebender Bilder' im Mai 1895, als in ‚Heckels Concert-Saal', Große Bleichen 32, drei Wochen lang Ottomar Anschütz' ‚elektrischer Schnellseher' vorgestellt wurde. Im November des gleichen Jahres konnten die Hamburger das Bioskop der Brüder Skladanowsky im ‚Concerthaus Hamburg' in Augenschein nehmen, kurz darauf, im Mai 1896, den Kinematographen der Brüder Lumière in der ständigen Automaten-Ausstellung, Kaiser-Wilhelmstraße 11–15.[2] Um die Jahreswende 1896/97 stellte auch Oskar Messter seine Filme auf der Bühne des Hansa-Theaters vor.[3]

Das Interesse an der neuen Sensation machte die Vorführung lebender Photographien zunächst für die Varietés attraktiv. Ab 1897 nahmen sie, darunter die Großen Bierhallen, St.Pauli, das Flora-Theater am Schulterblatt und ‚Schwaff's Gesellschaftshaus' in der Neustädter Fuhlentwiete, regelmäßig kinematographische Vorführungen in ihr Programm auf. Über 1905 hinaus, als die ersten, ausschließlich der Filmvorführung vorbehaltenen

295   Die ersten Kinogründungen hatten sich auf die Amüsier- und Theaterviertel konzentriert – den Spielbudenplatz und die Reeperbahn, den Umkreis der Hamburger Bühnen am Steindamm, Schulterblatt und Gänsemarkt: „Lebende Photographien" am Spielbudenplatz, Photographie, um 1900

Kinos bereits bestanden, warben das ‚Tivoli' für „lebende Photographien", das ‚Concerthaus' für „allerneueste Aufnahmen der Deutschen Bisokop-Gesellschaft" und ‚Sagebiel' für den „American Bioscope".[4] Nachdem die erste Begeisterung verflogen war, dienten die einander gleichenden sentimentalen, burlesken und erotischen Lichtbilder nurmehr als Lückenbüßer, die in die Umbaupausen oder ans Ende des Programms plaziert waren.

Auf Filmvorführungen beschränkten sich dagegen die Wanderkinos, die auf dem Hamburger Dom regelmäßig gastierten. In Holzbaracken und Leinwandzelten wurden Projektoren und Musikautomaten aufgebaut, betrieben durch mitgeführte ‚Lokomobile'. Auch nach der Jahrhundertwende behaupteten sie sich gegen die ortsansässige Konkurrenz, weiterhin wechselten „Biographen und Kinematographen in bunter Reihenfolge ab".[5] Noch 1908 bot ein „Elektro-Biograph (geheizt) nachmittags eine Auswahl hübscher Weihnachtsmärchen, aber auch abends eine Menge interessanter Vorführungen für Erwachsene (Vestalin, Kriminalsachen usw.)".[6]

Zu Beginn des Jahres 1900, möglicherweise am oft genannten 20. Februar, jedenfalls vor dem 3. März, eröffnete Eberhard Knopf am Spielbudenplatz 21 sein „Local, in welchem Biermusik veranstaltet wird". Nicht mehr nachprüfbaren Berichten zufolge bot Knopf bereits an diesem Tage seinen Gästen eine Filmvorführung, deren Programm aber nicht bekannt ist. Das wiederholt angegebene jedenfalls ist wenig wahrscheinlich; kaum anzunehmen, daß Knopf sein Publikum mit Aufnahmen der ‚Ankunft eines Eisenbahnzuges', die, als Lumière sie 1895 vorführte, noch Aufsehen erregen konnten, oder mit zwei Jahre alten Filmberichten von der ‚Ankunft des Deutschen Kaisers in Jaffa' gelangweilt hat.[7]

Der erste Beleg für die Vorführung von Lichtbildern ist auf den 22. Februar 1901 datiert. Damals bot das Lokal 317 Sitzplätze, in Tischgruppen und Rundum-Bestuhlung arrangiert. Die „Leinewand" war in der Mitte des Raums angebracht, sie wurde „in den Pausen so weit hochgezogen, daß ein ungehinderter Verkehr unter derselben hindurch stattfinden"[8] konnte. Zuschauer, die hinter ihr saßen, die Bilder also spiegelverkehrt sahen, hatten für gewöhnlich einen geringeren Eintrittspreis zu zahlen.

Diese Art der eingestreuten Filmunterhaltung für Gasthausbesucher sollte über Jahre Bestand haben. Die ‚Theater lebender Bilder', häufig verkürzt einfach ‚Lebende' genannt, waren Unternehmungen, deren Theaterraum „in der Regel gleichzeitig ein Schankraum"[9] mit Bufettbetrieb und Tischbedienung war, ständig vom Zigarrenrauch vernebelt, wie Mißgünstige ausdauernd wiederholten.

Nur wenige Betriebe verfügten über einen Klavierspieler, der

296 „Der Theaterraum ist in der Regel gleichzeitig ein Schankraum": Publikum in Knopf's Kinematographentheater am Spielbudenplatz, gegründet 1906: Photographie, um 1910

Kulturelles Leben und Künstlertum

die Bildstreifen mit passender Musik untermalen konnte. Zumeist wurden sie von Orchestrions oder anderen Musikautomaten begleitet, deren Lautstärke die Betriebsgeräusche der Projektoren zu übertönen hatte.

Diese „Theater der kleinen Leute" zogen in den Nachmittagsstunden vor allem Kinder an, boten Arbeitslosen preiswerte Unterkunft und Ablenkung, gönnten Dienstmädchen Erholung von zu beaufsichtigenden Kindern ihrer Herrschaft. Am Abend stellten sich Arbeiter ein, junge Angestellte und Laufburschen, die in den Pausen immer wieder Gelegenheit hatten, sich über das Gesehene auszutauschen.[10]

Erst im Oktober 1906 eröffnete Knopf in einem Anbau, Spielbudenplatz 19, sein ‚Kinematographen-Theater' mit 667 Plätzen, ohne jedoch die Vorstellungen am alten Platz aufzugeben. Dieses Haus war allerdings nicht das erste Kino Hamburgs, galt doch bereits das von James Henschel im Dezember 1905 begründete ‚Helios-Theater' in Altona, Große Bergstraße 11–15, als sechstes Hamburger Kino und behauptete doch der Jahresbericht der Polizeibehörde für 1906: die „sog. Theater lebender Photographien haben sich erheblich vermehrt".[11]

Unter ihnen befanden sich zwei weitere Kinos Henschels, des ersten Hamburger ‚Großunternehmers' der Kinematographie: das ‚Bellealliance-Theater', Schulterblatt 115–119, und das ‚Victoria-Theater', Hammerbrookstraße 76. Letztgenanntes, Weihnachten 1906 mit etwa 250 Plätzen eröffnet, warb mit einem „Programm, so reich an wunderbaren wissenschaftlichen, ernsten und heiteren Sujets, wie man es wohl selten anderweitig zu sehen bekommt".[12] Es sei denn in den anderen Unternehmungen Henschels, der es geschickt verstand, die von ihm erworbenen ‚Films' – Verleihe im heutigen Sinn existierten noch nicht – flächendeckend einzusetzen und alle drei Kinos mit dem selben Repertoire bediente.

Ausdrücklich wies das ‚Victoria-Theater' darauf hin, „Bilder obszönen oder allzu realistischen Inhalts" nicht zu zeigen. Kinder („Wir bereichern ihr Wissen, erheitern ihr Gemüt und amüsieren sie überhaupt auf das beste.") seien „in bester Obhut, da sie von extra dafür angestellten Damen zu ihren Plätzen geleitet werden".

Dies eine Besonderheit insofern, als daß „die Kinotheater vor dem Kriege ausschließlich männliches Personal beschäftigten" und erst der kriegsbedingte Mangel an männlichen Arbeitskräften den Portier durch die Platzanweiserin ablösen ließ.[13]

Henschels im Frühjahr 1906 eröffnetes „Bellealliance-Theater" gehörte zu den am besten besuchten Kinos der Stadt. Hier hatten offiziell etwa 1000 Personen Platz, es war jedoch „häufig abends, Sonntags regelmäßig, so besetzt, daß ein großer Teil des Publikums noch stehend den Vorführungen" auf der 35 qm großen Leinwand zusehen mußte.[14] Eine tatsächliche, für damalige Verhältnisse „unerhörte Besucherzahl von 1400 Personen" dürfte daher als nicht unrealistisch angenommen werden. Auch ein Tagesbesuch von „mehr als 8000 Personen"[15] ist möglich, spielte das Kino doch täglich mindestens sieben Stunden, an Sonn- und Feiertagen sogar „von mittags 1 Uhr bis abends 12 Uhr",[16] nur unterbrochen von „vier Pausen von etwa 10–15 Minuten Länge", die durch „recht hübsche, wirksame Reklamelichtbilder" ausgefüllt wurden. Um die Fluktuation des Publikums zu ermöglichen, wurden die ausgegebenen „Billette, die nach dem ablaufenden Alphabet ihre Gültigkeit verlieren, alle 2 Stunden mit wechselnden Buchstaben versehen". 1906 bestand die Kapelle aus 20 Musikern; der „Handel mit

297 Um 1908 entstanden die ersten eleganten, am Vorbild der Theater sich orientierenden Lichtspielhäuser. Das 1909 in der Wexstraße eröffnete „Reform-Kino" spekulierte auf Eleganz und Modernität: Plakatlithographie, um 1910

Schokolade, Bonbons, Bier, Limonade etc. etc., durch Kellner und Frauen angeboten", florierte auch hier. Als eins der finanziell lukrativsten Kinos war es in der Lage, „die Filmserien tagtäglich (zu) wechseln; (denn) das verwöhnte Hamburger Publikum würde es gar übel vermerken, wenn allzu oft ein und derselbe Film auf der Leinwand läge".

Wie tief die Kinematographie in die alltägliche Erfahrungswelt der Zeitgenossen eingedrungen war und die hohe Popularität insbesondere der „Belle" belegt die Tatsache, daß die benachbarte „Haltestelle der elektrischen Straßenbahnen ‚Hamburgerstraße' nur noch als ‚Bellealliance-Theater' von den Schaffnern ausgedrückt" wurde.[17] Da es das einzige Unternehmen war, das auch in seiner frühen Zeit konsequent und detailliert für seine Vorführungen warb, sind wir über sein Programm verhältnismäßig gut informiert. Es zeigt, daß das Kino wie keine andere Einrichtung der Zeit in der Lage war, neben Amüsement und Spannung ein großes Publikum mit Stoffen der Literatur, Entwicklungen der Technik, geschichtlichen und politischen Ereignissen bekannt zu machen. Neben den dominierenden Humoresken liefen ‚große Dramen'. ‚Romeo und Julia – genau nach dem Original Shakespeares' und ‚Giordano Bruno – lehrreich und interessant', die ‚Schlager' im Herbst 1908, seien genannt. Groß war auch das Angebot dokumentarischer Aufnahmen, exotischer Szenen (‚Ceylondorf bei Hagenbeck') und vaterländischer Berichte („S. M. Kaiser Wilhelm führt die Fahnenkompagnie – begleitet von der gesamten Kapelle").[18]

298 Das 1913 erbaute Lessing-Theater am Gänsemarkt hatte 1000 Plätze. Ein Lift führte den Besucher auf den Rang: Photographie, 1914

Um 1908 entstanden die ersten eleganten, am Vorbild der Theater sich orientierenden Lichtspielhäuser. Charakteristisch für sie war die räumliche Trennung von Kinosaal und Restaurationsbetrieb, die Einteilung bequemer Polstersessel in verschiedene Parkettklassen, der Einbau eines Rangs, ihre repräsentative Fassade und ein luxuriös ausgestattetes Foyer.
Eins der ersten dieser Art, das mit 362 Plätzen noch verhältnismäßig kleine Theater am Nobistor, Reeperbahn 161, verfügte über ein ,,modernes Vestibül mit elektrisch beleuchtetem Springbrunnen (und eine) große Lichtreklame". Die Nähe zum althergebrachten Automatenbetrieb blieb durch eine angegliederte ,,Ausstellung von Orchesterwerken, elektrischen Pianos, Flügeln, Fontänen" gewahrt. In den Pausen spielten noch große Trichter-Grammophone, ,Starkton-Maschinen' genannt.[19]
Speziell für ein zahlungskräftiges Publikum konzipiert war Henschels ,Waterloo-Theater', im November 1909 in der Dammtorstraße 14 eröffnet.
Von diesem, ,,schon durch sein Äußeres als ein besonders vornehmes Theater seiner Art gekennzeichnet(en), mit allermodernsten Mitteln ausgestattet(en)" Kino erwartete man allgemein, daß ,,es bald zu einem Lieblingsaufenthalt der vornehmen Gesellschaft Hamburgs werden" würde. Tatsächlich konnte es schnell ,,ein festes Stammpublikum der gehobenen Stände" gewinnen. ,,Künstler des (benachbarten) Stadttheaters pflegten sich hier zu treffen". Auch dessen Besucher wurden angelockt. Nicht marktschreierische Aufdringlichkeit, noble Eleganz prägte das Kino. Sein ,,Innenraum (war) in Rokokko gehalten, für das Auge angenehm abgetönt, ... die dezente Musik" des hauseigenen Orchesters unterhielt das Publikum ,,nicht nur in den Pausen, sondern während der ganzen Vorführ-

ungen". Im folgenden Jahr konnte sogar ,,die bisher im Alsterpavillon konzertierende Kapelle, Dir. John Fresco, ... verpflichtet" werden.[20]
Das im Oktober 1909 in der Wexstraße 5 eröffnete ,,Reform-Kino" spekulierte ebenfalls auf Eleganz und Modernität. Seine Ausstattung wurde als ,,geradezu entzückend" gelobt. ,,Ein gelbseidener Vorhang verhüllt die Bühne, es soll dadurch der Eindruck des Theaters mehr betont werden, als es sonst bei den lebenden Photographien der Fall ist. Die Illusion ist vollkommen gelungen. Alles macht einen wirklich vornehmen Eindruck".[21]
Das ,,Hochelegant eingerichtet(e) Metropol-Theater", Glockengießerwall 20, galt bei seiner Eröffnung im September 1910 als ,,ein Schmuckkasten gegenüber dem Hauptbahnhofe",[22] das ,,Elite-Theater", dessen ,,sehr gefällige Fassade ... abends in ein Meer von Licht getaucht" war, als ,,Zierde des Steindamms". Zu seiner Eröffnung im November 1910 erschienen neben den schon obligatorischen Künstlern auch ,,viele Mitglieder der Bürgerschaft".[23]
Das 1250 Plätze bietende ,,Lichtschauspielhaus am Millerntor" wurde im April 1912 mit dem ,,Largo von Händel (und) durch den flotten Vortrag der Weberschen Jubelouvertüre" eröffnet. Ein Ensemblemitglied des Deutschen Schauspielhauses sprach den feierlichen Prolog, neben der Orchestergrube war eine Kirchenorgel installiert. ,,Beim Eintritt in das Gebäude glaubt man zuerst wirklich, in einem erstklassigen Theater zu sein".[24]
So war der Kinematograph, ,,nicht mehr der Rendezvousplatz allerlei Volks", gesellschaftsfähig geworden. In diesen Theatern verlor er seinen Charakter eines subkulturellen Freiraums: durch die gläserne Decke des ,Reform-Kinos' fiel ,,auch während der Vorstellung rubinrotes Licht. (Es) mindert die Deutlichkeit der Bilder in keiner Weise, wohl aber gibt es eine genügende Helligkeit, um alles im Saale zu unterscheiden". Hier verlor das Kino seinen Charakter als Ort fortwährender Kommunikation: die amphitheatralische Bauweise des ,Reform' behinderte die freie Bewegung des Publikums, der Einbau abgeschlossener Logen ermöglichte Filmgenuß in privater Isolierung. Im Zuschauerraum des ,City-Theaters', Bieberhaus, als Drei-Klassen-Parkett unterteilt, waren diese Gruppen gar ,,durch eine Barriere voneinander getrennt".
Wem es um das Kino ein Ernstes war, der mochte wohl empfinden: ,,Die Stimmung selbst im Publikum ist weihevoller". Der eingangs zitierte Beobachter fährt fort: ,,Wir sind aus dem Primitiven heraus; ein neues, höheres Niveau ist erreicht".[25]
Es fanden sich genug, die darauf standen.
1911 begann das ,Hamburger Wissenschaftliche Theater Urania', seine Vorstellungen im Saal des ,Neuen Theaters' am Besenbinderhof aufzunehmen. Es beschränkte sich dabei ganz auf dokumentarische Filme.
Gleichzeitig plante die Stadt Altona, ein eigenes Kino einzurichten. ,,Ausgewählte Bilder zur Belehrung der Schuljugend"[26] sollten gezeigt werden. ,,Als Musterstätte derartiger Unternehmungen" sollte es ,,einen Druck aus[zu]üben auf die Privatkinos in der Richtung einer Veredelung der Vorführungen".[27] Ob es aber im Frühjahr 1912 als eines der ersten kommunalen Kinos in Deutschland tatsächlich eröffnet wurde, ist (noch) unbekannt.

Jörg Schöning

Kulturelles Leben und Künstlertum 324

299 Pollini nahm Künstler, wie den Sänger Heinrich Bötel, unter Privatvertrag, um sie dann an andere Theater auszuleihen: Karikatur auf Pollini und Bötel.

Chéri Maurice und Bernhard Pollini

Es hat sie von weither an die Alster verschlagen: den einen, der sich nach seinem Vater Maurice Schwartzenberger Chéri Maurice nennen sollte, aus Agen, einem Nest in Südfrankreich; den andern, der als Baruch Pohl in Köln zur Welt kam und als Bernhard Pollini Karriere machte, nach einem Umweg um die halbe Welt via Petersburg und Moskau, wo er als Chef der italienischen Oper seine Meisterprüfung abgelegt hatte. Der Ärger über diese oder jene antisemitische Infamie blieb beiden nicht erspart, wurde aber doch reichlich aufgewogen durch den allabendlichen Applaus und einen wahren Goldregen, der zumal an Gedenk- und Jubeltagen in Form von Orden, Ehrungen und Geschenken auf sie herniederprasselte. Im Theater-Almanach von 1894 steht der Hofrat Pollini mit rund 20 in- und ausländischen Orden zu Buch, und allein das fünfzigjährige Direktionsjubiläum bescherte Maurice 1881 ein halbes Dutzend neuer Auszeichnungen. Ein privater Theaterdirektor, der auf Niveau hielt und gleichwohl über Jahrzehnte hinweg erkleckliche Gewinne erwirtschaftete, war schließlich nicht nur im Hamburg des 19. Jahrhunderts eine vielbestaunte Rarität. Daß der Jüngere den Älteren, als der endlich abtrat, beerbte, Pollini 1894 auch das Thalia-Theater seinem Theater-Imperium (mit den Säulen Stadttheater und Altonaer Stadttheater) einverleibte, um dann, keine zwei Jahre nach dem Tode Maurice's, selbst das Zeitliche zu segnen, fügt sich nur zu gut in die Saga von den letzten souveränen Potentaten des alten Prinzipaltheaters.

Zu gut, um wahr zu sein. Denn in Wahrheit verbindet sie fast nichts, trennt sie eine ganze Welt: Maurice lebte im, Pollini vom Theater. Ob die Kasse – die auch Maurice als Überlebens-Quelle nie aus dem Auge ließ – der Kunst diente oder die Kunst der Kasse, dem privaten Macht- und Geltungsdrang, signalisiert eben nicht einen Grad- oder Temperamentsunterschied, sondern zwei konträre direktoriale Positionen: die des Liebhabers, der – wann immer es die Pflich-

300 Der Vater hatte 1827 das Tivoli-Gehege, ein Gartenlokal in St. Georg, übernommen. 1829 gliederte er seinem Etablissement ein Sommertheater an, dessen Leitung er seinem 24-jährigen Sohn, der sich Chéri Maurice nannte, übertrug. Aus ihm entwickelte sich der Gründer und erfolgreiche Leiter des Thalia Theaters: Photographie, um 1870

ten erlaubten – keine Probe, keine Aufführung versäumte, und die des Spekulanten in Sachen Kunst, der ein perfektes System der Ausbeutung aller am Theaterprodukt Beteiligten vom Autor bis zum Chorsänger entwickelte.

Angefangen hatte alles damit, daß der alte Maurice, der seine Brennerei von Agen nach Hamburg verlegt und 1827 das Tivoli-Gehege in der Vorstadt St. Georg übernommen hatte – ein Gartenlokal mit Rutschbahn und lauschigen Alleen, mit Gauklern, Seiltänzern und Pantomimen, Musik und illuminierten Ballnächten –, seinem Etablissement 1829 ein Sommertheater angliederte und seinem theaternärrischen Sohn die Leitung übertrug. Der engagierte etliche Schauspieler des Theaters in der Steinstraße und eröffnete mit einem Vaudeville von Angely und Bärmanns plattdeutscher Komödie „Quatern". Schon zwei Jahre später bot sich dem 26-jährigen die Chance, seiner Theaterlust als Mitdirektor des Steinstraßen-Theaters ganzjährig zu frönen. Es zeugt nicht nur von gesundem Selbstbewußtsein, sondern auch von wachsender Resonanz beim Hamburger Publikum, daß Maurice 1834 *sein* Theater (denn der Mitdirektor war inzwischen verstorben) zum Zweiten Theater beförderte und sich damit als Herausforderer des „ersten", des Stadttheaters, in Positur brachte. Aber dazu brauchte er ein eigenes, größeres, besseres Haus und eine Lizenz. Die bekam er erst 1842, als der Senat nach dem verheerenden Hamburger Brand und dem Tod der Witwe Handje, der Besitzerin des Steinstraßen-Theaters, die Konzession an Sicherheitsauflagen knüpfte, die nur ein Neubau gewährleisten konnte. So entstand am nahegelegenen Pferdemarkt innerhalb eines halben Jahres ein Theater für rund 1700 Zuschauer, doppelt soviel wie in der Steinstraße. Der Name Neues Theater fand nach einer Intervention des Stadttheaters beim Senat keine Gnade, „Thalia-Theater" indes konnte er einem Haus, das für die diversen Spielarten der Komödie konzessioniert war, nicht abschlagen.

Mit Stücken der beiden Hausautoren B. A. Herrmann und W. Friedrich, frei nach Jünger bzw. „nach dem Französischen", wurde das Thalia am 9. 11. 1843 eröffnet. Den immensen Bedarf an Stücken – in den ersten 25 Jahren waren es mehr als 1600, im Durchschnitt also mehr als eins pro Woche – befriedigten die hauseigenen Nach-Dichter überwiegend dadurch, daß sie das andernorts Erprobte den speziellen Bedürfnissen und Möglichkeiten des Hauses anpaßten. Daß Maurice den Zusammenhang zwischen der Schutzlosigkeit der am Fließband produzierenden Stückeschreiber und der Dürftigkeit ihrer Texte nicht verkannte, erhärtet sein Angebot vom Oktober 1843, die schäbigen Autoren-Honorare nach dem Beispiel des Stadt-

Kulturelles Leben und Künstlertum

301 Der Name „Neues Theater" fand beim Senat keine Gnade, „Thalia Theater" aber konnte er einem Haus, das für die diversen Spielarten der Komödie konzessioniert war, nicht abschlagen: Stahlstich von H. Jessen, um 1850

theaters durch freiwillige Tantiemen, nämlich die halbe Brutto-Einnahme jeder 8., 20., 30. (usf.) Vorstellung aufzustocken. Im übrigen bekam ihm die Beschränkung auf die heitere Muse, das anspruchslose Theaterstück nicht schlecht, nötigte sie ihn doch (wie an anderer Stelle erläutert), seine eigentlichen Vorzüge zu entfalten: den sicheren Blick für schauspielerische Qualität und ein Berufs-Ethos, das weder Schlamperei noch Effekthascherei auf Kosten der Mitspieler duldet.

Einen ähnlichen Kurs – mit einem gemischteren Repertoire freilich für ein gemischteres Publikum – steuerte Heinrich Laube am Wiener Burgtheater, mit dem Maurice wiederholt verglichen wurde als der (wie der kompetente Paul Schlenther konstatiert) „neben Laube bedeutendste deutsche Bühnenleiter in der zweiten Hälfte des 19. Jahrhunderts". Laube hörte nicht gern, daß man vom Thalia-Theater als der „norddeutschen Burg" sprach, als der einzigen Bühne, die es in der Harmonie des Ensemblespiels und der dezent-realistischen Konversation mit der Burg aufnehmen konnte, doch auch andere Kronzeugen wie Paul Lindau und Ernst von Possart rühmten das Thalia als ein „Bollwerk" gegen das „vordringende Virtuosentum, gegen die hohle Deklamation und andere Fehler" der Zeit. Regie freilich führte inzwischen nicht mehr – wie zu Anfang – der Direktor persönlich, sondern (seit 1847) der vorzügliche Heinrich Marr, der seine Aufmerksamkeit nicht auf die Mechanik der Auf- und Abgänge und das Arrangement etlicher malerischer Tableaus beschränkte, sondern auch die Darstellung auf eine dem Belieben des Einzelnen übergeordnete Größe, auf Stil, Zusammenhang und Glaubwürdigkeit des Ganzen ausrichtete. Wo Maurice (wie bei Marr) Größe spürte, da wuchs er über den „hanseatischen" Geschäftsmann, der dem Publikum für sein gutes Geld „eine anständige Komödie" schuldig war, hinaus; wo er Begabung witterte, schlummernde oder fehlgeleitete, da ruhte und rastete er nicht, bis er ihr zum Durchbruch verhalf (und sich selbst zu einem exzellenten Mitarbeiter). Kein anderer konnte sich so vieler bedeutender Schauspieler und vor allem Schauspielerinnen rühmen, die unter seinen Fittichen heranreiften: Friederike Goßmann, Marie Seebach, Zerline Würzburg, Helene Schneeberg, die Operettendiva Marie Geistinger, die große Charlotte Wolter und manche andere. Wohin er auch kam auf seinen Entdeckungsreisen, überall waren die aufstrebenden Talente alarmiert, wenn es hieß, der Rattenfänger Maurice sei im Theater. „Welcher junge Schauspieler wäre nicht die Papsttreppe, wie das Thalia-Theater damals genannt wurde, gern hinaufgelaufen", sagt der Komiker Emil Thomas, den Maurice in Berlin entdeckte. Gleichwohl war es eine Sysiphus-Arbeit, da in Hamburg der Kritiker Robert Heller schon mit gespitzter Feder auf der Lauer lag, um Laube „so intim, fein und echt" (Laube) über die Neuerwerbungen des Thalia-Theaters zu informieren, daß die Besten auf lukrative Angebote aus Wien nicht lange warten mußten. Dem „k. k. Hofburgtheater-Lieferanten wider Willen" blieb nichts anderes übrig, als neuerlich auf Reisen zu gehen, um die Lücken, so gut es ging, zu schließen. Was nicht immer gelang: „Künstlerisch kann sich das Thalia noch nicht vom Verlust erholen, den ihm der Tod Marr's beibrachte ... Dazu kommt, daß ich in diesem Jahr mit dem Damenpersonal kein rechtes Glück gehabt habe", heißt es in einem (unveröffentlichten) Brief Maurice's vom 2. 1. 1873.

Doch mit diesem Datum haben wir, der Chronologie vorauseilend, jene bittere Stunde übersprungen, die die Karriere Maurice's um ein Haar beendet hätte. Auf dem Wege zu Macht und Ruhm war er auf der vorletzten Stufe stehengeblieben. Darüber thronte noch, wenn auch nur dem äußeren Range nach, das Stadttheater, das sich dem drohenden Ruin nur durch den immer rascheren Wechsel des Pächters zu entziehen vermochte. Als es 1847 wieder einmal soweit war und die Chance, sich der leidigen Konkurrenz zu entledigen, günstig schien, griff Maurice zu: zusammen mit dem Schauspieler Jean Baptiste Baison übernahm er die Stadttheater-Direktion. Da jedoch das neue Gespann nicht harmonierte, an Kunst- und Geschäftssinn wohl auch mehr gefordert war, als Maurice zu investieren hatte, brach die Mesalliance nach nur 174 Tagen auseinander. Maurice war um 10000 Mark ärmer, – aber von seinen Illusionen noch nicht kuriert. Denn als Baison 1849 starb und Maurice – was ihm beim ersten Versuch noch abgeschlagen worden war – beide Theater unter einer Direktion vereinigen durfte, riskierte er einen zweiten Anlauf: „Ich habe eine schwere Arbeit vor mir, denn im Stadttheater herrscht Anarchie". Hoffte er, ihr zu begegnen, indem er sich selbst Konkurrenz machte? Indem er die Sänger und Schauspieler beider Häuser zu einer heterogenen Truppe zusammenwürfelte, die in immer anderer Kombination sowohl das große Haus in der Dammtorstraße wie das kleinere am Alstertor bespielte, zerstörte er nur das intakte Thalia-Ensemble. Die Ungunst einer Zeit, in der das Theaterinteresse allgemein zurückging und das Pu-

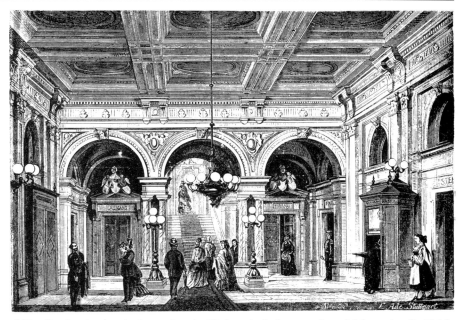

302 Begünstigt durch einen wirtschaftlichen Aufschwung ohnegleichen, der die Zahl der Einwohner wie auch der von auswärts herbeiströmenden Besucher Hamburgs schwunghaft vermehrte, setzte Pollini auf das Theater als repräsentativen, geselligen Treffpunkt der alteingesessenen Hautevolee: Vestibül des Stadttheaters nach dem Umbau von 1873, Xylographie, um 1875

blikum nur mehr auf spektakuläre Effekte reagierte, wie sie etwa der Affendarsteller Klischnigg, eine Artistenshow oder eine exotische Tanztruppe versprachen, verschlimmerte das Dilemma. Dem unnachsichtigen Heinrich Marr ging die Verwilderung aller künstlerischen Sitten so wider den Strich, daß er der „Krämerbude" schon 1852 den Rücken kehrte. Als Maurice 1854 kapitulierte, war es – bei einem Defizit von 167000 Mark – schon fast zu spät, und er konnte von Glück (und guten Freunden) sagen, daß er im September 1855 sein Thalia-Theater – wenn auch nur mit einer zum Schutze des Stadttheaters neuerlich reduzierten, selbst Lustspiele mit mehr als 2 Akten ausschließenden Lizenz – wieder flottmachen konnte.

Doch da er seine Lektion nun gelernt hatte und auch der unentbehrliche Marr 1857 heimkehrte, war der alte Standard bald zurückerobert. Fast zwei Jahrzehnte dauerte der zweite Frühling, ehe die Kräfte des „Alten" in den 70er Jahren spürbar nachließen. Sein Sohn Gustav, zum Nachfolger bestimmt, konnte ihn nicht ersetzen, auch nicht in der vom Vater 1885 arrangierten Partnerschaft mit Pollini, die nach knapp zwei Jahren wie-

der zerbrach. Als Gustav 1893 starb, mußte der 88jährige Lotse noch einmal an Bord. 1894 erwarb Pollini das Thalia-Theater, und am 27. 1. 1896 starb Maurice. An seinem Grabe sagte sein Stellvertreter Paul Flashar: „Du warst unser Vater, deine Kinder weinen um dich".

Maurice hatte einen Blick für Schauspieler, Pollini ein Ohr für Sänger und Musiker. Was sie aus dieser Mitgift machten, unterscheidet sie freilich von Grund auf. Wer Pollini für einen Hasardeur halten mochte, als er 1874 das dahinsiechende Stadttheater gegen eine Jahrespacht von 36000 Mark und 2,5% der Bruttoeinnahmen übernahm – mit der Verpflichtung, viermal wöchentlich Opern, zweimal Schauspiel, einmal Ballett oder Operette aufzuführen –, sah sich bald eines andern belehrt: begünstigt durch einen wirtschaftlichen Aufschwung sondergleichen, der die Zahl der Einwohner wie auch der von auswärts herbeiströmenden Besucher Hamburgs sprunghaft vermehrt, setzte Pollini auf das Theater als repräsentativen geselligen Treffpunkt der alteingesessenen und der neuen Hautevolee, die in eine noch ungewohnte soziale Rolle und den ihr zugeordneten kulturellen Bezugsrahmen erst hineinwachsen mußte. Das Theater seiner-

Kulturelles Leben und Künstlertum

seits konnte dieser neuen Funktion nur durch den Glanz absoluter Spitzenkräfte gerecht werden, für die Pollini tief in die Tasche greifen mußte – nicht die eigene, versteht sich, da er schnell herausfand, wie er von den hohen Gagen seiner Stars selbst profitieren konnte: reihenweise nahm er renommierte Künstler, aber auch junge Talente wie den Hamburger Heinrich Bötel unter (Privat-)Vertrag, um sie dann an andere Theater auszuleihen. Ihre Gage bezogen sie vom Stadttheater, während sie die Erträge ihrer bisweilen monatelangen Gastspiele mit Pollini – nicht dem Direktor, sondern dem Impresario gleichen Namens – teilen mußten. Der „große Handelsmann" machte im übrigen kein Hehl daraus, daß er „zumal die ersten Kräfte besonders angreifen" mußte, weil der Besuch zurückging, wenn sie nicht sangen. „Ich muß folgerichtig diese ersten Kräfte, die bei mir monatlich 15–20mal und mehr mitwirken, höher honorieren als die Hoftheater, an denen selten ein Mitglied mehr als zehnmal im Monat aufzutreten pflegt". Der 1. Tenor bezog anfangs 4500 Mk monatlich, Franz Diener einige Jahre später schon 60000 Mk jährlich, die Schauspielerin F. Ellmenreich immerhin noch 24000 Mk.

Demgegenüber wurden die Orchestermitglieder weiterhin mit Monatsgagen zwischen 100 und 150 Mk (für jährlich 9 Monate!) abgespeist, die Chorsänger mit noch geringeren Beträgen, bei einer durchschnittlichen Arbeitszeit von 10 Stunden, die Sonn- und Feiertage nicht ausgenommen. Die Statisten gar mußten vor den Kadi gehen als Pollini sie einmal mit 30 Pfennig (statt der üblichen Abendgage von 1 Mk) entlohnen wollte. Als Gustav Mahler 1891 ans Stadttheater verpflichtet wurde, fand er ein Orchester vor, das „auf minderwertigen Instrumenten musizierte (und) bei grauenhaft schlechter Bezahlung" (F. Pfohl) hingebungsvoll, aber freudlos seine Pflicht erfüllte. Da ihm der Kausalnexus zwischen materieller Not und physischer Erschöpfung einerseits und dem künstlerischen Niveau andererseits nicht lange

verborgen blieb, bat Mahler, da mit Pollini nicht zu reden war, den Senat in einem Schreiben eindringlich um Abhilfe – ohne Gehör zu finden.

Daß Pollini den Hut nicht nur, wie eine Karikatur es darstellt, für die in Goldstücke verwandelten Noten seiner Sänger, sondern auch die der Komponisten und die Texte zahlreicher Autoren aufhielt, belegt das Inventar-Verzeichnis seines Nachlasses (in der Hamburger Theatersammlung), das beispielsweise unter der Nr. 31 sein Miteigentum für Deutschland und Österreich-Ungarn an sechs Werken Tschaikowskys ausweist: „Ein Kaufpreis ist hierfür nicht gezahlt worden, sondern es sollen die mit den Werken erzielten Erträgnisse je zur Hälfte B. Pollini und P. Tschaikowsky zufließen. Von der B. Pollini gehörenden Hälfte der unter 1–4 verzeichneten Werke (Eugen Onegin, Pique Dame, Dornröschen, Jolanthe) ist die Hälfte an Felix Bloch Erben für den Preis von M 6000.- verkauft worden. Es gehören also: 1/4 B. Pollini, 1/4 Felix Bloch Erben und 1/2 Peter Tschaikowsky".

Pollini schaffte es sogar – was seinen Vorgängern stets abgeschlagen worden war –, den Senat zur Kasse zu bitten, zunächst mit der Gratislieferung von Gas und Wasser sowie einem Jahreszuschuß von 15000 Mk für die beiden Pensionsfonds des Theaters. Wenige Jahre später ersuchte er um eine zusätzliche Subvention von 60000 Mk und erhielt immerhin die Hälfte. Die ging zwar an die Stadttheatergesellschaft, doch da gleichzeitig die Jahrespacht auf 10000 Mk reduziert und dem Pächter ein Direktionshonorar von jährlich 15000 Mk plus 3/5 des Nettoüberschusses zugestanden wurde, schöpfte er wiederum den Rahm ab, umso mehr, als er inzwischen auch die Eintrittspreise kräftig erhöht hatte.

Getreu seinem Motto „Rast' ich, so rost' ich" und zwecks besserer Ausnutzung des vorhandenen Personals seines Dreispartentheaters machte Pollini sich schon 1876 mit der Übernahme des Altonaer Stadttheaters an den Aufbau eines Theater-Imperiums, das schließlich alle be-

deutenden Theater der Stadt umspannte. Da er vom Schauspiel, wie er freimütig zugab, nichts verstand, überließ er dieses Feld weitgehend seinem Stellvertreter Ludwig Barnay. Als Opernregisseur konnte der (nach dem Urteil Weingartners) „anti-musikalische" Franz Bittong frei schalten und walten, da der szenische Aspekt – geschweige denn Mahlers Zielvorstellung einer strikten Umsetzung der Partitur in die audiovisuelle Körperlichkeit der Szene – Pollini nicht interessierte. Für ihn blieb der göttergleich selbstherrliche Virtuose, der seine Arien in Seidenpapier über die Rampe reichte, die Inkarnation des Musiktheaters und das Fundament jeglicher Kalkulation.

Ist es fair, so viel vom Geld zu reden – vor einem Hintergrund zumal, wo alles zum Golde drängte und Pollini eben nur konsequenter, skrupelloser operierte als andere auch? Bediente er nicht lediglich, wie Johannes Wedde 1880 schreibt, „die Neigung des ‚besseren' Publikums, das Theater zu einer fashionablen Zerstreuungs-, Aufmunterungs- und Digestionsanstalt" herabzuwürdigen? Die großen Sänger und Dirigenten, die er nach Hamburg holte, der Wagner-Boom, den er forcierte, sein Eintreten für Smetana, Tschaikowsky und – wenngleich recht spät – Verdi – zählt das nicht? Niemand hat ihn schärfer verdammt als die großen Dirigenten Hans von Bülow, Gustav Mahler, Felix Weingartner. Dieser nannte ihn „einen der großen Kunstverderber", während der nachmalige Schauspielhaus-Intendant Carl Hagemann das Stadttheater als ein Warenhaus bezeichnete, das – „allein nach dem Gesetz von Angebot und Nachfrage" – anstatt mit „Kleidern oder Schuhen mit dramatischer Kunst" handelte. Daß Pollini bei aller Singularität eine zeittypische Erscheinung war, die im wilhelminischen Deutschland gewiß auch anderswo ihren Weg gemacht hätte, in der Hansestadt aber besonders günstige Voraussetzungen antraf für das Unisono von merkantiler und künstlerischer Großmannssucht – wer wollte das bestreiten?

Diedrich Diederichsen

Brahms, Vater und Sohn

Als Johann Jakob Brahms 1825 von Heide nach Hamburg übersiedelte, war er neunzehn Jahre alt und besaß einen Lehrbrief des „privilegierten und bestallten Musicus" Theodor Müller aus Wesselburen, der ihm urkundlich bezeugte, fünf Jahre lang – zunächst in Heide, dann in Wesselburen – „in der Lehre gestanden zu haben, um die Instrumental-Music zu erlernen".[1] Wie fast jeder ausgelernte Handwerker – und die Instrumentalmusik galt eben auch als „Handwerk" – ging Brahms zunächst aus seiner Vaterstadt fort. Die große Stadt Hamburg lockte, in der ein Musikant sein Auskommen finden mußte. Mit seinen Kenntnissen auf dem Horn und dem Kontrabaß beherrschte er zwei Instrumente, die in Tanzkapellen gefragt waren, und so fand er sich fortan allmorgendlich an der sog. „Musikantenbörse", an der Ecke der Straßen Thielbeck und Großneumarkt, ein, um mit seinen Kollegen auf ein abendliches Engagement in einem der zahlreichen Vergnügungslokale zu warten. Begehrt waren natürlich die längerfristigen Verpflichtungen, und als die Wirte merkten, daß Jakob Brahms sehr pünktlich und gewissenhaft seine Auftritte wahrnahm, kamen derartige dauerhafte Verträge zustande, die ihm die Gründung einer eigenen Familie ermöglichten, doch blieben die Einkünfte bescheiden und unsicher genug. Allmählich aber brauchte er nicht mehr nur in billigen Hafenkneipen aufzuspielen, sondern auch die etwas besser gestellten Lokale verpflichteten ihn, obwohl er durchaus nicht zu den überragenden Talenten gehörte. Allerdings waren die Partien für Kontrabaß und Horn meist musikalisch weniger anspruchsvoll, so daß er dennoch einen gewissen Ruf als bewährter, tüchtiger Musikant auf diesen Instrumenten erreichen konnte. Erst fünf Jahre aber nach seiner Heirat und zwei Jahre nach der Geburt seines Sohns Johannes, der später als der berühmteste Musiker Hamburgs in die Geschichte eingehen sollte, bekam Jakob Brahms eine feste Anstellung als Hornist beim Hamburger Bürgermilitär, womit immerhin eine regelmäßige Einnahme gesichert war, die er aber durch weitere Auftritte in Wirtshauskapellen nach wie vor ergänzen mußte, um den Unterhalt der Familie im bescheidensten Rahmen zu bestreiten. Zwei Jahre später gelang ihm ein weiterer sozialer Aufstieg, als er – zunächst als Aushilfs-, später als ständiges Mitglied[2] – in das angesehene Musikensemble des Alsterpavillons aufgenommen wurde. In vielseitigen Arrangements derzeit beliebter Stücke unterhielt das Sextett, bestehend aus zwei Violinen, Bratsche, Kontrabaß, Flöte und Klarinette oder Horn und Trompete, musikalisch die anspruchsvollen Gäste des weltbekannten Restaurants. Der Lohn für die Musikanten war jedoch nicht vertraglich festgelegt, sondern wurde jeweils bei den Gästen eingesammelt und geteilt. Nach vorsichtigen Schätzungen konnte jedes Sextettmitglied zwischen 8 Schilling und 3 Courantmark[3] pro Auftrittstag kassieren, was allein zur Ernährung der Familie nicht ausreichte.

In diese Situation wuchs der junge Johannes hinein, der sehr früh sein musikalisches Talent erkennen ließ. Seine Vorliebe gehörte bald dem Klavier, was dem Vater gar nicht recht war, denn dieses Soloinstrument versprach keine feste Anstellung in einem großen Orchester, was Vater Brahms stets als höchstes Lebensziel für einen Musikanten vorschwebte. Der freischaffende Musiker, der als Komponist oder Virtuose ohne feste Stelle sein Leben verbrachte, blieb – selbst wenn er ein gutes Einkommen hatte – für Jakob Brahms suspekt, eine Meinung, die er weithin mit seiner klein- und großbürgerlichen Umgebung in Hamburg teilte. Und auch Johannes Brahms war diese Einstellung nicht fremd. Lange Jahre bestimmte die Suche nach einer festen Anstellung auch sein Leben, und noch 1888 äußerte er – nur mit halber Ironie –:[4] „Wenn mein Vater heute noch lebte, und ich säße etwa im Orchester am ersten Pult der zweiten Geige, so könnte ich immerhin zu ihm sagen, ich sei etwas geworden".

Aber auch als Pianist konnte man in Vergnügungslokalen sein Geld verdienen, und damit begann auch der erst 13jährige Johannes Brahms sein öffentliches Auftreten, obwohl er vorher und noch gleichzeitig Klavierunterricht bei dem anerkannten Musikpädagogen Eduard Marxsen nahm, dessen Fürsorge dann auch dem jungen Johannes bald Verbindungen zu einflußreichen Persönlichkeiten öffnete und ihn auf die Laufbahn des Virtuosen und Komponisten vorbereitete. Im Sommer 1847 und 1848 wurde Johannes als Klavierlehrer der Tochter des Papiermühlenbesitzers Adolf Giesemann nach Winsen/Luhe eingeladen, wo er auch zum ersten Male einen Chor – den Männergesangverein des Ortes – dirigierte und dafür Volksliedbearbeitungen und eigene Chorkompositionen schuf. Klavierlehrer oder Chordirigent waren schließlich auch die einzigen Positionen, die ihm als Pianisten ein festes Einkommen zu versprechen schienen. Zwar hatte er schon früher in den Konzerten der Klavierbaufirmen gespielt, und 1848 versuchte er ein erstes eigenes Konzert, das im Programm durchaus dem damals üblichen Geschmack entsprach, doch finanziellen Erfolg konnte er seinem Vater nicht vorweisen. Und schließlich war er in den Augen des Vaters inzwischen eigentlich alt genug, um sich sein Brot selbst zu verdienen. Also gab er weiterhin Klavierstunden, spielte in Lokalen auf und schrieb Arrangements beliebter Musikstücke sowie eigene Salonstücke im modischen Stil für den Hamburger Verleger Cranz, mit denen er nach Aussagen seiner Mutter „ziemlich viel verdiente",[5] waren es doch musikalische Unterhaltungen, mit denen die „höhere Tochter" im Salon glänzen konnte und die folglich sehr gefragt waren. Allerdings veröffentlichte Johannes Brahms diese Schöpfungen unter einem Pseudonym. Zum einen dürfte der Name eines „Wirtshauspianisten", wie es Brahms zu dieser Zeit ja immer noch war, dem Verleger kaum ein gutes Geschäft versprochen haben, zum andern aber hatte Brahms selbst wohl wenig Interesse daran, seinen Namen mit harmlos-seichten Kompositionen verknüpft zu sehen, lagen doch schon gewichtigere, ernsthafte Werke vollendet in seiner Schublade.

Den Aufbruch aus dieser musikalischen Enge brachte die Einladung des ungarischen Geigers Eduard Reményi, ihn auf einer Konzertreise zu begleiten. Zwar trennten sich die beiden Künstler bald

Kulturelles Leben und Künstlertum

303 Der Vater Johann Jakob Brahms war nach einer handwerksmäßigen Lehre als Instrumentalmusiker nach Hamburg gekommen. Dort spielte er in Kneipen, dann im Alsterpavillon, schließlich im Stadttheaterorchester. Auch der Sohn Johannes begann als Klavierspieler in Vergnügungslokalen: Gemälde von M. Fellinger, um 1853

wieder, aber Reményi hatte zuvor seinem Studienkollegen Joseph Joachim den jungen Brahms in Hannover vorgestellt, und Joachim – selbst bereits ein gefeierter Virtuose – erkannte sofort das große Talent des jüngeren, vermittelte ihm die Begegnung mit Liszt und später mit dem Ehepaar Schumann und konzertierte selbst mit ihm. Auch Schumann begriff sogleich, daß hier ein junger Mann erschienen war, der ,,die größte Bewegung in der musikalischen Welt hervorrufen wird", wie er am 8. Oktober 1853 an den Musikverleger Härtel schrieb. Am 28. 10. desselben Jahres pries er Brahms dann öffentlich in seinem Artikel ‚Neue Bahnen' in der Neuen Zeitschrift für Musik als denjenigen, ,,der den höchsten Ausdruck der Zeit in idealer Weise auszusprechen berufen" sei. Zugleich führte er den jungen Kollegen auch bei seinem Verleger Breitkopf & Härtel in Leipzig ein, der nun die ersten Werke von Brahms unter dessen eigenem Namen veröffentlichte.

Dasselbe Jahr 1853, das den Sohn mit einem Schlage in der allgemeinen Musikwelt bekannt machte, brachte auch dem Vater den bescheidenen Erfolg, von dem er seit seiner Ankunft in Hamburg geträumt hatte: Er wurde als festes Mitglied zum Kontrabassisten für das Orchester der Vereinigten Stadttheater in Hamburg engagiert, und Brahms' Mutter jubelte in einem Brief an ihren Sohn: ,,... eine herrliche Beruhigung für die Zukunft". Doch auch hier gab es, wie bei seinem späteren Engagement in den Hamburger Philharmonischen Konzer-

304 Auch nachdem Brahms bereits eine internationale Karriere als Pianist begonnen hatte, fand er in Hamburg keine Anerkennung, wurde bei der Wahl zum Leiter der Philharmonischen Konzerte übergangen und musizierte nur gelegentlich als Gast in Hamburg. Erst nach seinem Tode wurde eine Gedenktafel am Geburtshaus in einem Arme-Leute-Viertel angebracht: Photographie von Thiele, 1906

ten zwischen 1864 und 1870, keine feste Gage, sondern lediglich ein Honorar für die jeweilige Aufführung. Die Ergänzung des häuslichen Budgets durch Einnahmen aus Wirtshausauftritten blieb nach wie vor notwendig, wozu auch Johannes' jüngerer Bruder Fritz beisteuerte. Wie Johannes hatte Fritz sich hauptsächlich dem Klavier gewidmet, er spielte in den Ausflugslokalen auf der Uhlenhorst, wo ihn aber ein Konkurrent verdrängte, wie er ganz empört an Johannes berichtete,[6] und dann im Heuß'Hof in Eimsbüttel oder im Conventgarten.

Als Johannes nach Hamburg zurückkehrte, gab auch er wieder Klavierstunden, als Pianist trat er jedoch fortan nur noch in Konzerten auf, ohne allerdings in seiner Vaterstadt die Anerkennung zu finden, die ihm andernorts begegnet war. Nur wenige Eingeweihte wußten von seinem Ruhm außerhalb der Stadt. Er hielt sich stets nur einige Monate in Hamburg auf, die musikalische Enge war zu bedrückend geworden, nachdem er die völlig andere Atmosphäre der großen deutschen Musikstädte kennengelernt hatte. Erst 1859, als er nach der Rückkehr aus Detmold die Leitung des Frauenchors übernommen hatte, fühlte er sich in das heimische Musikleben wieder einbezogen, das die begeisterten Dilettanten der oberen Schichten prägten, während jedoch die offizielle Konzertpflege nur mühsam bestehen konnte. Auch das Wirken ,,in dunkler Stille``, wie es ihm Hamburg nach Schumanns Worten[7] ermöglichte, gefiel ihm wieder, weil er in dieser Stadt als Einheimischer schaffen zu können glaubte. Doch dann wurde er bei der Wahl zum Leiter der Philharmonischen Konzerte übergangen, und diese Enttäuschung verwand Johannes Brahms nie. Die aufgeschlossene Musik-Weltstadt Wien nahm ihn auf, die Handels-Weltstadt Hamburg aber konnte ihn in dem von anderen Interessen geprägten Gefüge ihres Musiklebens nicht unterbringen. Selbst Marxsen, der doch zu den bedeutendsten zeitgenössischen Musikern in Hamburg zählte und Brahms' Lehrer gewesen war, war – nach Clara Schumanns Meinung – ein Mann, ,,der das Künstlerleben von der materiellen Seite erfaßt``,[8] und sie wunderte sich schon 1854, ,,daß Johannes sich unter solchen Verhältnissen so entwickeln konnte, so alles aus sich heraus``. Der mittelmäßig begabte Vater hatte als höchstes Ziel eine bescheidene feste Anstellung erhalten, der große Sohn konnte nur noch als Gast in Hamburg musizieren.

Gisela Jaacks

Salomon und Heinrich Heine, eine jüdische Familiensaga

Sehr zum Nachteil der Beurteilung von Salomon wie von Heinrich Heine wurde bisher in den meisten Darstellungen einer gegen den anderen ausgespielt, wobei es je nach Absicht und Optik des Darstellenden, zu einer Parteinahme kam, die zwangsläufig einem von beiden nicht gerecht wurde.

Zweifellos trugen sowohl der Dichter als auch der Bankier zu ihren Lebzeiten selbst mit Beharrlichkeit und Uneinsichtigkeit dazu bei, jeweils vom Gegenpart ein schiefes und mit negativen Akzenten versehenes Bild entstehen zu lassen, das der Wirklichkeit nur bedingt entsprach. Reibungslos konnte diese Heine'sche Familien-Saga nicht ablaufen. Die Konflikte waren von der Natur der Charaktere her vorprogrammiert. Zu verschieden waren beide ihrem Wesen und ihren Veranlagungen nach. Zu kontrovers waren die für jeden jeweils Ausschlag gebenden Denk- und Wertkategorien hinsichtlich der Identitätskriterien. Familiär, gesellschaftlich, kulturell und pekuniär trennten sie unüberwindbare Mauern.

Der Dichter attestierte dem Bankier zwar, daß dieser ein „bedeutender Mensch" sei, der „bei großen Gebrechen auch die größten Vorzüge" habe, gab vor, daß er „ihn außerordentlich liebe", gestand aber: „Wir leben in beständigen Differenzen".

Daß man den gleichen Familiennamen trug, sah der Dichter als eine dem Bankier zuteil gewordene Gnade und Ehrung an, während dieser selbst, aus welchen Motiven auch immer, die gemeinsamen Familienbande dem Neffen gegenüber nur bedingt gelten ließ. Zudem schätzte er seine eigene Leistung, nämlich die des Erwerbes seines Vermögens, so hoch ein, daß er sich mit Stolz und Erfolg dagegen wehrte, vom Dichter einen Minderwertigkeitskomplex oktroyiert zu bekommen.

Des Dichters Spott verletzte den Bankier, während dessen mißachtende Geringschätzung den Dichter demütigte. Der berühmte Dichter meinte, der Bankier habe ihm gegenüber unabdingbare Verpflichtungen und müsse sich glücklich preisen und geehrt fühlen, ihm finanziell zu Diensten sein zu dürfen. Der international anerkannte und in seinem Metier nicht weniger geschätzte Bankier ließ aus einer Vielzahl von Gründen diesen Anspruch nicht gelten. Er unterstützte zwar den Neffen, zumeist nur widerwillig und nach eigenem Dafürhalten, einen grundsätzlich geltenden Anspruch erkannte er in keinem Fall an. Der Dichter wiederum empfand die ihm zuteil werdende Behandlung – und es ging dabei nicht nur um Geld – als einen Affront. Der Bankier, sonst von durchaus großzügiger Bonhommie, verweigerte sich dem Dichter, weil er wußte, daß dieser ihn, den intellektuell Unterlegenen, verachtete, zudem fürchtete er die literarische Vergeltung. Der Dichter aber fühlte sich verunsichert von der unbekümmerten und souveränen Weltmännischkeit des Bankiers, der in seinen Häusern und Parks wie ein König residierte, mit gediegener Eleganz und ohne Protzerei des Emporkömmlings. Salomon duldete nicht, daß derjenige, der im Namen der Verwandtschaft Unterstützung erwartete und forderte, ihn, der von seiner Umwelt Zurückweisungen erfuhr, nicht nur en famille, sondern auch öffentlich desavouierte.

Salomon Heine, dem erfolgreichen Bankier, der in Krisenzeiten in Schwierigkeiten geratene und mit ihm konkurrierende Bankhäuser stützte, der an der Börse für „Ruhe und Ordnung" sorgte, der zu vielen Gelegenheiten hamburgische Interessen – und nicht nur nach dem großen Brand 1842 – wahrte und in seiner Wohltätigkeit eine von keinem übertroffene Großzügigkeit bewies, ihm verwehrte die Stadt den Bürgerbrief, ihn nahm die ‚Versammlung eines ehrbaren Kaufmanns' nicht auf. Auf seine Weise bekam der Bankier das zu spüren, was auch dem Dichter widerfuhr, den die hingehaltene Emanzipation an der akademischen Laufbahn hinderte. Beide waren, jeder auf seinem Gebiet, Opfer dieser in Raten dosierten, immer wieder verschobenen – von den Hansestädten

305 Des Dichters Spott verletzte den Bankier, während dessen Geringschätzung den Dichter demütigte: Salomon Heine, Lithographie von Otto Speckter, 1842

Hamburg und Lübeck besonders schikanös verzögerten – Emanzipation der Juden. Andererseits profitierte Salomon Heine im wahren Sinne des Wortes von der – wenn auch nur allmählich – sich durchsetzenden Emanzipation, die den Geldleih- und Wechseljuden den Aufstieg zu Bankiers ermöglichte.

Der emanzipierte Bankier, der zeit seines Lebens dem jüdischen Glauben treu blieb, gehörte der israelitischen Gemeinde an und beging die Hohen Feiertage in der Synagoge. Heinrich Heines Diktum hingegen, „Die Taufe ist das Entréebillet zur Kultur", stand solcher jüdisch gesetzestreuen Haltung diametral entgegen. Dieser fundamentale Gegensatz wurde bisher bei der Behandlung des Verhältnisses beider zueinander nicht genügend beachtet. Der Konflikt wurde zumeist dem Finanziellen zugeschrieben. Der Renegat Heinrich Heine war seinen Umweg aus der für ihn unerfüllten Emanzipation in die Assimilation durch die Konversion gegangen. Dem gegenüber stand der mächtige Bankier, der alle Freiheiten – bis auf die bereits erwähnten Einschränkungen – genoß, ohne sich dem Glaubensübertritt zu unterwerfen. Er verzichtete auf die bei einem solchen Schritt gewährten „Privilegien". Es spielt hier keine Rolle, wie der Konvertit Heinrich Heine seinen Übertritt einschätzte, nämlich zumeist selbstironisch

306 Heinrich Heine, Gemälde von M. D. Oppenheim, 1831

bagatellisierend. Für die damalige gesamtjüdische Situation war die Taufe dominierender Konfliktstoff, sah doch das sich schrittweise emanzipierende gläubige Judentum in der Konversion nicht zu Unrecht einen Verrat und eine Bedrohung gegenüber dem Judentum schlechthin.
Salomon Heine unterschrieb eine Denkschrift Gabriel Rießers, des unermüdlichen Kämpfers für die Emanzipation, in der sich dieser für die Zulassung der Juden zu handwerklichen Berufen (!) einsetzte, d.h. der Bankier engagierte sich für soziale und gesellschaftliche Gleichberechtigung seiner Glaubensbrüder. Der Dichter, „der geborene Feind aller positiven Religionen", der auch „kein Enthusiast für die jüdische Religion" war, deklarierte seinerseits 1823, daß er „für die Rechte der Juden und ihre bürgerliche Gleichstellung enthusiastisch sein werde", wie er auch 1840 anläßlich der mit Pogromen verbundenen „Ritualmord-Affäre" von Damaskus bewies, daß er sich, ungeachtet seiner Konversion, dem jüdischen Volk und seinen Leiden und Verfolgungen verbunden und verpflichtet fühlte.
Salomon Heine war zweifellos der „jü-

dischste" in der Familie Heine, der auch noch in Briefen deutsche Worte mit hebräischen Lettern schrieb. Heinrich Heine, der Sohn der Aufklärung, hatte es zur absoluten Meisterschaft in der Handhabung der deutschen Sprache gebracht. Für ihn war der Bankier, der die deutsche Sprache nur kümmerlich beherrschte, aber dennoch gesellschaftlich voll integriert war, Zielscheibe verletzenden Spottes und intoleranter Verächtlichmachung. Der Bankier benötige noch zwei zusätzliche Diener, so schrieb Heinrich Heine, einen für den Dativ und einen für den Akkusativ. Faktisch kam dies der selben Diffamierung gleich, mit der die nichtjüdische Umwelt die von Jiddischmen durchsetzten Sprachgewohnheiten der nicht assimilierten Juden bedachte. Die Sensibilität des Bankiers, der, abgesehen von seiner außergewöhnlichen Intelligenz in Finanz- und Handelsfragen, gesellschaftlich und musisch ein – in das Theater verliebter – Bonvivant mit großem Charme war, wurde von der denunziatorischen Ironie des Neffen zutiefst verletzt und verzieh ihm dessen lieblose Ungerechtigkeit und seinen kleinlichen Purismus nie.
Wer das Testament Salomon Heines kennt, der weiß, daß seine zeitlebens geübte Großzügigkeit auch in seinem Nachlaß keine Grenzen kannte. Für ihn aber war der Dichter nur einer der drei Söhne seines früh verstorbenen Bruders, von denen er jeden mit achttausend Mark bedachte. (Es ist hier kein Platz, um auf den Streit um „gemachte Zusagen" und das Testament einzugehen.) Aber auch noch im Testament dirigierte, verfügte und verwaltete der Bankier mit ebensoviel Logik, Phantasie und Weitsicht sein Vermögen, wie er es zu Lebzeiten erworben hatte. Es war eine Zeit, in der man – nach den Napoleonischen Kriegen, während und nach der Kontinentalsperre, Finanz- und Wirtschaftskrisen, mit gewagten Transaktionen ebenso schnell große Vermögen machte, wie man sie durch Fehlspekulationen wieder verlor. Salomon Heine gehörte zu denjenigen, die ebenso kühn wie kaltblütig die Chancen nutzten und das Gewonnene zu wahren wußten. Ein Narr, wer ihm daraus einen Vorwurf machen wollte. Nun ja, er war ein Kapitalist und arbeitete mit den Mitteln des frühen bürgerlichen Kapitalismus. Der Dichter, Freund von Marx und Lassalle, stand diesem kritisch gegenüber, war aber kein

Kostverächter und erhob Anspruch auf Teilhabe an diesem Vermögen, ohne sich dabei auf ein angestammtes Recht berufen zu können. Die Ablehnung durch den Onkel beruhte jedenfalls nicht auf Geiz. Es war das „Prinzip Achtung", das ihm der Neffe verweigerte. Die Mitwelt ehrte im Bankier den Wohltäter und rühmte seine Hilfsbereitschaft gegenüber allen jüdischen und nichtjüdischen Armen und als Helfer für alle, die in Not geraten waren. Der Dichter mokierte sich darüber, daß „Schnorrern" so geholfen werde, ihm aber nicht. Wo dem Atheisten Heine anläßlich der großzügigen Stiftung des Salomon'schen Israelitischen Hospitals das Judentum als eines „der Gebresten neben Armut und Körperschmerz" galt, als das „tausendjährige Familienübel" und die „unheilbare Brüderkrankheit", an der er selber litt, war dem gläubigen Juden Salomon seine Wohltätigkeit ein Gebot und eine gute Tat aus jüdischem Geist und der heilen Welt seines Judeseins.
Salomon Heine verstand sich in seinem Testament als „israelitischen Glaubensgenossen, den bestehenden Gesetzen gemäß" und wollte „einfach, wie jeder meiner Glaubensgenossen, begraben sein". Der Dichter klagte in seinem Gedicht „Gedächtnisfeier", daß man kein Kaddisch – das jüdische Totengedächtnisgebet – an seinem Sterbetage sagen werde. Der Bankier erließ in seinem Testament seinem Sohn Carl „alle und jede bei unseren Glaubensgenossen üblichen Trauer Ceremonien, namentlich das sogenannte Kadisch". Das Testament und dessen zahllose Vermächtnisse an jüdische Gemeinden und deren soziale Institutionen, an Armenschulen, an den Verein zur Verbreitung nützlicher Gewerbe unter den Juden, an das von ihm gistifte Israelitische Krankenhaus sind Salomons 'Hebräische Melodien', die aber nicht darüber hinwegtäuschen, daß er in seiner sonst gutmütigen Großzügigkeit dem Dichter nicht gerecht wurde.
Die antisemitischen Unruhen in Hamburg 1819, 1830 und 1835 erinnerten sowohl den Dichter als auch den Bankier, daß sie in einer Zeit lebten, in der die Juden als Minderheit Diskriminierungen erleiden mußten und von Verfolgungen nicht verschont blieben. Hundert Jahre später feierte dieser Antisemitismus in ungeahnter Weise Urständ.

Arie Goral

Plattdeutsch

Mit den gesellschaftlichen Umwälzungen des 19. Jahrhunderts – besonders in den letzten Dezennien vor der Jahrhundertwende – ging auch ein Wechsel in der Verwendungsweise und Bewertung des Dialekts einher. Die Wandlungserscheinungen im Sprachleben der größten Stadt des niederdeutschen Sprachraums – in Hamburg – spiegeln den Übergang von der Stände- zur Industriegesellschaft besonders deutlich wider.

Der wechselnde Gebrauchswert des Dialekts läßt sich mit wenigen Strichen nachzeichnen. War Plattdeutsch zu Beginn des 19. Jahrhunderts noch die Sprache der Arbeiterschaft, der Bauern, Handwerker und Fischer, so wurde der Dialekt mit der zweiten Jahrhunderthälfte zum stilisierten Objekt eines von Proletarisierungsängsten besetzten Kleinbürgertums.

Schon gegen Ende des 16. Jahrhunderts war der Vorgang des Sprachübergangs vom Mittelniederdeutschen zum Hochdeutschen im wesentlichen abgeschlossen. Als Schriftsprache der Hansezeit war das Mittelniederdeutsche mit dem Zerfall des Bundes untergegangen, danach lebte das Plattdeutsche in einzelnen Mundarten weiter. Doch es verarmte in seiner kommunikativen Reichweite und taugte lediglich noch zur Bezeichnung einfacher Lebens- und Arbeitsbereiche. Die Einzeldialekte wurden zu Sprachvarianten, deren vereinheitlichende Literatur- und Verkehrssprache schon lange abgestorben war.

Als im Verlauf des 19. Jahrhunderts die Stadtbevölkerung anwuchs, gerieten die Mundarten in eine immer größere Abhängigkeit von den Städten. Ein überlandschaftlicher Austausch führte zu neuen Sprachformen. Stadt- und Ortsmundarten bildeten sich aus, gleichzeitig entstanden umgangssprachliche Zwischenformen wie das Missingsch. Die zugewanderte Arbeiterschaft mußte sich den neuen Anforderungen des Produktionsprozesses anpassen, der Erwerb und Ausbau eines hochdeutschen Sprachschatzes war unausweichlich. Der mit dem Bevölkerungswachstum sich beschleunigende Sprachübergang vom Platt- zum Hochdeutschen vollzog sich vielschichtig und diskontinuierlich.

Zu Beginn des 19. Jahrhunderts mögen die plattdeutschen Mundarten durchaus noch rudimentäre Widerstandsqualitäten gehabt haben. Doch zur gleichen Zeit verstanden die Mundartsprecher in der Regel nicht nur das Hochdeutsche, es war vielmehr ihr Ziel, ein wirkliches Hochdeutsch zu sprechen. Schon von diesem frühen Zeitpunkt an ist für alle sozialen Schichten von einer mehr oder minder ausgeprägten Zweisprachigkeit auszugehen. Zwischen den Polen Mundart und Hochsprache entwickelte sich so eine Umgangssprache, ein von Sprecher zu Sprecher wechselndes Mischungsverhältnis von Hoch- und Plattdeutsch.

Die Zeugnisse für einen sich behauptenden, ausschließlich plattdeutschen Sprachgebrauch sind nicht verzeichnet. Überliefert ist dagegen, daß in der „Besseren Gesellschaft" die Mode aufkam, das plattdeutsche Idiom „blos zum Scherze" zu sprechen. Auch die Zweisprachigkeit im ersten Drittel des 19. Jahrhunderts ist belegt. Hamburger Straßenhändler und die Bäuerinnen aus den Vierlanden boten ihre Waren sowohl hoch- als auch plattdeutsch an, je nach dem sozialen Stand ihrer Kunden. Im alltäglichen Sprachgebrauch wurden also Hoch- und Plattdeutsch nebeneinander gebraucht. Der Sprachwechsel konnte in verschiedenen Formen auftreten, sowohl in ergänzenden Einzelwörtern als auch in ganzen Sätzen.

Als das staatsgläubige Kleinbürgertum sich in Hamburg nach 1848 mit der ‚Reform' ein eigenes Organ schuf, da fand das Plattdeutsche erstmals Eingang ins Medium. In dieser Zeitung wurden nicht nur politische Tagesereignisse auf Platt glossiert, die Anzeigen, Leserbriefe und kurzen Reportagen im Dialekt werden einer heiter-deftigen Selbstverständigung des Leserkreises gedient haben. Das Straßenlied, das in der zweiten Jahrhunderthälfte zu einem weit verbreiteten Medium des Plattdeutschen wurde, war sicherlich vom plattdeutschen Ausruf der Straßenhändler beeinflußt. Als Hamburger Liedermode – mit einer Blütezeit von 1850–75 – sind die Gassenhauer, Moritaten und Couplets in die Chronik eingegangen. Es scheint, daß eine we-

sentliche Funktion dieser populären Lieder darin lag, soziales Aufbegehren zu beschwichtigen. In nicht wenigen Liedern werden Elend und Wohnraumnot der Gängeviertel beschrieben, doch trösten immer wieder die Refrains, denn „Wi mod't erdregen, grood wie Gott dat will" (wir müssen es ertragen wie Gott es will). Die hohe Verbreitung und der Warencharakter der Lieder, die auf Blättern vertrieben wurden, weisen sie als ein Trivialgenre aus. Denn die Straßenlieddrucke waren Vorläufer jener gängigen Konsumliteratur, die Phantasie stets mit Versagung koppelt.

Auch die mundartliche Lokalposse – mit ihr ensteht in Hamburg das Volkstheater als eine Art Institution – bediente das Publikum daseinsstabilisierend. Die Kassenautoren des ‚Steinstraßentheaters', des ‚Elysiums', ‚Odeons' und ähnlicher Etablissements mit häufig wechselnden Besitzern und ebenso schnell wechselnden Namen schrieben Stück um Stück. Hier schien sich die Muse Thalia mit dem Bänkelsang zu versöhnen. Denn die mundartlichen Textteile dieser Tagesware – Dialoge, Couplets, Zwischenszenen – funktionierten offensichtlich als Regulativ, das anzeigte, wer zum eigenen Kreis gehörte und wer nicht. In den inhaltlichen Verbindungen zwischen Lokalposse, Straßenlied und Zeitungsglosse zeigt sich eine Tendenz: Mit der Verwendung des Dialekts spekulierten die Verfasser auf eine passive Sprachkompetenz, auf Konsumentenverhalten. Die Sprache und ihre Inhalte wurden am Unterhaltungsbedürfnis des Publikums ausgerichtet.

Nach der gescheiterten Revolution von 1848 legitimierte sich der vollzogene Klassenkompromiß in den kulturellen Standards des Kleinbürgertums, die dann besonders nach der Reichsgründung 1871 ihre integrative Dynamik entfalten konnten. Im Zuge einer weitgreifenden kapitalistischen Vergesellschaftung entstand als Gegenbild der Moderne eine rückwärtsgewandte Utopie. In diesem restaurativen Zukunftsentwurf wurde dem plattdeutschen Dialekt plötzlich eine politisch-ästhetische Funktion zugewiesen.

Mit Klaus Groth und Fritz Reuter war

der Dialekt wieder literaturfähig geworden. Aus einer vereinsmäßig organisierten ,,Pflege" des Plattdeutschen erwuchs dann nach der Jahrhundertwende die ,,Niederdeutsche Bewegung".

In der Epoche der Hochindustrialisierung erkämpfte sich das Proletariat ein Recht an politischer Teilhabe, gleichzeitig suchte das vom kapitalistischen Formationsprozeß sichtlich irritierte Kleinbürgertum seinen Elitestatus zu wahren. Es war das sogenannte Bildungsbürgertum, das in der pluralistischen Massengesellschaft, bewegt von Chaosängsten, den Dialekt als Gebrauchswert entdeckte. Niederdeutschtum wurde zum Satisfaktionserlebnis, mit dem das norddeutsche Kleinbürgertum den unerträglich gewordenen Gegensatz zwischen idealem Selbstbild und realer gesellschaftspolitischer Bedeutung aufzuheben strebte. Dieses ,,ungleichzeitige" Elitenbewußtsein und der Weltmachtgestus des Zweiten Kaiserreiches konnten sich zum imperialistischen Begeisterungstaumel am Vorabend des 1. Weltkrieges steigern.

Das vorindustrielle Sozialmodell, das der ,,Rembrandtdeutsche" J. Langbehn 1890 entworfen hatte, sollte sich nach der Jahrhundertwende nachhaltig radikalisieren. Vor diesem Hintergrund erfuhr der plattdeutsche Dialekt eine Bewertungsveränderung. Hamburg wurde zu ihrem besonderen Schauplatz. Es kann nicht deutlich genug herausgestellt werden, daß der Wechsel des Plattdeutschen aus dem Bereich von eingeschränkter Alltagssprache hin zum rückwärtsgerichteten, aber dennoch artifiziellen Ausdrucksbereich in den Gefilden der Literatur und auf der Bühne als die markante Zäsur der Sprachgeschichte gelten muß.

Dem Mythos verwandter als einer gesprochenen Sprache, wurde das Plattdeutsche mit allen möglichen Deutungen und Bedeutungen besetzt. In einer mitreißenden Weltanschauungsessayistik wurde eine Gesundungsfiktion entwickelt, mit der sich ein Publikum gewinnen ließ, das nach 1918 angesichts verlorener Staatsherrlichkeit bereitwillig den Argu-

mentationsstrategien des Rechtskonservatismus folgte.

Die Niederdeutsche Bühne, von dem volksbildnerisch geschulten Richard Ohnsorg 1902 gegründet, wurde zu einer Schaltstelle. Mit der hier ausgestellten Volkstumsideologie sollte die ,,Massenherrschaft" verhindert und gleichzeitig aufgewogen werden, was nach dem 1. Weltkrieg weder geistig noch emotional von der Mehrheit der Bevölkerung akzeptiert werden konnte. Waren doch die Weltreichsillusionen zerschlagen, die demokratische Republik ein Danaergeschenk der Siegermächte.

Plattdeutsch konnte wohl von dem Augenblick an als gesprochene Sprache nicht mehr die Zähne zeigen, als der Dialekt endgültig zum besetzten Objekt der Unterhaltung wurde. Daß sich im Laufe der Zeit dann unter der einseitig ins Spiel gebrachten Komik die kommunikativen Qualitäten des Dialekts mehr und mehr verengten, wurde gelegentlich beklagt und kann doch niemanden überraschen.   *Ulf-Thomas Lesle*

Der Zweck des Kunstvereins ist mehrseitige Mittheilung über bildende Kunst

Von denen, die sich im Winter 1817/18 zum ersten Mal in den Langen Mühren 37 trafen, um sich Stiche und Zeichnungen altdeutscher und zeitgenössischer hamburgischer Künstler aus ihren eigenen Sammlungen gemeinsam anzusehen, kennen wir nur einen: D. Chr. Mettlerkamp. Aber als der Kreis etwas größer geworden war, 1822, verfaßten sie eine Art Statut und setzten ihre Namen darunter.[1] 1822 waren es 23 Männer – Frauen haben Anfang des 19. Jahrhunderts nicht mitzureden –, die sich einmal wöchentlich der Kunst widmeten und einmal monatlich anschließend gemeinsam speisten: eine gemischte Gesellschaft, die, unabhängig von staatlichen Belangen, geprägt von Freiheits- und Gleichheitsgedanken, die Sache der Kunst selbst in die Hand nehmen wollte. Für manchen galt wohl, was der Chronist über Mettlerkamp mitteilt: ,,In seiner politischen Richtung war er Democrat u. gehörte der entschiedensten Opposition an".[2] Der älteste von ihnen war 58, der jüngste 32 Jahre alt. Es waren: ein Bleidecker und Hersteller von Blitzableitern, der hoch gerühmt und geehrt wurde, weil er die Bürgerwehr gegen die französische Besatzung organisiert und angeführt hatte (Mettlerkamp),[3] ein Kaufmann, Hauptmann der Bürgerwehr, Begründer des naturhistorischen Museums und späterer Oberalter (P. F. Röding), ein Senatssyndicus, ebenfalls Angehöriger der Bürgerwehr und Mitglied des ,,interimistischen Directoriums" von 1813, einer Art Exilregierung (K. Sieveking),[4] ein Mediziner, Stabs- und Brigadearzt in der Bürgerwehr, Herausgeber eines der Legion gewidmeten Liederbuchs und späterer Reformator des Gefängniswesens (N. G. Julius), ein Geschichtslehrer und Redakteur des ,Hamburgischen unparteiischen Correspondenten' (C. F. A. Hartmann), der spätere Hamburger Baudirektor, der gerade das Allgemeine Krankenhaus St. Georg baute (C. L. Wimmel), die beiden Begründer der ersten lithographischen Anstalt in Norddeutschland (J. H. Herterich und J. M. Speckter), ein Senator (J. N. Schaffshausen), ein Konditor (C. W. Lüdert), ein Versicherungsmakler (N. Hudtwalcker), ein Kunsthändler, bei dem man sich jetzt in der Großen Johannisstraße 48 versammelte (G. E. Harzen), ein Privatier mit seinem Sohn (A. de Beurs Stiermanns und A. P. de Beurs), ein Diplomat, dänischer Geschäftsträger in Hamburg (J. G. Rist). Außerdem waren unter ihnen die Künstler Siegfried Bendixen, Gerdt Hardorff, der Lehrer vieler jüngerer Hamburger Künstler, und Leo Lehmann.

Unmittelbar danach erweiterte sich dieser Kreis um drei Juristen (A. Abendroth, A. Halle, der später Präses am Hamburger Handelsgericht wurde, C. v. Graffen, der bald darauf als Hamburger Geschäftsträger nach Wien ging), zwei Kaufleute (O. C. Gaedechens, Herausgeber des Hamburger Künstlerlexikons von 1854, J. C. B. Langhenie, ab 1830 Direktor der Handlungs-Academie), einen Sänger des Stadttheaters, der den Beruf aufgegeben hatte und nun malte (Ph. L. Moeglich), einen Historiker (J. M. Lappenberg), einen Lehrer am Johanneum (F. W. Ullrich), zwei Architekten (A. de Chateauneuf und J. H. Ludolff), einen weiteren Kunsthändler (J. M. Commeter), einen Obristen (v. Berger) und – wieder einige Jahre später – die eben 20jährigen Künstler Louis Asher, Julius Milde, Julius Oldach. Freundschaftliche und geschäftliche Beziehungen verbanden sie miteinander. Die meisten von ihnen waren Sammler, einige dilettierten in der Malerei.[5] K. Sieveking war noch aus Schulzeiten mit C. F. von Rumohr, dem Kunsttheoretiker und -historiker befreundet, der gelegentlich bei den Sitzungen des Kunstvereins zu Gast war und schon 1824 dessen Ehrenmitglied wurde.

Besonders reich war das Kunstleben der Hansestadt zu dieser Zeit nicht. Ein Zeitungsbericht von 1822[6] nennt die wichtigsten Kunstinstitute: die Zeichenschule der Patriotischen Gesellschaft, die lithographische Anstalt von Herterich und Speckter, die – ein Jahr zuvor begründete – Kunsthandlung Harzen, Bendixens Malschule und Rödings Museum für Natur und Kunst.

Die deutschen Kunstvereine – der Hamburger ist der älteste der in der Hauptsache von Bürgern getragenen[7] – entstanden im Gefolge der Soziétäten des 18. Jahrhunderts in der Phase nach der Befreiung von den Franzosen und im Vormärz. In enger Zusammenarbeit mit freischaffenden Künstlern eigneten sich selbstbewußt gewordene Bürger in republikanischer Manier[8] die zeitgenössische Kunst an. Wo Akademien mit ihren Salons bestanden, wo fürstliche Liebhaberei einer normativen Ästhetik Vorschub leistete, orientierten sie sich oppositionell an der jungen, der freien Kunst. Die Kunstvereine wollten Künstler fördern und das bürgerliche Kunstinteresse wecken. Anfangs wurden in kleinem Kreis Kunstwerke betrachtet und erörtert; diese Tradition setzte sich in Hamburg bis in die 1880er Jahre fort. Sodann wurden ,,die Wanderausstellung, die Oeuvreausstellung einzelner Künstler und die Ausstellung geschlossener Kunstschulen und Künstlergruppen zuerst mit von den Kunstvereinen entwickelt".[9] Gelegentlich waren die Kunstvereine die Gründer oder Mitbegründer der örtlichen Kunstmuseen. So in Hamburg.

Der Soziétätsgedanke war in Hamburg vor allem durch die Patriotische Gesellschaft in Praxis umgesetzt worden. Merkwürdigerweise ist bislang in den Berichten über die Geschichte des Kunstvereins[10] die Frage noch nicht gestellt worden, ob es Verbindungen zwischen beiden Gesellschaften gibt. Allein der Vergleich der Mitgliederlisten erweist, daß die ersten Kunstvereins-Träger fast alle der Patriotischen Gesellschaft angehörten, daß gleich sieben von ihnen im Lauf der Zeit deren Ehrenmitglieder wurden.[11] Aber die Zusammenhänge scheinen noch enger, nicht nur personeller, auch programmatischer Natur. In den halbjährlichen Berichten der Patriotischen Gesellschaft findet sich schon 1807 ein Rückblick auf „die Errichtung eines wöchentlichen Zirkels von Künstlern und Kunstfreunden, welcher in den Wintermonaten ... gehalten ward, um vorgelegte Werke der bildenden Künste ... gemeinschaftlich zu betrachten, sich darüber zu unterhalten, hier verfertigte Kunstwerke auszustellen, Vorträge über aesthetische Gegenstände anzuhören usw.".[12] Es scheint, als seien damit die vagen Hinweise der frühen Chronisten auf eine den Kunstverein bereits vor 1817 vorbereitende Aktivität aufgeschlüsselt:[13] der Keim für den Kunstverein lag in der Patriotischen Gesellschaft, im Kreis um den Domherrn Meyer. 1817 hatte die Patriotische Gesellschaft jedoch mitteilen müssen, daß „infolge des undankbaren Kaltsinns und der phlegmatischen Gleichgültigkeit der Hamburger Künstler und sogenannten Kunstfreunde der Zirkel aufgeflogen" sei.[14] Im selben Jahr nahm der Kunstverein seine Tätigkeit auf, das aufklärerische Gedankengut, aus dem die Patriotische Gesellschaft hervorgegangen war, aufgreifend und der nun üblichen Interessenspezialisierung folgend.

Anfangs ein schöngeistig-exklusiver Zirkel, in dem auswärtige Gäste gern gesehen waren, in den neue Mitglieder aber nur zögernd aufgenommen wurden, tat der Kunstverein 1824 den ersten Schritt zu öffentlicher Wirksamkeit. Der Künstler Siegfried Bendixen schlug eine Ausstellung vor. Zwar hatte die Patriotische Gesellschaft seit 1790 Ausstellungen veranstaltet. Sie aber hatten die Kunst gemeinsam mit vorbildhaften handwerklichen Erzeugnissen präsentiert. Nur 1791 und 1792 hatte die Kunst überwogen; 1815 waren diese Ausstellungen vorläufig aufgegeben worden.[15]

Das Kunstvereins-Unternehmen sollte „zur Beförderung der Künste, Belebung des Kunstsinns, eventualiter zur Bildung eines Fonds zur Unterstützung für junge Künstler" dienen.[16] Der Aufruf zur Teilnahme war an „vaterländische Künstler" gerichtet. Die Ausstellung sollte öffentlich sein.[17] Die Kosten wollte der Kunstverein durch die Einnahmen decken. Bei einem Defizit erwartete er freiwillige Unterstützung von den Mitgliedern, ein Gewinn sollte wohltätigen Zwecken zufließen.

Hermann Kauffmann,
Genre-Maler, rühmlichst bekannt durch seine characteristischen Volks-Scenen, geb. zu Hamburg 1808, bildete sich bis 1832 in München.

Leinw. H. 21½ Z. Br. 19½ Z.

Oberbayerische Gebirgsleute auf einem felsigten Pfade ausruhend.

Hermann Kauffmann,
Seitenstück des Vorigen.

Leinw. H. 22 Z. Br. 20 Z.

Landleute bei der Erndte Mittagsruhe haltend.

Beides Stammbilder d. Gall. v. 1846.

Geschenk des Hr. *J. A. C. Mestern.*

307 1850 wurde in den Börsenarkaden, in Räumen, die die Stadt zur Verfügung gestellt und eingerichtet hatte, eine vom Kunstverein betriebene städtische Gemäldegalerie eröffnet: Seite aus dem ersten Katalog, 1850

1826 fand diese erste öffentliche (an fünf Wochentagen von 11-15 Uhr geöffnete) Kunstvereins-Ausstellung in einem von A. de Chateauneuf erbauten Haus an der Ecke ABC-Straße/Fuhlentwiete statt. Gezeigt wurden 161 Werke, außerdem 39 Kopien nach alten Meistern und 20 Arbeiten von Dilettanten – alle von Zeitgenossen.[18] Wie in den folgenden Jahren wurden die jungen, zum Teil in Rom weilenden Hamburger Künstler breit dargestellt. Regional begrenzt aber war die Ausstellung nicht. So verzeichnet der Katalog Werke des in Dresden lebenden Norwegers Johan Christian Dahl, von Friedrich G. Kersting, Ludwig Strack. Und zwei heute in Hamburg jedermann vertraute Bilder: Caspar David Friedrichs ,,Ansicht des Eismeeres"[19] und ,,Durchblick durch eine Ruine".[20]

Das war – gleich auf der Höhe der Zeit – der eigentliche Anfang eines systematischen Ausstellungswesens in Hamburg. Bürger und Künstler gemeinsam schufen den Künstlern die Möglichkeit zur öffentlichen Präsentation und zum Verkauf – bis Ende des Jahrhunderts fanden fast ausschließlich Verkaufsausstellungen statt, ihre Erlöse finanzierten den Aufwand – und versuchten, bei den Mitbürgern Interesse für die bildende Kunst wachzurufen. Das erwartete Echo blieb 1826 und, wie Vereinsprotokolle und Kritikerkommentare bekunden, später immer mal wieder aus: ,,Wenn wir Hamburger bedenken, wie wenig wir für die Kunst der Malerei in unsern Mauern thun, so haben wir alle Ursache uns zu schämen".[21] Doch entmutigen ließ man sich nicht. Alle zwei bis drei Jahre fanden von nun an solche nationalen, bald internationalen Kunstausstellungen statt.

Einen Einschnitt in die Geschichte des Kunstvereins bedeutet das Jahr 1848. Nach zehnjähriger Trennung vom ,,Gemälde-Verloosungs-Verein", dessen einziger Zweck eine Art Bilderlotterie war, vereinigten sich beide Gesellschaften wieder;[22] ihr gemeinsamer Name lautete seitdem: Kunstverein in Hamburg. Die Zahl der Mitglieder (1847: 467, darunter 30 Frauen) hatte bereits 1837 eine Satzung erforderlich gemacht, die nun ausgearbeitet wurde, eine Verfassung enthält und zum ersten Mal die Aufgaben des Kunstvereins genau benennt.[23] Man schrieb das Jahr der bürgerlichen Revolution (die drei liberalen Abgeordneten, die Hamburg in die Frankfurter Nationalversammlung entsandte, gehör-

308 Seit 1848 veranstaltete der Kunstverein eine ,,Permanente Ausstellung von Kunstgegenständen": Eintrittskarte zur ,,Permanenten", 1865

ten alle dem Kunstverein an oder hatten ihm kürzlich noch angehört).[24]

Anders als in der Frühzeit konnte jetzt jeder Kunstvereins-Mitglied werden, sofern er einen jährlichen Beitrag von 15 Mark Courant (umgerechnet etwa DM 100,-) entrichtete. Dafür hatte er das Recht auf ein Los (für die Bilderverlosung) und auf freien Eintritt zu den Ausstellungen. Legte er noch zwei Friedrichsd'or (ca DM 240.-) dazu, die der Vermehrung der Kunstvereins-Sammlung dienen sollten, so konnte er an der Deliberations- (Rats-)Versammlung teilnehmen, die winters einmal wöchentlich zusammentrat und alle Angelegenheiten des Vereins kollektiv regelte. Sie wählte auch den fünfköpfigen Vorstand – er hatte primär ausführende Funktionen – und die Ausschüsse, die sich den Ausstellungen, der Verlosung, der Sammlung widmeten. Der an der Spitze des Vereins stand (es sollte für 22 Jahre der Professor für klassische Philologie am Akademischen Gymnasium Christian Petersen sein), hieß nicht Vorsitzender und nicht Präses, sondern: erster Wortführer. Das demokratische Prinzip war angefaßt, aber – wegen der zusätzlichen finanziellen Leistung, die den Zugang zur Deliberationsversammlung erst gestattete – noch nicht realisiert. Erst 1889 wurde die Generalversammlung, die Versammlung aller Mitglieder, der Souverän des Vereins.

Längst hatte sich zu diesem Zeitpunkt der Aufgabenbereich des Kunstvereins erweitert. Weil in Hamburg ein öffentliches Kunstmuseum fehlte und die privaten Sammlungen abnahmen, beschloß man 1836, selbst einen Schritt in diese Richtung zu tun und mit dem Ankauf älterer Kunst zu beginnen – obwohl es gewichtige Stimmen gab, die die Gewinne aus Ausstellungen mit zeitgenössischen Künstlern eben diesen Künstlern wieder zugute kommen lassen wollten. 1850 wurde in den Börsenarkaden, in Räumen, die die Stadt zur Verfügung gestellt und eingerichtet hatte, eine vom Kunstverein betriebene Städtische Gemäldegalerie eröffnet.[25] Der Katalog verzeichnete bereits 40 Gemälde vorwiegend von lebenden Künstlern, darunter 27 Werke aus dem Nachlaß von Hartwig Hesse. Im Vorwort heißt es: ,,Ist der Anfang gleich ein bescheidener, so steht zu hoffen, daß die Sammlung durch fernere freundliche Gaben und Vermächtnisse mehr und mehr Umfang gewinnen werde, um mit der Zeit dem Städel'schen Museum, welches unserer Schwesterstadt Frankfurt zu so großer Zierde gereicht, an die Seite gestellt werden zu können, uns es zu ermöglichen, dem aufstrebenden Talente Muster zur Ausbildung, die es bisher in der Fremde aufsuchen mußte, in der Heimath zu schaffen und unserer Vaterstadt die Werke ihrer tüchtigsten Künstler zu erhalten".[26]

309 „Zwar bezieht sich bei einigen jungen Herren ... die Augenlust auf nichts weniger als die Gemälde; zwar scheint manches Dämchen sich die Bilder blos deshalb anzusehen, um in lautem Urtheil aller Welt sich als Kennerin zu zeigen; aber im Allgemeinen wird man sagen müssen, daß die Säle mit sinnigen Betrachtern angefüllt sind": Aquarell von H. Bartels, 1884

Die in den Folgejahren schnell wachsende Sammlung beruht einerseits auf Erbschaften und Schenkungen (1862 beispielsweise Ph. O. Runges „Die Hülsenbeckschen Kinder", im Jahr darauf die reichen Sammlungen von Harzen, Commeter und N. Hudtwalcker), andererseits auf den jährlichen Ankäufen aus den Mitteln der Deliberationsmitglieder und den Verkaufsgewinnen. Die Städtische Gemäldegalerie des Kunstvereins bildete den Grundstock für die wesentlich vom Kunstverein initiierte Kunsthalle, die 1868 eröffnet wurde und in deren Räumen der Verein dann auch Unterschlupf fand bis er 1897 eigene Räume am Neuen Wall 14 bezog.

Die Satzung von 1848 rechnet zu den Aufgaben des Kunstvereins eine in diesem Jahr zum ersten Mal durchgeführte „permanente Ausstellung von Kunstgegenständen, welche vorläufig wöchentlich dreimal geöffnet sein wird, um sowohl den Künstlern Gelegenheit zu geben, ihre fertig gewordenen Werke zu zeigen, als auch den Vereins-Mitgliedern andere interessante Erscheinungen im Gebiete der Kunst ... vorzuführen". Die im 16. Jahrhundert in Antwerpen aus den Messen und Jahrmärkten entwickelte „Permanente" war eine Verkaufsausstellung, deren Auswahl dem Prinzip des fliegenden Wechsels folgte: täglich konnten die Künstler neue Werke anliefern, jeweils sonnabends wurden sie gehängt.

„Im Gegensatz zu Privat-Unternehmungen, die in ihre Verkaufs-Localitäten nur solche Werke aufzunehmen pflegen, welche dem herrschenden Geschmack am meisten zusagen, und die sie glauben am besten verwerthen können, ist es Pflicht des Kunst-Vereins, die ... menschenfreundliche, Kunst und Künstler fördernde Tendenz fest zu halten", nämlich „eine uneigennützige und thätige Vermittelung zwischen Künstlern und Kunstfreunden .., ferner die liebevolle Gewährung einer Freistätte für alle jüngeren der Kunst gewidmeten Kräfte, in welcher denselben Gelegenheit geboten wird, ihre Anfangsarbeiten der Oeffentlichkeit vorzuführen und in Vergleich zu treten mit den Werken reiferer Meister".[27]

Gezeigt wurde die „Permanente" anfangs im Neubau der Patriotischen Gesellschaft an der Trostbrücke, ab 1852 in den Börsenarkaden, nach 1868 in der Kunsthalle, ab 1884 im Börsenanbau. Zunächst nur Mitgliedern zugänglich, war sie ab 1850 öffentlich. Aufsicht führten die monatlich sich abwechselnden Vorstandsmitglieder selbst, mal der Architekt F. Stammann oder sein Kollege J. H. Ludolff, mal der Kunsthändler G. E. Harzen, mal Konsul Charles Groux. Die Hälfte bis ein Drittel der ausgestellten Werke stammte von Hamburger Künstlern.

Der Kunstverein, auch das sagt die Satzung von 1848, hatte sich vorgenommen, weiterhin alle zwei Jahre große Ausstellungen zu veranstalten, die über längere Zeit als Wanderausstellungen eines norddeutschen Kunstvereins-Verbundes konzipiert wurden. Deren Erfolg nahm ständig zu. 1874 verzeichnete man annähernd 30000 Besucher; 137 Werke wurden für 35590 Taler abgesetzt; der Gewinn belief sich auf 10000 Taler. Weil „mehr und mehr die Beherrschung großer Meister seitens der Kunsthändler die Anbahnung direkter Verbindung erschwert",[28] ließ man die Verkaufsausstellungen langsam in den Hintergrund treten. 1873 fand die erste Einzelausstellung statt (Peter von Cornelius).[29] Das

Kulturelles Leben und Künstlertum

310 „Der Kunstverein in Hamburg ... hat mit der Erbauung und Eröffnung seiner neuen, im Mittelpunkt der Stadt und des Fremdenverkehrs gelegenen Ausstellungssäle am Neuenwall einen langgehegten Wunsch seiner Mitglieder und der ausstellenden Künstlerschaft erfüllt: Photographie, um 1900

moderne Ausstellungswesen mit Retrospektiven, Leihgaben, Tourneen nahm seinen Anfang. 1884 stellte der Kunstverein seinen ersten Geschäftsführer ein: die Professionalisierung begann.

Zu den in der 1848er-Satzung festgeschriebenen Aufgaben gehört auch die alljährliche Verlosung, die 1827 eingerichtet wurde mit dem „zwiefachen Endzweck, sowohl tüchtige Künstler durch Übertragung würdiger Arbeiten beschäftigt zu halten, als Privaten Gelegenheit zu geben, mittelst einer geringen Beisteuer in Besitz vorzüglicher Kunstwerke zu gelangen, um durch deren zufällige Vertheilung Sinn und Liebe für Kunst in einem ausgedehnteren Kreise anzuregen und zu verbreiten".[30] Der erste Ankaufsausschuß bestand aus A. de Chateauneuf, J. G. Rist, C. F. v. Rumohr, K. Sieveking und F. Sieveking; er wurde anfangs von den Losbesitzern, später von der Deliberationsversammlung gewählt. Während der Hof in anderen Städten die Möglichkeit, mit mehreren Losen die Stimmzahl und die Anrechte zu erhöhen, weidlich nutzte,[31] kam es in Hamburg selten vor, daß ein Mitglied zwei, kaum jemals, daß es drei Lose kaufte. Sparsamkeit oder demokratisches Selbstverständnis?

Eine wichtige Förderung wurde durch die Verlosung den jungen Hamburger Künstlern (den Speckters, den Genslers) zuteil. Aber auch Arbeiten von Dahl und Kobell, Schnorr v. Carolsfeld und Richter wurden angeboten. Wer bei der Verlosung leer ausging, erhielt ein Vereinsblatt, 1844 beispielsweise einen Stich von C. F. Lessings „Friedrich I". Unzufriedenheit kam unter den Mitgliedern allerdings immer wieder auf: weil man nicht wählen konnte, sondern zugeteilt bekam, weil nicht nur bekannte, sondern auch junge Künstler vertreten waren.[32]

Schließlich ist unter den Aktivitäten des Kunstvereins noch eine zu erwähnen, die in ihren Anfängen bescheiden anmuten mag und doch charakteristisch ist für den erwachten Vermittlungs- und Bildungsanspruch. „Um den Standpunkt des Bildungsinstituts für die Künste in unserer Stadt zu erhalten",[33] wurde 1852 auf Anregung der Deliberationsversammlung ein Lesezimmer – „das unsern Kunst-Verein vor andern auszeichnet"[34] – eingerichtet, in dem „zur Benutzung seiner sämmtlichen Mitglieder die vorzüglichsten englischen, französischen und deutschen artistischen Zeitschriften"[35] auslagen. Im Laufe der Jahrzehnte wurde daraus eine umfangreiche Kunstbibliothek, die 1891 zusammen mit der Kupferstichsammlung der Kunsthalle geschenkt wurde.

In einer Stadt, in der kein fürstliches Mäzenatentum und keine Akademie den Boden bereitet hatten, in der das Kunstleben brach lag, war der Kunstverein lange Zeit der Ausgangspunkt für alle Vermittlungsbestrebungen im Bereich der bildenden Kunst. Er förderte junge Künstler, er machte mit Kunst von außerhalb bekannt, er schuf den Grundstock für die Kunsthallen-Sammlung, er führte (1842) historische Ausstellungen in Hamburg ein. Bedeutende Erfolge wechselten mit Enttäuschungen und Rückschlägen: die selbständige, unabhängige Aktivität der Bürger blieb angesichts des hanseatischen „Kaltsinns" stets ein Risiko. Im 19. Jahrhundert wurden klare Ziele „zur Belebung des Kunstsinns..." in Hamburg formuliert, die Gültigkeit haben bis auf den heutigen Tag.

Marina und Uwe M. Schneede

Der Hamburger Künstlerverein

311 Die Mitglieder des Hamburger Künstlervereins, Gemälde von Günther Gensler, 1840

Als Günther Gensler es im Jahr 1840 unternahm, die Mitglieder des Hamburger Künstlervereins zu porträtieren, stand er noch unter dem Eindruck der Gruppenbildnisse des 17. Jahrhunderts, die er auf seiner Hollandreise drei Jahre zuvor kennengelernt hatte. Doch wäre es ungerecht, ihn an Rembrandt, den er genau studiert hatte, oder Frans Hals zu messen. Immerhin ist es ihm gelungen, zwölf Figuren so anzuordnen, daß sich eine abwechslungsreiche Gruppierung ergibt. Solche repräsentativen Bildnisse von zahlreichen Personen waren zu jener Zeit eher selten, keine andere Künstlergruppe dürfte damals ähnlich anspruchsvoll abgebildet worden sein.

Die Hauptfigur ist Jacob Gensler (32 Jahre alt), der mit einem Blatt Papier in der Hand am Tisch sitzt. Drei Freunde stehen hinter ihm: Hermann Soltau (28), mit starrem Blick Carl Julius Milde (37) und Hermann Kauffmann (32). Der vorgebeugte Mann links davon ist Jacobs älterer Bruder Günther (37), der Maler des Bildes. Er blickt wie Bruder Jacob und Soltau zu dem rechts sitzenden jüngsten Bruder Martin (29), der seinerseits die Brüder ansieht. Wie er dasitzt und über die Schulter blickt, erscheint er wie der ertappte Schurke in einem Schauspiel, und dabei hält er in seinen Händen nur einen großen Zettel, der dem Betrachter erläutert, wen er da vor sich hat. Der Mann hinter Martin ist also Rudolf Hardorff, mit 24 Jahren der Jüngste.

Kulturelles Leben und Künstlertum

Und der dritte am Tisch, der so konzentriert in sein Buch oder Heft blickt, Franz Heesche (34). Abseits sitzt Otto Speckter (33) und stehen J. H. Sander (30) und Georg Haeselich (34). In der Tür ein Diener mit einem Tablett voller Punschgläser. Vergessen wir nicht, die Akten auf dem Tisch zu erwähnen, die uns daran erinnern, daß wir es hier mit einem Verein zu tun haben, und den gelbseidenen Brokatvorhang – ein traditionelles Hoheitssymbol auf dem Bildnis einer Künstlergruppe.

Acht Jahre vorher hatten 14 junge Künstler den Hamburger Künstlerverein gegründet. Zu ihnen gehörte damals auch der in Altona geborene Gottfried Semper, von dem Hamburg kein Bauwerk besitzt. Man traf sich wöchentlich im Ratsweinkeller, später im Baumhaus, ein Mitglied hatte Arbeiten zur Besprechung vorzulegen, man diskutierte, veranstaltete Ausstellungen, machte sogar Stiftungen, so 1844 ein Glasfenster für St. Petri. Der Maler des Bildes, später Zeichenlehrer an der Gewerbeschule, dann auch an der Gelehrtenschule, war durch seine Mitarbeit im Kunstverein und seit 1849 in der Galeriekommission (verantwortlich für die neue städtische Gemäldegalerie) wohl der einflußreichste Künstler der Stadt. Bruder Martin zeichnete ihre Kunstdenkmäler, hielt auch die Schäden des großen Brandes von 1842 fest, wurde ein erster Sachverständiger für Denkmalpflege, wirkte im Alter an Aufbau und Leitung der neuen Kunsthalle mit.

Fast alle Hamburger Künstler haben dem Künstlerverein angehört, ob Bildnismaler, Landschafter, Bildhauer oder Architekten, nicht aber Erwin Speckter und der früh verstorbene Emil Janssen. „Die arrivierten Herren waren unter sich", erklärte Pauli bündig die Situation von 1840. Man malte, wie man sich kleidete: bürgerlich. Und wie ist es mit den drei Ausnahmen? Soltau, der sich nicht anpassen wollte und mit locker geknotetem Tuch, kragenlosem Rock und einem orientalischen Fez auf dem Kopf erschien, sollte sich noch die Hörner abstoßen. Jacob Gensler macht durch das helle, ockerfarbene Tuch seines korrekt geschnittenen Rocks anschaulich, in welchem Konflikt zwischen Anpassung und

Neuerung er steckt. Milde, im Pelzkragenrock des Künstlers, war in Lübeck schon in fester Position.

Man hatte seinen Rang in Hamburg. Als im gleichen Jahr 1840 König Christian VIII. von Dänemark zu Besuch bei Senatssyndikus Sieveking im Hammerhof erschien, war dort eine Ausstellung der 24 Mitglieder des Künstlervereins zu sehen. Und am 13. November 1859 sah man im Schiller-Festzug, dem Höhepunkt der dreitägigen Feiern zum hundertsten Geburtstag des Dichters, den Künstlerverein als eine von 24 Abteilungen. Sein Banner, gearbeitet und geschenkt von Hamburgs Frauen und Jungfrauen, war die kostbarste Fahne des ganzen Zuges; der Entwurf im mittelalterlichen Stile stammte von Soltau, der nun wohl keinen Fez mehr trug.

Pegasus im Joche, so läßt sich mit Schiller die Lage der Hamburger Künstler kennzeichnen. Otto Speckter hatte 1837 Schillers Gedicht in einer Lithographie auf dem Umschlag eines Heftes über die erste „Hamburger Kunstausstellung" illustriert. Die Kunst ging nach Brot, und es blieb ihr wohl nichts anderes übrig: „Nicht die Künstler haben versagt, sondern das Publikum, das ihr Bestes übersah und ihnen dafür untergeordnete Aufgaben stellte, oder banale Lösungen ihrer Aufgaben verlangte", urteilte Gustav Pauli.

Otto Speckters Schicksal gibt ihm recht. Mit 27 Jahren wurde er Teilhaber in der väterlichen Steindruckerei. Im Jahr zuvor, 1833, war sein erstes illustriertes Buch erschienen, „Fünfzig Fabeln für Kinder", das ein Welterfolg wurde. Es sind vor allem die Illustrationen, die seine künstlerische Bedeutung ausmachen, aber die Entwürfe wurden von den Handwerkern nur unzulänglich auf den Stein oder den Holzblock übertragen: Was ihn populär machte, konnte vor seinen eigenen Augen nicht bestehen. Er lebte von lithographischen Bildnissen – über tausend Hamburger hat er porträtiert – und von gebrauchsgraphischen Blättern, vom Neujahrsglückwunsch bis zur Speisekarte. Erst mit 45 Jahren konnte er das Joch der Auftragsarbeit abschütteln und nach Verkauf der Firma als freier Künstler arbeiten. Nun entstanden neben den schönen Zeichnungen

zum ‚Quickborn' stimmungsvolle Gemälde, Vergrößerungen und Vergröberungen seiner gezeichneten Idyllen. Er konnte dem Publikumsgeschmack nicht entrinnen.

Die Mitglieder des Künstlervereins hatten ihr Auskommen beinahe ohne Händler und Sammler. Sicherlich gab es die 1821 von Commeter und Harzen gegründete Commetersche Kunsthandlung und schon seit dem 18. Jahrhundert häufig Kunstversteigerungen, sicherlich gab es auch in Hamburg zunehmend Sammler wie Ernst Harzen, Matthias Commeter, Nicolaus Hudtwalcker, Erdwin Amsinck und vor allem Eduard F. Weber, aber man kaufte und verkaufte alte Meister und von den Modernen Düsseldorfer, Franzosen oder Holländer. Ein oder zwei Bilder von Kauffmann, Vollmer oder Ruths genügten. Davon lebten die Hamburger Maler: Sie verkauften möglichst vielen wohlhabenden Kaufleuten ein Bild, mehr nicht.

Wie revolutionär mußte in dieser Stadt die unsentimentale Freilichtmalerei von Ernst Eitner, Julius von Ehren, Arthur Siebelist und der anderen Maler um den älteren Thomas Herbst wirken! 1894 zog man ins Alstertal, nach Wellingsbüttel, dann an die Lühe, nach Neugraben und Finkenwerder und malte grüne Bilder, wie man in Hamburg mit Abscheu befand, und das einfache Leben der Menschen vom Lande. 1897 gründeten die Freunde den Künstlerclub, ohne den Künstlerverein zu verlassen. Die Autorität Lichtwarks half ihnen bei der Anerkennung. Der Kunstverein zeigte 1895 eine Ausstellung der französischen Impressionisten, die Kunsthalle war 1897 das erste Museum der Welt, das ein impressionistisches Bild kaufte, Monets „Birnen und Trauben". Die Hamburger gewöhnten sich so sehr an die helle Farbigkeit der neuen Kunst, daß sie sogar im Hörsaal des Paulsenstiftes Paul Kaysers dreiteiliges Wandbild „Das Alstertal" hinnahmen, im Jahr 1900 gemalt, als Hugo Vogel an seinen Rathausbildern arbeitete. Die Liebe galt aber weder dem einen noch dem anderen, sondern den großen, so stimmungsvollen Landschaften von Valentin Ruths im prunkvollen Treppenhaus der Kunsthalle.

Helmut R. Leppien

Von Merkur bis Bebel
Zur Ikonographie der Industriekultur

„Merkurs eigene Stadt", wie Hamburg gern genannt wird, ist auch im Industriezeitalter vor allem eine Handelsmetropole geblieben. Es überrascht daher nicht, daß hier unter den plastischen Kunstwerken, die die spezifischen Themen dieser Epoche behandeln, merkantile Motive überwiegen. Im Verlauf des 19. Jahrhunderts treten jedoch – analog zur Entwicklung der Produktionsmittel und der damit verbundenen gesellschaftlichen Veränderungen – neben die traditionellen, zumeist mythologischen Allegorien auf Handel und Gewerbe auch moderne Symbole des technischen Fortschritts und später sogar Darstellungen des Arbeiters. Die Ikonografie der Industriekultur bewegt sich dabei zwischen dem ideologischen Bedürfnis nach „zeitloser" Verklärung der Realität und dem künstlerischen Bemühen um eine „zeitgemäße" Wiedergabe der Wirklichkeit.

Nahe der historischen Deichstraße, in deren Umgebung Hamburgs Handel seit dem Mittelalter zu Hause war, schmückt ein um 1770 entstandenes Relief die Fassade eines Speichergebäudes am Cremon 34. Es zeigt den antiken Schutzpatron der Kaufleute auf einem Lager von Ballen und Fässern thronend. Bereits Handelshäuser des Barock bedienten sich häufig solcher Allegorien zur Glorifizierung ihres wirtschaftlichen Erfolges. Im Rückgriff auf diese Vorbilder gelangte Merkur auch im Industriezeitalter auf Münzen und Medaillen, Geschäftspapiere und Gebäudefassaden der Hansestadt. Besonders zahlreich ziert sein Kopf, etwa als hausgottartiger Schlußstein über Portalen und Fenstern, die hier seit 1885 errichteten Kontorhäuser. Die Darstellung des Götterboten wandelte sich dabei von der mythologischen Allegorie zum künstlerischen Dekor, der den kommerziellen Zweck dieser Gebäude kulturell kaschieren helfen sollte. Lediglich der Berliner Bildhauer August Gaul (1869–1921) enttäuschte solche Erwartungen, indem er seinem 1913 für das neue Kontorhaus der Wollfirma Klöpper an der Mönckebergstraße geschaffenen

312 Der Dreieinigkeit von Handel, Technik und Industrie galt eine 1912 von Arthur Bock für den Sievekingplatz ausgeführte freiplastische Gruppe mit Merkur als Hauptdarsteller: Druck nach Photographie, um 1912

„Merkur" die aufrichtige Gestik eines Verkäufers gab und – als Anspielung auf die Branche des Geschäfts – sogar noch zwei Schafsgruppen hinzufügte.

Normalerweise war der Götterbote natürlich von anderen Assistenzfiguren umgeben. Vor allem Neptun oder seine irdischen Stellvertreter tauchen in Hamburg – der Bedeutung der Schiffahrt für die Stellung der Hafenstadt im Welthandel entsprechend – häufig als seine Begleiter auf. Auf dem Avers einer zum 200jährigen Jubiläum der 1665 gegründeten Commerz-Deputation herausgegebenen „Medaille zur Feier der Handels-Freiheit" beispielsweise weist Merkur, der sich seiner Fesseln entledigt hat, mit einem wirtschaftlichen Segen signalisierenden Füllhorn verheißungsvoll in die Ferne, während auf dem Revers ein Seefahrer mit seinem mit Waren beladenen Schiff auch den „Genius der Zivilisation" in fremde Länder bringt. Hamburgs Anspruch als Welthandelsstadt wird dabei durch ein ebenfalls mitgeführtes Stadtwappen symbolisiert.

Als Schutzgott der Seefahrt schmückte Neptun Kontorhäuser wie das 1904 an der Hohen Brücke errichtete Neptun-Haus oder den 1907 an der Trostbrücke erbauten Globus-Hof. Weithin sichtbar war auch die 1903 von Ernst Barlach (1870–1938) und Karl Garbers (1864–1943) geschaffene, 1917 wieder eingeschmolzene Gruppe „Okeanos auf einem von vier Meerrossen gezogenen Muschelwagen" auf dem damaligen Geschäftshaus der Hamburg-Amerika-Linie am Ballindamm. Wurde das imperiale Motto des Unternehmens „Mein Feld ist die Welt" hier also noch mythologisch umschrieben, personifizierten vier Karyatiden von Carl Börner (1828–1905) am Portal des Gebäudes konkret die außereuropäischen Kontinente. Eine ähnlich exotistische Darstellung des Kolonialhandels findet sich am 1896 errichteten Afrika-Hof an der Großen Reichenstraße 27, dem Sitz der Reederei Woermann. Während dort zwei wiederum von Börner ausgeführte Elefanten-Figuren das Hofportal flankieren, wacht eine von Walter Sintenis (1867–1911) geschaffene Gestalt eines Kongo-Negers vor dem

Kulturelles Leben und Künstlertum

Hauseingang. Orientalische Kamelreitergruppen von Arthur Bock (1875–1957) schließlich schmückten die 1912 angelegte Schaartorbrücke. Allegorien auf Schiffahrt und Fernhandel wurden demnach im Kolonialzeitalter zunehmend durch figürliche Repräsentanten der weltweiten Handelspartner ersetzt.

Neben Neptun gehört Minerva als Schutzgöttin des Handwerks zu den in Hamburg vielfach dargestellten Begleitern Merkurs. Solche Allegorien auf das Zusammenwirken von Handel und Gewerbe wurden gegen Ende des 19. Jahrhunderts jedoch immer häufiger um Personifikationen der ‚Industrie' ergänzt. Ihre ausladendste Formulierung fand diese profane Trinität des Industriezeitalters anläßlich der „Hamburgischen Gewerbe- und Industrie-Ausstellung" von 1889. Eine dort in der Festhalle aufgestellte, neun Meter hohe Figurengruppe von Aloys Denoth (1851–1893) galt der Apotheose des heimischen Kunstgewerbes. Zahlreiche im Zusammenhang mit dieser Leistungsschau entstandene Medaillen zeigen vergleichbare Motive. Zu Füßen eines Merkurs sitzende Allegorien des Gewerbes und der Industrie mit ihrem Arbeitsgerät schmückten schließlich eine ebenfalls von Denoth gestaltete Ehrentafel für Justus Brinckmann, den Direktor des Museums für Kunst und Gewerbe sowie Organisator jener Ausstellung. Die gleiche Thematik griff auch Cäsar Scharff (1864–1902) mit seiner 1902 am Eingang des Gebäudes angebrachten Gedenktafel zum 25jährigen Jubiläum dieses Museums auf.

Um die Jahrhundertwende mußte das ‚Handwerk' bei solchen Darstellungen nicht selten der ‚Industrie' weichen, deren charakteristisches Attribut, das Zahnrad, auch in der Plastik gleichsam zu einem Leitmotiv der Epoche wurde. Dabei hatte es gut zehn Jahre zuvor noch verklärende Gegenbilder zur industriellen Arbeitsteilung gegeben. So beschworen auf einem 1891 entstandenen Reliefprogramm am Kontorhaus der Gewerbe-Adreßbuch-Druckerei Rademacher am Zippelhaus 7–9 in der Tracht der deutschen Renaissance gekleidete Figuren noch einmal die längst verlorene Einheit von Landwirtschaft und Industrie, Handel und Gewerbe. Als Attribute der ‚Industrie' finden sich dabei allerdings wohl erstmals in Hamburg zwei weitere Insignien dieser Epoche, Transmission und Fliehkraftregler, wiedergegeben. Der

313 Programmatische Bauplastik wies vor allem das Rathaus als zentrale Identifikationsinstitution aus, darunter 28 Halbfiguren von Alois Denoth mit Berufsdarstellungen, 1892: Schiffbauer, Photographie, um 1892

zeitgemäßeren Dreieinigkeit von ‚Technik, Handel und Industrie' schließlich galt eine 1912 von Bock für den Sievekingplatz in monumentalisierter Stilkunst ausgeführte freiplastische Figurengruppe. Merkur versinnbildlicht hier nicht mehr die Tüchtigkeit der Kaufleute, sondern verkörpert vielmehr den Genius technischer Erfindungen und damit den Vater der industriellen Produktion.

Stärker noch als industriell nutzbare Erfindungen haben technische Verbesserungen der Infrastruktur, insbesondere beim Verkehr von Waren und Nachrichten, die wirtschaftliche Entwicklung Hamburgs im 19. Jahrhundert begünstigt. Das größte Projekt dieser Art, die Anlage des Freihafens und den Bau der Speicherstadt, hat der Dresdener Bildhauer Johannes Schilling (1828–1910) daher auf einem Relief versinnbildlicht, das den Sockel eines zum 1903 auf dem Rathausmarkt enthüllten Kaiser-Wilhelm-Denkmal gehörenden Fahnenmastes ziert. Während Merkur darauf von zwei Knaben ein Füllhorn als Verheißung wirtschaftlichen Segens gereicht bekommt, präsentieren zwei weitere Putti einen Lageplan der Speicherstadt. Zwei Reliefs an einem um 1890 am Zippelhaus 1–2, also direkt gegenüber der Speicherstadt errichteten Gebäude zeigen solche Figuren sogar beim Bau und Betrieb der Lagerhäuser. Allegorische Verklärung fanden auch zwei neue Verkehrsverbindungen dieser Epoche, der Kaiser-Wilhelm-Kanal von 1895 und der Elbtunnel von 1911. Auf einer Bronzetafel im Kaisersaal des Hamburger Rathauses reichen sich ‚Nordsee' und ‚Ostsee' verkörpernde Frauengestalten die Hände. In ähnlicher Darstellung strecken sich auf einem Relief am nördlichen Eingangsgebäude zum Elbtunnel die beiden Elbufer als Mann und Frau im engen Erdkanal einander entgegen. Kirchlichen Stifterfiguren gleich illustrieren mit Modellen und Zeichnungsrollen ausgestattete Porträtstatuetten der beteiligten Ingenieure dort die technische Leistung

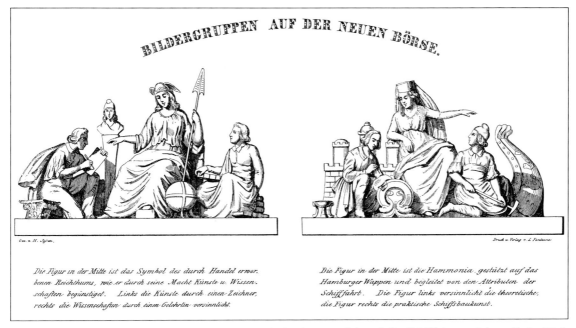

314 Auf die Grundlagen der Hamburger Wirtschaft, den Handel und die Schiffahrt, spielten die in Zink ausgeführten Gruppen von August Kiss an, die die Hauptfassade des 1841 eingeweihten Börsenneubaus bekrönten: Lithographie, um 1845

dieses Bauwerks. Gegen derart ,,leere Allegorisierungen" und ,,kleinliche Realismen" an der künstlerisch-konstruktiven Architektur eines so modernen Zweckbaus regte sich allerdings schon damals Kritik.

Eine originäre Bilderfindung des 19. Jahrhunderts hingegen ist das geflügelte Rad. Dieses Sinnbild des unaufhaltsamen Fortschritts wurde zu einem Symbol des städteverbindenden Schienenverkehrs, das als offizielles Zeichen der Staatsbahn auch den 1903 eingeweihten Dammtor-Bahnhof bekrönte. Auf dem Dach des 1906 fertiggestellten Hauptbahnhofs hingegen verkörperte eine mythologische Herkules-Figur die weltumspannende Kraft der dampfgetriebenen Eisenbahn. Umstandslos realistisch machten demgegenüber zwei Hamburger Reedereien den technischen Fortschritt im Schiffbau an ihren Kontorhäusern sichtbar: Während Reliefs eines Seglers und eines Dampfers die Fassade des 1909 errichteten Sloman-Hauses am Baumwall schmücken, zieren bronzene Modelle beider Schiffstypen das Dach des 1907 erbauten Globus-Hofs an der Trostbrücke.

Moderne Geräte traten auch bei den Allegorien auf die neuen Möglichkeiten der Nachrichtenübertragung an die Stelle traditioneller Attribute. Eine 1886 von Engelbert Peiffer (1830–1896) geschaffene Figurengruppe auf dem Gebäude der Oberpostdirektion am Stephansplatz zeigt weibliche Personifikationen von ‚Telegraphie' und ‚Telephonie' mit ihren Instrumenten. Die dazwischen sitzende Gestalt der Clio trägt diese Errungenschaften in das Buch der Geschichte ein. Während die Technik hier kulturgeschichtlich integriert wird, verweist eine zweite Gruppe auf dem Gebäude auf den praktischen Nutzen dieser Erfindungen: Die Mittelfigur, die in der Rechten eine Fackel als Symbol menschlicher Intelligenz hält und mit der Linken eine von Atlas getragene Weltkugel umfaßt, wird von Personifikationen des Handels und Verkehrs zu Lande und zu Wasser flankiert. Den Weltverkehr der Informationen verkörperte auch die zum Kaiser-Wilhelm-Denkmal auf dem Rathausmarkt gehörende Merkur-Gruppe, zu deren Füßen zwei Knaben mit einem Telefon spielten.

Nicht selten allerdings führten solche Versuche, sinnbildliche Figuren mit technischem Gerät auszustatten, zu anachronistischen und kuriosen Lösungen – etwa wenn eine weibliche Personifikation des Ingenieurwesens von Peter Luksch (1872–1936) am 1914 fertiggestellten Technikum am Berliner Tor ihre Blöße mit einem Zahnrad bedeckt. Im Innern des Gebäudes stellen zwei große Figuren des gleichen Bildhauers die gebundenen beziehungsweise ungebundenen Naturgewalten dar. Eine ähnlich allegorische Darstellung des Sieges der Technik über die Natur bot schließlich die 1896 von Hugo Reinhold (1853–1900) zu Ehren Alfred Nobels für den Nobel-Hof am Zippelhaus 12, dem Hamburger Sitz der Dynamit-Nobel-AG, geschaffene Gruppe ,,Das Dynamit im Dienste der Kultur". Sie zeigte eine mit einem Schurzfell bekleidete Frauengestalt, die eine Fackel hält und den Fuß triumphierend auf den Nacken eines ‚Ungeheuers' stellt.

Programmatische Bauplastik ganz anderer Art weisen Rathaus, Börse und Gewerkschaftshaus Hamburgs jeweils als zentrale Identifikationsinstitutionen für Bürger, Kaufleute und Arbeiter der Stadt aus. So sind an der Frontfassade des Rathauses neben Kaisern und Kirchenfürsten auch 28 Vertreter der handwerklichen und geistigen Tätigkeitsbereiche des Hamburger Bürgertums dargestellt – vom ‚Schiffbauer' über den ‚Baumeister' bis hin zum ‚Fondsmakler'. Obwohl Denoth seinen 1892 entworfenen Berufstypen porträthafte Züge von Zeitgenossen

gegeben hatte, waren diese Spitzverdachtungsfiguren doch eine unzeitgemäß ständische Stilisierung der längst industriell geprägten Arbeitswelt.
Auf die Grundlagen der Hamburger Wirtschaft, den Handel und die Schiffahrt, spielten die beiden in Zink ausgeführten Gruppen des Berliner Bildhauers August Kiss (1802–1865) an, die die Hauptfassade des 1841 eingeweihten Börsenneubaus bekrönten: Personifikationen des Reichtums in Gestalt der Minerva, flankiert von Vertretern der Kunst und Wissenschaft, und der zwischen Figuren der theoretischen und praktischen Schiffsbaukunst sitzenden Hammonia. Eine motivische Ausweitung erfuhr diese Thematik um 1890 durch zahlreiche Portalreliefs an den Erweiterungsbauten der Börse: Während an der Frontfassade durch entsprechende Attribute ausgewiesenen Genien alle wichtigen Zweige des Wirtschaftslebens versinnbildlichen halten am nördlichen Seitenportal Putti die technischen Errungenschaften des Industriezeitalters, darunter Elektrizität und Dampfkraft, symbolisch in Händen. Die industriellen Produktionsverhältnisse wurden hier durch eine idealisierende beziehungsweise verniedlichende Darstellung verklärt.
Als ,,Waffenschmiede der Arbeiterschaft" hatte August Bebel 1906 das Hamburger Gewerkschaftshaus in seiner Einweihungsrede bezeichnet. Ein Sinnbild der Solidarität auf dem Giebelfeld des Gebäudes illustrierte diesen Gedanken. Der Erweiterungsbau von 1912/13 galt den Gewerkschaften aufgrund seiner baukünstlerischen Ausstattung sogar insgesamt als ‚Denkmal der Arbeit'. Ein Holzrelieffries im Hauptrestaurant, von Walther Zehle (1865–1940) in genrehaftem niederdeutschen Realismus ausgeführt, zeigte zu diesem Anspruch passende Szenen aus dem Arbeiterleben – von der ‚Kindheit in der Weberwerkstatt' über die ‚Heimkehr der Hafenarbeiter' bis hin zur ‚Arbeitersolidarität'. Volkstümlich sollte dieser Zyklus laut Einweihungsschrift vermitteln, ,,wie der moderne Arbeiter im Verein mit Gleichgesinnten seiner Klassenlage bewußt wird und zur Erkenntnis der Wege gelangt, die ihn aus ihrem Elend hinaufführen zu lichteren Höhn".
Denkmalhafte Darstellungen von Unternehmerpersönlichkeiten sind in Hamburg, von Büsten im halböffentlichen Raum abgesehen, selten. Bescheidenheit

315 Ein 1903 von Geschäftspartnern für das Kontorhaus der Reederei Laeisz gestiftetes Denkmal war von marmornen Unternehmerbildnissen gerahmt. Die Hauptgruppe, ein Seemann, ein Werftarbeiter und eine Assekuranzallegorie personifizierten die Tätigkeitsfelder der Firmen: Photographie, um 1903

galt unter Kaufleuten eben als hanseatische Bürgertugend. Dieses Bekenntnis kam jedenfalls schon 1854 bei der Einweihung des ersten Hamburger Unternehmerdenkmals zum Ausdruck. Nahe dem heutigen Hauptbahnhof widmeten Freunde ihrem verstorbenen Vorbild, dem zum Großindustriellen aufgestiegenen Stock-Fabrikanten Meyer einen schlicht gehaltenen Obelisken: ,,Nur ein Stein wird diese Stelle zieren, einfach aber gediegen, wie das Leben unseres verklärten Freundes". Ebenfalls typisch für die Hansestadt war ein ausgeprägtes Bewußtsein für Firmentraditionen. Das

Kontorhaus der Reederei Sloman am Baumwall beispielsweise wurde 1909 mit Porträtmedaillons des Firmengründers und seiner Nachfolger geschmückt. Auch das 1903 von Geschäftspartnern für das Kontorhaus der Reederei Laeisz gestiftete Denkmal war ursprünglich von marmornen Unternehmerbildnissen gerahmt. Die aus drei Figuren bestehende Hauptgruppe des von Scharff entworfenen Denkmals jedoch galt dem Unternehmen selbst: Ein Seemann, ein Werftarbeiter und eine Assekuranz-Allegorie personifizieren die Tugenden (,,Kraft, Fleiß und Fürsorge") und zugleich Tätig-

Von Merkur bis Bebel – Zur Ikonographie der Industriekultur

316 Die politischen Vertreter der Arbeiterbewegung blieben von denkmalhafter Darstellung ausgeschlossen. Daran änderte auch ein „in Schnee" errichtetes Bebel-Denkmal vor dem Gewerkschaftshaus nichts: Photographie, 1910

Nicht als Repräsentant seiner Klasse, sondern als Heros der Nation erscheint der Arbeiter auf zwei Auftragswerken, die Barlach in Hamburg vor dem Ersten Weltkrieg geschaffen hat. Stolz über ihren Anteil am wirtschaftlichen Wachstum brachte eine Plakette zum Ausdruck, die die Arbeiterschaft von Blohm & Voss 1902 zum 25jährigen Jubiläum der Werft stiftete. Dargestellt ist ein junger Arbeiter, der sich an den Amboß lehnt und einem vom Helgen laufenden Schiff nachblickt. Programmatisch war dieses Relief damals in die von Peter Behrens besorgte Gestaltung der Hamburger Vorhalle innerhalb der Abteilung des Deutschen Reichs bei der ‚1. Internationalen Ausstellung für moderne dekorative Kunst' in Turin einbezogen. Die „alte, stolze, arbeitsame Kaufmanns-Stadt", die seit jeher mit „der Welt um ein Herrentum zur See" rang, sollte dort den deutschen Anspruch auf Weltmachtstellung repräsentieren. Einer nationalen Großtat galt auch die Medaille, die 1906 zur Eröffnung des Hamburger Hauptbahnhofs geprägt wurde. „Auf der einen Seite das Bild der riesigen Eisenhalle selbst, wuchtig und doch wie mit eisernen Sehnen den weiten Raum überspannend; auf der anderen die muskulöse Gestalt des Arbeiters, der nach getanem Werk ausruhend sich auf den schweren Eisenhammer stützt ...", schrieb dazu das bürgerliche Bilderblatt ‚Hamburger Woche'. Freiplastische Aufstellung im Stadtbild fanden solche Personifikationen von ‚Arbeit' und ‚Ruhe' schließlich 1913 als Schmuck der im Arbeiterstadtteil Hammerbrook liegenden Südkanalbrücke. In seiner idealisierten Nacktheit erscheint der arbeitende Mensch hier wie ein moderner ‚Merkur' des Industriezeitalters.

Die politischen Vertreter der Arbeiterbewegung blieben weiterhin von denkmalhafter Darstellung ausgeschlossen. Nachdem sich das Hamburger Bürgertum mit dem Kaiser-Wilhelm-Denkmal von 1903 und dem Bismarck-Denkmal von 1906 noch einmal mächtige Monumente gesetzt hatte, errichtete die Arbeiterschaft der Hansestadt daraufhin um 1910 vor dem Gewerkschaftshaus demonstrativ ein Bebel-Denkmal – den gesellschaftlichen Machtverhältnissen im Kaiserreich entsprechend allerdings nicht aus Stein oder Bronze, sondern aus Schnee.

Roland Jaeger

keitsfelder (Reederei, Schiffbau und Versicherungen) der Firma. Ein Relief zeigt dazu im Hintergrund den Hamburger Hafen mit dem damals größten Segler der Welt, der ‚Preußen' von Laeisz. Berufsbezogene Motive finden sich auch auf einem Grabmal, mit dem sich der Reeder Wencke auf dem Ohlsdorfer Friedhof ein privates Unternehmerdenkmal gesetzt hat. Die Inschrift unter einer gerafften Reliefdarstellung der Elbe mit ein- und auslaufenden Seglern liefert dort die christliche Legitimation eines geschäftlich erfolgreichen Lebens: „Thu beim Werk die Hände regen / so fehlt Dir auch nicht Gottes Segen".

Justus Brinckmann

Wie ein „fast zum Mythos gewordener Mann", durch das aus dem Nichts geschaffene Werk als „ein Genie" erschien Justus Brinckmann seinen Zeitgenossen. Sie bewunderten die „schier unbegrenzte Arbeitskraft" des weithin berühmt gewordenen Museums-Gründers und -Direktors, den „strengen Wissenschaftler", der mit „ahnender Erkenntnis" den Ursprüngen des Gewordenen nachspürte. An die „imponierende Patriarchengestalt mit dem Olympierkopf", so wie Max Liebermann ihn wiederholt im Bild dargestellt hat, erinnerte man sich noch lange. Für andere „wirkte es wie ein Phänomen", wenn sein „blutvolles, eisbärtiges Gigantenhaupt" auf europäischen Auktionen auftauchte. Auch seine große Güte und Hilfsbereitschaft gewannen ihm zahlreiche Freunde. Auf ihn, der zugleich „Pionier und Organisator" war und immer „ein zäher und wägender Hamburger" blieb, war Verlaß.

Das Leben selbst hatte ihn auf seine Aufgabe vorbereitet, Ererbtes, Erlerntes, Erfahrenes und Schicksalhaftes auf besondere Weise miteinander verknüpfend. Der am 23. Mai 1843 in Hamburg geborene Sohn eines Rechtsanwalts wuchs in der Obhut einer Mutter auf, die gern malte und sich der Natur eng verbunden fühlte. Im Johanneum, das der Gymnasiast bis zur Sekunda absolvierte, zogen ihn die Naturwissenschaften am meisten an. Den Zeichenunterricht gab der Maler Günther Gensler. Systematisch sammeln, genau beobachten und alles detailliert wiedergeben konnte Justus Brinckmann schon als Schüler. Eine entscheidende Wende brachte das Jahr 1860. Als Hauslehrer einer Hamburger Familie lernte er die „Welt" kennen: Frankreich, die Schweiz, Ägypten, Italien. Ihm boten sich dabei Gelegenheiten, sich an Schulen und Akademien weiterzubilden, zu forschen und Examina abzulegen. Indem er Naturbeobachtungen anstellte, erwachte sein Verständnis für das Wesen künstlerischen Gestaltens.

Weltoffen und zielstrebig begann Brinckmann 1865 in Leipzig mit dem Studium der Naturwissenschaften, in Wien wollte er es fortsetzen. Durch Zufall hörte er von dem dort 1863 gegründeten Österreichischen Museum für Kunst und Industrie und wie enthusiastisch Direktor Eitelberger und sein Assistent Falke neue Ideen und Ziele propagierten. Brinckmann wurde von ihnen so gepackt, daß er spontan zum Studium der Kunstgeschichte wechselte. Schon die ersten Aufgaben, die Eitelberger ihm übertrug – die Ordnung antiker Glasfragmente und die Übersetzung von Cellinis ‚Goldschmiedekunst' – erwiesen die Aufgeschlossenheit des Hamburgers für kunstgeschichtliche Zusammenhänge und treffsichere Urteilsfähigkeit. Zugleich wuchs in ihm die Überzeugung, daß man sich das Kunstwerk aus früheren Epochen aneignen und es für die Zukunft fruchtbar machen müsse. Damit schloß er sich Bestrebungen an, die seit der Mitte des 19. Jahrhunderts immer stärker Einfluß auf das Verhältnis von Kunst, Handwerk und Industrie genommen hatten.

Bereits im Nachbiedermeier griff man in Hamburg wie anderswo – aber zumeist recht willkürlich – auf alte Techniken und Stilformen zurück, um den auf mehr Repräsentation bedachten Ansprüchen zu genügen. Und auf der ersten Weltausstellung 1851 in London, die von 123 Hamburger Gewerbetreibenden beschickt wurde, darunter 22 Tischlern, errang der von Renaissancemotiven inspirierte Prunktisch Plambecks (1893 dem Museum geschenkt und heute ein Paradebeispiel der internationalen Möbelliteratur) eine Preismedaille. Jenes wahrlich globale Ereignis hatte aber auch die Überlegenheit des französischen Kunstgewerbes demonstriert und die Engländer veranlaßt, 1852 das South-Kensington-Museum in London zu gründen, um darin umfassende Vorbildersammlungen von höchster Qualität der Öffentlichkeit – Künstlern, Produzenten wie Arbeitern – zugänglich zu machen. Der publizistische und wirtschaftliche Erfolg dieser Einrichtung und anderer Ausbildungsinstitute zeigte sich schon auf der zweiten Londoner Weltausstellung 1862. 1863 folgte die Kaiserstadt Wien mit der Errichtung eines analogen Museums. Seine positiven Auswirkungen wurden vor allem auf der Weltausstellung 1873 in Wien offenbar. Für Brinckmann war gerade sie von besonderer Bedeutung. Er wirkte mit als Juror und Berichterstatter über die „Holz-Industrie". Noch heute hat dieser 232 Seiten umfassende, überaus kenntnisreiche, sicher wertende und detaillierte Beitrag für die Möbel- und Historismus-Forschung dokumentarisches Gewicht. Darüber hinaus bestätigt er das Engagement des Verfassers für die sozialen Probleme der Zeit und macht mit seinen Vorschlägen bekannt, wie durch bessere Ausbildung der Lehrlinge in kleineren Betrieben, durch zusätzliche Unterweisung in Fachschulen und vorbildgebendes Ausstellungsgut fähige und interessierte Arbeiter auch für den Bedarf der Großindustrie gewonnen werden können.

In Hamburg hatte Martin Gensler schon 1858 die Gründung einer Kunst- und Gewerbesektion im Rahmen der Patriotischen Gesellschaft zur Förderung des Kunstgewerbes erreicht. Nach der Auflösung der Zünfte 1863 war die Errichtung eines Gewerbemuseums angestrebt worden, das eine technologische Abteilung, eine kunstgewerbliche mit Modellabbildungen und ein Musterlager von neuen Erzeugnissen umfassen sollte. Wesentlich anders stellte sich Brinckmann, der nichts von diesen Plänen wußte und noch ganz von den Wiener Eindrücken erfüllt war, ein solches Museum vor. Es sollte, wie der damals 23jährige von Berlin aus 1866 in den Vaterstädtischen Blättern der Hamburger Nachrichten darlegte, veredelnd auf die Geschmacksbildung einwirken, den Handwerkern authentische Vorbilder liefern, verlorene oder vernachlässigte Verfahrensarten wiederbeleben und einen Mittelpunkt für die Ausstellung von Erzeugnissen der modernen Kunstindustrie bilden. Da dieser Appell kein Echo fand, glaubte Brinckmann seine Absichten in Hamburg nur als Jurist verwirklichen zu können. Als Doctor juris kehrte er Ende 1867 in seine Vaterstadt zurück, wo er zur Advokatur zugelassen wurde und bald danach heiratete. Seit 1868 schrieb er die Kunstberichte für den Hamburger Correspondenten, 1871 wurde er politischer Redakteur, 1873 Sekretär der neugegründeten Hamburger Gewerbekammer.

317   Justus Brinckmann, Gemäldeskizze von Max Liebermann, 1906

Das Hamburger Tischlerhandwerk konnte auf eine lange und stolze Tradition zurückblicken. Auch in den 1860er Jahren florierte der Export vor allem nach Südamerika. Aber wenn man weiterhin konkurrenzfähig bleiben wollte, mußte die Produktion verbessert werden. Diesen Eindruck gewann eine Kommission von Gewerbetreibenden, die mit Unterstützung des Senats die Pariser Weltausstellung 1867 besuchte und dringend die baldige Errichtung eines Gewerbemuseums verlangte, ,,... sonst kommen wir in die Rumpelkammer sammt unseren Mobilien". Im selben Jahr entstand das Deutsche Gewerbemuseum in Berlin. Diese Umstände mögen dazu beigetragen haben, daß 1868 von der Patriotischen Gesellschaft eine Kommission ,,zur Beschaffung eines gewerblichen Museums aus privaten Mitteln" eingesetzt wurde. Ihr gehörte Justus Brinckmann als Schriftführer an. Ein Aufruf von 1869 betonte den Nutzen eines solchen Museums für die Handwerker noch stärker als bisher. Zu ersten Ankäufen kam es schon auf einer Ausstellung jenes Jahres, die ,,heimische Erzeugnisse" mit ,,älteren kunstgewerblichen Arbeiten" konfrontierte; für Ankäufe auf der Wiener Weltausstellung bewilligten Bürgerschaft und Senat 12000.– Mark. 1874 wurde mit dem Museumsbau begonnen; 1876 übernahm der Staat offiziell die Sammlungen. Die Eröffnung des Museums fand am 25. September 1877 statt. Sein Direktor hieß Justus Brinckmann.

Wo immer sich eine Gelegenheit bot, versuchte Brinckmann den Einfluß des Museums auszuweiten, den Kunsthandwerkern Anregungen zu geben, neue Besucherkreise und Geldgeber zu gewinnen. 1886 wurde der Kunstgewerbeverein gegründet. Sonderausstellungen und Vorträge machten mit Teilgebieten der älteren und zeitgenössischen kunstgewerblichen Erzeugnisse bekannt. Zum herausragenden Ereignis wurde die ,,Hamburgische Gewerbe- und Industrie-Ausstellung" im Jahre 1889. Zu ihrem so überaus erfolgreichen Gelingen trug Brinckmann als einer der beiden Vorsitzenden des Exekutiv-Ausschusses wesentlich bei. Noch größere Verdienste erwarb er sich für den Ausbau der Museumssammlungen. Obwohl sie wie in London nach technischen Prinzipien geordnet waren, gab Brinckmann in seinem ,,Führer" von 1894, einem 828 Seiten umfassenden Handbuch des Kunstgewerbes, bereits seinem Empfinden Ausdruck, daß die Museen nunmehr ,,auf einer reiferen Stufe angelangt seien, wo sie ihre Altertümer zu Gruppen höherer Ordnung vereinigen" müßten. Er dachte an eine kulturgeschichtlich orientierte Aufstellung, die er erstmals bei der Präsentation seiner spektakulären Art Nouveau-Erwerbungen von der Weltausstellung 1900, dem sogenannten Pariser Zimmer, verwirklichte.

Oft hat er ganze Sammlungskomplexe früher als andere Museumsleiter entdeckt und erworben, wie japanische Schwertstichblätter, Plakate, norddeutsche Volkskunst, Keramik, Fayence und Porzellan. Brinckmann, als 72jähriger noch immer als Direktor tätig, starb am 8. 2. 1915. Was er in seinem Museum ,,mit der jeden einzelnen Gegenstand umfassenden Sorge und Liebe des Sammlers und Kenners zusammengetragen, das ist in seiner stolzen Gesamtheit ein Kunstwerk seltenster, persönlichster Art, ein köstlicher Schatz Hamburgs und ein mächtiges Denkmal, das er sich selbst für alle Zeiten aufgetürmt hat" (Bürgermeister Dr. von Melle in seinem Nachruf).

Hermann Jedding

Alfred Lichtwark

Alfred Lichtwark wurde am 14. November 1842 als Sohn eines Müllers in Wolgast bei Hamburg geboren. Der frühe Tod des Vaters (1860) brachte mannigfache Einschränkungen mit sich, die ihr Gegengewicht in dem engen Zusammenhalt fanden, der Lichtwark mit Mutter und Geschwistern verband. Als junger Mittelschullehrer lernte er in Vorlesungen Justus Brinckmann (1843–1915) kennen, den Gründer des Hamburger Museums für Kunst und Gewerbe. Brinckmann bestimmte seinen Weg zur Kunst. Beiden verdankte das Kulturleben der Stadt entscheidende, noch heute spürbare Anstöße. „Beide waren durchaus unzünftig und blieben zeitlebens dem geregelten Gang der Berufsroutine abgeneigt." So urteilte der leisere Gustav Pauli, der 1914 Lichtwarks Nachfolger an der Kunsthalle wurde.

Lichtwark studierte zwei Semester in Leipzig bei Anton Springer, dann ging er nach Berlin, wo sich ihm bald am Kunstgewerbemuseum der Einstieg in die praktische Arbeit bot. Seine Begabung wurde früh erkannt, und er knüpfte Kontakte zu Bode, Lessing, Seydlitz und Jessen. Auch die Künstler zählten bald zu seinem Bekanntenkreis: Menzel, Klinger und Böcklin prägten sein Urteil. Als streitbarer Schriftsteller griff er in künstlerische Tagesfragen ein und machte sich einen ebenso geachteten wie gefürchteten Namen.

1886 berief ihn Hamburg zum Kustos der Sammlungen des Kunstvereins, eines embryonalen Bestandes, aus dem er im Handumdrehen die Kunsthalle formte. Er leitete sie bis zu seinem Tod am 13. Januar 1914. Was er für Hamburg tat, wurde in ganz Deutschland beachtet und als Vorbild empfunden. Als sichtbarster Ausdruck dieser Anerkennung darf die große ‚Jahrhundertausstellung deutscher Kunst (1775–1875)' gelten, die er gemeinsam mit Hugo von Tschudi in der Berliner Nationalgalerie präsentierte. Seit damals gehören zwei seiner vielen Entdeckungen, Runge und Friedrich, zum festen Bestand der deutschen Kunstgeschichte.

Lichtwark steht mit seinem Lebenswerk im Konflikt der Geisteshaltungen, die das 1871 ausgerufene Kaiserreich bestimmten. Er gehört, mit Emerson zu reden, zu den „representative men", in denen sich Größe und Grenzen der Epoche widerspiegeln. Wie der noch nicht fest gefügte Staat sich zwischen der pathetischen Beschwörung der Vergangenheit und dem zukunftsorientierten Griff nach Weltgeltung einrichtet, versucht Lichtwark – durchwegs auf hoher Ebene – Tradition mit Erneuerung, Bildung mit Wirtschaft zu verbinden. Obgleich vom ganzheitlichen Ideal der Goethe-Zeit geprägt, schwebt ihm der Deutsche der Zukunft in Gestalt des Offiziers vor. Dieser verkörpert für ihn „den einzigen deutschen Mannestypus, an den allseitige Anforderungen gestellt werden." (1901)

Solche und andere Forderungen geben den markigen Zungenschlag der Zeit wieder, der uns heute hart im Ohr klingt. Um Lichtwarks Problematik und ihre fruchtbaren Impulse zu verstehen, müssen wir tiefer greifen und kurz auf das Defizit des deutschen Selbstbewußtseins zurückblicken, dessen Aufarbeitung sich der „Praeceptor Germaniae" vorgenommen hatte. Lichtwark will die Deutschen von fremden Vorbildern und Klischees befreien, er nimmt sich nicht weniger als eine alle Lebensbereiche durchdringende Bewußtseinsklärung vor – ähnlich der Besinnung, die Lessing und Herder auslösten und die sich in Goethe am sichtbarsten zu europäisch-deutscher Humanität entfaltete. Lichtwark weiß, daß seine Gegenwart von diesem Lebens- und Kulturentwurf nichts mehr in sich hat.

Die Bougeoisie besitzt keine „eigene künstlerische Bildung", sie bietet also einem ernsthaften, nach allen Seiten fruchtbaren Schaffen keinen Boden". Sie ist darum die Klasse, der er seinen erzieherischen Ehrgeiz vornehmlich zuwendet. Er widerspräche jedoch seiner ganzheitlichen Philosophie, wenn er den Volkskörper, den er als Organismus empfindet, in Klassengegensätze aufspaltete. Lichtwarks Weltbild war auf Konzentration aller Kräfte ausgerichtet, nicht Polarisation, sondern Integration schwebte ihm vor. Der Verteidiger und Wiedererwecker regionaler Traditionen war nüchtern genug, keiner historisierenden Bequemlichkeit das Wort zu reden. Wie er etwa die Architektur beurteilt, so sieht er den ganzen Menschen, den Einzelnen und dessen Rolle in der Gesellschaft: das Haus ist nicht eine Fassade, sondern „ein Organismus . . ., der ein ganz bestimmtes Bedürfnis ausdrückt und von innen nach außen entwickelt werden sollte . . ." Wir kennen das Wunschbild der Übereinstimmung von innen und außen aus Goethes Morphologie.

Der Norddeutsche, dessen Wirkungsfeld die Bürgerstadt ist, stellt ohne Zögern die anonyme Tradition seiner Heimat gegen die Hocharchitektur von Kirche und Adel: „Architektur sind aber nicht nur Markusdom und die Peterskirche, der Palazzo Pitti und der Louvre, sondern ebensogut das schlichte bürgerliche Wohnhaus, ja, für uns noch mehr, denn das Hemd ist uns näher als der Rock." Wieder ist der Gegensatz zwischen „architecture" und „mere building" angesprochen, der schon Ruskin beschäftigte und den Lichtwark zugunsten des „bloßen Bauens" entscheidet. Ein Seitenblick: das Bekenntnis zur schlichten Formensprache weist bereits auf die radikale Ornamentabstinenz hin, die sich auf Adolf Loos berufen wird. Schon 1897 sagt Lichtwark: „Je besser die Architektur ist, desto weniger Schmuckformen braucht sie, das war immer so." (Ruskin behauptete das Gegenteil).

Lichtwarks Vergleich der Architektur mit Hemd und Rock ist keine bloße Formel: er schlägt die Brücke zu einem anderen Problemfeld, dem sich seine erzieherische Leidenschaft immer wieder zuwandte. In seinem Vortrag ‚Die Kunst in der Schule' (1887) zeichnet er seinen Zuhörern ein Bild, in dem mancher sich selbst erkannt haben dürfte: „Glauben Sie ja nicht, daß der typische Deutsche mit seinem unkultivierten Bart und Haar, das er noch obendrein im Restaurant oder gar im Speisezimmer bürstet, seiner schlecht sitzenden Kleidung, seinen ungefügen Schuhen im Auslande nur die Zielscheibe des gutmütigen Spottes ist. Er wirkt mit seiner mangelhaften Erscheinung, seinem lauten Wesen, seinen unsicheren Manieren in der Gesellschaft und namentlich bei Tisch oft geradezu abstoßend und fällt der Verachtung von

318 *Alfred Lichtwark, Gemälde von Karl Walter Leopold von Kalckreuth, 1912*

Menschen anheim, die vielleicht an Wissen tief unter ihm stehen." Lichtwark zeichnet erbarmungslos ein Zerrbild, weil er sich von seinem Volk ein Idealbild gemacht hat. Was er bemängelt, ist nicht die ungefüge Schale, sondern die Hohlheit des Inhalts, den sie umschließt.

Die Fassaden sind so nichtssagend wie das, was sich hinter ihnen abspielt. Wieder ist Lichtwarks Kritik von einer Ganzheitsvision getragen. Er wirft seinen Landsleuten nicht bloß schlechte Manieren vor, sondern rechnet mit ihrer Formblindheit, mit ihrer Formverachtung ab: „Der gebildete Deutsche, der sich in englischer und französischer Gesellschaft bewegt, fällt sofort durch seinen Mangel an Anschauungsvermögen auf. Er ist sozusagen kunstblind." Als Museumsmann und Kunsterzieher – die eine Tätigkeit ist von der anderen nicht zu trennen – nahm Lichtwark sich vor, die dem Protestantismus zu verdankende Wortgläubigkeit einzuschränken und wieder das Vertrauen in die Wahrnehmungskraft des Auges zu erwecken. Mit dieser Zielsetzung vollbrachte er in Hamburg eine Pionierarbeit, deren Mühen sich noch heute, hundert Jahre später, ermessen lassen.

Lichtwarks Tätigkeit als erster Direktor der Hamburger Kunsthalle (von 1886 bis zu seinem Tod 1914) stand ganz im Zeichen seines auf Integration und Konzentration ausgerichteten Weltbildes. Das Museum war für ihn nicht ein Hort von Kunstschätzen, sondern ein der Öffentlichkeit gewidmetes Bildungsinstrument, mit dessen Hilfe er die Vergangenheit zu erschließen, die Gegenwart zu durchdringen und die Zukunft zu erwecken hoffte. Gerade in einer Stadt, die weder über eine Universität noch über eine technische Hochschule verfügte, mußte das Kunstmuseum „einen vielseitig anregenden Unterrichtsorganismus ausbilden." Auf diese Forderung ließ Lichtwark in dem Vortrag über „Die Aufgaben der Kunsthalle", mit dem er seine Arbeit einleitete, den programmatischen Satz folgen: „Wir wollen nicht ein Museum, das dasteht und wartet, sondern ein Institut, das thätig in die künstlerische Erziehung unserer Bevölkerung eingreift." Mit dem Blick auf den pragmatischen Horizont des Kaufmannes zog Lichtwark – der Vergleich mit Rathenau liegt nahe – die Verbindungslinie vom ‚Überbau' zum ‚Unterbau', von der künstlerischen zur wirtschaftlichen Produktion: „Und das ist ja keine lediglich sittlich-ästhetische, sondern eine ganz hervorragend volkswirtschaftliche Frage. Die Zukunft unserer Kunst wie unserer Industrie hängt davon ab, ob wir uns den prüfenden, große und strenge Anforderungen stellenden Käufer im eigenen Land zu erziehen wissen."

Der Praktiker Lichtwark hält nichts von den Ideengebäuden, an denen die spekulative Nicht-Anschauung seit Hegel gearbeitet hatte: „wir wollen nicht sowohl auf kunstgeschichtliches Wissen, auf Kunstphilosophie oder Ästhetik, als auf Kunstanschauung hinaus. Wir wollen nicht über die Dinge, sondern von den Dingen und vor den Dingen reden." Der Anschauung ihre Sensibilität zurückzugewinnen – dieser Aufgabe widmete Lichtwark nicht nur seine Gespräche vor einzelnen Kunstwerken – vor Erwachsenen wie vor Kindern! – sie prägte auch seine Vorträge und seine Gruppenreisen zu Kunststätten des norddeutschen Raumes. Seine Formalanalysen gehen immer vom Objekt und seiner konkreten Gegebenheit aus – das unterscheidet sie von den begrifflich bevormundeten, also letztlich deduzierten Formsystemen, mit denen Wölfflin oder Riegl die Geschichte der Kunst zu reglementieren suchten. Darin zeigt sich die Nähe Lichtwarks zu Aby Warburg, der 1899 von ihm eingeladen wurde, in der Kunsthalle eine Vortragsreihe über Leonardo zu halten. (Anders als Warburg, der die Reproduktion in die Ausstellungsdidaktik einführte, setzte Lichtwark kompromißlos auf die Überzeugunskraft des Originals.)

Wie jeder, der das Kunstmuseum aus der Fixierung auf enge, ästhetische Normen herausführen und einem breiteren Kunstbegriff gewinnen will, mußte auch Lichtwark sich einem Konflikt stellen, der ihn zu widersprüchlichen Positionen

Kulturelles Leben und Künstlertum

zwang, worüber er sich freilich in seinen Schriften kaum Rechenschaft ablegte. Die Erwerbungen für die Gemäldegalerie sollten höchsten Qualitätsansprüchen genügen: ,,Ein Bild ersten Ranges bedeutet mehr als eine ganze Galerie mäßiger Durchschnittsleistungen." Wie verträgt sich dieser Grundsatz mit Lichtwarks Lieblingsidee, der Erweckung des ,,Dilettantismus"? Darin steckt ja als Konsequenz ein offener, nominalistischer Kunstbegriff, der keine ,,Kunst" sondern nur Künstler kennt – gute und schlechte, geniale und bloß begabte. Nicht nur hat Lichtwark mit der Förderung des künstlerischen Dilettanten seine eigenen Wertmaßstäbe relativiert und in Frage gestellt, er hat Probleme bewußt gemacht, die sich für die Freizeitgesellschaft des ausgehenden 20. Jahrhunderts noch fordernder stellen als zur Zeit des Jugendstils.

Worum es Lichtwark letztlich ging, ist die Verschränkung von Anschauen und Tun: er will Kunst nicht der passiven Rezeption überlassen, sondern einen Betrachter heranziehen, der selber zum künstlerischen Werkzeug greift und solcherart das Kunstwerk als Materialisation einer bestimmten formalen und inhaltlichen Absicht neu beurteilen lernt.

Alle diese pädagogischen Neigungen mußten Lichtwarks Aufmerksamkeit auf die Photographie lenken. Hier war der Anschauung ein Instrument in die Hand gegeben, die Wirklichkeit spontan zu erfassen, ein Instrument, dessen sich Laien wie Professionelle zu bedienen wußten. Der Dilettantenfreund setzt nun ganz entschieden auf den Laien: von ihm, vom Amateurphotographen, erwartet er die entscheidende Wende, die Rückkehr zur Natürlichkeit. Auch daran erkennen wird den nüchternen Realisten, der Lichtwark im Grunde seines Wesens und Wirkens war. Er ist gegen die gestellte Pose ebenso, wie er die übersteigerten Formen des Jugendstils ablehnt. Was Geschmack, Temperament und Charakter angeht, könnte man ihn einen Mann der Geradlinigkeit nennen.

Ein Kenner der Situation versichert, es sei Lichtwark gelungen, ,,auch die Berufsphotographen zur natürlichen Auffassung vom ungestellten und unretuschierten Menschen zu bekehren" (Fritz Kempe). Für uns heute zählt vor allem Lichtwark als Bahnbrecher, der die Photographie museumswürdig gemacht hat, und zwar nicht im Abseits eines Photomuseums, sondern in der Kunsthalle, also neben den anderen, traditionellen Kunstgattungen. Die von ihm angeregten Ausstellungen für ,,Kunstphotographie" begannen 1893 und endeten 1903.

Versuchte er, das kulturelle Leben Hamburgs in dem Haus am Glockengießerwall zu beispielgebender Form zu verdichten, so war ihm auch bewußt, daß Konzentration steril und selbstgenügsam wird, wenn sie nicht ausstrahlt und die empfangenen Kräfte zurückwirken läßt. So kam er auf den Gedanken, in verschiedenen Hamburger Stadtteilen Außenstellen der Kunsthalle zu errichten. In solchen Ideen hat die ,Stadtteilkultur' unserer Tage eine ihrer Wurzeln. Für Lichtwark ist das Museum ,,das Volkshaus der Zukunft", und es macht für ihn kaum einen Unterschied, ,,ob ein Museumsbesucher auf höherer oder auf niedrigerer Stufe der gesellschaftlichen Schichtung steht" (Der Deutsche der Zukunft, 1905).

Wie er keine Lebensäußerung isoliert sieht, kann er auch das Museum nur in seiner kommunalen Wirkung und städtebaulichen Einbindung wahrnehmen. Wieder prägt hier der Organismusgedanke sein Konzept: eines greift ins andere, und das Museum ist Glied des homogenen Gesamtgefüges, des ,,Kunstwerks Hamburg" (F. Schumacher). Welcher Museumsdirektor hat sich damals Gedanken über das großstädtische Verkehrsnetz gemacht? Lichtwarks Vorschlag, zwischen Wohn- und Verkehrsstraßen zu differenzieren, nimmt Bestrebungen vorweg, die heute ernsthaft diskutiert werden.

Lichtwark legte 1911 ein Bekenntnis zur Gegenwart ab, das den Nietzsche-Leser verrät: ,,Niemand wird der Historie entbehren wollen. Aber ständen wir vor der Wahl, Geschichte oder Leben, so müßten wir uns für das Wertvollste entscheiden. Zum Glück schließt das eine das andere nicht aus; im Gegenteil, das eine bedingt das andere." Diese Überzeugung kennzeichnet den Optimisten, der in allem die Quadratur des Kreises, die Synthese von Kultur und Zivilisation, von Deutschtum und Europäertum versuchte. Als er starb, zerbrach sein Traum vom ,,Deutschen der Zukunft". Er wurde im Namen eines ,,Kultur"-Hochmuts zerstört, in dem sich eben die Minderwertigkeitskomplexe verbargen, von denen der Erzieher Lichtwark seine Landsleute befreien wollte.

Werner Hofmann

Aufgenommen im Auftrag der Freien und Hansestadt Hamburg

Im Jahre 1912 gab Ernst Juhl das Mappenwerk „Hamburg – Land und Leute der Niederelbe" heraus. Es erschien im Verlag Boysen & Maasch und trug die Unterzeile *„Aufgenommen im Auftrage der Freien und Hansestadt Hamburg"*. Hergestellt wurden 300 numerierte Stücke, davon 20 in Pergament, die je 100,– Mark kosteten, während die 280 Halbleinenmappen für je 60,– Mark zu haben waren.

Begründet wurde dieser bemerkenswerte Entschluß schon im Jahre 1909 durch die ‚Internationale Photographische Ausstellung zu Dresden', als deren Arbeitskommissar für Hamburg Ernst Juhl vorgeschlagen worden war. In Dresden betonte man, „daß es sich bei dieser Ausstellung um ein großzügiges, ernstes Unternehmen handelt, das der Wissenschaft, der gewerblichen und industriellen Photographie sowie der der Photographie dienenden Industrie nützen soll". Man setzte auf einen erzieherischen Wert für die Besucher durch die Beantwortung der drei Fragen: „Was ist die Photographie? Welches sind ihre Leistungen? Welche Kräfte setzt sie in Bewegung?"

Ernst Juhl erhoffte in dem Ausstellungsteil, den man der Photographie im Dienste der Länder- und Völkerkunde gewidmet hatte, einen Rahmen, in dem er Hamburg gut präsentieren konnte. Auch fand die Dresdner Ausstellung das Interesse von Bürgermeister Dr. Johann Heinrich Burchard, zumal der Photograph Rudolf Dührkoop beauftragt war, ihn für den ‚Fürstensaal' der Ausstellung erneut zu porträtieren. Dührkoop kannte seine hochmögende Kundschaft genau, deshalb fügte er in seinen Brief an den Bürgermeister den Satz ein: „Die Herstellung wird als Ehrensache betrachtet, so daß keinerlei Kosten entstehen".

319   Der Hafen beim Baumwall, Photographie aus der Photographischen Staatssammlung, 1909

Kulturelles Leben und Künstlertum

Ernst Juhl war als Hamburger Kommissar für die „Internationale Photographische Ausstellung Dresden 1909" hinsichtlich des Bildmaterials in keiner guten Lage. Außer seiner eigenen photographischen Sammlung, die vornehmlich ausländische Arbeiten aus der Zeit der ‚Kunstphotographie' um 1900 enthielt, gab es keine Archive mit Bildern hamburgischen Gepräges. Also wendete sich Juhl an die Leitung der von ihm 1895 ins Leben gerufenen ‚Gesellschaft zur Förderung der Amateurphotographie', die im September 1908 ein Rundschreiben Juhl'scher Diktion herausgab, das schon das Programm für die nachmalige ‚Photographische Staatssammlung' enthielt. Die Aufzählung reicht von Fleeten, Kirchen, Bismarckdenkmal über Krankenhaus Eppendorf und Sternwarte Bergedorf bis zu Trachten aus Vierlanden, Altenlanden und Hamburger Typen. Es wurden nur Aufnahmen mit künstlerischer Auffassung zugelassen, das Format sollte etwa 18 × 24 cm und das Kopierpapier lichtbeständig sein. Bis zum 1. Januar 1909 waren die Arbeiten an Ernst Juhl abzuliefern.

Ernst Juhl, 1850 in Hamburg als Sohn eines Dänen geboren, der 1840 das Hamburger Bürgerrecht erwarb, erfuhr nach dem Besuch des Gymnasiums eine Ingenieur-Ausbildung. Das von zwei Brüdern verwaltete Vermögen machte Ernst Juhl unabhängig, 1896 wendete er sich gänzlich seinen musischen Interessen zu, unter denen die Photographie obenan stand.

Für die Vertretung Hamburgs auf der Dresdener Ausstellung mußte Ernst Juhl Aufnahmen anfertigen lassen. Am 29. August 1908 wurden vier Senatoren gebeten, die Aufnahmearbeiten in Hamburg und den Landgebieten zu unterstützen. Die dabei entstandenen Aufnahmen verschiedener Photographen haben sich in größerer Anzahl im Museum für Hamburgische Geschichte erhalten. Sie tragen goldene Banderolen, zum Teil schon mit der Aufschrift: „Photographische Staatssammlung – Begonnen 1908" und dem kleinen Hamburger Wappen. Es sind die Vorgänger jener Bilder, aus denen später die Bildermappe zusammengestellt wurde. Doch machten diese in Technik und Auffassung außerordentlich verschiedenen Bilder klar: Wollte Hamburg eine solche Staatssammlung anlegen, dann konnte dies nur durch Aufnahmen geschehen, die von einem und nicht von mehreren Photographen stammen.

Prof. Dr. Alfred Lichtwark, Direktor der Hamburger Kunsthalle, boten die für Dresden gemachten Photographien Veranlassung, eine Fortsetzung der Aufnahmearbeit vorzuschlagen und für diese auch gleich die Mittel einzuwerben. „Es hat sich gezeigt, daß unser Land an künstlerischen Motiven unendlich viel reicher ist als die Künstler wußten", argumentierte Lichtwark. Ernst Juhl übernahm die Weiterführung des Werks, unentgeltlich natürlich und „in dankenswerter Bereitwilligkeit". Hieraus geht hervor, daß nur die ideelle Gesinnung Ernst Juhls die Fortsetzung der Aufnahmen garantierte. Dieser hatte auch bereits mit dem Atelier Dührkoop Aufnahmen gemacht, deren Vollendung indes daran scheiterte, daß es unmöglich war, einen festen Preis zu nennen, weil es sich um Außenaufnahmen mit unterschiedlicher Zeitdauer handelte. Ernst Juhl hat im Vorwort zur Bildermappe von 1912 geschrieben: „Die meisten Bilder wurden auf gemeinschaftlichen Ausflügen des Unterzeichneten mit einem Photographen, zuerst mit Frau Diéz-Dührkoop und später mit Herrn A. Bruhn, aufgenommen". In der Praxis bestätigte sich das Prinzip, daß die stilistische Einheit einer Sammlung von Aufnahmen nur durch eine photographische „Handschrift" zu erreichen ist. Im vorliegenden Falle handelte es sich um eine sehr enge Teamarbeit. Ernst Juhl bestimmte zumeist die aufzunehmenden Motive und damit zusammenhängend den Kamerastandpunkt, kontrollierte auch wohl den Eindruck des Mattscheibenbildes, mußte aber die gesamte technische Ausführung dem Photographen überlassen.

Anton Joachim Christian Bruhn, 1868 in Kiel als Sohn eines Photographen geboren, war zunächst Zimmermann. Als solcher kam er 1888 nach Hamburg. Obwohl er 1895 einen Gewerbeschein als Photograph bekam, blieb er noch Zimmerer; erst 1910 erwarb er als Photograph das Hamburger Bürgerrecht. Aus hunderten und aberhunderten erhaltenen Aufnahmen des Teams Juhl-Bruhn erkennen wir, daß die Auswahl für das von Juhl herausgegebene Mappenwerk ganz im Stil der von Ernst Juhl geförderten kultivierten Photographie erfolgte: Harmonie und ‚Schönheit' des Bildnerischen wurden in der Regel höher bewertet als der dargestellte Bildinhalt. Reine Dokumentarphotographie besaß zu dieser Zeit noch keine Chance, weil man Photographie nur anerkannte, sofern sie sich als ‚Kunstphotographie' gab.

Übrigens sind die Faksimile-Lichtdrucke der Juhl'schen Mappe von 1912 so schön wie am ersten Tag, während die noch erhaltenen gleichzeitig von den 18 × 24 cm-Glasplatten kopierten Albuminbilder bis zur Unansehnlichkeit vergangen sind.

Für den heutigen Betrachter der Bilder von 1912 eröffnet sich eine Rückschau auf die Welt von Vorgestern als bezaubernde Atmosphäre von Wasser und Wolken, von Strohdach und Stimmung. Die Auswahl der Objekte ist ebenso einseitig wie die Form ihrer Darstellung subjektiv. Man wird Ernst Juhls Bildmappe von 1912, einem Gesamtkunstwerk von historischer Relevanz, am ehesten gerecht, wenn man sie als einen illusionsreichen Abgesang auf eine Epoche betrachtet, die vom Ersten Weltkrieg illusionslos beendet wurde.

Fritz Kempe

Die hamburgischen Zeitungen enthalten gegenwärtig die besten Nachrichten

Auflagen, die in viele Hunderttausende, ja Millionen gehen, bestimmen das Bild unserer heutigen Presse. Einfluß und Macht der „vierten Gewalt" werden bewundert oder geschmäht, auf jeden Fall aber beachtet. Von heutigen Maßstäben ausgehend, fällt es schwer, die Bedeutung und Rolle der Presse im Hamburg des 19. Jahrhunderts richtig einzuschätzen. Insbesondere gilt dies für ihr Gewicht bei der Bildung des gesellschaftlichen Bewußtseins im vor- und frühindustriellen Zeitalter.[1]

Einige Zahlen nur sollen an den Anfang gestellt werden. Der schon damals beinahe 90 Jahre alte ‚Hamburgische Correspondent' war um 1800 mit einer Auflage von 30000 Exemplaren das meistgelesene Blatt Europas; diese Bedeutung endete allerdings mit dem Beginn der französischen Herrschaft in Hamburg. Dagegen eine andere Zahl: nur etwa 3,5 % der deutschen Zeitungen erreichten um 1900 eine Auflage von mehr als 15000 Exemplaren. Die Auflagen für einzelne Hamburger Zeitungen betrugen dagegen 30000 bis 50000; der Generalanzeiger reichte sogar an 90000 heran. Gemessen an den Verhältnissen im übrigen Land hatten die Hamburger Zeitungen also höhere Auflagen, an die heutigen Verhältnisse der Boulevardpresse reichten sie aber bei weitem nicht heran. Dennoch ist erstaunlich, daß die Auflagenzahl in einem Jahrhundert ihre Dimension, wie ersichtlich, kaum veränderte und nur die Anzahl der Zeitungstitel sich beträchtlich vermehrte.

Nicht nur völlig andere Zahlenverhältnisse muß der heutige Beobachter sich bei seiner Beurteilung der geschichtlichen Entwicklung vergegenwärtigen, sondern auch die Tatsache, daß Zeitungen und Zeitschriften die einzigen aktuellen Medien waren. Wenn damals Bewußtseinsbildung über die Medien geschah – und nicht nur über das nachbarliche Gespräch oder den Ausrufer –, dann ausschließlich über das gedruckte Wort. Mit letzterem allerdings waren vor der Einführung der allgemeinen Schulpflicht in Hamburg im Jahre 1870 bei weitem nicht alle Einwohner der Stadt erreichbar.

Die hohe Entwicklung der hamburgischen Presse gegen Ende des 18. Jahrhunderts ist sicherlich auf die relative Freiheitlichkeit des Stadtstaates in der Zeit von Aufklärung und französischer Revolution zurückzuführen. Mit den Karlsbader Beschlüssen von 1819 und der Einführung einer Pressezensur im Deutschen Bund verhinderten schon äußere Bedingungen, daß Hamburg zunächst wieder eine Spitzenstellung in der deutschen und europäischen Presselandschaft einnahm. Die Bedingungen waren jetzt für alle deutschen Zeitungen gleich. Diplomaten wachten – vom Geiste Metternichs und der ‚Heiligen Allianz' beseelt – darüber mit Eifer. Die Chroniken berichten von ständigen Demarchen der Vertreter aus den Nachbarstaaten, in die Hamburger Zeitungen geliefert wurden.

Dennoch hat es Unterschiede gegeben. Von gemaßregelten

320 Der „Hamburgische Correspondent" war um 1800 mit einer Auflage von 30000 Exemplaren das meistgelesene Blatt Europas: Ausgabe des „Correspondenten" nach Einmarsch des Corps des Obersten von Tettenborn, 1813

Hamburger Redakteuren fehlte es nicht an Hinweisen auf die vermeintlich so viel freieren Verhältnisse in der Schwesterstadt Bremen. Und von außen sah man wohl auch in Hamburg etwas mehr Liberalität. So schrieb Wilhelm Grimm im Jahre 1838: „Die hamburgischen Zeitungen enthalten gegenwärtig die besten Nachrichten".

Die Vielfalt der hamburgischen Presse war beträchtlich. So werden für das Jahr 1841 (unter Einschluß von Bergedorf und Ritzebüttel-Cuxhaven) 26 Titel genannt, von denen vier Morgenblätter jeweils 6.000 bis 7.000 Exemplare und die beiden Abendblätter je 1.500 bis 1.800 Exemplare Auflage hatten.

Eine wichtige Person für die Hamburger Presse war der vom Senat eingesetzte Zensor, Senatssyndicus Carl Sieveking. Er war ein weitgereister und gebildeter Mann, der sich ebenso mit

321 Von den Franzosen war nach 1806 die strenge Zensur eingeführt worden. Nach den Karlsbader Beschlüssen 1819 wurde sie in neuer Form fortgesetzt: ,,Publicandum" von 1807

dem brasilianischen Freundschaftsvertrag wie mit Eisenbahnprojekten, dem Ausbau des akademischen Gymnasiums oder der Förderung von Künstlern durch den Kunstverein beschäftigte. Zum Zensor war er aufgrund seiner breiten Bildung berufen worden. Im Amt muß er allerdings im ständigen Konflikt gestanden haben. Denn ihm lag näher, wie Erich Lüth schreibt, ,,frei zu sprechen als die Freiheit des Wortes einzuschränken". So führte Sieveking im Jahre 1831 als hamburgischer Vertreter im Präsidium der Bundesversammlung aus: ,,Die Zensur wirkt nachteiliger auf die Freunde gesetzlicher Ordnung als auf die Sophisten der Aufwiegelung. Nur in Ländern, in welchen die Bevölkerung einem glücklichen Stande der Unschuld weniger entwachsen ist und die Ordnung daher des begeisterten Schutzes der freien Rede entbehren kann, wie in Rußland oder Österreich, kann man mit Recht besorgen durch die Freiheit der Presse sich bisher unbekannten Gefahren auszusetzen. Die Anwendung der Erfahrung dieser Länder auf Deutschland scheint mir indes durch den Erfolg keineswegs gerechtfertigt." Die Einschätzung Sievekings durch seine Gegner wird deutlich in einem Bericht des österreichischen Gesandten Kaiserfeld an Metternich aus dem Jahre 1846: ,,Herr Sieveking, mit der obersten Leitung der Censur betraut, ist, wie Ew.pp. wissen, der kläglichste aller Politiker; sein stets aufgeregter Kopf ist mit utopischen Ideen angefüllt, seine Absichten sind wohlgemeint;

allein seine Einsicht ist kurz, sein Steckenpferd ist der Liberalismus des Tags. Preßfreyheit, Fortschritt, Entwicklung der staatlichen Verhältnisse, Verbesserung der Lage der unteren Gesellschafts-Schichten und ihre Veredelung." Im Senat stand Sieveking nicht allein. Auch Hudtwalcker hatte wiederholt gefordert, die Zensur aufzuheben und stattdessen der Pressefreiheit eine sinnvolle Ordnung zu geben. Jedenfalls beschloß der Senat Anfang 1833, ,,daß einer anständigen Erörterung über einheimische öffentliche Angelegenheiten nichts in den Weg gelegt werde". Der Zensor scheint sogar Ratschläge gegeben zu haben, wie man Zensurmaßnahmen möglichst vermied. So soll er dem Hamburger Verleger Julius Campe während der Vorbereitungen zur Veröffentlichung neuer Schriften Heinrich Heines geraten haben, möglichst eine größere Zahl der gefährdeten Druckschriften zusammenzufassen.

Mit der Abschaffung der Zensur im März 1848 begann eine neue Epoche der deutschen Pressegeschichte. Auflagen und Titelzahl stiegen. Der Journalistenberuf entstand. Die Herausgabe von Zeitungen wurde mehr und mehr von wirtschaftlichen Überlegungen diktiert. So schrieb Bismarck im Jahre 1859 entrüstet: ,,Die meisten Correspondenten schreiben für ihren Lebensunterhalt, die meisten Blätter haben die Rentabilität zu ihrem Hauptzweck". Und Ernst Baasch berichtet im Jahre 1930 noch voller Empörung, daß im Jahre 1865 einmal ,,fast

№ 59. Die Reform. 1848.

Ein Communal- und Bürgerblatt.

Verantwortlicher Redacteur: J. F. Richter.   Herausgeber: Gustav Esch in Altona.

Der Sturm auf die St. Paulskirche in Frankfurt, am 18. September 1848.

Obgleich der Sturm auf die Paulskirche nur als eine Episode gelten kann in dem blutigen Drama, welches die Republikaner am 18. September in Frankfurt aufführten; so haben wir doch eben diese Episode unsern Lesern im Bilde zur Anschauung gebracht, weil jener Sturm, obgleich unbedeutend an sich, doch höchst bedeutungsvoll für unsere Zukunft, der Nationalversammlung ein grausiges Todtenlied vorsang. Die Ereignisse des 18. September sind bekannt: Sie sind von verschiedenen Gesichtspunkten aus geschildert worden, so daß wir vorausseßen dürfen, der vernünftige Leser habe sich bereits sein Urtheil darüber gebildet, und es bleibt uns deshalb nur noch übrig, die innere Bedeutung jenes Attentats aufzufassen. Blicken wir also zuvörderst auf jene Zeit, wo das deutsche Parlament zusammentrat. Wer möchte es läugnen, daß damals tausend und aber tausend Hoffnungen des wackern Germanenvolkes, wie heitre, vom Winterdruck befreite Lerchen gen Frankfurt flogen, dort der Saat und der Ernte harrend, die so längst so heiß ersehnt hatten. Sie bauten ihre Nester in den Herzen der erwählten Männer, die dort tagen sollten für Deutschlands Heil, und die Männer die nur einen starken Körper, eine feurige Seele bilden sollten, bildeten ein Zwittergeschöpf, das zwar jugendlich, gesund und thatenlustig in die Welt blickte, dem es aber auch nicht mangelte an Trägheit, Eigensinn und jener erbärmlichen Servilität, welche leider so vielen Deutschen in den langen Jahren des absoluten Regiments durch eine despotische Volkserziehung anerzogen worden war. Die erste Aufgabe des Reichs- Parlaments war es, die Volkssouverainität in Deutschland über die Fürstenmacht zu erheben und eine Selbstregierung des deutschen Volkes herbeizuführen. Dadurch allein konnte eine Einheit Deutschlands erreicht, eine wirkliche Centralgewalt geschaffen werden, dadurch allein wäre die Fürsten auf leichte Weise beseitigt und der Weg zu einer Republik friedlich angebahnt worden. Das wollte die Linke, die in der Frankfurter Versammlung das Flammenschwert der Freiheit repräsentirte; während die numerisch stärkere Rechte sich begnügte, als Hofstäbe der im Hintergrunde lauernden Fürsten die Beste des Reichs nach sogenannten gemäßigten Grundsätzen zu berathen und ihre Beschlüsse von den Zustimmungen der Monarchen oder andrer hochgestellten Männer abhängig zu machen. So war es die Rechte, welche die Macht, die Autorität der Versammlung leichtsinnig verscherzte, das Vertrauen des Volkes unverbrüchlig verlor, indem sie einen Reichsverweser erwählte und über sich erhob. Seit jenem Tage hatte das Reichsparlament seine ganze Jugendkraft verloren, es fing an zu altern. Es hatte die heilige Pflicht übernommen das Reich zu verwalten und zu erhalten, und vernachlässigte schmählich diese Pflicht, indem es das Reich der Verwesung übergab. Mag Erzherzog Johann ein guter Familienvater und wackrer Bürger sein, so ist er doch schwerlich der Mann, den man hätte an die Spitze des deutschen Reichs stellen sollen. Die Schwere der Centralgewalt, die man auf seine Schultern geladen, hat ihn bereits zu Boden gedrückt. Es war der letzte Aufflammen eines jugendlichen Freiheitssinnes in seiner Brust, als er den Jenaer Studenten versprach: „Kinder, ihr sollt bald Thaten von mir hören." Sobald aber in seinem mächtigen Wirkungskreis eingetreten war, überwältigte ihn die Macht der äußern Einflüsse und die erste That, die ihm der Eintritt in das Schloß zu Wien, der das Vertrauen des ganzen deutschen Volkes erworben hätte – die vollständige Befreiung Schleswig-Holsteins vom dänischen Joche – ließ er sich entgehen, indem er sit dem Könige von Preußen einräumte, der sie denn auf eine ganz Deutschland empörende Weise durch den vielbesprochenen schmachvollen Waffenstillstand zu Ende führte. Wir haben seit seinem unziemlichen Ablehnen seiner ersten That, von seiner zweiten des Reichsverwesers gehört. Noch hegte man die Hoffnung, daß bei einer so eclatanten Verlegung der Nationalehre, die ganze Reichsversammlung erwachen und sich im Bewußtsein ihrer Macht, die preußischen Verträge, die mit eigenmächtiger Ueberschreitung der von der Centralgewalt vorgeschriebenen Grundlagen abgeschlossen worden waren, verwerfen werde: dem war nun saß sich bitter getäuscht. Die Reichsversammlung prostituirte sich vor ganz Europa, indem sie den schmählichen Waffenstillstand aus unmännlicher Furcht vor einem ringeleiteten Einschreiten auswärtiger Mächte genehmigte. Der Genius der Freiheit hat er von Wien ab kaum noch mitleidig gestöhnt hatte, floh nach kurzem Beschluße für die Männer mit Verachtung, und sie saßen an einem Tage, an welchem sie einen moralischen Selbstmord an sich begangen hatten, kraftlos zusammen, wie siehe, lebenssatte Greise. War es nun zu verwundern, daß die Linke, die alle Hoffnungen des deutschen Volkes an dem Starrsinne dieser kümmerlich hinsterbenden Majorität scheitern sah, daß ihr Aeußerstes empört wurde, daß einige dieser Linken sich sogar zu weit reißen ließen, Gewaltschritte zu begünstigen? Sie sind weit entfernt das Frankfurter Attentat zu billigen, sie sind weit entfernt die daraus hervorgegangenen Gräuel zu vertheidigen; aber wir sind fest überzeugt, daß sie sich sagen, wie Jeder muß, der den Verlauf dieser Sache ruhig erwägt, daß eine so natürliche Folge jener freiheitsfeindlichen Majorität ein jedes freiheitathmende Gefühl empörenden, unpolitischen, unpatriotischen, reactionairen Handlungsweise jener die Grade zusteuernden Majorität der Reichsversammlung. Sie hat gesagt:

aber dieser Sieg ist schlimmer als die schmählichste Niederlage, denn es ist ein Sieg für die Nation die und nimmer Dank spenden wird. Deshalb wird sie sich auch jeder fernere Triumph, den sie auf diese traurige Weise erringt, immer rascher ihrer Auflösung entgegen führen. Der Sturm auf die Paulskirche hat die nur die Todtenlied vorgehalten; der nächsten Stürme, die schon von allen Seiten ihren Haupte zusammenziehen, werden vielleicht von den wankenden Säulen siegen, und ist es auch dem Abgeordneten Merk gelungen mit der Hartbesäg eines geübten Porticus die Thür der Paulskirche gegen die andringenden Republikaner zu verschließen; so möchte es ihm doch nicht gelingen vielleicht seine Collegen zu der Hauptbewegung zu gewinnen, die ihnen noch übrig bleibt, den Ausgang aus der Paulskirche flüchtend zu suchen, um zu zerstäuben in alle Weltgegenden, wie Spreu vor dem Winde.

Die Wiener Revolution.

Wiederum eine furchtbare, blutige Revolution, oder besser gesagt, wieder ein blutiger Akt des in Permanenz getretenen Revolutionsdramas. Wann wird endlich der Vorhang fallen und mit welchen Gefühlen werden die Schauspieler und die Zuschauer an ihren kleinen eigenen Heerd zurückkehren. Daß dieses geschieht ist unumgänglich nothwendig, wann es geschieht – wer kann es bestimmen. Zum zweiten Mal hat der Kaiser von Oesterreich seine genreue (!) Residenzstadt Wien verlassen, weil, wie er sich ausspricht, die letztere einen zu großen Hang zur Revolution hat. Echt gemüthlich, wienerisch, doch unsere erzene Zeit kann diese Silbenlaute nicht mit sich verschmelzen. Der Kaiser aus Wien also nach kabin und mittelst gestöhnt durch keinen Schritt unmöglich gemacht. Es ist nicht anzunehmen, daß man zum zweiten Mal ihn in sein freiwilliges Exil erg vertrauensvotum senden wird. Der Kaiser kann also entweder nie – oder nur an der Spitze von 100,000 vielleicht russischen Bajonetten wieder in Wien einziehen. Wien hat Hang zur Revolution, es lautet des Kaisers Worte, größer Gott, wenn die Revolution permanent auf dem Erdreich geworden, kann man da anders, als bei dieser Ansicht sich gegen?

Mit dem Sturze Metternichs hat Oesterreich Hand angelegt zur Lösung seiner ungeheuren Aufgabe. Nur dem oberflächlichen Brodbachter kann es unbegreiflich erscheinen, daß man vorgweise in Wien auf fener so thätigere Hand schürt. Und noch ist es ganz natürlich, der Revolutionsgedruck. Wie wird aber das Ende sein? Die Demokratie muß und wird überall den wohl-

verdienten und theuer erkauften Sieg davon tragen, ehe es aber dahin kommen wird, werden die Pfropfen der pressenden Stimmen hören lassen. Sieht man sich die deutschen Zustände näher an, blickt man auf die imaginäre Macht der provisorischen Centralgewalt, sieht man wie überall enorme Truppenmassen zusammengezogen werden, und betrachtet man wie die äußern Seite dagegen in eine großer Theil sich schon in dem kaum bevorstehenden Handels und unzuverlässigen Partei der Demokraten, so kann man, so gern man auch an anderes Resultat erwünschen möchte, die Säbelherrschaft, als nahe bevorstehend, bezeichnen. Wenn nun ein offener Kampf zwischen der Reaction und den Liberalen kommt und Monarchie oder Republik auf Feldgefecht werden. Wer wird Sieger bleiben? Täuschen wir uns nicht; die Demokratie in Deutschland ist noch jung, sehr jung, wird sie schon in dem kaum bevorstehenden Kampf das Schlachtfeld behaupten können? Ich fürchte es wird es nicht, sie wird nochmals unterliegen – aber nicht so lange, denn vor der Reaction, so wie sie Druck auf Druck in ihrem Gefolge führt, wird man sich schnell die unter Blut erkämpften Errungenschaften wieder entreißen, sie wird mit einem Wort sich selbst unmöglich machen, denn sie wird keine Mäßigung kennen.

(Schluß folgt).

Resultat der Wahl im 3ten Wahlbezirk.

Gewählt wurden die Herren Söhle mit 2482, Horstmann mit 1702 Baumeister mit 1667, Glitpa mit 1603, Albrecht mit 1538, Bartels mit 1509, Fischer mit 1585, Israel mit 1537, v. d. Linden mit 1598, Meyer mit 1597, Stegemann mit 1527, Roß mit 1474, Grothof mit 1463, Frank mit 1442, Wille mit 1352, Boye mit 1351, Dill mit 1339, Bachmann mit 1331, Lazarus mit 1286, Duck mit 1235, Averberg mit 1271, Mönkeberg mit 1241 und Dohauer mit 1239 Stimmen.

Der Sieg der liberalen Partei ist nach dieser Liste im 3. Wahlbezirk auf die glänzendste Weise entschieden worden, und dürfen wir uns der freudigen Hoffnung hingeben, daß auch die übrigen Bezirke in gleichem Sinne wählen werden.

Unter den 1848 gegründeten Zeitungen nahm die „Reform" den ersten Rang ein: Ausgabe von 1848

Die hamburgischen Zeitungen enthalten gegenwärtig die besten Nachrichten 358

die sämtlichen großen Zeitungen Hamburgs als industrielle Unternehmungen" bezeichnet worden seien. Das Spannungsfeld zwischen journalistischen Geboten und wirtschaftlichen Erfordernissen hatte allerdings schon vorher bestanden. Es trat jetzt nur mehr und mehr ins Bewußtsein, wenn auch dieser Wandel sich sehr langsam vollzog.

Unter den verschiedenen im Jahre 1848 in Hamburg neugegründeten Zeitungsunternehmen, die wie Ernst Baasch schreibt, zumeist nur ephemeren Bestand hatten, nahm den ersten Rang die ,Reform' ein, ,ein Communal- und Bürgerblatt.' Das besondere Kennzeichen des Blattes war eine meist mit einem politischen Witz verbundene Illustration. Der politische Kommentar war bei Fehlen eines Leitartikels in dem am Anfang jeder Folge stehenden „Polit. Morgengespräch zwischen dem Oberalten Fürchtegott Zopf und dem Zeitungscolporteur Marcus Wühler" enthalten. Jede wichtige hamburgische Angelegenheit wurde in ihr romanhaft behandelt. Zugleich spielten auch alle in ihr veröffentlichten Romane und Novellen in Hamburg. Im übrigen verwandte das Blatt – wie Baasch meint – eine etwas vulgäre Sprache und eine dem ,kleinen Mann' angemessene Tonart heimischen Charakters, d. h. es wurden auch Beiträge in plattdeutsch veröffentlicht. Die ,Lebensbilder aus dem hamb. Arbeiterstande', die Jahre hindurch im Blatt erschienen, sind auch nach seinem Urteil „in ihrer Art nicht ohne Wert". Ende des Jahres 1857 hatte die ,Reform' schon eine Auflage von 18.000 Exemplaren. Vom Jahre 1861 bezeichnete sich die ,Reform' als ein Blatt – „welches dem Fortschritt und dem Volkswohl gewidmet, welches die Ungerechtigkeiten aus dem Staatsleben zu verbannen bestrebt ist". Sie war ein Forum für die öffentliche Diskussion, das auch Karl Marx wiederholt für „Erklärungen" benutzte.

Im Zusammenhang mit dem schleswig-holsteinischen Krieg von 1864 – ihre Auflage betrug damals 24.000 Exemplare und war zugleich die höchste aller hamburgischen Zeitungen – erregte die ,Reform' den Zorn Bismarcks, sodaß dieser gemeinsam mit Österreich die hamburgischen Blätter maßregeln wollte. Er stieß dabei auf die hinhaltende Taktik seines Gesandten Richthofen. Dieser meinte, eine Kollektivnote werde allein für Blätter, die „man nur in den Händen von Droschkenkutschern, Dienstleuten, Ewerführern, Hafenarbeitern etc." sähe, eine unerwartete und längst ersehnte Reklame bedeuten.

Weil Bismarck zum ,Souverän der deutschen öffentlichen Meinung' wurde, kann keine Skizze der Pressegeschichte einer deutschen Stadt an seiner Person vorbeigehen. Sein Verhältnis zur Hamburger Presse wurde zudem zuletzt immer enger, als er im benachbarten Friedrichsruh seinen Sitz nahm.

In den Jahren nach der Reichsgründung waren es vor allem zwei politische Fragen, die Hamburg und seine Bürger beschäftigten. Sie gingen beide auf Bismarcks politisches Wirken zurück und bestimmten das Bewußtsein beinahe der ganzen Bevölkerung. Bei beiden nahmen alle hamburgischen Zeitungen zunächst eine gemeinsame ablehnende Haltung gegenüber dem Reichskanzler sein: Zollanschluß und Sozialistengesetz.

Die Reichsverfassung von 1871 hatte die Hansestädte Hamburg und Bremen außerhalb des deutschen Zollgebietes gelassen. Mit der fortschreitenden Industrialisierung entstanden jedoch Probleme sowohl lokaler als auch nationaler Art. Die überwiegend für den Binnenmarkt produzierende Industrie siedelte sich nämlich außerhalb der Zollgrenzen Hamburgs an. Für den Arbeiter bedeutete dieses ein für damalige Verhältnis-

se weites Pendeln zwischen Wohnung und Arbeitsstätte – und damit verbunden – ständige Kontrollen beim Passieren der Zollgrenze. Diese waren solange verhältnismäßig unproblematisch solange das Niveau der Zölle – und damit die Gefahr des Schmuggels – niedrig war. Die fortschreitende Industrialisierung ließ die Forderung nach Schutzzöllen immer stärker werden. Sie setzte sich schließlich auch im Reichstag durch. Die Kontrollen an den innerstädtischen Zollgrenzen bekamen mithin eine immer größere Bedeutung. Es erstaunt deshalb nicht, daß „Zollanschluß" und „Freihafen" in aller Munde waren.

Sehr entschieden war in dieser Frage das ,Hamburger Fremdenblatt', das sich im Jahre 1862 aus dem ,Hamburger Beobachter' entwickelt hatte. Seinen Namen hatte es von der ,Fremdenliste' entlehnt, die dem ,Beobachter' seit dem Jahre 1828 beigefügt worden war. Nach einer Startauflage von 2000 hatte das ,Fremdenblatt' um 1875 eine Auflage von 10000 und im Jahre 1883 eine von 24500 Exemplaren erreicht. Stramm kulturkämpferisch – wie Baasch schreibt – und in der Wirtschaftspolitik ausgesprochen „manchesterlich", wollte es die soziale Frage mit „Aufklärung" lösen und die „sozialistischen Irrlehren nur auf geistigem und parlamentarischem Boden bekämpfen." Den Zollanschlußvertrag von 1881 versuchte das ,Fremdenblatt' bis zuletzt zu verhindern. Bismarck hielt es in wirtschaftlichen Dingen – wie Alfred Herrmann schreibt – für „einen hoffnungslosen Dilettanten" und wurde darin bestärkt als dieser im Reichstag 1879 erklärte, daß er in wirtschaftlichen Fragen von der Wissenschaft ebensowenig halte wie von der Heilkunde. Entsprechend seiner Grundhaltung hatte sich das Fremdenblatt gegen das Sozialistengesetz gewandt und geschrieben: „Eine Partei, welcher der Mund polizeilich geschlossen, die Feder gebunden ist, wird stets bei Wahlen mächtiger sein als eine, die sich frei bewegen darf. Was ein Sozialdemokrat in öffentlicher Versammlung sagt, das kann ihn leicht lächerlich machen, was er nicht sagen darf, das ist von siegender Gewalt. Wir haben das stets behauptet und wir beklagen es am meisten, daß uns die Erfahrung leider in so unwillkommenem Grade Recht gibt."

In die gleiche Zeit fällt das erste Entstehen, das Verbot und das Wiederaufleben der sozialdemokratischen Zeitungen und ihrer Vorläufer, die wesentlich halfen, das gesellschaftliche Bewußtsein in der sich industrialisierenden Welt zu bilden.

Schon im Jahre 1860 war unter dem Titel ,Ipecacuanha' erschienen, was sich seit seiner Nummer 5 ,Nordstern' nannte – „ein unschuldiges Sonntagsblatt für gelehrte Leute und verständige Menschen". Der ,Nordstern' nannte sich bald „unstreitig das freisinnigste Blatt unseres deutschen Vaterlandes" und wurde etwa ab 1861 das Forum für Lasalle und seine Vorstellungen von Sozialdemokratie und Arbeiterbewegung. Ab 1863 benannte es sich zunächst in ,Organ für Arbeit und Arbeiter' und kurz darauf in ,Organ für das deutsche Volk' um. Im Jahre 1866, zwei Jahre nach dem Tode Lasalles ging das – von Marx bekämpfte und von ihm, offensichtlich in Anspielung an die Namensgebung, als „das würdige Organ des deutschen Knotentums" bezeichnete – Blatt ein, nachdem es sich zuletzt „Organ der soz. demokr. Partei und des Allg. Deutsch. Arbeiter-Vereins" genannt hatte. Seine Auflage war wohl nie höher als 500; sein Einfluß auf die gedankliche Fortentwicklung des Sozialismus dürfte aber beträchtlich gewesen sein.

Mit dem ,Hamb.-Altonaer Volksblatt' wurde 1875 eine sozialdemokratische Zeitung begründet. Unter dem Motto „Alles durch das Volk, Alles für das Volk" konnte es schon am Ende des ersten Erscheinungsjahres 10000 Abonnenten und beim Verbot aufgrund des Sozialistengesetzes 17000 Abonnenten vorweisen. Nach dem Muster der ‚Reform' brachte es in jeder Nummer ein Bild mit Text und war in seiner sprachlichen Polemik nicht gerade zurückhaltend. So nahm es besonders das ‚Fremdenblatt' auf die Hörner – das „Zankweib von den Gr. Bleichen" oder das „Reptiliencabinet".

Der ‚Pionier' war das größte und am meisten gelesene der fünfzehn deutschen Gewerkschaftsblätter. Die in Hamburg erscheinende Zeitschrift hatte beim Erlaß des Sozialistengesetzes etwa 9350 Abonnenten.

Die Reaktion auf das Verbot der sozialdemokratischen und gewerkschaftlichen Presse war entschlossen: Schon nach wenigen Tagen, am 10. November 1878 wurde die ‚Gerichtszeitung. Tageblatt für Hamburg, Altona und Umgegend' im Druck und Verlag von J. H. W. Dietz gegründet. Wieder brachte jede Ausgabe des sechsmal wöchentlich erscheinenden – und rasch eine Auflage von 12000 erreichenden – Blattes eine Zeichnung. Es berichtete zunächst nicht über Politik, wohl aber über alle Polizei- und Gerichtsaktionen im Zusammenhang mit dem Sozialistengesetz. Nach der Ausweisung seiner Redakteure Dietz und Auer ging das Blatt im März 1881 ein.

Schon im darauffolgenden April wurde mit der ‚Bürger-Zeitung' wiederum eine Nachfolgerin gegründet. Auch ihr nutzte nicht, daß sie sich teilweise geschickt tarnte: so bei der Reichstagsstichwahl 1883 als sie nicht den sicher gewinnenden August Bebel sondern einen Fortschrittler empfahl. – Sie wurde im Jahre 1887 verboten.

Die Gründung der Nachfolgerin ‚Hamburger Echo' ließ dann auch nur vierzehn Tage auf sich warten. Das ‚Echo' hat sich in den darauffolgenden Jahrzehnten stets auf die kurze Tradition der ‚Bürger-Zeitung' berufen. – Mit dem Aufbau der sozialdemokratischen Presse und den steigenden Auflagen des ‚Fremdenblatt" ging der Niedergang der ‚Reform' einher. Im Februar 1892 erschien ihre letzte Ausgabe.

Sicherlich hatte Ernst Baasch recht, wenn er über die Hamburger Presse der beiden Jahrzehnte von 1870 bis 1890 schrieb:

323 Nach dem Verbot der sozialdemokratischen und gewerkschaftlichen Presse kam eine Reihe von getarnten Blättern heraus, darunter 1887 das „Hamburger Echo": 1. Ausgabe von 1887

"In Allem war es doch die Frage, in welchem Verhältnis man zu Bismarck und seiner Politik stand, nach der die einzelnen Zeitungen ihre Stellungnahme regelten. Die inneren, kommunalen Zustände und Vorgänge traten hiergegen in der hamburgischen Presse durchaus zurück." Der Abschied Bismarcks bedeutete deshalb einen tiefen Einschnitt.

Die ‚Hamburger Nachrichten‘, ursprünglich im Jahre 1792 als Inseraten- und Bekanntmachungsblatt gegründet und inzwischen zur nationalliberal/konservativen Zeitung entwickelt – hatte schon im Jahre 1888 verstanden, besondere Beziehungen zu Bismarck zu knüpfen. Nach dem Abschied wurden diese Beziehungen nun sehr viel enger. Bismarck legte vorzugsweise in den ‚Hamburger Nachrichten‘ seine politischen Ansichten dar. Das ‚Literarische Bureau‘ in Friedrichsruh erwarb einen großen Bekanntheitsgrad und wurde noch häufiger als Urheber von Artikeln vermutet. "Daß die ‚Nachrichten‘ sich durch das Angebot an Bismarck ein Verdienst erworben haben, kann nicht geleugnet werden", schrieb Baasch im Jahre 1930, "sie haben sich damit mindestens ebensoviel Feinde wie Freunde erworben ... Politische Mißgunst und materieller Brotneid gingen hier Hand in Hand. Man tat so, als ob die ‚Nachrichten‘ völlig auf die eigene Meinung verzichtet hätten." Die Zahl der authentischen Bismarckartikel sei aber doch sehr viel geringer gewesen als die Gesamtheit aller anderen Leitartikel.

Für die nicht so vom Informationsfluß aus Friedrichsruh begünstigten Zeitungen bedeutete dies, daß sie Bismarck ebenfalls – schon um ihre Konkurrentin zu bekämpfen – viel Raum widmeten, wenn sie ihm auch nicht ihr "gesamtes weißes Papier" zur Verfügung gestellt haben, wie es der Chefredakteur der ‚Nachrichten‘ formuliert hatte.

Im Bewußtsein der Hamburger Bevölkerung scheint dieses publizistische Dauerfeuer bemerkenswerte Spuren hinterlassen zu haben. Wie wäre sonst ein solches Echo auf den nach dem Tode Bismarcks von einigen Zeitungen gemeinsam getragenen Aufruf zur Spende für ein Denkmal vorstellbar gewesen. Er hatte einen solchen Erfolg, daß man in der Redaktion des ‚Fremdenblattes‘ ernsthaft daran dachte, mit dem zur Verfügung stehenden Geld gleichzeitig auch noch Denkmäler für Kaiser Friedrich und Moltke zu errichten.

Wenn Bismarck heute Hamburgs größtes Denkmal – und zugleich größte Plastik – gewidmet ist, läßt sich dies auf die bewußtseinsprägende Wirkung der Hamburger Presse am Ausgang des 19. Jahrhunderts zurückführen. Der Vergleich mit dem viel geringeren Spendenaufkommen für das Berliner Bismarck-Nationaldenkmal bestärkt diese Schlußfolgerung.

Ein kurzer Überblick wie dieser muß notgedrungen skizzenhaft bleiben und kann nur weniges hervorheben. Fehlen darf aber nicht, auch das zu erwähnen, was von der Presse des vergangenen Jahrhunderts versäumt wurde: die Herausbildung und Erziehung zur demokratischen Kritik. "Die deutsche Presse war während des 19. Jahrhunderts aus Bereitschaft oder gesetzlich verhängter Schwäche ein stets verfügbares Instrument der Autorität," urteilt Koszyk. Deutschland hatte keine wirklich unabhängige Presseform hervorbringen können, trotz der vielen Beispiele von selbständigem, widersätzlichem Denken. Dies gilt auch für Hamburg.

"In den Redaktionen der großen Zeitungen, die sich für Weltblätter hielten, sah man über manches klar, aber man schwieg oder stieß ins offiziöse Horn," schrieb ein Zeitgenosse im Jahre 1922, als alles zu spät war. Die Traditionen aus der Zeit der

324 "Die deutsche Presse war während des 19. Jahrhunderts aus Bereitschaft oder gesetzlich verhängter Schwäche ein stets verfügbares Instrument der Autorität": Zeitungskiosk, Photographie von Koppmann, um 1895

Zensur hatten nachgewirkt, denn als die gesetzliche Pressefreiheit durchgesetzt war, wurden die Zeitungen und Zeitschriften unbedenklich dem ökonomischen Zwang, der Zensur durch Interessengruppen und Parteien sowie der Abhängigkeit vom Staat ausgeliefert. Sie bestärkten Massenrausch und nationale Hysterie anstatt sie zu hinterfragen und zurückzudrängen.

Und wie wirkt das so geprägte Bewußtsein heute nach? "Hamburg wurde eine reichsfreudige Stadt!", betont die ‚Heimatchronik‘ stolz noch in ihrer Auflage von 1967, um wenige Zeilen danach fortzufahren: "Auch die hamburgischen Reichstagsabgeordneten der Sozialdemokratischen Partei stimmten im Reichstag für die Kriegskredite; das hamburgische Parteiblatt, das ‚Echo‘, verteidigte den nationalen Standpunkt der Mehrheit der Reichstagsfraktion. Als der Krieg nach vierjährigem erbittertem Ringen verloren wurde, hatte Hamburg an die vierzigtausend Söhne für das Reich geopfert und fast seine ganze Handelsflotte verloren."

Hanno Jochimsen

Otto Meißner, der Hamburger Verleger des Marx'schen „Kapitals"

„Ich habe große Lust, die Welt mit ‚Kapital' zu überschwemmen", schrieb 1872 der Hamburger Buchhändler und Verleger Otto Meißner an Karl Marx in London. Auch wenn die erste Auflage des Hauptwerks von Marx nur 1000 Exemplare betrug, von 1867 bis 1922 erschienen bei Otto Meißner 23 Auflagen der drei Bände des ‚Kapitals'. Allein die weltweite Wirkungsgeschichte des ‚Kapitals' beweist die historische Bedeutung dieses Werkes, das anfangs von der offiziellen Wissenschaft mit einer „Verschwörung des Schweigens" bedacht wurde.

Bereits einige Monate nach dem Erscheinen des ersten Bandes – am 13. 9. 1867 zeigten die ‚Hamburger Nachrichten' das Erscheinen des Werks an - stellte Friedrich Engels in einer Rezension fest: „Solange es Kapitalisten und Arbeiter in der Welt gibt, ist kein Buch erschienen, welches für die Arbeiter von solcher Wichtigkeit wäre wie das vorliegende. Das Verhältnis von Kapital und Arbeit, die Angel, um die sich unser ganzes heutiges Gesellschaftssystem dreht, ist hier zum ersten Mal wissenschaftlich entwickelt, und das mit einer Gründlichkeit und Schärfe, wie sie nur einem Deutschen möglich war." Von Anfang an diente das ‚Kapital' der deutschen und internationalen Arbeiterbewegung nicht als abgehobenes Studienobjekt, sondern als Instrument für die revolutionäre gesellschaftliche Praxis.

Der Hamburger Verleger und Buchhändler Otto Meißner, der am 28. Juli 1819 als Sohn eines preußischen Postbeamten in Quedlinburg geboren wurde, hatte entscheidenden Anteil an der Herstellung und am Vertrieb des ‚Kapitals', das Marx als das „furchtbarste Missile, das den Bürgern (Grundeigentümer eingeschlossen) noch an den Kopf geschleudert worden ist" bezeichnete.

Da der Arbeiterbewegung noch keine eigenen Verlage zur Verfügung standen, versuchten Marx und Engels mehrmals ihre Schriften bei fortschrittlich-liberalen Hamburger Verlegern erscheinen zu lassen. So wurde die ‚Deutsche Ideologie' dem Heine-Verleger Julius Campe ange-

325 Die erste Auflage des Hauptwerks von Karl Marx hatte nur 1000 Exemplare. Aber von 1867 bis 1922 erschienen 23 Auflagen der drei Bände des „Kapitals": Titelblatt der Erstausgabe.

boten, dann aber bis zu ihrem vollständigen Erscheinen 1932 „der nagenden Kritik der Mäuse" überlassen. 1850 konnte bei dem Hamburger Verleger Schuberth die ‚Neue Rheinische Zeitung – Politisch ökonomische Revue' untergebracht werden, deren 6 Hefte in der Hamburger Druckerei Köhler und in Wandsbek bei Vogt hergestellt wurden.

Nachdem er seit 1842 bei Hoffmann und Campe das Sortimentsgeschäft wiederaufgebaut hatte, gründete Otto Meißner während der 48er Revolution seinen eigenen Verlag. Zusammen mit dem Schriftsteller, ehemaligen Mitglied im ‚Bund der Gerechten', Mitbegründer des ‚Hamburger Arbeiterbildungsvereins' und Mitglied im ‚Bund der Kommunisten' Georg Schirges, wurde am 16. Juni 1848 die Verlags- und Sortimentsbuchhandlung Meißner und Schirges eröffnet. Schirges ging bald nach Frankfurt a. M. und überließ Meißner die alleinige Ge-

schäftsführung. 1853 wurde die Firma in Otto Meißner, Verlag und Sortiment umbenannt. Otto Meißner war sowohl als Verleger wie auch als Sortimentsbuchhändler tätig und zog 1862 bis 1879 Conrad Behre als Teilhaber im Sortiment hinzu. Der Verlag befand sich zunächst an der Bleichenbrücke und wurde dann durch Räume in der Kleinen Johannisstr. 2 erweitert. Im Jahre 1862 übersiedelte die Firma in die Bergstr. 26 und 1889 in die Hermannstr. 44. Dieses Gebäude wurde 1943 bei einem Bombenangriff zerstört.

Otto Meißner, der 1902 starb, nahm 1848/49 an der demokratischen Bewegung in Hamburg teil, gehörte 1859 dem Festausschuß der Schillerfeier an und war 1860 Mitbegründer des Hamburg-Altonaer Buchhändler-Vereins. Neben seiner Tätigkeit als Mitglied der Hamburger Bürgerschaft war er im Mietehilfsverein, als Schatzmeister des Freimaurer-Krankenhauses und als Vorsitzender des Literarischen Sachverständigen-Vereins vielseitig engagiert. Auch in der Verlagstätigkeit spiegelt sich seine gesellschaftliche Aktivität wieder. Die drei Jubiläumskataloge aus dem Jahre 1873, 1906 und 1923 enthalten neben vielen Hamburgensien, Gesetzessammlungen, Statistischen Mitteilungen, neben auflagenstarken Schulbüchern, Kunstbänden, Stadtplänen und Wanderkarten auch zahlreiche Werke demokratischer und sozialistischer Schriftsteller. Als erster Titel erschien 1848 die ‚Verhandlungen der ersten Abgeordneten-Versammlung des Norddeutschen Handwerker- und Gewerbestandes zu Hamburg, den 2. Juni 1848', gefolgt von einer Schrift über die Revolution 1848 in Frankreich, die als ‚Ehrentaten der Blouse' von dem Verfasser betitelt wurde. Der ‚Kalender für deutsche Arbeit' und Schriften des utopischen Sozialisten Georg Kuhlmann erschienen 1850. In den folgenden Jahren waren z. B. die bei Meißner 1856/59 erscheinende Zeitschrift „Das Jahrhundert" oder die Schrift des Demokratischen Wilhelm Rüstow „Zur Warnung" (1862) polizeilichen Verfolgungen und Verboten ausgesetzt. Demokratische Autoren wie Johann Jacoby, die 1861 erschienene ‚Geschichte der Sklaverei in den Vereinigten Staaten' des in die USA ausgewanderten 48ers Friedrich Kapp und die Schrift des Arbeiterphilosophen Josef Dietzgen ‚Das Wesen der Kopfarbeit. Dargestellt von einem Handarbeiter' zeigen die demokratische und progressive Verlagstätigkeit Otto Meißners. Gegenüber dem reaktionären Preußen bot die ‚Freie Hansestadt' verhältnismäßig günstigere Veröffentlichungsbedingungen.

Bereits 1860 gab es erste Bemühungen von Karl Marx, seine Streitschrift gegen Karl Vogt bei Meißner zu verlegen. 1865 erschien bei Meißner Friedrich Engels Schrift ‚Die preußische Militärfrage und die deutsche Arbeiterpartei'. Im Januar desselben Jahres besuchte Wilhelm Strohn, ehemaliges Mitglied im Bund der Kommunisten, Otto Meißner und schrieb an Marx, daß es Meißner „eine Freude sein wird, Dein Werk zu verlegen". Im Februar 1865 kam ein erster Vertrag über die Herausgabe des ‚Kapitals' in zwei Bänden zustande. Auf Strohn machte Meißner „im allgemeinen einen guten Eindruck" und er schien ihm „nicht Kapitalist" zu sein. Im zweiten Vertrag zwischen Marx und Meißner war kein Termin mehr für die Manuskriptübergabe festgehalten. Trotz schwerer Krankheiten und großer materieller Sorgen gelang es Marx das „verdammte Buch", wie Engels es nannte, im Manuskript fertigzustellen. Marx mußte „jeden arbeitsfähigen Moment benutzen", um sein Werk abzuschließen, dem er, wie er 1867 schreibt, „Gesundheit, Lebensglück und Familie" geopfert habe. Im November ging das „erste batch Manuskript" von London an Meißner in Hamburg endlich ab. Im April 1867 brachte Marx den Rest des Manuskripts selbst zum Verlag nach Hamburg. Am 12. April traf er in Hamburg ein und verabredete sich mit Meißner. In einem Brief an Engels beschrieb er seinen Verleger „als netten Kerl, obgleich etwas sächselnd". Nach kurzer Unterhaltung war man sich einig und das Manuskript wurde in den Safe des Verlages gebracht. Der ursprünglich geplante zweibändige Umfang wurde auf drei Bände erweitert und Autor und Verleger „kneipten dann", wie Marx Engels mitteilt. Zusammenfassend beurteilte Marx seinen Verleger Meißner als „einen Mann ganz zu

Vom Büchertisch
Das Capital.
Kritik der politischen Oeconomie von Karl Marx.
1. Bd. Productions-Proceß des Capitals. 50 Bg. gr. 8. (3¹/₃ ℛ)
Verlag von Otto Meißner in Hamburg.

Nach seinem Vorworte hat der Verfasser die capitalistische Productionsweise und die ihr entsprechenden Productions- und Verkehrs-Verhältnisse, welche bis jetzt in England ihren classischen Boden fänden, zu erforschen gesucht. Deshalb habe er die Zustände dieses Landes zur Illustration seiner theoretischen Entwicklung gewählt, in der festen Ueberzeugung, dort das Bild der ewigen Zukunft Deutschlands zu erblicken. Unsere jetzigen Zustände seien zum Theil schlimmer, als die englischen, nur weniger bekannt, weil uns die üblichen amtlichen und zuverlässigen Untersuchungen abgingen. Wie der amerikanische Unabhängigkeitskampf des 18. Jahrhunderts der europäischen Mittelclasse die Sturmglocke geläutet habe, so der jüngste amerikanische Bürgerkrieg der Arbeiter-Classe. In England bereits greifbar, werde die Umwälzung unfehlbar auf das Festland überschlagen. Schon die Klugheit gebiete also den herrschenden Classen die Wegräumung aller gesetzlich controlirbaren Hindernisse, welche die Entwickelung der Arbeiter-Classe hemmen. Dazu solle die Erforschung des Entwicklungsganges in England helfen, wie sie der Verfasser versucht, welcher sein Werk mit der Darlegung des öconomischen Bewegungsgesetzes abzuschließen gedenkt. Wenn der Verfasser Capitalisten und Grundeigene dabei nicht im rosigsten Lichte erscheinen lasse, so sei dies bedingt durch die von ihm versuchte Entwickelung der öconomischen Gesellschaftsformation als eines naturgeschichtlichen Prozesses, wobei die Personen lediglich als die Personification öconomischer Kategorien, als die Träger von bestimmten Classen-Verhältnissen und Interessen in Betracht kämen.

326 Meißner wies mit einem bemerkenswerten Werbefeldzug auf das Erscheinen des „Kapitals" im Herbst 1867 hin: Besprechung in der „Börsenhalle", Hamburg, 14. 2. 1868

unserer Disposition". Gedruckt aber wurde das Hauptwerk von Karl Marx nicht in Hamburg, da hier „weder die Zahl der Drucker noch die Gelehrsamkeit der Korrektoren hinreichen". Meißner erteilte den Druckauftrag an die Offizin von Otto Wigand in Leipzig, wo am 29. April mit dem Druck begonnen wurde. Am 16. August beendete Marx die letzte Korrektur. Meißner hatte mit einem bemerkenswerten Werbefeldzug auf das Erscheinen des ‚Kapitals' hingewiesen. So verschickte er Voranzeigen an fast alle deutschen Zeitungen. Ebenso gingen ca. 50 Ankündiungen – meist zusammen mit dem Vorwort – an die Presse. Zehnmal wurde im ‚Börsenblatt für den deutschen Buchhandel' zwischen dem 1. August und dem 10. Oktober das ‚Kapital' angezeigt – häufiger als alle anderen Titel.

In einem Brief an Marx schlug Meißner 1871 vor, „recht schnell mit einer neuen und wo möglich billigen Ausgabe zu kommen". Diese 2. Auflage erschien in Lieferungen, damit „den weniger Bemittelten der Ankauf erleichtert wird", wie Meißner schrieb. Die politische Absicht von Marx und Meißners verlegerisches Kalkül stimmten sicherlich überein, wenn er schrieb: „Ich spekuliere hierbei

speziell auf die Arbeiter". Von Hamburg aus eroberte sich das Marxsche ‚Kapital', das „das ökonomische Bewegungsgesetz der modernen Gesellschaft" (Marx) enthüllte, die Welt. Allein bis zu Engels Tod 1895 erschienen nicht weniger als siebzehn Ausgaben in neun Sprachen vom ersten Band. Auch wenn eine geplante Gesamtausgabe der Schriften von Marx bei Meißner nicht zustande kam, Marx' Schrift ‚Der achtzehnte Brumaire des Louis Bonaparte' erschien in 2. Auflage 1869 und Engels veröffentlichte 1891 seine Kritik ‚In Sachen Brentano contra Marx wegen angeblicher Zitatenfälschung'. Der zweite (1885) und der dritte Band des ‚Kapitals' wurde, nach dem Tode von Marx 1883, von Friedrich Engels für den Druck bearbeitet. In einem Brief würdigte der Arzt Ludwig Kugelmann die Verlagstätigkeit Otto Meißners: „ ‚Marx. Das Kapital' ist ein Werk, das sich den größten aller Zeiten ruhmreich zur Seite stellen kann, das die gegenwärtige Generation aufklärt und von dem eine neue Kulturepoche datieren wird. Ich beglückwünsche Sie zu der großen Ehre, der Verleger dieses Mannes zu sein, der unstreitig der größte Denker dieses Jahrhunderts ist."

Reinhard Müller

Politik und Parteien

Hamburg im Zeitalter der Industrialisierung – das hieß Wachstum und Wandel auf allen nur denkbaren Gebieten. Hamburgs Handel, Schiffahrt und Gewerbe florierten wie nie zuvor in seiner Geschichte. Damit einher ging ein nie gekanntes Bevölkerungswachstum. Aus einer Großstadt mit reichlich einhunderttausend Einwohnern um 1800 hatte sich – ohne die Bevölkerung der gleichfalls gewachsenen Nachbarstädte Altona, Wandsbek und Harburg – das eigentliche Hamburg bereits vor dem Ersten Weltkrieg zu einer Millionenstadt entwickelt. Aus den an die alten Stadtgebiete angrenzenden Dörfern und Feldern waren städtische Wohnviertel mit Etagenhäusern, aus sumpfigen Elbinseln, auf denen Rohrdommeln und Fischreiher, Kiebitze und Bekassinen einst ungestörte Brutplätze fanden, waren Industriegebiete und moderne Hafenanlagen geworden.

Und mit dem Wachstum kam der soziale und gesellschaftliche Wandel. Damit änderten sich auch die Lebens- und Arbeitsbedingungen. Seit langem gültige Zunftverhältnisse wurden innerhalb weniger Jahre durch moderne industrielle Arbeitsweisen abgelöst. All diese Vorgänge hatten eine im Prinzip jahrhundertealte, zwar immer wieder modifizierte, aber doch insgesamt stabile politische und gesellschaftliche Ordnung in Unordnung gebracht. Die Zeit der Industrialisierung war damit notwendigerweise auch eine Zeit, die die herkömmliche politische und gesellschaftliche Grundordnung der Stadt verwandelte. Und wie sich die Industrialisierung der Handelsmetropole über Jahrzehnte hingezogen hatte, so war auch der Prozeß der Demokratisierung der politischen Institutionen in der tausendjährigen Handelsstadt nur ein allmählicher Vorgang, der mehr als ein halbes Jahrhundert andauerte.

Das wohl wichtigste politische Ereignis in Deutschland in der zweiten Hälfte des neunzehnten Jahrhunderts war die Reichseinigung unter der Führung Preußens. Hamburg hatte hierauf keinen Einfluß gehabt. In dem Dualismus der beiden deutschen Großmächte, Preußen und Österreich, hatten die politisch und wirtschaftlich führenden Kreise der Hansestadt eher Österreich zugeneigt. Der Senat war, wie es einer seiner führenden Repräsentanten einmal ausgedrückt hat, ,,von jeher antipreußisch'', und zwar nicht etwa aus Haß gegen Preußen oder seine Regierung, sondern weil man in Hamburg überzeugt war, ,,daß von dort und nur von dort die Gefahr für die Selbständigkeit der kleinen Staaten'' drohte. Der Senat hatte sich 1866 in der militärischen Auseinandersetzung der beiden Hegemonialmächte um die Vorherrschaft in Deutschland neutral verhalten wollen. Erst die Angst vor einer Annexion durch Preußen im Falle einer österreichischen Niederlage hatte die Hansestadt im Sommer 1866 veranlaßt, sich auf die Seite der Hohenzollernmonarchie zu stellen. Die Entscheidung, wiewohl gegen die eigenen Neigungen getroffen, hatte sich als politisch richtig erwiesen.

Preußen war in dem Kampf um die Vorherrschaft in Deutschland als Sieger hervorgegangen. Es hatte nicht nur das Königreich Hannover annektiert, sondern auch aus der dänischen Erbmasse die Herzogtümer Schleswig und Holstein. Hamburgs unmittelbare Nachbarn, Altona und Wandsbek, waren nunmehr genauso wie das einstige hannöversche Harburg im Süden preußische Städte. Hamburg war also von allen Seiten von preußischem Territorium umgeben.

Politisch bedeutete der Sieg Preußens im Hegemonialkrieg gegen Österreich das Ende der Souveränität der Freien und Hansestadt Hamburg, wie auch die aller übrigen Klein- und Mittelstaaten nördlich der Mainlinie. Hamburg behielt zwar seine Stellung als selbständiger Bundesstaat, aber es verlor die äußeren Attribute seiner Souveränität wie etwa die Wehr- und Posthoheit, seine diplomatischen und seine mehr als einhundertsechzig im europäischen und überseeischen Ausland gelegenen konsularischen Vertretungen. Und was die Repräsentanten des ,alten Hamburg' vielleicht am meisten schmerzte: am 1. April 1868 wurde das äußere, weltweit bekannte Symbol des freien Hamburg, die Flagge mit den drei Türmen, auf allen hamburgischen Schiffen eingeholt und statt dessen das Schwarz-Weiß-Rot des Norddeutschen Bundes gehißt.

Aber nicht nur nach außen hatte die Hansestadt ihre Unabhängigkeit verloren, auch in ihrer inneren Ordnung mußten Senat und Bürgerschaft auf zahlreiche Kompetenzen verzichten, die zunächst die Bundesverfassung von 1867, später die Reichsverfassung den zentralen Instanzen in Berlin vorbehalten hatte.

Ein Privileg aber hatte Hamburg in die neue Zeit hinübergerettet. Zusammen mit den beiden anderen norddeutschen Hansestädten, Bremen und Lübeck, durfte es außerhalb des deutschen Zollgebietes bleiben. Lübeck verzichtete noch 1867 im Interesse seiner gewerblichen Unternehmen auf dieses Vorrecht. Auch in Hamburg waren vor allem das Handwerk und die nicht ausschließlich auf den Export orientierte Industrie an einem Anschluß der Hansestadt an das übrige deutsche Zollgebiet interessiert. Doch die Mehrheit von Senat und Bürgerschaft und auch die große Mehrheit der in der Handelskammer vertretenen kaufmännischen Interessen hielt einen Zollanschluß der Hansestadt im Interesse des hamburgischen Außenhandels für nicht opportun.

Wie die Reichseinigung, so ging schließlich auch der Zollanschluß der Hansestadt von Preußen, besser gesagt, von seinem Ministerpräsidenten, dem Reichskanzler Otto von Bismarck, aus. Der von diesem veranlaßte Umschwung von einer bislang relativ liberalen Handelspolitik zur Schutzzollpolitik Ende der siebziger Jahre verschärfte die wirtschaftlichen Anomalitäten zwischen den Hansestädten Hamburg und Bremen und dem Reich. Hamburg mußte sich – wie später auch Bremen – auf massiven Druck des Reichs bereiterklären, das eigene Staatsgebiet auch zollpolitisch dem Reich anzugliedern. Damit war neben der politischen auch die wirtschaftliche Einigung des Reiches erfolgt.

Hamburg hatte zwar durch diesen Prozeß der Reichseinigung seine außen- und wirtschaftspolitische Souveränität aufgeben müssen, doch sollte sich sehr bald zeigen, daß die Integration der Hansestadt in die Wirtschaft des übrigen Reichs seine führende Rolle als Einfuhr- und bald auch als Ausfuhrhafen nicht behinderte – wie es die Repräsentanten des ,alten Hamburg' befürchteten – sondern ganz im Gegenteil seine Prosperität in ungeahntem Maße gefördert hatte.

Die hamburgischen Zeitungen enthalten gegenwärtig die besten Nachrichten 364

Neben dem Verlust der äußeren Souveränität waren die Verfassungsfrage und der Kampf um das Wahlrecht das wohl wichtigste Thema der hamburgischen Politik in der zweiten Hälfte des neunzehnten Jahrhunderts. Seit dem Hauptrezeß von 1712 teilten sich Rat und Bürgerschaft die politische Macht in der Hansestadt. Der Rat bestand aus 28 Mitgliedern, von denen 14 Kaufleute und 14 Juristen waren. Das Amt der Ratsherren war lebenslang, und der Rat ergänzte sich selbst aus den über 30 Jahre alten Mitgliedern der Erbgesessenen Bürgerschaft. Diese war kein Repräsentativorgan, sondern eine Versammlung von Urwählern, den grundbesitzenden Bürgern.

Bereits im Anschluß an die Franzosenzeit hatte es Diskussionen über eine Modernisierung der Staatsverfassung gegeben. Doch waren insgesamt nur minimale Änderungen erfolgt. Es war ein ganz unpolitisches Ereignis, nämlich der Große Brand von 1842, der die Reformdiskussion wieder in Gang setzte. Ein politisch interessierter Bürger hatte damals geschrieben: ,,Es wird niemand in Abrede stellen, daß wir noch anderen Schutt als den der Gebäude aus den Toren herauszufahren und ihn dort zu versenken haben, wo es am tiefsten ist, und daß aus den Ruinen mittelalterlicher Institutionen sich ein Neubau erheben muß, welcher namentlich alle Zweige unserer Verwaltung umfaßt."

Genau einen Monat nach dem Ende des Brandes, am 8. Juni 1842, erhielt der Rat eine unter der Schirmherrschaft der Patriotischen Gesellschaft ausgearbeitete Supplik, in der er ersucht wurde, bei der Bürgerschaft die Einsetzung einer Deputation zu beantragen, die über die geäußerten Reformwünsche im Hinblick auf die hamburgische Verfassung und Verwaltung berichten sollte. Der Rat lehnte das Ersuchen mit der Begründung ab, daß alle Kräfte für den Wiederaufbau der Stadt benötigt würden und die Zeit darum nicht geeignet sei, Verfassungsfragen zu erörtern.

Der Ratsmehrheit unter Führung des greisen, 1761 geborenen Bürgermeisters Johann Heinrich Bartels, erschien – so schreibt Erich von Lehe in der Heimatchronik der Freien und Hansestadt Hamburg – ,,die Verfassung von 1712 wie ein kunstvolles Uhrwerk, aus dem kein Rädchen entfernt werden durfte, damit keine Störung des Gleichgewichtes eintrete." – ,,Alles für das Volk, doch nichts durch die Masse! Das erste schafft Freiheit und Ordnung, die letztere Revolution und Anarchie." Mit diesen Worten lehnte Bürgermeister Bartels die Bestrebungen, die hamburgische Verfassung zu modernisieren, ab. Es sollte sich nur zu bald zeigen, daß die Grundzüge seines Denkens noch für ein rundes dreiviertel Jahrhundert die Richtschnur für das poli-

327 Das wohl wichtigste politische Ereignis in Deutschland war die Reichseinigung unter der Führung Preußens. Hamburg hatte darauf keinen Einfluß gehabt. Zwar war es nun ,,des Reiches Tor zur Welt" geworden, aber was die Repräsentanten des ,,alten Hamburg" besonders schmerzte, die Flagge mit dem Hamburger Wappen flatterte nicht mehr auf den hamburgischen Schiffen: ,,Kaisertag in Hamburg: Festfahrten durch den Hafen", Xylographie nach Hermann Lüders, 1888

tische Handeln der Mehrheit des konservativen hamburgischen Bürgertums bildeten.

Im Revolutionsjahr 1848 schien erneut die Stunde der hamburgischen Verfassungsreformer gekommen zu sein. Bereits im März 1848 hatten Rat und Erbgesessene Bürgerschaft aufgrund der Pariser und Berliner Ereignisse eine zwanzigköpfige Reformdeputation eingesetzt. Eine Verfassunggebende Versammlung, eine Konstituante, wurde im Herbst des gleichen Jahres gewählt und ein von dieser ausgearbeiteter Verfassungsentwurf im Juli 1849 verabschiedet. Hiernach sollte der Rat aus nur noch 9 Mitgliedern bestehen und von der Bürgerschaft für eine Amtszeit von sechs Jahren gewählt werden. Die dreihundert Abgeordnete umfassende künftige Bürgerschaft sollte in allgemeiner, direkter und geheimer Wahl gewählt werden.

Da die neue Verfassung jedoch einer lebhaften Kritik begegnete – nahezu 17.000 Bürger hatten in einer Unterschriftensammlung die Verfassung als „zu radikal" abgelehnt – wurde in einem Rat- und Bürgerkonvent Ende September 1849 beschlossen, eine Kommission aus fünf Bürgerschafts- und vier Senatsmitgliedern zur Modifizierung der Konstituanten-Verfassung einzusetzen. Nach zahlreichen Änderungen wurde eine neue Verfassung im Mai 1850 im Rat- und Bürgerkonvent angenommen. Ihr wesentliches Kennzeichen war, daß nicht mehr alle, sondern nur noch eine begrenzte Anzahl der zu wählenden Abgeordneten durch allgemeine Wahlen bestimmt werden sollten. Gleichzeitig wurde eine feste Anzahl von Abgeordnetensitzen den ehemaligen erbgesessenen Bürgern sowie einer Reihe von Notabeln vorbehalten. Zahlreiche Zeitgenossen empfanden es als „ungerecht" und „unpolitisch, wollte man ... durch unbeschränkte Durchführung des allgemeinen Stimmrechts die verhältnismäßig kleine Zahl der Besitzenden der Herrschaft der numerisch bei weitem überwiegenden Masse der Besitzlosen unbedingt unterwerfen."

Doch auch dieser Verfassungskompromiß trat nicht in Kraft, da sich eine Gruppe von Altkonservativen beschwerdeführend an den Deutschen Bundestag in Frankfurt gewandt hatte. Auf dringendes Anraten sowohl der beiden deutschen Großmächte Österreich und Preußen als auch des Deutschen Bundestages selbst verzichteten Rat und Erbgesessene Bürgerschaft auf die Inkraftsetzung einer neuen Verfassung.

Die Reformansätze der Jahre nach 1848 hatten also zu nichts geführt. Doch hatte die Ablehnungsfront 1842 noch eine Mehrheit innerhalb der hamburgischen Verfassungsorgane besessen, so war das Aus für die Verfassungsreform diesmal nur durch das Zusammenspiel einer altkonservativen hamburgischen Minderheit mit den reaktionären Regierungen der beiden deutschen Großmächte möglich gewesen. Eine Verfassungsreform, das war nun allen politischen Kreisen in der Hansestadt klar, stand und fiel mit dem Ende der Reaktion in Preußen.

Als in Preußen nach einem Thronwechsel die ‚neue Ära‘ mit einem gemäßigt liberalen Ministerium begann, wurde auch in Hamburg die Verfassungsfrage wieder akut. Die vorläufigen Grundzüge einer neuen Verfassung wurden im Laufe des Jahres 1859 ausgearbeitet und in einem Rat- und Bürgerkonvent am 11. August 1859 gebilligt. Die Erbgesessene Bürgerschaft, die mehr als vierhundert Jahre zusammen mit dem Rat die Hansestadt regiert hatte, trat ein letztes Mal am 1. Dezember 1859 zusammen. Fünf Tage später, am 6. Dezember, fand die konstituierende Sitzung der ersten gewählten hamburgischen Bürgerschaft statt.

Es gelang relativ schnell, auf der Basis der bereits früher diskutierten Entwürfe eine neue Verfassung auszuarbeiten, die am 20. September 1860 verkündet wurde. Aus dem bisherigen „Rat" wurde nunmehr der „Senat", dem das Recht der Selbstergänzung genommen worden war. Die Senatoren wurden nach einem komplizierten Verfahren, an dem allerdings nach wie vor der Senat entscheidend beteiligt war, von der Bürgerschaft auf Lebenszeit gewählt. Die Bürgerschaft selbst war nicht mehr eine Versammlung grundbesitzender Urwähler, sondern erstmals ein gewähltes Repräsentativorgan. Sie umfaßte 192 Abgeordnete. 84 davon waren in allgemeinen Wahlen von den einkommensteuerzahlenden Bürgern ab 25 Jahren zu wählen. 48 Abgeordnete waren aus dem Kreise der bisherigen Erbgesessenen, also von grundbesitzenden Bürgern, deren Besitz mindestens einen Wert von 3000 Mark haben mußte, zu wählen, und die restlichen 60 Sitze wurden von sogenannten Notabeln bestimmt. Hierzu gehörten die Mitglieder des Senats, der Bürgerschaft, die Richter, die bürgerlichen Mitglieder der Verwaltungsbehörden sowie der Handels- und Gewerbekammer.

Die Verfassung von 1860 brachte gegenüber dem bisherigen Zustand erhebliche Verbesserungen. Statt einer wechselnden Zahl von Urwählern stand dem Senat nunmehr eine gewählte und festumrissene Körperschaft von Abgeordneten gegenüber. Darüberhinaus hatte die Verfassung endlich die Trennung von Justiz und Verwaltung sowie von Kirche und Staat herbeigeführt. Doch obwohl die nunmehr gewählte Bürgerschaft ein Repräsentativorgan darstellte, war sie keineswegs repräsentativ für die Zusammensetzung der Bevölkerung. Denn nur wer das Bürgerrecht besaß – 1875 nur 8,7%, 1880 nur noch 6,7% der ständig wachsenden hamburgischen Einwohnerschaft – war auch wahlberechtigt.

Eine erste Modifikation wurde 1879 mit der Einführung einer einheitlichen Reichsjustizverfassung erforderlich, durch die die bisherigen hamburgischen Gerichte beseitigt wurden, an denen eine erhebliche Anzahl von bürgerlichen Laienrichtern tätig gewesen war. Hierdurch ging die Anzahl der Notabeln beträchtlich zurück, was eine Änderung der Bürgerschaftszusammensetzung nötig machte. Die Anzahl der Abgeordneten wurde nunmehr auf 160 Mitglieder reduziert. Der prozentuale Anteil der Grundeigentümer in der neuen Bürgerschaft blieb mit genau einem Viertel aller Abgeordneten gleich, während der Anteil der Notabeln geringfügig von bisher 31,25% auf 25% reduziert wurde, und zwar zu Gunsten der in allgemeinen Wahlen zu bestimmenden Abgeordneten, die jetzt genau die Hälfte der Bürgerschaft stellten.

Weit gravierender für die innerhamburgische Entwicklung als die durch die Reichsjustizgesetzgebung herbeigeführte Zusammensetzung der Bürgerschaft sollte sich jedoch das Reichstagswahlrecht auswirken, nach dem alle erwachsenen männlichen, unbescholtenen Einwohner das Wahlrecht hatten. Während zur Bürgerschaft nur Einwohner, die das Bürgerrecht besaßen, wahlberechtigt waren, bestand die Reichstagswählerschaft überwiegend aus Nichtbürgern, unter ihnen in ständig wachsender Zahl vor allem Hafen- und Industriearbeiter.

Die Arbeiterschaft hatte sich, nicht nur in Hamburg, zunehmend der Sozialdemokratie zugewandt. Und auch das 1878 im Reich erlassene Sozialistengesetz vermochte nicht zu verhindern, daß immer größere Teile der hamburgischen Bevölkerung bei den Reichstagswahlen für die Sozialdemokratie stimmten. Es waren vor allem jene Bevölkerungsschichten, die die hamburgische Verfassung vom Wahlrecht in Hamburg selbst ausschloß. Bereits 1880 fiel der Reichstagswahlkreis Neustadt mit St. Pauli an die Sozialdemokraten. Im Jahre 1883 folgte der Wahlkreis Altstadt, und 1890 schließlich mit den Außenbezirken und dem Landgebiet der dritte und letzte hamburgische Wahlkreis. Seit 1890 war Hamburg im Reichstag bis zum Ende des Kaiserreichs ausschließlich durch sozialdemokratische Abgeordnete repräsentiert, während in der Hansestadt selbst der erste Sozialdemokrat erst 1901 in die Bürgerschaft gewählt wurde.

Die Diskrepanz zwischen den Reichstagswahlergebnissen und denen der hamburgischen Bürgerschaft, von der die Sozialdemokratie bis zur Jahrhundertwende ausgeschlossen blieb, war für das politische Klima der Hansestadt nicht förderlich. Und so verwundert es auch nicht, daß es wiederum, wie schon 50 Jahre zuvor, eine Katastrophe war, die den Anstoß zu politischen Forderungen gab, nämlich die Cholera-Epidemie des Jahres 1892, die in den vorwiegend von Arbeitern bewohnten Gängevierteln des St. Michaelis- und des St. Jakobi-Kirchspiels über 8600 Tote gefordert hatte. In einem Flugblatt der Sozialdemokraten hieß es: ,,Wir wollen nicht nur dulden, wollen nicht durch die Schuld der handvoll ‚Bürger' der grausigen Seuche zum Opfer fallen, wollen nicht nur Steuern und Zölle zahlen und im Übrigen das ‚Maul halten', wollen selbst mitsprechen, wollen selbst unsere Vertreter in die gesetzgebenden Körperschaften wählen. Und wenn die jetzigen Vertreter leichtsinnig mit Leben und Gesundheit der Bevölkerung va banque spielen, dann fort mit ihnen! Für einen den Verhältnissen fernstehenden Menschen muß es fast unverständlich erscheinen, daß man in einer Republik am Ende des 19. Jahrhunderts sich das allereinfachste Recht eines jeden Staatsbürgers, seine Vertreter selbst zu wählen, erst mit Mk. 30 erkaufen muß."

Die genannten dreißig Mark waren der Betrag, den ein hamburgischer Einwohner für den Erwerb des Bürgerrechts zu entrichten hatte. Diese Summe war keine Hürde für einen Kaufmann oder den Inhaber eines florierenden Gewerbebetriebes. Sie war aber ein kleines Vermögen für einen durchschnittlichen Arbeiter. Die Abschaffung dieses Bürgergeldes war schon mehrfach, zuletzt 1892 vor Ausbruch der Cholera, beantragt, doch von der Mehrheit der Bürgerschaft immer wieder verworfen worden. Die Befürworter der Abschaffung verwiesen darauf, daß ein Zensus noch niemals eine Garantie für staatsfreundliche Gesinnung geboten habe, andererseits wurde von den Gegnern darauf hingewiesen, daß diese Gebühr eine ,,notwendige Schranke" sei, ,,um von der Bürgerschaft Sozialdemokraten und andere umstürzlerische Elemente fernzuhalten."

Sowohl das Bürgergeld als auch die Wahlrechtsbestimmungen waren ursprünglich nicht gegen die Sozialdemokratie gerichtet gewesen. Sie hatten sich aber inzwischen zu einer willkommenen Handhabe entwickelt, diese – konnte man ihr schon die Vertretung Hamburgs im Reichstag nicht verwehren – von dem Einzug in die Bürgerschaft abzuhalten. Da es nun andererseits gerade die sozialdemokratischen und gewerkschaftlichen Organisationen gewesen waren, die die Verwaltung im Kampf gegen die Cholera tatkräftig unterstützt hatten, hielten es Senat und Bürgerschaft nun doch für geboten, eine Kommission zur Beratung der notwendigen Reformen einzusetzen. In der Tat wurde 1896 in dem ‚Gesetz betreffend die hamburgische Staatsangehörigkeit und das hamburgische Bürgerrecht' das Bürgergeld abgeschafft. Das Wahlrecht sollte jetzt aber nur Bürgern zuge-

328 1880 fiel der Reichstagswahlkreis Neustadt an die Sozialdemokraten, 1883 folgte der Wahlkreis Altstadt, 1890 schließlich der dritte der drei Hamburger Wahlkreise. Bis zum Ende der Kaiserzeit war Hamburg nur noch durch Sozialdemokraten im Reichstag vertreten: ,,Portrait August Bebel als Reichstagsabgeordneter Hamburgs", Photographie, um 1880

sprochen werden, die drei Jahre nacheinander jährlich mindestens 1200 Mark versteuert hatten.

Dieser neue Zensus war ein wohl kalkulierter Kompromiß. Er enthielt der großen Masse der Arbeiterschaft weiter das Wahlrecht vor, da ihr Einkommen schwerlich die genannte Summe erreichte, ermöglichte aber Vorarbeitern und Meistern das Wahlrecht. In der Praxis hieß dies, daß die Mehrheit von Senat und Bürgerschaft angesichts der ständig steigenden sozialdemokratischen Stimmenanteile bei den Reichstagswahlen bereit war, die Sozialdemokratie nicht mehr gänzlich von der Mitwirkung in der Bürgerschaft auszuschließen.

Im Frühjahr 1901 wurde mit Otto Stolten, dem Chefredakteur des Hamburger Echo, der erste Sozialdemokrat in die hamburgische Bürgerschaft gewählt. Als dann aber im Jahre 1904 weitere zwölf Sozialdemokraten gewählt wurden, nachdem die SPD schon bei der Reichstagswahl von 1903 62% aller abgegebenen Stimmen erreicht hatte, verbreitete sich, wie Jürgen Bolland in seiner Geschichte der hamburgischen Bürgerschaft schreibt, Schrecken in den alten Fraktionen.

Unter dem Eindruck dieses Wahlergebnisses wurde bereits im Mai 1904 eine fünfköpfige Senatskommission gebildet, um die Frage zu untersuchen, ,,ob und eventuell durch welche Mittel einem übermäßigen Eindringen sozialdemokratischer Elemente in die Bürgerschaft vorgebeugt werden könne." Das Ergeb-

329 Nach der neuen Hamburger Verfassung von 1860 war wahlberechtigt nur, wer das Bürgerrecht besaß. Das Bürgergeld wurde zur Handhabe, „um von der Bürgerschaft Sozialdemokraten und andere umstürzlerische Elemente fernzuhalten". Erst 1901 wurde der erste Sozialdemokrat in die Bürgerschaft gewählt: „Portrait Otto Stolten", Photographie, um 1901

nis war eine im Jahre 1906 erfolgte Wahlrechtsänderung, die das Zensuswahlrecht für die in allgemeinen Wahlen zu bestimmenden Bürgerschaftsabgeordneten rigoros verschärfte. Zukünftig sollten die im Stadtbezirk in allgemeinen Wahlen zu wählenden 72 Abgeordneten in zwei Gruppen gewählt werden. Die erste Gruppe, die 48, also zwei Drittel dieser Abgeordneten, umfaßte, war von allen Bürgern zu wählen, die mehr als 2500 Mark im Jahr versteuerten. Das übrige Drittel, also 24 Abgeordnete, war von jenen Bürgern zu bestimmen, die 1200 bis 2500 Mark im Jahr versteuerten. Es ist erwähnenswert, daß diese Wahlrechtsänderung zu Ungunsten der Sozialdemokraten gegen die Stimmen von sechs Senatoren, unter ihnen die Bürgermeister Mönckeberg und Burchard, und auch gegen den Willen zahlreicher angesehener Bürgerschaftsmitglieder aus dem bürgerlichen Lager eingeführt wurde.

Die Wahlrechtsänderung war gleichzeitig Anlaß zur Bildung einer neuen politischen Gruppierung innerhalb der Bürgerschaft, der Vereinigten Liberalen, aus Gegnern der Wahlrechtsbeschränkung unter Führung von Carl Petersen. Sie stellten nach dem Kriege zusammen mit der SPD die Regierung in Hamburg. Die repressive Wahlrechtsänderung war damit gewissermaßen der Beginn des Bündnisses zwischen fortschrittlichem Bürgertum und Sozialdemokratie in Hamburg.

Erst unter dem Eindruck des Ersten Weltkriegs wurde im Juli 1917 die Gruppeneinteilung von 1906 rückgängig gemacht. Gleichzeitig begann im bürgerlichen Lager die Auflösung der herkömmlichen Fraktionen der hamburgischen Bürgerschaft und, entsprechend dem Vorbild des Reichstags, die Konstituierung von Partei-Fraktionen. Ende Oktober 1918 schließlich empfahl nach langen Beratungen eine aus Senat und Bürgerschaft gebildete Kommission eine grundlegende Veränderung des hamburgischen Wahlrechts, wonach die Grundeigentümerwahlen gänzlich beseitigt werden sollten und der Bürgerschaft ein entscheidender Einfluß bei der Senatswahl eingeräumt wurde. Die Senatsempfehlung, diese Vorschläge zu verabschieden, ging bei der Bürgerschaft am 6. November 1918 ein. Am gleichen Tage aber hatte die das ganze Reich erfassende Revolution auch in Hamburg Einzug gehalten. Nur knapp eine Woche später, am 12. November, erklärte der Hamburger Arbeiter- und Soldatenrat Senat und Bürgerschaft für abgesetzt.

Auch wenn nur vier Tage später Senat und Bürgerschaft als kommunale Verwaltungsorgane wieder anerkannt wurden, bedeutete doch der Ausbruch der Revolution das Ende der – mehrfach geänderten – Verfassung von 1860 mit ihrer Dreiteilung von Grundeigentümer-, Notabeln- und allgemeinen Wahlen. Im März 1919 trat das erste nach demokratischen Grundsätzen gewählte hamburgische Parlament, die Verfassunggebende Bürgerschaft, unter dem Vorsitz der Alterspräsidentin Helene Lange zu ihrer Eröffnungssitzung zusammen. Die revolutionären Ereignisse des Jahres 1918 hatten nicht nur die anachronistische Mischung aus Stände- und Zensuswahlrecht beseitigt, sie hatten auch das Frauenstimmrecht gebracht.

Die wirtschaftliche Entwicklung in der Hansestadt und der damit verbundene wirtschaftliche und soziale Wandel führten nicht nur im Bereich der Politik, sondern auch im Bereich der Wirtschaft und der gesellschaftlichen Gruppierungen zu Interessengegensätzen. Um Interessen besser vertreten zu können, kam es allenthalben zu deren organisierter Vertretung. Nun waren Interessenvertretungen in Hamburg keineswegs etwas Neues. Handwerk und Gewerbe hatten sich seit Jahrhunderten in Ämtern und Brüderschaften organisiert gehabt und die Kaufmannschaft hatte 1665 die Commerzdeputation ins Leben gerufen, die sich nach mehr als zweihundertjähriger Tätigkeit 1867 in eine Handelskammer umwandelte.

Handwerk und Kleinindustrie fanden nach Auflösung der Zünfte ihre Vertretung zunächst in dem 1865 konstituierten ‚Interemistischen Gewerbeausschuß', aus dem 1873 die Hamburgische Gewerbekammer entstand, die theoretisch auch für die Gesamtvertretung der Industrie zuständig war. Nichtsdestoweniger fühlten sich die großen Industriebetriebe eher durch die Handelskammer vertreten. Auf Antrag des Verbandes der Eisenindustrie richtete diese im Jahre 1900 eine zusätzliche Industrie-Kommission ein und war so de facto bereits um die Jahrhundertwende – wie die Kammern im übrigen Reich – zu einer Industrie- und Handelskammer geworden. Die mehr handwerklich ausgerichteten kleinen und mittleren Industriebetriebe orientierten sich zur Gewerbekammer.

Neben diesen allgemeinen öffentlich-rechtlichen Vertretungen von Handel und Gewerbe kam es vor allem in den achtziger Jahren zur Gründung branchenmäßiger Interessenvereinigun-

Die hamburgischen Zeitungen enthalten gegenwärtig die besten Nachrichten

330 Nachdem die Reichstagswahl von 1903 62% der abgegebenen Stimmen für die Sozialdemokraten erbracht hatte, und 1904 zwölf weitere Sozialdemokraten in die Bürgerschaft gewählt wurden, verschärfte die regierende Minderheit in Hamburg 1906 das Wahlrecht: „Protzenrepublik", Karikatur aus dem „Wahren Jacob", 1905

331 Der mächtigste Interessenverband in Hamburg war die seit 1665 existierende „Commerzdeputation", die sich 1867 in eine „Handelskammer" umwandelte. Neben ihr vollzog sich die Bildung zahlreicher anderer Verbände der Arbeitgeberschaft: Handelskammer, Photomontage von Benque und Kindermann, 1898

gen. Nach dem Reichsinnungsgesetz von 1881 knüpfte das hamburgische Handwerk mit der Gründung von Innungen an die 1864 aufgelösten Zünfte an. Von den bis 1892 entstandenen 29 Handwerksinnungen führten allein 28 die Tradition früherer Ämter und Brüderschaften fort. Auch Schiffahrt, Handel und Industrie gründeten in diesem Jahrzehnt zahlreiche Vereine und Verbände. So schlossen sich 1884 die Reeder zusammen, 1885 die Fuhrunternehmer, Kaffeehändler und Zuckerfabrikanten, 1886 die Stauer, Quartiersleute und Gerber, zwei Jahre später die Eisen- und Lederindustriellen und 1889 die Brauereien und Mälzereien sowie die Kupferschmiedereien.

Diese Vereinigungen hatten, soweit es sich um Industrieverbände handelte, im allgemeinen eine Doppelfunktion. Sie waren sowohl wirtschaftliche Interessenvertretung einer bestimmten Branche, übten andererseits aber auch die Funktion von Arbeitgeberverbänden aus. Dies traf vor allem auf den 1888 gegründeten Verband der Eisenindustrie Hamburgs zu, bei dem satzungsgemäß kein Verbandsmitglied „die wegen Ausstand entlassenen oder ausscheidenden Arbeiter eines anderen Mitgliedes in Arbeit nehmen" durfte. Und damit sind wir bei jenem Punkt angelangt, an dem die organisierten Interessen in die Sphäre der Politik eindrangen. Arbeitskämpfe, also Auseinandersetzungen um Löhne oder Arbeitszeit und Arbeitsbedingungen, hatte Hamburg zwar seit langem gekannt. Eine neue Qualität war in diesen Auseinandersetzungen jedoch durch die zunehmende Kräftigung von Gewerkschaften entstanden, wodurch die Arbeitskämpfe auf Seiten der Arbeiterschaft an Organisation und Schlagkraft gewannen. Der Aufstieg der hamburgischen Gewerkschaftsbewegung zu einem ernsthaften politischen Faktor fiel in die Zeit der Herrschaft des Sozialistengesetzes. Noch 1880 betrug die Zahl der in Hamburg bestehenden gewerkschaftlichen Organisationen lediglich 8 mit 1544 Mit-

gliedern. 1885 hatte ihre Zahl bereits 41 und die ihrer Mitglieder 7705 erreicht und 1890 gab es 84 Gewerkschaften mit insgesamt 30462 Mitgliedern. Innerhalb eines Jahrzehnts hatte sich somit die Zahl der hamburgischen Gewerkschaften verzehnfacht, ihre Mitgliedschaft etwa verzwanzigfacht. Die durchschnittliche Mitgliederzahl war von rd. 190 im Jahre 1880 auf etwa 360 im Jahre 1890 angestiegen. Allerdings täuschen diese Zahlen über die tatsächliche Stärke der hamburgischen Gewerkschaftsbewegung hinweg. Heinrich Bürger, in den neunziger Jahren Schriftführer des Hamburger Gewerkschaftskartells, berichtet, daß die Anzahl der tatsächlich vollzahlenden Mitglieder schwerlich die Hälfte der angegebenen Mitgliederzahlen erreichte. Wie schwach die zersplitterten Hamburger Gewerkschaften tatsächlich waren, zeigte sich bei den Auseinandersetzungen um den 1. Mai 1890.

Der Internationale Arbeiterkongreß hatte 1889 beschlossen, am 1. Mai 1890 eine große internationale Kundgebung zu organisieren, indem „gleichzeitig in allen Ländern und in allen Städten an einem bestimmten Tage die Arbeiter an die öffentlichen Gewalten (Behörden) die Forderung richten, den Arbeitstag auf 8 Stunden festzusetzen und die übrigen Beschlüsse des internationalen Kongresses von Paris zur Ausführung zu bringen." Der Kongreß hatte allerdings keine Empfehlung darüber gegeben, wie die geplante internationale Kundgebung durchgeführt werden sollte.

In Hamburg hatte sich Anfang 1890 die überwiegende Mehrheit der Gewerkschaften für eine völlige Arbeitsruhe am 1. Mai ausgesprochen. Eine Minderheit sprach sich dagegen aus. So war bereits am 24. Januar 1890 im „Werftarbeiter" ein Artikel gegen die beabsichtigte Arbeitsruhe am 1. Mai veröffentlicht worden, in dem es u. a. hieß: "... frivol ist es, wenn man heute, statt das nächste Ziel, die Verkürzung der Arbeitszeit, in's Auge zu fassen, dafür agitirt, einen ganzen beliebigen Wochentag als Feiertag festzusetzen. Während es Tausende von Arbeitern giebt, die weder Sonn- noch Feiertage kennen, Tausende, die bei kärglichem Lohn 14 und 15 Stunden täglich arbeiten müssen, kommt hier eine Anzahl von überspannten Leuten daher, die den 1. Mai, einen gewöhnlichen Wochentag, zum Feiertag erheben wollen." Nach Angaben von Bürger soll sich etwa ein Drittel aller Hamburger Arbeiter an der ersten allgemeinen Maifeier beteiligt haben.

Die Unternehmerschaft aus Hamburg und den benachbarten Städten reagierte auf den bevorstehenden internationalen Maifeiertag mit dem Zusammenschluß der bestehenden Branchenverbände zum Arbeitgeberverband Hamburg-Altona und beschloß, alle am 1. Mai nicht zur Arbeit erscheinenden Arbeiter auszusperren. Die Wiedereinstellung erfolgte zum Teil erst nach Wochen oder gar Monaten und dann auch häufig nur, nachdem sich die Arbeiter schriftlich verpflichtet hatten, aus ihren Gewerkschaften auszutreten.

Die den gewerkschaftlichen Organisationen hierdurch entstandenen Kosten waren hoch. Ohne Anrechnung des Lohnausfalls beliefen sich die Ausgaben der mit der Maifeier zusammenhängenden Unterstützungen für die ausgesperrten bzw. streikenden Arbeiter auf rd. 470 000 Mark – eine für die damalige Zeit gewaltige Summe –, die die Mittel der Hamburger Gewerkschaften völlig erschöpften.

Die im Zusammenhang mit der Maifeier an den Tag gelegte überharte Haltung des Arbeitgeberverbandes Hamburg-Altona richtete sich nicht in erster Linie gegen die Gewerkschaften als Vertreter der Arbeiterschaft, sondern gegen die Repräsentanten der Sozialdemokratie, die seit zwölf Jahren durch das ‚Gesetz über die gemeingefährlichen Bestrebungen der Sozialdemokratie', das Sozialistengesetz, als Staatsfeinde verteufelt worden waren. Wie das Protokoll der Gründungsversammlung des Arbeitgeberverbandes ausweist, war der Kampf gegen die „überhandnehmende(.) sozialdemokratische(.) Bewegung" auch die eigentliche Ursache der Verbandsgründung gewesen. Diese Stoßrichtung des Arbeitgeberverbandes kam auch bei dem großen Hamburger Hafenarbeiterstreik, der im Winter 1896/97 Hamburgs Handel und Schiffahrt lahmgelegt hatte, deutlich zum Ausdruck. Hermann Blohm, der Sprecher des Verbandes, erklärte, „die Arbeitgeber repräsentierten das konservative, staatserhaltende Element, die gegenüberstehende Partei sei die Sozialdemokratie. Es gelte, dieser einen vernichtenden Schlag beizubringen." Und in einer Erklärung des Arbeitgeberverbandes nach Abschluß des Streiks hieß es, man hätte den Gewerbetreibenden und Geschäftsleuten beweisen müssen, „daß die Macht nicht in den Händen der Sozialdemokratie liegt und daß es auch ihrerseits nur eines festen Zusammenstehens bedarf, um sich der Tributpflicht an die Sozialdemokratie zu erwehren."

Die Auseinandersetzungen zwischen Arbeitgeberverband und Gewerkschaften waren damit Teil der politischen Auseinandersetzungen zwischen dem in Senat und Bürgerschaft repräsentierten Bürgertum und den die Bevölkerungsmehrheit stellenden Nichtbürgern. Die innerhamburgische Politik von der Jahrhundertmitte bis zum Ersten Weltkrieg war gekennzeichnet durch einen tiefgreifenden sozialen Wandel, der das bislang in der Hansestadt regierende konservative Bürgertum zahlenmäßig in eine absolute Minderheit verwies. Diese versuchte noch einmal ihre bislang führende Position an allen Fronten in den mit den Nichtbürgern entstehenden Auseinandersetzungen – sei es auf politischer, sei es auf der Ebene der Arbeitskämpfe – hartnäckig zu verteidigen. Andererseits versuchten Sozialdemokratie und Gewerkschaften die spätestens seit der Jahrhundertwende von ihnen repräsentierte Bevölkerungsmehrheit politisch und wirtschaftlich zur Geltung zu bringen.

Friedrich Jerchow

332 Aus Anlaß der Einführung des 1. Internationalen Maifeiertages 1890 schloß sich der ,,Arbeitgeberverband Hamburg-Altona" zusammen. Er bestimmte die harte Haltung der Arbeitgeber bei den folgenden Arbeitskämpfen und auch im großen Hafenarbeiterstreik von 1896/97. Doch die Position der Gewerkschaften, deren Mittel dabei beinahe aufgezehrt wurden, ließ sich nur kurzfristig schwächen: Holzschnitt nach Walter Crane von Heinrich Scheu, 1892

Anhang

Anmerkungen

Die Stadt als Kunstwerk?

1 Fritz Schumacher: Wie das Kunstwerk Hamburg nach dem großen Brand entstand. Veröffentlichungen des Vereins für Hamburgische Geschichte Bd. 2. 2. Aufl. Hamburg 1979.

2 Alfred Lichtwark: Der Hamburger Städtebau im 19. Jahrhundert, in: Jahrbuch der Gesellschaft hamburgischer Kunstfreunde 1911 (zit. nach Schumacher 1969, S. 12).

3 Fritz Schumacher: Strömungen in deutscher Baukunst seit 1800. 2. Aufl. Köln 1955.

4 Zit. nach Volker Plagemann: Bremen und Bremerhaven. München, Berlin 1979, S. 40.

5 Julius Faulwasser: Der große Brand und der Wiederaufbau von Hamburg. Hamburg 1892.
Hans Speckter: Der Wiederaufbau Hamburgs nach dem großen Brande von 1842. Hamburg 1952.

6 Hamburg und seine Bauten unter Berücksichtigung der Nachbarstädte Altona und Wandsbek, hrsg. vom Architekten- und Ingenieurverein zu Hamburg, 2 Bde. Hamburg 1914, 2. Bd., S. 212 f.

7 Hamburg und seine Bauten 1914, 2. Bd., S. 192.

Der große Brand

1 Werner Rittich: Das war der große Brand, Hamburger Abendblatt 29. April 1967 ff.

2 Julius Faulwasser: Der große Brand und der Wiederaufbau von Hamburg, Hamburg 1892, S. 3.

3 Faulwasser 1892, S. 5.

4 Faulwasser 1892, S. 11.

5 Faulwasser 1892, S. 23.

6 Faulwasser 1892, S. 3.

7 Ulrich Bauche: Selbsthilfe gegen Feuersnot. Hamburg-Porträt 2 des Museums für Hamburgische Geschichte, 1976, S. 18.

8 Eckart Kleßmann: Geschichte der Stadt Hamburg. Hamburg 1981, S. 405 f.

Handel, Schiffahrt und Gewerbe

1 Quellen- und Literatur-Verzeichnis:
Staatsarchiv Hamburg: Cl. VII. Lit. Ka. No. 12 Vol. 14 Fasc. 1, Fasc. 2 u. Fasc. 10.
Commerzbibliothek Hamburg: Material Stenzel für eine Geschichte der hamburgischen Industrie.
E. v. Lehe u. a. (H. 9): Heimatchronik der Freien und Hansestadt Hamburg. 2. Aufla-

ge Köln 1967 (Mit ausführlichen bibliographischen Angaben).
Altona-Ottensen auf der Hamburgischen Gewerbe- und Industrie-Ausstellung 1889. Hrsg. v. Comité der altonaischen Abtheilung. Hamburg 1889.
Baasch, E.: Die Handelskammer zu Hamburg 1665–1915. Hamburg 1915, Bd. 2,1 u. 2,2.
Bödecker, O.: Die Industrialisierung der Stadt Harburg. Rostock 1927.
Böhm, E.: Anwalt der Handels- und Gewerbefreiheit (Staat und Wirtschaft, Beiträge zur Geschichte der Handelskammer Hamburg, Bd. 1). Hamburg 1981.
Böhm, E.: Wirtschaft und Politik in Hamburg zur Zeit der Reichsgründung. In: Zeitschrift für Hamburgische Geschichte Bd. 64 (1978), S. 31 ff.
Flügel, H.: Die deutschen Welthäfen Hamburg und Bremen. Jena 1914.
Freytag, C. F.: Die Entwicklung des Hamburger Warenhandels 1871–1900. Berlin 1906.
Glinzer, E./Hirschfeld, A.: Hamburgs Großindustrie und Kunstgewerbe. (Hamburg 1901).
Hamburg und seine Bauten unter Berücksichtigung der Nachbarstädte Altona und Wandsbeck. Hrsg. vom Architekten- und Ingenieur-Verein zu Hamburg. Hamburg 1890. Und zweibändige Ausgabe Hamburg 1914.
Hamburg und sein Handwerk. Handwerkskammer 1873–1973. Mit einem Beitrag von Erich Lüth. Hrsg. Handwerkskammer Hamburg. Hamburg 1973.
Hampke, Thilo: Die Entwicklung der hamburger Industrie, des Handwerks und des Kunstgewerbes. Hamburg o. J.
Hansen, Th.: Hamburg und die zollpolitische Entwicklung Deutschlands im 19. Jahrhundert. Hamburg 1913.
Hieke, E.: Hamburgs Stellung zum Deutschen Zollverein 1879–1882. Diss. phil. Hamburg 1935.
Hirschfeld, P.: Altonas Großindustrie und Handel. Berlin 1892.
Kloth, H.: Altona in Vergangenheit und Gegenwart. Hamburg 1951.
Kwiet, H.: Die Einführung der Gewerbefreiheit in Hamburg 1861–1865. Diss. phil. Hamburg 1947.
Laufenberg, H.: Geschichte der Arbeiterbewegung in Hamburg, Altona und Umgegend. Bd. 1 Hamburg 1911, Bd. 2 Hamburg 1931.
Lehe, E. v.: Hamburgische Handelsverträge aus sieben Jahrhunderten. Hamburg 1953.
Loose, H.-D. (Hrsg.): Hamburg Geschichte der Stadt und ihrer Bewohner. Bd. 1: Von

den Anfängen bis zur Reichsgründung. Hamburg 1982.
Marwedel, F.: 200 Jahre Commerz-Collegium zu Altona. Hamburg 1938.
Mathies, O.: Hamburgs Reederei 1814–1914. Hamburg 1924.
Menge, A./Gehrkens, A.: Die preußische Elbinsel Wilhelmsburg und ihre industrielle Entwicklung. Wilhelmsburg 1906.
Molch, W. K.: Der Standort der Harburger Großindustrie. diss. Hamburg 1921.
Prager, H. G.: Blohm + Voss. Schiffe und Maschinen für die Welt. Herford 1977.
Schramm, Percy E.: Hamburg, Deutschland und die Welt. 2. Aufl. Hamburg 1952.
Statistisches Handbuch für den Hamburgischen Staat. Hrsg. v. Statistischen Bureau der Steuer-Deputation. Hamburg 1880 ff.
Stein, H.-K.: Interessenkonflikte zwischen Großkaufleuten, Handelskammer und Senat in der Frage des Zollanschlusses Hamburgs an das Reich 1866–1881. In: Zeitschrift für Hamburgische Geschichte Bd. 64 (1978), S. 55 ff.
Kurze Übersicht über die 25jährige Thätigkeit der Hamburgischen Gewerbekammer. Hamburg 1898.
Wiskemann, F.: Hamburg und die Welthandelspolitik von den Anfängen bis zur Gegenwart. Hamburg 1929.

Dock- oder Tidehafen?

1 Zur Entwicklung des Hamburger Hafens siehe M. Buchheister: Die Elbe und der Hafen von Hamburg. Hamburg o. J., S. 30–35, sowie F. Böer: Das Schiffbuch. Berlin 1937, S. 36–43.

2 750 Jahre Hamburger Hafen, hrsg. von der Hamburger Hafen- und Lagerhaus-Gesellschaft (HHLA). Hamburg 1939, S. 45 und S. 49.

3 Ebda, S. 51 ff.

4 L. Wendemuth/W. Böttcher: Der Hafen von Hamburg. Hamburg 1928, S. 26.

Schiffbau

1 Walter Kresse: Seeschiffs-Verzeichnis der Hamburger Reedereien 1824–1888. Hamburg 1969.

2 Otto Mathies: Hamburgs Reederei 1814–1914. Hamburg 1924.

3 Lutz Dau: Die Hamburger Holzschiffbauer in der ersten Hälfte des 19. Jahrhunderts. Hamburg 1981.

4 Dau 1981, S. 222.

5 Heinrich Groß: Die Geschichte der Deutschen Schiffszimmerer. Stuttgart 1896, S. 27.
6 Ernst Hieke: H. C. Stülcken Sohn. Hamburg 1955.
7 Walter Kresse: Aus der Vergangenheit der Reiherstiegwerft. Hamburg 1961.
8 Hans Georg Prager: Blohm + Voss. Hamburg 1977.
9 Prager 1977, S. 65.
10 Groß 1896 S. 132.
11 Walter Kresse: Der Einfluß der Wirtschaftskonjunkturen auf die technische Entwicklung im Schiffbau von 1850 bis 1900, in: Jahrbuch der Schiffbautechnischen Gesellschaft, 71. Band 1977, S. 325 ff.

Dampfer Imperator

1 Gorch Fock: Der Krämer, in: Gorch Fock: Sämtliche Werke, hrsg. von Jakob Kinau. (Hamburg 1925) Bd. IV, S. 90.
2 Offener spricht sich Gorch Fock in Tagebuchnotizen (Aus Gorch Focks Tagebüchern und Briefen an seine Frau und Aline Bußmann, in: Werke, Bd. V, S. 183) aus: „Ein Segelschiff ist ein Wesen; ein Dampfschiff ist eine Sache, tot, kalt, ohne Arm und Bein." Die Äußerung fällt in das Jahr 1908. – Zur Stellung der Heimatschriftsteller generell vgl. Eckart Koester: Literatur und Weltkriegsideologie. Positionen und Begründungszusammenhänge des publizistischen Engagements deutscher Schriftsteller im Ersten Weltkrieg. Kronberg/Ts. 1977, S. 74 f.
3 Illustrierte Rundschau, 4. Beilage zum Hamburger Fremdenblatt, Freitag, 24. Mai 1912, Nr. 120, S. 20.
4 Dampfer Imperator. Das größte Schiff der Welt, hrsg. vom literarischen Bureau der Hamburg-Amerika-Linie. Hamburg 1912, S. 5 f.
5 Dampfer Imperator 1912, S. 9.
6 Dampfer Imperator 1912. S. 13.
7 Vgl. hierzu Jörgen Bracker: Michel kontra Bismarck. Lederers Denkmal und der Wahlrechtsraub, in: Zurück in die Zukunft Hamburg 1981, S. 10 ff.
8 Abbildungen der ‚Kaiserin Auguste Victoria‘, mit dem Bug senkrecht nach oben, neben dem Hamburger Rathausturm, dem Ulmer Münster und der Wartburg auf ihrer Höhe, sowie der Amerika entsprechend neben dem Park Row Building in New York finden sich in den Prospekten: „Die neuen Riesendampfer ‚Amerika‘ und ‚Kaiserin Auguste Victoria‘. (o. J.), S. 8, 9, 10, 11. und „Der neue Doppelschrauben-Postdampfer ‚Amerika‘ der Hamburg-Amerika-Linie". (o. J.), S. 4 u. S. 10.
9 Dampfer Imperator 1912, S. 5. Hans Jürgen Witthöft: HAPAG. Hamburg-Amerika-Linie. Herford 1973, S. 54 u. Liste S. 107, S. 126.
10 Witthöft 1973, S. 13.
11 Witthöft 1973, S. 55 weist auf das finanzielle Risiko des Bauprogramms hin. Zu den drei Schiffen der ‚Imperatorklasse‘ vgl. Witthöft, 1973, S. 55 f. u. Liste S. 110, S. 125, S. 148. Zur ‚Vaterland‘ und der ‚Bismarck‘ vgl. Hans Georg Prager: Blohm + Voss. Schiffe und Maschinen für die Welt. Herford 1977, S. 98 ff., S. 102 f. u. Liste S. 239, Nr. 212 u. 214.
12 Turbinen-Schnelldampfer ‚Imperator‘, hrsg. vom Literarischen Bureau der Hamburg-Amerika-Linie. Hamburg 1913, S. 13.
13 Tjard Schwarz: Die Entwicklung des Kriegsschiffbaues vom Altertum bis zur Neuzeit. Berlin und Leipzig 1912, Bd. II, S. 33 ff. vgl. bes. das Kapitel „Die Bauweise der Panzerschiffe", S. 35 ff.
14 Turbinen-Schnelldampfer ‚Imperator‘ 1913, S. 8.
15 Dampfer Imperator 1912, S. 29. 75 Jahre Schiffbautechnische Gesellschaft 1899–1974, hrsg. von der Schiffbautechnischen Gesellschaft. Hamburg 1974, S. 134 m. ält. Lit. ebda., S. 81 f. Darstellung der ersten Versuche mit Schlingertanks an englischen Kriegsschiffen ab 1883.
16 Dampfer Imperator 1912, S. 25.
17 Dampfer Imperator 1912, S. 25.
18 Dampfer Imperator 1912, S. 25.
19 Turbinen-Schnelldampfer ‚Imperator‘ 1913, S. 24.
20 Turbinen-Schnelldampfer ‚Imperator‘ 1913, S. 21. Dazu vgl. die Abbildungen (o. Nr.) auf den Lichtdrucktafeln des Tafelwerks „Vierschrauben-Turbinen-Schnellpostdampfer Imperator" (o. J.).
21 Turbinen-Schnelldampfer ‚Imperator‘ 1913, S. 21. Dazu vgl. die Abbildungen im Tafelwerk (hier Anm. 20).
22 Turbinen-Schnelldampfer ‚Imperator‘ 1913, S. 29.
23 Turbinen-Schnelldampfer ‚Imperator‘ 1913, S. 52.
24 Imperator auf See. Gedenkblätter an die erste Ausfahrt des Dampfers Imperator am 11. Juni 1913, hrsg. vom Literarischen Bureau der HAL (Ohne Seitenzahlen). Die dort zusammengetragenen Äußerungen lassen ebenso sehr wie die überlieferten Abbildungen die künstlerische Ausstattung und die von ihr ausgehende Ausstrahlung als einen Höhepunkt jenes „Friedens- und Wohlstandsideals der Vorkriegszeit" erscheinen, dem die kulturkritische Opposition nach Koester 1977, S. 199 gerade die „verhängnisvolle Abkehr von der ‚Natur‘" damals vorwarf.
25 Hamburger Fremdenblatt (hier Anm. 3) S. 18 f.
26 Hamburger Fremdenblatt (hier Anm. 3)
27 Turbinen-Schnelldampfer ‚Imperator‘ 1913, S. 8.
28 Imperator auf See 1913 (ohne Seitenzahlen).
29 Lamar Cecil: Albert Ballin. Wirtschaft und Politik im Deutschen Kaiserreich. 1969, S. 139.
30 Kaspar Pinette: Albert Ballin und die deutsche Politik. Ein Beitrag zur Geschichte von Staat und Wirtschaft 1900–1918. Diss. Göttingen, Hamburg 1938, S. 35 f. Die herabziehende Charakterisierung Ballins nach antisemitischem Schema und die Unterwürfigkeit Pinettes gegenüber der nationalsozialistischen Rassenideologie macht die von A. Hasenclever und P. E. Schramm bereits 1936 für die Promotion begutachtete Arbeit strekkenweise völlig unbrauchbar. Als wichtige Materialsammlung zur politischen Wirksamkeit Ballins darf sie indessen nicht übergangen werden. – Cecil 1969, S. 145, hier Pinette folgend.
31 Cecil 1969, S. 149 m. Anm. 19.
32 Cecil 1969, S. 149.
33 Pinette 1938, S. 72. Hiernach Cecil 1969, S. 94.

Hamburg-Amerika-Linie

1 „Rufname" der Hapag seit 1893.
2 C. Hentze: Hamburg – Heimatkunde für Schule und Haus. Hamburg 1917, S. 87, 89.
3 Hans Jürgen Witthöft: HAPAG/Hamburg-Amerika Linie. Herford 1973, S. 58.
4 Walter Kresse: Die Heuern Hamburger Seeleute 1760–1860, in: Zeitschrift für Hamburgische Geschichte 1984.
5 Witthöft: 1973, S. 14, 28, 46:
   1848–1870 340.062 Fahrgäste
   1871–1885 664.316   "
   1886–1900 1.317.210   "
   1901–1913 4.556.571.   "
6 Witthöft 1973, S. 29.
7 Otto Mathies: Hamburgs Reederei 1814–1914, Hamburg 1924.
8 Arnold Kludas/Albert Bischoff: Die Schiffe der Hamburg-Amerika-Linie, Bde. 1–3. Herford 1979/81.
9 Witthöft 1973, S. 55.
10 Melvin Maddocks: The Great Liners. Time-Life-Books. Alexandria/Virginia 1978, S. 57.

Die Warburgs

1 Zur Geschichte der Familie Warburg vgl. Stamm- und Nachfahrentafel der Familie Warburg. Hamburg-Altona [bearbeitet von Hans W. Hertz], Hamburg 1937 (Staatsarchiv Hamburg). Zur Geschichte des Bankhauses in Hamburg vgl. E. Rosenbaum/A. J. Sherman: Das Bankhaus M. M. Warburg & Co. 1798–1938. Hamburg ² 1978. – Zum allgemeinen Hinter-

Anhang 374

grund vgl. nur Hermann Aubin/Wolfgang Zorn (Hrsg.): Handbuch der deutschen Wirtschafts- und Sozialgeschichte. Bd. 2 Stuttgart 1976, S. 415ff.; Friedrich Henning: Die Industrialisierung in Deutschland 1800 bis 1914. Paderborn 1973, S. 100ff.

2 Rosenbaum/Sherman 1978, S. 24.

3 Rosenbaum/Sherman 1978, S. 55ff.; S. 83.

4 Rosenbaum/Sherman 1978, S. 104.

5 Max M. Warburg: Aus meinen Aufzeichnungen. Privatdruck New York 1952.

6 Cyrus Adler: Felix M. Warburg, A Biographical Sketch. New York 1938.

7 Rosenbaum/Sherman 1978, S. 135. – Zu jenem Zeitraum vgl. noch Alfred Vagts: M. M. Warburg & Co. Ein Bankhaus in der deutschen Weltpolitik 1905–1933, in: Vierteljahrschrift für Sozial- und Wirtschaftsgeschichte 45 (1958), S. 289–388.

8 Vgl. Hans Tramer: Die Hamburger Kaiserjuden, in: Bulletin des Leo Baeck Instituts 3 (1960), S. 177–189.

9 Carl Melchior: Ein Buch des Gedenkens und der Freundschaft (Vorträge und Aufsätze herausgegeben vom Verein für Hamburgische Geschichte, Nr. 15). Tübingen 1967.

10 Vgl. Paul Th. Hoffmann: Neues Altona 1919–1929. Zehn Jahre Aufbau einer deutschen Großstadt. Jena 1929, 2. Bd., S. 242ff.

11 Übergabe des Aby-M.-Warburg-Preises für das Verleihungsjahr 1980 im Kaisersaal des Rathauses am 16. April 1981 (Vorträge und Aufsätze, herausgegeben vom Verein für Hamburgische Geschichte, Heft 23), Hamburg 1981. Die Zitate finden sich auf den Seiten 32 und 40. – Zu Aby M. Warburg vgl. Dieter Wuttke (Hrsg.): Aby M. Warburg. Ausgewählte Schriften und Würdigungen. Baden-Baden 1979; Werner Hofmann, Georg Syamken, Martin Warnke: Die Menschenrechte des Auges. Über Aby Warburg, Frankfurt a. M. 1980; Ernst H. Gombrich: Aby Warburg. Eine intellektuelle Biographie. Frankfurt a. M. 1981.

Aus Ottensen wird Mottenburg

1 Gezielte Bombardierungen erfolgten lediglich auf Betriebe, die für die Rüstung produzierten, z. B. Menck & Hambrock.

2 Vgl. auch Arbeitsansatz und Archivbestand des seit 1980 existierenden Vereins ,,Stadtteilarchiv Ottensen – Sammelstelle für Geschichte und Geschichten‘‘.

3 Vgl. auch: Elisabeth v. Dücker: In Mottenburg da kriegst du die Motten – da arbeiten und wohnen die Glasmacher, in: Ottensen – Zur Geschichte eines Stadtteils. Ausstellungskatalog, Hamburg 1982, S. 87ff.

4 Bericht über die Gemeinde-Verwaltung der Stadt Altona in den Jahren 1863 bis 1900, Dritter Teil, Altona 1906, S. 715.

5 H. Schaefer: Die Gewerbekrankheiten der Glasarbeiter, in: Deutsche Vierteljahrsschrift für öffentliche Gesundheitspflege, Bd. 26, Braunschweig 1894, S. 277.

6 Interview mit W. Stolte, 1982 (Fernsehfilm ,,Mottenburger Alltag‘‘ von Alfred Behrens u. Michael Kuball, NDR 3).

7 Um 1853 waren Ottensens Bewohner Handwerker, in der Landwirtschaft Tätige, auswärts beschäftigte Fabrikarbeiter, Arbeitsleute und Tagelöhner. Altona hatte zu dieser Zeit ca. 33.000 Einwohner.

8 Johannes v. Schröder u. Herm. Biernatzki: Topographie der Herzogthümer Holstein und Lauenburg, des Fürstenthums Lübeck und des Gebiets der freien und Hanse-Städte Hamburg und Lübeck. Zweite, neu bearbeitete, durch Topographie von Lauenburg vermehrte Auflage, Zweiter Band, Oldenburg (in Holstein) 1856, S. 269.

9 Elisabeth v. Dücker u. Hans-Kai Möller: Wie Ottensen zu Mottenburg wurde – Industrialisierung 1850–1890, in: Ausstellungskatalog, Ottensen 1982, S. 57.

10 In Altona nahm die Bevölkerung um 97%, in Hamburg um 95% zu (Bericht über die Gemeinde-Verwaltung der Stadt Altona, Erster Teil, 1889, S. 47).

11 Die Heimarbeit der Tabak-Industrie in Hamburg, Altona-Ottensen und Wandsbek. Ein Beitrag zur Erkenntnis der sozialen Lage der Tabakarbeiter, Altona, März 1904.

12 Heinrich Laufenberg: Geschichte der Arbeiterbewegung in Hamburg, Altona und Umgebung, 2. Bd., Hamburg 1931, S. 428.

13 Ottenser Sozialdemokraten arbeiteten mit beim oftmals riskanten Vertrieb des illegalen, in Zürich herausgegebenen ,,Socialdemokrat‘‘ in Norddeutschland.

14 Vgl.: Walter Cordes: Die Geschichte der Ottenser Firma Menck & Hambrock, unveröffentlichtes Manuskript, um 1968, S. 11.

15 Die Vereinigung der beiden Ortschaften war sogar schon im Jahr 1756 im Gespräch, vgl.: Bericht über die Gemeinde-Verwaltung der Stadt Altona, Zweiter Teil, S. 367.

16 Walter Cordes, bis 1968 Betriebsleiter von Menck & Hambrock, begründet die zurückhaltenden Grundstücks-Zukäufe mit der Vorsicht der Firmeninhaber vor Überschätzung der Entwicklung des Unternehmens (Walter Cordes, um 1968, S. 4).

17 Wichtigster Zukauf 1907: die 1854 gegründete Maschinenfabrik von Lange & Gehrkens in der Friedensallee, neben Zeise.

Arbeitsleben und Arbeitskampf

1 Literatur:
Hermann Aubin und Wolfgang Zorn (Hrsg.): Handbuch der deutschen Wirtschafts- und Sozialgeschichte. Bd. 2: Das 19. und 20. Jahrhundert, Stuttgart 1976.

Fred S. Baumann: Die Bevölkerung Hamburgs. Berufstätigkeit, Handel, Industrie, Einkommen, Vermögen, Wohnung und Lebensbedarf. Hamburg 1919.

Hans Joachim Bieber: Der Streik der Hamburger Hafenarbeiter 1896/97 und die Haltung des Senats, in: Zeitschrift des Vereins f. Hambg. Geschichte Bd. 64, 1978 S. 91–148.

Heinrich Bürger: Die Hamburger Gewerkschaften und deren Kämpfe von 1865–1890. Hamburg 1899.

R. Engelsing: Die wirtschaftliche und soziale Differenzierung der deutschen kaufmännischen Angestellten im In- und Ausland 1890–1900, in: R. Engelsing: Zur Sozialgeschichte deutscher Mittel- und Unterschichten, 1973.

Heinrich Grosz: Die Geschichte der Deutschen Schiffszimmerer und der Entstehung der Allgemeinen Deutschen Schiffszimmer-Genossenschaft. Mit besond. Berücksichtigung der hamburg. Verhältnisse. Hamburg 1907 (2. Aufl.).

Michael Grüttner: Mobilität und Konfliktverhalten: Der Hamburger Hafenarbeiterstreik 1896/97, in: Klaus Tenfelde und Heinrich Volkmann (Hrsg.): Streik. Zur Geschichte des Arbeitskampfes in Deutschland während der Industrialisierung. München 1981, S. 143–161.

Arno Herzig, Dieter Langewiesche und Arnold Sywottek (Hrsg.): Arbeiter in Hamburg. Unterschichten, Arbeiter und Arbeiterbewegung seit dem ausgehenden 18. Jahrhundert. Hamburg 1983.

Wulf D. Hund: Der 1. Mai 1890, in: Jörg Berlin (Hrsg.): Das andere Hamburg. Köln 1981, S. 119–139.

Jürgen Kocka: Angestellter, in: Geschichtliche Grundbegriffe 1, 1972.

Antje Kraus: Die Unterschichten Hamburgs in der ersten Hälfte des 19. Jahrhunderts, Entstehung, Struktur und Lebensverhältnisse. Stuttgart 1965.

Jürgen Kuczynski: Die Geschichte der Lage der Arbeiter unter dem Kapitalismus. Bände 2–4: Deutschland 1789–1945. Berlin 1962–1967.

Heinrich Laufenberg: Geschichte der Arbeiterbewegung in Hamburg, Altona und Umgegend. 1. Band Hamburg 1911, 2. Band Hamburg 1931.

Carl Legien: Der Streik der Hafenarbeiter und Seeleute in Hamburg-Altona, Darstellung der Ursachen und des Verlaufs des Streiks, sowie der Arbeits- und Lohnverhältnisse der im Hafenwerk beschäftigten Arbeiter. Hamburg 1897.

Raphael Ernst May: Kosten der Lebenshaltung und Entwicklung der Einkommensverhältnisse in Hamburg seit 1890. München und Leipzig 1915.
Johannes Schult: Geschichte der Hamburger Arbeiter 1890–1919. Hannover 1976.
Statistisches Handbuch für den hamburgischen Staat, Hamburg 1874, Zweite Ausgabe 1880, Dritte Ausgabe 1885, Vierte Ausgabe 1891, Ausgabe 1920.
Statistische Mitteilungen über den hamburgischen Staat Nr. 1: Die Bevölkerung des hamburgischen Staates und der Stadt Hamburg nach Beruf und Stellung am 12. Juni 1907. Hamburg 1910.
Hans J. Teuteberg: Die Entstehung des modernen Hamburger Hafens 1866–1896, in: Tradition Jg. 1972, S. 256–291.
G. Trautmann: Liberalismus, Arbeiterbewegung und Staat in Hamburg und Schleswig-Holstein 1862–1869, in: Archiv für Sozialgeschichte, Bonn 1975, Bd. 15 S. 51–110.
Volker Ullrich: Die Hamburger Arbeiterbewegung vom Vorabend des Ersten Weltkrieges bis zur Revolution 1918/19. Hamburg 1976, Bd. 1 + 2.

Die Börse

1 Zitat aus Robert Geisler: Hamburg, Ein Führer durch die Stadt und ihre Umgebungen. Leipzig 1861, S. 25–30.

Berufskleidung

1 Die Entwicklung der Berufskleidung muß ohnehin eher überregional gesehen werden. Die hamburgischen Beobachtungen lassen sich auch andernorts bestätigen. Leider fehlt für den deutschen Sprachraum noch eine umfassende Darstellung, wie sie für England bereits vorliegt in: Phillis Cunnington/Catherine Lucas: Occupational Costume in England from the 11th Century to 1914. 3. Aufl. London 1976.
2 Vgl. hierzu wie zu den entsprechenden verwandten Kleidungsformen zwischen Hamburg und England wieder die englische Gesamtdarstellung: Phillis Cunnington: Costume of Household Servants from the Middle Ages to 1900. London 1974.
3 Dazu: Ulrich Bauche: Der Ausruf in Hamburg – Ländliche Händler auf dem Markt. Hamburg 1973; und ders.: Die Kleidung der ländlichen Händler auf dem Hamburger Markt– Materialien und Gedanken zu Funktionen der Tracht im 18. und 19. Jahrhundert, in: Stadt-Land-Beziehungen. Verhandlungen des 19. Deutschen Volkskundekongresses in Hamburg. Göttingen 1973. S. 207–219.
4 Zu der Entwicklung des Senatshabits im 19. Jahrhundert vgl.: Renate Hauschild-

Thiessen: Bürgerstolz und Kaisertreue. Hamburg und das Deutsche Reich von 1871. Hamburg 1979. S. 33–45.
5 F. G. Buek: Album Hamburgischer Costüme. Hamburg o. J. (1847). Im Text zum „Zuckerproben-Austräger".

Hafenarbeiter

1 Vgl. M. Grüttner: Mobilität und Konfliktverhalten. Der Hamburger Hafenarbeiterstreik 1896/97, in: Klaus Tenfelde/Heinrich Volkmann (Hg.): Streik. München 1981, S. 143–161.
2 Errechnet nach: Jahresbericht des Hafenbetriebsvereins in Hamburg über das Jahr 1913, S. 62, 65, 87.
3 Hamburger Echo Nr. 31, 6. 2. 1902.
4 Hansa. Deutsche nautische Zeitung Nr. 8, 20. 2. 1897.
5 J. H. Heidmann: Hamburgs Verkehrsmittel und Wohnungsverhältnisse. Hamburg 1891, S. 20f.
6 Hamburgischer Correspondent Nr. 72, 29. 1. 1895.
7 Vgl. E. P. Thompson: Zeit, Arbeitsdisziplin und Industriekapitalismus, in: ders.: Plebeische Kultur und moralische Ökonomie. Frankfurt 1980, S. 34–66.
8 Carl von Düring: Der Gesamthafenbetrieb des Hafens Hamburg. Hamburg 1936, S. 9.
9 Senatskommission für die Prüfung der Arbeitsverhältnisse im Hamburger Hafen, Drucksache Nr. 48, Juni 1897, S. 13; Staatsarchiv Hamburg Senat Cl. XI Gen.-No.2 Vol. 74 Fasc. 3 Invol. 2.

Miedjes

1 H. Meister-Trescher: Frauenarbeit und Frauenfrage, in: Handwörterbuch der Staatswissenschaften. Jena 1927, 4. Aufl., 4. Bd. S. 303.
2 H. Laufenberg: Geschichte der Arbeiterbewegung in Hamburg und Umgebung. Hamburg 1911, Bd. 1, S. 41 ff.
3 U. Gerhard: Verhältnisse und Verhinderungen. Frankfurt a. M. 1978, S. 74, vgl. S. 16 ff.; S. Matzen-Stöckert: Unterdrükkung und Gegenwehr, in: Ergebnisse H. 10, Hamburg 1980, S. 4 ff.; B. Duden: Das schöne Eigentum, in: Kursbuch 47, Berlin 1977, S. 125 ff.; K. Hausen: Die Polarisierung der Geschlechtscharaktere, in: W. Conze: (Hg.): Sozialgeschichte der Familie in der Neuzeit Europas. Stuttgart 1976, S. 363 ff.
4 G. Bock, B. Duden: Arbeit aus Liebe – Liebe als Arbeit, in: Frauen u. Wissenschaft. Berlin 1977, S. 118 ff.; B. Duden: K. Hausen: Gesellschaftliche Arbeit-Geschlechtsspezifische Arbeitsteilung, in: A. Kuhn, G. Schneider (Hg.): Frauen in der Geschichte. Düsseldorf 1979, S. 11 ff.

5 Statistik des hamb. Staates, Heft 2. Hamburg 1869, S. 34 ff.; G. Hohorst u. a.: Sozialgeschichtliches Arbeitsbuch. München 1975, S. 66 ff.
6 St. h. St., H. 2, S. 34 ff. Stat. Mit. d. hamb. Staates, Nr. 1, Hamburg 1910, S. 241 f.; Aus Hamburgs Wirtschaft u. Verwaltung, 3. Jg. 1927, S. 100 f; Hohorst 1975, S. 66 ff. Zahlen beziehen sich auf den hamb. Staat, 1867 und 1907 wurde bei der Zählung die ortsanwesende, 1882 die Wohnbevölkerung zur Grundlage gelegt.
7 St.h.St., H.4, Hamburg 1873, S. 142 f; AHWV, Jg. 3, 1926, S. 223 ff; U. Ottmüller: Die Dienstbotenfrage. Münster 1978, S. 39 ff; R. Schulte: Dienstmädchen im herrschaftlichen Haushalt, in: Zeitschrift f. bayr. Landesgeschichte, Bd. 4, 1978, S. 879 ff; D. Viersbeck: Erlebnisse eines Hamburger Dienstmädchens. München 1910.
8 Jb. der Abt. IV der Polizeibehörde, Hamburg 1889, S. 20; Generalanzeiger v. 14. 8. 1901; 12. Bericht des Gewerkschaftskartells. 9. Bericht des Arbeitersekretariats von Hamburg-Altona. 1908, Hamburg 1919. S. 62 f; J. Schult: Geschichte der Hamburger Arbeiterbewegung 1809–1919. Hannover 1967, S. 32 f; F. Baumann, Die Bevölkerung Hamburgs. Hamburg 1919, S. 24 ff.
9 Baumann, 1919, S. 28 f; St. Handbuch der Stadt Hamburg, Hamburg 1920, S. 455; U. Frevert: Vom Klavier zur Schreibmaschine, in: Kuhn, S. 82 ff; U. Nienhaus: Von Töchtern und Schwestern, in: J. Kokka (Hg.): Angestellte im europäischen Vergleich. Göttingen 1981, S. 308 ff; dies., Berufsstand weiblich, Berlin 1982, S. 9 ff.
10 A. Urban: Staat und Prostitution in Hamburg 1807–1922. Hamburg 1927, S. 120 f; St.h.St., H. 25, Hamburg 1910, S. 124.
11 F. Wulf: Die Heimarbeiterin, in: Die Neue Welt, Nr. 47. 1909, S. 388; St.h.St., H. 9, Hamburg 1978, S. 133; R. Dasey: Womens Work in the Family, in: R. J. Evans, W. R. Lee, (Hrsg.): The German Family. London 1981, S. 221 ff; K. Hausen: Technischer Fortschritt und Frauenarbeit im 19. Jh., in: Geschichte und Gesellschaft, H. 4, S. 148 ff.
12 R. J. Evans: Sozialdemokratie u. Frauenemanzipation im deutschen Kaiserreich. Berlin-Bonn 1979, S. 239 f.
13 17. Bericht des Gewerkschaftskartells. 13. Bericht des Arbeitersekretariats von Hamburg-Altona u. Umgegend. 1913, Hamburg 1914, S. 34 ff; G. Losseff-Tillmanns: Frauenemanzipation und Gewerkschaften. Wuppertal 1978, S. 89 ff. u. S. 383.

Verkehrs- und Nachrichtenverbindungen

1 V. Dirksen: Ein Jahrhundert Hamburg 1800–1900. Frankfurt a. M. 1977 (Nachdruck von 1935), S. 247 f.

Anhang 376

2 W. Weber: Die industrielle Durchdringung, in: Die Technik, hrsg. von U. Troitzsch und W. Weber, Braunschweig 1982, S. 293.

3 G. Ahrens: Von der Franzosenzeit bis zur Verabschiedung der neuen Verfassung 1806–1860, in: Hamburg, Bd. I, hrsg. von H.-D. Loose. Hamburg 1982, S. 464f.

4 W. Melhop: Hamburg und seine Bauten. Bd. 2, Hamburg 1914, S. 430ff. sowie E. Staisch: Eisenbahnen rollen durch das Tor zur Welt. Hamburg o.J., S. 54ff.

5 W. Weber: Die industrielle Durchdringung, in: Die Technik, hrsg. von U. Troitzsch u. W. Weber. Braunschweig 1982, S. 297ff.

6 E. Böhm: Der Weg ins Deutsche Reich 1860–1888, in: Hamburg, Bd. I, hrsg. von H.-D. Loose, Hamburg 1982, S. 528f.

7 H. Rindt/H. Trost: Dampfschiffahrt auf Elbe und Oder, den Berliner- u. Märkischen Wasserstraßen 1816–1945. o.O. 1982.

8 R. Heyden: Die Entwicklung des öffentlichen Verkehrs in Hamburg. Hamburg 1962, S. 14ff.

9 Heyden 1962, S. 80ff.

10 A. Sappel: Der innerstädtische Massenverkehr, in: Die Technik, hrsg. von U. Troitzsch u. W. Weber. Braunschweig 1982, S. 470.

11 W. Weber: Die industrielle Durchdringung, in: Die Technik, hrsg. von U. Troitzsch u. W. Weber. Braunschweig 1982, S. 301.

12 Hapag-Lloyd Informationen, Hamburg o.J., S. 3.

13 W. Kindermann: Zur Geschichte der Post in Hamburg. Hamburg 1967, S. 24ff. und R. Oberliesen: Information, Daten und Signale – Geschichte technischer Informationsverarbeitung. Hamburg 1982, S. 49ff.

14 Maurice Fabre: Geschichte der Übermittlungswege. o.O. 1963, S. 64f.

15 Publizistik, hrsg. von E. Noelle-Neumann und W. Schulz. Frankfurt a.M. 1971, S. 197f.

Finkenwerders Hochseefischerei

1 Eine Sammlung ausgezeichneter Modelle norddeutscher Fischerfahrzeuge wird im Altonaer Museum ausgestellt, dazu Darstellungen der verschiedenen Fangmethoden und erklärende Tafelwerke. Sehenswert ist ferner die im Original erhaltene Kajüte eines 1846 gebauten Ewers.
Literatur:
R. Dittmer, H. V. Buhl: Seefischereifahrzeuge und -Boote ohne und mit Hilfsmaschinen (1904).
Gorch Fock: Seefahrt ist not (1913 und zahlreiche spätere Auflagen).
J. Kaiser: Segler im Gezeitenstrom/Biografie der hölzernen Ewer (1974, 79);

Vom Schicksal der letzten Finkenwerder Kutter-Ewer (Yacht 10/1982);
Die letzten Finkenwerder Hochseekutter (Yacht 12/1982).
Herbert Karting: Schiffe aus Wewelsfleth/Band I (1981).
H. O. Lübbert: Die Einführung von Motor und Schernetz in die deutsche Segelfischerei (1906).
Hamburger Fischerei in zehn Jahrhunderten (1925, 49).
Paul Paulsen: Die Hochseesegelfischerei von Finkenwerder und Blankenese (1911).
G. Rohdenburg: Hochseefischerei an der Unterweser (1975).
G. Timmermann: Vom Pfahlewer zum Motorkutter (1957).

Der Altonaer Bahnhof

1 Deutsche Bundesbahn – Bundesbahndirektion Hamburg (Hrsg.): City-S-Bahn – Hamburgs neuer Weg in die City. Hamburg 1975.

2 So auch der Titel eines Videofilms von Tobias Behrens und Barbara Ziebell zur Ottensen-Ausstellung im Altonaer Museum, 1981/82.

3 Anfangs war auch Neustadt an der Ostsee als Endstation im Gespräch gewesen; nach einer Rentabilitätsrechnung eines Kieler Wissenschaftlers hatte sich jedoch Kiel als günstiger erwiesen.

4 Als die anfangs lebhafte Zeichnung der Aktien abebbte, erhöhte die dänische Regierung ihre Aktienanteile. Aus Kostengründen stellte man die geplante Tunnelverbindung zwischen Altonaer Elbkai und Bahnhof vorerst zurück.

5 Die Eisenbahngesellschaft beauftragte einen königlich-preußischen Bauinspektor mit einem Gutachten, das sich für den Palmaille-Standort aussprach.

6 Weitere Ausführungen in: Elisabeth Stüwe (v. Dücker): Ein Platz verändert sein Gesicht. Der Platz der Republik in Altona im 19. und 20. Jahrhundert, in: Jahrbuch des Altonaer Museums in Hamburg, Bd. 16/17, Hamburg 1980, S. 161ff.

7 Für die Anlage des unterirdischen S-Bahnhofes Altona standen zwei Bauverfahren zur Auswahl: Sicherung des alten Empfangsgebäudes durch eine Abfangkonstruktion, unter der man den S-Bahn-Tunnel baut – oder: Abriß des Empfangsgebäudes, Bau des Tunnels in offener Baugrube und Neubau eines Empfangsgebäudes. Bei Prüfung der Kosten ergab sich Kostengleichheit für beide Verfahren. Die Entscheidung für Abriß argumentierte u.a. mit „technischen Belangen": man hielt erstens die Bausubstanz durch Kriegseinwirkung für gefährdet und zweitens biete der nach dem Krieg neuerbaute Westflügel des Empfangsgebäudes kein „einheitliches Erscheinungsbild" mehr.

Die Judenbörse

1 Helga Krohn: Die Juden in Hamburg 1800–1850. Ihre soziale, kulturelle und politische Entwicklung während der Emanzipationszeit. Frankfurt a.M. 1967, S. 11.

2 Hamburg und Altona 1 (1801), S. 40f.

3 Vgl. auch die Ausgabe Joseph Heckscher, Hamburg 1908. 10 dieser Abbildungen finden sich auch bei Max Grunwald: Hamburgs deutsche Juden bis zur Auflösung der Dreigemeinden 1811. Hamburg 1904.

4 Das Lied vun die Kuggel. Ein Scherz von S. N. Orhaphesoi [Joseph Ahrons]. Altona 1842, S. 12. – „Schulen" sind Synagogen, „Chewres" Privatsynagogen.

5 Franz Wilhelm Neddermeyer: Zur Statistik und Topographie der Freien und Hansestadt Hamburg und deren Gebietes. Hamburg 1847, S. 30f.

6 Zum Gesamtzusammenhang vgl. Peter Freimark: Sprachverhalten und Assimilation. Die Situation der Juden in Norddeutschland in der 1. Hälfte des 19. Jahrhunderts, in: Saeculum 31 (1980), S. 240–261.

7 Robert Geissler: Hamburg. Ein Führer durch die Stadt und ihre Umgebungen. Leipzig 1861, S. 46ff. – Vgl. auch den Bericht von J. Ben-Salomon: Über Neuerwall und Jungfernstieg. Bilder aus dem hamburgisch-jüdischen Familienleben der 1860 und 70 Jahre gezeichnet von einem Siebzigjährigen, in: Hamburger Familienblatt für die israelitischen Gemeinden Hamburg, Altona, Wandsbek und Harburg, 37. Jahrg., Nr. 19, 9. 5. 1934, S. V.

8 Wilhelm Melhop: Historische Topographie der Freien und Hansestadt Hamburg von 1895–1920, 1. Band, Hamburg 1923, S. 110.

9 Jahresberichte der Verwaltungsbehörden der Freien und Hansestadt Hamburg 1925, S. 414.

10 Hamburgisches Gesetz- und Verordnungsblatt, 1925, S. 3.

11 Vgl. nur Friedrich Clemens (Gerke): Mein Spaziergang durch Hamburg, Poleographische Genre-Bilder. Altona 1838, S. 64ff.; Carl Reinhardt: Der fünfte Mai. Ein Lebensbild von der Unterelbe. Roman in 2 Bänden, Hamburg² 1888. Aus der Publizistik: Die Reform, Nr. 66, 18. 8. 1849, S. 3, Sp. 4.

Vierlande

1 Otto Schoost: Vierlanden, Beschreibung des Landes und seiner Sitten. Hamburg 1894, S. 5.

2 Ernst Finder: Die Vierlande. 2 Bde. Hamburg 1922.

3 Enno van Vlyten: Die Entwicklung der Vierlande zum Gartenbauzentrum. Hannover 1963.

4 Ulrich Bauche: Der Ausruf in Hamburg –
Ländliche Händler auf dem Markt. Hamburg 1973.
5 Wolf-Dieter Könenkamp: Wirtschaft, Gesellschaft und Kleidungsstil in den Vierlanden während des 18. und 19. Jahrhunderts.
Göttingen 1978.
6 Könenkamp 1978, S. 148.

Öffentliche Ordnung

1 Die Darstellung verzichtet aus Raumgrün-
den auf Einzelnachweise.
Die gesetzlichen Bestimmungen sind leicht
aufzufinden in: Sammlung von (1826ff.:
der) Verordnungen der freien Hanse-Stadt
Hamburg. (1814–1865). Bearb. v. Chri-
stian Daniel Anderson (1826ff. Johann
Martin Lappenberg). 33 Bde. Hamburg
1815–1866; Gesetzsammlung der freien
und Hansestadt Hamburg 1866ff.
Zur Besetzung der Behörden vgl. die jährli-
chen Staatskalender (1897ff.: Staats-
Handbücher).
Vgl. ferner: Ernst Baasch: Geschichte
Hamburgs 1814–1918. 2 Bde. Stuttgart,
Gotha 1925; Hans-Dieter Loose (Hrsg.):
Hamburg. Geschichte der Stadt und ihrer
Bewohner. Bd 1. Von den Anfängen bis zur
Reichsgründung. Hamburg 1982; Werner
v. Melle: Das Hamburgische Staatsrecht.
Hamburg, Leipzig 1891; Rainer Postel:
Hamburg. In: Grundriß zur deutschen Ver-
waltungsgeschichte 1815–1945. Reihe B.
Hrsg. v. Thomas Klein. Bd 17. Marburg/
Lahn 1978, S. 61–135; Rainer Postel: Han-
sestädte. In: Deutsche Verwaltungsge-
schichte. Bd 2 u. 3 (erscheint demnächst);
Albert C. Schwarting: Die Verwaltungsorganisation Nordwestdeutschlands während
der französischen Besatzungszeit 1811–13.
2. Aufl. Oldenburg i. O. 1936. (Wirtschafts-
wiss. Gesellsch. z. Stud. Niedersachsens
EV. Veröff. Reihe A, Beiträge H. 34);
Geert Seelig: Hamburgisches Staatsrecht
auf geschichtlicher Grundlage. Hamburg
1902; N. A. Westphalen: Hamburgs Verfassung und Verwaltung in ihrer allmähli-
gen Entwickelung bis auf die neueste Zeit.
2., durchgängig verm. u. verb. Aufl. 2 Bde.
Hamburg 1846.

Gefängnisbaukunst

1 Bernhard Mehnke: Armut und Elend in
Hamburg. Eine Untersuchung über das öffentliche Armenwesen in der ersten Hälfte
des 19. Jahrhunderts. (Reihe ‚ergebnisse‘,
H.17) Hamburg 1982, S. 53.
2 Bericht über die amerikanischen Gefängnisse von Nicolaus Heinrich Julius
(31. Dez. 1837/22. Feb. 1838), Staatsarchiv Hamburg: Senat, Cl. VII Lit. Mb. No.
2 Vol. 9, Fasc. 2a.

3 Michel Foucault: Überwachen und Strafen. Die Geburt des modernen Gefängnis-
ses. Frankfurt/Main 1976, S. 264.
4 Wolfgang Dreßen: Die pädagogische Maschine. Zur Geschichte des industrialisierten Bewußtseins in Preußen/Deutschland.
Frankfurt/Main, Berlin, Wien 1982.
5 C. M. Hirzel: Über Zuchthäuser und ihre
Verwandlung in Besserungshäuser. Zürich
1826, S. 125 (zit. n. Dreßen 1982, S. 286).
6 Dritter Bericht der von Senat und Bürgerschaft niedergesetzten gemischten Commission für den Neubau der Gefängnisse.
Hamburg 1875, S. 12. Staatsarchiv Hamburg: Senat, Cl.VII Lit. Mb. No. 2 Vol. 9,
Fasc. 10a/b.
7 Erläuterungsbericht der Baudeputation
zum empfohlenen Entwurf (8. Mai 1875).
Staatsarchiv Hamburg: Baudeputation B
641 (2433).
8 Georg Gennat: Das Gefängniswesen
Hamburgs. Ein Überblick. Hamburg
1906, S. 16.
9 wie Anmerkung 6).
10 Theodor v. Landauer, Eduard Schmitt,
Heinrich Wagner: Gerichts-, Straf- und
Besserungsanstalten. In: Handbuch d. Architektur, Vierter Teil, 7. Halb-Band,
Stuttgart 1900, S. 239–500, S. 366f.
11 v. Landauer/Schmitt/Wagner 1900,
S. 368.

Adolf Petersen

1 Adolf Petersen. Der Lord von Barmbek.
Hrsg. von Helmut Ebeling. Reinbek 1973.

Armut- und Wohltätigkeit

1 A. Kraus: Die Unterschichten Hamburgs in
der ersten Hälfte des 19. Jahrhunderts.
Stuttgart 1965.
2 H. Schröder: Die Geschichte der Hamburgischen Jugendfürsorge 1863 bis 1924.
Diss. iur. Hamburg 1966, S. 20.
3 H. Rodegra: Das Gesundheitswesen der
Stadt Hamburg im 19. Jahrhundert (Sud-
hoffs Archiv. Beiheft 21). Wiesbaden 1979,
S. 113.
4 H. Fiege: Geschichte der Hamburgischen
Volksschule. Bad Heilbrunn und Hamburg
1970, S. 31.
5 Schröder 1966, S. 42.
6 Fiege 1970, S. 47ff.
7 Fiege 1970, S. 60.
8 R. Bohl: Die Sonntagsschule in der Hamburger Vorstadt St. Georg (1825–1853),
in: Zeitschrift des Vereins für Hamburgische Geschichte, Bd. 67, Hamburg 1981,
S. 133–175.
9 P. E. Schramm: Hamburg, Deutschland
und die Welt. 2. bearb. Aufl. Hamburg
1952, S. 297.

Elendsalkoholismus

1 Literatur: Friedrich Engels: Die Lage der
arbeitenden Klasse in England (1845).
²München 1977, S. 124. – Ders.: Preußischer Schnaps im Deutschen Reichstag, in:
Marx/Engels Werke Bd. 19 (MEW), Berlin
(DDR) 1976, S. 42f. Immanuel Kant: An-
thropologie I. Theil, 1. Buch, § 29 (Kants
Werke Bd. 8, hrsg. von Ernst Cassirer, Berlin 1922, S. 56ff.). Karl Kautsky: Der Al-
koholismus und seine Bekämpfung, in: Die
Neue Zeit IX, 2, 1890/91, S. 1–8, 46–55,
77–89, 105–116. – Alfred Heggen: Alkohol und bürgerliche Gesellschaft im
19. Jahrhundert. Eine Studie zur deutschen
Sozialgeschichte (erscheint demnächst).

Selbstmord

1 Staatsarchiv Hamburg, Akte 22/5 SA.
2 Hans Schlütter: Der Selbstmord in Hamburg. Hamburg 1925, S. 1.
3 Statistik des Hamburgischen Staates, Heft
XII, Hamburg 1883, S. 100–102; Adolph
Wagner: Die Gesetzmäßigkeit in den
scheinbar willkürlichen menschlichen
Handlungen vom Standpunkte der Statistik. Hamburg 1864, S. 109, 114. In Baden
gab es seit 1830, in Württemberg seit 1846
und in Oldenburg seit 1854 eine Selbst-
mordstatistik. Schlütter 1925, S. 20.
4 Schlütter 1925, S. 37; Werner Thönnes-
sen: Frauenemanzipation. Frankfurt a. M.
1969, S. 99ff.; vergl. Deutsche Medizinische Wochenschrift Nr. 17, 1925, S. 1–10.
5 Schlütter 1925, S. 88 und Tabelle 28;
vergl. Tabelle 9 und 10.
6 Statistik des Hamburgischen Staates, Heft
XII, Hamburg 1883, S. 101.
7 Schlütter 1925, S. 65f.
8 Jahresberichte der Verwaltungsbehörden
der freien und Hansestadt Hamburg,
Hamburg 1884–1913.
9 Jahresbericht der Gefängnisdeputation für
das Jahr 1896 in: Jahresberichte der Verwaltungsbehörden . . . 1897, VI. 6, 1.
10 Staatsarchiv Hamburg, Akte 22/5 SA.

Auswanderer

1 G. Moltmann: Die deutsche Auswanderung
nach Nordamerika im Überblick, in: Ger-
mantown – 300 Jahre Auswanderung in die
USA 1683–1983, in: Zeitschrift für Kultur-
austausch, 32. Jg., H. 4, Stuttgart 1982,
S. 307.
2 G. Moltmann: Die deutsche Amerikaauswanderung im 19. Jahrhundert, in: „. . .
nach Amerika!" – Auswanderung in die
Vereinigten Staaten. Hamburg 1976,
S. 13f.
3 B. Gelberg: Auswanderung nach Übersee.
Soziale Probleme der Auswandererbeför-

Anhang

derung in Hamburg und Bremen von der Mitte des 19. Jahrhunderts bis zum Ersten Weltkrieg. Hamburg 1973, S. 15.
4 Gelberg 1973, S. 19 und S. 21.
5 Gelberg 1973, S. 40f.
6 Gelberg 1973, S. 50f.
7 M. Just: Hamburg als Transithafen für die osteuropäische Auswanderung, in: „... nach Amerika!" Hamburg 1976, S. 52f.
8 G. Weißenberg: Die Bedeutung der Auswanderung für die Hamburger Schiffahrt, in: „... nach Amerika!" Hamburg 1976, S. 31.

Die unkirchlichste Stadt des Reiches?

1 Ernst Baasch: Geschichte Hamburgs 1814–1918. Bd. 2, Gotha und Stuttgart 1925, S. 296, Anm. 1.
2 Johannes Heinrich Höck: Bilder aus der Geschichte der Hamburgischen Kirche seit der Reformation. Hamburg 1900, S. 23f.
3 Hundert Jahre Trennung von Staat und Kirche in Hamburg 1870–1970. Hamburg 1970, S. 20.
4 Marianne Timm: Die Hamburgische Landeskirche im 19. und 20. Jahrhundert, in: Martin Rang, Simon Schöffel, Marianne Timm: Aus der Geschichte der christlichen Kirche. Aus der Kirchengeschichte Hamburgs. Göttingen 1954, S. 239f.
5 Johannes Wallmann: Kirchengeschichte Deutschlands II. Von der Reformation bis zur Gegenwart. Frankfurt/M., Berlin, Wien 1973, S. 238.
6 Hans Georg Bergemann: Staat und Kirche in Hamburg während des 19. Jahrhunderts. Hamburg 1958, S. 43.

Johann Hinrich Wichern

1 M. Gerhardt: Aus Wicherns Erziehungsarbeit an Hamburger Proletarierkindern. Unveröffentlichte Chronikaufzeichnungen Wicherns, in: Freie Wohlfahrtspflege 3. Jg. 1928. S. 209ff.
2 Das ergibt sich aus dem sehr aufschlußreichen Schreiben Wicherns an Hudtwalcker vom 14./19. April 1839, das von K. D. Möller: Hamburger Männer um Wichern. Ein Bild der religiösen Bewegung vor hundert Jahren. 1933. S. 82 zitiert wird.
3 Johann Hinrich Wichern: Sämtliche Werke. Hg. von P. Meinhold Bd. IV, 1. 1958. S. 19ff., 32ff.
4 L. Völter: Geschichte und Statistik der Rettungs-Anstalten für arme und verwahrloste Kinder in Württemberg. 1845. S. 8.
5 M. Gerhardt: Johann Hinrich Wichern. Ein Lebensbild. Bd. 1. 1927. S. 114, 129.
6 Gerhardt 1927, S. 128.
7 Wichern Bd. IV, 1958. S. 96ff.

8 Elfter Jahresbericht des Verwaltungsrates der Hamburger Rettungsanstalt für sittlich verwahrloste Kinder im Rauhen Haus zu Horn. 1845. S. 5.
9 F. Oldenberg: Johann Hinrich Wichern. Sein Leben und Wirken. Bd. 1. 1884. S. 399.
10 Gerhardt 1927, S. 149.
11 Dritter Jahrsbericht ... 1837. S. 49ff.
12 Fünfter Jahresbericht ... 1839. S. 54.
13 Oldenberg 1884 S. 441ff.
14 Wichern Bd. IV, 1. 1958. S. 216, 347f.
15 Elfter Jahresbericht ... 1845. S. 24.
16 Zusammengefaßter XIV.–XVII. Jahresbericht ... 1851 S. V.
17 Der Vertrag ist abgedruckt als Beilage I zum Dritten Jahrsbericht 1837.
18 XIX. Jahresbericht ... 1853. S. 8, Zehnter Jahresbericht ... 1844. S. 36.
19 Erster Jahresbericht ... 1835. S. 18.
20 Zweiter Jahrsbericht ... 1836. S. 20, Fünfter Jahresbericht ... 1839. S. 19.
21 Dritter Jahresbericht ... 1837. S. 31.
22 Zehnter Jahresbericht ... 1844. S. 47.
23 Fünfter Jahresbericht ... 1839. S. 36.
24 Zehnter Jahresbericht ... 1844. S. 47.
25 Fünfter Jahresbericht ... 1839. S. 21.
26 Wichern Bd. VII. 1975. S. 430, 461; vgl. auch Bd. IV, 1. S. 108.

Der Ohlsdorfer Friedhof

1 Hier und im Folgenden wurden die Angaben aus dem Sitzungsprotokoll der „Commission zur Verlegung der Begräbnisplätze" von 1873–1882 im Hamburger Staatsarchiv benutzt. (Im Folgenden zitiert als „Protokoll") Protokoll, Sitzung vom 15. 11. 1873.
2 Protokoll, Sitzung vom 16. 5. 1874.
3 Vgl. Staatsarchiv Hamburg, Bestand: Senat Cl. VII Lit. L b No. 4. Vol. 42b, conv. 3 1. Mappe: Auskünfte über auswärtige Friedhöfe, Altona 1874, Paris, London Schweiz 1874/81, Italien 1878, Lübeck 1877/79, Breslau, Nürnberg, Heidelberg, Carlsbad, Wiesbaden, Würzburg, Hannover, Lüneburg, München, Ottensen, New York, Karlsruhe, Harburg 1874/81, Hannover 1879, Frankfurt a. M. 1877, Auskünfte über die konfessionellen Verhältnisse auswärtiger Kirchhöfe 1877.
2. Mappe: Bremen 1871/81, Wien 1873/78, Begräbniswesen in Preußen und spec. Berlin 1873/81.
4 Protokoll, Sitzung vom 16. 5. 1874.
5 Protokoll, Sitzung vom 6. 11. 1875.
6 Protokoll, Sitzung vom 1. 12. 1877.
7 Bezeichnend ist dabei, daß zur Eröffnung nicht ein Pastor der Hauptkirchen, sondern der Geistliche des Allgemeinen Krankenhauses, in dem die ersten drei Beigesetzten gestorben waren, Gelegenheit erhielt, „die Bedeutung des Moments in angemessener

Weise zum Ausdruck zu bringen." Protokoll, Sitzung vom 25. 6. 1877.
8 Friedhof zu Ohlsdorf, Führer mit Generalplan, 9 Ansichten in Autotypie (von 1896), S. 7 Staatsarchiv Hamburg A 840/12 Kapsel 1.
9 Protokoll, Sitzung vom 22. 10. 1878.

Die Hamburger Juden

1 Günter Marwedel: Die Privilegien der Juden in Altona. Hamburg 1976.
2 Heinz Mosche Graupe: Die Statuten der drei Gemeinden Altona, Hamburg und Wandsbek, 2 Bde., Hamburg 1973.
3 Franklin Kopitzsch: Grundzüge einer Sozialgeschichte der Aufklärung. Hamburg 1982, Teil 1, S. 233.
4 Helga Krohn: Die Juden in Hamburg 1800–1850. Ihre soziale, kulturelle und politische Entwicklung während der Emanzipationszeit. Frankfurt a. M. 1967, S. 9.
5 Mosche Zimmermann: Hamburgischer Patriotismus und deutscher Nationalismus. Die Emanzipation der Juden in Hamburg 1830–1865. Hamburg 1979.
6 Helga Krohn: Die Juden in Hamburg. Die politische, soziale und kulturelle Entwicklung einer jüdischen Großstadtgemeinde nach der Emanzipation 1848–1918. Hamburg 1974, S. 65f.
7 Krohn 1974, S. 82.
8 Krohn 1974, S. 71ff.
9 Iris Hamel: Völkischer Verband und nationale Gewerkschaft. Der Deutschnationale Handlungsgehilfen-Verband 1893–1933. Frankfurt a. M. 1967, S. 53.

Schul- und Erziehungswesen

1 Literatur
Neben den in den Anmerkungen besonders genannten Veröffentlichungen: Hartwig Fiege: Geschichte der Hamburgischen Volksschule. Bad Heilbrunn, Hamburg 1970.
Werner von Melle: Dreißig Jahre Hamburger Wissenschaft 1891–1921. Rückblicke und persönliche Erinnerungen. 2 Bde. Hamburg 1923–1924.
Hildegard Milberg: Schulpolitik in der pluralistischen Gesellschaft. Die politischen und sozialen Aspekte der Schulreform in Hamburg 1890–1935. Hamburg 1970. (= Veröffentlichungen der Forschungsstelle für die Geschichte des Nationalsozialismus in Hamburg, 7).
Johannes Schult: Die Hamburger Arbeiterbewegung als Kulturfaktor. Ein Beitrag zur hamburgischen Kulturgeschichte. Hamburg (1954).
2 Karl-Ernst Jeismann: Schulgeschichte seit der Französischen Revolution. Zu zwei Quellenbänden von B. Michael und H.-

H. Schepp, in: Zeitschrift für Pädagogik 21 (1975), S. 789–800, hier: S. 796.

3 Ders.: Das Erziehungswesen in seiner Bedeutung für die Entwicklung des modernen Staates und der bürgerlichen Gesellschaft, in: Westfälische Forschungen 24 (1972), S. 64–76, hier: S. 69.

4 Th(eodor) Blinckmann: Die öffentliche Volksschule in Hamburg in ihrer geschichtlichen Entwicklung. Hamburg 1930, S. 16, nach: Dr. X.: Das Hamburgische Schulwesen, in: Hamburgisches Jahr-Buch von einer Gesellschaft hiesiger Gelehrten. Hrsg. von Friedrich Wilhelm Christian Menck. Hamburg 1883, S. 42–88.

5 Manfred Heede: Die Entstehung des Volksschulwesens in Hamburg. Der langwierige Weg von den Schulforderungen der Revolution 1848/49 bis zum Unterrichtsgesetz von 1870. Hamburg 1982. (= ergebnisse, 18), S. 78.

6 Heede 1982 S. 80.

7 Oberschulbehörde Hamburg (Hrsg.): Das hamburgische Schulwesen 1914/24. Hamburg 1925, S. 8.

8 Otto Wagner: Das berufsbildende Schulwesen der Freien und Hansestadt Hamburg. Was es war – Was es ist – Was es werden soll. Eine Festschrift zu seiner Hundertjahrfeier 1965. Hamburg 1965, S. 15.

9 Otto Rüdiger: Geschichte des Hamburgischen Unterrichtswesens. Nebst einem Anhang: Überblick über die Geschichte des Altonaer Schulwesens von Stadtschulrat Wagner. Hamburg 1896, S. 151.

10 Das hamburgische Schulwesen. Hrsg. von der Gesellschaft der Freunde des vaterländischen Schul- und Erziehungswesens, dem Verein Hamburger Landschullehrer und dem Verein Hamburger Volksschullehrerinnen als 2. Teil des Hamburger Lehrerverzeichnisses. Hamburg (1913), S. 40.

11 Rüdiger 1896 S. 155f.

12 Jörg Berlin: Politisch-pädagogische Konflikte in Hamburg. Die „Gesellschaft der Freunde des vaterländischen Schul- und Erziehungswesens" um 1900, in: 175 Jahre Gesellschaft der Freunde des vaterländischen Schul- und Erziehungswesens. Gewerkschaft Erziehung und Wissenschaft. Hamburg (1981), S. 82–98.

13 Berlin 1981, S. 90.

14 Berlin 1981, S. 97, Anm. 3.

15 Peter Freimark: Juden auf dem Johanneum, in: 450 Jahre Gelehrtenschule des Johanneums zu Hamburg 1979, S. 123–129, Anm. S. 224–226, hier: S. 127ff.

16 Jürgen Bolland: Die Gründung der „Hamburgischen Universität", in: Universität Hamburg 1919–1969. Hamburg 1969, S. 17–105, hier: S. 30.

17 Heinrich Laufenberg: Geschichte der Arbeiterbewegung in Hamburg, Altona und Umgegend. 1. Bd. Hamburg 1911. Nachdruck Bonn-Bad Godesberg 1977, S. 90–104, hier S. 103.

18 Johannes Schult: Geschichte der Hamburger Arbeiter 1890–1919. Hannover 1967, S. 214–219.

Das Johanneum

1 Literatur
Zur Geschichte des Johanneums s. jetzt neben Kelter noch Hans Oppermann: Johannes Gurlitt (1754–1827). Hamburg 1962. (= Vorträge und Aufsätze, 10).
Hans-Friedrich Bornitz: Zur Vorgeschichte der Abiturprüfung in Hamburg. In: 450 Jahre Gelehrtenschule des Johanneums zu Hamburg 1979. Hamburg 1979, S. 48–78, Anm. S. 216–218.

2 Edmund Kelter: Hamburg und sein Johanneum im Wandel der Jahrhunderte 1529–1929. Ein Beitrag zur Geschichte unserer Vaterstadt. Hamburg 1928, S. 185.

3 Kelter 1929, S. 185f.

4 Leo Lippmann: Mein Leben und meine amtliche Tätigkeit. Erinnerungen und ein Beitrag zur Finanzgeschichte Hamburgs. Aus dem Nachlaß hrsg. von Werner Jochmann. Hamburg 1964. (= Veröffentlichungen des Vereins für Hamburgische Geschichte, 19), S. 33.

5 Lippmann 1964, S. 34.

6 Lippmann 1964, S. 34f.

7 Lippmann 1964, S. 35f., Zitat S. 36.

8 Lippmann 1964, S. 43–51.

9 Renate Hauschild-Thiessen: Von Lessing bis zu Wilhelm I. Das schwierige Kapitel der Namensgebung für Hamburgs zweite Gelehrtenschule. In: Peter-Rudolf Schulz (Hrsg.): Wilhelm-Gymnasium Hamburg 1881–1981. Eine Dokumentation über 100 Jahre Wilhelm-Gymnasium. Hamburg 1981, S. 15–26. Dieses Buch enthält S. 32–98 ergiebige Quellen zum Schulleben im Kaiserreich.

10 Lippmann 1964, S. 37.

Die Patriotische Gesellschaft

1 Literatur
Grundlegend:
Geschichte der Hamburgischen Gesellschaft zur Beförderung der Künste und nützlichen Gewerbe (Patriotische Gesellschaft). 3 Teile nebst Register in 7 Bden. Hamburg 1897–1936.
Neuere Beiträge:
Otto Brunner: Die Patriotische Gesellschaft in Hamburg im Wandel von Staat und Gesellschaft (1965). In: Ders.: Neue Wege der Verfassungs- und Sozialgeschichte. 2. Aufl. Göttingen 1967, S. 335–344.
Die Patriotische Gesellschaft zu Hamburg 1765–1965. Festschrift der Hamburgischen Gesellschaft zur Beförderung der Künste und nützlichen Gewerbe. Hamburg 1965.
Franklin Kopitzsch: Die Hamburgische Gesellschaft zur Beförderung der Künste und nützlichen Gewerbe (Patriotische Gesellschaft von 1765) im Zeitalter der Aufklärung. Ein Überblick. In: Rudolf Vierhaus (Hrsg.): Deutsche patriotische und gemeinnützige Gesellschaften. München 1980. (= Wolfenbütteler Forschungen, 8), S. 71–118.

2 Alfred Lichtwark: Hamburg. Niedersachsen. Dresden 1897, S. 52.

Wohnungsfragen

1 Zitiert nach H. Thomsen (Hg.): Hamburg, 4. Auflage München 1975, S. 96.

2 J. L. von Hess: Hamburg topographisch, politisch und historisch beschrieben. 2. Auflage Hamburg 1810–11, S. 213.

3 N. Elias: Über den Prozeß der Zivilisation. Frankfurt 1977[3]. S. 22, zitiert nach H. Rosenbaum, Formen der Familie. Frankfurt 1982, S. 259, Anm. 20.

4 Nevermann, Almanach aller um Hamburg liegenden Gärten 1793, zitiert nach P. Gabrielson, Zur Entwicklung des bürgerlichen Garten- und Landhausbesitzes bis zum Beginn des 19. Jhs. In: Garten, Landhäuser und Villen des hamburgischen Bürgertums, Ausstellungskatalog, Hamburg 1975, S. 15.

5 F. Winkelmann: Wohnhaus und Bude in Alt-Hamburg, Die Entwicklung der Wohnverhältnisse von 1250 bis 1830. Berlin 1937, S. 31.

6 Zitiert nach P. E. Schramm: Neun Generationen. Bd. 2, Göttingen 1964, S. 239f.

7 J. Gallois, Zitiert nach Schramm 1964, S. 240.

8 Zitiert nach W. Nahrstedt: Die Entstehung der Freizeit, dargestellt am Beispiel Hamburgs. Göttingen 1972, S. 204,

9 H. Krüß, Von meinen Vorfahren, Heft 8, Hamburg 1921, S. 4f;

10 H. Reincke: Hamburgs Bevölkerung, in: H. Reincke: Forschungen und Skizzen zur Hamburgischen Geschichte. Hamburg 1951, S. 178.

11 Johannes Schult: Geschichte der Hamburger Arbeiter. 1890–1919. Hannover 1967, S. 33.

12 Über die Tuberculose in Hamburg und ihre Bekämpfung. Anl. 9 zum Jahresbericht der Fabrikinspection 1896. In: Jahresbericht der Polizeibehörde für das Jahr 1896, S. 71–74, S. 72.

13 Jahresbericht der Fabrikinspection 1895. In: Jahresbericht der Polizeibehörde für das Jahr 1895, S. 51.

14 J. J. Reincke: Die Beaufsichtigung der vorhandenen Wohnungen (inkl. Sanierung

oder Beseitigung ungesunder Quartiere),
in: Neuere Untersuchungen über die Wohnungsfrage in Deutschland und im Ausland, 1. Bd.: Deutschland und Österreich
(Schriften des Vereins für Sozialpolitik,
XCV) Leipzig 1901, S. 3–43, S. 14 u. 26.
15 Zur Wohnungsfrage in Hamburg, 1–2.
Denkschrift bearbeitet im Auftrage des
Architekten- und Ingenieurvereins zu
Hamburg zum Zwecke der Gründung einer Hamburger Volksbaugesellschaft.
Hamburg 1892.
16 Die ‚Produktion‘ in Hamburg.
1899–1924. Geschichte einer genossenschaftlichen Verbrauchervereinigung von
der Gründung bis zum fünfundzwanzigsten
Geschäftsabschluß. Hamburg 1924, S. 36.
17 Camilla Schmidt von Knobelsdorf: Heinrich Jacob Bernhard Freiherr von Ohlendorff. Ein Lebensbild aus Hamburgs
Glanzzeit. Hamburg 1926, S. 44.
18 Zitiert nach Thomsen 1975[4], S. 89.
19 Walther Classen: Sechzehn Jahre im Arbeiterquartier. Dem Andenken unserer
gefallenen Freunde aus dem Hammerbrook. (Hamburg) 1932, S. 65.

Ein Stadthaus an der Alster

1 Fürst Bernhard von Bülow: Denkwürdigkeiten Bd. IV, o. J., S. 33.
2 Literatur zum Stadtpalais des Gottlieb Jenisch: Renata Klée Gobert, Joachim Gerhardt: Das Haus Neuer Jungfernstieg 18,
Überseeclub. Hamburg 1972.
3 Literatur zum Landhaus des Martin Johann
Jenisch: Günther Grundmann: Jenischpark
und Jenischhaus, Hamburg 1957. Christian
L. Küster: Jenisch-Haus, Museum großbürgerlicher Wohnkultur (Schnell, Kunstfüh-
rer Nr. 1322), München, Zürich 1982.

Die Hütten der Armut

1 Vgl. M. Grüttner: Soziale Hygiene und Soziale Kontrolle. Die Sanierung der Hamburger Gängeviertel 1892–1936, in: Arno
Herzig u.a. (Hg.): Arbeiter in Hamburg.
Hamburg 1983, S. 359–371, 359
2 Neue Hamburger Zeitung Nr. 499, 24. 10.
1897.
3 C. J. Fuchs: Die Hamburger Sanierung, in:
Zeitschrift für Wohnungswesen, Jg. 3
(1904/05), S. 277–279, 279.
4 Zitate aus: H. Asher: Das Gängeviertel und
die Möglichkeit, dasselbe zu durchbrechen.
Hamburg 1865, S. 6–8.
5 Vgl. Lutz Niethammer/Franz Brüggemeier:
Wie wohnten Arbeiter im Kaiserreich? in:
Archiv für Sozialgeschichte, Bd. 16 (1976),
S. 61–134, 114ff.
6 Zitate aus: Berliner Tageblatt Nr. 47, 26. 1.
1906.
7 Zitate aus: Asher 1865, S. 5f.

Buden, Sähle, Höfe, Terrassen, Passagen

1 Winkelmann, F.: Wohnhaus und Bude in
Alt-Hamburg. Die Entwicklung der Wohnverhältnisse von 1250 bis 1830. Berlin
1937, S. 8.
2 Hamburg und seine Bauten. Hamburg
1890, S. 557.
3 Architekten- und Ingenieurverein Hamburg: Bericht des am 1. März 1901 gewählten Ausschusses, betreffend die Arbeiterwohnungsfrage. Hamburg 1903, S. 32.

Das Etagenhaus

1 Zur allgemeinen Information sei verwie-
sen auf: Hamburg und seine Bauten, hrsg.
vom Architekten- und Ingenieurverein zu
Hamburg, Hamburg 1890 und (2 Bde.)
1914.
Ilse Möller: Die Entwicklung eines Ham-
burger Gebietes von der Agrar- zur Groß-
stadtlandschaft. Hamburg 1958.
Hermann Funke: Zur Geschichte des
Miethauses in Hamburg. Hamburg 1974.
Hermann Hipp: Colonnaden. Arbeitshefte zur Denkmalpflege in Hamburg Nr. 2.
Hamburg 1975.
Hermann Hipp: Harvestehude – Rotherbaum. Arbeitshefte zur Denkmalpflege in
Hamburg Nr. 3. Hamburg 1976.
Peter Wiek: Das großstädtische Etagenhaus – Vergleiche zwischen Hamburg,
Berlin und Wien. In: Österreichische Zeitschrift für Kunst und Denkmalpflege, Heft
3/4, 1982, S. 149–163.
Peter Wiek: Bauen und Wohnen in Hamburg 1870–1914. Beiheft zur Bildreihe H
116 der Staatlichen Landesbildstelle
Hamburg. Hamburg 1983.
2 Der Wiederaufbau vollzog sich im Rahmen der Bestimmungen der vom Senat
eingesetzten Technischen Kommission.
3 Vor allem massive Innenwände. Treppen
mußten – seit 1882 – in Stein ausgeführt
werden, wenn sie mehr als sechs Wohnungen erschließen und den einzigen Zugang
zu diesen bilden (Gesetzsammlung der
Freien und Hansestadt Hamburg, 18. Bd.,
1882, S. 41).
4 Vgl. Wiek 1982, S. 150ff.
5 Vgl. J. Classen und E. Vincenz: Kleine
Wohnungen. In: Hamburg und seine Bauten 1914, Bd. 1, S. 575–594.
6 Bauten dieser Art wurden richtungswei-
send für den Hamburger Wohnungsbau
nach dem Ersten Weltkrieg.
7 Vgl. Wiek 1982, S. 155f.
8 Anders in Wien, wo die Drei-Zimmer-
Wohnung (auch zwei Zimmer und Kabinett) bereits alle Merkmale der gehobenen
Kategorie zeigt.
9 Vgl. Hamburg und seine Bauten 1914,
Bd. 1, S. 501f.
10 Vgl. Wiek, 1982, S. 156ff.

11 Die Fassaden wurden meist von Bauge-
werksmeistern entworfen, aber auch pro-
minente Hamburger Architekten sind mit
Etagenhäusern vertreten.

Ein helles Schlafzimmer

1 Zit. n. Sonja Günther: Arbeitermöbel. Ar-
chitektenentwürfe zu Arbeitermöbeln in
Deutschland von der Jahrhundertwende bis
zum Beginn des Ersten Weltkrieges, in:
Kunst und Alltag um 1900. (Werkbund-
Archiv, Jahrbuch 3). Lahn-Giessen 1978,
S. 179–188, S. 184.
2 Der Verein für Kunstpflege und sein Ziel,
Broschur, S. 3.
3 Hamburger Echo vom 28. 10. 1908.
4 Hamburger Echo vom 19. 12. 1907.
5 Der Verein für Kunstpflege ..., S. 6; Hamburger Echo vom 12. 12. 1909.
6 Die gesamten Ausführungen Raspes sind
dem Hamburger Echo vom 28. 10. 1908 zu
entnehmen.
7 Hamburger Echo vom 19. 12. 1912.

Die Hauptträgerin des Familienlebens

1 Allgemeine deutsche Real-Ecyklopädie
für die gebildeten Stände, Brockhaus
1865, 6. Bd., S. 553f.
2 H. Rosenbaum: Formen der Familie,
Frankfurt a. M. 1982, S. 251.
3 N. Gerhardt: Verhältnisse und Verhinderungen, Frankfurt 1978, S. 79ff; Rosenbaum 1982, S. 251ff; J. Weber-Keller-
mann: Die deutsche Familie, Frankfurt
a. M. 1974, S. 97ff; vgl. auch das Kapitel
Miedjes und andere erwerbstätige Frauenspersonen!
4 M. Kortmann: Emilie Wüstenfeld. Eine
Hamburger Bürgerin. Hamburg 1927,
S. 100.
5 P. E. Schramm: Neun Generationen,
Bd. 2. Göttingen 1964, S. 427.
6 L. Lippmann: Mein Leben und meine
amtliche Tätigkeit, Hamburg o. J., S. 28.
7 Lebenserinnerungen von Olga Schramm,
geb. O'Swald (1869–1965), Hamburg
1946/47, StA. Familienarchiv, K 10/1, Familie Schramm, S. 26.
8 E. Oppens: Hamburg zu Kaisers Zeiten.
Hamburg 1976, S. 112; M. Deutelmoser,
B. Ebert: „Leichte Mädchen", hohe Herren und energische Frauen, in: J. Berlin
(Hg.): Das andere Hamburg. Köln 1981,
S. 145.
9 Die Gesundheitsverhältnisse Hamburgs
im 19. Jh., Hamburg 1901, S. 87; St. Jb.
1932/33, Hamburg 1933, S. 47; St. Jb.
1920, S. 19; A. Kraus: Die Unterschichten
Hamburgs in der ersten Hälfte des 19. Jh.,
Stuttgart 1965, S. 42; Rosenbaum 1982,
S. 424; Gerhardt 1978, S. 97.

10 Lippmann o. J., S. 76 ff. Die Ausgaben der Lippmanns liegen im Durchschnitt ihrer Einkommensschicht, vgl. R. E. Mey: Kosten der Lebenshaltung und Entwicklung der Einkommensverhältnisse in Hamburg seit 1890. München/Leipzig 1915, S. 375 f.

11 Schramm 1964, S. 401 f.

12 Schramm 1964, S. 421 f.

13 M. Freudenthal: Gestaltwandel der städtischen bürgerlichen und proletarischen Hauswirtschaft, 1. Teil 1760–1910, Würzburg 1934, S. 131 ff; Gerhardt 1978, S. 65; G. Kittler: Hausarbeit. Zur Geschichte einer ‚Natur-Ressource‘. München 1980, S. 15 ff; S. Meyer: Das Theater mit der Hausarbeit, Frankfurt a. M. 1982, S. 16 ff; R. Schulte, Dienstmädchen im herrschaftlichen Haushalt, in: Zeitschrift f. bayr. Landesgeschichte Bd. 4, 1978, 883 ff; J. Teuteberg, G. Wiegelmann: Der Wandel der Nahrungsgewohnheiten unter dem Einfluß der Industrialisierung. Göttingen 1972, S. 241 ff.

14 H. Davidis: Die Hausfrau. Praktische Anleitung zur selbständigen Führung von Stadt- und Landhaushaltungen, Leipzig 1877, S. 10; Teuteberg 1972, S. 297.

15 Davidis 1877, S. 279.

16 L. Schneider: Der Arbeiterhaushalt im 18. und 19. Jh., Berlin 1967, S. 104 f.

17 F. Brüggemann, L. Niethammer: Schlafgänger, Schnapskasinos und schwerindustrielle Kolonien, in: J. Reulcke u. a. (Hg.): Fabrik, Familie, Feierabend. Wuppertal 1978, S. 174; S. Meyer 1982, S. 294 ff; J. Ehmer: Wohnen ohne eigene Wohnung, in: L. Niethammer (Hg): Wohnen im Wandel. Wuppertal 1979, S. 147.

18 Stat. Hb. 1891, S. 91; Stat. Hb. 1920, S. 135.

19 F. Wartenberg: Erinnerungen eines Mottenburgers, Hamburg 1982, S. 29 f; Die Produktion in Hamburg. 1899–1924, Hamburg 1924, S. 34 ff und S. 104 f.

20 Mitteilungen aus der Arbeit der Hamburger Stadtmission, Nr. 20, 25. 7. 1899, S. 77 ff; S. Meyer, 1982, S. 276 ff.

21 Das häusliche Glück. Vollständiger Haushaltungsunterricht nebst Anleitung zum Kochen für Arbeiterfrauen. Gladbach und Leipzig 1882 (Nachdruck), S. 5 ff; Gleichheit, Nr. 19, 10. 6. 1914, 24. Jg., S. 74 f.

22 Schreiben Agnes Wolffsons v. 25. 9. 1906 an die Oberschulbehörde, in: StA. Oberschulbehörde V, Nr. 714 a, Bd. 2.

23 Aufruf! Haushaltungsschule Sachsenstraße 69, in: Hamb. Correspondent Nr. 129, 4. 6. 1899; StA. Cl. VII, Lit. Qd, Nr. 187, Vol. 1.

24 Gutachten des Armen-Collegiums v. 24. 9. 1900, in: StA. Cl. VII, Lit. H, Nr. 8, Vol. 42, Fasc. 1.

25 Dr. Stuhlmann: Fortbildungs- und Haushaltungsschulen für Mädchen. Reisebericht i. A. des Senats, Hamburg 1900, S. 11; Mitteilungen des Senats an die Bür-

gerschaft, 27. 4. 1908. Antrag, betreffend die sukzessive Einführung des Haushaltungsunterrichts in den Mädchenvolksschulen, in: StA. Oberschulbehörde V, Nr. 714 a, Bd. 2.

Kinderarbeit

1 Auszüge aus einem Interview vom 18. 5. 1981. Die Namen wurden geändert.

2 Schreiben der Oberschulbehörde Hamburg v. 30. 6. 1911, in: StA., Oberschulbehörde, Nr. 808 b, Bd. II; Ergebnisse der Erhebung über die Kinderarbeit v. 15. 11. 1904, veröff. April 1911, in: ebenda; K. Saul u. a. (Hg.): Arbeiterfamilien im Kaiserreich. Düsseldorf 1982, S. 206 ff.

3 Reichsgesetzblatt Nr. 14, Gesetz betreffend Kinderarbeit in gewerblichen Betrieben, hg. am 2. 4. 1903 in Berlin, in: StA. Oberschulbehörde, Nr. 808 b, Bd. II.

4 Schreiben der Oberschulbehörde v. 30. 6. 1911, in: ebenda.

5 H. Rosenbaum: Formen der Familie. Frankfurt a. M. 1982, S. 458 f.

6 A. M. Wettstein: 3½ Monate Fabrikarbeiterin, Berlin 1892, zit. n. M. Soder: Hausarbeit und Stammtischsozialismus. Gießen 1980, S. 36.

7 R. P. Neumann: Geburtenkontrolle der Arbeiterklasse im wilhelminischen Deutschland, in: D. Langewiesche, K. Schönhoven: Arbeiter in Deutschland. Studien zur Lebensweise der Arbeiterschaft im Zeitalter der Industrialisierung. Paderborn 1981, S. 187–205.

8 Die Gesundheitsverhältnisse, S. 80 ff und S. 143 ff; St.h.St., H. 17, Hamburg 1918, S. 30 ff.

9 A. Bergmann: Geburtenrückgang-Gebärstreik, in: Archiv für die Geschichte des Widerstandes und der Arbeit, Nr. 4, Berlin 1981, S. 7 ff.

10 O. Rühle: Illustrierte Kultur- und Sittengeschichte des Proletariats, Bd. 2, Gießen 1977, S. 216 ff.

Die Dienstbotenordnung von 1899

1 Der Artikel stützt sich auf Akten und Verordnungen aus dem Staatsarchiv Hamburg: Senat Cl. VII Lit. Lb Nr. 17 1 Vol 1 und 17 a 1 Vol 1 und 9.
Meldewesen B 5, 9, 11, 19, 21 Bd. 1–3.
Verordnung in Beziehung auf das Gesinde, welche durch den Rath- und Bürgerschluß vom 28. Nov. 1833 vorläufig auf Fünf Jahre beliebt worden. Auf Befehl eines Hochedlen Raths der freyen Hansestadt Hamburg. publicirt den 30. Dec. 1833.
Polizeiverfügung vom 29. März 1837. Da mittels Conclusi Ampl. Senatus v. 15. März 1837 gestattet worden ist, daß auch einheimische Dienstboten, wenn sie sich freiwillig

dazu melden, derselben Kontrolle unterworfen werden können, welche hinsichtlich des Gesindes aus der Fremde stattfindet.
Verordnung in Beziehung auf das Gesinde und die Nachweisungs-Comptoire und Dienstbotenvermieter und -vermietherinnen. Auf Befehl eines Hochedlen Raths der freyen Hansestadt Hamburg. publicirt den 14. Juni 1839.
Verordnung in Beziehung auf das Gesinde und die Nachweisungs-Comptoire und Dienstbotenvermieter und -vermietherinnen, welche durch den Rath- und Bürgerschluß vom 31. Juli 1845 beliebt worden. Auf Befehl eines Hochedlen Raths der freyen Hansestadt Hamburg. publicirt den 8. Aug. 1845.
Verordnung von 1845 in Bezug auf das Gesinde und die Nachweisungscomptoire für Dienstboten nach Maßgabe der Gewerbeordnung für den Norddeutschen Bund v. 30. Sept. 1869.
Revidierte Verordnung in Bezug auf das Gesinde und die Nachweisungs-Comptoire für Dienstboten v. Juli 1874.

Prostitution

1 ‚Hamburg und Altona. Journal zur Geschichte der Zeit, der Sitten und des Geschmacks. 3. Bd. 1805, S. 50, In: Urban 1927 (siehe Anm. 3), S. 15 f.

2 G. Schönfeldt: Beiträge zur Geschichte des Pauperismus und der Prostitution in Hamburg. Weimar 1897, S. 150.

3 A. Urban: Staat und Prostitution in Hamburg 1807–1922. Hamburg 1927, 18 ff und S. 140 ff; A. Knack: Groß-Hamburg im Kampf gegen Geschlechtskrankheiten und Bordelle. Hamburg 1927, S. 20 ff.

4 Urban 1927, S. 34; M. Deutelmoser, B. Ebert: ‚Leichte Mädchen‘, hohe Herren und energische Frauen, in: J. Berlin (Hg.): Das andere Hamburg, Köln, 1981, S. 144.

5 P. Hirsch: Verbrechen und Prostitution als soziale Krankheitserscheinung. Berlin 1897, S. 24 ff; P. Kampffmeyer: Die Prostitution als soziale Klassenerscheinung und ihre sozialpolitische Bekämpfung. Berlin 1905, S. 115 ff; H. Lux: Die Prostitution, ihre Ursachen, ihre Folgen und ihre Bekämpfung. Berlin 1892, S. 6 ff.

6 Urban 1927, S. 40 ff; R. J. Evans: Sozialdemokratie und Frauenemanzipation im deutschen Kaiserreich. Berlin, Bonn 1979, S. 254 f; R. Schulte: Sperrbezirke. Tugendhaftigkeit und Prostitution in der bürgerlichen Welt. Frankfurt a. M. 1979, S. 39 ff.

7 R. J. Evans: Prostitution, State and Society in Imperial German, in: Past and Present. A Journal of Historical Studies, 70. 1976, S. 110; Urban 1927, S. 80 ff; Deutelmoser/Ebert, S. 146.

Anhang

8 Urban 1927, S. 86 ff; Evans 1979, S. 251 ff; Hirsch, Kampffmeyer und Lux (s. o.) waren Sozialdemokraten. Vgl. A. Bebel: Die Frau und der Sozialismus. Frankfurt a. M. 1976, S. 207 ff; Zur bürgerlichen Protestbewegung vgl. das Kapitel ‚Aus dem keuschen Dämmer des Hauses herausgezogen . . .‘.
9 Die deutschen Frauen und die Hamburger Bordelle. Eine Abrechnung mit dem Syndikus Dr. Schäfer-Hamburg wegen seiner Reichstagsrede am 28. 1. 1904, Poßnack i. Th. 1904, S. 13 f.
10 Schulte 1979, S. 173; vgl. zur gesellschaftlichen Funktion der Prostitution das Kapitel ‚Die Hauptträgerin des Familienlebens ist die Frau . . .‘.

Bürgerliche Frauenbewegung

1 M. v. Meysenburg: Memoiren einer Idealistin, Bd. 1. Berlin-Leipzig o. J., S. 359 und S. 237.
2 M. Kortmann: Emilie Wüstenfeld. Eine Hamburger Bürgerin. Hamburg 1927, S. 36 ff.
3 M. Twellmann: Die deutsche Frauenbewegung. Ihre Anfänge und erste Entwicklung. 1843–1889. Kronberg 1976, S. 15 ff.
4 Hanseatische Frauenzeitung, Nr. 1, 5. 12. 1897, 2. Blatt; Die Tätigkeit des ADF Ortsgruppe Hamburg nebst Zweigvereinen, 1896–1916, Hamburg 1916, S. 6 ff.
5 Die Tätigkeit des ADF Ortsgruppe Hamburg nebst Zweigvereinen, 1896–1907, Hamburg 1907, S. 8.
6 M. Deutelmoser, B. Ebert: ,,Leichte Mächden“, hohe Herren und energische Frauen, in: J. Berlin (Hg.): Das andere Hamburg. Köln 1981, S. 142; R. J. Evans: The Feminist Movement in Germany. 1894–1933. London 1976, S. 54.
7 Gesetz betreffend das Versammlungsrecht v. 19. 5. 1893, in: Gesetzessammlung der FHH, Amtl. Ausg., Bd. 30 (1893), Hamburg o. J., Deutelmoser/Ebert 1981, S. 151. Ebert, B., Bürgerliche Moral und radikale Frauenbewegung des Bürgertums. 1894–1910, Hamburg 1978 (Maskr.), S. 72; Zum Hamburger System der Reglementierung vgl. das Kapitel ‚Die Scheidung zwischen dem Prostituierten und dem anständigen Teil der Bevölkerung‘.
8 Tätigkeitsbericht 1916, S. 18.
9 M. Deutelmoser: Die bürgerliche Frauenbewegung im Kaiserreich. Das Beispiel Hamburg. 1896–1914, Hamburg 1978 (Maskr.), S. 42 und S. 146 ff.

Proletarierinnen auf zur Tat

1 In: StA. PP. S. 3457. Zentralverein der Frauen und Mädchen.

2 R. J. Evans: Sozialdemokratie und Frauenemanzipation im deutschen Kaiserreich. Berlin, Bonn 1979, S. 64.
3 Bebel, S. 21 ff.
4 ,Monstreprozeß vor dem Schöffengericht‘, HE, Nr. 131, 8. 6. 1895, in: StA. PP. S 3457.
5 H. Niggemann: Emanzipation zwischen Sozialismus und Feminismus. Die sozialdemokratische Frauenbewegung im Kaiserreich. Wuppertal 1981, S. 67; M. Juchacz: Sie lebten für eine bessere Welt. Lebensbilder führender Frauen des 19. und 20. Jahrhunderts, Hannover 1971, S. 63 ff.
6 Niggemann 1981, S. 68 f; Evans 1979, S. 172 ff. StA. PP. S 8897, Bd. 1, Akte 1; D. Fricke: Die deutsche Arbeiterbewegung 1869 bis 1914. Berlin 1976, S. 313 ff.
7 Protokoll über die Verhandlungen des Parteitages der SPD, Mannheim 23.–29. 9. 1906, Berlin 1906, S. 350 ff; Evans 1979, S. 214; Evans, R. J., Politics and the family: social democracy and the working-class familiy in the theory and practice before 1914, in: R. J. Evans, W. R. Lee (Hg.): The German Family. London 1981, S. 256 ff.
8 StA. PP. S 8897, Bd. 7. Jahresbericht der SPD-Landesorganisation Hamburg und der 3 Hamburger Wahlkreise 1909/10, Hamburg 1910, S. 52, S. Richebächer: Uns fehlt nur eine Kleinigkeit. Deutsche proletarische Frauenbewegung 1890–1914, Frankfurt a. M. 1982, S. 220 ff.
9 Flugblatt: ‚Frauen und Mädchen Hamburgs kämpft für eure Staatsbürgerrechte!‘, in: StA, PP. 8897, Bd. 7; Ebenda, Bd. 3, Der Frauenwahlrechtstag, in: HE v. 21. 3. 1911; Evans 1979, S. 219 ff; R. Wurms: Der Internationale Frauentag. Wir wollen Freiheit, Frieden, Recht. Frankfurt a. M. 1980, S. 21 ff.

Vergnügungen

1 Vgl. dazu: Wolfgang Nahrstedt: Die Entstehung der Freizeit. Dargestellt am Beispiel Hamburgs. Ein Beitrag zur Strukturgeschichte und zur strukturgeschichtlichen Grundlage der Freizeitpädagogik. Göttingen 1972. Dort weitere Literatur.
2 Zu diesem Komplex vgl. auch: Willi Geismeier: Biedermeier. Das Bild vom Biedermeier – Zeit und Kultur des Biedermeier – Kunst und Kunstleben des Biedermeier. Leipzig 1979.
3 Hartwig Fiege: Aus dem Leben eines unteren Postbeamten vor dem Ersten Weltkriege, in: Hamburgische Geschichts- und Heimatblätter. Bd. 10, 1977/81, S. 119–132.
4 Vgl. die Darstellung bei: Percy Ernst Schramm: Neun Generationen. Dreihundert Jahre deutscher ,,Kulturgeschichte“ im Lichte der Schicksale einer Hamburger

Bürgerfamilie (1648–1948). Bd. II. Göttingen 1964, S. 274–283.
5 Schramm 1964, S. 449–460.
6 Schramm 1964, S. 278.
7 Gerhard Ahrens (Hrsg.): Unser Großelternhaus im Wandrahm. Jugenderinnerungen von Anna Eimer geb. Lutteroth, in: Hamburgische Geschichts- und Heimatblätter. Bd. 10, 1977/81, S. 115/116.
8 Vgl. dazu die Schilderungen bei: Paul Theodor Hoffmann: Die Elbchaussee, ihre Landsitze, Menschen und Schicksale. Hamburg 1937.
9 Mary Amélie Sloman: Erinnerungen. Hamburg 1957.
10 Vgl. Ahrens 1977/81, S. 117/118.
11 Fiege 1977/81, S. 128.
12 Fiege 1977/81, S. 129.
13 Vgl.: Renate Hauschild-Thiessen (Hrsg.): Eine Kindheit in St. Georg. Erinnerungen von Pastor Karl Julius Wilhelm Klose (1857-1943), in: Hamburgische Geschichts- und Heimatblätter. Bd. 9, 1971/76, S. 243/244.
14 John Strang: Hamburg 1831. Hrsg. v. Gesine Espig und Rüdiger Wagner. Hamburg 1981, S. 58/59.
15 Jeremias Gotthelf: Reisebericht 1821, hrsg. von Kurt Guggisberg. Zürich 1953.
16 Edith Oppens: Hamburg zu Kaisers Zeiten. Hamburg 1976, S. 140.
17 Lt. Renate Hauschild-Thiessen (Hrsg.): Aufzeichnungen von Julie Plath aus den Jahren 1840 bis 1850, in: Hamburgische Geschichts- und Heimatblätter. Bd. 9, 1971/76, S. 145.
18 Zu der Entwicklung des Vereinswesens in Hamburg während des 19. Jahrhunderts vgl. vor allem: Herbert Freudenthal: Vereine in Hamburg. Ein Beitrag zur Geschichte und Volkskunde der Geselligkeit. Hamburg 1968.
19 Dazu als Beispiel der sozialen Zusammensetzung von Wandel und Zielsetzung dieser Organisationen vgl.: Geert Seelig: Die ,,Juristische Lesegesellschaft von 1828“. Betrachtungen zu ihren Anfängen und ihrem Werdegang, in: Hamburgische Geschichts- und Heimatblätter. Bd. 10, 1977/81, S. 164–176.
20 Vgl. zu den Hamburger Festen des 19. Jahrhunderts: Gisela Jaacks: Festzüge in Hamburg 1696–1913. Bürgerliche Selbstdarstellung und Geschichtsbewußtsein. Hamburg 1972.

Promenade

1 Friedrich von Hagedorn: Sämmtliche Poetische Werke. Leipzig o. J., S. 322.
2 Zitiert nach: Die Freie und Hansestadt Hamburg und ihre Umgebung. Hamburg-Norderstedt 1981, S. 12.
3 Der Freischütz, 23. Juli 1853.
4 Hamburger Fremdenblatt, 3. Mai 1930.

Germania und Hammonia

1 Vgl. dazu: Thomas Nipperdey: National-idee und Nationaldenkmal in Deutschland im 19. Jahrhundert, in: Historische Zeitschrift Bd. 206, 1968, S. 529–585.

2 Vgl. dazu: Helmuth Plessner: Die verspätete Nation. Über die politische Verführbarkeit bürgerlichen Geistes. Stuttgart 1959.

3 Zu den Festzügen des 19. Jahrhunderts vgl.: Wolfgang Hartmann: Der historische Festzug. Seine Entstehung und Entwicklung im 19. und 20. Jahrhundert. München 1976. Zu den Hamburger Festzügen und ihrer Symbolik speziell: Gisela Jaacks: Festzüge in Hamburg 1696–1913. Bürgerliche Selbstdarstellung und Geschichtsbewußtsein. Hamburg 1972; und Gisela Jaacks: Hermann, Barbarossa, Germania und Hammonia. Nationalsymbole in Hamburger Festzügen des Kaiserreichs, in: Beiträge zur deutschen Volks- und Altertumskunde H. 18/1979, S. 57–66.

4 Vgl.: Heinrich Reincke: Die Schutzpatrone der Stadt Hamburg, in: Hamburger geschichtliche Beiträge. Hamburg 1935, S. 1–19.

5 Vgl. den Ausstellungskatalog: Der Kölner Dom im Jahrhundert seiner Vollendung. Bd. 1, Köln 1980, S. 210–214.

6 S. den Wortlaut der Ehrenurkunde für den Vorsitzenden des Festausschusses zur ,,Hundertjahrfeier Kaiser Wilhelm des Großen".

7 Vgl. die Beschreibung in: Jörgen Bracker, Carsten Prange (Hrsg.): Alster, Elbe und die See. Hamburgs Schiffahrt und Hafen in Gemälden, Zeichnungen und Aquarellen des Museums für Hamburgische Geschichte. Hamburg 1981, S. 216/217.

Arbeiterturner

1 ATB-Vereine zum 30. Juni 1894: ATV Barmbek (48 Mitglieder), ATV Bergedorf (48), ATV Vorwärts Hamburg (120), Arb.-Tschft. von 1893 Harburg (225), Tschft. Hinschenfelde 1890 (90), ATV Ottensen (66), TV Vorwärts Reierstieg (162), ATV Phönix Sande-Lohbrügge (38), Tschft. Wandsbek von 1881 (119).

Musikleben

1 Zur Darstellung des Hamburger Musiklebens vgl. vor allem: Josef Sittard: Geschichte des Musik- und Concertwesens in Hamburg vom 14. Jahrhundert bis auf die Gegenwart. Altona/Leipzig 1890.
Zu der Entwicklung der wichtigsten Musikinstitution, die im 19. Jahrhundert das öffentliche Musikleben Hamburgs bestimmte, vgl.: Kurt Stephenson, Hundert Jahre Philharmonische Gesellschaft in Hamburg. Hamburg 1928; und: Joachim E. Wenzel: Geschichte der Hamburger Philharmonie 1829–1979. Hamburg 1979.

2 Zur Organisation des frühen Hamburger Musiklebens vgl.: Liselotte Krüger: Die hamburgische Musikorganisation im XVII. Jahrhundert. Straßburg/Leipzig/Zürich 1933; Gisela Jaacks: Musikleben in Hamburg zur Barockzeit. Hamburg 1978.

3 Dazu: Benedict Avé-Lallemant: Rückblicke auf das Dritte Norddeutsche Musikfest zu Hamburg. Lübeck 1841.

4 Avé-Lallemant 1841, S. 39.

Literatur

1 Ludwig Börne: Sämtliche Schriften. Hrsg. von Inge und Peter Rippmann. Bd. 1–5. Darmstadt 1964–68. Bd. 4, S. 1017.

2 Heinrich Heine: Werke und Briefe. Hrsg. von Hans Kaufmann. Bd. 1–10. Berlin, Weimar 1972. Bd. 3, S. 383.

3 Heine 1972, Bd. 8, S. 8.

4 Heine 1972, Bd. 5, S. 131.

5 Heine 1972, Bd. 8, S. 406.

6 Wilhelm Hocker: Poetische Schriften. Kiel 1843. S. 133, S. 3.

7 Hans Schröder: Lexikon der hamburgischen Schriftsteller bis zur Gegenwart. Bd. 1–8. Hamburg 1851–70. Bd. 3, S. 282.

8 Hocker 1843, S. 203.

9 vgl. Heinz Stolte: Wilhelm Hocker, Dichter und Rebell aus dem hamburgischen Vormärz, in: Hebbel-Jahrbuch 1977. S. 9–53.

10 Carl Butendorff, in: Gedichte über den Hamburger Brand von 1842. Sammelband der Staats- und Universitätsbibliothek Hamburg. Ohne Paginierung.

11 Louis Eduard Goulay, in: Gedichte über den Hamburger Brand. (s. Anm. 10)

12 Heine 1972, Bd. 1, S. 486.

13 Hocker 1843, S. 20.

14 Heine 1972, Bd. 7, S. 269.

15 Hocker 1843, S. 114f.

16 Heine 1972, Bd. 1, S. 491.

17 Schröder Bd. 2, S. 117f.

18 Reform 44, 1848.

19 Benno Diederichs: Die Hamburger. Blankenese 1909. S. 104.

20 Arnold Latwesen: Otto Ernst. Leipzig 1912. S. 86.

21 Goldene Frucht. Anthologie der hamburgischen Dichtung. Bd. 1–2. Hamburg 1926. Bd. 1, S. 121.

22 Richard Dehmel: Ausgewählte Briefe. 1902–20. Berlin 1923. S. 289; die ,,Quadriga" sind die bisherigen vier Autoren des Verlags.

23 Heinrich Schacht: Bilder aus Hamburgs Volksleben. Hamburg 1855. S. 45.

24 Schacht 1855, Einleitung, unpaginiert.

25 Schacht 1855, S. 121.

Kino

1 Der Kinematograph (Düsseldorf), Nr. 126 vom 26. 5. 1909.

2 Vgl. Rüdiger Wagner: Die Anfänge der Kinematographie in Hamburg, in: Hamburger Filmgespräche IV, hrsg. von der Hamburger Gesellschaft für Filmkunde e. V., Hamburg 1972.

3 Ein Augenzeugenbericht ist abgedruckt in: Lichtbildbühne (LBB; Berlin), Nr. 196 vom 16. 8. 1930, Sondernummer Hamburg.

4 Hamburger Fremdenblatt, Nr. 284 vom 3. 12. 1905.

5 Hamburger Fremdenblatt, Nr. 285 vom 4. 12. 1905.

6 Hamburger Dom-Zeitung vom 6. 12. 1908.

7 Vgl. Wagner 1972 – Das angebliche Eröffnungsprogramm in LBB, Nr. 196 und Hamburger Abendblatt vom 20. 2. 1950.

8 Bezirksamt Hamburg-Mitte, Bauprüfabteilung, Bauprüfakte Nr. 5479, zit. nach Wagner 1972.

9 Bericht der Kommission für ,,Lebende Photographien", hrsg. von der Gesellschaft der Freunde des vaterländischen Schul- und Erziehungswesens zu Hamburg, Hamburg 1907 (Nachdruck Hamburg 1980), S. 23.

10 Bericht der Kommission, 1907, S. 31 ff.

11 Zit. nach: Kinematograph, Nr. 28 vom 10. 7. 1907.

12 Hamburger Fremdenblatt, Nr. 301 vom 25. 12. 1906.

13 Max Kullmann: Die Entwicklung des deutschen Lichtspieltheaters. Kollmünz 1935.

14 Kinematograph, Nr. 130 vom 23. 6. 1909; Hamburger Fremdenblatt, Nr. 301 vom 25. 12. 1906.

15 LBB 1930.

16 Hamburger Fremdenblatt, Nr. 273 vom 20. 11. 1907.

17 Kinematograph, Nr. 130 vom 26. 6. 1909.

18 Anzeigen im Hamburger Fremdenblatt im September und Oktober 1908.

19 Kinematograph, Nr. 89 vom 9. 9. 1908.

20 Kinematograph, Nr. 153 vom 1. 12. 1909; Nr. 198 vom 12. 10. 1910; LBB 1930.

21 Kinematograph, Nr. 148 vom 27. 10. 1909.

22 Kinematograph, Nr. 195 vom 21. 9. 1910.

23 Kinematograph, Nr. 203 vom 16. 11. 1910.

24 Altonaer Nachrichten, Nr. 179 vom 17. 4. 1912; Altonaer Tageblatt, Nr. 90 vom 18. 4. 1912.

25 Kinematograph, Nr. 160 vom 19. 1. 1910.

26 Kinematograph, Nr. 241 vom 9. 8. 1911; Nr. 257 vom 29. 11. 1911.

27 Bild und Film (Mönchengladbach), 1. Jg., Nr. 1, S. 21.

Brahms, Vater und Sohn

1 Zit. nach: Max Kalbeck: *Johannes Brahms.* Berlin 1904–1914; bis heute das Standardwerk über Johannes Brahms.

2 Zu den einzelnen Stationen der künstlerischen Laufbahn von Vater und Sohn Brahms in Hamburg übermitteln die verschiedenen Biographien z. T. abweichende Datierungen. Vgl.: Karl Geiringer: *Johannes Brahms. Sein Leben und Schaffen.* Zürich/Stuttgart 1955, hier S. 16; und: Kurt Stephenson (Hrsg.): *Johannes Brahms in seiner Familie – Der Briefwechsel.* Hamburg 1973, hier S. 17, der allerdings auf zuverlässigerem Quellenmaterial basiert.

3 Stephenson 1973, S. 18.

4 Zit. nach: Gustav Jenner: *Brahms als Mensch, Lehrer und Künstler.* Marburg 1905. S. 24.

5 Brief von Christiane Brahms an Johannes Brahms vom 10. 7. 1853.

6 Brief von Fritz Brahms vom 29. 7. 1853.

7 In Schumanns zitiertem Bericht ‚Neue Bahnen‘.

8 Zit. nach: Berthold Litzmann: *Clara Schumann.* 3 Bde. Leipzig 1902–1908. Bd. 2, S. 372.

Kunstverein

1 Handschriftliches Protokollbuch 1822 bis 1947, im Besitz des Kunstvereins.

2 *Lexikon der hamburgischen Schriftsteller bis zur Gegenwart.* Hamburg 1858 ff.

3 Carl Heinz Dingedahl: *David Christopher Mettlerkamp. Kunstdilettant, Sammler und Mitbegründer des Kunstvereins in Hamburg,* in: *Zeitschrift des Vereins für Hamburgische Geschichte* Bd. 62, 1976.

4 Diese und die folgenden biographischen Angaben nach: *Hamburgisches Künstler-Lexicon* (Redaktion O. C. Gaedechens). Hamburg 1854; *Lexikon der hamburgischen Schriftsteller bis zur Gegenwart.* Hamburg 1858 ff; *Allgemeine Deutsche Biographie.* Leipzig 1875 ff.; U. Thieme/ F. Becker: *Allgemeines Lexikon der bildenden Künstler von der Antike bis zur Gegenwart.* Leipzig 1907 ff.

5 Die Sammlungsbestände lassen sich in einigen Fällen aus den Versteigerungskatalogen ermitteln: Mettlerkamp bei Harzen 1825 und bei Chr. Meyer 1857, Möglich bei Harzen 1830, Schaffshausen bei Harzen 1830/31, Röding bei Chr. Meyer 1847, Hardorff bei Chr. Meyer 1864 und 1867. Spezielle Sammlungskataloge gibt es von Gaedechens (1823) und Nic. Hudtwalcker (1854). Zu den – in den späteren Kunstvereins-Ausstellungen gelegentlich vertretenen – Dilettanten gehören A. P. de Beurs, Harzen, Herterich, Lüdert, Mettlerkamp, Moeglich.

6 „Hamburger Kunst-Ansichten" im *Hamburgischen unparteiischen Correspondenten* vom 15. März 1822.

7 In Nürnberg (1792, später Albrecht Dürer-Gesellschaft) und Berlin (1814) handelt es sich anfangs primär um Künstlervereine. Die auf Hamburg folgenden Gründungen sind dann auch Bürgervereine: Karlsruhe (1818), München (1823), Stuttgart (1827), Breslau (1828), Düsseldorf und Frankfurt (1829), Münster (1831), Hannover (1832).

8 Starke Anlehnungen an den Hof kommen jedoch auch vor, vgl. *150 Jahre Württembergischer Kunstverein Stuttgart 1827–1977.* Stuttgart 1977.

9 Georg Friedrich Koch: *Die Kunstausstellung.* Berlin 1967

10 Arnold Otto Meyer: *Rede zur Eröffnung des neuen Ausstellungs-Locales des Hamburger Kunstvereins,* in: *Jahresbericht des Kunstvereins in Hamburg für 1884;* Paul Crasemann: *Die Entstehungsgeschichte des Kunstvereins in Hamburg,* in: *Jahresbericht des Kunstvereins in Hamburg für 1899 ff.;* Hans Platte: *150 Jahre Kunstverein in Hamburg 1817–1967.* Hamburg 1967.

11 *Mitglieder der Hamburgischen Gesellschaft zur Beförderung der Künste und nützlichen Gewerbe. Von dem Stiftungs-jahre 1765 bis zum Juli 1844.* Hamburg o. J. (1844). Die Ehrenmitglieder waren J. Faber, Hardorff, Harzen, Herterich, Mettlerkamp, J. M. Speckter, Wimmel.

12 *Nachrichten von den Verhandlungen und Preisfragen der Hamburgischen Gesellschaft zur Beförderung der Künste und nützlichen Gewerbe.* 27. Stück, Mai 1807.

13 Meyer 1884 und Crasemann 1899 („Mettlerkamp folgte ... dem Vorgange eines älteren Kunstfreundes, dessen Name leider in Vergessenheit gerathen ist"). Übrigens berichtet Gaedechens, der als Zeuge der Ereignisse sicher verläßlich ist, über einen weiteren Gründungsversuch durch den Kunsthändler Johannes Noodt: „Im Jahre 1817 versuchte er durch Ausstellung in einem eignen Local, einer seiner Obhut anvertrauten ausgezeichneten Gemäldesammlung und seiner eignen Mappen und Kunstbücher die Bildung eines Kunstvereins, fand jedoch keine Unterstützung beim Publikum" (*Hamburgisches Künstler-Lexicon* von 1854).

14 *Geschichte der Hamburgischen Gesellschaft zur Beförderung der Künste und nützlichen Gewerbe (Patriotische Gesellschaft),* Teil II: Gustav Kowalewski: *Der innere Bau und das Wirken.* Hamburg 1936 (das Protokoll der zitierten Deliberationsversammlung vom 5. Juli 1817 im 2. Weltkrieg verbrannt).

15 Erst 1832 wurden die Ausstellungen wieder aufgenommen, sie enthalten jetzt ausschließlich handwerkliche Produkte.

16 Sitzungsprotokoll vom 20. Dezember 1824.

17 Aufruf im *Kunstblatt* Nr. 40, 1825.

18 *Verzeichnis der ersten im Hamburger Kunstverein veranlaßten Kunstausstellung.* Hamburg 1826 (Abschrift in der Kunsthalle nach einem Exemplar der Staatsbibliothek, das im 2. Weltkrieg verbrannt ist).

19 Es handelt sich um das seit 1905 in der Hamburger Kunsthalle hängende Bild.

20 „Huttens Grab", Weimar, Staatliche Kunstsammlungen. Identifikation durch Helmut Börsch-Supan/Karl Wilhelm Jähnig: *Caspar David Friedrich. Gemälde, Druckgraphik und bildmäßige Zeichnungen.* München 1973.

21 *Neue Hamburgische Blätter* Nr. 21, 1846.

22 Ausführlicher Bericht in den *Privilegirten wöchentlich-gemeinnützigen Nachrichten von und für Hamburg* vom 14. November 1847.

23 Die Satzung von 1837 ist dem Exemplar der Kunstvereins-Jahresberichte in der Hamburger Kunsthalle beigeheftet. Die Satzung von 1848 ist im entsprechenden Jahresbericht abgedruckt.

24 Gemeint sind der Jurist Moritz Heckscher, die Kaufleute Edgar Daniel Roß und Ernst Merck. Sechs Jahre zuvor hatte eine von acht Mitgliedern der Patriotischen Gesellschaft verfaßte Aufforderung zur Liberalisierung der Hamburger Verfassung die Unterschriften von vier Kunstvereins-Mitgliedern getragen.

25 Die Entwicklungsgeschichte der Galerie im einzelnen und eine Rekonstruktion der ersten Bestände (jetzt in der Hamburger Kunsthalle) bei Volker Plagemann: *Die Anfänge der Hamburger Kunstsammlungen und die erste Kunsthalle,* in: *Jahrbuch der Hamburger Kunstsammlungen* Bd. 11, 1966.

26 *Verzeichnis der Bilder der öffentlichen städtischen Gemälde-Gallerie in Hamburg.* Hamburg o. J. (1850).

27 *Jahresbericht des Kunstvereins in Hamburg für 1880.*

28 *Jahresbericht für 1887.*

29 Gezeigt wurden die Kartons für den Campo Santo in Berlin und die Fresken in der Münchner Glyptothek.

30 *Jahresbericht für 1827.*

31 Im Württembergischen Kunstverein Stuttgart orderte das Königspaar gleich 80 Lose, dort Aktien genannt.

32 Die Kritik ausführlich in den fiktiven Briefen „Ueber die deutschen Kunstvereine, nach Princip, Zweck und Nutzen aufgefaßt", in: *Kunstblatt* Nr. 14 ff, 1832.

33 *Jahresbericht für 1856.*

34 *Jahresbericht für 1858.*

35 *Jahresbericht für 1852.*

Die hamburgischen Zeitungen

1 Literatur:

Ernst Baasch: Geschichte des Hamburgischen Zeitungswesens von den Anfängen bis 1914. Hamburg 1930.

Franz R. Bertheau: Kleine Chronologie zur Geschichte des Zeitungswesens in Hamburg von 1616 bis 1913. Hamburg 1914.

Wilmont Haacke: Publizistik und Gesellschaft. Stuttgart 1970.

Alfred Herrmann: Hamburg und das Hamburger Fremdenblatt, Zum hundertjährigen Bestehen des Blattes 1828–1928. Hamburg 1928.

Kurt Koszyk: Deutsche Presse im 19. Jahrhundert, Geschichte der deutschen Presse – Teil II –. Berlin 1966.

Erich von Lehe, Heinz Ramm, Dietrich Kausche: Heimatchronik der Freien und Hansestadt Hamburg. Zweite Auflage Köln 1967.

Margot Lindemann: Deutsche Presse bis 1815, Geschichte der deutschen Presse – Teil I –. Berlin 1969.

Erich Lüth: Zeitungsstadt Hamburg. Hamburg 1962.

Heinrich Sieveking: Karl Sieveking 1787–1847, Lebensbild eines hamburgischen Diplomaten aus dem Zeitalter der Romantik – II. Teil: Das Syndicat –. Hamburg 1928.

Politik

1 Literatur:

Udo Achten: Illustrierte Geschichte des 1. Mai. Oberhausen 1979.

Hans-Joachim Bieber: Der Streik der Hamburger Hafenarbeiter 1896/97 und die Haltung des Senats, in: Zeitschrift des Vereins für Hamburgische Geschichte, Bd. 64 (1978), S. 91 ff.

Jürgen Bolland: Die Hamburgische Bürgerschaft in alter und neuer Zeit. Hamburg 1959.

Heinrich Bürger: Die Hamburger Gewerkschaften und deren Kämpfe von 1865 bis 1890. Hamburg 1899.

Dokumente zur Geschichte der Handelskammer Hamburg. Hrsg. Handelskammer Hamburg. Hamburg 1965.

Hamburg und sein Handwerk. Handwerkskammer 1873–1973. Mit einem Beitrag von Erich Lüth. Hrsg. Handwerkskammer Hamburg. Hamburg 1973.

Thilo Hampke: Die Entwicklung der Hamburger Industrie, des Handwerks und des Kunstgewerbes. (Hamburg, o. J.).

Eckart Kleßmann: Geschichte der Stadt Hamburg. Hamburg 1981.

Heinrich Laufenberg: Geschichte der Arbeiterbewegung in Hamburg, Altona und Umgegend. Bd. 2, Hamburg 1931.

Volker Ullrich: Die Hamburger Arbeiterbewegung am Vorabend des I. Weltkriegs. Diss. phil. Hamburg 1979.

W. G. H. v. Reiswitz: Die Organisation des Unternehmertums im Unterelbebezirk.

Bildnachweis

Altonaer Museum, Hamburg, Abb. 30, 63, 64, 65, 66 (Leihgabe der Firma Koehring), 117, 119, 138, 215

Archiv Ebeling, Hamburg, Abb. 158, 159, 160, 161, 164

Archiv Käthe Hamann, Hamburg, Abb. 94

Archiv Lachmund, Hamburg, Abb. 85, 118, 265

Archiv für Soziale Demokratie, Bonn, Abb. 143, 328

Denkmalschutzamt, Hamburg, Abb. 11, 34, 44, 162, 163

Beatrice Frehn, Hamburg, Abb. 289

Gedenkstätte Ernst Thälmann, Hamburg, Abb. 247, 325, 326

Gisela Grau, Hamburg, Abb. 230

Karen Hagemann, Hamburg, Abb. 231, 238

Hamburger Kunsthalle, Abb. 19, 92, 270, 271, 282, 283, 284, 285, 286, 287, 306, 317, 318

Hamburger Rathaus, Abb. 201

Jörg Haspel, Hamburg, Abb. 222

Roland Jaeger, Hamburg, Abb. 262, 312, 313, 316

Joachim Kaiser, Glückstadt, Abb. 110, 111, 113

Fritz Kempe, Hamburg, Abb. 290, 291, 292, 293, 294

Museum f. Hamburgische Geschichte, Abb. 1, 2, 3, 4, 5, 6, 7, 8, 9, 10, 12, 13, 14, 15, 16, 17, 18, 20, 21, 22, 23, 24, 25, 27, 28, 29, 31, 32, 33, 35, 36, 37, 38, 39, 40, 41, 42, 43, 45, 46, 47, 48, 49, 50, 51, 52, 53, 54, 55, 56, 57, 59, 60, 61, 71, 72, 73, 74, 75, 76, 77, 78, 79, 80, 81, 82, 83, 84, 86, 87, 88, 89, 90, 91, 93, 95, 96, 97, 98, 99, 100, 101, 102, 103, 104, 105, 106, 107, 108, 109, 112, 114, 115, 116, 120, 121, 122, 123, 124, 125, 126, 127, 128, 129, 130, 131, 132, 133, 134, 135, 136, 137, 139, 140, 141, 142, 145, 146, 147, 148, 149, 150, 151, 153, 154, 155, 156, 157, 165, 166, 167, 168, 169, 170, 171, 172, 174, 175, 176, 177, 178, 179, 180, 181, 182, 183, 184, 185, 188, 189, 190, 191, 192, 193, 194, 195, 196, 197, 198, 199, 200, 202, 203, 204, 205, 206, 207, 208, 209, 210, 211, 212, 213, 214, 216, 217, 218, 219, 220, 221, 223, 224, 225, 226, 228, 229, 232, 233, 234, 235, 236, 237, 239, 240, 241, 243, 244, 245, 250, 251, 252, 253, 254, 255, 256, 257, 258, 259, 260, 261, 263, 264, 266, 267, 276, 277, 278, 279, 280, 281, 295, 297, 302, 303, 304, 305, 314, 315, 319, 320, 321, 322, 324, 327, 329, 330, 331, 332

Museum f. Kunst u. Gewerbe, Hamburg, Abb. 288

Uwe M. und Marina Schneede, Hamburg, Abb. 307, 308, 309, 310

Jörg Schöning, Hamburg, Abb. 296, 298

Werner Skrentny, Hamburg, Abb. 269

Staats- und Universitätsbibliothek, Bremen, Abb. 58

Staatsarchiv, Hamburg, Abb. 26, 67, 68, 69, 70, 144, 242, 246, 248, 249, 268, 323

Staatliche Landesbildstelle, Hamburg, Abb. 152, 186, 187, 227

Theatersammlung, Hamburg, Abb. 272, 273, 274, 275, 299, 300, 301

Warburg Archiv, Hamburg, Abb. 62

Abb. 173 stammt aus Otto Rühle: Illustrierte Kultur- und Sittengeschichte des Proletariats, Frankfurt/Gießen 1971/77

Herausgeber, Bildredakteur und Autoren danken allen Einrichtungen und Einzelpersonen, die bei der oft schwierigen Suche nach geeignetem Bildmaterial behilflich waren und die Abdrucksrechte zur Verfügung stellten.

Dem Museum für Hamburgische Geschichte gilt besonderer Dank für den Umfang der geleisteten Hilfe.

Namenregister

Firmennamen sind durch ein nachgestelltes Fa. gekennzeichnet

Abendroth, Amandus Augustus 166f, *168*, 230, 310, 336
Adickes 42
Adler, C. 49, 102, 289
AEG (Fa.) 137
Aldenrath, Jacob 309
Alt, Johannes 207
Amsinck, Erdwin 342
Amsinck, Gustav 237
Angely 325
Anschütz, Ottomar 320
Arens, Johann August 237
Arning, Eduard 317
Asher, Heinrich 242f
Asher, Louis 336
Audorf, Jakob 292, *307*
Auer 359
Auerbach, Berthold 276
Averdieck, Eduard 153
Averdieck, Elise 200

Baader, Fritz Ph. 68
Baasch, Ernst 356, 358ff
Babst, Paul 105
Bach, Carl Philipp Emanuel 302
Bach, Johann Sebastian 304
Bachur 300
Baetcke, T. A. E. 231
Bahn, Hans 38
Baison, Jean Baptiste 296, 327
Ballin, Albert 54, 64f, 68ff, 73ff, 216, 319
Baluschek, Hans 195
Bamberger, Leroi & Co. (Fa.) 67
Barlach, Ernst 310, 314, 343, 347
Bärmann 325
Barnay, Ludwig 328
Bartels, H. 339
Bartels, Johann Hinrich *169*, 364
Barth, Heinrich 306
Battermann, Wilhelm 80
Bauer, Gebrüder 67
Baumeister, Hermann 169
Baurmeister, Karl 305
Bebel, August 162, 183, 235, 272, 346f, 359, *366*
Beethoven, Ludwig van 303f
Behn, Karl Heinrich Kaspar 40, 134
Behre, Conrad 361
Behrens (Fa.) 75, 130
Behrens, Peter 314, 347
Beit, A. 74
Beit, F. 61
Bejeuhr, Rudolf 254
Bejeuhr & Loock (Fa.) 234
Bendixen, Siegfried 309, 336f
Beneke, Ferdinand 199
Beneke, Otto 305
Benque 73, 173, 203, 369

Bentham, Jeremias 180
Benz(en), Johann Wilhelm 190f
Berenberg-Goßler & Co. (Fa.) 276
Berenberg-Goßler, von 73f, 220
Berger, Alfred Freiherr von 299f
Berger, von 336
Bergg, Franz 308
Berlin, Emil 316
Berlin, Leonard 316
Berlioz, Hector 303
Bernays, Isaak 215
Bertillon, Alphonse 178
Besser 199
Beurs, A. P. de 336
Beurs Stiersmanns, A. de 336
Bialostocki, Jan 76
Bichweiler, Robert 314
Bieber, Emilie 257, 316f
Biow, Hermann 315f
Bismarck, Otto von 28, 31, 41, 48, 73, 162, 183, 298f, 356f, 360, 363
Bittong, Franz 328
Bleichröder (Fa.) 75
Bloch Erben, Felix 328
Blohm, Hermann 61, 370
Blohm & Voß (Fa.) 54, 61ff, 65, 68, 74, 89, 92f, 113, 148, 347
Blumenthal, Oskar 299
Bluntschli, Alfred Friedrich 32
Bock, Arthur 343f
Böcklin, Arnold 312, 350
Bode, Arnold Wilhelm von 350
Bohlen, Eduard 74
Bohrdt, Hans 56
Boisserée, Sulpiz 205
Bolland, Jürgen 366
Bolten, August (Fa.) 74
Bonfort, Helene 270
Booth, J. G. 147
Boppo 310
Börne, Ludwig 222, 305
Börner, Carl 289, 310, 343
Bötel, Heinrich 324, 328
Boysen & Maasch (Fa.) 353
Brahms, Fritz 330
Brahms, Johann Jakob 329f
Brahms, Johannes 299, 303f, 329ff, *330*
Brandt (Fa.) 118
Brauer, Max 42
Bredel, Willi 308
Breitkopf & Härtel (Fa.) 331
Breuer, Hans 319
Breuning, Wilhelm 316
Brinckmann, Justus 84, 86, 313f, 344, 348ff, *349*
Bruch, Max 303
Bruhn, Anton Joachim Christian 117, 192, 354
Bruhns, Julius 308
Bruycker, H. de 286

Büchner, Georg 306
Buchwald 20
Buek, F. G. 104, 106
Bugenhagen, Johannes 200
Bülau, Theodor 226f
Bulcke, Carl 307
Bülow, Bernhard von 236
Bülow, Hans von 303, 328
Burchard, Johann Heinrich 34, 68, *172*, 353, 367
Bürger, Heinrich 369
Burmester & Stavenhagen (Fa.) 100
Busch 301
Büsch 10
Busse 59
Byron, George Noel Gordon 276, 306

Campe, Julius 305, 356, 361
Carmienke, Hermann 310f
Carolsfeld, Schnorr von 340
Carr, Edward 70
Carstens 174
Catalani, Angelica 303
Cellini, Benvenuto 348
Cervantes Saavedra, Miguel de 276
Chadwick, Edwin 143
Chateauneuf, Alexis de 7, 10, 13f, 25, 82, 119, 124, 147, 309f, 336, 338, 340
Christern, Johann Wilhelm 305ff
Christian VIII. 239, 342
Classen, Johannes 223
Claudius, Matthias 199
Crane, Walter 370
Cranz 329
Commeter, J. Matthias 336, 339, 342
Cordes, Wilhelm 212f
Cornelius, Peter von 310, 339
Czeschka, Karl Otto 314

Daguerre, Louis Jacques Mandé 315
Dahl, Johan Christian 338, 340
Dalmann, Johannes 16, 29, 57f, 121
Dante Alighieri 276
David, Jakob Heinrich 297f
Davidis, Henriette 258
Davout, Louis Nicolas 166
Dehmel, Richard 276, 307
Denoth, Alois 85f, 310, 344f
Diener, Franz 328
Diestel 222
Dietz, J. H. W. 359
Dietzgen, Josef 362
Diéz-Dührkoop, Minya 317, 354
Doerkes, Wilhelm 68
Doré, Adele 300
Döring, Conrad 284
Dorn 85
Dostojewski, Fjodor Michajlowitsch 276
Drandfeld 44
Dreesen 198, 221

Dührkoop, Rudolf 91, 160, 260, 317, 353f
Duncker, Familie *277*
Duyffcke, Paul 85

Ebert 264
Eckardt, Felix von 68
Eckermann, Georg 306
Edinger, B. 169
Eggers 310
Eggert, Georg 135
Ehren, Julius von 342
Eichendorff, Joseph Freiherr von 276
Eimer, Anna geb. Lutteroth 276
Einbeck, Georg 317
Eitelberger, Rudolf 348
Eitner, Ernst 342
Elliot, L. von 71
Ellmenreich, F. 328
Elm, Adolph von 161ff, *161*
Eloesser, Arthur 68
Eltzner, Adolf 8
Emerson 350
Engels, Friedrich 192, 194, 361f
Ernst, Otto 307f
Eulenberg, Herbert 300

Falk, Johannes Daniel 208f
Falke 348
Falke, Gustav 307f
Fallersleben, Hoffmann von 284
Faulwasser, Julius 14, 21ff
Fellinger, M. 330
Fels, A. 221
Ferber, Adolph 61
Fersenfeld, Hermann Peter 10
Feuerbach 306
Fiege, Hartwig 275f
Fielitz, H. Oskar 315f
Flashar, Paul 327
Fock, Gorch 64, 68, 128, 307
Fontane, Theodor 276
Forsmann, Franz Gustav 12, 82, 174, 236ff
Förster, Christian 190, 280
Fred, W. 68
Frederik VIII. 284
Freeden, Wilhelm Ihno Adolf von 126f
Frehn, Beatrice 314
Freiligrath, Ferdinand 306
Frejtag 99
Fresco, John 323
Friedrich III. 360
Friedrich VII. 215
Friedrich Barbarossa 28
Friedrich, Caspar David 338, 350
Friedrich, W. 325
Friedrich Wilhelm IV. 306, 315, *316*
Frohme, Karl Egon 308
Fuchs, Charles 60, 72, 230, 317
Fulda 299
Fulton, Robert 54

Gaedechens, O. C. 336
Gallois, Johann Gustav 305f
Garber, Karl 310, 343
Gärtner, Friedrich 12
Gätcke, C. E. (Fa.) 77

Gaul, August 343
Geffcken, Johannes 207
Geib, Wilhelm 307
Geissler, R. 154
Geistinger, Marie 326
Gensler, Günther 341, 348
Gensler, Jakob 310f, 341f
Gensler, Martin 312, 341, 348
Gerstäcker, Friedrich 306
Giesemann, Adolf 329
Glaeser 14
Gleichman 59
Godeffroy, Adolph 69f
Godeffroy, Gustav 61, 70
Godeffroy, Johan Cesar 61, 70, 278
Godeffroy, R. 236
Goethe, Johann Wolfgang von 276, 295, 350
Goetz, Adolf 68
Goodyear, Charles 82
Gorki, Maxim 300
Goßler, John B. 276
Goßmann, Friederike 326
Gottheil, J. 40, 147, 204
Gotthelf, Jeremias 278
Gottschall, Rudolph 305f
Gottsched, Johann Christoph 295
Goulay, Louis Eduard 305
Gounod, Charles 298
Grädener, Karl 303
Graffen, C. von 336
Gray, J. 120
Grimm, Wilhelm 355
Gröger, Carl 168, 297, 309f
Groß, Herbert 60
Grosz, George 195
Groth, Klaus 334
Grotjan, Johannes 29, 33
Groux, Charles 339
Grund, Friedrich Wilhelm 301f
Grundig, Hans 195
Grundig, Lea 195
Gubitz 222
Guntrum, J. 299
Gurlitt, Johannes 223, 225, 311
Gutzkow, Karl 297, 305, *306*

Haaker, Frieda 256
Haase, Carl 148
Hachmann 178
HADAG (Fa.) 121, 124
Haeselich, Georg 342
Hagedorn, Friedrich von 24, 26, 283f
Hagemann, Carl 300, 328
Halle, A. 336
Haller, Martin 26, 33, 97, 99, 234, 237, 304
Hals, Frans 341
Hamann, Heinrich 319
Hamann, Johann 319
Hambrock, Alexander 80
Hamburg-Amerika-Linie (HAL) 64f, 67f, 75, 198
Hamburg-Süd (Fa.) 54, 61f, 70, 74
Händel, Georg Friedrich 303f
Handje 325
Hansen, Ohlsen Niels Ludwig 177, 179
Hansing & Co. (Fa.) 74

Hanssen, Bernhard 29, 33, 84f, 154f
HAPAG (Fa.) *53*, 54, 60ff, *69*, 70f, 73f, 111, 196, 198, 216, 319
HAPAG-LLOYD (Fa.) 69
Hardorff, Gerdt 336
Hardorff, Rudolf 341
Hardt, Ernst 300
Härtel 331
Hartmann, C. F. A. 336
Harzen, G. Ernst 309, 311, 336, 339, 342
Hase, Conrad Wilhelm 40
Hasse, Sella 111
Hauers, Wilhelm 29, 33
Hauptmann, Gerhart 276, 299f
Hebbel, Friedrich 297ff, 305f
Heckscher 300
Heckscher, Siegfried 68
Heesche, Franz 342
Hegel, Georg Wilhelm Friedrich 351
Heidmann 111
Hein (Fa.) 130
Heine, Carl 230, 333
Heine, Heinrich 276, 285, 305f, 332f, *333*, 356
Heine, Salomon 22, 216, 284, *332*, 333
Heinrich von Preußen 284
Heinrich, Paridom Gottlob 10ff, 14, 16
Hell, Wilhelm 276
Heller, Robert 327
Henckell 14
Henschel, James 322f
Herbst, Thomas 342
Herder, Gottfried 350
Herrmann, Alfred 358
Herrmann, B. A. 325
Herterich, Heinrich 309
Herterich, J. H. 336
Hertz, Moses Isaac 214
Herzl, Theodor 76
Heß, von 228f, 244f
Hesse, Hartwig 338
Heuer, Wilhelm 7, 26, 41, 224, 309
HEW (Hamburgische Electricitäts Werke) 148, 150
Hewitt 73
Heymann, Lida Gustava 270
Hielscher 136
Hoche, Richard 223f
Hocker, Wilhelm 305
Hoffmann, Theodor 218
Hoffmann & Campe (Fa.) 305f, 361
Hofmannsthal, Hugo von 300
Hofmeister, Oskar 316ff
Hofmeister, Theodor 316ff
Höge, Carl Friedrich 9, 317
Höger, Fritz 38
Hollekamm, Adolf 195
Hölty, Ludwig Heinrich Christoph 306
Howaldtswerke – Deutsche Werft (Fa.) 62
Hübbe 14f, 57f
Hübbe, K. J. H. 152
Hudtwalcker, Martin H. 199, 207, 209, 356
Hudtwalcker, Nicolaus 336, 339, 342
Hugo, Victor 276
Hulbe (Fa.) 38
Hulbe, Georg 314

Hülsenbeck 309
Humboldt, Alexander von 126
Hummel, Daniel Christian 191
Hüser 33

Illies, Arthur 308
Irmert 234

Jacoby, Johann 362
Janssen, Emil 310f, 342
Jenisch, Henriette 239
Jenisch, Gottlieb 229, 236, 239
Jenisch, Martin Johann 236ff
Jenquel, Adolf 230
Jessen, H. 134, 326, 350
Jessner, Leopold 300
Joachim, Joseph 303, 331
Jolasse, W. 37, 99
John 199
Johns, C. C. H. 60
Juhl, Ernst Wilhelm 316, 353f
Julius, N. G. 180, 336
Junge, Gustav 129f
Jünger 325
Jürgens 84

Kadelburg, Gustav 299
Kaeseberg, H. 144
Kähler, F. W. 189
Kaiserfeld 356
Kalckreuth, Karl Walter Leopold von 351
Kallmorgen, Friedrich 123
Kallmorgen, Georg 176
Kallmorgen, Werner 31
Kanning 281
Kant, Immanuel 194
Kapp, Friedrich 362
Katsch, Hermann 286
Kauffmann, Hermann 312, 341f
Kaufmann, Heinrich 161
Kautsky, Karl 192
Kayser, Jean Paul 313, 342
Kempe, Fritz 352
Kerner, Familie 277
Kerr, Alfred 68
Kersting, Friedrich Georg 338
Kiemert 163
Kierkegaard, Sören 296
Kinau, Rudolf 128
Kindermann 73, 172, 203, 369
Kirchenpauer, Gustav Heinrich 126, 169
Kiss, August 345f
Klees-Wülbern 14
Klenze, Leo von 9f
Klinger, Max 350
Klischnigg 327
Klock 184
Klöpper (Fa.) 343
Klopstock, Friedrich Gottlieb 276
Klose 276
Knackstedt & Näther 90, 97, 115, 158, 175
Knopf, Eberhard 321f
Kobell, W. von 340
Kofahl 110
Köhler (Fa.) 361
Köllisch, Heinrich 276

Kollwitz, Käthe 195
Koppmann, G. 29, 37f, 50, 58, 93, 108, 141,
    145, 171, 174, 205, 229, 245, 249, 257,
    291, 317, 319, 360
Kordmann, Anna 261ff, 262
Korngold, E. W. 300
Koszyk 360
Kraus 213
Krause, Emil 220
Kremer (Fa.) 130
Kruse, Bruno 85
Krüß, Familie 231
Kuechler, C. H. 269, 283
Kugelmann, Ludwig 362
Kühl, Ehlert 129f
Kuhlmann, Georg 361
Kuhn, Loeb & Co. (Fa.) 75
Kunhardt 301
Kurz, M. 153

Laeisz (Fa.) 54, 74, 127, 346f
Laeisz, Carl 304
Lamprecht 33
Lamszus, Wilhelm 220
Langbehn, J. 335
Langhenie, J. C. B. 336
Lange, Helene 367
Langen, Eugen 137
Lappenberg, J. M. 336
Lassalle, Ferdinand 79, 91, 183, 333, 358
Laube, Heinrich 326f
Laube, Julius 303
Laufenberg, Heinrich 233
Laves, Georg Ludwig Friedrich 9
Lawrence, F. A. von 9
Lazarus 184
Legien, Carl 162, 293
Lehe, Erich von 364
Lehmann 172
Lehmann, Leo 336
Lessing, Gotthold Ephraim 225, 276, 350
Lessing, Karl Friedrich 340
Lichtwark, Alfred 7, 14, 226, 312ff, 316f,
    342, 350ff, 351, 354
Liebermann, Max 27, 348f
Liebknecht, Wilhelm 161f
Liliencron, Detlev von 276, 307, 308
Lill, C. A. 12
Limmer, E. 208
Lind, Jenny 303
Lindau, Paul 326
Lindley, William 7, 14f, 57f, 82, 119, 143ff,
    147, 290
Lippelt, Julius 289, 310
Lippmann, Leo 224f, 258
List, Friedrich 119
Liszt, Franz 284, 303, 331
Loewenfeld, Hans 300
Logau, Friedrich Freiherr von 224
Loos, Adolf 350
Löwenberg, Jakob 307
Lüders, Herrmann 364
Lüdert, C. W. 336
Ludolff, J. H. 14, 336, 339
Luksch, Peter 345
Luksch, Richard 314

Lumière, Gebrüder 320
Lundt 176
Lüth, Erich 356
Luther, Martin 224
Lutteroth, Therese 276
Lützow, Amalie Caroline 236
Lyser, Joh. Peter 298

Maack, Johann Hermann 14, 25
Maas, Marcus 220
Maddock, Melvin 71
Maeterlinck, Maurice 300
Mahler, Gustav 303, 328
Mann, Thomas 276
Manzoni, Alessandro 276
Marbs, Johann (Fa.) 48
Marbs, J. H. 59
Marr, Gustav 327
Marr, Heinrich 326f
Marschner, Heinrich 303
Martens, Johann Friedrich 222
Marx, Karl 79, 112, 165, 235, 333, 358, 361f
Marxsen, Eduard 329, 331
Mathies, Otto 52
Maurice, Chéri 296ff, 325, 326f
Maurien, H. W. 81
Maury, Matthew Fontaine 126f
Maximilian II. 127
May, Raphael Ernst 163
Mee, A. P. 236
Meerwein, Emil 29, 33, 84f, 154f, 304
Meier, F. 200
Meißner, Otto Karl 306, 361f
Mellbye, Anton 311
Melle, Werner von 221, 349
Menck, Johannes 80
Menck & Hambrock (Fa.) 77, 79, 80
Mendel, David 151
Mendelsohn (Fa.) 75
Menzel, Adolph von 312, 316, 317, 350
Merck, Heinrich 235
Merck, H. J. & Co. (Fa.) 59
Messter, Oskar 320
Metternich, Klemens Lothar Fürst von 355f
Mettlerkamp, D. Chr. 311, 336
Mewes & Bischoff (Fa.) 67
Meyer, Arnold Otto 314
Meyer, Franz Andreas 28, 137, 157f, 175,
    211f, 293
Meyer, H. C. 49, 346
Meyer, Lorenz 309, 337
Meyer, Marie 314
Meyer, Rudolf Otto 100ff
Meysenburg, Malwida von 270
Milde, Carl Julius 277, 310f, 336, 314f
Moeglich, Ph. L. 336
Moesigny 99
Molkenbuhr, Hermann 79
Moltke, Helmuth Graf von 145, 360
Mönckeberg, Johann Georg 19, 38f, 167,
    172, 367
Monet, Claude 342
Morgenstern, Christian 310f
Mörlius, B. 106
Mottl, Felix 303
Muck, Karl 303

Müller 134
Müller, Carl 68
Müller, Heinrich W. 317
Müller, Theodor 329
Mutz, Hermann 314
Mutz, Richard 314
Mylius 32

Nachtigal, Gustav 73
Nachum, N. 268
Neander, Johann August Wilhelm 151
Neddermeyer 152
Nehls, Christian 28
Nestroy, Johann Nepomuk 296
Neuber, Friedrich 310
Neumayer, Georg Balthasar 126 f
New York-Hamburger Gummiwaaren-Compagnie 81, 82, 83
Niese, E. 235, 267, 285
Nietzsche, Friedrich 352
Nikisch, Arthur 303
Nobel, Alfred 345
Norddeutscher Lloyd (Fa.) 70 f, 74, 196

Oelsner, Gustav 42
Ohlendorf 257
Ohlendorff, Albertus Freiherr von 84, 86
Ohlendorff, Heinrich Freiherr von 97 ff, 234
Ohnsorg, Richard 335
Olassen, Walther 235
Oldach, Julius 310 f, 336
Oldenberg 209
Opitz, Martin 224
Oppenheim, M. D. 333
Oppenheimer, Jacob 214
Oppens, Edith 278
Osterland 232, 250
Otten, Georg Dietrich 303
Otzen, Johannes 40
Overbeck, Johann Friedrich 309 f

Paganini, Niccolo 303
Palladio, Andrea 176
Pauli, Gustav 309, 312, 314, 342, 350
Paulsen, Charlotte 270
Payne, H. A. 11, 15
Peiffer, Engelbert 310, 345
Perthes, Friedrich 199
Peters (Fa.) 130
Petersen, Adolf 183, 184
Petersen, Carl Friedrich 34, 169, 171, 367
Petersen, Christian 338
Petersen, Emilie geb. Maack 183 f
Petersen, H. A. S. 61
Petersen, Karl 183
Petersen, Rudolph 303
Petersen, Wilhelm Jasper Martin 183 f
Pfohl, F. 328
Philippi 299
Plambeck 313 f, 348
Plath, Julie 279
Pohl, Baruch 325
Pohl, Emil 297
Pollard, Sidney 112
Pollini, Bernhard 299 f, 324 f, 327 f
Possart, Ernst von 326

Porten, Anna 258
Porth, Hans Hinrich 205 ff
Prager, H. G. 54
Prutz, Robert 296
Puls 135

Quellmalz, Joseph 292

Radel, George 99
Rademacher (Fa.) 344
Rambatz J. G. 37, 99
Ranck, Chr. 36
Raschdorff, Karl 175
Raspe 253 f
Rathenau, Walther 351
Rautenberg 311
Rautenberg, Johann Wilhelm 199, 208
Rée, Anton 216, 218, 220
Reese, Hinrich 283
Reich 118
Reichardt 14
Reichardt (Fa.) 51
Reiherstieg Schiffswerfte und Maschinenfabrik 54, 60, 61, 63, 89, 92 f
Reimarus, Hermann Samuel 225
Reinhardt, Max 300
Reinhold, Hugo 345
Rembrandt 341
Reményi, Eduard 331
Repsold, Adolph 10, 21
Repsold, Johann Georg 21
Reuter, Fritz 276, 334
Richter, Ludwig 340
Richters, P. H. T. 59
Richthofen 358
Riegl, Alois 351
Rießer, Gabriel 215, 333
Rist, J. G. 336, 340
Robertson, Henry 33
Rode 293
Rodeck, Carl 227
Röding, P. F. 336
Röhl, J. C. M. 36
Roosen, Berend (Fa.) 61
Roscher, Gustav Heinrich Theodor 178 f
Rothschild (Fa.) 75
Rudolph 233
Rumohr, C. F. von 336, 340
Runge, Johann Daniel 199, 309
Runge, Otto Sigismund 310
Runge, Philipp Otto 309, 314, 339, 350
Ruser 68
Ruskin 350
Rüstow, Wilhelm 361
Ruths, Valentin 312, 342

Sachs, Hans 224
Sander, J. H. 54, 342
Saphir, Moritz Gottlieb 296, 315
Schacht, Heinrich 307
Schäfer 269
Schaffshausen, J. N. 336
Scharff, Cäsar 344, 346
Schaul 67
Schellenberg, Carl 284
Scheu, Heinrich 370

Schiff, Paul 75
Schildt, C. 96, 127
Schiller, Bernhard 310
Schiller, Friedrich 152, 241, 276, 281, 287 ff, 289, 342
Schiller, Gustav 276
Schilling, Johannes 344
Schinckel, Max von 61, 100
Schinkel, Karl Friedrich 9 f, 236, 296
Schirges, Georg 361
Schleiermacher, Friedrich Ernst Daniel 199
Schlenther, Paul 326
Schlütter, Hans 195
Schmidt 110
Schmidt, Friedrich Ludwig 295 f
Schmidt, Hermann 314
Schmiedt, Raimund F. 316
Schnars-Alquist, Hugo 311
Schneeberg, Helene 326
Schneider 264
Schneider, Karl 45
Schnitzler, Arthur 276, 299
Schöbel 298
Schönauer, Alexander 314
Schönthan, Franz 299
Schoost, Otto 159
Schöpe, Julius 185
Schramm, Max 258, 276
Schramm, Olga 258
Schramm, Percy Ernst 52, 258
Schrader, Carl Heinrich 264
Schreiber, Emma 314
Schreker, Franz 300
Schröder, Friedrich Ludwig 295, 297, 299, 302, 309
Schröder, Georg 68
Schröder, Hans 306
Schuberth, Georg 361
Schuckert (Fa.) 148
Schultess, Friedrich 225
Schultze, Carl 298, 299
Schumacher, Fritz 7 ff, 13 f, 19 f, 36 f, 39, 43 ff, 223, 225, 245, 352
Schumann, Clara 331
Schumann, Robert 330 f
Schwartze, Ed. 145
Schwartzenberger, Maurice 325
Schwencke, Christian Friedrich Gottlieb 302
Schwindrazheim, Oskar 314
Scipio, F. 74
Scott, George Gilbert 205 ff
Scott, Walter 276
Seebach, Marie 326
Semper, Gottfried 7, 14, 204 f, 342
Sengelmann 200
Seydlitz 350
Shakespeare, William 276
Shelley, Percy Bysshe 306
Siebelist, Arthur 342
Siemens & Halske (Fa.) 137
Siemers, Edmund 221 f
Sietas (Fa.) 130
Sieveking, Amalie 199, 270
Sieveking, F. 340
Sieveking, Karl 209, 309, 336, 340, 342, 355 f
Sillem, W. 153 f, 284

Simon von Cassel 75
Sintenis, Walter 343
Sitte, Camillo 37
Skladanowsky, Gebrüder 320
Sloman (Fa.) 346
Sloman, Robert M. 54, 60f, 196, 198, 276
Smetana, Friedrich 328
Smidt, Heinrich 306
Smidt, Ole Jörgen 11
Smith 143
Soltau, Hermann 142, 341f
Somm, J. H. von 59f
Sonnin, Ernst Georg 152
Sontag, Henriette 303
Speckter, Erwin 309ff, 342
Speckter, Hans 14, 295
Speckter, J. M. 336
Speckter, Miachel 309
Speckter, Otto 21, 223, 287, 309, 332, 342
Springer, Anton 350
Stamann, Gottfried Hinrich 59
Stammann 10, 29, 33, 99
Stammann, F. 339
Steinbach, Helma 161
Steinfurth 310
Stelzner, Carl Ferdinand 22, 315f
Stemann 177
Stettenheim, Julius 296
Stifter, Adalbert 276
Stinde, Julius 298
Stockfleth 301
Stockmeyer (Fa.) 48, *49*
Stoecker, Adolf 216
Stolte, Walter 77
Stolten, Otto 162, 293, 366, *367*
Stoltenberg, Fritz 109
Stöter, Ferdinand 206
Stöwer, Willy 70
Strack, Ludwig 338
Strang, John 277
Strauch, Ludwig Christian 199, 207
Strauß, Johann 303
Strauss, Richard 303
Strebel 100f
Strindberg, August 299
Strodtmann, Adolph 306
Strohn, Wilhelm 362
Strumper, J. H. 62, 151, 319
Stübben, Joseph 42
Stülcken, H. C. 60f
Suhr, Christoffer 57, 87, 104, 152, 309
Suhr, Cornelius 309
Suhr, Peter 10, 59, 309

Telemann, Georg Philipp 302
Tennyson, Alfred 306
Tettenborn, von 355
Thiele 331
Thielen, Goerg 29, 85
Thomas, Emil 326
Thompson, Edward P. 112
Thormählen (Fa.) 130
Tietz (Fa.) *149*
Tirpitz, Alfred von 68
Toaspen, Annamaria 191

Toepfer, Carl 296
Trummer 301
Tschaikowsky, Peter 328
Tschudi, Hugo von 350
Türpe, Paul 156

Uelhop 152
Ulex, Georg Ludwig 315
Ullrich, F. W. 336

Verdi, Giuseppe 328
Versmann, Johannes 28, 34, 169, 171, *172*
Vieuxtemps, Henri 303
Vivié, Ernst 310
Vogel, Hugo 172, 310, 342
Voght, Caspar 236f, *239*
Vogt (Fa.) 361
Vogt, Karl 362
Vollmer, Adolph 25, 310f, 342
Vollmöller, Karl Gustav 300
Volmerstein, Adelbert von der Recke 208
Voltmer, Ralf 300
Voss, Ernst 61
Vulcan-Werft (Fa.) 54, 62, *63, 65*

Wachendorf, Wilhelm 100ff
Wächter, Leonhard 309
Wagner, Richard 303
Walker 15, 57f
Warburg, Aby M. *76,* 351
Warburg, Aby Samuel 75
Warburg, Albert 76
Warburg, Carl Melchior 75
Warburg, Daniel Samuel 76
Warburg, Emil 76
Warburg, Felix M. 75
Warburg, Fritz 75
Warburg, Gerson 75
Warburg, Gumprich-Marcus Samuel 75
Warburg, Jacob Samuel 75
Warburg, John Rudolph 76
Warburg, Max M. 75
Warburg, Moritz der Ältere 75
Warburg, Moritz der Jüngere 75
Warburg, Moses Marcus 75
Warburg, Otto 76
Warburg, Otto Heinrich 76
Warburg, Paul M. 75
Warburg, Pius 75
Warburg, Ruben Daniel 76
Warburg, Salomon Moses 75
Warburg, Samuel S. 75
Warburg, Sara 75
Warburg, Siegmund 75
Warburg, Wulff Salomon 75
Warnecke, Conrad (Fa.) 100
Wartenberg, Alma 259
Wartenberg, Fritz 259
Wassermann, Friedrich 229
Webb, Beatrice 163
Webb, Sidney 163
Weber, Eduard F. 342
Weber, Max 112
Weber, Veit 309

Wedde, Johannes 328
Wedekind, Frank 299f
Weimar 201f
Weinbrenner, Friedrich 9f
Weingartner, Felix 303, 328
Weirauch, A. 296
Weisse, Ph. 279
Weitling, Wilhelm 222, 308
Welcker, Carl 284
Wencke, Bernhard 60, 62, 347
Wencke, F. 60
Wendt 221
Westphalen, Rudolf von 236
Wex, Gebrüder 298
Wichern, Johann Hinrich 199, 207ff
Wiebel 315
Wieck-Schumann, Clara 303
Wieland 276
Wienbarg, Ludolph 305f
Wigand, Otto 362
Wihl, Ludwig 297
Wilhelm I. 41, 126, 281, 284ff
Wilhelm II. *28, 66,* 68, 75, 119, 284, 286, 316, *319*
Wilke, Georg 194
Wimmel, Carl Ludwig 10ff, 14, 16, 174, 236, 296, 336
Winck, Ludwig 288
Winckler, Josef 307
Winkelmann, Ernst 21
Winkler, H. O. 134
Wittig, Otto *255*
Woermann (Fa.) 73, *74,* 343
Woermann, Adolph 70, 72, *73,* 74
Woermann, Carl 73f
Wohlwill, Adolf 220
Wolf, Georg & Co. (Fa.) 188
Wolff 303
Wölfflin, Heinrich 83
Wolffsohn, David 76
Wolffson, Agnes 260
Wolffson, Isaac 216
Wolter, Adele *255*
Wolter, Charlotte 326
Wolters 199
Wriede (Fa.) 130
Wülffing 309
Wurm, Christian Friedrich 169
Wurzbach, Hermann 99
Würzburg, Zerline 326
Wüstenfeld, Emilie 270
Wutcke, Paul E. A. 231, 243, 259, 319

Zacharias, Marie 132, 228
Zehle, Walther 346
Zeise (Fa.) 77, *79*
Zeise, Heinrich 305ff
Zeller, Christian Heinrich 208f
Zetkin, Clara 273
Zietz, Luise 273
Zille, Heinrich 195
Zimmermann, Carl Johann Christian 28, 176, 180
Zinnow, G. 29, 33, 99
Zwirner, Ernst Friedrich 205

Alltagsgeschichte und Arbeitswelt

Jochen Boberg/Tilmann Fichter/Eckhart Gillen (Hrsg.)
Exerzierfeld der Moderne
Industriekultur in Berlin im 19. Jahrhundert
1985. 392 Seiten mit 475 Abbildungen, davon 8 in Farbe. Leinen
(Industriekultur deutscher Städte und Regionen. Herausgegeben von Hermann Glaser)

Berlin ist nicht nur als Hauptstadt Preußens und des Deutschen Reiches, sondern auch als bedeutende Industriestadt in die Geschichte eingegangen. Dieser reich illustrierte Band zeigt exemplarisch die Entwicklung dieser Stadt zur bedeutenden europäischen Industriemetropole.

Hermann Glaser/Wolfgang Ruppert/Norbert Neudecker (Hrsg.)
Industriekultur in Nürnberg
Eine deutsche Stadt im Maschinenzeitalter
1980. 390 Seiten mit 328 Abbildungen, davon 29 in Farbe. Leinen
(Industriekultur deutscher Städte und Regionen. Herausgegeben von Hermann Glaser)

»Deutlich wird beim Lesen dieser zwölf Kapitel und beim Betrachten der vielen Illustrationen der starke Wandel im wirtschaftlichen, gesellschaftlichen, politischen, technischen und kulturellen Bereich; sichtbar wird am Beispiel Nürnbergs das Entstehen unserer Industriegesellschaft.« Die Zeit

Hermann Glaser/Norbert Neudecker
Die deutsche Eisenbahn
1984. Etwa 260 Seiten mit etwa 250 Abbildungen. Leinen

Diese Kulturgeschichte will in Bildern und Texten erzählen, wie die Eisenbahn in ihrer 150jährigen Geschichte das Dasein der Menschen neu bestimmt, ihre städtische und landschaftliche Umwelt verändert hat und wie kaum eine andere Erfindung der Neuzeit zum Mythos geworden ist.

Hermann Glaser/Walther Pützstück (Hrsg.)
Ein deutsches Bilderbuch 1870–1918
Die Gesellschaft einer Epoche in alten Photographien
1982. 320 Seiten mit 425 Abbildungen. Leinen

»In eindrucksvollen zeitgenössischen Photographien (. . .) wird die Geschichte des Zweiten Deutschen Reiches widergespiegelt, wobei es nicht so sehr um Glanz und Gloria geht, sondern vor allem um das Leben der Menschen. Eingeteilt in die Kapitel Klassengesellschaft, Arbeitswelten, Verstädterung, Familienleben, Vergnügungen, Schulen, Krieg und Revolution, geben die Bilder und Texte immer von neuem Anlaß zu nachdenklicher Betrachtung.« Die Zeit

Wolfgang Ruppert
Die Fabrik
Geschichte von Arbeit und Industrialisierung in Deutschland
1983. 311 Seiten mit 284 Abbildungen. Leinen im Schuber

». . . Den Schmutz der Fabrikhallen, das Mittagessen im ›Tiegelchen‹ und die ›Errungenschaft‹ eines Waschraums für Arbeiterinnen dürfte jedoch bisher kaum ein Buch dem Leser so nahegebracht haben wie diese Arbeit. Wer Stücke seiner Vergangenheit sucht, hat hier eine Fundgrube vor sich.« Süddeutsche Zeitung

Verlag C. H. Beck München